KB069214

KNU 경북대학교 인문학술원 HK+사업단 자료총서06
INSTITUTE OF HUMANITIES STUDIES

일본목간총람(하)
日本木簡總覽(下)

윤재석 편저

주류성

경북대학교
인문학술원
HK+사업단
자료총서

06

일본
목간
총람
(하)

발 간 처 | 경북대학교 인문학술원 HK+사업단
편 저 자 | 윤재석
저   자 | 오수문, 하시모토 시게루(橋本繁), 팡궈화(方國花), 김도영
펴 낸 날 | 2022년 1월 31일
발 행 처 | 주류성출판사 www.juluesung.co.kr
서울특별시 서초구 강남대로 435 주류성빌딩 15층
TEL | 02-3481-1024(대표전화) · FAX | 02-3482-0656
e-mail | juluesung@daum.net

©경북대학교 인문학술원

이 저서는 2019년 대한민국 교육부와 한국연구재단의 지원을 받아 수행된 연구임
(NRF-2019S1A6A3A01055801).

잘못된 책은 교환해 드립니다.

ISBN 978-89-6246-469-6 94910
ISBN 978-89-6246-463-4 94910(세트)

* 이 책의 일부에는 함초롬체가 사용되었음.

일본목간총람(하)
日本木簡總覽(下)

윤재석 편저

차 례

11) 仕丁(시초, 쓰카에노요보로)
12) 庚午年籍(고고넨자쿠)
13) 庚寅年籍(고인넨자쿠)
14) 正丁(세이테이)
15) 中男(쥬난)
16) 老丁(로테이)
17) 租(소)
18) 庸(요, 지카라시로)
19) 調(조, 쓰키, 미쓰키)
20) 贄(니에)
21) 正税(쇼제이)
22) 舂米(쇼마이)
23) 出擧(스이코)
24) 正倉(쇼소)
25) 正倉院(쇼소인)
26) 莊園(쇼엔)

3. 書名
1) 〈倭名類聚抄〉(와묘루이주쇼)
2) 〈古事記〉(고지키)
3) 〈日本書紀〉(니혼쇼키)
4) 〈續日本紀〉(쇼쿠니혼기)
5) 〈日本後紀〉(니혼코키)
6) 〈續日本後紀〉(쇼쿠니혼코키)
7) 〈日本文德天皇實錄〉(니혼몬토쿠덴노지쓰로쿠)
8) 〈日本三代實錄〉(니혼산다이지쓰로쿠)
9) 〈日本靈異記〉(니혼료이키)
10) 〈風土記〉(후도키)
11) 〈萬葉集〉(만요슈)
12) 〈古今和歌集〉(고킨와카슈)

III. 연표

IV. 역사지도

V. 일본 목간 관련 연구 성과 목록

VI. 총람

30) 山王遺跡(八幡地區)(89年度調査)
31) 山王遺跡 1차(93年度調査)
32) 山王遺跡 2차(2차·93年度調査)
33) 山王遺跡(多賀前地區)(3次·94年度調査)
34) 山王遺跡(伏石地區)(93年度調査)
35) 山王遺跡(9次)
36) 山王遺跡(10次)
37) 山王遺跡(12次)
38) 山王遺跡(17次)
39) 赤井遺跡(農業集落排水に伴う工事立合)
40) 三輪田遺跡(2次)
41) 権現山遺跡(12年度調査)
42) 壇の越遺跡(9次)
43) 壇の越遺跡(10次)

3. 秋田縣
1) 秋田城跡(25次)
2) 秋田城跡(39次)
3) 秋田城跡(54次)
4) 手取清水遺跡
5) 十二牲B遺跡
6) 払田柵跡
7) 払田柵跡
8) 払田柵跡
9) 払田柵跡(7次)
10) 払田柵跡(9次)
11) 払田柵跡(10次)
12) 払田柵跡(30次)
13) 払田柵跡(49次)
14) 払田柵跡(49-2, 49-3次)
15) 払田柵跡(55次)
16) 払田柵跡(65次)
17) 払田柵跡(94次)
18) 払田柵跡(107次)
19) 払田柵跡(111次)
20) 払田柵跡(112次)
21) 払田柵跡(08年次數外)
22) 払田柵跡(142次)
23) 新山遺跡(試掘調査)
24) 牛在家遺跡
25) 胡桃館遺跡(1次)
26) 胡桃館遺跡(2次)
27) 家ノ浦遺跡

13) 泉廢寺跡(10次)

14) 泉廢寺跡(陸奧國行方郡衙)(16次)

15) 泉廢寺跡(陸奧國行方郡衙)(21次)

16) 江平遺跡

6. 茨城縣

1) 島名熊の山遺跡

2) 鹿島湖岸北部條里遺跡(宮中條里遺跡爪木Ⅱ地區)

3) 鹿島湖岸北部條里遺跡(豊鄉條里遺跡沼尾Ⅰ地區)

4) 栗島遺跡

7. 栃木縣

1) 下野國府跡(寄居地區)

2) 下野國府跡(6次)

3) 下野國府跡(18次)

4) 下野國府跡(19次)

5) 長原東遺跡

8. 群馬縣

1) 元總社寺田遺跡(7次)

2) 國分境遺跡(3次)

3) 前六供遺跡

4) 內匠日向周地遺跡

9. 埼玉縣

1) 大久保領家遺跡(10次)

2) 八幡前·若宮遺跡(1次)

3) 北島遺跡(第19地点)

4) 西別府祭祀遺跡(6次)

5) 小敷田遺跡

6) 山崎上ノ南遺跡B地点

7) 岡部條里遺跡

10. 千葉縣

1) 萱野遺跡

2) 市原條里制遺跡(市原地區·上層本調査)

3) 市原條里制遺跡(実信地區·下層本調査)

4) 西原遺跡(確認調査)

11. 東京都

1) 中里遺跡

2) 伊興遺跡(94年度調査)

3) 伊興遺跡(95年度調査)

28) 岩ノ原遺跡
29) 發久遺跡(88年度調査)
30) 發久遺跡(99年度調査)
31) 腰廻遺跡
32) 余川中道遺跡(1次)(舊, 六日町余川地內試掘調査地点)
33) 中倉遺跡(3次)
34) 船戸川崎遺跡(4次)
35) 船戸川崎遺跡(6次)
36) 船戸櫻田遺跡(2次)
37) 船戸櫻田遺跡(4次)
38) 船戸櫻田遺跡(5次)
39) 藏ノ坪遺跡(1次)
40) 藏ノ坪遺跡(2次)
41) 草野遺跡(2次)
42) 草野遺跡(3次)
43) 屋敷遺跡(2次)
44) 築地館東遺跡
45) 大坪遺跡

14. 富山縣
1) 豊田大塚遺跡
2) 下佐野遺跡(豊原地區)(試掘調査)
3) 中保B遺跡(8次)
4) 東木津遺跡(98年度調査)
5) 東木津遺跡(99年度調査)
6) 須田藤の木遺跡(99年度調査)
7) 出來田南遺跡(D區)
8) 櫻町遺跡(中出地區)(87年度調査)
9) 五社遺跡(A地區)
10) 高瀨遺跡
11) 小杉流通業務團地 No.20遺跡
12) 北高木遺跡(1次)(A·B區)
13) 北高木遺跡(3次)(C·D區)
14) 二口五反田遺跡
15) 辻遺跡(2次)
16) じょうべのま遺跡(1次·3次·5次)

15. 石川縣
1) 近岡遺跡
2) 千木ヤシキダ遺跡(3次)
3) 西念·南新保遺跡
4) 三小牛ハバ遺跡
5) 上荒屋遺跡(4次)

17. 山梨縣
    1) 大坪遺跡

18. 長野縣
    1) 榎田遺跡(92年度調査)
    2) 南條遺跡(綿內遺跡群)
    3) 恒川遺跡
    4) 北稻付遺跡
    5) 屋代遺跡群(上信越自動車道關係)(94年度調査)
    6) 屋代遺跡群(北陸新幹線關係)(94年度調査)
    7) 八幡遺跡群社宮司遺跡

19. 岐阜縣
    1) 野內遺跡(C地區)
    2) 弥勒寺西遺跡
    3) 柿田遺跡(00年度調査)
    4) 杉崎廢寺(3次)

20. 静岡縣
    1) 神明原·元宮川遺跡(83年度調査)(西大谷2區)
    2) 神明原·元宮川遺跡(84年度調査)(西大谷4區)
    3) 神明原·元宮川遺跡(85年度調査)(宮川3·4·6區)
    4) 池ヶ谷遺跡(88年度調査)
    5) 瀨名遺跡(1區)
    6) 瀨名遺跡(10區)
    7) 川合遺跡(八反田地區)
    8) 川合遺跡(志保田地區)
    9) 曲金北遺跡
    10) ケイセイ遺跡(7次)
    11) ケイセイ遺跡(8次)
    12) 伊場遺跡(3次)
    13) 伊場遺跡(4次)
    14) 伊場遺跡(6·7次)
    15) 伊場遺跡(9次)
    16) 伊場遺跡(11次)
    17) 伊場遺跡(12次-1期)
    18) 伊場遺跡(12次-2期)
    19) 城山遺跡(2次)
    20) 城山遺跡(3次)
    21) 城山遺跡(4次)
    22) 城山遺跡(6次)
    23) 梶子遺跡(6次)
    24) 梶子遺跡(9次)

23. 滋賀縣
   1) 北大津遺蹟
   2) 野畑遺跡(2次)
   3) 南滋賀遺蹟
   4) 近江國府·管池遺跡
   5) 六反田遺跡
   6) 八角堂遺蹟
   7) 尾上遺蹟
   8) 神照寺坊遺蹟
   9) 大戌亥遺蹟
   10) 八幡東遺蹟(30次)
   11) 勸學院遺蹟
   12) 大将軍遺蹟(1次)
   13) 大将軍遺蹟(2차)
   14) 服部遺跡(1次~3次)
   15) 石田三宅遺蹟
   16) 蜂屋遺蹟
   17) 十里遺蹟
   18) 手原遺蹟
   19) 宮町遺蹟(4次~37次)
   20) 新宮神社遺蹟
   21) 西河原宮ノ內遺跡(1次)(84年度試掘調查)
   22) 西河原宮ノ內遺蹟(3次)(舊, 湯ノ部遺跡)
   23) 西河原宮ノ內遺蹟(7次)
   24) 西河原森ノ內遺蹟(2次)
   25) 西河原森ノ內遺跡(5次)
   26) 湯ノ部遺蹟(1次)
   27) 西河原遺蹟(3·10次)
   28) 光相寺遺蹟(5次)(8次)
   29) 虫生遺蹟(2次)
   30) 鴨遺蹟
   31) 永田遺蹟
   32) 上御殿遺蹟(12年度調查)
   33) 野瀨遺跡(2次)
   34) 柿堂遺蹟
   35) 斗西遺蹟(2次)
   36) 筑摩佃遺蹟
   37) 狐塚遺蹟
   38) 高溝遺跡
   39) 畑田廢寺蹟

39) 長岡宮跡北邊官衙(南部)(宮351次)
40) 長岡宮跡北邊官衙(北部)(宮354次)
41) 長岡宮跡北邊官衙(南部)·東一坊大路(宮373次)
42) 長岡京跡左京北一條二坊一·四町(左京345次)
43) 長岡京跡左京北一條三坊二町(左京435次)
44) 長岡京跡左京一條二坊十三町(舊左京南一條二坊十三町)(左京7201次)
45) 長岡京跡左京一條三坊二·三·六·七町(左京421次)
46) 長岡京跡左京一條三坊四町(左京285次)
47) 長岡京跡左京一條三坊四町(左京501次)
48) 長岡京跡左京一條三坊八·九町(左京一條三坊六·十一町)(左京203次)
49) 長岡京跡左京一條四坊二町(左京一條四坊四町)(左京250次)
50) 長岡京跡左京二條二坊五·六町(左京381次)
51) 長岡京跡左京二條二坊五·六·十一·十二町, 二條條間南小路·東一坊
52) 長岡京跡左京二條二坊八町(舊左京南一條二坊六町)(左京14次)
53) 長岡京跡左京二條二坊九町(舊左京南一條二坊十一町)(左京130次)
54) 長岡京跡左京二條二坊九·十町(舊左京二條二坊十町)(左京287次)
55) 長岡京跡左京二條二坊九·十六町(舊左京南一條二坊十四町)(左京166次)
56) 長岡京跡左京二條二坊十二町·左京三條二坊九町·二條大路(左京298次)
57) 長岡京跡左京二條二坊十三町·二條三.坊四町(二條大路·東二坊大路交差点)(左京290次)
58) 長岡京跡左京二條二坊十三町·三條二坊十六町(舊左京二條二坊十五町)(左京162次)
59) 長岡京跡左京二條二坊十三町·三條二坊十六町(二條大路·東二坊大路交差点)(左京296次)
60) 長岡京跡左京二條二坊十四町(二條條間大路·東二坊大路交差点)(舊左京二條二坊十六町)(左京218次)
61) 長岡京跡左京二條二坊十四·十五町·二條條間大路(舊左京二條二坊十六町·南一條大路)(左京259次)
62) 長岡京跡左京二條二坊十五町·三坊二町(左京473次)
63) 長岡京跡左京二條二坊十五町·三坊二·三町(二條條間大路·東二坊大路交差点)(舊南一條大路·東二坊大路交差点)
    (左京254次)
64) 長岡京跡左京二條二坊十六町·三坊一町(舊左京南一條三坊三町)(左京89次)
65) 長岡京跡左京二條二坊十六町(舊左京南一條二坊十四町)(左京8449次)
66) 長岡京跡左京二條三坊二町(舊左京南一條三坊四町)(左京112次)
67) 長岡京跡左京二條三坊二·三町(舊左京南一條三坊四町·二條三坊一町)(左京159次)
68) 長岡京跡左京二條三坊六·七町(左京341次)
69) 長岡京跡左京二條三坊十二·十四町·三條三坊九町(舊左京二條三坊十一町)(左京267次)
70) 長岡京跡左京二條三坊十四·十五·十六町(左京南一條三坊十三町)(左京139次)
71) 長岡京跡左京二條四坊二·三町(左京399次)
72) 長岡京跡左京二條四坊六·七町(左京334次)
73) 長岡京跡左京二條四坊六·七町(左京528次)
74) 長岡京跡左京三條二坊一·二町(左京425次)
75) 長岡京跡左京三條二坊一·八町(舊左京二條二坊三·六町)(左京8018次)
76) 長岡京跡左京三條二坊二·三·六·七町(舊二條大路·東二坊第一小路交差点)(左京120次)
77) 長岡京跡左京三條二坊六町(左京356次)
78) 長岡京跡左京三條二坊七·八町(左京429次)
79) 長岡京跡左京三條二坊七·九·十町(舊左京二條二坊十一·十二町)(左京163次)
80) 長岡京跡左京三條二坊八町(舊左京二條二坊六町)(左京22次)

122) 長岡京跡右京六條二坊五町(右京985次)
123) 長岡京跡右京六條二坊五・六町(右京688次)
124) 長岡京跡右京七條二坊二町(舊右京六條二坊四町)(右京102次)
125) 長岡京跡右京七條二坊七町(右京713次)
126) 長岡京跡右京八條一坊十一・十四町(舊右京八條一坊九・十六町)(右京94次)
127) 今里車塚古墳(右京352次)
128) 遠所遺跡(91年度調査)
129) 恭仁宮跡(西面大路東側溝)
130) 馬場南遺跡
131) 北綺田遺跡群(蟹満寺舊境內)
132) 上狛北遺跡(2次)
133) 百々遺跡(推定第三次山城國府跡)

25. 大阪府
1) 633 難波宮跡(NW97-3次)
2) 難波宮跡(NW02-13次)
3) 難波宮跡(NW06-2次)
4) 難波宮跡(大阪府警察本部廳舍新築に伴う調査)
5) 難波宮跡(大阪府警察本部棟新築2期工に伴う調査)
6) 桑津遺跡(KW91-8次)
7) 長原遺跡(NG04-3次)
8) 長原遺跡西南地區(NG95-49次)
9) 森の宮遺跡
10) 加美遺跡(KM00-5次)
11) 細工谷遺跡
12) 吉井遺跡
13) 上田部遺跡
14) 郡家今城遺跡
15) 郡家川西遺跡(嶋上郡衙跡)
16) 大藏司遺跡
17) 梶原南遺跡(3次)
18) 禁野本町遺跡(103-3次)
19) 禁野本町遺跡(103-4次)
20) 禁野本町遺跡(148次)
21) 玉櫛遺跡(95年度調査)
22) 佐堂遺跡
23) 久寶寺遺跡(29次)
24) 讃良郡條里遺跡
25) 觀音寺遺跡(2次)
26) 万町北遺跡(2次)
27) 安堂遺跡

43) 宮内黒田遺跡
44) 溝之口遺跡
45) 坂元遺跡
46) 山垣遺跡
47) 市邊遺跡(C區)
48) 加都遺跡(96年度確認調査)
49) 加都遺跡(98年度調査)
50) 柴遺跡
51) 釣坂遺跡
52) 田井A遺跡
53) 木梨·北浦遺跡
54) 小犬丸遺跡
55) 長尾沖田遺跡(1次)(83年度調査)
56) 長尾沖田遺跡(2次)(85年度調査)

27. 奈良縣·奈良市
    1) 正倉院傳世木簡
    2) 正倉院傳世木簡
    3) 平城宮跡(5次·7次)大膳職地區
    4) 平城宮跡(13次)內裏北方官衙地區
    5) 平城宮跡(16·17次)朱雀門地區
    6) 平城宮跡(18次)西面大垣
    7) 平城宮跡(20次)內裏北方官衙地區
    8) 平城宮跡(21次)內裏東方官衙地區
    9) 平城宮跡(22次北)造酒司地區
    10) 平城宮跡(22次南)東院地區西邊
    11) 平城宮跡(27次)第一次大極殿院地區東邊
    12) 平城宮跡(28次)第一次大極殿院地區西邊
    13) 平城宮跡(29次)東面大垣入隅·東方官衙地區
    14) 平城宮跡(32次)宮域東南隅地區·二條大路
    15) 平城宮跡(32次補足)宮域東南隅地區
    16) 平城宮跡(35次)內裏東方官衙地區
    17) 平城宮跡(1966-1立會調査)東院地區
    18) 平城宮跡(39次)小子門地區
    19) 平城宮跡(40次)東方官衙地區·博積官衙
    20) 平城宮跡(41次)第一次大極殿院地區東南隅
    21) 平城宮跡(43次)東院地區西邊
    22) 平城宮跡(44次)東院庭園地區
    23) 平城宮跡(50·51·52·63次)馬寮地區
    24) 平城宮跡(77次)第一次大極殿院地區南門·東楼·南面築地回廊
    25) 平城宮跡(78次南)內裏地區
    26) 平城宮跡(91次)內裏西北官衙地區
    27) 平城宮跡(92次)佐紀池南邊

71) 平城宮跡(301次)東院庭園地區南邊·二條條間路
72) 平城宮跡(315次)第一次大極殿院地區西邊
73) 平城宮跡(316次)第一次大極殿院地區西邊·佐紀池南邊
74) 平城宮跡(337次)第一次大極殿院地區西楼
75) 平城宮跡(406次)東方官衙
76) 平城宮跡(429次)東方官衙
77) 平城宮跡(440次)東方官衙
78) 平城宮跡(466次)東方官衙
79) 平城京跡左京一條三坊十二坪
80) 平城京跡左京一條三坊十三坪(市440次)
81) 平城京跡左京一條三坊十五·十六坪(55·56·57次)
82) 平城京跡左京二條二坊五坪·二坊坊間大路(123-26次)
83) 平城京跡左京二條二坊五坪·東二坊坊間路西側溝(198次A區·B區·C區·202-13次)
84) 平城京跡左京二條二坊五坪·東二坊二條大路(198次B·200次補足·204次)
85) 平城京跡左京二條二坊五坪(202-9次)
86) 平城京跡左京二條二坊五坪·東二坊間路西側溝(223-13次)
87) 平城京跡左京二條二坊六坪·東二坊坊間路西側溝(68次)
88) 平城京跡左京二條二坊十·十一坪·二條條間路(281次)
89) 平城京跡左京二條二坊十一坪(279次)
90) 平城京跡左京二條二坊十一坪(282-10次)
91) 平城京跡左京二條二坊十一坪(289次)
92) 平城京跡左京二條二坊十一·十四坪坪境小路(市151次)
93) 平城京跡左京二條二坊十二坪
94) 平城京跡左京二條二坊十二坪(市73-1·2次)
95) 平城京跡左京二條二坊十三坪(3次西)(151-11次)
96) 平城京跡左京二條二坊十四坪(189次)
97) 平城京跡左京二條四坊二坪(市157次)
98) 平城京跡左京二條四坊十一坪(市180次)
99) 平城京跡左京三條一坊一·二坪(478次)
100) 平城京跡左京三條一坊七坪·東一坊坊間路(269-5次)
101) 平城京跡左京三條一坊七坪(314-7次)
102) 平城京跡左京三條一坊八坪(118-22次)
103) 平城京跡左京三條一坊八坪(180次)
104) 平城京跡左京三條一坊十坪(234-10次)
105) 平城京跡左京三條一坊十·十五·十六坪(230次)
106) 平城京跡左京三條一坊十二坪
107) 平城京跡左京三條一坊十四坪·東一坊大路西側溝(282-3次)
108) 平城京跡左京三條一坊十五坪·東一坊大路西側溝(118-8次)
109) 平城京跡左京三條一坊十五坪(266次)
110) 平城京跡左京三條一坊十六坪(234-9次)
111) 平城京跡左京三條二坊一坪(190次)
112) 平城京跡左京三條二坊四坪(174-10次)
113) 平城京跡左京三條二坊六坪(宮跡庭園)(96次·121次)

155) 平城京跡右京二條三坊三・六坪(市310次)
156) 平城京跡右京二條三坊四坪(市276次)
157) 平城京跡右京二條三坊七坪(市378-4次)
158) 平城京跡右京二條三坊十坪(市317次)
159) 平城京跡右京二條三坊十一坪(市292次)
160) 平城京跡右京三條一坊三・四坪(288次)
161) 平城京跡右京三條一坊三・四坪(290次)
162) 平城京跡右京三條二坊三坪(市236・236-2次)
163) 平城京跡右京三條四坊十坪(市386次)
164) 平城京跡右京四條一坊九坪
165) 平城京跡右京四條二坊二坪(市平城京18次)
166) 平城京跡右京七條一坊十五坪(市349次)
167) 平城京跡右京八條一坊十一坪(149次)
168) 平城京跡右京八條一坊十三坪(168次北)
169) 平城京跡右京八條一坊十四坪(179次)
170) 平城京跡右京九條一坊(125次)
171) 平城京跡右京九條一坊五坪(125次-5・6)
172) 唐招提寺講堂地下遺構(平城京跡右京五條二坊)
173) 唐招提寺(防災4次)(平城京跡右京五條二坊十坪)
174) 法華寺(平城京跡左京二條二坊九・十坪)(平城123-4次)
175) 法華寺(平城京跡左京二條二坊九・十坪)(平城141-1次)
176) 法華寺阿弥陀淨土院跡(平城京跡左京二條二坊九・十坪)(平城80次)
177) 法華寺阿弥陀淨土院跡(平城京跡左京二條二坊九・十坪)(平城118-30)
178) 法華寺阿弥陀淨土院跡(平城京跡左京二條二坊十坪)(平城312次)
179) 東大寺佛餉屋下層遺構(舊境內4次)
180) 東大寺大佛殿回廊西隣接地(舊境內9次)
181) 東大寺(防災工事3次)
182) 東大寺(舊境內37次)
183) 東大寺(防災工事9次)
184) 東大寺(舊境內98次)
185) 東大寺(舊境內市13次)
186) 東大寺(市2012年度立會)
187) 興福寺舊境內(勅使坊門跡下層)
188) 西大寺舊境內(14次)(平城京跡右京一條三坊四坪)
189) 西大寺舊境內(25次)(平城京跡右京一條三坊十四坪)
190) 西大寺食堂院(平城京跡右京一條三坊八坪)(平城404次)
191) 大安寺舊境內(市57次)(平城京跡左京六條四坊二坪)
192) 大安寺舊境內(市64次)(平城京跡左京六條四坊十二坪)
193) 白毫寺遺跡
194) 阪原阪戸遺跡(阪原遺跡群2次)
195) 秋篠・山陵遺跡
196) 日笠フシンダ遺跡
197) 稗田遺跡(確認調査)

발간사

　인류가 문자 생활을 영위한 이래 기록물의 효용성은 단순히 인간의 의사소통과 감성 표현의 편의성 제공에만 머물지 않았다. 각종 지식과 정보의 생산·가공·유통에 기초한 인간의 사회적 존립을 가능케 하고, 축적된 인류사회의 경험과 기억의 전승 수단으로서 역사발전을 추동하는 원천으로 작용하였다. 이 과정에서 기록용 도구는 기록물의 제작과 보급의 정도를 질적 양적으로 결정하는 중요 인자로서, 특히 종이는 인류사회 발전의 창의와 혁신의 아이콘으로 작용하였다. 그러나 인류사에서 종이의 보편적 사용 기간이 약 1천 5백 년에 불과한 점에서 볼 때, 종이 사용 이전의 역사는 非紙質 문자 자료의 발굴과 연구에 의존할 수밖에 없다. 한국·중국·일본 등 동아시아지역에서 공통으로 발굴되는 목간을 비롯하여 이집트의 파피루스와 서양의 양피지 등은 종이 사용 이전 역사 연구의 필수 기록물임은 잘 알려진 사실이다.

　경북대 인문학술원에서 2019년 5월부터 7년간 수행하는 인문한국플러스(HK+) 지원사업의 연구 아젠다인 "동아시아 기록문화의 원류와 지적네트워크 연구"의 주요 연구 대상이 바로 非紙質 문자 자료 중 한국·중국·일본에서 발굴된 약 100만 매의 '木簡'이다. 이들 목간은 기록물 담당자 또는 연구자에 의해 가공과 윤색을 거치지 않은 1차 사료로서 당해 사회의 면면을 고스란히 간직하고 있다. 따라서 목간은 문헌자료가 전해주지 못하는 고대 동아시아의 각종 지식과 정보를 함축한 역사적 기억공간이자 이 지역의 역사와 문화적 동질성을 확인하는 터전이기도 하다. 그런 만큼 목간에 대한 연구는 고대 동아시아세계의 역사적 맥락을 재조명하는 중요한 계기가 될 것이다.

　지금까지의 목간 연구는 주로 문헌자료의 부족으로 인하여 연구가 미진하거나 오류로 밝혀진 각국의 역사를 재조명하는 '一國史' 연구의 보조적 역할을 하거나, 연구자 개인의 학문적 취향을 만족시키는 데 머문 경향이 없지 않았다. 그 결과 동아시아 삼국의 목간에 대한 상호 교차

연구가 미진할 뿐 아니라 목간을 매개로 형성된 고대 동아시아의 기록문화와 여기에 내재된 동아시아 역사에 대한 거시적이고 종합적 연구가 부족하였다. 이에 우리 HK+사업단에서는 목간을 단순히 일국사 연구의 재료로서만이 아니라 고대 동아시아 기록문화와 이를 바탕으로 형성·전개된 동아시아의 역사적 맥락을 再開하고자 한다. 그리고 기존의 개별 분산적 분과학문의 폐쇄적 연구를 탈피하기 위하여 목간학 전공자는 물론이고 역사학·고고학·어문학·고문자학·서지학·사전학 등의 전문연구자와 협업을 꾀하고자 하며, 이 과정에서 국제적 학술교류에 힘쓰고자 한다.

본서는 이러한 연구목표를 달성하기 위한 기초작업으로서, 1900년대 초반부터 지금까지 한중일 삼국에서 발굴된 모든 목간의 형태와 내용 및 출토 상황 등을 포함한 목간의 기본 정보를 망라하여 『한국목간총람』『중국목간총람』『일본목간총람』의 세 책에 수록하였다. 이를 통하여 동아시아 목간에 대한 유기적·통섭적 연구를 기대함과 동시에 소위 '동아시아목간학'의 토대가 구축되기를 희망한다. 아울러 본서가 학문후속세대와 일반인들에게 목간이라는 생소한 자료를 이해하는 길잡이가 되기를 바란다. 나아가 이러한 학문적 성과의 나눔이 고대 동아시아세계가 공유한 역사적 경험과 상호 소통의 역량을 오늘날 동아시아세계의 소통과 상생의 에너지로 재현하는 중요한 계기가 되기를 희망한다.

짧은 기간임에도 불구하고 방대한 분량의 원고를 집필해주신 HK연구진에 감사를 드린다. 아울러 본서의 완성도를 높이기 위해 꼼꼼하게 감수와 조언을 아끼지 않으신 한중일 목간학계와 자료 정리 등의 궂은 일을 마다하지 않은 연구보조원들에게도 감사의 마음을 전한다. 그리고 본서의 출간을 포함한 경북대 인문학술원의 HK+연구사업을 지원하고 있는 한국연구재단과 본서의 출간을 흔쾌히 수락해주신 주류성 출판사에 고마움을 표한다.

윤재석
경북대학교 인문학술원장
HK+지원사업연구책임자
2022년 1월

서문

이 책은 경북대학교 HK+사업단 '동아시아 기록문화의 원류와 지적 네트워크 연구'의 일환으로 간행하는 『동아시아 목간 총람』의 일본편이다. 일본열도에서 출토된 고대 목간에 대해 목간이 출토된 유적의 개요와 목간의 출토현황, 목간의 석문 및 내용에 대해 해설하였다.

일본에서는 1961년 나라문화재연구소가 헤이조큐(平城宮)를 발굴하면서 본격적으로 목간이 출토되었다. 이전에도 단편적으로 발견되기는 하였으나 역사 사료로 인식되기 시작한 것은 이 헤이조큐(平城宮)에서 목간이 발견되고 난 이후였다. '郡評論爭' 등 고대사의 과제가 목간으로 해결되는 등 연구가 활발해지면서 1979년 목간학회가 결성되었고 현재까지 목간 조사 및 연구의 중심역할을 하고 있다. 이후 헤이조쿄(平城京)에서 1988년에는 나가야오(長屋王)의 저택지에서 35,000점의 목간이 출토되었고 인근에서도 二條大路 목간 74,000여 점이 출토되는 등 대량의 목간이 연이어 발견되면서 수량이 급증했다. 현재까지 홋카이도에서 오키나와에 이르기까지 전국의 유적에서 총 45만점 이상의 목간이 출토되었으며 그중 70% 이상이 고대의 수도가 있었던 기나이(畿內)에 집중되어 있다.

가장 오래된 목간의 연대는 630년경으로 6세기까지 올라가는 목간은 아직 확인되지 않고 있다. 7세기 후반에 이르면 율령제의 정비와 함께 목간이 증가하며 8세기가 되면 목간이 급증하여 가장 많은 목간이 확인된다. 이후 중세와 근세에 사용한 목간만이 아니라 심지어 20세기에 사용된 목간이 보고되기도 한다. 이 책에서는 본 사업단의 연구 주제와 직접적으로 관련된 일본의 목간을 10세기까지 한정하여 소개하였다.

일본 목간의 연구 성과에 대해서는 지금까지(2021년 12월 현재) 다음과 같은 몇 권의 연구서가 한국에서 번역·소개되었다. 도노 하루유키(이용현 옮김) 『목간이 들려주는 일본의 고대』(주류성 2008년), 이치 히로키(이병호 옮김) 『아스카의 목간 : 일본 고대사의 새로운 해명』(주류성 2014년), 사토 마코토(송완범 옮김) 『목간에 비친 고대일본의 서울 헤이조쿄』(성균관대학교 출판부 2017년), 바바 하지메(김도영 옮김) 『일본 고대 목간론』(주류성, 2021년) 등이 있다. 또 한국목간학회의 『목간과 문자』에도 일본 목간에 대한 연구논문과 새로이 출토된 자료를 소개하고 있다. 그러나 일본 목간의 전모를 알 수 있는 자료집은 국내에서는 지금까지 출판되지 않았다.

일본에서 출판된 고대 일본의 목간 전모를 알 수 있는 자료집으로 목간학회에 의한 『日本古代木簡選』(岩波書店 1990年), 『日本古代木簡集成』(東京大學出版會 2003年), 그리고 沖森卓也・佐藤信 『上代木簡資料集成』(おうふう 1994年) 등이 대표적이다. 이러한 자료집에는 목간 도판과 함께 석문 및 해설이 수록되었다. 이 밖에도 목간학회에서 매년 간행하고 있는 『木簡研究』는 각지에서 출토된 목간을 소개한다.

또 나라문화재연구소는 목간에 관한 많은 데이터베이스를 공개하고 있다. 목간이 출토된 유적에 대해서는 '전국목간출토유적 및 보고서 데이터베이스'에서 2012년까지의 발굴성과를 정리하여 공개하고 있는데 수록된 유적의 수는 1,364곳, 발굴조사 건수는 2,855건에 이른다. 2020년 6월 현재 '木簡庫'는 목간의 종합적인 데이터베이스로 석문, 용도, 형태 등의 다양한 검색이 가능하며 이미지도 참조할 수 있다.

이 책에서는 고대 목간이 출토된 유적을 망라하여 출토된 유적 및 목간의 석문과 내용을 소개한다. 수록된 목간은 약 3,200점에 이른다. 11세기 이후의 것은 제외하였고 목간의 내용이 불분명하거나 문자가 판독되지 않아 내용을 알 수 없는 경우에는 생략하였다. 기본적으로는 위에서 언급한 데이터베이스와 『木簡研究』를 참고하여 집필하였고 일부 보고서를 참조한 것도 있다. 수록된 목간은 각 유적에서 출토된 목간 가운데 대표적인 사례로 한정하였다. 여러 목간이 출토된 경우는 숫자((1) (2) (3)…)로 표기하였는데 이는 연구서 말미에 게재한 "총람 수록 목간 크기 일람표"의 번호와 대응한다. 또 보고서를 바탕으로 한 내용에 대해서는 목간 번호도 기재하고 있다. 석문은 가급적 목간학회의 기재방식을 따르되 원래 세로로 쓴 문자를 가로로 표기하였고 기술적인 문제로 부득이하게 생략하거나 변경한 부분도 있다.

또 독자의 이해를 돕기 위해 첫머리에 일본 목간의 다양한 종류, 목간의 내용과 관련된 용어,

목제품, 대표적인 유적 소개, 고대사 용어, 지도, 연표 등을 추가하였다.

이 연구서는 일본의 고대 목간을 전체적으로 파악할 수 있다는 데에 그 의의가 있다. 데이터베이스를 통해 특정 문자, 특징적인 목간을 검색할 수는 있어도 그 목간의 출토 상황, 출토된 유적의 성격, 공반된 유물에 관해서는 확인하기 어렵다. 이 연구서를 활용하면 유적 속에서 목간을 이해할 수 있을 것이다. 이 연구서를 다양한 분야의 연구자가 참조하여 여러 연구에 도움이 되었으면 한다.

마지막으로 일본 목간 총람의 원고는 HK+사업단의 오수문, 하시모토 시게루, 방국화, 김도영이 집필하였다. 또 총람의 원고를 작성하는데 필요한 자료 수집, 데이터 정리는 우근태, 야마다 후미토, 주지송, 한승희 보조연구원이 수고해주었다.

범 례

고대사 용어는 여러 자료를 참고하였다. 그중에서도 上田正昭 감수 『日本古代史大辭典』(大和書房, 2006년)을 주로 참조하였다.

1. 일본사의 시대구분

繩文(조몬)시대	기원전 14000년경~기원전 10세기
彌生(야요이)시대	기원전 4세기~기원후 3세기 중엽
古墳(고훈)시대	3세기 중엽~7세기
飛鳥(아스카)시대	592~710년
奈良(나라)시대	710~794년
平安(헤이안)시대	794~1185년
鎌倉(가마쿠라)시대	1185~1333년
室町(무로마치)시대	1336~1573년
安土桃山(아즈치모모야마)시대	1573~1603년
江戶(에도)시대	1603~1868년
明治(메이지)시대	1868~1912년
大正(다이쇼)시대	1912~1926년
昭和(쇼와)시대	1926~1989년
平成(헤이세이)시대	1989~2019년
令和(레이와) 시대	2019~현재

2. 목간 판독문의 기호

목간의 판독문에 사용한 기호는 일본 목간학회에서 사용하는 것을 기본으로 하였다(『木簡研究』범례). 각 기호의 의미는 아래와 같다. 일부 생략한 것이 있다.

〔 〕	교정에 관한 주석 가운데 다른 판독 가능성이 있는 글자가 있는 것.
( )	그 이외의 교정이나 설명 주석.
?	주 가운데 의문이 있는 것.
·	목간 앞뒤에 글자가 있는 경우 그 구별을 표시.
「 」	목간 상단 및 하단이 원형이라는 것을 표시한다. 상·하단은 나뭇결 방향을 기준으로 한다.
∨	목간 상단이나 하단에 홈이 있는 것을 표시한다.
○	목간에 뚫린 구멍을 표시한다.
□□□	결실된 글자 가운데 글자 수를 추정할 수 있는 것.
[ ]	결실된 글자 가운데 글자 수를 추정할 수 없는 것.
×	기재 내용으로 보아 글자가 더 있는 것으로 추정되나 결실 등으로 글자가 없어진 것.
『 』	다른 사람이 쓴 것, 즉 이필(異筆)로 생각되는 글자.
=	석문이 길어서 1행을 2행 이상으로 제시할 때 행 끝과 행 머리에 붙인 것.
木	먹을 덧칠하여 지운 자획이 분명한 것.
§	체크했음을 나타냄.
※	묵선(墨線)을 나타냄.
◎	동그라미 또는 이중 동그라미를 나타냄.
＝	JIS코드에 없는 특수한 문자를 나타냄.
~~	말소된 글자이지만, 자획이 분명한 경우에 한해서 원 글자의 아랫부분에 붙인 것.
■	말소에 의해 판독이 곤란한 것.
*	Ⅱ 역사용어이며 해당 부분의 내용을 참조.
【 】	글자의 배열이 역방향임을 표기한 것.

3. 목간의 크기

목간의 크기는 나라문화재연구소에서 공개하고 있는 木簡庫(https://mokkanko.

nabunken.go.jp/kr/ 한국어판 URL임)에 근거하여 일람표를 별도로 작성하였다(본서 말미에 "총람 수록 목간 일람표" 참조). 따라서 일람표에 사용된 기호도 木簡庫와 같다. 다만, 본문의 판독문은 앞의 "2. 목간 판독문의 기호"에 제시된 바와 같이 木簡庫와 약간 다른 부분이 있다. 크기 부분의 기호에 대한 설명은 다음과 같다.

크기는 "길이", "너비", "두께"(단위: 밀리미터)의 3항목으로 나누어져 있다. "길이"는 목간이 기록된 문자의 방향을 기준으로 하였다. 길이에 관한 표현("長邊" 등)뿐만 아니라 높이에 관한 표현("器高" 등)도 포함된다. "너비"에는 폭에 관한 여러 표현("幅"자가 포함된 것, "径"자가 포함된 것, "外寸"(외부치수)·"內寸"(내부치수))이 포함된다. "두께"에는 "奧行"(안길이)도 포함된다.

1점의 목간이 복수의 단편으로 갈라진 경우, 각 단편의 치수를 항목별로 나누어 " ; "로 연결시켜 표시하였다(ab 등으로 각 부분에 명칭을 단 경우도 있다). 결손이나 2차적인 성형에 의해 원형과 달라진 경우에는 숫자에 ( )를 붙였다. 단, 『木簡研究』에는 2차적인 성형의 경우, ( )를 붙이지 않았다. 본서에서는 『木簡研究』에 게재된 데이터를 그대로 수록하였으므로 이 점에 관해서는 유의하기 바란다. 그리고 삭설의 크기는 표시하지 않았다.

4. 목간의 분류 및 종류

일본 학계에서는 기재 내용을 기준으로 목간을 크게 文書, 付札, 기타의 3종류로 구분한다.

文書는 여러 관청에서 작성된 여러 가지 문서, 記錄, 관인의 書狀 등을 총칭한 말이다. 이는 다시 '협의의 문서'와 '帳簿, 傳票' 등의 기록으로 나눌 수 있다. 협의의 문서란 서식으로 어떤 형태로든 授受 관계를 알 수 있는 것을 말한다. 문서의 발신자와 수신자가 명기되는 것은 물론이며 수신자가 없어도 어딘가에 보냈다는 것을 알 수 있는 어구가 나오는 것도 포함된다. 또 문서의 수수관계가 명기되지 않는 협의의 문서 가운데 물자의 출납에 관해 기록한 것을 장부나 전표라고 한다.

付札은 물건의 내용을 나타내기 위해 붙인 것을 총칭한다. 부찰에는 여러 관청에서 물품을 보관, 정리하기 위해 붙인 '협의의 부찰'과 調·庸·中男作物 등 稅에 붙인 '荷札'이 있다. 후자는 각 지방에서 중앙으로 貢進된 물자에 붙인 것이라는 뜻으로 貢進物付札, 貢進物荷札이라고 부를 때도 있다.

이외에 習書, 落書 등이 있는데, 습서는 문자를 연습하거나 典籍을 학습할 목적으로 글자나 문장을 반복해서 쓴 것이다.

한편 특정한 용도로 쓰인 목간을 아래와 같은 용어로 지칭한다.

1) 過所(가쇼)木簡

관문의 통행허가증. 여행자는 여행 이유, 통과할 관문의 이름, 목적지, 從者, 휴대품 등을 기록하여 신청해야 하고 京職·國司가 발급하였다. 大寶令에서는 목간을 사용하는 것도 인정되었지만 715년에 國印을 찍어야 하므로 목간이 아닌 종이로 만든 過所(가쇼)로 통일되었다.

2) 削屑(삭설)

목간을 재사용하기 위해 표면을 칼로 얇게 깎아 낸 파편이다. 한국에서는 목간 부스러기라고도 하고 중국에서는 削衣라고 하나 본서에서는 일본에서 사용되는 삭설이란 용어를 사용한다.

3) 告知札(고쿠치후다)

유실물, 습득물, 미아 등에 관해서 길을 오가는 불특정 다수의 사람한테 알리기 위해 게시한 목간이며 내용이 '告知'로 시작한다. 형태적 특징은 길이가 1m 정도 되는 장대하고 하단을 뾰족하게 만든 것이 일반적이다.

4) 郡符(군푸)木簡

公式令 符式에 의하여 郡司가 관하의 里 등에 명령할 때 사용한 목간. 일반적인 목간의 길이는 1척(약 30㎝) 정도인데 출토된 군푸 목간은 그의 2배인 2척(약 60㎝)이다. 군푸 목간의 특징은 출토지, 즉 폐기된 장소가 수신자가 있던 곳이 아니라는 점이다. 수신자 즉 명령을 받은 책임자가 소환된 사람들을 데리고 갈 때 목간을 지참하도록 하고 발신자인 郡司의 점검을 받은

후에는 버린 것으로 생각된다.

5) 題籤軸(다이센지쿠)
두루마리 문서 축의 위부분에 문서 내용이나 제목을 쓴 표찰이 있는 것.

6) 呪符(주후)木簡
병이나 재앙을 가져오는 악귀를 막기 위해 도형이나 그림을 그리거나 주문을 쓴 목간.

7) 封緘(후칸)木簡
종이 문서를 보낼 때 타인이 볼 수 없도록 하기 위한 목간이다. 2개로 쪼갠 판자 사이에 문서를 넣고 끈으로 묶어서 그 위에서 '封'자를 써서 열지 못하도록 하였다. 상단과 중앙부에 좌우로 홈을 파고 하부는 좌우를 깎아서 자루처럼 만든다.

5. 목간 내용과 관련되는 용어

1) 具注曆(구추레키)
연월일의 吉凶을 주기한 달력. 陰陽寮의 曆博士가 작성하고 매년 11월 1일에 주상하여 관청에 배포되었다. 月의 大小, 24절기, 72候, 일·월식, 일출·일몰 시각 등을 주기하였다.

2) 急急如律令(규규뇨리쓰료)
도교에서 사용된 呪句이다. 중국 前漢 때 율령에 규정이 있는 사항과 관련해서 명령할 경우에 문서 마지막에 '如律令'이라고 썼는데 後漢 때 도교에서 사용하는 呪符 등에서 저주의 효과가 급속히 나타나도록 이 주구를 쓰기 시작하였다. 고대 일본에 도교는 전래되지 않았으나 도래인들로부터 도교적 신앙(神仙 사상)이나 도교적 주술(도술, 도사법)이 퍼졌다.

3) 萬葉假名(만요가나)

일본어를 표기하기 위해 한자의 음이나 훈을 빌려서 표기한 것. 『萬葉集』에서 많이 사용되었기 때문에 이렇게 불린다. 眞假名(마가나)라고도 한다. 한 글자로 한 음절을 표기하는 것이 기본이다. 이를 초서체로 쓴 것이 平假名(히라가나), 약자체로 쓴 것이 片假名(가타카나)이다.

4) 宣命(센묘)

천황의 명령을 일본어식 문장(宣命體: 센묘타이)으로 쓴 문서. 元日朝賀, 즉위, 改元, 立后, 立太子 의식 등에서 사용되었다. 詔·勅은 한문체로 썼지만 센묘는 용어의 어미나 동사, 조동사 등을 1자 1음의 만요가나로 표기하였다.

5) 蘇民將來(소민쇼라이)

전염병을 막는 신. 『備後國風土記』의 逸文에 의하면 須佐雄神(수사노오노카미)가 하룻밤 숙박하는 것을 청했을 때 부유한 동생인 巨旦將來(고탄쇼라이)가 거절하였으므로 몰락하고 가난한 형인 蘇民將來(소민쇼라이)는 잘 대접하여 띠로 만든 고리를 허리에 달면 전염병에 걸리지 않을 것이라고 가르쳐 주었다. 소민쇼라이 일족은 그 말을 따라 하여 전염병에서 살아남았다고 한다. 지금도 '蘇民將來之子孫'이라고 쓴 護符가 사용되는데 8세기나 9세기 목간이 출토되는 것으로 보아 이러한 신앙이 고대에도 존재했다는 것을 알 수 있다.

6. 목간과 같이 출토되는 목제품

1) 短冊(단자쿠)
글씨를 쓰거나 물건에 매다는 데 쓰는 폭이 좁은 장방형 종이.

2) 曲物(마게모노)
노송나무나 삼나무로 만든 얇은 판자를 구부려 원형으로 만든 용기.

3) 卒塔婆(소토바)

원래는 梵語 stupa를 음역한 말로 탑을 뜻하지만, 일본에서는 죽은 사람을 공양하기 위해 묘 뒤에 세운 긴 판자인 板塔婆(이타토바)를 뜻하는 경우가 많다. 위쪽 좌우에 五輪塔을 뜻하는 5개 새김을 하고 앞뒤에 梵字, 경문, 戒名, 죽은 날짜 등을 적는다.

4) 繪馬(에마)

神佛에게 기원 혹은 謝恩을 하기 위해 헌납하는 그림의 편액. 원래는 말을 헌상했는데 나중에 말을 그린 그림을 사용하게 되었다. 말이나 소를 산 제물로 하는 습속은 고훈시대 유물이나 『日本書紀』, 『續日本紀』, 『風土記』에 확인된다. 『續日本紀』에는 祈雨를 할 때나 止雨를 빌 때 올렸다는 기록이 있다. 고대 유적에서도 에마가 출토되어 일찍부터 이러한 풍습이 있었다는 것을 알 수 있다.

5) 齋串(이구시)

신에게 제사를 지낼 때 사용하는 꼬챙이. 비쭈기나무나 대나무로 만드는데, 삼 등을 걸어서 신에게 바치거나, 제사를 지내는 자리를 둘러싸서 경계로 하는 등 용도가 다양하다.

6) 籌木(주기)

배변의 뒤처리를 하는 나무 조각. 일회용 나무젓가락처럼 만든 것이 일반적인데 도성이나 관청 유적에서는 목간을 쪼개서 사용한 것이 많이 출토된다.

7) 檜扇(히오기)

노송나무나 삼나무로 만든 얇고 긴 판자를 묶어서 만든 부채.

8) 人形(히토가타)

나무, 짚, 대나무, 종이 등으로 사람 모습을 만들고 행사나 주술에서 사용한 것. 고대에는 금속으로 만든 것도 있으나 주로 나무판자를 사용하였다. 장난감이나 감상용 人形은 '닌교'라고 부른다. 사람의 더러움이나 재앙을 히토가타에 맡기고 바다나 하천에 흘려보내는 것으로 신령이 드는 依代(요리시로)로 사용되었다. 배 모양으로 만든 舟形(후나가타), 말 모양으로 만든 馬形(우마가타), 새 모양으로 만든 鳥形(도리가타)도 있다.

28. 奈良縣·飛鳥藤原

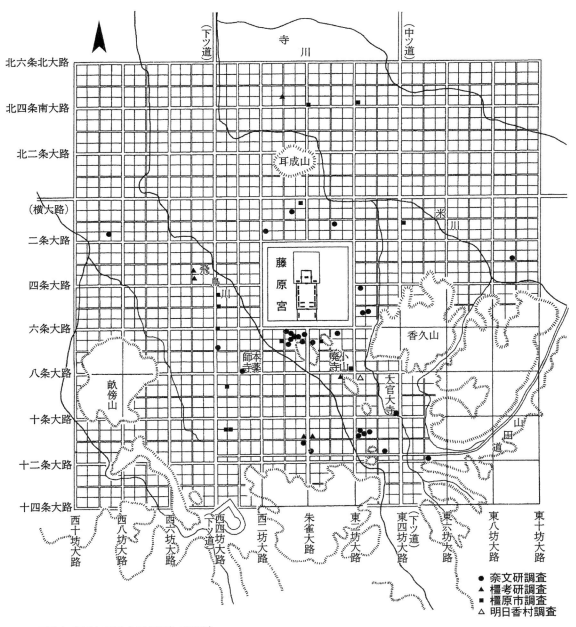

그림 1. 藤原宮 목간 출토 지점(1:50000)

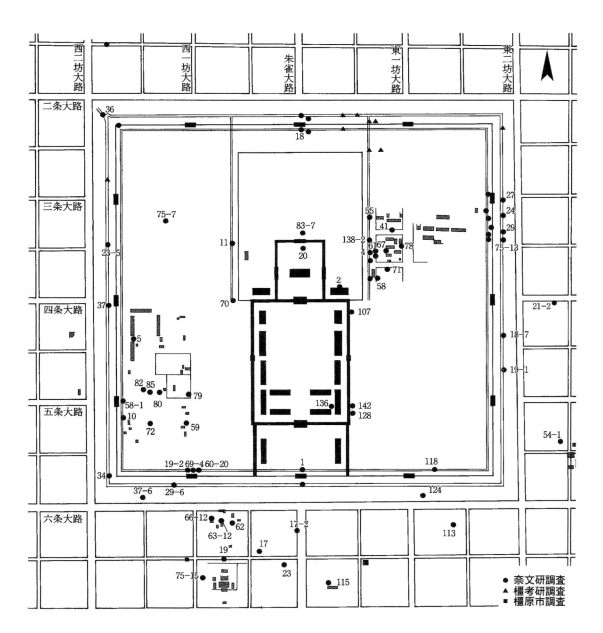

그림 2. 藤原宮 목간 출토 지점(1:10000)

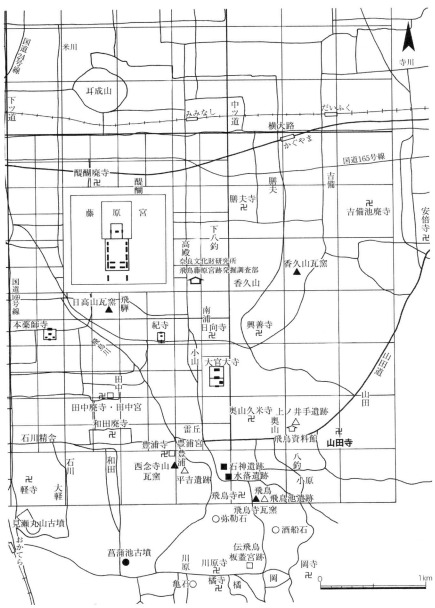

그림 3. 아스카의 궁전과 사원

奈良文化財研究所『山田寺発掘調査報告 −本文編−』(2002, 23쪽)

1) 藤原宮跡北邊地區

1. 이름 : 후지와라큐 터
2. 출토지 : 奈良縣(나라현) 橿原市(가시하라시)
3. 발굴기간 : 1966.12~1967.4
4. 발굴기관 : 奈良縣教育委員會
5. 유적 종류 : 궁전·관아
6. 점수 : 2,122

7. 유적과 출토 상황

후지와라노미야 內裏 지역인 大宮土壇 북방이다. 목간은 한 점을 제외하고 모두 溝에서 출토되었다.

SD101 후지와라노미야 간선 도랑인 SD105 동쪽 18.1m를 평행해서 북쪽으로 흐르는 폭 1.9m의 溝다. 비교적 새로운 시기에 만들어지고 헤이조쿄로 천도하기 전까지 이용된 溝로 생각된다. 목간 46점이 출토되었다.

SD105 朝堂院 中軸線 동쪽 약 150m를 북쪽으로 흐르는 최대 폭 5.6m의 大溝이다. 郡에서 쓰는 목간은 3점밖에 없어 비교적 시기가 올라가는 溝이다. 남지구에서 513점, 북지구에서 목간 380점, 삭설 361점이 출토되었다.

SD170 궁역 동쪽을 구획하는 掘立柱 울타리인 SC175 동쪽 18m를 북쪽으로 흐르고 SD145로 들어가는 폭 4m의 大溝이며 후지와라노미야 동쪽 해자에 해당한다. 목간이 약 50점 출토되었다.

SD145 궁역 북쪽을 구획하는 굴립주 울타리 SC140 북쪽 17m를 서쪽으로 흐르는 大溝이며 후지와라노미야 북쪽 바깥 해자에 해당한다. 동쪽 지구에서 목간 약 100점, 서쪽 지구에서 목간 약 400점 삭설 약 300점이 출토되었다.

8. 목간

목간 1641점, 삭설 663점 총 2124점이 출토되었다. 이 가운데 한 글자라도 판독할 수 있는 것은 약 300점이다.

SD101

(1)

・「□　[　　　　]〔宮?　竪?〕從七位上桑原□」

・「[　　　　]和銅三□〔年?〕[　　　　]　　　　」

和銅 3년은 710년이다.

(2)

・「∨依智郡□□□〔大國里?〕[　]」

・「∨□□〔五物?〕　　　　　　　」

評이 아니라 郡이라 쓰고 있어 비교적 후대의 목간으로 보인다.

SD105

(3)

・「百代主█　百代□〔作?〕×

・「辛酉年三月十日□

'辛酉年'은 齊明 7년(661)에 해당하지만 7세기 말에 쓴 기록일 것이다.

(4)

「　　　　尾□□〔治國?〕[　]
　∨乙未年　　　　　∨
　　　　□〔守?〕部□　　　　」

(5)

×□〔未?〕年四月　乙未年四月×

'乙未年'은 持統 9년(695)에 해당한다.

(6)

太寶三年

　703년이다.

　　(7)

「∨熊野評私里」

　　(8)

「海評海里[　　]」

　　(9)

・「□□〔海?〕國長田評鴨里鴨部弟伊

・「同佐除里土師部得末呂

　　(10)

「∨紀甲郡松淵里才小列部万呂

　　(11)

「　　　　　[　　　]
　∨周吉郡　　　∨
　　　　軍布筥　」

　評을 쓰는 것과 郡을 쓰는 것이 있다.

內裏와 관련이 있는 듯한 목간이 많다.

　　(12)

膳職白主菓餅申解解×

　　(13)

「　　　　　中務務×

　內裏와 관련된 관청이다.

(14)

「　　　大君

(15)

×□二大御筥二大御飯笥二巫□×

‘大君'이나 ‘大御'는 천황과 관련된 표현이다.

(16)

・「　　　　　□□〔田比?〕一□
　　宍人娘賜
　　　　　　　　長鮑一□〔列〕

・「□□五□
　　日魚中古

‘宍人娘'은 天武 천황의 嬪이다.

典藥寮와 관련된 목간도 다수 출토되었다.

(17)

「∨麻黃卅四□〔把?〕　　　∨」

(18)

「∨麦門冬三合 」

(19)

「∨署預二升半 」

(20)

・「∨龍骨五両×

・「∨[　　]

(21)

・「∨高井郡大黃∨」

・「∨十五斤　　　∨」

약재의 부찰, 하찰이다.

(22)

・「漏盧湯方漏盧　　　升麻　　　黄芩　　　大黄　　　枳実　　　
　　　　　　　二両　　　　　二両　　　　　二両　　　二両
　白歛　　　白微　　　夕薬　　　甘草　　　　　　　　　　　」
　　二両
・「麻黄　　　漏盧
二両

　新家親王　湯方兎糸子□　　本草　　　　　　　　　　　　　　」

약탕 처방에 관한 목간이다.

(23)

・「　　　　　車前子一升　　西辛一両
　受被給薬
　　　　　　　久参四両　　右三種　　　」
・「多治麻内親王宮政人正八位下陽胡甥」

(24)

「
　弾正台笠吉麻呂請根大夫前　桃子一二升

　　　　　　　　　　　　　　奉直丁刀良」

약물을 청구하는 목간이다.

(25)

・「×□〔木〕草集　　　本草集注×

　×　月　十　　　十月　×

　×本　本　草　　　[　　]□〔草?〕凡　　」
・「黄芩二両芷白芷二両[　　　　　　　　　　]」

'本草集注'는 典藥寮에서 사용한 책이다.

SD170

(26)

「∨[　　　]若佐國小丹生評×

(27)

・×三野國本□□□□〔須郡十市?〕×

・×□〔凡?〕米五斗

'評'과 '郡'이 보인다.

SD145

(28)

「　　　　　　　　　秦人倭
　　∨乙未年木□〔津?〕里
　　　　　　　　　　　　」

'乙未年'은 持統9년(695)이다.

(29)

「∨己亥年十月上捄國阿波評松里

(30)

・「己亥年若佐國小丹□〔生?〕

・「三分里三家首田末□〔呂?〕

'己亥年'은 文武3년(699)이다.

(31)

×□□〔諸?〕□□太寶弍年拾壹月　　　」

'太寶弍年'은 702년이다.

(32)

「　　　　　和銅二年」

'和銅二年'은 709년이다.

(33)

「∨上毛野國車評桃井里大贄鮎∨」

(34)

「∨次評鴨里鴨部

　　　止乃身軍布∨」

(35)

「∨熊毛評大贄伊委之煮∨」

(36)

・「∨吉備中國下道評二万部里∨」

・「∨多比大贄　　　　　　　　∨」

'評'이 확인된다.

(37)

・×□御命受止食國々内憂白　　　」

・×□止詔大□□〔御命?〕乎諸聞食止詔　　　」

(38)

	里女	姉津女	息長女

「二月廿九日春日　妹女　　　　梨女　　　大床女 女長□〔留?〕女　」

　　　　　　　舌□〔布?〕女　□弓女

(앞면에 '執' 습서, 뒷면에 '執' '根' 의 습서와 인명 '根連□〔石?〕末呂')

인명을 열기한 것이다. 內 혹은 典藥寮와 관련될 수 있다.

(39)

・「恐々謹々頓首×

・「受賜味物×

(40)

・「□〔丞?〕大夫前白今日×

・「□〔許?〕可賜哉　使×

　(41)

「御前申薪二束受給」

書狀이다.

9. 참고문헌

奈良縣敎委『藤原宮跡 昭和41年度調査槪要』1967年

奈良縣敎委『藤原宮跡 昭和42年度調査槪要』1968年

奈良縣敎委『藤原宮跡出土木簡槪報』(奈良縣文化財調査報告10) 1968年

奈良縣敎委『藤原宮一國道165號線バイパスに伴う宮域調査』(奈良縣史跡名勝天然記念物調査報告25) 1969年

和田萃「藤原宮跡出土の木簡(その1)」(奈文硏『第1回木簡硏究集會記錄』1976年)

和田萃「奈良·藤原宮跡」(『木簡硏究』5, 1983年)

木簡學會編『日本古代木簡選』岩波書店, 1990年

沖森卓也·佐藤信編『上代木簡資料集成』おうふう, 1994年

愛知縣史編纂委員會·愛知縣『愛知縣史 資料編6 古代1』1999年 (『藤原宮』1969年, 解説文101頁所収木簡の釋文あり)

木簡學會編『日本古代木簡集成』東京大學出版會, 2003年

奈文硏飛鳥資料館『木簡黎明ー飛鳥に集ういにしえの文字たち』(飛鳥資料館圖錄53) 2010年

2) 藤原宮跡西邊地區(68年度調査)

1. 이름 : 후지와라큐 터(68년도 조사)

2. 출토지 : 奈良縣(나라현) 橿原市(가시하라시)

3. 발굴기간 : 1968.9~1969.3

4. 발굴기관 : 奈良縣教育委員會

5. 유적 종류 : 궁전·관아, 중세취락

6. 점수 : 2

7. 유적과 출토 상황

후지와라노미야 북서쪽 모퉁이를 조사할 목적으로 발굴하다가 서면 울타리와 掘立柱 건물, 우물 3기 등을 확인하였다. 목간은 서면 울타리 SC258 서쪽 17m에서 남북으로 흐르는 폭 6m의 溝 SD260에서 출토되었다. 하지키, 스에키도 출토되었다. 헤이조 천도 후에도 수로로서 이용되고 중세까지 존속하였다.

8. 목간

(1)

「o檢領故勾當文□〔有?〕秀長河邊[　　　]了　　　□□

　　□□幵□□是□□侍自所負官□〔物?〕代進□□〔國元?〕了而

(2)

[　　　]河內□□□〔秋成女?〕

'檢領', '勾當'이 확인되나 전체적인 뜻은 잘 알 수 없다. 목간 연대는 후지와라기보다 내려가는 것으로 생각된다.

9. 참고문헌

奈良縣教委『藤原宮跡 昭和43年度調査槪要』1969年

和田萃·鶴見泰壽「奈良·藤原宮跡」(『木簡研究』20, 1998年)

3) 藤原宮跡(1次)南面中門地區

1. 이름 : 후지와라큐 터(1차)
2. 출토지 : 奈良縣(나라현) 橿原市(가시하라시)
3. 발굴기간 : 1969.12~1970.5
4. 발굴기관 : 奈良國立文化財研究所
5. 유적 종류 : 궁전·관아
6. 점수 : 27

7. 유적과 출토 상황

궁성 남변을 확인하기 위해 실시한 조사로 日本古文化研究所가 朝集殿院 南門으로 추정한 유구의 남쪽을 트렌치로 설정하였다. 문 SB500이 궁의 남면 중문에 해당할 것이다. 그 남쪽 약 18m에서 東西溝 SD501, 북쪽 약 11m에서 東西溝 SD502를 확인했다. SD501은 폭 약 5m, 깊이 약 1.1m이며 外濠에 해당하고 SD502는 폭 약 1.6m, 깊이 약 1.1m이고 內濠에 해당할 것이다. 목간은 SD501에서 1점, SD502에서 26점(삭설 23점)이 출토되었다.

8. 목간

SD501
  (1)
花

SD502
  (2)
・「東□〔方?〕十六∨」

・「勘了　　　　∨」

　(3)

・「勘了∨」

'勘了'는 물품을 출납할 때에 물건을 서로 맞추어 본 것을 의미한다.

　(4)

□□□道道

　길이 220㎜의 큰 삭설이다.

9. 참고문헌

奈文研『奈良國立文化財研究所年報1970』1970年

奈文研『飛鳥·藤原宮發掘調査概報』1, 1971年

奈文研『飛鳥·藤原宮發掘調査出土木簡概報』1, 1973年

奈文研『飛鳥·藤原宮發掘調査出土木簡概報』2, 1975年

奈文研『飛鳥·藤原宮發掘調査報告Ⅰ』(奈良國立文化財研究所學報27) 1976年

鬼頭淸明「藤原宮跡出土の木簡(その2)」(奈文研『第1回木簡研究集會記錄』1976年)

奈文研『藤原宮木簡一』(奈良國立文化財研究所史料12) 1978年

木簡學會編『日本古代木簡選』岩波書店, 1990年

山本崇「奈良·藤原宮跡」(『木簡研究』32, 2010年)

4) 藤原宮跡(2次)內裏地區

1. 이름 : 후지와라큐 터(2차)

2. 출토지 : 奈良縣(나라현) 橿原市(가시하라시)

3. 발굴기간 : 1970.7~1970.11

4. 발굴기관 : 奈良國立文化財研究所

5. 유적 종류 : 궁전·관아

6. 점수 : 2

7. 유적과 출토 상황

大極殿院 동면 회랑 동쪽, 朝堂院 회랑 북쪽에 해당한다. 초석 건물 SB530와 掘立柱 담, 溝, 연못 등이 확인되었다. 목간은 SB530 북쪽 柱列의 동쪽에서 5번째 초석 구멍에서 2점 출토되었다.

8. 목간

[   ]o□〔九?〕□

　구멍은 2차적 가공이다.

9. 참고문헌

奈文研『飛鳥·藤原宮發掘調査槪報』1, 1971年

奈文研『奈良國立文化財研究所年報1971』1971年

奈文研『飛鳥·藤原宮發掘調査出土木簡槪報』1, 1973年

奈文研『飛鳥·藤原宮發掘調査出土木簡槪報』2, 1975年

奈文研『飛鳥·藤原宮發掘調査報告Ⅰ』(奈良國立文化財研究所學報27) 1976年

鬼頭淸明「藤原宮跡出土の木簡(その2)」(奈文研『第1回木簡研究集會記錄』1976年)

奈文研『藤原宮木簡一』(奈良國立文化財研究所史料12) 1978年

山本崇「奈良·藤原宮跡」(『木簡研究』32, 2010年)

5) 藤原宮跡(4次)内裏地區

1. 이름 : 후지와라큐 터(4차)
2. 출토지 : 奈良縣(나라현) 橿原市(가시하라시)
3. 발굴기간 : 1971.11~1972.4
4. 발굴기관 : 奈良國立文化財研究所
5. 유적 종류 : 궁전·관아
6. 점수 : 51

7. 유적과 출토 상황

조사는 內裏 외곽 시설 확인을 목적으로 했다.

SD105는 內裏 외곽 동쪽 담 SA865 동쪽에 있고 남쪽에서 북쪽으로 흐르는 폭이 약 5m이고 깊이가 0.7m의 溝이며 길이는 23m로 확인되었다. 퇴적토는 3층으로 나뉘고 목간은 2층 이하에서 51점(삭설 16점)이 출토되었다.

SD850은 SD105 동쪽 약 20m에서 남에서 북으로 흐르는 溝이고 폭이 약 2.4m, 깊이가 약 0.5m, 길이가 23m이다. 퇴적토는 3층으로 나뉘고 목간은 최하층에서 목편이나 다량의 토기와 같이 6점(삭설 1점) 출토되었다.

8. 목간

SD105

(1)

· □□比六又□〔久?〕ツ乃乎由比四」

· □二又□□□   」

물품명과 그 수량을 기록한 것으로 생각된다. 물품명을 萬葉假名로 쓴다.

(2)

・戸□少初位下[   ]

　戸主少初位下長谷部首万呂

・『[　　]』奴一　　　　□(깎이다 남은 묵흔이 있다)

호주의 인명을 열거하여 기록한 문서목간의 단판.

(3)

・「三川國鴨

・「□□□□上□□

'三川國 鴨'은 『和名抄』 參河國 賀茂郡에 해당한다.

SD850

(4)

・外從從　　　」

・『□□〔絁?〕』」

9. 참고문헌

奈文研 『飛鳥·藤原宮發掘調查槪報』 2, 1972年

奈文研 『奈良國立文化財研究所年報1972』 1972年

奈文研 『飛鳥·藤原宮發掘調查出土木簡槪報』 1, 1973年

奈文研 『飛鳥·藤原宮發掘調查出土木簡槪報』 2, 1975年

鬼頭淸明 「藤原宮跡出土の木簡(その2)」(奈文研 『第1回木簡硏究集會記錄』 1976年)

奈文研 『藤原宮木簡一』(奈良國立文化財研究所史料12) 1978年

奈文研 『飛鳥·藤原宮發掘調查報告Ⅲ』(奈良國立文化財研究所學報37) 1980年

奈文研 『奈良文化財研究所紀要2006』 2006年

奈文研 『飛鳥·藤原宮發掘調查出土木簡槪報』 22, 2008年

桑田訓也「奈良·藤原宮跡」(『木簡研究』33, 2011年)

6) 藤原宮跡(5次)西方官衙南地區

1. 이름 : 후지와라큐 터(5차)

2. 출토지 : 奈良縣(나라현) 橿原市(가시하라시)

3. 발굴기간 : 1972.3~1972.8

4. 발굴기관 : 奈良國立文化財硏究所

5. 유적 종류 : 궁전·관아

6. 점수 : 3

7. 유적과 출토 상황

후지와라노미야 서쪽의 관아를 구성하는 掘立柱 건물 SB1100A.B, SB1110A.B와 그 사이에 우물 SE1105 등이 확인되었다. 목간은 우물 SE1105에서 3점(삭설 1점) 출토되었다. 상부 직경이 약 4m, 바닥의 직경이 약 2.8m이며, 깊이는 약 2m이다. 기와, 토기, 목제품, 전복·소라의 패각이 같이 출토되었다.

8. 목간

SE1105

(1)

· □宮末呂又粟」

· □   」

・「∨□〔尻?〕部奈波手」

・「∨俵　　　　　　」

　쌀 부찰로 추정된다.

9. 참고문헌

奈文研『飛鳥·藤原宮發掘調査概報』3, 1973年

奈文研『飛鳥·藤原宮發掘調査出土木簡概報』1, 1973年

奈文研『奈良國立文化財研究所年報1973』1974年

奈文研『飛鳥·藤原宮發掘調査出土木簡概報』2, 1975年

鬼頭清明「藤原宮跡出土の木簡(その2)」(奈文研『第1回木簡研究集會記錄』1976年)

奈文研『飛鳥·藤原宮發掘調査報告Ⅱ』(奈良國立文化財研究所學報31) 1978年

奈文研『藤原宮木簡一』(奈良國立文化財研究所史料12) 1978年

沖森卓也·佐藤信編『上代木簡資料集成』おうふう, 1994年

奈文研『奈良文化財研究所紀要2006』2006年

奈文研『飛鳥·藤原宮發掘調査出土木簡概報』22, 2008年

山本崇「奈良·藤原宮跡」(『木簡研究』34, 2012年)

7) 藤原宮跡(10次)西南官衙地區

1. 이름 : 후지와라큐 터(10차)

2. 출토지 : 奈良縣(나라현) 橿原市(가시하라시)

3. 발굴기간 : 1973.10~1974.7

4. 발굴기관 : 奈良國立文化財研究所

5. 유적 종류 : 궁전·관아

6. 점수 : 4

7. 유적과 출토 상황

조사 지구는 서면 남문 추정지의 남쪽이다. 담, 內濠, 掘立柱 건물 6동, 담 3조 등을 확인하였다. 서면 담 SA258 동쪽 약 11.8m에서 폭이 2m, 깊이가 0.6m로 남에서 북으로 흐르는 溝 SD1400을 확인하였다. 서면 內濠에 해당하고 제3층에서 다량의 기와와 같이 목간 4점은 SD1400에서 출토되었다.

8. 목간

(1)

「∨知母九斤[　]」

'知母'는 백합과의 知母이며 뿌리줄기를 약재로 쓰고 열을 내리는 효능이 있다.

(2)

「∨六□□〔拾四?〕」

(3)

花一斗五升」

9. 참고문헌

奈文研 『飛鳥·藤原宮發掘調査概報』 4, 1974年

奈文研 『奈良國立文化財研究所年報1974』 1975年

奈文研 『飛鳥·藤原宮發掘調査概報』 5, 1975年

奈文研 『飛鳥·藤原宮發掘調査出土木簡概報』 2, 1975年

鬼頭清明 「藤原宮跡出土の木簡(その2)」 (奈文研 『第1回木簡研究集會記錄』 1976年)

奈文研 『飛鳥·藤原宮發掘調査報告Ⅱ』 (奈良國立文化財研究所學報31) 1978年

奈文研 『藤原宮木簡一』 (奈良國立文化財研究所史料12) 1978年

奈文研『飛鳥·藤原宮發掘調査報告Ⅲ』(奈良國立文化財研究所學報37) 1980年

木簡學會編『日本古代木簡選』岩波書店, 1990年

8) 藤原宮跡(11次)內裏西官衙地區

1. 이름 : 후지와라큐 터(11차)

2. 출토지 : 奈良縣(나라현) 橿原市(가시하라시)

3. 발굴기간 : 1974.1~1974.3, 1975.1

4. 발굴기관 : 奈良國立文化財研究所

5. 유적 종류 : 궁전·관아

6. 점수 : 6

7. 유적과 출토 상황

조사지구는 大極殿 서쪽의 약 150m에서 담 1, 溝 3, 우물 2, 토갱 1을 확인했다. 內裏 서쪽 외각 남북의 담 SA1670 서쪽에 약 8m의 南北溝 SD1680이 있다. 폭은 5m이며 깊이가 0.5m 이고 매립토는 3층으로 나뉜다. 최하층에서 목간 6점(삭설 1점)이 출토되었다.

8. 목간

(1)

· 「□田郡長岡里道守奈加麻呂」

· 「　　　　五斗八升　　　　　」

『和名抄』에 長岡鄉은 몇 군데 있지만 확정하지 못 한다. 쌀의 하찰로 추정된다.

(2)

卅四　□□〔卷?〕四

9. 참고문헌

奈文研『奈良國立文化財研究所年報1974』1975年

奈文研『飛鳥·藤原宮發掘調査概報』5, 1975年

奈文研『飛鳥·藤原宮發掘調査出土木簡概報』2, 1975年

奈文研『藤原宮木簡一』(奈良國立文化財研究所史料12) 1978年

奈文研『飛鳥·藤原宮發掘調査報告Ⅱ』(奈良國立文化財研究所學報31) 1978年

9) 藤原宮跡(18次)北面中門地區

1. 이름 : 후지와라큐 터(18차)

2. 출토지 : 奈良縣(나라현) 橿原市(가시하라시)

3. 발굴기간 : 1975.6~1976.1

4. 발굴기관 : 奈良國立文化財研究所

5. 유적 종류 : 궁전·관아

6. 점수 : 570

7. 유적과 출토 상황

후지와라노미야 북면 중문과 그 주변이다. 북면중문 SB1900, 溝 6, 궁의 북쪽 담 SA140, 다리 1, 토갱 3 등을 확인하였다.

토갱 SK1903은 外濠 SD145의 남안에서 북면중문 SB1900 동쪽 15m에서 확인된 직경 3m의 토갱이다. 자귀로 깎은 삭설, 曲物 뚜껑 등과 같이 목간이 12점 출토되었다.

溝 SD145는 북면중문 SB1900 북쪽에 위치하는데 폭 약 5m, 깊이 1m로 규모가 크다. 조사구 중앙에서 북쪽으로 흐르는 SD1901B로 연결된다. 목간이 551점 출토되었다.

8. 목간

SK1903

(1)

「九月廿六日薗職進大豆卅□〔石?〕　」

　'薗職'이 콩을 진상한 것을 기록한 문서 목간이다. 薗職은 다른 문헌 사료에 확인되지 않지만 율령제 관청 薗池司와 관련이 있을 가능성이 있다.

(2)

・×於市□〔沽?〕遺糸九十斤　蝮王　猪使門　　。」

・×月三日大属從八位上津史岡万呂　　　。」

　시장에서 실 90근을 판 것을 기록한 목간이다. '蝮王' '猪使門'은 실을 궁에서 반출할 때 지나는 문을 의미할 것이다. 하단에 구멍이 있어 묶어서 보관한 것으로 보인다.

(3)

「∨下毛野國足利郡波自可里鮎大贄一古參年十月廿二日」

　'波自可里'는 『和名抄』 足利郡 土師鄕에 해당한다. '參年'은 大寶3년(703)일 가능성이 크다.

(4)

凡凡造

　'凡造'로 시작되는 율령 조문을 쓴 가능성이 있다.

SD145

(5)

・「卿等前恐々謹解寵命□

・「卿尓受給請欲止申

　'卿等'에게 아뢰는 문서 목간이다. 卿은 8省의 장관을 뜻하지만 여기서는 존칭으로 사용된 것으로 생각된다.

(6)

・「御門方大夫前白上毛野殿被賜」

・「鳥草六十斤□□頓首白之」

 '大夫'는 존칭 혹은 지위를 뜻한다.

(7)

・「恐々受賜申大夫前筆

・「曆作一日二赤万呂□

붓을 청구하는 문서 목간이다. '曆作'으로 달력을 만드는 것과 관련된 붓으로 생각된다.

(8)

・『□

　　　□　符處々塞職等受

　　　□』

・　　　常僧師首　僧

　　　常僧　藥　藥首市　市

　　　　常　　　　　僧　』

 '塞職'한테 보낸 符이다. 뒷면 및 앞면 상부는 다른 사람이 쓴 습서이다. '塞'는 관문을 뜻하는 것으로 추정된다.

(9)

・內掃部司解□×

・倭國　葛下郡×

 '內掃部司'는 宮內省에 소속하고 供御하는 席, 薦을 담당하는 관청이다.

(10)
　　　　管內藏三人
中務省

 '管'은 관청을 관리하는 뜻이다. 율령에서 內藏寮는 중무성에 소속된다.

(11)

「中務省使部

　養老(요로)令에서 中務省에 使部 70명이 배속되어 있다.

　　(12)

・「西一倉」

・「千二百□〔九?〕□一□〔升?〕八合二勺」

　'西一倉'은 창고 위치로 인한 호칭일 것이다. 뒷면 숫자는 그 창고에 수납되어 있는 곡물의 양을 듯한다고 생각된다.

　　(13)

月十一日戌時奉×

　시간까지 기록하고 있다. 궁문에 출입하는 것과 관련될 가능성이 있다.

　　(14)

・丸子白麻呂

・□□□　　　　　　□

　田部□〔兄?〕人　日下部子麻□

　인명을 열기한 목간이다.

　　(15)

五日常食□〔料?〕　　　□〔升?〕　　　大炊寮□〔助?〕□×

　'大炊寮'가 '常食料'을 어느 관청에 지급한 것을 기록한 문서이다.

　　(16)

□麦五斗　瓶二

　'瓶'는 이체자다. 보리 5두를 항아리에 보관한 것이다.

　　(17)

・乙未年八月十一日　舍人□□□〔秦內麻?〕□

・[　]□□

'乙未年'은 持統9년(695)에 해당한다.

(18)

· □麻子油三升□〔四?〕合三勺

· 今□盆

'麻子油'는 삼의 종자로 만든 기름이다.

(19)

· 丁酉

· 丁酉年六

　　□□□

丁酉年은 文武원년(697)에 해당한다.

(20)

三方評竹田部里人　　粟田戸世万呂
　　　　　　　　　　塩二斗

(21)

庚子年四月　　若佐國小丹生評
　　　　　　　木ツ里秦人申二斗

'庚子年'은 文武4년(700)이다. '小丹生評 木ツ里'는 『和名抄』의 大飯郡 木津鄕에 해당한다.

(22)

· 丁酉年若侠國小丹生評岡田里三家人三成

· 御調塩二斗

(23)

· 小丹評從□〔車?〕里人

· 移部止己麻尓 侶皮

　　　　　　　一斗半

(24)

板野評津屋里猪脯

(25)

丙申年七月旦波國加佐評□〔椋?〕

(26)

「∨出雲國嶋根郡副良里伊加大贄廿斤」

'嶋根郡 副良里'는『和名抄』에 해당하는 향이 없다. '伊加'(이카)는 오징어다.『延喜式』에 出雲國의 調 품목으로 보인다.

(27)

出雲評支豆支里大贄煮魚 須々支
×

(28)

・己亥年九月三野國各□〔牟?〕×

・汙奴麻里五百木部加西俵

'己亥年'은 文武3년(699)이다.

(29)

「∨大寶三年十一月十二日御野國楡皮十斤

'楡皮' 즉 느릅나무 껍질은 조미료나 약재로 사용된다.

(30)

・甲午年九月十二日知田評

・阿具比里五□〔木?〕部皮嶋□養米六斗

(31)

「　　　海里人
　∨海評
　　　小宮軍布∨」

'海評 海里'는『和名抄』에는 隱岐國과 尾張國에 있다. '軍布'(메)는 해조이다.

(32)

「∨宇和評小物代贄∨」

 ‘宇和評’은 伊豫國 宇和郡이다.

(33)

・「∨辛卯年十月尾治國知多評」

・「∨入見里神部身￭三斗」

 ‘辛卯年’은 持統5년(691)이다.

(34)

大荒城評胡麻□

 ‘大荒城評’는 上野國 邑樂郡?. ‘胡麻’(고마=참깨)는 『연희 전약식』에 上野國 年料雜藥에 있다.

(35)

海評三家里人 日下部赤□
        軍布

 ‘海評三家里’는 『和名抄』尾張國에 있다.

(36)

・「∨寸松里人海部國麻呂二

・「∨[   ]

(37)

「∨乙未年御調寸松

 ‘乙未年’은 持統9년(695)이다. ‘寸松(里)’는 寸이 村을 뜻하고 參河國 渥美郡에 있다.

(38)

與射評大贄伊和[

 ‘與射評’는 丹波國 與謝郡이다. ‘伊和…’는 이와시는 정어리를 뜻할 것이다.

(39)

・「∨己亥年十月吉備□〔中?〕×

・「∨評輕部里□

'己亥年'은 文武3년(699)이다. '輕部里'는『和名抄』備中國 窪屋郡 輕部鄉에 해당한다.

9. 참고문헌

奈文研『飛鳥·藤原宮發掘調查出土木簡槪報』2, 1975年

奈文研『飛鳥·藤原宮發掘調查槪報』6, 1976年

奈文研『奈良國立文化財研究所年報1976』1976年

奈文研『藤原宮木簡一』(奈良國立文化財研究所史料12) 1978年

木簡學會編『日本古代木簡選』岩波書店, 1990年

沖森卓也·佐藤信編『上代木簡資料集成』おうふう, 1994年

木簡學會編『日本古代木簡集成』東京大學出版會, 2003年

奈文研『奈良文化財研究所紀要2006』2006年

奈文研『飛鳥·藤原宮發掘調查出土木簡槪報』20, 2006

年奈文研『飛鳥·藤原宮發掘調查出土木簡槪報』22, 2008年

奈文研飛鳥資料館『木簡黎明―飛鳥に集ういにしえの文字たち』(飛鳥資料館圖錄53) 2010年

10) 藤原宮跡(18-7次)東面中門南東地區

1. 이름 : 후지와라큐 터(18-7차)
2. 출토지 : 奈良縣(나라현) 橿原市(가시하라시)
3. 발굴기간 : 1976.2
4. 발굴기관 : 奈良國立文化財研究所
5. 유적 종류 : 궁전·관아
6. 점수 : 36

7. 유적과 출토 상황

동면 중문 추정지에서 남쪽으로 85m에서 溝 SD170을 확인하였다. 많은 목편과 曲物과 같이 목간 36점이 출토되었다.

8. 목간

(1)

×大祐務正七位上菅×

'大祐'는 神祇官의 判官에 해당한다. '務正七位'는 大寶(다이호)令 시행 직후의 위계 표기다.

(2)

大宮□〔召?〕官奴婢

'大宮'이 '官奴婢'를 소환한 것이다. 대궁은 후지와라노미야 내리(内裏)를 뜻할 것이다.

(3)

「∨大宅水取大□〔嶋?〕×

　　石寸部安末呂

하찰의 단편으로 생각된다.

9. 참고문헌

奈文研『飛鳥·藤原宮發掘調査槪報』6, 1976年

奈文研『奈良國立文化財硏究所年報1976』1976年

奈文研『飛鳥·藤原宮發掘調査出土木簡槪報』3, 1977年

奈文研『藤原宮木簡一』(奈良國立文化財硏究所史料12) 1978年

11) 藤原宮跡東面中門南東地區(19-1次)

1. 이름 : 후지와라큐 터(19-1차)
2. 출토지 : 奈良縣(나라현) 橿原市(가시하라시)
3. 발굴기간 : 1976.5
4. 발굴기관 : 奈良國立文化財硏究所
5. 유적 종류 : 궁전·관아
6. 점수 : 19

7. 유적과 출토 상황

동면 중문에서 180m 남쪽으로 떨어진 곳에서 트렌치로 폭 1.5m, 길이 9m를 조사하였다. SD170 최하층에서 자귀로 깎은 나무 삭설과 같이 목간이 19점 출토되었다.

8. 목간

• 「   □

  □□春部己西部丸部[ ]人」

  春[ ] □ [ ]

• 「   □□ □ 人 □

    □ 人人阿□□   」

인명을 연습한 습서목간이다.

9. 참고문헌

奈文硏『飛鳥·藤原宮發掘調查槪報』7, 1977年

奈文硏『奈良國立文化財硏究所年報1977』1977年

奈文硏『飛鳥·藤原宮發掘調查出土木簡槪報』3, 1977年 奈文硏『藤原宮木簡一』(奈良國立文

化財研究所史料12) 1978年

12) 藤原宮跡(19-2次)西南官衙地區

1. 이름 : 후지와라큐 터(19-2차)
2. 출토지 : 奈良縣(나라현) 橿原市(가시하라시)
3. 발굴기간 : 1976.10~1977.11
4. 발굴기관 : 奈良國立文化財研究所
5. 유적 종류 : 궁전·관아
6. 점수 : 59

7. 유적과 출토 상황

남면 중문 SB500 북쪽 11m에 위치하는 동쪽에서 서쪽으로 흐르는 溝 SD502는 궁의 內濠이다. 남면 서문 주변에서는 폭 2.5m, 깊이 1m의 3층으로 구성된 퇴적층이 발견되었는데, 상층에서는 많은 기와가 출토되었고 중·하층에서도 목편과 함께 목간이 59점 출토되었다.

8. 목간

SD502
남면 서문 주변
　(1)
· 　　　但鮭者速欲等云□□
· 以上博士御前白　宮守官
'宮守官'이 '博士'에게 '鮭'(연어)를 청구하는 것에 대해 보고한 문서다. 宮守官은 미상이지만 궁성의 문을 지키는 관청일 가능성이 크다.

(2)

· □□□〔內妻?〕□□自女冊 舟木若子女 　卅五□□〔南槐?〕
　　　　　　　　　　　　　　　　　　　直在

· [　　] [　　　　　]

여자의 이름과 나이를 쓴 목간이다.

(3)

「∨新大刀十口中」

부찰 목간이다.

9. 참고문헌

奈文研『飛鳥·藤原宮發掘調査槪報』7, 1977年

奈文研『奈良國立文化財硏究所年報1977』1977年

奈文研『飛鳥·藤原宮發掘調査出土木簡槪報』3, 1977年

奈文研『藤原宮木簡一』(奈良國立文化財硏究所史料12) 1978年

木簡學會編『日本古代木簡選』岩波書店, 1990年

13) 藤原宮跡(20次)大極殿院地區

1. 이름 : 후지와라큐 터(20차)

2. 출토지 : 奈良縣(나라현) 橿原市(가시하라시)

3. 발굴기간 : 1977.2~1977.7, 1977.12

4. 발굴기관 : 奈良國立文化財硏究所

5. 유적 종류 : 궁전·관아

6. 점수 : 124

7. 유적과 출토 상황

大極殿 터에 접하는 부분부터 大極院殿 北回廊까지 조사하였다. 溝 SD1901A는 발굴지구 북변에서 북쪽회랑 SC2100과 중복되고 남변 大極殿 부근에서 동서 담 SA2060과 중복되기 때문에 그 사이 36m를 발굴하였다. 溝 폭은 6~7m, 퇴적층은 크게 2층으로 나눌 수 있고 상층은 후지와라노미야 조영 이전에 溝를 메운 것이다. 하층은 두께가 1m이고 많은 물이 흐르고 있었을 것으로 추정되는 자갈 퇴적층이다. 목간은 이 하층의 2층에서 하지키, 스에키, 기와, 목기, 동물 뼈와 함께 출토되었다.

8. 목간

(1)

・「甲申年七月三日　　　□〔部?〕□□

　　　　　□　　　　　　　　□〔

・「　　　日仕　甘於連×

'甲申年'은 天武13년(684)이다. '日仕'는 그날에 근무한 것을 뜻할 가능성이 있다.

(2)

「陶官召人

'陶官'이 사람을 소환한 문서목간의 일부이다. 陶官이라고 하는 관청은 飛鳥淨御原令制 때에 있었다고 생각된다. '관청명+召'로 시작되는 소환 목간은 후지와라노미야나 헤이조큐 목간에도 있는데 이른 시기부터 있었던 것을 알 수 있다.

(3)

□□〔且?〕□舍人官上毛野阿曽美□□〔荒?〕□　右五×

문서목간의 단편이다. '舍人官'은 율령관제의 左右大舍人寮나 東宮舍人監의 전신으로 생각된다. '阿曽美'는 朝臣의 옛 표기로 생각된다.

(4)

· 「法恩師前　小僧吾白　啓者我尻坐□止×

· 「　　僧□者　　　五百□

前白 목간이다.

(5)

□〔豊?〕□評大伴部大忌寸廿六以白

문서목간의 일부. 評과 인명이 있다.

(6)

·　　　　□屋石嶋

　　　　　□□〔枚?〕　縣小廣　和尓根羽

· 八人此急召□而可入食□〔物?〕□甚

　　　　　　　□□首果安　　　　　多

8명을 급하게 소환한 것에 관한 문서기록의 단편이다.

(7)

仕日二百□□〔卅九?〕□×

(8)

夜五十五

　532·533호는 서로 얽힌 상태로 출토되었다. '仕日'은 근무한 일수로 생각되고 그것을 총계한 목간의 삭설일 것이다. 飛鳥淨御原令制下 혹은 그 이전에 관인의 출근일수를 기록하기 시작하였다고 생각된다.

(9)

癸未年十一月　　三野大野評阿漏里
　　　　　　　　□〔阿?〕漏人　□□白米五斗

(10)

· 壬午年十月[　　　]毛野

· □〔芳?〕□□〔評?〕

'壬午年'은 天武11년(682)이며 溝 SD1901A에서 출토된 목간 가운데 가장 오래된 것이다.

(11)

旦波國竹野評鳥取里大贄布奈

贄의 貢進物 하찰이다. '旦波國 竹野評 鳥取里'는 『和名抄』 丹後國 竹野郡 鳥取鄕에 해당한다.

(12)

「 　　　　　阿田矢
　海評佐々里
　　　　　　　軍布　　∨」

'海評佐々里'는 『和名抄』 隱岐國 海部郡 佐作鄕에 해당한다. '軍布'(메)는 해조다.

(13)

·「∨宍粟評山守里」

·「∨山部赤皮□□」

'宍粟評'는 『和名抄』의 播磨國 宍栗郡에 해당한다.

(14)

「□□〔野?〕里秦人□俵」

단위로 '俵'로만 쓴다.

9. 참고문헌

奈文研 『飛鳥·藤原宮發掘調査出土木簡槪報』 3, 1977年

奈文研 『飛鳥·藤原宮發掘調査槪報』 8, 1978年

奈文研 『奈良國立文化財研究所年報1978』 1978年

奈文研 『飛鳥·藤原宮發掘調査出土木簡槪報』 4, 1979年

奈文研 『藤原宮木簡二』 (奈良國立文化財研究所史料18) 1981年

木簡學會編 『日本古代木簡選』 岩波書店, 1990年

沖森卓也·佐藤信編『上代木簡資料集成』おうふう, 1994年

奈文研『奈良文化財研究所紀要2006』2006年

奈文研『飛鳥·藤原宮發掘調査出土木簡槪報』20, 2006年

奈文研『飛鳥·藤原宮發掘調査出土木簡槪報』22, 2008年

奈文研飛鳥資料館『木簡黎明―飛鳥に集ういにしえの文字たち』(飛鳥資料館圖錄53) 2010年

14) 藤原宮跡(24次)東方官衙北地區

1. 이름 : 후지와라큐 터(24차)

2. 출토지 : 奈良縣(나라현) 橿原市(가시하라시)

3. 발굴기간 : 1978.9~1979.3

4. 발굴기관 : 奈良國立文化財研究所

5. 유적 종류 : 궁전·관아

6. 점수 : 1,007

7. 유적과 출토 상황

후지와라노미야 동쪽의 북문 남쪽에 인접하는 지구를 조사하였다. 확인된 유구는 궁 外濠 SD170, 동쪽 담 SA175, 內濠 SD2300, 좌경 2방대로 西側溝 SD2281, 掘立柱 건물 SB2286, 우물 SE2310, 토갱 등이다. 목간은 SD170, SD2300, SE2310에서 총 1,007점 출토되었다.

궁 外濠 SD170은 SA175에서 동쪽으로 약 20m에서 남에서 북으로 흐르는 溝이다. 약 20m 정도 확인되었고 목간 338점이 출토되었다. 폭이 6m, 깊이가 약 1m, 퇴적토는 4층으로 나눌 수 있는데 3층에서 목편과 함께 목간이 출토되었다.

內濠 SD2300은 SA175 서쪽 약 12m에서 남에서 북으로 흐르는 溝이다. 폭이 2~4m, 깊이가 0.6m, 길이가 41m로 확인되었다. 퇴적층은 3층으로 나뉘는데 상층인 1층에서는 기와류, 2

층에서는 하지키, 스에키, 3층에서는 기와, 토기, 목편과 함께 목간 573점이 출토되었다. 95%는 삭설이다.

우물 SE2310은 SD2300 서쪽 10m에서 확인되었다. 직경이 약 1.5m이고 깊이가 약 0.9m이며 최하층에서 대량의 목설과 함께 목간 96점이 출토되었다. 모두 삭설이다.

8. 목간

SD170

(1)

「□〔   〕右舍人親王宮帳內」

'舍人親王'에 배속된 '帳內'에 관한 목간이다. 舍人親王은 天武天皇의 제3황태자이다. 帳內는 친왕을 시중드는 사람이다.

(2)

・「御宮若子御前恐々謹×

・「末□□〔呂豊?〕□命坐而自知何故

前白 목간이다. '御宮若子'는 황태자를 뜻할 가능성이 있다.

(3)

「下道旦臣吉□□〔備麻?〕呂」

'旦臣'은 朝臣이다. 조신은 天武13년(684)에 八色之姓로 제정된 것인데 여러 표기가 있었다.

(4)

百済連羊

인명을 열기한 목간의 일부로 추정된다.

(5)

「丙申年十月□〔十?〕日 [□]
_□

'丙申年'은 696년이다.

(6)

·「□大舍人寮召坂本旦臣梶取　□×

·「針間國造毛人　大□勝兄万呂

　　　　　　　□□　无申　□　□□

'大舍人寮'가 소환한 문서이다.

(7)

·「若狹國小丹生郡手巻里人□×

·「　　　　　『芝一斗　大根四把×』

앞면은 하찰 목간이다. 뒷면은 앞면과 관련이 없다.

(8)

·「志麻國嶋郡塔志里戶主大伴部嶋×

·「志麻[　　　　　　　　　]

호주의 이름을 쓴 貢進物 하찰은 후지와라노미야에서 처음 출토되었다.

(9)

·「尾治國知多郡贊代里」

·「丸部刀良三斗三年九月廿日」

하찰 목간이다. '三年'은 大寶3년(703)을 뜻하는 것으로 추정된다.

(10)

]建部君小□〔林?〕赤米∨」

赤米의 하찰 목간이다.

(11)

·「子曰學而不□

·「□水明□　　□

『論語』學而편의 습서 목간이다.

(12)

・□□□□〔八?〕九□□　　□□×

・□□□　　七九六十三六□□×

숫자를 연습한 것이다. 뒷면에 구구단이 있다.

SD2300

(13)

「御史官×

다른 문헌에 보이지 않은 관청명이다.

(14)

]『春日』奴安麻×

(15)

]安麻呂□×

(16)

×□千繩 年□×

노비의 이름을 쓴 목간들이다.

(17)

「∨三野評物部色夫知　∨」

(18)

「　　　　　　相多
　∨海評佐々里
　　　　　　乃利∨」

隱岐國 海部郡 佐作鄕에 해당한다.

SE2310

　(19)

]□□七□〔枚?〕　　　慶雲三年三月一日

　문서의 삭설이다. 慶雲3년은 706년이다.

　(20)

官奴司謹奏『膳』足桙　　□□×

　'官奴司'가 아뢴 문서이다. '足桙'를 食膳에 관한 일을 시킨 것을 뜻한다고 생각된다.

　(21)

『染』安麻呂　『染』恵□×

　노비의 이름을 열거해서 기록한 목간이다. 다른 필체로 '染'을 쓴 것은 염색에 관한 일에 배속시킨 것을 뜻한다고 생각된다.

　(22)

『膳』千縄

　(23)

『膳』麻呂　□　□×

　'膳'은 食膳에 관한 일을 시켰다는 뜻으로 생각된다.

　(24)

橡衣一匹

　'橡衣'는 七葉樹로 염색한 옷으로 노비가 입는 것으로 규정되어 있었다.

9. 참고문헌

奈文研『飛鳥·藤原宮發掘調査槪報』9, 1979年

奈文研『奈良國立文化財研究所年報1979』1979年

奈文研『飛鳥·藤原宮發掘調査出土木簡槪報』4, 1979年

鬼頭淸明「奈良·藤原宮跡」(『木簡硏究』1, 1979年)

奈文研『藤原宮木簡二』(奈良國立文化財研究所史料18) 1981年

木簡學會編『日本古代木簡選』岩波書店, 1990年

沖森卓也·佐藤信編『上代木簡資料集成』おうふう, 1994年

木簡學會編『日本古代木簡集成』東京大學出版會, 2003年

奈文研『奈良文化財研究所紀要2006』2006年

奈文研『飛鳥·藤原宮發掘調查出土木簡概報』22, 2008年

奈文研飛鳥資料館『木簡黎明─飛鳥に集ういにしえの文字たち』(飛鳥資料館圖錄53) 2010年

15) 藤原宮跡(27次)東面北門地區
16) 藤原宮跡(29次)東方官衙北地區
17) 藤原宮跡(75-13次)東方官衙北地區·東面北門南方地區

1. 이름 : 후지와라큐 터(27차), (29차), (75-13차)

2. 출토지 : 奈良縣(나라현) 橿原市(가시하라시)

3. 발굴기간

   1) 27차 - 1979.9~1980.3

   2) 29차 - 1980.4~1981.3

   3) 75-13차 - 1994.11~1994.12

4. 발굴기관 : 奈良國立文化財研究所

5. 유적 종류

   1) 27차 - 궁전·관아

   2) 29차 - 궁전·관아

   3) 75-13차 - 도성

6. 점수

1) 27차- 859

2) 29차- 1821

3) 75-13차- 288

7. 유적과 출토 상황

제27차

후지와라노미야 동쪽의 북문을 중심으로 하는 지역을 조사하였고 궁 동쪽의 북문 SB2500, 궁 동쪽의 담 SA175, 外濠 SD170, 內濠 SD2300, 掘立柱 건물 3동, 토갱 1기가 확인되었다. 목간은 外濠 SD170과 內濠 SD2300에서 859점(삭설 34점)이 출토되었다.

제29차

후지와라노미야 동쪽의 담을 중심으로 한 지구를 조사하고 궁 동쪽의 담 SA175, 外濠 SD170, 內濠 SD2300, 토갱 SK2801을 확인하였다. 목간은 外濠 SD170, 內濠 SD2300, 토갱 SK2801에서 1821점(삭설 379점)이 출토되었다.

제75-13차

시도 확대로 인한 조사로 동서 190m에 걸쳐 발굴하였다. 동2방 방간로, 후지와라노미야 동면 담 SA175, 外濠 SD170, 內濠 SD2300이 확인되었다. 목간은 外濠 SD170, 內濠 SD2300에서 288점(삭설 29점)이 출토되었다.

SD170는 동면 담 SA175 동쪽 약 20m를 북쪽으로 흐르는 溝이고 궁 동면 外濠이다. 제27차 조사는 약 50m, 제29차 조사는 약 47m, 제75-13차 조사는 약 2m 확인하였다. 폭 5.5~6.0m 깊이 약 1.2m이다. 퇴적토는 4층으로 나눌 수 있고 제2층에서 많은 기와가 출토되었고 목간은

3, 4층에서 토기, 기와, 목제품과 함께 출토되었다.

　　SD2300은 동면 담 SA175 서쪽 약 12m를 북쪽으로 흐르는 溝이고 궁 동면 內濠이다. 제27차 조사에서 약 37m, 제29차 조사에서 약 36m, 제75-13차 조사에서 약 2m를 확인되었다. 폭 2.5~3.0m 깊이 0.7~0.9m이다. 퇴적토는 3층으로 나눌 수 있고 목간은 제3층에서 토기, 기와, 목제품과 같이 2점 출토되었다.

　　SK2801은 SD2300 東岸에 있는 토갱이다. 동서 3.6m, 남북 1.1m, 깊이 0.6m이다. 매립토는 3층으로 나눌 수 있고 목간은 제1, 2층에서 토기, 기와, 목편과 함께 357점(삭설 340점) 출토되었다.

　　기타 29차 조사에서 출토 유구를 모르는 목간 9점(삭설 1점)이 있다.

8. 목간

SD170

　(1)

・「　　　　　　　　　　　　　　　□□〔日下?〕×
　　皇太妃宮職解　卿等給布廿端
　　　　　　　　　　　　　　　　　□

・「　　　　　慶雲元年□〔十?〕[　　]
　　　　　　　　　　[　　　　　]

'卿等'에게 주는 布에 관해 '皇太妃宮職'이 올리는 문서이다. '慶雲元年'은 704년이다.

　(2)

・「造兵司解　□〔麻?〕□□〔部?〕□

・「六□〔寸?〕□□□□〔分之二?〕□□□

'造兵司'는 兵部省에 소속되며 무기를 만드는 관청이다.

　(3)

「織部司解　□　□

'織部司'는 大藏省에 소속되며 섬유제품을 만드는 관청이다.

(4)

· 「大炊寮解□

· 「[   ]

'大炊寮'는 宮內省에 소속되며 전국에서 곡물을 수납하고 여러 관청에 공급하는 관청이다.

(5)

· 「內膳司解供御□□□□

· 「□□□□□〔御料塩?〕三斗　□□□□

'內膳司'는 궁내성에 소속되며 천황의 食膳 조리를 담당하는 관청이다.

(6)

· 「謹啓今忽有用處故醬　　」

· 「及末醬欲給恐々謹請馬寮」

醬과 末醬을 청구하는 문서 목간이다.

(7)

· 「粟田申民部省…　寮二處衛士

· 「檢校定　十月廿九日

'衛士'에 관한 문서 목간이다.

(8)

「薗池司進　　□一斗　　乎□〔知?〕一升

'薗池司'는 궁내성에 소속되며 王家領을 관리하고 채소, 과일 재배를 담당하는 관청이다.

(9)

□□〔人?〕阿倍大臣 直□〔賜?〕御馬一匹 殿□〔緖?〕□

'阿倍大臣'은 大寶원년(701)에 右大臣이 된 阿倍御主人으로 추정된다.

(10)

· 人參一両 桃人一升　瓜□

·　　　　　　　□□大夫

'大夫'가 청구 혹은 받은 약재일 것이다.

　(11)

五月大一日乙酉水平　七月大一日甲申

　慶雲원년(704)의 각 달의 朔日 간지를 열거하여 기록한 달력의 일부이다.

　(12)

·「弓列人□呂□〔束?〕田□

·「眞吉列人
　　　　　□〔中?〕末呂列人

　'列'은 집단의 단위이고 '인명+열'로 그 사람이 통솔하는 집단을 뜻한다.

　(13)

「五日常食一日米廿石七斗六升　□米×

'常食'은 매일 여러 관청에 지급되는 식료이다.

　(14)

□川千代　川~內~志~貴~千~代　山代久勢千代

　국명+군명+千代로 기록한 것으로 추정된다. 1代는 벼 1束을 수확할 수 있는 면적이다.

　(15)

弟國評鞆岡三」

　하찰 목간이고 '三'은 공진물의 수량이다. '弟國評 鞆岡'은 『和名抄』의 山城國 乙訓郡 鞆岡鄕
에 해당한다.

　(16)

「∨山科里阿那之奈西二枚」

　하찰 목간이고 '山科里'는 『和名抄』의 山城國 宇治郡 山科鄕에 해당한다.

　(17)

「∨高安評坂本里」

하찰 목간이다. '高安評 坂本里'는 『和名抄』의 河內國 高安郡 坂本鄕에 해당한다.

(18)

・「∨川內評櫻井里人[ ]」

・「∨□□□　□　　　　」

'川內評 櫻井里'는 『和名抄』의 河內國 河內郡 櫻井鄕에 해당한다.

(19)

・「∨野身里矢田部□〔若?〕」

・「∨道君▰薦□〔二?〕」

(20)

「∨伊勢國木油二斗七升」

'木油'는 미상이다.

(21)

「∨伊豆國田方郡□〔久?〕自牟里次丁二分調□〔荒?〕×

'伊豆國 田方郡 久自牟里'는 『和名抄』의 伊豆國 田方郡 久寢鄕에 해당할 것이다. '次丁二分調'는 次丁 2명에 해당하는 조라는 뜻이다. 율령에서 차정 2명으로 정정 1명에 해당하는 조를 부담하도록 규정되어 있다.

(22)

・「∨戊戌年三野國厚見評」

・「∨□□里秦人□〔荒?〕人五斗」

'戊戌年'은 文武2년(698)이다. '三野國 厚見評'는 『和名抄』의 美濃國 厚見郡에 해당한다.

(23)

「　　　　竹田部里人
　三方評
　　　　和尔部大伴塩二斗」

'三方評 竹田部里'는 『和名抄』若狹國 三方郡에 해당하는 향은 없지만 후지와라노미야 목간이나 헤이조큐 목간에도 있다.

(24)

・「己亥年十二月二方評波多里」

・「大豆五斗中」

'己亥年'은 文武3년(699)이다. '二方評 波多里'는 『和名抄』의 但馬國 二方郡 八太鄕에 해당한다.

(25)

・「備前國勝間田郡荒木田里」

・「五□〔保?〕□□部廣□俵五斗」

'備前國 勝間田郡 荒木田里'는 『和名抄』 美作國 勝田郡에 해당하는 향이 없다.

(26)

「∨備中國淺口郡□□里伊委之腊大贄一斗五升∨」

'伊委之'는 이와시, 즉 정어리다.

(27)

「∨日下里人大戶首末呂戶諸方薦一枚」

薦의 하찰 목간이다.

(28)

□大贄十五斤和銅二年四月

'和銅二年'은 709년이다.

(29)

「御取鮑一□〔古?〕

(30)

□一古夏鮑一古」

(31)

「薄鮑」

(32)

「加支鮑

(33)

「伊貝一斗

(34)

「宇迩▄」

'宇迩'는 성게, '塙'는 토기의 일종이다.

(35)

・「∨黒多比二」

・「∨須々吉一 尒閇一」

부찰이다. '黒多比'(구로다이)는 감성돔, '須々吉'(스즈키)는 농어, '尒閇'(니베)는 동갈민어이다.

(36)

「∨鯽醢」

붕어 스시(젓갈)의 부찰이다.

(37)

「∨毛豆久」

'毛豆久'(모즈쿠)는 큰실말이다.

(38)

「白大豆

(39)

・「黍五斗呉末一斗□

・「□

'呉末'는 참깨로 추정된다.

(40)

「左右馬寮 神祇官」

(41)

□　□漆部司□四人」

'漆部司'는 中務省에 소속되며 옻칠을 담당했다.

(42)

「儲人无位民忌寸老人

'儲人'은 병사의 일종으로 추정된다.

(43)

・]日石川難波麻呂朝臣

・　　□□□　□

'石川難波麻呂'는 『續日本紀』에 이름이 보인다.

(44)

□□〔高麗?〕若光」

大寶3년(703)에 王姓을 하사받은 高麗若光으로 추정된다.

(45)

×女稲手女大刀自女

여자 이름이 열기된다.

(46)

・□大官大寺

・□　　□

'大官大寺'는 舒明11년(639)에 조영된 百済大寺를 天武2년(673)에 이축해서 조영된 高市大寺의 후신사원이다.

(47)

猪膏油胡麻

동물성 기름을 膏, 식물성 기름을 油로 불렀던 기록이 있으니 猪膏와 油胡麻이다.

(48)

山田
史記

(49)

・□□四升　□□〔礼記?〕正□〔義?〕□□八十□□〔米?〕□斗□升

・　　□□□□　　　　　　　[　　　　　　　]

(50)

□　九十四五六七八九

(51)

・「廿□十五□〔一?〕五十八十八二四□〔十?〕」

・「[　　　　　　　　　　]四三」

(52)

「道可非常道□

『老子』첫머리 1절의 습서 목간이다.

SD2300

(53)

・「　　　　　　久良□
　　大神卿宣
　　　　　　水內□

・「犬上尒支田女 右×

'久良', '水內', '犬上'는 군명으로 추정되고 군명 다음에 여자 이름이 열거된 것이면 采女(우네메; 후궁 여관이고 군에서 공진되어 천황을 시중했다)일 가능성이 있다.

(54)

・「皇太妃宮舍人　　請藥 」

・「[　　　　　　]右二品」

皇太妃宮의 舍人이 약을 청구한 문서 목간이다.

(55)

「□藍柄煮竈薪木法文欲

(56)

「∨縣主里[　　　]直若万呂∨

'縣主里'는『和名抄』의 備中國 後月郡 縣主鄕에 해당한다.

(57)

・□□〔余?〕國□〔久?〕米郡石井里

・□□大豆

'余國 久米郡 石井里'는『和名抄』의 伊豫國 久米郡 石井鄕에 해당한다.

SK2801

(58)

・　□　　□□

二伏時□安末呂

□□□□□

・【□□〔呂?〕

　　　　　　　　　二人】

　　　□

(59)

・□事□□田故女□□

・　　　　　□□桑原史

9. 참고문헌

〈27차〉

奈文研『飛鳥·藤原宮發掘調査槪報』10, 1980年

奈文研『奈良國立文化財研究所年報1980』1980年

奈文研『飛鳥·藤原宮發掘調査出土木簡槪報』5, 1980年

加藤優「奈良·藤原宮跡」(『木簡研究』2, 1980年)

木簡學會編『日本古代木簡選』岩波書店, 1990年

沖森卓也·佐藤信編『上代木簡資料集成』おうふう, 1994年

奈文研『飛鳥·藤原宮發掘調査出土木簡槪報』22, 2008年

奈文研『藤原宮木簡三』(奈良文化財研究所史料88)2012年

奈文研『奈良文化財研究所紀要2012』2012年

〈29차〉

奈文研『飛鳥·藤原宮發掘調査槪報』11, 1981年

奈文研『奈良國立文化財研究所年報1981』1981年

奈文研『飛鳥·藤原宮發掘調査出土木簡槪報』6, 1981年

加藤優「奈良·藤原宮跡」(『木簡研究』3, 1981年) 木簡學會編『日本古代木簡選』岩波書店, 1990年

沖森卓也·佐藤信編『上代木簡資料集成』おうふう, 1994年

奈文研『飛鳥·藤原宮發掘調査出土木簡槪報』20, 2006年

奈文研『飛鳥·藤原宮發掘調査出土木簡槪報』22, 2008年

奈文研飛鳥資料館『木簡黎明―飛鳥に集ういにしえの文字たち』(飛鳥資料館圖錄53) 2010年

奈文研『藤原宮木簡三』(奈良文化財研究所史料88) 2012年

奈文研『奈良文化財研究所紀要2012』2012年

〈75-13차〉

奈文研 『飛鳥·藤原宮跡發掘調査槪報』 25, 1995年

橋本義則 「奈良·藤原宮跡」 (『木簡硏究』 17, 1995年)

奈文研 『奈良國立文化財硏究所年報1995』 1996年

奈文研 『飛鳥·藤原宮發掘調査出土木簡槪報』 12, 1996年

木簡學會編 『日本古代木簡集成』 東京大學出版會, 2003年

奈文研 『藤原宮木簡三』 (奈良文化財硏究所史料88) 2012年

18) 藤原宮跡(29-6次)南面西門西方地區

1. 이름 : 후지와라큐 터(29-6차)
2. 출토지 : 奈良縣(나라현) 橿原市(가시하라시)
3. 발굴기간 : 1980.8~1980.10
4. 발굴기관 : 奈良國立文化財硏究所
5. 유적 종류 : 궁전·관아
6. 점수 : 6

7. 유적과 출토 상황

남면 서문 추정지의 서쪽 약 60m에서 남면 담 SA2900, 남면 內濠 SD502, 남면 外濠SD501
을 확인하였다. SD501은 담 남쪽 약 25m에 있는 東西溝로 폭 약 6.0m, 깊이 약 1.3m이며 목
간 6점이 출토되었다.

8. 목간

考仕令

'考仕令'은 淨御原令와 大寶令의 편목이고 養老令 考課令에 해당한다.

9. 참고문헌

奈文研『飛鳥·藤原宮發掘調査槪報』11, 1981年

奈文研『奈良國立文化財研究所年報1981』1981年

奈文研『飛鳥·藤原宮發掘調査出土木簡槪報』6, 1981年

加藤優「奈良·藤原宮跡」(『木簡研究』3, 1981年)

沖森卓也·佐藤信編『上代木簡資料集成』おうふう, 1994年

19) 藤原宮跡(34次)西南官衙地區

1. 이름 : 후지와라큐 터(34차)

2. 출토지 : 奈良縣(나라현) 橿原市(가시하라시)

3. 발굴기간 : 1981.5~1982.3

4. 발굴기관 : 奈良國立文化財研究所

5. 유적 종류 : 궁전·관아

6. 점수 : 1

7. 유적과 출토 상황

궁 서남 구석이고 서면 담 SA258, 남면 담 SA2900, 서면 內濠 SD1400, 남면 內濠 SD502, 서면 外濠 SD260, 남면 外濠 SD501을 확인하였다. 목간 1점이 출토된 서면 外濠 SD260은 폭 10m, 깊이 1.3~1.6m이며 후대의 범람과 침식으로 확대, 변형되었다.

8. 목간

SD260

　1717호

・□□ 欲□々□
・五□〔年?〕八月十九×

9. 참고문헌

奈文研『飛鳥·藤原宮發掘調査概報』11, 1981年

奈文研『奈良國立文化財研究所年報1981』1981年

奈文研『飛鳥·藤原宮發掘調査出土木簡概報』6, 1981年

加藤優「奈良·藤原宮跡」(『木簡研究』3, 1981年)

沖森卓也·佐藤信編『上代木簡資料集成』おうふう, 1994年

20) 藤原宮跡(36次)西北官衙地區

1. 이름 : 후지와라큐 터(36차)
2. 출토지 : 奈良縣(나라현) 橿原市(가시하라시)
3. 발굴기간 : 1982.11~1983.5
4. 발굴기관 : 奈良國立文化財研究所
5. 유적 종류 : 장원
6. 점수 : 3

7. 유적과 출토 상황

궁 서북부 조사로 후지와라노미야 시기의 유구로 북쪽 外濠 SD145, 서쪽 外濠 SD260, 헤이안 시대 유구로 우물 SE3400이 확인되었다. SD260은 북쪽으로 흐르는 南北溝이고 폭이 17m 이상이고 깊이가 1.5m이며 SD145와 합류해서 북서 방향으로 흘러간다.

목간은 SD260에서 삭설 1점, SE3400에서 2점 출토되었다.

8. 목간

(1)

・弘仁元年十月廿日収納稲事　　山田女佃二町六段千二百卅三束 又有収納帳

凡海福万呂佃四段地子六段二百五十二束　　＝

合壹千五百□□〔玖束?〕　　　[　　　　　　　　　　　]収納帳

同日下廿束

使石川魚主

＝　葛木寺進者

上三月丸弟□〔丸?〕建丸 ＝

定殘千四百八十玖束

淨丸福丸等

弘仁元年十月廿六日下卅七束五把　主國下坐御波多古入白米五斗

義倉籾一石四升料十六束　　　料稲十三束　二束精代

一束舂功

＝　　十三束籾料 別束八升　　　白米運夫功二束　　　　　＝

一束籾女功食料　　　　小主併從經日食一束五把

二束運人功料　　　　　合下卅七束五把

庄垣作料十□〔五?〕束　　　殘稻一千四百卅一束五把

更十二月廿五日下　　　　　可上租穀四石五斗四升料穎五十六束八把 別束□〔籾?〕
　　　　　　　　　　　　　　　　　　　　　　　得八升

元年佃三町六段百廿歩　　　糙女九人 別人糙五斗 功食四束五把 別人
=　　　　　　　　　　　　　　　　　　　　　　五把

自庄造二町六段百廿歩　　　裏薦四枚編併繩續人食一束　{〔三束?〕□}
福万呂作四段又地子六段 同租上　正倉院運併上日正倉出納又　{□□〔食?〕□□}
二不得八定田三町百廿□〔歩?〕　□　　　　　　　　　[　]

・[　]　　□□□束　　　　□□□□□〔年田作料?〕且凡海福万呂下充卅束
糯米春料一束酒[　]　　　　　　　　　　凡海加都岐万呂十束
祭料物併同料菁奈等持夫功一束　人々出擧給十七束 民淨万呂三束　　　=
依門□〔成?〕事太郎經日食二束　　　　建万呂妻淨繼女二束
庄內神祀料五束　　　　　　　　　大友三月万呂二束

　　　　　　　]一束　　　　弘仁二年正月廿六日下百五十七束之中
菁夢〔蔓?〕直五把　　　　在庄東廊□□又□〔塗?〕漆□
節料物併久留美等持行夫功一束　□□□進丁〔下?〕京持行人功食一束
=　小主併從經八日二束六把 自十二月廿日 又在奈良馬船併厨子棚板及歩板等
　　　　　　　　　　迄廿七日　宮所庄持運車引建万呂六箇日
合下百八十七束九把　　　食併酒料三束 日別一升六合食
殘稻一千二百五十三束六把　　　　　又酒日別一升

□□〔庄內?〕人々多衣□〔買?〕直錢代沽百五十三束直錢廿三貫七百十五文

□□□〔二月?〕廿日下二百卅三束八把之中

= 二年田作料且下百十八束 受山田女　　　　　　　　　　　　　　=

　　　　　　　　　　殘百八十束

又凡海福万呂所佃作□〔料?〕卅束　依員下了

小主給出擧廿五束

凡海國人出擧廿□〔束?〕

同福万呂出擧給廿□〔束?〕

=依□〔成?〕□事小主併從經　　　　　　　=

十四日 自正月廿日始迄二月三□〔日?〕□

食稻四束二把

二郎併從一日半食六把

在奈良馬船併厨子棚又步板直二貫五百□〔文?〕代沽十六束　殘八百卅束八把

又下廿束 葛木□〔寺?〕〔　〕等料

=又下二束 奈良在材木運車刺油四合直□〔直?〕錢百＊六十文 [×七十文] 別□〔合?〕卅文

　　　□□〔運?〕人酒手料建万呂□〔受?〕

合下四百十二束八把

弘仁원년(820) 10월 20일에 수납된 1509속의 벼를 다음해 2월까지 지출한 상황을 자세히 기록한 것이다. 지출한 날짜는 弘仁원년 10월 20일, 26일, 12월 25일, 다음해 弘仁2년 정월 26일, (2월)20일이다.

(2)

・　　　　　　　　　　　　　　　　□[ ]

六年十二月八 [×一] 日日春京上米一石五斗 穎卅三束 駄賃十束　=

同年十二月廿八日京上米□〔一?〕石□穎廿三束〇馱賃□〔七?〕束

□□〔　　　〕〔　　〕『〔　　〕三斗　直稻三束　持夫一人功食三束』

『豊村宮進送稻　』

=同年十二月十八日京上米三石穎六十七束加舂功馱賃廿束

東□〔殿?〕內稻□〔七?〕□□束

・　　　　　　　　　　　　　『□〔櫃?〕□

□五

〔　　　　　　　　〕料』

　　대형 장부 목간이다. 6년 12월의 '京上米'에 관한 것이다. 12월 8일, 18일, 28일의 기록이 있는데 18일은 지워져 있다. 8일분은 穎稻 33束에서 쌀 1石5斗를, 28일분은 23束에서 1石을 얻었다.

9. 참고문헌

奈文研『奈良國立文化財研究所年報1983』1983年
奈文研『飛鳥·藤原宮發掘調查出土木簡槪報』7, 1983年
加藤優「奈良·藤原宮跡」(『木簡研究』5, 1983年)
奈文研『飛鳥·藤原宮發掘調查槪報』14, 1984年
木簡學會編『日本古代木簡選』岩波書店, 1990年

21) 藤原宮跡西面中門地區(37次)

1. 이름 : 후지와라큐 터(37차)
2. 출토지 : 奈良縣(나라현) 橿原市(가시하라시)

3. 발굴기간 : 1983.8~1983.12

4. 발굴기관 : 奈良國立文化財研究所

5. 유적 종류 : 궁전·관아

6. 점수 : 2

7. 유적과 출토 상황

서면 중문지구이고 서면 담, 서면 外濠 SD260이 확인되었다. 서면 중문의 유구는 삭평되어
흔적이 남아 있지 않았다. 목간 2점이 SD260에서 출토되었다.

8. 목간

「□　□

　　　　見奴久万呂□□□〔十四?〕

9. 참고문헌

奈文研『飛鳥·藤原宮發掘調査槪報』14, 1984年

奈文研『奈良國立文化財研究所年報1984』1984年

加藤優「奈良·藤原宮跡」(『木簡研究』6, 1984年)

奈文研『飛鳥·藤原宮發掘調査出土木簡槪報』8, 1987年

22) 藤原宮跡(37-6次)南面西門南西地區

1. 이름 : 후지와라큐 터(37-6차)

2. 출토지 : 奈良縣(나라현) 橿原市(가시하라시)

3. 발굴기간 : 1983.8~1983.9

4. 발굴기관 : 奈良國立文化財研究所

5. 유적 종류 : 궁전·관아

6. 점수 : 1

7. 유적과 출토 상황

궁 남면 외주대 조사로 南北溝 SD3460을 확인하였다. 서1방대로와 서2방대로 중앙에 위치하고 폭 5~6m이다. 이 溝 서쪽 약 18m에서 우물 SE3461을 확인했고 목간 1점이 출토되었다.

8. 목간

· 千字文文

· □〔年?〕辯辯

『千字文』의 습서 목간이지만 年辯으로 이어지는 문구는 없다.

9. 참고문헌

奈文研『飛鳥·藤原宮發掘調査槪報』14, 1984年

奈文研『奈良國立文化財研究所年報1984』1984年

加藤優「奈良·藤原宮跡」(『木簡研究』6, 1984年)

奈文研『飛鳥·藤原宮發掘調査出土木簡槪報』8, 1987年

沖森卓也·佐藤信編『上代木簡資料集成』おうふう, 1994年

23) 藤原宮跡(41次)東方官衙北地區

1. 이름 : 후지와라큐 터(41차)

2. 출토지 : 奈良縣(나라현) 橿原市(가시하라시)

3. 발굴기간 : 1984.4~1984.10

4. 발굴기관 : 奈良國立文化財硏究所

5. 유적 종류 : 궁전·관아

6. 점수 : 4

7. 유적과 출토 상황

동방 관아지역 大極殿의 동북쪽이고 內裏 외곽 담의 동쪽 약 40m, 궁 동쪽방면의 담 서쪽 220m이다. 평행하는 掘立柱 담이 2개 50m 이상 확인되었다. 이 담은 남북으로 2개의 관아를 구획하는 것으로 생각된다. 목간은 북쪽 관아 담의 기둥 구멍에서 3점, 담보다 시대가 올라가는 7세기 후반의 토갱에서 1점 출토되었다.

8. 목간

　(1)

・酒□〔酒?〕

・殺□

　(2)

□　六
□　□
〔等?〕

9. 참고문헌

奈文硏『飛鳥·藤原宮發掘調査槪報』15, 1985年

奈文硏『奈良國立文化財硏究所年報1985』1985年

加藤優「奈良·藤原宮跡」(『木簡硏究』7, 1985年)

奈文硏『飛鳥·藤原宮發掘調査出土木簡槪報』8, 1987年

24) 藤原宮跡(55次)內裏·內裏東官衙地區

1. 이름 : 후지와라큐 터(55차)
2. 출토지 : 奈良縣(나라현) 橿原市(가시하라시)
3. 발굴기간 : 1987.5~1987.12
4. 발굴기관 : 奈良國立文化財硏究所
5. 유적 종류 : 궁전·관아
6. 점수 : 35

7. 유적과 출토 상황

大極殿 동북 200m 동방관아지구와 內裏지구에 걸치는 지구이다. 內裏 동쪽 외곽의 남북 담 SA865, 그 서쪽 內裏 안에 있는 대규모 건물 SB6052, SA865 동쪽의 基幹水路 SD105, 동방관아 서쪽 끝의 담 SA6051, 그와 같이 관아지역을 구획하는 南北溝 SD850, 관아 안의 건물 SB3897 등이 있다. 목간은 SD105에서 35점 출토되었다. SD105는 폭이 4m, 깊이가 0.8m, 퇴적층은 3층으로 목간은 중층에서 출토되었다.

8. 목간

(1)
「　　　　　　奈具里

∨依治郡蝮　　　∨」

'依治郡'은 隱岐國 隱地郡에 해당할 것이다.

(2)
·「長評和佐里」
·「郡□〔直?〕方俵」

(3)

「夏鰒」

9. 참고문헌

奈文研『飛鳥·藤原宮發掘調査概報』18, 1988年

加藤優「奈良·藤原宮跡」(『木簡研究』10, 1988年)

奈文研『奈良國立文化財研究所年報1988』1989年

奈文研『飛鳥·藤原宮跡發掘調査出土木簡概報』9, 1989年

奈文研『飛鳥·藤原宮發掘調査出土木簡概報』20, 2006年

25) 藤原宮跡(58次)內裏·內裏東官衙地區

1. 이름 : 후지와라큐 터(58차)
2. 출토지 : 奈良縣(나라현) 橿原市(가시하라시)
3. 발굴기간 : 1987.12~1989.5
4. 발굴기관 : 奈良國立文化財研究所
5. 유적 종류 : 궁전·관아
6. 점수 : 339

7. 유적과 출토 상황

內裏 동쪽 외곽지역 동남부이다. 東側溝 SD105, 그 서쪽에서 內裏 동쪽 외곽을 구획하는 掘立柱 담 SA865, 그 동서를 흐르는 南北溝 SD869·SD875, SD105 동쪽에 있는 南北溝 SD852·SD850과 동방 관아 서쪽을 구획하는 掘立柱 담 등이 있다.

목간은 東側溝 SD105에서 86점(削屑 21점), 南北溝 SD850에서 243점(削屑 133점), 토갱에

서 10점 총 339점이 출토되었다.

8. 목간

SD105

   (1)

・「∨鈴鹿郡高宮里」

・「∨炭一斛　　　　」

   (2)

「味蜂間郡胡麻油一斗九升

   (3)

「∨加夜里委文連[　]∨」

   (4)

・「∨□□□〔丙申年?〕七月三野□〔國?〕山方評∨」

・「∨大桑里□○安□藍一石∨」

   (5)

・「∨周方國佐波評

・「∨牟々礼君西利

   (6)

和銅二年九月一日從八位下行少書吏□

  和銅2년은 709년이다.

   (7)

・□諸謂謂[　]卯時[　]□長長長長長長酒部□

・『月月月日日日日日日□』

  습서 목간이다.

9. 참고문헌

奈文研『飛鳥·藤原宮發掘調査槪報』19, 1989年

奈文研『飛鳥·藤原宮發掘調査出土木簡槪報』9, 1989年

橋本義則「奈良·藤原宮跡」(『木簡研究』11, 1989年)

奈文研『奈良國立文化財研究所年報1989』1990年

奈文研『飛鳥·藤原宮發掘調査槪報』20, 1990年

木簡學會編『日本古代木簡選』岩波書店, 1990年

奈文研『奈良國立文化財研究所年報1990』1991年

木簡學會編『日本古代木簡集成』東京大學出版會, 2003年

奈文研『飛鳥·藤原宮發掘調査出土木簡槪報』20, 2006年

奈文研『飛鳥·藤原宮發掘調査出土木簡槪報』22, 2008年

奈文研飛鳥資料館『木簡黎明—飛鳥に集ういにしえの文字たち』(飛鳥資料館圖錄53) 2010年

26) 藤原宮跡(58-1次)西面南門地區

1. 이름 : 후지와라큐 터(58-1차)
2. 출토지 : 奈良縣(나라현) 橿原市(가시하라시)
3. 발굴기간 : 1988.4~1988.5
4. 발굴기관 : 奈良國立文化財研究所
5. 유적 종류 : 궁전·관아
6. 점수 : 136

7. 유적과 출토 상황

궁 서쪽 방면의 남문 주변을 조사하고 서쪽 방면의 內濠 SD1400, 서쪽 방면의 담 SA258, 선행 5조대로 북쪽의 옆 溝SD6350, 남쪽의 옆 溝SD6359 등을 확인하였다. 목간은 SD1400에서 131점(削屑 61점)이 출토되었다.

8. 목간

(1)

「石川阿曽弥　所賜　　忽生地黃　」

약물 지급에 관한 문서 목간이다. '阿曽弥'는 朝臣을 뜻한다. '地黃'은 약재다.

(2)

・「出雲臣首万□　〔　　　　　〕

　　　　　　　　出雲臣知万呂　防風十斤十二□〔両?〕　　　」

　　出雲臣石寸

・「　　　　　　　　　　　　　　〔　〕　　」

약물 지급에 관한 문서 목간이다. '防風'은 약재다.

(3)

・「□□〔決明?〕子四両桃四両桂心三両白芷三両

　　　　　　　　　×□　車前子三両防風三両」

・「　　×□両

　　　　　右九物　　」

　　柏実一両

약물의 지급 혹은 처방에 관한 문서이다.

(4)

「∨无耶志國藥桔梗卅斤」

'无耶志國'은 武藏國의 옛 표기이다. 하찰 목간이다.

(5)

「∨无耶志國藥烏」

(6)

・「∨伊看我評」

・「∨莒窮八斤」

(7)

・「∨伊看我評」

・「∨當帰五斤」

'伊看我評'은『和名抄』의 丹波國 何鹿郡에 해당한다.

(8)

・「∨黒石英十一」

・「∨斤　　　　」

(9)

「∨□流黄一□」

(10)

「∨白朮四□」

(11)

「人參十斤」

(12)

「∨牛膝十三斤∨」

(13)

「∨独活十斤」

(14)

「∨蛇床子一升」

(15)

「∨葛根六斤」

(16)

「∨瞿麦一斤十両」

(17)

「∨桙子一斗」

(18)

「∨桃人七升」

(19)

針間國□

  '針間國'은 播磨國의 옛 표기다.

9. 참고문헌

奈文研『飛鳥·藤原宮發掘調査報』19, 1989年

奈文研『飛鳥·藤原宮發掘調査出土木簡槪報』9, 1989年

橋本義則「奈良·藤原宮跡」(『木簡研究』11, 1989年)

奈文研『奈良國立文化財研究所年報1989』1990年

木簡學會編『日本古代木簡選』岩波書店, 1990年

沖森卓也·佐藤信編『上代木簡資料集成』おうふう, 1994年

奈文研『飛鳥·藤原宮發掘調査出土木簡槪報』20, 2006年

27) 藤原宮跡(59次)西南官衙地區

1. 이름 : 후지와라큐 터(59차)
2. 출토지 : 奈良縣(나라현) 橿原市(가시하라시)
3. 발굴기간 : 1988.8~1988.12

4. 발굴기관 : 奈良國立文化財研究所

5. 유적 종류 : 궁전·관아

6. 점수 : 2

7. 유적과 출토 상황

서남관아지구이고 7세기 후반의 掘立柱 건물 3동, 우물 SE6280, 후지와라노미야 시기의 掘立柱건물 2동, 掘立柱 담 2조, 우물 1기가 확인되었다. 7세기 후반의 우물 SE6280에서 목간 2점이 출토되었다.

8. 목간

「大」

글자를 새겨 표현하였다.

9. 참고문헌

奈文研『飛鳥·藤原宮發掘調査報』19, 1989年

奈文研『飛鳥·藤原宮發掘調査出土木簡槪報』9, 1989年

橋本義則「奈良·藤原宮跡」(『木簡研究』11, 1989年)

奈文研『奈良國立文化財研究所年報1989』1990年

28) 藤原宮跡(60-20次)南面西門地區

1. 이름 : 후지와라큐 터(60-20차)

2. 출토지 : 奈良縣(나라현) 橿原市(가시하라시)

3. 발굴기간 : 1990.3~1990.4

4. 발굴기관 : 奈良國立文化財硏究所

5. 유적 종류 : 궁전·관아

6. 점수 : 20

7. 유적과 출토 상황

조사는 공공 배수로 정비에 따른 사전조사로서 실시되었으며 조사지는 藤原宮의 南面大垣에 있는 3개의 문 가운데 서문 추정 위치에 해당한다. 조사면적은 230㎡이다.

조사 결과 확인된 유구는 藤原宮의 南面內濠 SD502뿐이며 추정위치에 南面西門의 흔적은 확인할 수 없었다. 서문의 추정위치에서는 유구의 확인면이 고훈시대 포함층이므로 문의 기단은 이미 삭평된 것으로 생각된다. 內濠 SD502는 폭 약 2.5m, 깊이 0.9m의 규모로 충적층은 상하 2층으로 나누어져 있다. 상층에는 대량의 기와가, 하층에는 木屑이 묻혀 있었다.

목간은 南面內濠 SD502의 상하 2층의 충적지 가운데 하층의 목설 층에서 8점이 출토되었다.

8. 목간

　(1)

□利女年卅五

　(2)

□□々□□□石□

9. 참고문헌

橋本義則「奈良·藤原宮跡」(『木簡硏究』 12, 1990年)

奈文硏『飛鳥·藤原宮發掘調査槪報』 21, 1991年

奈文硏『奈良國立文化財硏究所年報1990』 1991年

奈文硏『飛鳥·藤原宮發掘調査出土木簡槪報』 10, 1991年

29) 藤原宮跡(61次)內裏東官衙地區

1. 이름 : 후지와라큐 터(61차)
2. 출토지 : 奈良縣(나라현) 橿原市(가시하라시)
3. 발굴기간 : 1990.4~1990.8
4. 발굴기관 : 奈良國立文化財硏究所
5. 유적 종류 : 궁전·관아
6. 점수 : 80

7. 유적과 출토 상황

후지와라노미야 大極殿院, 內裏 외곽의 동쪽 및 동방관아지역 서쪽 방면 부분이다. 大極殿院, 內裏의 외곽 동쪽을 구획하는 掘立柱 담 SA865, 그 동쪽에 있는 溝 SD869, SD105, SD850, 동방관아 서쪽을 구획하는 담 SA6630와 掘立柱 건물 등을 확인했다. 목간은 SD105에서 24점(削屑 5점), SD850에서 56점(削屑 9점) 총 80점이 출토되었다.

SD105는 최대 폭이 5m, 깊이가 0.7m, 퇴적층은 3층이 있고, 목간은 기와, 토기, 목제품과 함께 하층에서 출토되었다. SD850은 폭이 2.4m이고 깊이가 0.7m이고, 퇴적층이 3층 있고 목간은 기와, 토기와 함께 하층에서 출토되었다.

8. 목간

SD105

(1)

「己亥年九月七日

'己亥年'은 文武3년(699)이다.

(2)

[　　]阿佐為評

'阿佐為評'은 近江國 淺井郡이다.

(3)

・「∨吉備中國下道郡　　　　　」

・「∨矢田里矢田部刀祢□〔李?〕」

SD850

(4)

「中務省牒□〔留?〕守省

'中務省'이 '□守省'한테 보낸 '牒' 문서의 시작 부분이다.

(5)

・「諸陵司　召土師宿祢廣庭
　　　　　　　　　　　　土師宿祢國足　　　」

・「　　　　　　　　　　□四人　　　　　　　　」
　　土師宿祢大海

'諸陵司'가 '土師宿祢廣庭'를 비롯한 4명을 소환한 문서이다.

(6)

・「∨備前國

　　　□〔珂?〕磨郡

・「　　　　　　　　［　　］
　　∨他田里□家
　　　　　　　　人麻×

備前國 珂磨郡 他田里의 하찰 목간이다. 珂磨郡은 『和名抄』에 해당군이 없다.

9. 참고문헌

奈文研 『飛鳥・藤原宮發掘調査槪報』 21, 1991年

奈文研『飛鳥·藤原宮發掘調査出土木簡槪報』10, 1991年

橋本義則「奈良·藤原宮跡」(『木簡硏究』13, 1991年)

奈文研『奈良國立文化財硏究所年報1991』1992年

木簡學會編『日本古代木簡集成』東京大學出版會, 2003年

30) 藤原宮跡(67次)內裏東官衙地區

1. 이름 : 후지와라큐 터(67차)
2. 출토지 : 奈良縣(나라현) 橿原市(가시하라시)
3. 발굴기간 : 1991.4~1993.4
4. 발굴기관 : 奈良國立文化財硏究所
5. 유적 종류 : 궁전·관아
6. 점수 : 13

7. 유적과 출토 상황

大極殿 동쪽방향의 약 200m로 4條條間路, 후지와라노미야 시기의 유구로는 掘立柱 건물 5 동, 掘立柱 담 2조, 토갱 2기 등을 확인했다. 목간은 토갱 SK7641에서 13점(삭설 1점)이 출토 되었다. SK7641은 관아의 正殿에 해당하는 건물의 남서에 있으며 남북 약 7m, 동서 약 5m, 깊이 0.5m의 토갱이다. 퇴적층은 3층이고 중층은 불에 탄 목편을 포함한 炭化物층이다. 목간 은 이 층에서 다량의 하지키, 스에키, 기와와 함께 출토되었다.

8. 목간

(1)

「∨依地郡　奈具里
　　　　　　　軍布

(2)

「∨□□國小海郡　嶋里人□
　　　　　　　　　水湧[　]　∨

(3)

「∨□嶋郡通□

(4)

贄一斗五升伊和之∨」

전부 하찰 목간이다.

9. 참고문헌

奈文研『飛鳥·藤原宮發掘調査槪報』23, 1993年

奈文研『飛鳥·藤原宮發掘調査出土木簡槪報』11, 1993年

橋本義則「奈良·藤原宮跡」(『木簡硏究』15, 1993年)

奈文研『奈良國立文化財研究所年報1993』1994年

31) 藤原宮跡(69-4次)南面西門地區

1. 이름 : 후지와라큐 터(69-4차)
2. 출토지 : 奈良縣(나라현) 橿原市(가시하라시)

3. 발굴기간 : 1992.8

4. 발굴기관 : 奈良國立文化財研究所

5. 유적 종류 : 궁전·관아

6. 점수 : 215

7. 유적과 출토 상황

남면 서문, 內濠, 外濠 추정지에 대한 조사로 남면 內濠, 南北溝 1조, 굴립주 건물 1동을 확인했으나 남면 서문은 확인되지 않았다. 남면 內濠 SD502는 폭 1.6m 깊이 1.0m이고, 퇴적층은 3층이다. 목간은 하층에서 토기와 함께 204점(삭설 200점)출토되었다.

8. 목간

1679호

(1)

・「∨粟道宰熊鳥『□』∨」

・「∨『封』　　　　　『印』∨」

封緘 목간으로 추정된다. '粟道'는 淡路를 의미한다. 발신자 혹은 수신자일 가능성이 있는데 발신자일 가능성이 크다. '封' '印'은 홈이 있는 부분에 쓴 것이고 끈을 맨 부분은 글자의 일부가 없다.

(2)

□大田君□□〔多三?〕□

(3)

他田舍人□

(4)

君三野女

(5)

［　］十六向　　　返□

(6)

依都利□

9. 참고문헌

奈文研『飛鳥·藤原宮發掘調査槪報』23, 1993年

奈文研『飛鳥·藤原宮發掘調査出土木簡槪報』11, 1993年

橋本義則「奈良·藤原宮跡」(『木簡研究』15, 1993年)

奈文研『奈良國立文化財硏究所年報1993』1994年

木簡學會編『日本古代木簡集成』東京大學出版會, 2003年

32) 藤原宮跡(70次)內裏·內裏西官衙地區

1. 이름 : 후지와라큐 터(70차)
2. 출토지 : 奈良縣(나라현) 橿原市(가시하라시)
3. 발굴기간 : 1992.9~1992.11
4. 발굴기관 : 奈良國立文化財硏究所
5. 유적 종류 : 궁전·관아
6. 점수 : 10

7. 유적과 출토 상황

內裏 서쪽 외곽지구 특히 서남쪽의 구석 부분에 대한 조사에서 掘立柱 담, 南北溝, 후지와라노미야에 선행하는 4條大路, 側溝, 다리, 토갱 등을 확인하였다. 목간은 溝SD1680에서 10점 출

토되었다. SD1680은 폭이 약 4m이고 깊이는 1m가 넘는 큰 溝이고 基幹排水路이다. 목간 이외에 기와, 하지키, 스에키, 벼루, 철제품, 목제품 등이 출토되었다.

8. 목간

(1)

· 「十一日打相釘九十四隻 呉釘六百九十隻 　□」

· 「枚金三枚其釘廿七須理釘廿 折四 □□卅四 　」

여러 가지 못과 수량을 열거하여 기록한 문서 목간이다.

(2)

· 「 　　　　　　　　　菰作一口 　　□〔定?〕七

　　十上廣田列十之中 日置造出一口　□

　　　　　　　　　　船守一口

· 「『遠江國浜名日下部君□』

앞면과 뒷면은 쓴 사람이 각각 다르다. 하찰의 뒷면을 문서로 재활용한 것으로 추정된다. '廣田列'에 소속된 10명을 '菰作' 등에 1명씩 나누고 나머지가 '□〔定?〕七'이다.

(3)

「∨綾郡山本里宇遲部首□∨」

讚岐國의 하찰 목간이다.

9. 참고문헌

奈文研『飛鳥·藤原宮發掘調査槪報』23, 1993年

奈文研『飛鳥·藤原宮發掘調査出土木簡槪報』11, 1993年

橋本義則「奈良·藤原宮跡」(『木簡研究』15, 1993年)

奈文研『奈良國立文化財研究所年報1993』1994年

木簡學會編『日本古代木簡集成』東京大學出版會, 2003年

33) 藤原宮跡(71次)內裏東官衙地區

1. 이름 : 후지와라큐 터(71차)
2. 출토지 : 奈良縣(나라현) 橿原市(가시하라시)
3. 발굴기간 : 1993.4~1993.8
4. 발굴기관 : 奈良國立文化財研究所
5. 유적 종류 : 궁전·관아
6. 점수 : 3

7. 유적과 출토 상황

大極殿의 內裏 외곽 동쪽방향에서 실시되었다. 후지와라노미야 시기의 유구는 두 시기로 나눌 수 있고 7세기 중엽부터 후지와라노미야 직전 시기의 유구에는 掘立柱 건물 10동, 溝 3조, 후지와라노미야 시기의 유구에는 掘立柱 건물 1동, 掘立柱 담 4조, 溝 3조, 궁내 도로 등이 있다. 목간은 7세기 중엽부터 후지와라노미야 직전 시기에 속하는 東西溝 SD6616에서 3점 출토되었다. SD6616은 제58차 조사구에서 이어지는 폭이 50㎝이고 깊이가 20㎝인 溝이다.

8. 목간

· 「　[　]主[　　　]
　　召
　　　　[　]　　　內人[　]」
· 「　　　　　[　　　　]」

양면이 부식되어 판독되지 않지만 '召'로 시작되는 것으로 소환문서로 생각된다.

9. 참고문헌

奈文研 『飛鳥·藤原宮發掘調查槪報』 24, 1994年
奈文研 『奈良國立文化財研究所年報1994』 1994年

橋本義則「奈良·藤原宮跡」(『木簡硏究』16, 1994年)

奈文硏『飛鳥·藤原宮發掘調査出土木簡槪報』12, 1996年

34) 藤原宮跡(72次)西南官衙地區

1. 이름 : 후지와라큐 터(72차)

2. 출토지 : 奈良縣(나라현) 橿原市(가시하라시)

3. 발굴기간 : 1993.8~1993.10

4. 발굴기관 : 奈良國立文化財硏究所

5. 유적 종류 : 궁전·관아

6. 점수 : 2

7. 유적과 출토 상황

서남쪽 관아지구이고 후지와라노미야 직전 시기의 유구로 南北溝 1조, 東西溝 1조, 掘立柱
건물 1동, 우물 1기를 확인하였고 후지와라노미야가 있었던 시기로 추정되는 작은 건물 몇 동
을 확인하였다. 목간은 우물 SE8061에서 1점 출토되었고 우물 측면 판재에도 묵서가 있었다.
SE8061은 동서로 4.5m이며 남북으로 4.0m이며 깊이는 3.2m이다.

8. 목간

(1)

「□信」

우물 북쪽 측면의 판재이다.

1809호

(2)

大□大大大

9. 참고문헌

奈文研『飛鳥·藤原宮發掘調査槪報』24, 1994年

奈文研『奈良國立文化財研究所年報1994』1994年

橋本義則「奈良·藤原宮跡」(『木簡研究』16, 1994年)

奈文研『飛鳥·藤原宮發掘調査出土木簡槪報』12, 1996年

35) 藤原宮跡(78次)內裏東官衙·東方官衙北地區

1. 이름 : 후지와라큐 터(78차)
2. 출토지 : 奈良縣(나라현) 橿原市(가시하라시)
3. 발굴기간 : 1995.3~1995.7
4. 발굴기관 : 奈良國立文化財研究所
5. 유적 종류 : 궁전·관아
6. 점수 : 2

7. 유적과 출토 상황

內裏의 동쪽 방향 중앙관아 동변부에 해당한다. 후지와라노미야 시기의 유구는 掘立柱 건물 6동, 掘立柱 담 3조, 토갱 4기, 石敷 등을 확인하였다. 목간은 후지와라노미야 전반기의 토갱 SK8545 매립토에서 2점 출토되었다. 한 변이 1.4m이고 깊이가 0.6m의 토갱이다.

8. 목간

「
　∨丁酉年□月[　]　　　評□〔野?〕里
　　　　　　　　　　　　若□□〔倭部?〕[　] ∨

　'丁酉年'은 文武원년(697)이다.

9. 참고문헌

奈文研『飛鳥·藤原宮發掘調査槪報』26, 1996年

奈文研『飛鳥·藤原宮發掘調査出土木簡槪報』12, 1996年

寺崎保廣「奈良·藤原宮跡」(『木簡研究』18, 1996年)

奈文研『奈良國立文化財研究所年報1996』1997年

奈文研『飛鳥·藤原宮發掘調査出土木簡槪報』20, 2006年

36) 藤原宮跡(79次)西方官衙南地區
37) 藤原宮跡(80次)西方官衙南地區

1. 이름 : 후지와라큐 터(79차), (80차)

2. 출토지 : 奈良縣(나라현) 橿原市(가시하라시)

3. 발굴기간

　　1) 79차 – 1995.6~1995.10

　　2) 80차 – 1995.10~1996.2

4. 발굴기관 : 奈良國立文化財研究所

5. 유적 종류 : 궁전·관아

6. 점수

　　1) 79차 – 1

2) 80차 - 192

7. 유적과 출토 상황

서쪽방향의 관아 남지구조사로 서면 남문에서 동쪽으로 가는 궁내 도로와 남면 서문에서 북쪽으로 가는 궁내 도로가 교차하는 지점의 북서부에 위치하고 있다. 후지와라노미야 직전 시기 혹은 후지와라 시기의 유구로 東西溝 2조, 掘立柱 담 5조, 掘立柱 건물 2동, 우물 4기, 토갱 6기를 확인하였다.

목간은 제79차 조사로 우물 SE8431에서 1점, 제80차 조사로 토갱 SK8471에서 164점(削屑 163점)이 출토되었다.

8. 목간

SE8431

(1)

「(부록1)(부록2)(부록3)鬼小(부록4)今 乎其∨」

우물 제사와 관련된 呪符목간으로 추정된다.

SK8471

(2)

歲□□□

(3)

□□〔大夫?〕

(4)

雀部若□□

9. 참고문헌

奈文研『飛鳥·藤原宮發掘調査槪報』26, 1996年

奈文研『飛鳥·藤原宮發掘調査出土木簡槪報』12, 1996年

寺崎保廣「奈良·藤原宮跡」(『木簡研究』18, 1996年)

奈文研『奈良國立文化財研究所年報1996』1997年

木簡學會編『日本古代木簡集成』東京大學出版會, 2003年

38) 藤原宮跡(82次)西方官衙南地區

1. 이름 : 후지와라큐 터(82차)

2. 출토지 : 奈良縣(나라현) 橿原市(가시하라시)

3. 발굴기간 : 1996.10~1997.2

4. 발굴기관 : 奈良國立文化財研究所

5. 유적 종류 : 궁전·관아

6. 점수 : 1

7. 유적과 출토 상황

서방관아 남쪽 지구에 대한 조사이다. 해당 시기의 유구로는 先行 西2坊坊間路, 先行 5條大路와 그 側溝 등을 확인하였다. 先行 西2坊坊間路 SF3205는 노면의 폭이 약 5.4~6.5m이고 側溝心心間으로 6.2~6.8m이다. 東側溝 SD3206에서 목간 1점이 출토되었다.

8. 목간

1834호(하찰169)

「∨知夫利評由羅五十戸　　　　　　　∨

　　加毛□□加伊□〔鮓?〕[　　][　　]　」

'知夫利評 由羅五十戸'는『和名抄』의 隱岐國 知夫郡 由良鄕에 해당한다.

9. 참고문헌

奈文研『奈良國立文化財研究所年報1997~Ⅱ』1997年

寺崎保廣「奈良・藤原宮跡」(『木簡研究』19, 1997年)

奈文研『飛鳥・藤原宮發掘調査出土木簡槪報』13, 1998年

奈文研『飛鳥・藤原宮發掘調査出土木簡槪報』20, 2006年

39) 藤原宮跡(107次)內裏・朝堂院・朝堂院東地區

1. 이름 : 후지와라큐 터(107차)

2. 출토지 : 奈良縣(나라현) 橿原市(가시하라시)

3. 발굴기간 : 2000.3~2000.11

4. 발굴기관 : 奈良國立文化財研究所

5. 유적 종류 : 궁전, 중세취락

6. 점수 : 3

7. 유적과 출토 상황

朝堂院 동쪽 제1당 北半과 회랑 동북쪽의 구석부에 해당한다. 후지와라노미야 직전 시기 先

行4條大路 南側溝 SD9005에서 목간 1점이 출토되었지만 판독이 어렵다. 朝堂院 동쪽면 회랑
東側溝의 하층에 있는 南北溝 SD9040에서 削屑 1점이 출토되었다. 헤이안시대 말기부터 가마
쿠라시대의 南北溝 SD9046에서 목간 1점이 출토되었다.

8. 목간
大

9. 참고문헌
奈文研『奈良文化財研究所紀要2001』2001年

奈文研『飛鳥·藤原宮發掘調査出土木簡槪報』15, 2002年

市大樹「奈良·藤原宮跡」(『木簡研究』24, 2002年)

40) 藤原宮跡(118次)東南官衙地區
41) 藤原京左京六條二坊(124次)

1. 이름 : 후지와라큐 터(118차), (124차)

2. 출토지 : 奈良縣(나라현) 橿原市(가시하라시)

3. 발굴기간

    1) 118차 - 2001.10~2002.2

    2) 124차 - 2002.10~2002.12

4. 발굴기관 : 奈良文化財研究所

5. 유적 종류 : 궁전, 관아

6. 점수

    1) 118차 - 3

2) 124차 - 15

7. 유적과 출토 상황

남동쪽 구석에 있는 근세의 저수지인 高所寺池의 제방 개수공사에 의해 발굴되었다. 제118차 조사에서 후지와라노미야가 있기 직전 시기의 유구인 先行條坊道路를 조사하였는데 그 결과 東2坊坊間路, 6條條間路와 그 側溝를 확인하였다. 남쪽면의 중문 동쪽에서 처음으로 궁의 남쪽 한계 구획시설을 확인하였다. 목간은 제118차 조사로 남쪽면의 內濠 SD502 퇴적토에서 削屑 3점, 제124차 조사로 후지와라노미야 직전 시기의 토갱 SK9740에서 削屑 15점이 출토되었다.

SD502는 담 북쪽 11.7m에 있고 폭이 2~2.7m, 깊이가 1.1~1.3m이다. 토갱 SK9740은 남쪽면의 外濠와 6條大路 北側溝 중간에 있고 직경이 약 3m의 원형으로 깊이가 약 0.9m이다.

8. 목간

제118차 조사
(1)
□□〔男?〕

제124차 조사
(2)
□三□
(3)
□人下寸主□

'寸主'은 村主이고 가바네(大和·奈良시대에 씨족의 尊卑를 나타내기 위한 계급적 칭호)이다.

(4)

□〔十?〕四□

9. 참고문헌
奈文研 『奈良文化財研究所紀要2003』 2003年
奈文研 『飛鳥·藤原宮發掘調査出土木簡概報』 17, 2003年
竹內亮 「奈良·藤原宮跡」 (『木簡研究』 25, 2003年)
奈文研 『高所寺池發掘調査報告—藤原宮および藤原京左京七條二坊の調査』 (2006年)

42) 藤原宮跡(128次)朝堂院地區

1. 이름 : 후지와라큐 터(128차)
2. 출토지 : 奈良縣(나라현) 橿原市(가시하라시)
3. 발굴기간 : 2003.4~2003.7
4. 발굴기관 : 奈良文化財研究所
5. 유적 종류 : 궁전·관아
6. 점수 : 7,940

7. 유적과 출토 상황

　朝堂院 회랑의 동남쪽 구석에서 朝堂院 동쪽면의 회랑, 남쪽면의 회랑과 그에 부속되는 朝集前院의 동쪽면의 구획시설을 확인하였다. 목간은 朝堂院 동쪽 바깥을 북쪽으로 흐르는 溝 SD9815에서 5,000점 이상 출토되었다. 대부분은 削屑이다. SD9815는 폭이 약 2.5m이고 깊이가 약 0.5m이다. 퇴적토는 3층으로 이루어져 있는데 목간은 2층에서 많은 木屑과 함께 출토되었다.

8. 목간

(1)

・「恐々還申我主我尊御心□賜□〔随?〕□」

・「可慈給其食物者皆此仰旨待侍耳」

식재료를 청구하는 문서 목간이다.

(2)

・「右衛士府移□〔今?〕日□〔可?〕□」

・「大國　□〔太?〕寶三年□」

'右衛士府'가 보낸 '移' 문서다. 衛士·仕丁과 관련된 목간이 많으므로 이 주변의 右衛士府와 관련된 시설이 있었을 가능성이 있다. 太寶3년은 703년이다.

(3)

「夜不仕人猪手列丸部國足」

(4)

・「辛犬列□〔卅?〕五」

・「　八月十四日」

(5)

「□□〔嶋身?〕列忍海部子末呂」

'列'은 衛士·仕丁의 편성 단위이며 '猪手' '辛犬' '嶋身'은 그 책임자이다.

(6)

・「□連部卅三　嶋身部□〔卅?〕四[　]」

・「卅七　五月廿四日　　　　　　　」

・「五背部卅三百嶋部六」

・「　　五月廿四日　　　」

'部'는 列과 같은 뜻으로 이해된다.

(7)

十上丈部□□

(8)

部嶋　　五十□〔上?〕

‘十上’·‘五十上’은 10명, 50명을 단위로 편성한 衛士·仕丁의 책임자를 뜻한다.

(9)

□立丁(曲物底板)

里에서 2인1조로 징발된 仕丁 가운데 실제로 역무를 담당한 사람을 뜻한다.

(10)

七夕四

(11)

二月廿九

(12)

十二月

근무 일수를 기록한 것으로 추정된다.

(13)

□□〔葛?〕木下郡

(14)

上毛野國

(15)

「旦波國□□〔阿?〕麻太郡□□〔雀?〕王部里□

(16)

　　　　□□□

□川合里大伴部

(17)

「郡大曽祢里□　」

(18)

・「土師部大人雀王部荒山」

・「□　　　　二人　　　」

　지명이나 인명을 열거하여 기록한 목간이 다수 출토되었다. [지명+인명]의 기재 내용으로 보아 衛士·仕丁의 본관지와 이름을 쓴 것으로 추정된다.

(19)

「∨戊寅年高井五[　　]」

‘戊寅年’은 678년이다.

(20)

「乃都熟麻廿七斤十□□∨」

(21)

・「鮎深」

・「鮎深」

(22)

「∨円席□」

　付札 목간이다.

(23)

・「秦膠酒方治四支風手臂不収▇脚疼弱或有病急×

・「天門冬三両　去心　薏苣一両独活五両　□〔細?〕辛三両　巴×
　　　　　　　　　　　　　　　　　　　附子二両　　　炮五×

　약 처방을 기록한 목간이다.

(24)

「玄　　　黄」

『千字文』의 제1구 天地玄黃의 일부인데 木器로 사용할 때 위아래를 나타내는 것으로 추측된다.

9. 참고문헌

奈文研『奈良文化財研究所紀要2004』2004年

奈文研『飛鳥·藤原宮發掘調查出土木簡概報』18, 2004年

奈文研『飛鳥·藤原宮發掘調查出土木簡概報』19, 2005年

市大樹「奈良·藤原宮跡」(『木簡研究』27, 2005年)

奈文研『飛鳥·藤原宮發掘調查出土木簡概報』20, 2006年

奈文研『飛鳥·藤原宮發掘調查出土木簡概報』21, 2007年

奈文研『飛鳥·藤原宮發掘調查出土木簡概報』22, 2008年

43) 藤原宮跡(136次)朝堂院東第六堂

1. 이름 : 후지와라큐 터(136차)
2. 출토지 : 奈良縣(나라현) 橿原市(가시하라시)
3. 발굴기간 : 2004.10~2005.11
4. 발굴기관 : 奈良文化財研究所
5. 유적 종류 : 궁전·관아
6. 점수 : 5

7. 유적과 출토 상황

朝堂院 동쪽의 第6堂에 해당한다. 제6당 동쪽에 있는 南北溝SD10203에서 削屑 5점이 출토되었다. 후지와라노미야가 조영된 시기에 만든 溝이며 건물이 완성된 후에 매립되었다.

8. 목간

□　□

묵흔은 있지만 판독할 수 없다.

9. 참고문헌

奈文研『奈良文化財研究所紀要2006』2006年

奈文研『飛鳥·藤原宮發掘調査出土木簡槪報』20, 2006年

市大樹·竹本晃「奈良·藤原宮跡」(『木簡研究』28, 2006年)

44) 藤原宮跡(138-2次)內裏及び內裏東官衙地區

1. 이름 : 후지와라큐 터(138-2차)
2. 출토지 : 奈良縣(나라현) 橿原市(가시하라시)
3. 발굴기간 : 2005.11~2006.1
4. 발굴기관 : 奈良文化財研究所
5. 유적 종류 : 궁전·관아
6. 점수 : 1

7. 유적과 출토 상황

內裏 및 동쪽 관아지구에 해당한다. 조사구는 4구로 나눠지고 목간은 C구에서 출토되었다. C구에서는 남북 방향의 담, 건물, 溝가 확인되었고 목간은 남북 방향의 基幹水路인 SD105에서 1점 출토되었다.

8. 목간

□　□　□

□　　　□〔色?〕

　전체의 내용에 대해서는 알 수 없다.

9. 참고문헌

奈文研『奈良文化財研究所紀要2006』2006年

奈文研『飛鳥·藤原宮發掘調査出土木簡槪報』20, 2006年

市大樹·竹本晃「奈良·藤原宮跡」(『木簡研究』28, 2006年)

45) 藤原宮跡(142次)大極殿·朝堂院地區

1. 이름 : 후지와라큐 터(142차)
2. 출토지 : 奈良縣(나라현) 橿原市(가시하라시)
3. 발굴기간 : 2006.4~2006.7
4. 발굴기관 : 奈良文化財研究所
5. 유적 종류 : 궁전·관아
6. 점수 : 1

7. 유적과 출토 상황

조당 동 제4당과 동면 회랑이다. 조사지구 남구 南北溝SD9815에서 삭설 1점이 출토되었다.

8. 목간

[　　]

9. 참고문헌

奈文研『奈良文化財研究所紀要2007』2007年

奈文研『飛鳥·藤原宮發掘調査出土木簡槪報』21, 2007年

市大樹「奈良·藤原宮跡」(『木簡硏究』29, 2007年)

46) 藤原宮跡(153次)朝堂院地區

1. 이름 : 후지와라큐 터(153차)
2. 출토지 : 奈良縣(나라현) 橿原市(가시하라시)
3. 발굴기간 : 2008.4~2008.11
4. 발굴기관 : 奈良文化財研究所
5. 유적 종류 : 궁전·관아
6. 점수 : 27

7. 유적과 출토 상황

조사지는 藤原宮跡 朝堂院지구의 북단, 大極殿院 남문의 남쪽에 해당한다. 주된 유구는 藤原宮 조영시기, 藤原宮期, 藤原宮 폐절 후로 크게 3시기로 구분할 수 있다. 조영시기의 유구로는 운하 1조, 斜行溝 2조, 先行朱雀大路 東側溝 1조, 南北溝 1조 등, 藤原宮 시기의 유구로는 藥敷く의 광장, 주혈 사례, 주혈군, 溝 2조, 石組暗渠 1조 등, 폐절 후의 유구는 도로모양 유구 등이 확인되었다. 목간은 운하에서 27점(가운데 削屑 13점) 출토되었는데 작은 파편과 묵서가 불분명한 것이 대부분이다.

운하 SD1901A는 조사지 중앙을 남북으로 관통하는 溝로 총 9m 정도 조사하였다. 제1차 整地面에서 시작하는 폭 3~4m, 깊이 2m 정도의 규모이다. 이 운하에서는 北面中門, 大極殿 북방(同 제10차), 內裏南邊地區(同 제37-7차 조사)에서도 목간이 출토되었는데 溝의 폭은 종래의 조사 때 밝혀진 것보다 넓다. 흙은 아래에서부터 굵은 모래(두께 40~50㎝), 가는 모래(30㎝)가 충적되어 있었으며 대량으로 물이 흐른 모습을 알 수 있다. 이 운하는 斜行溝SD10801A의 바닥과 같은 깊이까지 판 후 기와를 일괄 투기하고 다시 청회색점질토를 한 번에 묻었다. 목간은 모두 굵은 모래층에서 출토되었다.

8. 목간

(1)

□〔又?〕遠水×

상하 양단이 부러졌으며 좌우 양단은 이차적으로 부러뜨렸는가? 첫 번째 문자는 'マ'와 유사하다. '遠水'가 遠水海와 통한다고 한다면 遠江의 옛 표기일 가능성이 있다. 또 大極殿北方 조사에서 '旦波國竹野評鳥取里'라고 표기된 목간과 '□玉評大里評'을 표기한 묵서기와가 운하에서 출토되었다.

9. 참고문헌

奈文研『奈良文化財研究所紀要2009』2009年

山本崇「奈良·藤原宮跡」(『木簡研究』31, 2009年)

47) 藤原宮跡(163次)朝堂院地區

1. 이름 : 후지와라큐 터(163차)

2. 출토지 : 奈良縣(나라현) 橿原市(가시하라시)

3. 발굴기간 : 2010.4~2011.1

4. 발굴기관 : 奈良文化財研究所

5. 유적 종류 : 궁전·관아

6. 점수 : 1

7. 유적과 출토 상황

朝堂院지구 북단, 大極殿院 남문의 남쪽이다. 목간은 조사구 북동쪽 구석에서 확인된 제2차 整地 조성 이전에 형성된 늪 형태 유구 SX10820에서 木屑, 기와 조각과 함께 1점 출토되었다. 이 유구는 남북 44m 동서 38m 이상의 규모라는 것이 확인되었다.

8. 목간

□〔作?〕　□〔物?〕」

9. 참고문헌

奈文研 『奈良文化財研究所紀要2011』 2011年

山本崇 「奈良·藤原宮跡」 (『木簡研究』 33, 2011年)

48) 藤原宮跡(169次)朝堂院地區

1. 이름 : 후지와라큐 터(169차)
2. 출토지 : 奈良縣(나라현) 橿原市(가시하라시)
3. 발굴기간 : 2011.4~2011.12
4. 발굴기관 : 奈良文化財研究所
5. 유적 종류 : 궁전·관아
6. 점수 : 3

7. 유적과 출토 상황

朝堂院 朝庭部의 중앙 북방에 있다. 후지와라노미야 시기의 광장과 石詰暗渠, 후지와라노미야 조영시기의 掘立柱 건물 7동, 溝 4조, 토갱 1기, 운하, 先行 朱雀大路 東側溝 등이 확인되었다. 목간은 후지와라노미야 조영시기 운하 SD1901A에서 출토되었다. 운하 SD1901A는 조사구 중앙을 남북으로 흐르는데 폭이 약 9m, 깊이가 약 2m이다.

8. 목간

· 「□〔稻?〕□□

· 「[   ]□

9. 참고문헌

奈文研 『奈良文化財研究所紀要2012』 2012年

桑田訓也 「奈良·藤原宮跡」 (『木簡研究』 34, 2012年)

49) 藤原京跡左京北五條三坊南西坪(市97-18次)(舊, 大藤原京跡)

1. 이름 : 후지와라쿄 터(시97-18차)
2. 출토지 : 奈良縣(나라현) 橿原市(가시하라시)
3. 발굴기간 : 1997.11~1998.3
4. 발굴기관 : 橿原市教育委員會
5. 유적 종류 : 도성
6. 점수 : 2

7. 유적과 출토 상황

후지와라쿄 시기의 유구로 도로의 側溝(東2坊坊間路의 東側溝, 東2坊大路의 西側溝, 東3坊坊間路의 東側溝), 掘立柱 건물, 옛 河道 등이 확인되었다. 옛 河道(001-NR)에서 목간 2점이 출토되었다. 이 河道는 폭이 8.5m이고 깊이가 1m이고 西岸 일부에는 護岸을 위한 말뚝이 박혀있었다. 하지키, 스에키, 항아리, 목제 빗 등이 같이 출토되었다.

8. 목간

(1)

「∨米五斗一升」

付札 목간이다.

(2)

・□資人□□〔合?〕淨正五位下茨田[

・   [   ]

八木造□〔古?〕

황족의 資人(律令制에서 황족이나 귀족에게 位階나 관직에 상응해서 딸린 從者)에 관한 내용이다. 앞면 '淨'은 왕들한테 준 官位라고 하면 '茨田'王으로 추정되고 뒷면 인명은 資人의 이름을 적은 것으로 생각된다.

9. 참고문헌

橿原市千塚資料館『かしはらの歴史をさぐる6―平成9年度理藏文化財發掘調査成果展』1999年

濱口和弘「奈良・大藤原京跡左京北五條三坊南西坪」(『木簡研究』21, 1999年)

50) 藤原京跡左京北四條·五條一坊(橿教委2003-9次)

1. 이름 : 후지와라쿄 터(강교위2003-9차)
2. 출토지 : 奈良縣(나라현) 橿原市(가시하라시)
3. 발굴기간 : 2003.9~2003.11
4. 발굴기관 : 橿原市教育委員會
5. 유적 종류 : 도성
6. 점수 : 1

7. 유적과 출토 상황

中ツ道(東4坊大路)와 1條大路의 교차점, 掘立柱 건물 6동, 우물 2기, 토갱 1기를 확인했다. 中ツ道(東4坊大路)의 원래 폭은 16m, 확대된 후의 폭은 28.2m이다. 목간은 확대된 후의 東側溝 B 바닥에서 목편과 함께 133점 출토되었다. 東側溝 B는 폭이 3m이고, 깊이가 1.1m이다.

8. 목간

(1)
・「穂積親王宮　　□□□□□〔足人?〕　　　　」
・「□〔輕?〕部□〔古?〕万呂　□　□□□〔宍人古?〕万呂」

'穂積親王宮'에 이어 2행으로 6명의 인명을 열거하여 기록한다.

(2)
・「□□奉上　　恵□　　香子夫持上之□
・「　□　　　　　□□□　　　　□

'奉上'은 다른 목간에도 보이고 윗사람한테 바치는 뜻으로 생각된다.

(3)
・「　　　　　□　　　□□　　　　　　　　　　」

・「□□〔受小?〕□二石　□　　和銅二年十月七日」

물품을 받은 문서 혹은 전표 목간으로 추정된다. 和銅2년은 709년이다.

　(4)

「∨雜腊∨」

　(5)

・「∨九百卌二文」

・「∨□　　　　」

돈의 付札이다.

　(6)

[　　　　]□□〔多食?〕

　(7)

食□

급식과 관련된 목간으로 추측된다.

9.참고문헌

橿原市教委『橿原市埋藏文化財發掘調査概報　平成15年度』(橿原市埋藏文化財調査概要 21) 2004年

露口眞廣·平岩欣太·竹內亮「奈良·藤原京跡」(『木簡研究』26, 2004年)

51) 藤原京跡左京一條四坊·二條四坊(出合·膳夫遺跡)(橿教委2003-2)

1. 이름 : 후지와라쿄 터(강교위2003-2차)
2. 출토지 : 奈良縣(나라현) 橿原市(가시하라시)
3. 발굴기간 : 2003.4~2003.7

4. 발굴기관 : 橿原市敎育委員會

5. 유적 종류 : 도성

6. 점수 : 133

7. 유적과 출토 상황

朱雀大路의 북쪽 연장도로, 北4條大路, 구획溝 등이 확인되었다. 주작대로의 연장도로는 側溝心心間의 거리가 14.5m이며 노면의 폭은 12m이다. 목간은 朱雀大路 연장도로 東側溝SD67과 北4條大路 北側溝 SD65의 합류점 주변에서 후지와라노미야 시기 퇴적토에서 1점 출토되었다. 목간 이외에 스에키, 하지키, 기와, 土馬, 神功開寶 2점, 동물 뼈 등이 출토되었다.

8. 목간

「　　　　　　　　　　長□志母□〔止?〕　□
　□□山司倭令佐□大夫
　　　　　　　　　□□〔道?〕□□　　□□　　□」

'□□山司'는 관청, '佐□大夫'는 인명+존칭으로 추측된다.

9. 참고문헌

露口眞廣·平岩欣太·竹內亮「奈良·藤原京跡」(『木簡硏究』26, 2004年)

52) 藤原京跡左京二條二坊西北坪(109次)

1. 이름 : 후지와라쿄 터(109차)

2. 출토지 : 奈良縣(나라현) 橿原市(가시하라시)

3. 발굴기간 : 2000.8~2000.10

4. 발굴기관 : 奈良國立文化財硏究所

5. 유적 종류 : 도성

6. 점수 : 4

7. 유적과 출토 상황

조사지는 左京2條2坊西北坪의 서북부 및 東1坊大路에 해당하고 掘立柱 건물 28동, 掘立柱 담 21조, 도로 1조, 溝 5조, 우물 3기, 토갱 50기 등이다. 후지와라노미야 시기의 유구는 4시기로 나눌 수 있다. 제1시기에 속하는 우물 SE9149에서 削屑 3점이 출토되었다. 직경이 약 2m이고 깊이가 1.5m 이상이고 퇴적층의 최하층인 흑회색 점토층에서 목편, 뼈 조각 등과 함께 출토되었다. 제2시기 및 제3시기의 우물 SE9147에서도 목간 1점이 출토되었다. 우물의 직경은 상면에서 약 3m이고, 깊이는 약 2.7m이다.

8. 목간

모두 삭설 파편으로 판독이 되지 않는다.

9. 참고문헌

奈文研『奈良文化財研究所紀要2001』2001年

奈文研『飛鳥·藤原宮發掘調査出土木簡槪報』15, 2002年

竹內亮「奈良·藤原京跡左京二條二坊」(『木簡研究』24, 2002年)

奈文研『飛鳥藤原京木簡二一藤原京木簡一』(奈良文化財硏究所史料82) 2009年

53) 藤原京跡左京三條三坊~七條三坊(21-2次)

1. 이름 : 후지와라쿄 터(21-2차)

2. 출토지 : 奈良縣(나라현) 橿原市(가시하라시)

3. 발굴기간 : 1977.2~1978.1

4. 발굴기관 : 奈良國立文化財研究所

5. 유적 종류 : 도성

6. 점수 : 1

7. 유적과 출토 상황

東3坊坊間路 추정위치에서 서쪽 약 20m에 위치한다. 條坊道路 側溝 8조, 東西溝 4조, 주혈 6기를 확인했다. 폭 약 8.3m, 깊이 약 1.3m의 東西溝에서 목간 1점이 출토되었지만 판독할 수 없다.

8. 목간

판독불가

9. 참고문헌

奈文研『飛鳥·藤原宮發掘調査槪報』8, 1978年

奈文研『奈良國立文化財研究所年報1978』1978年

奈文研『飛鳥藤原京木簡二－藤原京木簡一』(奈良文化財研究所史料82) 2009年

54) 藤原京跡左京六條三坊東北坪(47次·50次西)

1. 이름 : 후지와라쿄 터(47차·50차서)

2. 출토지 : 奈良縣(나라현) 橿原市(가시하라시)

3. 발굴기간 : 1985.11~1986.12

4. 발굴기관 : 奈良國立文化財研究所

5. 유적 종류 : 도성

6. 점수 : 28

7. 유적과 출토 상황

香久山 西麓에서 1985년 제45, 46차 조사에 이어 제47, 50차 조사를 실시했다. 제45, 46차 조사지를 합친 총 면적은 20,000㎡로 거의 藤原京左京六條三坊의 東北坪과 東南坪에 해당한다. 이 가운데 제47, 50차 조사지는 六條三坊의 중심부 및 東北坪 서남부에 해당한다. 양조사지는 동서로 접해 있으며 면적은 총 4,000㎡이다.

제45차부터 제50차까지 조사 소견을 간략하게 정리하면 유구는 고훈시대부터 무로마치시대까지이며 그중 藤原宮 시기는 A, B 두 시기로 구분할 수 있다. A시기는 도로와 구획된 담을 중심으로 한 시기로 東三坊坊間路, 六條條間路, 坪의 주위를 한정하는 담, 坪을 동서 혹은 남북으로 양분하는 담 등이다. 坊間路는 811m, 條間路는 60m 정도 확인되었는데 條間路는 상정한 위치보다 약 한 4m 북쪽에 있다. 兩路는 조사지 서쪽 끝에서 교차한다. 건물은 東南坪에 소규모 건물 2동, 東北坪에 3동 있다. 이 두 건물은 기둥을 공유한 것으로 보이는데 그 성격은 아직까지 불분명하다. 坊間路의 북쪽에는 東西大溝SD4130이 있고 나라시대에도 존속하였다. 조사지 동쪽 끝인 香久山에 근접하는 근처에는 폭 19m 이상, 깊이 1.11m의 南北大溝SD4143이 있는데 東三坊大路의 상정 위치에 해당하나 대규모이므로 藤原京의 東堀河일 가능성이 있다. 앞서 東西大溝SD4130은 이 SD4143과 접하고 있다.

B기는 도로나 구획의 담이 크게 바뀌어 대규모 건물이 정연하게 배치되며 방내의 이용 상황이 일변하는 시기이다. 우선 條間路·坊間路나 東南坪을 남북으로 나누는 담장은 없어지고 東北坪·東南坪 모두 坪內를 동서로 양분하는 남북 담보다 서쪽이 하나로 이용되며 동쪽 반은 공한지(空閑地)가 된 것 같다. 건물은 坊間路, 條間路가 교차했던 위치의 약간 남쪽에서 坊의 중심에 해당되는 곳에 7칸×3칸 身舍에 土庇(지면에 기둥을 세우고 달아낸 차양)가 있는 東西棟建物 SB5000은 이 건물군의 正殿으로 보이며 正殿과 脇殿으로 생각되는 건물도 있다.

이들 건물군은 正殿이 방의 중심부이므로 한 방 전체의 占地에 기반한 배치라고 생각되나 한

방의 占地는 藤原京에서 처음 확인된 사례이다. 그 성격에 대해서는 宮殿邸宅 또는 관아라고도 생각되나 명확하지 않다.

다음으로 나라시대가 되면 대규모 구역 시설과 정연한 건물군은 없어지나 건물 10동이 확인되어 계속해서 중요 지역으로서 기능하고 있었던 것 같다. 조사지 남쪽에서는 담장과 溝에 의한 방형구획 내에 남북으로 늘어선 2동의 동서동 건물이 배치되어 있으며 북쪽에는 總柱의 창고 풍 건물이나 동서로 줄지은 작은 건물이 있다. 또 藤原京 A기 이래의 東西溝SD4130이 이 시대에도 존속하고 있으며 제47·50차(서)조사지 내에서 목간·묵서토기가 출토되었다. 또 47차 조사지에는 大溝의 南岸에 접하여 우물SE4740이 있으며 부적·묵서 토기가 출토되었다.

東西大溝 SD4130은 坊의 想定心부터 216m 북쪽에 있으며 총 길이 120m 정도 확인되었다. 동쪽은 폭 4.5m, 깊이 1.8m이나 서쪽으로 가면서 점차 깊어져 조사지 서쪽 끝은 폭 11m, 깊이 1.8m이다. 동쪽 끝은 南北大溝와 닿아 있으며 구의 깊이로 보아 서쪽으로 흘렀을 것이다. 북쪽은 비교적 직선적으로 당시의 모습을 간직한 것으로 보이며 남쪽은 크게 도려낸 부분이 있다. 퇴적토는 아래에서 다갈색 사조·청회색 점질토·회갈색 점질토 및 옅은 갈색 점질토로 나뉜다. 다갈색 모래층은 溝 바닥에 약간 잔존하며 7세기 유물을 포함하고 있어 이 溝의 개삭(開削)이 藤原宮期까지 거슬러 올라가는 것을 알 수 있다. 청회색 점질토는 나라시대의 층으로 몇 번이나 유로를 바꾸면서 흐른 것으로 보이는데 점차 물이 흐르지 않게 되었으며 이후 헤이안시대에 매립되었다.

이 溝에서는 다수의 유물이 출토되었는데 藤原宮期의 것은 적고 나라시대부터 헤이안시대의 유물이 많다. 주요 유물은 목간 25점, 묵서가 있는 齋串 1점, '香山' 묵서 토기 3점 등 묵서 토기 61점, 벼루, 綠釉獸脚硯·風字硯·黑色土器, 토마·제염토기·소형 토기, 輔羽口, 팔메트문수막새, 人形·齋串·万子形·馬形, 나무 바늘, 빗, 琴柱(거문고 줄 꾐목), 못, 和同開珎가 출토되었다. 목간과 묵서가 있는 齋串은 東西大溝 가운데 남안에 접하는 우물 부근에서 서쪽에 위치한 나라 시대의 층에서 출토되었다. 靈龜12년이라는 기년이 적혀 있어 다른 목간도 나라시대 전반의 것으로 보아도 좋을 것이다.

8. 목간

井戸SE4740

(1)

「□不熟(符錄)未方女者」

東西大溝SD4130

(2)

「収霊龜三年稻養×

목간은 官司 혹은 庄所에서 벼의 수납을 나타내고 있지만 貢進物의 荷札이나 '菜採司'라고 적은 목간이 있으므로 관사일 가능성이 있다. 天平2년『大倭國正稅帳』에 의하면 養老4년과 7년에 '香山正倉'의 존재가 알려지지만, 이 목간과 관계가 있을까. 다량의 '香山' 묵서토기가 있듯이 카구야마를 '香山'이라고 쓰는 예는 많다.

(3)

「菜採司謹白奴□嶋逃□□」

「別申病女□□如□」

(4)

□斤得三束□二束」

(5)

百廿七束一□

(6)

「斗四升」

(7)

□小豆□□□」

(8)

「□〔大ヵ〕夫等　　」

(9)

・「∨近江國蒲×

・「∨宿□戸×

(10)

「∨六斗」

(11)

「左京職」(齋串)

齋串으로 左京職은 平城京일 것이다. 그러면 平城左京職과 이 장소의 관계가 문제가 된다. 平安京의 예로 左京職과 官衙神으로서 左京2條에 久慈眞智命神이 모셔져 있으며『延喜式』에서는 이 신에 대해서 '本社坐大和國十市郡天香山坐櫛眞命神'라고 적혀 있으므로 天香山에 鎭座의 신을 分祀(본사(本社)와 똑같은 제신(祭神)을 나누어 다른 신사(神社)에 모심)한 것으로 보인다.

9. 참고문헌

奈文研『飛鳥·藤原宮發掘調査槪報』17, 1987年

奈文研『奈良國立文化財研究所年報1986』1987年

奈文研『飛鳥·藤原宮發掘調査出土木簡槪報』8, 1987年

加藤優「奈良·藤原京跡」(『木簡研究』9, 1987年)

奈文研『奈良國立文化財研究所年報1987』1988年

木簡學會編『日本古代木簡選』岩波書店, 1990年

沖森卓也·佐藤信編『上代木簡資料集成』おうふう, 1994年

奈文研『飛鳥藤原京木簡二ー藤原京木簡一』(奈良文化財研究所史料82) 2009年

55) 藤原京跡左京六條三坊西北坪(54-1次)

1. 이름 : 후지와라쿄 터(54-1차)
2. 출토지 : 奈良縣(나라현) 橿原市(가시하라시)
3. 발굴기간 : 1987.4
4. 발굴기관 : 奈良國立文化財硏究所
5. 유적 종류 : 도성
6. 점수 : 1

7. 유적과 출토 상황

제50차 조사지 서쪽 약 20m 지점이고 유구는 제50차 조사지에서 이어지는 東西溝SD4130
으로 폭 2.6m가 확인되었다. 깊이 1.6m이고 퇴적층은 3층으로 나누어진다. 상·중층은 나라시
대, 하층은 후지와라노미야기이고 중층에서 목간이 1점 출토되었다.

8. 목간

「∨尾張國海部郡魚鮨三斗六升∨」

하찰 목간이다.

9. 참고문헌

奈文研『飛鳥·藤原宮跡發掘調査出土木簡槪報』8, 1987年

奈文研『飛鳥·藤原宮跡發掘調査槪報』18, 1988年

奈文研『奈良國立文化財研究所年報1988』1989年

加藤優「奈良·藤原京跡」(『木簡研究』10, 1988年)

木簡學會編『日本古代木簡選』岩波書店, 1990年

奈文研『飛鳥藤原京木簡二一藤原京木簡一』(奈良文化財研究所史料82) 2009年

56) 藤原京跡左京七條一坊東南坪

1. 이름 : 후지와라쿄 터
2. 출토지 : 奈良縣(나라현) 橿原市(가시하라시)
3. 발굴기간 : 1994.9~1995.1
4. 발굴기관 : 橿原市教育委員會
5. 유적 종류 : 도성
6. 점수 : 24

7. 유적과 출토 상황

이 조사는 市都飛騨木之本線築造事業에 따른 사전발굴조사이다. 藤原京의 남쪽에 접하는 左京七條一坊은 동반부 남쪽 구릉지대에서 파생된 능선과 서반부 서쪽 日高山 구릉으로 둘러싸인 충적지형으로 이루어져 있다.

고훈시대부터 藤原京期, 그리고 가마쿠라시대 후기부터 무로마치시대의 3시기에 걸친 것이다. 그 가운데 藤原京期에 속하는 유구로는 掘立柱 건물 3동, 목간이 출토된 토갱 1기가 있다.

목간은 모두 低丘陵의 남쪽에 위치하는 트렌치의 토갱 SK-01에서 출토되었다. 토갱 SK-01은 장변 5.5m, 단변 2.0m, 깊이 0.6m이며 동서로 긴 타원형이다. 토갱 내부는 雲母를 많이 포함한 흑회색의 고운 모래층과 암갈색 점토로 이루어져 있으며 목간은 상부에 충적된 고운 모래층에서 주로 출토되었다. 대부분의 목간은 문장의 뜻을 알 수 없도록 종횡으로 나누어진 뒤 폐기된 것으로 보인다. 또 토갱 SK-01에서는 토기가 한 점도 출토되지 않았으며 동반한 목제품도 300점이 넘는 대량의 가공 부스러기 이외에는 양단에 결입부가 있는 棒狀목제품, 좁은 棒狀의 목제품이 출토되었을 뿐이다. 생산도구, 생활용구도 전혀 출토되지 않았다. 이러한 출토 유물의 특색으로 보아 이 토갱이 폐기되었다는 것을 알 수 있다.

8. 목간

토갱 SK-01에서 출토된 목간은 묵흔이 있는 것을 포함하면 24점이다. 그러나 전술한대로 폐기된 이 목간들은 모두 斷簡이며 내용을 알 수 있는 것은 아래의 4점뿐이다.

(1)

· 「□以□務人等□□　急×

· 「□□□
　　　　　遺帳內祢運國人

문서목간. 좌우로 半裁되어 있어 남은 획으로 약간 판독할 수 있는 정도에 지나지 않는다. 우선 表冒頭의 문자는 '啓'이지 않을까. 藤原京 출토 목간에는 啓로 시작하는 上申文書木簡이 있다. 또 세 번째 문자는 '守'이지 않을까. '守'라고 읽을 수 있다면 이 부분은 '守務人等'이 된다. 내측의 첫 번째 문자는 氵가 있는 문자이다. 이상에서 '□務人等'을 서두르는…… 하기 위해 帳內의 祢運國 사람을 보냈다는 것을 기록하였다. 帳內는 친왕에게 지급된 토네리(舍人 : 奈良·平安 시대, 天皇·황족·귀족 곁에서 잔일을 시중하던 소임, 또, 그 사람)로 帳內인 祢運國 사람을 보낸 주체가 친왕 내지는 그 가정기관이었을 가능성이 있다.

(2)

· □皇子宮奉入□〔斤?〕□小廷□

· 　　　　　　　　　□〔草?〕

皇子宮에 납부한 물품의 명칭과 수량을 기록한 목간. 다만 표의 첫 번째 문자를 완전히 읽을 수 없는데 여기에 개인 이름이 쓰여 있었다 하더라도 皇子를 특정할 수 없다.

(3)

□之□〔宮?〕一斤

세 번째 문자가 宮의 가능성이 있으며 이 宮은 상기의 '皇子宮'일 가능성도 있다. 따라서 皇子宮의 물품 수수, 납입에 관한 목간일 것이다.

(4)

「于度部子人」

표에 인명을 기록한 것으로 문서목간인지 하찰인지 명확하지 않다.

9. 참고문헌

橿原市教委『圖錄 橿原市の文化財』1995年

橿原市千塚資料館『かしはらの歴史をさぐる3－平成6年度埋藏文化財發掘調査成果展』
1995年

露口眞廣·橋本義則「奈良·藤原京跡左京七條一坊東南坪」(『木簡硏究』17, 1995年)

奈文硏『飛鳥藤原京木簡二－藤原京木簡一』(奈良文化財硏究所史料82) 2009年

57) 藤原京跡左京七條一坊西南坪(115次)

1. 이름 : 후지와라쿄 터(115차)
2. 출토지 : 奈良縣(나라현) 橿原市(가시하라시)
3. 발굴기간 : 2001.4~2001.10
4. 발굴기관 : 奈良文化財硏究所
5. 유적 종류 : 도성
6. 점수 : 12,852

7. 유적과 출토 상황

左京7條1坊 西南坪의 중앙부이고 朱雀門에서 남동쪽으로 약 300m에 위치한다. 확인된 유구는 掘立柱 건물 9동, 溝 5조, 池狀遺構 1, 토갱 2기, 노 1기 등이고 A~D의 4시기로 구분된다. A시기는 7세기 중기부터 후기이고 노 SX498, 南北溝 SD499, 건물 3동이 있다. B시기는 후지와라 시기 전반이고 掘立柱 건물이나 담 등이 있다. 조사구 중앙에 동서 약 23m, 남북 10m 이상의 얕은 池狀遺構 SX501가 있다. C시기는 후지와라노미야 시기 후반이며 池狀遺構 SX501

은 매립되고 대형 건물SB500을 짓고 그 동쪽에 타원형 토갱SK503을 팠다. 동북부에 L자형 溝 SD504·505를 만들었다. D시기는 나라시대 이후이고 동북부에서 북부는 나라시대 이후에 沼 澤地가 되고 중세에 이른다.

목간은 池狀遺構 SX501에서 12,615점(削屑 11896점), 토갱SK503에서 114점(削屑 70점), 東西溝SD504에서 1점, 沼澤地에서 122점(削屑 64점) 총 12,852점(削屑 12,030점)이 출토되었다.

池狀遺構 SX501는 B시기에서 C시기로 이행할 때 목간을 포함한 대량의 목편을 인위적으로 매립하였다. 大寶원년(701)·2년의 衛門府의 활동을 보여 주는 목간이 다수 있어 大寶2년 연말 혹은 大寶3년 초에 매립된 것으로 보인다. 다양한 목제품이 같이 출토되었다.

토갱SK503은 C기이고 남북 약 10m, 동서 약 6m로 매우 얕다.

東西溝 SD504는 C기 L자형 溝이며 동단부에서 폭 약 2m, 깊이 약 0.1m이다.

沼澤地의 퇴적토에는 나라시대 土馬와 중세 토기가 포함되어 있지만 목간은 SX501에서 흘러온 것이 대부분으로 생각되고 중세의 것은 없다.

8. 목간

左京7條1坊에는 衛門府가 있었을 가능성이 크고 목간에는 衛門府가 담당한 일과 관련되는 門牓制에 관한 목간이 많이 출토되었다. 宮衛令에는 궁전에 3가지 문이 있다고 하고 안쪽에서 바깥쪽으로 閤門(內門)은 兵衛府가 宮門(中門)은 衛門府와 衛士府가, 宮城門(外門)은 衛門府가 각각 수위를 맡았다. 이들 문을 통행할 때에 규제가 있었고 사람에 대한 규제가 門籍制, 물자에 대한 규제가 門牓制이었다. 門牓은 출입할 때마다 작성되었고 中務省이 衛門府와 門司(각 궁성 문에 있는 위문부의 기관)한테 만들었다. 천황이 하사할 물자(別勅賜物)를 반출할 때는 적용되지 않았다.

SX501

(1)

・「御名部内親王宮　　　」

・「　　　　太寶×

別勅賜物의 送狀으로 생각된다. '御名部內親王'은 天智 천황의 황녀이고 高市 황자의 비가
되어 長屋王을 낳았다.

(2)

・「□養宿祢道代給□〔紐?〕五　　」

・「　太寶元年十一月□□　　　」

목제품으로 전용되었다. '道代'는 藤原不比等의 처인 縣犬養三千代이고 紐를 지급하는 내용
이다. 別勅賜物으로 발급된 목간을 궁 밖으로 반출하기 위한 송장으로 전용한 것으로 추정된다.

(3)

・「o石川宮出橡一石　糸一斤
　　　　　　　　　布一常　　」

・「o大寶二年八月十三日　書吏進大初位下×

'石川宮'의 家政機關이 발급한 문서이며 石川宮가 궁내에서 하사된 별칙사물을 반출할 때
의 송장으로 추정된다. '進大初位下'는 天武14년(685) 관위제에서 大寶(다이호)令 관위제로 전
환할 때 신구 대응관계를 표시하기 위한 표기이다.

(4)

「∨矢作宮門圓一枚」

矢作宮으로 원좌(圓座)를 보낼 때 사용된 것으로 생각된다.

(5)

・「劃工司解今加劃師十人分布七端　□□四両　併三品
　　　　　　　　　　　　　　　　由布三束　　　　　　」

・「受志太連五百瀬 　佐伯門
　　　　　　　　『中務省□〔移?〕出』　　　　　今持退人使部和尓積木万呂

門牓 목간이다. 門牓 목간은 A 물자를 반출하는 관청, B 문서 양식, C '門牓', D 운반하는 물자명과 수량, E 통행하는 궁성문호, F 운반자, G 문서 발급일, H 문서작성자라는 내용을 가진다. 이 목간에서는 A '劃工司', B '解', C 생략, D '今加劃師~併三品', E '佐伯門', F '受志太連五百瀬'과 '今持退人使部和尓積木万呂', G·H 생략이다. 물자반출 허가를 중무성한테 청구하고 중무성은 '中務省移出' '中務省移' 등의 判을 썼다.

　　(6)

・「內藏寮解 　門傍 　　紵二□　　　　…銀五両二文布三尋分
　　　　　　　　　　　　　　　　　　　布十一端 o　　　　」

・「羅二匹直 　銀十一両分糸廿二□
　　　　　　　『中務省□』 　　　…藏忌寸相茂 o佐伯門　　」

문방 목간이다. 內藏寮가 紵·羅 등을 구입하기 위해 布나 糸을 궁외로 반출할 때 사용한 것이다. 구멍은 궁성문 문사에서 회수된 후에 2차적으로 뚫린 것이다.

　　(7)

・「宮內省移 　価糸四□

・「　　　　太寶二年八月五日少×
　　『中務省移[　]□〔勘?〕宜耳』

門牓 목간이다. 앞면 글자는 크게 쓰지만 뒷면 글자는 오른쪽에 작게 썼다. 이는 중무성 判을 쓰는 공간을 위한 것이다.

　　(8)

・×練遣絁二匹 　出人榎本連安比止
　　　　　　　　蝮王山部二門 　　o」

・□日 [　　　　]位下大庭造男捄
　　　　『中務省』 　　　　　o」

門牓 목간이다. 통과하는 문으로 북면 동문인 '蝮王'(門)과 동면 북문인 '山部門'이 지정되어 있다.

(9)

· [　　　　　　　] □ 　持出人草原首廣末呂

　　[　　] □〔伯?〕門　　　　　　　　　」

· □□□〔十二日?〕□　　□

　　『中務省移如令勘□〔宜?〕耳』　　　　」

門牓 목간이다. 중무성 판에 '如令'으로 되어 있어 大寶(다이호)令에 의한 문방제 운용을 뜻한다.

(10)

· 「　　日向久湯評人□(剝離)

　　　漆部佐俾支治奉牛卅

　　　又別平群部美支□　　」

· 「故是以 皆者亡賜而　偲」

'日向 久湯評'은 『和名抄』의 日向國 兒湯郡에 해당한다. '牛'는 소가죽을 뜻할 것이다. 뒷면의 문장이 앞면과 관련될지는 알 수 없다. .

(11)

· 四月廿六日記□□□」

· 　　　　　□　　□」

~日記라는 표현은 5세기 금석문부터 보이고 7세기 목간에도 예가 많다.

(12)

「本位進大壹　　今追從八位下 山部宿祢乎夜部
　　　　　　　　　　　　　　　　 冠　　　　　　」

'山部宿祢乎夜部'가 '進大壹'에서 '追從八位下'로 승진하는 選敍 목간으로 추정된다.

(13)

「□□□〔十一月?〕□廿三日

大伴使日廿二　官四日

八□使廿一日　　　　　　　　　　併廿六日

□□〔波多?〕官六日　　　　併廿七日　　　　　　　　　　」

'八□'와 '大伴' 2명에 관해서 '官'과 '使'의 일수와 총일수를 기록한다. '官'은 관청에서 근무한 것을 뜻할 것이다.

(14)

・「八月一日　　　佐伯造正月　山

・「山部造万呂　同

8월 1일에 '佐伯造正月'이 '山'部門에서 '山部造万呂'도 같은 문에서 근무하는 것을 지시한 목간이다.

(15)

「山部門三」

山部門의 경비를 하는 인원수를 쓴 것으로 추정된다.

(16)

「進廣肆　進少初×

'進廣肆'는 天武14년(685) 관위제 48계의 최하위다. '進少初'는 大寶원년(701)·2년만의 위계표기이다.

(17)

・「上尺依　物□　　干三　　□干丹

大里　行眞　　拾

物宮　大宅與　　　　　　　　」

・「下荒人　色男　　　无忍　　　干二

守佐　又私荒人　　犬子

嶋年　干二　　　　神　　　　　　」

‘上’, ‘下’ 다음에 인명을 열기한 목간이다. 상·하는 上番·下番 즉 한 달의 전반 후반을 뜻하고 15일 단위로 근무한 것을 알 수 있다.

(18)

□槽一具甲□〔牀?〕二具斧一具柳」

무기명과 수량을 기록한 것으로 추정된다. 무기를 궁성문을 넘어 반출하기 위한 것 혹은 위문부에서 관리하는 무기를 정리한 것으로 보인다.

(19)

醬一斗一升三合」

(20)

나뭇결의 방향으로 긴 목간을 가로로 쓴 橫材 목간이다. 주로 장부로 사용되는데 좌경7조1방에서 많이 출토되었고 내용으로 문장제와 관련될 가능성이 크다. 이 목간의 ‘納’을 비롯해서 出, 進, 給 등 동사가 많이 나온다.

(21)

‘帳一具’는 물자명과 수량이다. ‘少属’은 황태비궁직의 4등관이고 문방 목간에 쓰이는 발급

자명에 대응한다. 뒷면은 다른 내용으로 생각된다.

(22)

(23)

- 「∨尾治國羽栗評□

- 「∨人椋椅部刀良□〔國?〕□□〔六?〕

하찰 목간이다. '尾治國 羽栗評'는 『和名抄』의 尾張國 葉栗郡에 해당한다. 庸의 전신인 養米의 하찰이며 '刀良'과 '國□' 2명이 6두를 공진한 것으로 추정된다.

(24)

- 「∨丙申年九月廿五日尾治國尓皮評□

- 「∨人□□[   ]

하찰 목간이다. '丙申年'은 696년이다. '尾治國 尓皮評'는 『和名抄』의 尾張國 丹羽郡에 해당한다.

(25)

- 「∨   ×國安芸郡   」

- 「∨椋椅部賀良人庸三斗」

庸米 하찰 목간이다. 1600호 목간은 2명이 6두를 공진하고 있고 이 목간은 1명이 3두를 공진한다.

(26)

「∨[   ]里人大伴部□〔乙?〕万呂塩二斗」

소금의 공진 하찰이다.

(27)

「∨杖□〔笞?〕五十」

杖笞의 부찰 목간이다.

(28)

・「騰物 百　物 齊 物 物 □〔大?〕□ 物
　　　　　　　　　　　　　　大
　　　　　　　　□□

・「□物物物物　　　□　□　□
　　　　　　　　百齊 百齊 百齊

'百齊'가 되풀이되는데 百濟를 뜻한다고 생각된다.

(29)

・「□　　月逐陳帰忌」

・「　　　主主 主寸
　　　[　　]　　」

'逐陳', '帰忌'는 달력에서 사용되는 말이다.

(30)

・「奈尔皮ツ尔佐久矢己乃皮奈布由己母利伊眞皮々留部止
　　　　　　　　　　　　大　太夫　　　　　　」
　佐久□〔矢?〕□□○○　□〔皮 奈?〕□　職職 [　] □ □與

・「[ ]皮皮職職職馬來田評

앞면은 2행 중간까지 '難波津'의 歌이다. 뒷면 '馬來田評'은 『和名抄』의 上總國 望陀郡에 해당한다.

(31)

・「勅勅 令 令 令 來 散 散 騎　　」

・「□ 豆 □ 懼 □〔狛?〕 □　」

『千字文』모두부에 관한 습서 목간이다.

(32)

・「道衛衛衛門府衛衛門府」

・「衛 衛衛門府　府　府

'衛門府'를 습서한 목간이다.

(33)

・「前玉郡□□他池」

・「堤道守守守守　」

습서 목간이다. '前玉郡'은 『和名抄』의 武藏國 埼玉郡에 해당한다고 추정된다.

(34)

「□□□〔九々八?〕十一□□□〔四四十?〕六　　　六八□□〔卅八?〕

구구단을 썼다.

(35)

士府　御垣巡大友日佐君万呂太寶元年十月廿一日

'御垣'는 內裏 외곽을 뜻한다고 추측된다.

(36)

「皇太妃□

문방 목간을 깎아낸 削屑로 생각되고 문서 모두의 관청명이다.

(37)

□受人占部臣龍万呂 手□□

문방 목간을 깎아낸 삭설로 생각되고 물자 운반자이다.

(38)

中務省□〔移?〕

문방 목간의 삭설로 생각된다.

(39)

□蝮宮門□

'蝮宮門'은 궁성12문 가운데 북면 동문을 뜻한다.

(40)

縣犬甘小宮門

문의 이름이다.

(41)

山部宮門五

궁성12문 가운데 동면 북문을 뜻한다.

(42)

務從七位下五百木部宿祢東人

(43)

五百木部宿祢

(44)

五百木部連

삭설이다.

(45)

□□□〔進少初?〕

進少初位□〔上?〕

'進少初位'는 大寶(다이호)令 시행 직후인 大寶원년(701)·2년만의 위계표기고 天武14년 (685) 관위제의 進을 모두에 쓰고 大寶(다이호)令 위계제와의 대응을 가리킨다.

(46)

正七位上矢□〔集?〕□

(47)

无位忍海□

(48)

□進少初位上□

(49)

進少初位□〔下?〕

(50)

阿曾弥

'朝臣'의 옛표기다.

(51)

□部朝臣

(52)

上番 □□〔佐伯?〕□

□

(53)

夜百卅三

(54)

夕百

근무와 관련된 削屑이다.

(55)

□

『病』石上

(56)

『病』佐

병에 관련된 削屑이다.

(57)

三十三逃去四

(58)

逃七

　도망자와 관련된 목간의 削屑이다.

SK503

　(59)

□□□□□充□二斗米二斗

□倭部稻手養物米三斗干秦一古□〔糯?〕[

　물품을 지급한 것을 기록한 목간으로 추정된다.

　(60)

□呂　久米末呂二□〔口?〕』

　(61)

□宇治部忍□

　(62)

・「□□□　□□

　　　　　　　□

・「鮑三ツ良□

沼澤地

　(63)

・「恐[　　　　　]

・「安曇牛　六月廿八日

　상신 문서의 일부로 추정된다.

　(64)

「∨四尺三寸　味八間王」

別勅賜物을 반출할 때 사용된 부찰로 추정된다. '味八間王'은 『續日本紀』 養老3년(719)정월 을사조에 사망한 기사가 있다.

(65)

×□〔木?〕部門　猪使門一

[　　]甘門　　　　　　　　　　」

문의 이름을 열거하여 기록한 목간이고 '猪使門'은 북면 중문이다. 나머지는 북변 서문인 五白木部門과 서면 북문인 海犬甘門으로 추정된다.

(66)

・「∨常陸

・「∨新治□

앞면에 '常陸國 新治郡(評)', 뒷면에 '新治里…'로 적혔을 가능성이 크다.

(67)

□五十戶□〔止?〕□」

'五十戶'는 天武10년(681) 이전의 사토(里) 표기다.

(68)

而時習

『論語』 學而편의 모두 부분이다.

9. 참고문헌

奈文研 『奈良文化財研究所紀要2002』 2002年

奈文研 『飛鳥·藤原宮發掘調查出土木簡槪報』 16, 2002年

奈文研 『飛鳥·藤原宮發掘調查出土木簡槪報』 17, 2003年

市大樹 「奈良·藤原京跡左京七條一坊」 (『木簡研究』 25, 2003年)

奈文研 『飛鳥·藤原宮發掘調查出土木簡槪報』 19, 2005年

奈文研 『飛鳥·藤原宮發掘調查出土木簡槪報』 20, 2006年

奈文研『飛鳥藤原京木簡二―藤原京木簡一』(奈良文化財研究所史料82) 2009年

奈文研飛鳥資料館『木簡黎明―飛鳥に集ういにしえの文字たち』(飛鳥資料館圖錄53) 2010年

58) 藤原京跡左京九條三坊西北坪

1. 이름 : 후지와라쿄 터
2. 출토지 : 奈良縣(나라현) 高市郡(다카이치군)
3. 발굴기간 : 1988.1~1988.2
4. 발굴기관 : 明日香村敎育委員會
5. 유적 종류 : 도성
6. 점수 : 2

7. 유적과 출토 상황

후지와라노미야 시기 이전의 우물 2기, 후지와라노미야 시기의 掘立柱 건물 2동이 확인되었다. 우물 SE01·02는 長徑이 약 3m, 短徑이 약 2m의 타원형이고 깊이는 약 2m이다. 목간은 SE02 하층 매립토에서 削屑 2점이 출토되었다.

8. 목간

　(1)

道路

　(2)

路□

9. 참고문헌

明日香村教委『昭和62年度 明日香村遺跡調査概報』1988年

北村憲彦「奈良・藤原京左京九條三坊」(『木簡研究』10, 1988年)

59) 藤原京跡左京十一條一坊西南坪・右京十一條一坊東南坪

1. 이름 : 후지와라쿄 터
2. 출토지 : 奈良縣(나라현) 橿原市(가시하라시)
3. 발굴기간 : 2000.1~2000.3
4. 발굴기관 : 奈良縣立橿原考古學研究所
5. 유적 종류 : 도성
6. 점수 : 1

7. 유적과 출토 상황

후지와라노미야 시기 전후의 掘立柱 건물, 우물, 토갱, 溝 등이 확인되었다. 목간이 출토된 우물 1은 직경 125㎝, 깊이 105㎝이다. 목간은 흑회색의 점질토에서 스에키, 하지키, 기와, 빗, 목편과 함께 폐기된 상태로 출토되었다.

8. 목간

米四斗二升上」

9. 참고문헌

橿考研『奈良縣遺跡調査概報 1999年度(第3分冊)』2000年

卜部行弘「奈良・藤原京跡十一條・朱雀大路」(『木簡研究』23, 2001年)

60) 藤原京跡左京十一條三坊西北·西南坪(71-13次) / 雷丘北方遺跡(4)
61) 藤原京跡左京十一條三坊西南·東南坪(75-16次) / 雷丘北方遺跡(5)
62) 藤原京跡左京十一條三坊西南坪(66-1次) / 雷丘北方遺跡(1)
63) 藤原京跡左京十一條三坊西南坪(66-13次) / 雷丘北方遺跡(2)

1. 이름 : 후지와라쿄 터(71-13차), (75-16차), (66-1차), (66-13차)
   / 이카즈치노오카홋포우 유적 (4차), (5차), (1차), (2차)

2. 출토지
   1) 71-13차 - 奈良縣(나라현) 高市郡(다카이치군)
   2) 75-16차 - 奈良縣(나라현) 橿原市(가시하라시)
   3) 66-1차 - 奈良縣(나라현) 橿原市(가시하라시)
   4) 66-13차 - 奈良縣(나라현) 橿原市(가시하라시)

3. 발굴기간
   1) 71-13차 - 1994.1~1994.4
   2) 75-16차 - 1995.1~1995.4
   3) 66-1차 - 1991.4~1991.8
   4) 66-13차 - 1991.12~1992.4

4. 발굴기관 : 奈良國立文化財研究所

5. 유적 종류 : 도성

6. 점수
   1) 71-13차 - 10
   2) 75-16차 - 3
   3) 66-1차 - 4
   4) 66-13차 - 15

7. 유적과 출토 상황

左京11條3坊은 雷丘北方遺蹟이라는 명칭으로 조사되었다. 그 결과 西南坪과 西北坪은 같은 시기에 함께 이용되었고 그 중심부에는 동서 5칸, 남북 4칸의 正殿이 있었으며, 동서쪽에도 건물이 배치되어 담과 溝 주변을 둘러싸는 대규모 시설이었다. 유구는 A, B의 두 시기로 나뉘고 7세기 후반경에 건설되어 8세기 전반까지 존속된 것으로 밝혀졌다. 東南坪은 대규모 整地는 없었지만 건물이나 담, 溝, 토갱 등을 확인하였다. 목간은 다음 6개 유구에서 총 32점(削屑 8점)이 출토되었다.

토갱SK2676 제1차 조사에서 확인된 西南坪 토갱이고 正殿인 동서쪽 건물SB2661의 남쪽에 있다. 削屑 4점이 출토되었다.

東西溝 SD2740B는 제2차 조사를 통해 西南坪에서 그 존재가 확인되었다. SD2740A는 폭이 약 5m이고 깊이가 약 0.5m인 大溝이고 유물은 매우 적었다. SD2740B는 폭이 약 6m이고 깊이가 약 0.5m인데 목제품, 기와, 토기와 함께 목간 12점이 출토되었다.

南北溝 SD2750 제2차 조사에서 西南坪에서 확인되었다. 폭 약 2.6m, 깊이 약 0.4m이고 7세기 후반부터 8세기 전반까지 기능한 것으로 생각된다. 목제품, 기와, 토기와 함께 목간 2점이 출토되었다.

남북 건물SB2670 제2차 조사에서 西南坪에서 확인되었다. 주혈에서 削屑 1점이 출토되었다.

토갱SK3245 제4차 조사에서 확인되었다. 東脇殿의 동남쪽에 있는 직경 약 0.5m, 깊이 약 0.3m이다. 목간 10점이 출토되었다.

남북으로 溝 SD3580이 제5차 조사에서 확인되었다. 東南坪 서단에 있는 7세기 전반의 溝이다. 하층 청회점토층에서 7세기 전반의 토기, 목편과 함께 삭설 3점이 출토되었다.

8. 목간

SK2676

(1)

是□

SD2740B

(2)

□□□□□

釱□〔御?〕大弓矢炭竈

(3)

・「∨神前評川邊里」

・「∨三宅人荒人俵」

'神前評 川邊里'는 『和名抄』의 播磨國 神埼郡 川邊鄉에 해당한다.

(4)

×□□□×

×□黑月×

'黑月'은 16일부터 그믐날까지를 뜻하는 불교용어일 가능성이 있다.

SK3245

(5)

・「∨惠思和上三」

・「∨祥□□　　」

『續日本紀』 文武2년(698) 3월 임오조에 惠施法師를 僧正으로 임명하는 기사가 있어 같은 승일 가능성이 있다.

9. 참고문헌

〈71-13차〉

奈文研『奈良國立文化財硏究所年報1994』1994年

奈文研『飛鳥·藤原宮發掘調查槪報』25, 1995年

橋本義則「奈良·藤原京跡左京十一條三坊」(『木簡研究』17, 1995年)

奈文研『飛鳥·藤原宮發掘調查出土木簡槪報』12, 1996年

奈文研『飛鳥藤原京木簡二ー藤原京木簡一』(奈良文化財研究所史料82) 2009年

〈75-16차〉

奈文研『飛鳥·藤原宮發掘調查槪報』26, 1996年

奈文研『奈良國立文化財硏究所年報1995』1996年

奈文研『飛鳥·藤原宮發掘調查出土木簡槪報』12, 1996年

寺崎保廣「奈良·藤原京跡」(『木簡研究』18, 1996年)

奈文研『飛鳥藤原京木簡二ー藤原京木簡一』(奈良文化財研究所史料82) 2009年

〈66-1차〉

奈文研『飛鳥·藤原宮發掘調查槪報』22, 1992年

橋本義則「奈良·藤原京跡」(『木簡研究』14, 1992年)

奈文研『奈良國立文化財硏究所年報1992』1993年

奈文研『飛鳥·藤原宮發掘調查出土木簡槪報』11, 1993年

奈文研『飛鳥藤原京木簡二ー藤原京木簡一』(奈良文化財研究所史料82) 2009年

〈66-13차〉

奈文研『飛鳥·藤原宮發掘調查槪報』22, 1992年

橋本義則「奈良·藤原京跡」(『木簡研究』14, 1992年)

奈文研『飛鳥·藤原宮發掘調查出土木簡槪報』11, 1993年

奈文研『飛鳥藤原京木簡二一藤原京木簡一』(奈良文化財硏究所史料82) 2009年

(64) 藤原京跡右京北五條一坊東北·東南坪(舊, 下明寺遺跡, 藤原京條坊關)

1. 이름 : 후지와라쿄 터

2. 출토지 : 奈良縣(나라현) 橿原市(가시하라시)

3. 발굴기간 : 1979.8~1979.10

4. 발굴기관 : 奈良縣立橿原考古學硏究所

5. 유적 종류 : 도성

6. 점수 : 1

7. 유적과 출토 상황

폭이 약 8m로 양쪽에 側溝가 있는 남북도로와 이와 교차하여 양쪽에 側溝가 있는 폭 약 6m 의 동서도로를 확인했다. 목간은 남북도로의 東側溝에서 출토되었다.

8. 목간

□鉏　」

9. 참고문헌

中井一夫「奈良·藤原京條坊關連遺構」(『木簡硏究』2, 1980年)

奈良縣敎委『奈良縣遺跡調查槪報 1979年度(第2分冊)』1981年

(65) 藤原京跡右京一條一坊東北坪

1. 이름 : 후지와라쿄 터
2. 출토지 : 奈良縣(나라현) 橿原市(가시하라시)
3. 발굴기간 : 1998.10~1998.12
4. 발굴기관 : 橿原市教育委員會
5. 유적 종류 : 도성
6. 점수 : 1

7. 유적과 출토 상황

조사지역은 북쪽은 橫大路, 동쪽은 朱雀大路의 연장부라는 간선도로에 인접한 중요지점이다. 남쪽 조사구역에서 도로 側溝의 가능성이 있는 南北溝 2조를 확인했다. 북쪽 조사구역에서 후지와라쿄 시기의 掘立柱 건물 13동, 우물 6기, 토갱 11기, 화장실유구 2기 등을 확인하였다. 목간은 우물 2에서 1점 출토되었다. 우물은 직경이 2.8m, 깊이가 1.2m이고 상층에서 기와, 스에키, 하지키 등이, 하층에서 목간이 출토되었다.

8. 목간

·「∨[   ]」
·「∨神首[   ]斗伍升
                  幷六斗
   各田部□□斗□升   」

하찰 목간이다. '六斗'는 庸米 貢進 하찰에 자주 보이니 이 목간도 용미 하찰일 가능성이 있다.

9. 참고문헌

橿原市千塚資料館 『かしはらの歷史をさぐる7ー平成10年度埋藏文化財發掘調查成果展』 2000年

露口眞廣·竹內亮「奈良·藤原京跡右京一條一坊」(『木簡研究』25, 2003年)

66) 藤原京跡右京一條一坊西南坪(65次)

1. 이름 : 후지와라쿄 터(65차)
2. 출토지 : 奈良縣(나라현) 橿原市(가시하라시)
3. 발굴기간 : 1991.2~1991.3
4. 발굴기관 : 奈良國立文化財研究所
5. 유적 종류 : 도성
6. 점수 : 1

7. 유적과 출토 상황

조사지역은 東·西溝로 나뉘고 東溝에서 1條條間路 SF6800가, 西溝에서 후지와라노미야 직전시기 건물 2동, 토갱 1기, 후지와라 시기 건물 4동, 담 1조, 우물 3기, 토갱 5기가 확인되었다.

목간 1점이 출토된 우물SE7237은 직경이 3.2m이고 깊이가 약 1.7m이다. 우물 안에서 토기, 목간형 목제품 2점, 묵서토기 등이 출토되었다.

8. 목간

「大夫」

9. 참고문헌

奈文研『飛鳥·藤原宮發掘調查槪報』22, 1992年

奈文研『奈良國立文化財研究所年報1991』1992年

橋本義則「奈良·藤原京跡」(『木簡研究』14, 1992年)

奈文研『飛鳥·藤原宮發掘調査出土木簡槪報』11, 1993年

奈文研『飛鳥·藤原宮發掘調査出土木簡槪報』21, 2007年

奈文研『飛鳥藤原京木簡二一藤原京木簡一』(奈良文化財研究所史料82) 2009年

(67) 藤原京跡右京四條五坊西南坪(四條遺跡(12次))

1. 이름 : 후지와라쿄 터(시죠우 유적(12차))

2. 출토지 : 奈良縣(나라현) 橿原市(가시하라시)

3. 발굴기간 : 1991.8~1991.9

4. 발굴기관 : 奈良縣立橿原考古學研究所

5. 유적 종류 : 도성

6. 점수 : 3

7. 유적과 출토 상황

4條大路를 서쪽으로 연장한 동서도로 북쪽이고 下ツ道에서 西1坊西南坪에 해당한다. 아스카시대 후반의 掘立柱 건물 8동, 掘立柱 담 1조, 우물 1기를 확인했다. 掘立柱 건물은 조사구역 중앙에 있는 우물 SE14를 둘러싸고 있는 것으로 확인되었다. 우물SE14는 직경이 1.8m이고 퇴적토 하층에서 1점 출토되었다. 같이 출토된 하지키, 스에키는 모두 7세기 후반부터 8세기 전반의 것이다.

8. 목간

(1)

· 「∨□〔酢?〕□□國 $\square$ 秦

・「∨阿□[   ]

공진물 하찰이다.

　(2)

・「∨少□里□□

・「∨[   ]

공진물 하찰로 생각된다.

　(3)

一□〔門?〕

9. 참고문헌

橿考研『奈良縣遺跡調査槪報 1991年度(第2分冊)』1992年

林部均「奈良·四條遺跡」(『木簡硏究』14, 1992年)

(68) 藤原京跡右京五條四坊西北坪(市1次)
(69) 藤原京跡右京五條四坊西北坪(市2次)

1. 이름 : 후지와라쿄 터(시1차), (시2차)

2. 출토지 : 奈良縣(나라현) 橿原市(가시하라시)

3. 발굴기간

　　1) 시1차 - 1991.11~1992.3

　　2) 시2차 - 1992.12~1993.1

4. 발굴기관 : 橿原市敎育委員會

5. 유적 종류 : 도성

6. 점수

1) 시1차 - 29

2) 시2차 - 8

7. 유적과 출토 상황

조사지는 復原條坊으로 藤原京右京五條四坊에 해당하며 고대의 간선도로 下ッ道의 동쪽에 위치한다. 조사 결과 藤原京 시기의 유구로는 下ッ道 및 東側溝, 五條條間小路 외에 五條四坊 西北坪內을 남북으로 2등분한 것으로 생각되는 동서에 부설된 구획도로가 확인되었다. 그리고 이 도로와 下ッ道를 잇는 다리 2개, 下ッ道에 교차하는 구 1조, 掘立柱 건물 3동, 柵列 1조가 발견되었다. 목간은 下ッ道 東側溝에서 37점이 출토되었다.

8. 목간

1 남쪽 트렌치

(1)

「∨七斗俵

頭部는 규두상이다. 물자의 수량을 '俵'로 표시한 사례로 쌀, 백미 외에 떡갈나무와 대두가 있다.

(2)

・「坂田□〔評?〕長岡里秦人□〔古?〕人□□」

・「□裏   」

頭部는 도자로 정형하였으며 약간 원형을 띠고 있다. 세 번째 자는 '評'의 가능성이 크다. 그러나 첫 번째 획과 오른쪽 부수로 보아 '郡'의 가능성도 조금 남아 있다.

(3)

　　×□評史」

하단부가 뾰족하므로 문서목간일 것으로 추정된다.

(4)

・「大□□□　〔　　〕〔　　〕
　　　　　　　　〔　　　　〕

・　　□藥藥　藥藥病身□□□×」

장대한 목간으로 裏面은 天地가 逆으로 되어 있다.

(5)

「(符籙)今 戊日死人」

두께가 있는 呪符목간. 頭部는 규두상이 아니며 도자로 약간 비스듬하게 깎았다. 하단부도 뾰족하지 않다. 표면은 수피를 벗긴 채의 상태이며 정연하지 않다. 표의 상단부 중앙과 '今'의 바로 아래에 얇은 주가 보인다.

2 북쪽 트렌치

(6)

・「∨申□〔間?〕里奉出加山」

'申□里'의 貢進物 하찰. 표면의 석문이 정해지지 않아 내용을 정확하게 파악할 수 없다.

(7)

「　鳥鳥道背背□□□」

습서목간. 4번째 글자부터 아래는 먹으로 얇게 지워져 있다.『日本靈異記』中卷 第2話에 보이는 새의 邪淫을 둘러싼 설화가 상기된다.

3 중앙 트렌치

(8)

「(符籙)鬼急々如律令

最古의 주부목간이다. 유구에 꽂힌 채로 출토되었고 側溝 강가에서 올린 제사에서 사용된 것으로 보인다.

(9)

「別君意伎万呂米一俵」

(10)

「∨石井前分贄阿治」

'石井'는 지명으로 생각된다. '贄'인 '阿治'(아지=전갱이) 貢進物 하찰이다.

9. 참고문헌

橿原市千塚資料館『かしはらの歴史をさぐるー平成4年度埋藏文化財發掘調査成果展』
1993年

竹田政敬·和田萃「奈良·藤原京右京五條四坊」(『木簡研究』15, 1993年)

木簡學會編『日本古代木簡集成』東京大學出版會, 2003年

70) 藤原京跡右京六條四坊西北坪(市3次)

1. 이름 : 후지와라쿄 터(시98-15차)
2. 출토지 : 奈良縣(나라현) 橿原市(가시하라시)
3. 발굴기간 : 1999.1~1999.3
4. 발굴기관 : 橿原市教育委員會
5. 유적 종류 : 도성
6. 점수 : 6

7. 유적과 출토 상황

후지와라쿄 시기의 도로 側溝(5條大路 북쪽 側溝), 掘立柱 건물, 우물, 토갱, 溝 등이 확인되었
다. 목간은 제2트렌치에서 확인된 후지와라쿄 시기의 우물087-SE에서 6점 출토되었다. 우물은

직경이 약 2.2m, 깊이가 약 1.62m이고 목간 이외에 하지키, 스에키, 항아리 등이 출토되었다.

8. 목간

□〔奉?〕直者」

9. 참고문헌

濱口和弘「奈良·藤原京跡右京六條四坊北西坪」(『木簡研究』21, 1999年)

橿原市千塚資料館『かしはらの歷史をさぐる7ー平成10年度埋藏文化財發掘調査成果展』
2000年

71) 藤原京跡右京六條四坊・七條四坊(市4次)

1. 이름 : 후지와라쿄 터(시4차)
2. 출토지 : 奈良縣(나라현) 橿原市(가시하라시)
3. 발굴기간 : 1995.11~1996.3
4. 발굴기관 : 橿原市敎育委員會
5. 유적 종류 : 도성
6. 점수 : 2

7. 유적과 출토 상황

6條大路, 下ツ道, 西4坊坊間路, 掘立柱 건물 8동, 우물 6기 등이 확인되었다.

下ツ道 東側溝는 폭이 약 8~12m, 깊이가 약 0.8m이며 북쪽으로 흐른다. 노면 폭은 조사구 밖으로 이어지므로 알 수 없다. 목간 2점이 7세기 후반의 토기, 금속제 人形, 거울, 칼, 못, 철화살촉, 동전 등 금속제품, 齋串, 漆器, 曲物 등 목제품과 함께 출토되었다.

西4坊坊間路 西側溝는 폭이 약 1.2m이고 깊이가 약 0.5m로 목간 1점이 출토되었다.

8. 목간

下ツ道 東側溝

   (1)

・「∨謹上　請米伍升□

・「∨([　　]古丸謹狀) (위아래 거꾸로 되어 있다)

古丸(?)이 쌀 5승을 청구한 문서 목간으로 추정된다.

   (2)

・□□〔波多?〕□

・□　□

   (3)

西4坊坊間路 西側溝

   (4)

「∨白米五升」

하찰 목간이다. 백미 하찰 목간은 5두가 일반적인데 5승이다.

9. 참고문헌

橿原市千塚資料館『かしはらの歷史をさぐる4ー平成7年度埋藏文化財發掘調査成果展』
1996年

露口眞廣·市大樹「奈良·藤原京跡右京六條七條四坊」(『木簡研究』25, 2003年)

72) 藤原京跡右京七條一坊東北・東南坪(17次)

1. 이름 : 후지와라쿄 터(17차)
2. 출토지 : 奈良縣(나라현) 橿原市(가시하라시)
3. 발굴기간 : 1975.10~1975.11
4. 발굴기관 : 奈良國立文化財研究所
5. 유적 종류 : 도성
6. 점수 : 10

7. 유적과 출토 상황

溝, 울타리, 우물, 조주로 등이 확인되었다. 우물SE1850은 주작대로 중축에서 서쪽으로 70m 정도 떨어진 곳에서 확인되었다. 우물은 0.8m×0.9m의 정방형이고 깊이 1.5m이다. 우물 안은 자갈과 기와로 메워져 있었다. 목간 9점이 출토되었다.

8. 목간

(1)
• 「第十八　厳敬　飛　三慧　飛
　　　十上　　心持 飛　安雲　飛 o」
• 「尊体 飛　令藏 [　] 賢弁　飛
　　玄耀 飛　項藏 飛　　　　　　o
　　　　　顕藏 飛　　　　　　　」

승려의 이름을 열거하여 기록한 것이며 이름 다음의 '飛'는 飛鳥寺이고 승려가 소속된 절을 뜻할 것으로 추정된다. '第十八'은 경전의 권수로 생각되고 사경이나 독경의 담당일 가능성이 있다.

(2)

・「詔輕阿比古果安

・「尒刀相諸々人々　特而□〔急?〕

　　　　　　　　上縣□□

'輕阿比古果安'한테 내려진 '詔'이다.

(3)

「∨丹波國加佐郡白藥里大贄久己利魚腊一斗五升和銅二年四月∨」

'白藥里'는 『和名抄』의 丹後國 加佐郡 志樂鄕에 해당한다. 和銅 2년은 709년이다.

(4)

「繫盤」

(5)

・□六取物者 者々支

　　　　　　□　　□〔又?〕

・參出　廿四日急

물품 출납에 관한 문서 목간이다.

9. 참고문헌

奈文研『飛鳥·藤原宮發掘調査出土木簡槪報』2, 1975年

奈文研『飛鳥·藤原宮發掘調査槪報』6, 1976年

奈文研『奈良國立文化財研究所年報1976』1976年

奈文研『藤原宮木簡一』(奈良國立文化財研究所史料12) 1978年

木簡學會編『日本古代木簡選』岩波書店, 1990年

沖森卓也·佐藤信編『上代木簡資料集成』おうふう, 1994年

奈文研飛鳥資料館『木簡黎明一飛鳥に集ういにしえの文字たち』(飛鳥資料館圖錄53) 2010年

73) 藤原京跡右京七條一坊東南坪(23次)

1. 이름 : 후지와라쿄 터(23차)
2. 출토지 : 奈良縣(나라현) 橿原市(가시하라시)
3. 발굴기간 : 1978.8~1978.9
4. 발굴기관 : 奈良國立文化財研究所
5. 유적 종류 : 도성
6. 점수 : 1

7. 유적과 출토 상황

朱雀大路 西側溝 SD1952의 서안, 掘立柱 건물SB2274, 우물SE2270, 토갱, 溝 등이 확인되었다. 우물SE2270은 직경이 1.8m, 깊이가 1.1m이다. 매립토는 3층으로 나뉘고 목간이 상층에서 削屑 등의 목편과 함께 출토되었다. 중·하층에서 토기가 다량으로 출토되었다.

8. 목간
首首
  습서 목간이다.

9. 참고문헌

奈文研·藤原京右京七條一坊跡調査會『藤原京右京七條一坊調査概報』1978年
奈文研『飛鳥·藤原宮發掘調査概報』9, 1979年
奈文研『奈良國立文化財研究所年報1979』1979年
奈文研『飛鳥·藤原宮發掘調査出土木簡概報』4, 1979年
奈文研『藤原宮木簡二』(奈良國立文化財研究所史料18) 1981年

74) 藤原京跡右京七條一坊西北坪(62次)

1. 이름 : 후지와라쿄 터(62차)
2. 출토지 : 奈良縣(나라현) 橿原市(가시하라시)
3. 발굴기간 : 1989.7~1989.10
4. 발굴기관 : 奈良國立文化財硏究所
5. 유적 종류 : 도성
6. 점수 : 24

7. 유적과 출토 상황

조사지는 藤原京跡 右京七條一坊西北坪의 동북부에 해당하며 조사는 택지조성에 따른 사전조사로 실시하였다. 조사면적은 2500㎡이다. 유구는 고훈시대, 藤原宮期 직전부터 藤原宮期, 藤原宮期 이후로 대별할 수 있다. 목간은 藤原宮期에 속하는 井戶SE6500에서 24점 출토되었는데 모두 削屑이다.

8. 목간

□□年六十三

9. 참고문헌

奈文研 『飛鳥·藤原宮發掘調査槪報』 20, 1990年

橋本義則 「奈良·藤原京跡」 (『木簡研究』 12, 1990年)

奈文研 『奈良國立文化財研究所年報1990』 1991年

奈文研 『飛鳥·藤原宮發掘調査出土木簡槪報』 10, 1991年

奈文研 『飛鳥藤原京木簡二一藤原京木簡一』 (奈良文化財研究所史料82) 2009年

75) 藤原京跡右京七條一坊西北坪(63-12次)

1. 이름 : 후지와라쿄 터(63-12차)
2. 출토지 : 奈良縣(나라현) 橿原市(가시하라시)
3. 발굴기간 : 1990.12~1991.2
4. 발굴기관 : 奈良國立文化財研究所
5. 유적 종류 : 도성
6. 점수 : 725

7. 유적과 출토 상황

掘立柱 건물 3동, 掘立柱 담 3조, 토갱 11기, 溝 3조를 확인하였다. 목간은 총 725점(削屑 705점) 출토되었다. 목간이 출토된 유구는 掘立柱 건물SB7060 북쪽 약 1.2m에 동서로 2.4m 간격으로 나란히 있는 토갱SK7071, 7072, 7073과 SB7060 동쪽에 있는 작은 구멍이다.

토갱SK7071은 동쪽에 있고 1변 약 0.9m, 깊이 약 0.8m이고 매립토는 상층과 하층으로 나뉘고 상층 木屑層에서 목간 412점(削屑 401점)이 출토되었다.

토갱SK7072은 중앙에 있고 한 변 약 1.0m, 깊이 약 0.8m이고 상층 木屑層에서 목간 40점(削屑 36점)이 출토되었다.

토갱SK7073은 서쪽에 있고 한 변 약 1.0m, 깊이 약 0.6m이고 상층 木屑層에서 목간 272점(削屑 268점)이 출토되었다.

작은 구멍에서는 목간 1점이 출토되었지만 판독할 수 없다.

8. 목간

SK7071

(1)

・「符雩物□〔持?〕□

・「今卌人 阿布□

'雩'는 기우제를 뜻한다. 기우제를 지내기 위해 40명을 징발하는 것을 명령한 것으로 추정된다.

(2)

□□□□〔右京職解?〕

문서목간이다.

(3)

四坊刀祢□

후지와라쿄의 坊名에 숫자도 사용된 것을 알 수 있다.

(4)

□地損破板屋一間

집이 파손된 상황을 기록한 것이다.

(5)

正八位上羽咋□

(6)

進正七

(7)

[ ]疾三

籍帳에 관한 것으로 생각된다. 장애나 질병의 정도에 따라 각종 보호가 있었다.

SK7072

(8)

「伴部」

(9)

連族□□

(10)

赤末呂

인명 일부가 있는 削屑이다.

SK7073

(11)

卅八」

(12)

戶主山□□□□

(13)

戶主長[ ]

籍帳에 관한 내용의 削屑로 보인다.

(14)

□戶廿四

(15)

□□長十五丈

(16)

大初位

9. 참고문헌

奈文研『飛鳥·藤原宮發掘調查槪報』22, 1992年

奈文研『奈良國立文化財研究所年報1991』1992年

奈文研『飛鳥·藤原宮發掘調查出土木簡槪報』21, 2007年

竹本晃「奈良·藤原京跡」(『木簡研究』29, 2007年)

奈文研『飛鳥藤原京木簡二－藤原京木簡一』(奈良文化財研究所史料82) 2009年

76) 藤原京跡右京七條一坊西北坪(66-12次)

1. 이름 : 후지와라쿄 터(66-12차)

2. 출토지 : 奈良縣(나라현) 橿原市(가시하라시)

3. 발굴기간 : 1992.1~1992.2

4. 발굴기관 : 奈良國立文化財研究所

5. 유적 종류 : 도성

6. 점수 : 43

7. 유적과 출토 상황

제63-12차 조사구 바로 북쪽이고 후지와라노미야 시기 掘立柱 건물 1동, 南北溝 2조, 화장실 유구 1기를 확인하였다. 화장실유구SX7420은 길이 약 1.6m 폭 약 0.5m 長楕圓形 토갱이다. 매립토에 식물 종자, 파리를 비롯한 곤충, 기생충 알 등이 있어 화장실로 추정된다. 목간은 33점(削屑 15점) 출토되었다. 籌木으로 재활용된 것이다. 南北溝 SD7080은 폭 약 1.5m, 깊이 약 0.2m이고 남단이 화장실유구SC7420과 중복되므로 그것보다 시기가 올라간다. 목간 10점 (削屑 1점)이 출토되었다.

8. 목간

SX7420

(1)

「召志良木人毛利今急」

　'志良木人'은 新羅人으로 생각된다. 급하게 소환한다는 내용이다.

(2)

・「下戶雜戶戶主　雜戶下戶戶主」

・「百済手人下戶戶主　　　　」

　'百済手人'은 百済手部이고 각종 皮革 제품을 생산했다. 등급이 '下戶'라는 것은 호적의 존재를 전제로 한다.

SD7080

(3)

茨田郡

　'茨田郡'은 河內國에 속한다.

(4)

春連三田次

(5)

□十六

□代五

9. 참고문헌

奈文研『藤原宮跡の便所遺構一右京七條一坊西北坪一』1992年

橋本義則「奈良・藤原京跡」(『木簡研究』14, 1992年)

奈文研『飛鳥·藤原宮發掘調查槪報』23, 1993年

奈文研『奈良國立文化財硏究所年報1992』1993年

奈文研『飛鳥·藤原宮發掘調查出土木簡槪報』11, 1993年

木簡學會編『日本古代木簡集成』東京大學出版會, 2003年

奈文研『飛鳥藤原京木簡二－藤原京木簡一』(奈良文化財研究所史料82) 2009年

77) 藤原京跡右京七條二坊東北·東南坪

1. 이름 : 후지와라쿄 터

2. 출토지 : 奈良縣(나라현) 橿原市(가시하라시)

3. 발굴기간 : 1990.9~1990.11

4. 발굴기관 : 橿原市教育委員會

5. 유적 종류 : 도성

6. 점수 : 1

7. 유적과 출토 상황

7條條間小路와 西1坊大路 교차점의 서남부분을 확인하였다. 西1坊大路 西側溝는 7條條間小路를 횡단하지 않고 서쪽으로 돌고 小路 南側溝로 이어진다. 7條條間小路 南側溝는 접속 부분에서 깊이가 급속도로 낮아진다. 목간은 南側溝가 끝나는 부분의 최하층 암회색점토에서 출토되었다.

8. 목간

· 「∨鹿須志一□〔籠?〕」

· 「∨□第二殿下々　　　」

'須志'는 鮨(스시)를 뜻한다고 생각된다.

9. 참고문헌
坂口俊幸「奈良·藤原京跡右京七條二坊」(『木簡硏究』13, 1991年)

78) 藤原京跡右京七條四坊西南坪(藤原宮第58-5次)

1. 이름 : 후지와라쿄 터(후지와라큐제58-5차)
2. 출토지 : 奈良縣(나라현) 橿原市(가시하라시)
3. 발굴기간 : 1988.6~1988.7
4. 발굴기관 : 奈良國立文化財硏究所
5. 유적 종류 : 도성
6. 점수 : 4

7. 유적과 출토 상황
下ツ道 東側溝 SD190 2조를 확인했다. 東側溝는 A·B 2시기가 있고 A기에서 7세기 후반 토기, B기에서 10세기 토기가 출토되었다. A기는 폭 약 1.5~2.5m, 깊이 약 0.8~1.2m이다. 목간 4점이 출토되었지만 판독할 수 없다. 曲物, 젓가락, 齋串 등 목제품이 같이 출토되었다.

8. 목간
판독불가

9. 참고문헌
奈文硏『飛鳥·藤原宮發掘調査槪報』19, 1989年

奈文研『飛鳥·藤原宮發掘調査出土木簡槪報』9, 1989年

橋本義則「奈良·藤原京跡」(『木簡研究』11, 1989年)

奈文研『奈良國立文化財研究所年報1989』1990年

奈文研『飛鳥藤原京木簡二—藤原京木簡一』(奈良文化財研究所史料82) 2009年

79) 藤原京跡右京九條四坊東北·東南坪

1. 이름 : 후지와라쿄 터
2. 출토지 : 奈良縣(나라현) 橿原市(가시하라시)
3. 발굴기간 : 1993.8~1993.10
4. 발굴기관 : 橿原市敎育委員會
5. 유적 종류 : 도성
6. 점수 : 6

7. 유적과 출토 상황

右京9條4坊 중앙으로 동북평과 동남평에 설정한 A구와 서북평과 서남평에 설정한 B구에서 조사를 실시하였다. A구에서 西4坊坊間路의 東側溝 1조, 다리 1기, 화장실 유구 2기를 B구에서 掘立柱 건물 1동을 확인했다.

목간 6점은 西4坊坊間路의 東側溝 SD01에서 출토되었다. SD01은 폭 약 0.4~2.0m, 깊이 0.1~0.7m의 南北溝이고 72m 확인되었다. 매립토는 상하 2층으로 나뉘고 상층은 정지토, 하층은 流砂層이다. 유물은 주로 하층에서 출토되고 후지와라쿄 시기의 토기가 포함된다. 같이 출토된 유물로 人形 2점, 齋串 2점, 土馬 4점 등 제사유물이 있다.

8. 목간

(1)

· 「∨　　　　　　　　　七里□□內□送々打々急々如律令

　　四方卅□大神龍王　　　　　　　　　　　　　　　」

· 「∨東方木神王　　　　　婢麻佐女生年廿九黒色

　　南方火神王 (人物像)

　　中央土神王　　　　　　　　　　婢□□女生年□□□〔色?〕

　　[　　　]　　　 (人物像)

　　[　　　]　　　　　　　　　　　　　　　　　　」

　대형 呪符 목간이다. 앞면 '四方卅□大神龍王'이 기도하는 대상이고 '七里□□內□送々打々'가 기도하는 내용, 그 다음에 呪句 '急々如律令'이 있다. 뒷면에는 5방의 神王의 이름이 있었을 것이다. 2명의 인물상이 있고 그 오른쪽 밑에 婢의 이름과 생년, 나이, 색을 쓴다. 희생자 역할을 한 것으로 추정된다.

(2)

· 「　　　遊年在乾　　絶命在離忌　　　甚

　　年卅五　　　　　　　　　　　占者

　　　　　　禍害在巽忌　生氣在兌宜　　　吉」

· 「　　　□〔三〕月十一日庚寅木開吉

　　宮仕良日

　　　　　時者卯辰間乙時吉　　　　　」

　占의 목간이다. 궁에서 일하는데 좋은 날을 점친 것이다. '三月十一日庚寅木開吉'은 慶雲 2년(705)에 해당한다.

(3)

· 无位佐伯直國依請 [　　　]

```
      □  [    ]    □□□
•[   ]□[    ] [    ]
```

문서 목간의 일부로 추정된다.

   (4)

「∨[   ]郡□□里

 하찰 목간의 일부다.

   (5)

「若海藻」

9. 참고문헌

橿原千塚資料館『かしはらの歴史をさぐる2ー平成5年度埋藏文化財發掘調查成果展』
1994年

露口眞廣·橋本義則「奈良·藤原京跡右京九條四坊」(『木簡研究』16, 1994年)

木簡學會編『日本古代木簡集成』東京大學出版會, 2003年

80) 藤原京跡右京十一條三坊

1. 이름 : 후지와라쿄 터
2. 출토지 : 奈良縣(나라현) 橿原市(가시하라시)
3. 발굴기간 : 2008.11~2009.3
4. 발굴기관 : 奈良縣立橿原考古學研究所
5. 유적 종류 : 도성
6. 점수 : 5

7. 유적과 출토 상황

西3坊坊間路의 東西側溝, 掘立柱 건물, 掘立柱 담, 溝, 토갱을 확인했다. 목간은 토갱5에서 4점(削屑 3점), 주혈 105에서 2점의 총 6점이 출토되었다. 연대는 7세기 말에서 8세기 초이다. 토갱5는 직경이 약 2m, 깊이가 약 1m이고 매립토에 숯층이나 식물유체혼입층이 있다. 주혈 105는 한 변 약 1.3m으로 매립토에 숯 조각이나 식물유체가 섞인 폐기 토갱이다.

8. 목간

토갱5

(1)

「∨覺古俵」

부찰 목간이다. '覺古'는 승려의 이름으로 생각된다.

주혈105

(2)

·寸主o

·□　o

'寸主'는 姓(大和·奈良 시대에 씨족의 尊卑를 나타내기 위한 계급적 칭호)의 村主다.

9. 참고문헌

橿考研『奈良縣遺跡調査槪報 2008年(第3分冊)』2009年

廣岡孝信·鶴見泰壽「奈良·藤原京跡右京十一條三坊」(『木簡硏究』33, 2011年)

81) 藤原京跡右京十一條四坊(5次)
82) 藤原京跡右京十一條四坊(8次)

1. 이름 : 후지와라쿄 터(5차), (8차)

2. 출토지 : 奈良縣(나라현) 橿原市(가시하라시)

3. 발굴기간

 1) 5차 - 1995.4~1995.6

 2) 8차 - 2004.2~2004.4

4. 발굴기관 : 橿原市敎育委員會

5. 유적 종류 : 도성

6. 점수

 1) 5차- 1

 2) 8차- 1

7. 유적과 출토 상황

제5차 조사는 右京11條4坊 중앙부에 해당한다. 大溝, 토갱 유구, 溝 2조 등이 확인되었다. 大溝는 11條條間路의 北側溝 추정 위치로 확인된 東西溝이고 폭 약 7m, 깊이 약 1.8m이고 하층 자갈층에서 목간 1점이 출토되었다.

제8차 조사는 제5차 조사 동쪽으로 右京11條4坊 북동평에서 남동평에 해당한다. 大溝, 掘立柱 건물, 담, 토갱 등을 확인했다. 목간은 大溝 남쪽 최하층 회색자갈층에서 1점 출토되었다. 스에키, 하지키, 기와, 목제품이 같이 출토되었다.

8. 목간

제5차

(1)

· □□殿□【頓□間】頓【□恐】(【 】는 위아래 거꾸로 쓰여 있다)
                □

· [　]謹謹謹薗薗□

습서 목간이다.

제8차

(2)

· 「　□　□刀□〔知?〕者□刀加田□〔利?〕
                □□□□」

· 「【[　　　]　□□　□　□豆】」(【 】는 위아래 거꾸로 쓰여 있다)

문장을 1자1음으로 쓴 가능성이 있다.

9. 참고문헌

橿原千塚資料館『かしはらの歴史をさぐる4ー平成7年度埋藏文化財發掘調査成果展』
1996年

平岩欣太·米田一·市大樹「奈良·藤原京跡右京十一條四坊」(『木簡研究』27, 2005年)

83) 四條遺跡(30次)

1. 이름 : 시죠우(30차)

2. 출토지 : 奈良縣(나라현) 橿原市(가시하라시)

3. 발굴기간 : 2004.4~2004.7

4. 발굴기관 : 奈良縣立橿原考古學研究所

5. 유적 종류 : 도성

6. 점수 : 2

7. 유적과 출토 상황

西5坊大路·掘立柱 건물·담·우물·溝 등의 유구가 확인되었다. 목간이 발견된 西5坊大路는 폭이 6.5~7.1m, 溝心間은 7.9~8.1m이며 최하층에서 출토되었다. 하지키, 스에키, 齊串 등이 같이 출토되었다.

8. 목간

 (1)

· 「∨楯縫郡」

· 「∨[   ]」

 하찰목간이며 8세기 목간으로 추정된다. '楯縫郡'은 『和名抄』에 出雲國 楯縫郡으로 나온다.

 (2)

· 「   □[   ]   豊國[   ]

  召 □神[   ] □石上部[   ]

      □春日[   ] [   ]□上[   ]」

· 「丈部人万呂   [   ]万呂

   □[   ]   丈」

 召 다음에 3행으로 인명이 나열된 召文 목간이다. 인명 위에 묵흔이 있는 것은 소환한 사람을 확인한 것으로 추측된다.

9. 참고문헌

橿考研『奈良縣遺跡調査槪報 2004年度(第2分冊)』2005年

松井一晃·鶴見泰壽「奈良·四條遺跡」(『木簡硏究』27, 2005年)

84) 和田廢寺(3次)

1. 이름 : 와다하이지 (2차)
2. 출토지 : 奈良縣(나라현) 橿原市(가시하라시)
3. 발굴기간 : 1986.10~1986.11
4. 발굴기관 : 奈良國立文化財硏究所
5. 유적 종류 : 사원
6. 점수 : 2

7. 유적과 출토 상황

大野塚 동남 약 120m이다. 조사지 북구는 전체가 동남에서 서북으로 흐르는 유로 안에 있으며 야요이시대부터 13세기까지의 유물이 섞여 있었다. 고훈시대 하지키, 스에키가 다량으로 출토되었지만 후지와라노미야 시기나 나라시대의 유물은 적었다. 목간 2점이 출토되었고 고대목간으로 생각되나 자세한 시기는 알 수 없다. 기타 延喜通寶도 출토되었다.

8. 목간

(1)

□　　□□　　□

□大八嶋□□□□

'大八嶋'는 일본을 가리키는 말로 사용되는데 '大八洲'로 쓰는 경우가 많다.

(2)

□□□□〔卌八?〕束

9. 참고문헌

奈文研『飛鳥·藤原宮發掘調査槪報』17, 1987年

奈文研『飛鳥·藤原宮發掘調査出土木簡槪報』8, 1987年 加藤優「奈良·和田廢寺」(『木簡硏究』9, 1987年)

奈文研『飛鳥藤原京木簡二ー藤原京木簡一』(奈良文化財研究所史料82) 2009年

85) 本藥師寺西南隅

1. 이름 : 모토야쿠시지
2. 출토지 : 奈良縣(나라현) 橿原市(가시하라시)
3. 발굴기간 : 1976.1~1976.2
4. 발굴기관 : 奈良國立文化財硏究所
5. 유적 종류 : 사원
6. 점수 : 3

7. 유적과 출토 상황

本藥師寺는 天武 9년(680)에 천황이 황후(뒤의 持統 천황)의 병이 낫기를 기원하며 발원한 절이다. 조사지 구역은 절의 서남 구석에 해당하고 후지와라쿄 8條大路와 西3坊大路가 확인되었다. 목간은 8條大路 SF101의 北側溝 SD104 퇴적토 하층에서 3점 출토되었다. SD104는 폭약 2.2m, 깊이 0.45m이다. 길이 20㎝의 칼 모양 목제품이 같이 나왔다.

8. 목간

(1)

伊□〔家?〕皮古

내용은 잘 알 수 없으나 '皮古'가 상자를 의미한다고 이해할 수 있다면 상자에 매달았을 가능성이 있다.

(2)

・「(符籙)[　　]……　□

　　　　見見□　　□□

・「□□□[　　]……□

呪符 목간이다. 파편이 직접 연결되지 않는다.

9. 참고문헌

奈文研『飛鳥・藤原宮發掘調査槪報』6, 1976年

奈文研『奈良國立文化財研究所年報1976』1976年

奈文研『飛鳥・藤原宮發掘調査出土木簡槪報』21, 2007年

市大樹「奈良・本藥師寺跡」(『木簡研究』29, 2007年)

奈文研『飛鳥藤原京木簡二―藤原京木簡一』(奈良文化財研究所史料82) 2009年

86) 山田寺跡(1次)

1. 이름 : 야마다데라 터(1차)
2. 출토지 : 奈良縣(나라현) 櫻井市(사쿠라이시)
3. 발굴기간 : 1976.4~1976.10
4. 발굴기관 : 奈良國立文化財研究所

5. 유적 종류 : 사원

6. 점수 : 2

7. 유적과 출토 상황

山田寺는 飛鳥의 동쪽 끝에 있는 구릉의 서쪽 기슭, 아스카에서 上ツ道로 비스듬하게 가는 阿倍山田道 가까이에 있는 고대 사원이다. 1976년부터 1996년까지 11차에 걸쳐 발굴 조사되었고 탑, 금당, 회랑, 담, 남문, 보장 등이 확인되었다.

유구는 크게 Ⅰ기-7세기 중엽 이전, Ⅱ기-7세기 중엽, Ⅲ기-7세기 후반부터 8세기 중엽까지, Ⅳ기-8세기 중엽부터 9세기 후반까지, Ⅴ기-10세기 전반부터 11세기 초까지, Ⅵ기-11세기 전반부터 12세기 말까지. Ⅶ기-가마쿠라시대 이후의 7기로 나눌 수 있다. Ⅰ기는 절을 조영하기 전, Ⅱ~Ⅵ기는 절 조영부터 消亡까지, Ⅶ기는 절 재흥 이후이다. 목간은 8곳에서 63점(削屑 43점)이 출토되었다.

제1차 조사

유적과 출토 상황

탑 동쪽에 있는 10세기 자갈층에서 목간 2점이 출토되었다. 자갈은 회랑 안에 두께 0.1~0.2m로 전면적으로 깔려 있다.

8. 목간

(1)

三□　　□□□二□

(2)

□〔手?〕■■■

두 목간은 거의 같은 지점에서 출토되었다. 크기, 형태, 재질도 비슷하다.

9. 참고문헌

奈文研『飛鳥·藤原宮發掘調查概報』7, 1977年

奈文研『奈良國立文化財研究所年報1977』1977年

奈文研『山田寺發掘調查報告(本文編)(圖版編)』(奈良文化財研究所學報63) 2002年

奈文研『奈良文化財研究所紀要2004』2004年

竹內亮「奈良·山田寺跡(第五·一二·一三號))·釋文の訂正と追加」(『木簡研究』26, 2004年)

奈文研『飛鳥藤原京木簡一一飛鳥池·山田寺木簡』(奈良文化財研究所史料79) 2007年

87) 山田寺跡(4次)

1. 이름 : 야마다데라 터(4차)

2. 출토지 : 奈良縣(나라현) 櫻井市(사쿠라이시)

3. 발굴기간 : 1982.8~1983.1

4. 발굴기관 : 奈良國立文化財研究所

5. 유적 종류 : 사원

6. 점수 : 3

7. 유적과 출토 상황

목간은 溝 SD531 퇴적토 상층에서 1점, 하층에서 1점, 溝에서 약 2m 동쪽으로 떨어진 암회색자갈토에서 1점, 총 3점이 출토되었다. SD531는 가람 동부 基幹排水路로 기능했고 폭이 약 0.8m, 깊이가 0.6~0.9m이다. 7세기 후반에 만들어졌고 8세기 중엽에 매몰되었다.

8. 목간

SD531

(1)

・　　　　　　　　　　『□』

　　□ 和□　　□□〔第?〕□　□

・　　□　　　□　　□負尾

・　□(側面)

1차 묵서를 깎은 후에 2차적으로 묵서하고 있다. 앞면 최하부과 좌측면은 1차 묵서가 남은 것이다.

암회색자갈토

(2)

淨土寺

經論司

題籤軸이다. 淨土寺는 山田寺의 法號이다. '經論司'는 소장하는 경론을 다루는 부서로 추정된다.

9. 참고문헌

奈文研『飛鳥·藤原宮發掘調查槪報』13, 1983年

加藤優「奈良·山田寺跡」(『木簡研究』5, 1983年)

奈文研『奈良國立文化財研究所年報1983』1983年

奈文研『飛鳥·藤原宮發掘調查出土木簡槪報』7, 1983年

奈文研『山田寺發掘調查報告(本文編)(圖版編)』(奈良文化財研究所學報63) 2002年

奈文研『奈良文化財研究所紀要2004』2004年

竹内亮「奈良・山田寺跡(第五・一二・一三號)・釋文の訂正と追加」(『木簡研究』26, 2004年)

奈文研『飛鳥藤原京木簡——飛鳥池・山田寺木簡』(奈良文化財研究所史料79) 2007年

88) 山田寺跡(7次)

1. 이름 : 야마다데라 터(7차)
2. 출토지 : 奈良縣(나라현) 櫻井市(사쿠라이시)
3. 발굴기간 : 1989.10~1990.2
4. 발굴기관 : 奈良國立文化財研究所
5. 유적 종류 : 사원
6. 점수 : 48

7. 유적과 출토 상황

남문 남쪽을 흐르는 동서방향 溝 SD619에서 48점(삭설 41점)이 출토되었다. 이 溝은 山田寺를 창건했을 때의 整地보다 오래된 유구로 7세기 전반부터 중엽까지 기능하였다. 폭이 4.4m 이상, 깊이가 약 1.5m이다. 溝 남쪽에 溝 SD607이 평행한다. SD619와 607을 側溝로 하는 도로SF614가 추정되며 阿倍山田道일 가능성이 있다.

8. 목간
   (1)
 ・見惡惡
 ・□〔身?〕身身
   □□□〔為?〕身

(2)

□〔城?〕城□〔城?〕城城城□〔城?〕

(3)

城城城城

(4)

□□□〔城城城?〕□

'城'을 반복하는 削屑이 9점 있다. 재질과 서체가 비슷하며 같은 목간을 깎은 것일 가능성이
크다.

9. 참고문헌

奈文研『飛鳥·藤原宮發掘調査概報』20, 1990年

橋本義則「奈良·山田寺跡」(『木簡研究』12, 1990年)

奈文研『奈良國立文化財研究所年報1990』1991年

奈文研『飛鳥·藤原宮發掘調査出土木簡概報』10, 1991年

奈文研『山田寺發掘調査報告(本文編)(圖版編)』(奈良文化財研究所學報63) 2002年

奈文研『奈良文化財研究所紀要2004』2004年

竹内亮「奈良·山田寺跡(第五·一二·一三號)·釋文の訂正と追加」(『木簡研究』26, 2004年)

奈文研『飛鳥藤原京木簡一一飛鳥池·山田寺木簡』(奈良文化財研究所史料79)2007年

奈文研飛鳥資料館『木簡黎明一飛鳥に集ういにしえの文字たち』(飛鳥資料館圖錄53) 2010年

89) 山田寺跡(8次)

1. 이름 : 야마다데라 터(8차)
2. 출토지 : 奈良縣(나라현) 櫻井市(사쿠라이시)

3. 발굴기간 : 1990.8~1990.12

4. 발굴기관 : 奈良國立文化財研究所

5. 유적 종류 : 사원

6. 점수 : 8

7. 유적과 출토 상황

寶藏 SB660는 남북 3칸(6m) 동서 3칸(약 5m)의 高床式 總柱礎石 건물이다. 동면회랑 동북 구석부 동쪽, 동면 회랑과 동면 담 사이에 있다. Ⅲ기인 7세기 후반에 창건(SB660A), Ⅳ기 도중 9세기 중엽에 개작(SB660B), Ⅵ기 11세기 전반에 유입된 토사로 무너졌다고 생각된다. 목간은 SB660B 基壇上面에서 1점, 寶藏西側雨落溝 SD664B에서 6점, 寶藏 서북 구석에서 북서로 약 5m 지점의 흑회색점질토에서 1점, 총 8점이 출토되었다. 원래 寶藏에 수장되어 있던 것이 寶藏이 무너져서 주변에 매몰된 것으로 보인다.

8. 목간

SB660B基壇上面

(1)

×經第廿二帙 十卷」

경전 두루마리를 묶어 둘러싼 帙에 사용된 題籤(經籤)이다. 經典의 명칭과 經帙의 일련번호 그리고 권수가 적혀 있다. 경전의 명칭이 파손되어 있지만 『大般若經』으로 추정된다. 일본에 들어온 경전 중에 220권 이상 되는 단독 경전은 『大般若經』 600권 이외에 없기 때문이다.

SD664B

(2)

・×疏一部　　　判比量論一卷

　　　　　　　　　□十一月廿七日下持成 =

　弘仁二年十一月十六日充義勝

　　　　　　　□一巻借慈忠　知倉人乙人

　　　□〔入?〕□□□一□〔巻?〕　　主録□□

=　　目代光厳　　　　　　　　　　　　　□□□□□〔成業論一巻?〕　　[　　]
　　　大同二年十一月廿六日下唯識論疏十四巻 側法師之　□〔宗?〕輪論一□〔巻?〕[　　]
　　　　　受義勝　　　　　　　　知倉人持成

・　　　　　　　　　□□[　]□□〔六巻?〕[　]四月十四日[　　] ×
　　　　　　　　　　　　[　　　　　　　　　]法花經□□〔一部?〕[ ]=
　　　　□論廿八巻 大十一　　　□慈忠禅
　　　　　　　旦上十七□
=　　　知義勝　　　　　八月十三日[　]

　대형 장부 목간이다. 앞면은 6가지 내용으로 구분된다.

　1. 오른쪽 위 2행이며 '?疏一部'과 '判比量論'을 弘仁 2년(811)에 '義勝'한테 대출한 기록이다.

　2. 그 밑에서 경전을 '持成'한테 11월27일에 대출한 기록이다.

　3. 그 왼쪽 1행이며 경전을 '慈忠'한테 대출한 기록이고 책임자가 '乙人'이라는 내용이다.

　4. 중앙 오른쪽 2행이며 한 경전에 관련해서 '目代光厳'과 '主録□□'이 보인다.

　大同2년(807) 11월 26일에 '唯識論疏'를 '義勝'한테 대출하고 그 책임자가 '持成'라는 기록이다.

　6. 하단 2행이며 '成業論'과 '宗輪論'에 관한 기록이다.

　대출과 그것을 수려했다는 기록이다. 뒷면에도 날짜나 경전 이름이 나오므로 장기간에 걸쳐 표면을 깎으면서 기록한 것으로 보인다.

(3)

【앞】

六年四月廿
論疏記
□四卷

勝寶□
[応]
□六年四月
延勝
□順
令[基?]□
□[備?]□
四月廿二日借
□法
上坐延勝
寺主□□
都維那仁憲
元興寺 □令□
金剛般若經三卷
□藥師經□卷□□□（이하 생략）

【뒤】

□
經
法花經一部
□ 卷
唯識
瑜伽論菩薩地十 ×
×勝寶六 ×
□卷借
文德御宣
天平勝寶 ×
□下□【 】
瑜伽論一部 □ 顯
佛地論一部 雜 ×
解深密經疏一部
寶龜七年十一
成業論一卷大毘婆 ×
順正理論□□□[唯?]□
顯宗論一部 □□□□
寶龜七年正月
□[受定?]□沙弥 天平 ×
法花經 [第?]二卷又
（이하는 위아래 거꾸로）
□[坐?]延勝
×勝寶八歲□月廿八日 】
勝寶八歲 ‥‥
□[部?]三卷□□□[寶四年?]

가로로 쓴 목간이고 둘 다 대출한 경전을 점검한 결과를 기록한 것으로 생각된다. 경전을 확인한 내용을 쓴 다음에 점검한 날짜를 쓰고 그 아래 혹은 다음 행에 山田寺의 上坐·寺主·都維那가 서명했다. 거꾸로 쓴 글자도 있고 글자를 깎은 흔적도 있으니 목간 표면을 깎으면서 장기간에 걸쳐 사용한 것으로 추정된다.

흑회색전질토층

(4)

```
（앞）
□三□檢定□

巻

□集論疏八巻以天平×
四月廿九日円勝師借
×集論疏十巻以天平×
□　四月十一日尊×
三日都維那□龍

雲

□□〔唯?〕識論
```

```
（뒤）
□□□

□□
□□
二巻□巻

□□□
```

(5)

・日向寺□□二斗一升半□□〔同月?〕

　同月白□九斤之中八斤者昔日出分

・　　　　　　　　　　□八斤□(위 아래 거꾸로)

　‘日向寺’는 奈良縣 橿原市 南浦町에 현존한다. 日向寺 주변에서 7세기 후반의 기와가 출토되어 절이 있었다고 생각된다. 日向寺는 聖德太子가 건립한 절의 하나라는 기록이 있다.

9. 참고문헌

奈文研『飛鳥・藤原宮發掘調査槪報』21, 1991年

奈文研『飛鳥・藤原宮發掘調査出土木簡槪報』10, 1991年

橋本義則「奈良·山田寺跡」(『木簡研究』13, 1991年)

奈文研『奈良國立文化財研究所年報1991』1992年

奈文研『山田寺發掘調査報告(本文編)(圖版編)』(奈良文化財研究所學報63) 2002年

木簡學會編『日本古代木簡集成』東京大學出版會, 2003年

奈文研『奈良文化財研究所紀要2004』2004年

竹內亮「奈良·山田寺跡(第五·一二·一三號)·釋文の訂正と追加」(『木簡研究』26, 2004年)

奈文研『飛鳥藤原京木簡一―飛鳥池·山田寺木簡』(奈良文化財研究所史料79) 2007年

90) 阿部六ノ坪遺跡

1. 이름 : 아베로쿠노쓰보 유적
2. 출토지 : 奈良縣(나라현) 櫻井市(사쿠라이시)
3. 발굴기간 : 1982.4~1982.7
4. 발굴기관 : 奈良縣立橿原考古學研究所
5. 유적 종류 : 취락
6. 점수 : 1

7. 유적과 출토 상황

고훈시대 중기 후반, 아스카시대 초, 아스카시대 말기의 3시기의 유구가 확인되었다. 아스카시대 말기 주요 유구는 掘立柱 건물 1동과 우물 1기가 있다. 목간이 나온 우물은 한 변이 1.0m ×1.25m 방형에 가까운 형태이며 깊이 약 4.7m이다. 목간은 깊이 1.3m 위치에서 출토되었고 하지키, 스에키, 칼, 齋串 등이 같이 나왔다.

8. 목간

「步步步步空空空□」

　습서목간으로 보인다.

9. 참고문헌

奈良縣敎委『奈良縣遺跡調査槪報 1982年度(第1分冊)』1983年

關川尙功「奈良·阿部六ノ坪遺跡」(『木簡硏究』5, 1983年)

91) 上之宮遺跡(5次)

1. 이름 : 우에노미야 유적(5차)
2. 출토지 : 奈良縣(나라현) 櫻井市(사쿠라이시)
3. 발굴기간 : 1990.2~1990.4
4. 발굴기관 : ㈶櫻井市文化財協會
5. 유적 종류 : 거관
6. 점수 : 1

7. 유적과 출토 상황

　유적은 동서 약 60~70m, 남북으로 약 100m 범위에 掘立柱 건물, 울타리, 石溝 등 아스카시대 초 居館 유구로 구성되어 있다. 사면에 처마가 있는 대형건물 서쪽 20m에서 직경 6m의 반원형 석구가 확인되었고 그 안에서 길이가 2.6m, 폭이 1.5m, 깊이가 1.5m인 방형 石積 유구가 있다. 다양한 목제품과 복숭아를 비롯한 밤, 매실 등의 씨앗이 출토되었다.

8. 목간

別□〔金?〕塗銀□其項□頭刀十口

　목간에서 깎아낸 파편이고 좌우에 글자가 있었다고 추정된다. 앞에 칼에 관한 문장 등이 있었던 것으로 생각된다.

9. 참고문헌

櫻井市教委『奈良縣櫻井市 阿部丘陵遺跡群─櫻井南部特定土地區劃整理事業にかかわる埋藏文化財發掘調査報告書』1989年

櫻井市文化財協會『上之宮遺跡 第5次·第1次トレンチ發掘調査概報』1990年

清水眞一「奈良·上之宮遺跡」(『木簡研究』12, 1990年)

奈文研飛鳥資料館『木簡黎明─飛鳥に集ういにしえの文字たち』(飛鳥資料館圖錄53) 2010年

92) 安倍寺跡(20次)

1. 이름 : 아베데라 터(20차)
2. 출토지 : 奈良縣(나라현) 櫻井市(사쿠라이시)
3. 발굴기간 : 2006.8~2006.9
4. 발굴기관 : 櫻井市教育委員會
5. 유적 종류 : 사원
6. 점수 : 560

7. 유적과 출토 상황

　아베데라(安倍寺)는 7세기 중엽에 창건된 고대 사원이며 阿倍 씨의 氏寺로 건립되었다고 추정된다. 조사지는 절 북쪽 가장자리에 위치하며 후지와라쿄 시기부터 헤이안시대 유구가 확인되었다. 南北溝 SD03에서 159점, 삭설 400점이 출토되었다. 溝은 폭 4.5m 이상, 깊이 60㎝이며 7세기 말부터 8세기 초로 보인다. 스에키, 하지키, 기와, 목제품, 원면 벼루, 제염토기, 철정 등이 출토되었다.

8. 목간

(1)

口百七十一別塔作

　탑 등 절을 만든 노동자 인원수를 기록한 목간의 일부로 보인다.

(2)

・「∨久比廿五□□」

・「∨[　　　　]」

　'久比'는 미상.

(3)

「∨四千□」

　무슨 숫자인지는 미상.

(4)

・「上稲千卅上　　　」

・「□□□人十束三□」

　'上'은 進上의 뜻으로 보인다.

(5)

・「大大大者乃□馬大大大皮皮

・「□〔白?〕□□〔大?〕[　]□〔水?〕[　　]

　습서목간이다.

(6)

「∨三尺五□〔十?〕戶□□

하찰목간이다. '五十戶'라는 표기로 天武천황 후반 이전의 목간으로 생각된다.

(7)

· 「∨佛聖□　　」

· 「∨六口　其廿六口

□口　　其廿四口 (위 아래가 거꾸로)　」

'佛聖'은 부처에 올리는 쌀밥으로 생각된다.

(8)

· 「八日　九日　十一日　十二日　　　」

· 「□〔日?〕　九日　十三日　十四日　十　　」

날짜를 쓴 목간인데 확인을 위한 合點이 있다.

9. 참고문헌

木場佳子「奈良·安倍寺跡」(『木簡研究』30, 2008年)

櫻井市敎委『平成18年度國庫補助による發掘調査報告書』(櫻井市立埋藏文化財センター調査報告書30) 2008年

93) 下茶屋地藏谷遺跡

1. 이름 : 시몬차야지조다니 유적

2. 출토지 : 奈良縣(나라현) 御所市(고세시)

3. 발굴기간 : 1993.6~1993.12

4. 발굴기관 : 奈良縣立橿原考古學硏究所

5. 유적 종류 : 취락(유로)

6. 점수 : 2

7. 유적과 출토 상황

유적 상층에서는 야요이시대 중기~중세 유구와 유물, 하층에서는 조몬시대 중기 말~후기 초 유물이 확인되었다. 목간은 상층 아스카~나라시대 하천 터 SK01에서 출토되었다. 하천은 폭 15m, 깊이 0.6m, 길이 약 50m이다. 그 안에서 7세기 전반부터 8세기 초까지의 토기, 목기가 출토되었다.

8. 목간

(1)

· 「□□□所□□〔看?〕　」

· 「□□□命□〔俱?〕□　」

문서목간으로 보인다.

(2)

「∨奴原五十戸　」

부찰목간이다. 위에 한 글자가 더 있었을 것이고 '□奴原'이라는 지명으로 생각된다. 五十戸라고 표기하는 것으로 보아 7세기 후반으로 추정된다.

9. 참고문헌

橿考研『奈良縣遺跡調査槪報 1993年度(第2分冊)』1994年

坂靖·和田萃「奈良·下茶屋遺跡」(『木簡硏究』16, 1994年)

橿考研『南鄕遺跡群Ⅳ』(奈良縣立橿原考古學硏究所調査報告76) 2000年

94) 下田東遺跡(五位堂區劃第5次)

1. 이름 : 시모다히가시 유적(고이도구획제5차)

2. 출토지 : 奈良縣(나라현) 香芝市(가시바시)

3. 발굴기간 : 2005.6~2005.9

4. 발굴기관 : 香芝市教育委員會

5. 유적 종류 : 관아

6. 점수 : 1

7. 유적과 출토 상황

고훈시대와 아스카시대부터 헤이안시대 掘立柱 건물, 무로마치시대 環濠居館 등이 확인되었다. 목간은 한 변이 약 1m, 깊이가 약 2m의 방형 우물에서 출토되었다. 우물 매립토는 3층으로 나눌 수 있고 상층에서 齋串 1점, 중층에서 목간과 하지키 항아리 4점과 齋串 8점, 하층에서 스에키 호 3점, 하지키 항아리 2점, 하지키 고배 2점, 齋串 2점이 출토되었다. 토기 연대로 보아 목간은 헤이안시대 초(9세기 초)에 폐기된 것으로 생각된다.

8. 목간

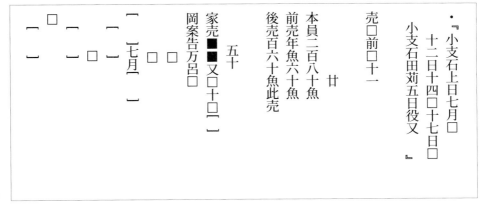

・「
　　　　『和世種三月六日

　　　　　　□

小須流女十一日蒔』　『臨〓臨位別　□持

　　　　　伊福部連豊足解　申進上御馬事　□　□」

『種蒔日』　　　　　　　　　　　　　　　　於

　　　　以　　　今日□ 可命死依此御馬飼不堪

　　　　右依豊足[　　]重病御馬飼不堪伏乞

　　於畏公不仕奉成命[　]至死在礼畏公不仕奉也在□□

　　긴 변에 두 곳, 짧은 변 한 곳에 구멍이 뚫려 있어 용기 밑바닥에 사용된 판자로 보인다. 씨를 뿌리는 날짜 등 농업과 관련되는 내용과 무엇인가를 매각한 기록, 뒷면 대부분을 깎아서 ‘伊福部連豊足’의 ‘解’ 초고를 쓴 것으로 보인다.

9. 참고문헌

山下隆次 「奈良·下田東遺跡」(『木簡研究』28, 2006年)

香芝市教委 『下田東遺跡(本文編)(圖面圖版編1)(圖面圖版編2·表編)(寫眞圖版編)』(香芝市文化財調査報告書12) 2011年

95) 丹切遺跡(3次)

1. 이름 : 탄기리 유적(3차)
2. 출토지 : 奈良縣(나라현) 宇陀市(우다시)
3. 발굴기간 : 1992.4~1992.6
4. 발굴기관 : 榛原町教育委員會
5. 유적 종류 : 유물산포지
6. 점수 : 3

7. 유적과 출토 상황

길이가 약 250m, 폭이 약 15~30m의 자연 유로가 있고 매립토에서 야요이시대 후기~중세 유물이 출토되었다. 토기, 기와, 동전, 목제품이 있고 헤이안시대 9세기 후반부터 10세기 중엽 유물이 많다.

8. 목간

- 「計□
- 「□〔平?〕

같이 출토된 토기로 10세기 중엽 이전으로 추정된다.

9. 참고문헌

榛原町教委 『榛原町埋藏文化財發掘調査槪要報告書 1992年度』(榛原町文化財調査槪要
9) 1993年

柳澤一宏 「奈良·丹切遺跡」(『木簡研究』15, 1993年)

96) 上宮遺跡(14次)

1. 이름 : 카미야 유적(14차)
2. 출토지 : 奈良縣(나라현) 生駒郡(이코마군)
3. 발굴기간 : 2000.1~2000.3
4. 발굴기관 : 斑鳩町教育委員會
5. 유적 종류 : 관아
6. 점수 : 1

7. 유적과 출토 상황

나라시대 掘立柱 건물 군이 확인되는데 건물의 규모나 배치, 출토 유물로『續日本紀』에 보이는 稱德천황의 행궁인 飽浪宮의 유력한 추정지다. 고훈시대부터 나라시대의 南北溝에서 목간이 출토되었다. 溝은 폭이 4m 이상, 깊이가 약 1.5m이다. 토기는 대부분이 6세기 후반의 고훈시대 것이었지만 7세기 후반부터 8세기 전반의 것도 있다.

8. 목간

「□□〔月?〕[ ]□〔日?〕□   」

날짜를 기록한 것으로 보이나 판독하기 어렵다.

9. 참고문헌

荒木浩司「奈良·上宮遺跡」(『木簡研究』22, 2000年)

斑鳩町教委『斑鳩町內遺跡發掘調査概報 平成11年度(1999)』2002年

97) 下永東方遺跡(4次)

1. 이름 : 시모나가히가시호 유적(4차)
2. 출토지 : 奈良縣(나라현) 磯城郡(시키군)
3. 발굴기간 : 2004.7~2004.11
4. 발굴기관 : 奈良縣立橿原考古學研究所
5. 유적 종류 : 취락
6. 점수 : 2

7. 유적과 출토 상황

조몬시대부터 중세에 이르는 복합유적이며 고훈시대와 헤이안시대, 가마쿠라시대 유구, 유물이 가장 많다. 제4차 조사구에서는 야요이시대부터 무로마치시대에 이르는 유구가 많이 확인되었는데 나라시대 우물이 확인되었다. 우물은 한 변이 1.8m의 정방형이며 깊이가 1.8m이다. 매립토 상부에서 하지키 항아리 1점이 출토되었다. 우물이 폐기된 후에 놓인 것으로 보인다. 매립토 바닥에서 약 0.4m 위에서 목간과 함께 돌, 나라시대 후기 하지키 접시와 스에키 항아리가 출토되었다. 목간 연대도 토기와 같은 나라시대로 볼 수 있다.

8. 목간

(1)
「 □□□　　□

　　　　　　□□□

　□□□三□　　□□

　□□〔歲許?〕二□　□□[　　]」

내용을 알 수 없지만 숫자가 있고 合點이 있으니 무엇인가를 기록한 것으로 생각된다.

(2)
十七日[　　　]人四人食米八升

'食米'를 지급한 목간의 削屑이다.

9. 참고문헌

橿考硏『奈良縣遺跡調査槪報 2004年(第1分冊)』2005年
川上洋一·岡田憲一·鶴見泰壽「奈良·下永東方遺跡」(『木簡硏究』27, 2005年)

98) 薩摩遺跡(8次)

1. 이름 : 사쓰마 유적(8차)
2. 출토지 : 奈良縣(나라현) 高市郡(다카이치군)
3. 발굴기간 : 2008.5~2009.1
4. 발굴기관 : 奈良縣立橿原考古學研究所
5. 유적 종류 : 저수지
6. 점수 : 1

7. 유적과 출토 상황

야요이시대부터 헤이안시대의 유구가 확인되었다. 8차 조사에서는 연못이 확인되었다. 골짜기를 둑으로 막은 농업 관개용 저수지로 추정된다. 둑은 세 번 확장되었고 그때마다 목제 수문을 새로 만들었다. 연못 매립토에서 나라~헤이안시대의 토기가 다수 출토되어 처음 만든 시기를 추측할 수 있다. 세 번째로 확장했을 때 매립토에서 承和昌寶(835년 발행)이 출토되었다. 목간은 연못 퇴적토에서 출토되었고 둑의 변천 과정과의 관계는 특정할 수 없으나 세 번째 확장보다 이른 시기에 퇴적된 토층인 것을 확인했다.

8. 목간

· 「田領卿前□〔拜?〕申　此池作了故神」
· 「癸〔發?〕応之　波多里長桧前主寸本為
　　　　　□□〔次?〕□遅卿二柱可為今」

'波多里'는 『和名抄』의 大和國 高市郡 波多鄕이다. 내용은 저수지가 완성된 것을 '田領卿'에게 보고하는 것이며, "이 연못을 만드는 일이 끝났다. 그래서 신이 나타나 이에 응했다."고 한다. '田領'은 石川縣 加茂 유적에서 출토된 牓示札에 보이며 郡司에서 농업을 담당한 관인으로 보인다. 뒷면 하부는 2행으로 쓰고 있다. 정확한 의미는 알기 어렵지만 '本'과 '今'이 대응하는 것으로 보이고 "波多里長 桧前村主가 원래 만들었지만 지금은 □□□遲卿 2명이 만든다."로 해석된다.

9. 참고문헌

橿考研『奈良縣遺跡調査概報 2009年度(第3分冊)』2010年

北山峰生 · 和田萃 · 鶴見泰壽「奈良 · 薩摩遺跡」(『木簡研究』32, 2010年)

99) 飛鳥京跡(28次)

1. 이름 : 아스카쿄 터(28차)

2. 출토지 : 奈良縣(나라현) 高市郡(다카이치군)

3. 발굴기간 : 1971.4~1972.3

4. 발굴기관 : 奈良縣立橿原考古學研究所

5. 유적 종류 : 궁전 · 관아

6. 점수 : 2

7. 유적과 출토 상황

상층에서 掘立柱 건물, 중층에서 석조 溝, 중층과 하층 사이에서 목제 수도관, 하층에서 돌을 깐 유구, 돌담이 확인되었다. 최하층에서 飛鳥寺 형식 기와편이 출토되었다. 하지키, 스에키 연대로 유구는 6세기 말부터 8세기 초로 추측된다. 목간은 목제 수도관 위쪽에서 1점, 掘立柱 건물 서남 구석 기둥에서 출토되었다.

8. 목간

(1)

·   久米評鴨部×

・□　　　［　　　］

　　　　　　［　　　］

　(2)

・□田末呂　　　不破評秦黒×

・［　　　］　　　　□

　두 목간은 형태가 유사하고 기재내용도 評名과 인명을 쓴 것이다. 歷名 문서목간으로 보인다. 『和名抄』에 의하면 '久米郡'은 伯耆·美作·伊予國에 있고 '不破郡'은 美濃國에만 있었다.

9. 참고문헌

奈良縣敎委『飛鳥京跡 昭和46年度發掘調査槪報』1971年

奈文研『第1回木簡硏究集會記錄』1976年

和田萃「奈良·飛鳥京跡」(『木簡硏究』13, 1991年)

100) 飛鳥京跡(51次)

1. 이름 : 아스카쿄 터(51차)

2. 출토지 : 奈良縣(나라현) 高市郡(다카이치군)

3. 발굴기간 : 1976.1~1976.4

4. 발굴기관 : 奈良縣立橿原考古學硏究所

5. 유적 종류 : 궁전·관아

6. 점수 : 27

7. 유적과 출토 상황

조사지는 전승 飛鳥板蓋宮터로 유구가 복원된 자리에서 동쪽으로 100m 떨어진 지점이다.

아스카쿄 터 3기 유구의 외곽 동쪽 끝에서 南北溝 SD7410가 확인되었다.

목간이 나온 SX7501은 북서에서 남동으로 긴 길이 약 6m, 폭 약 3.5m의 타원형 토갱이다. 목간 이외에 삭설, 나무 편, 씨앗, 토기 편 등이 출토되었고 한 번에 폐기된 것으로 보인다. 출토된 스에키 편의 연대로 봐서 7세기 중엽에 형성된 것으로 생각된다.

목간은 SX7501에서 27점이 출토되었다. 일괄로 채집한 목편을 물체질하는 과정에서 확인되어 정확한 분포상황은 알 수 없으나 대부분은 토갱 동북편에서 출토된 것으로 보인다.

8. 목간

(1)

「∨大花下」

완형 부찰이고 상부에 홈이 있다. '大花下'은 大化5년(649)에 제정된 관위19계 제8계에 해당되며 『日本書紀』에 의하면 大花下의 관위는 649년~664년까지 17년간만 시행되었기 때문에 이 목간도 그 사이에 쓴 것이다.

(2)

「∨小山上」

완형 부찰이며 상부에 홈이 있다. 小山上 관위는 大化5년(649) 관위19계에 보이고 天智3년 관위26계에도 존속되어 天武14년(685)까지 시행되었다.

(3)

「□小乙下階」

홈이 없는 장방형이다. 大化5년부터 天武14년까지 시행된 관위다.

(4)

大乙下階

大化5년부터 天武14년까지 시행된 관위다.

(5)

・「∨白髮部五十戸」

・「∨▆十口

완형 부찰이며 상부에 홈이 있다. 髪는 이체자이며 部는 ア에 가깝다. ▆는 해석하기 어려운데 가래, 괭이일 가능성이 있다.

이들 목간의 연대는 '大花下'목간으로 7세기 중엽으로 볼 수 있고 五十戸-里제 성립시기를 생각하기 위한 중요한 사료라고 할 수 있다.

9. 참고문헌

橿考研·奈良縣教委『飛鳥京跡 昭和50年度發掘調査概報』1976年

橿考研·奈良縣教委『飛鳥京跡 昭和51年度發掘調査概報』1977年

奈良縣教委『奈良縣遺跡調査概報 1976年度』1977年

菅谷文則·岸俊男「飛鳥京跡第51次發掘調査出土木簡について」(奈文研『第2回木簡研究集會記錄』1977年)

木簡學會編『日本古代木簡選』岩波書店, 1990年

鶴見泰壽「奈良·飛鳥京跡」(『木簡研究』22, 2000年)

奈文研飛鳥資料館『木簡黎明―飛鳥に集ういにしえの文字たち』(飛鳥資料館圖錄53) 2010年

101) 飛鳥京跡(104次)

1. 이름 : 아스카쿄 터(104차)

2. 출토지 : 奈良縣(나라현) 高市郡(다카이치군)

3. 발굴기간 : 1985.3

4. 발굴기관 : 奈良縣立橿原考古學研究所

5. 유적 종류 : 궁전·관아

6. 점수 : 1,082

7. 유적과 출토 상황

동쪽 외곽의 大溝 SD7410 동쪽에서 토갱이 확인되었다. 남북으로 1.4m, 동서로 0.52m의 타원형이며 목편, 목간 삭설, 나뭇잎 등이 출토되었다.

8. 목간

(1)

「辛巳年

(2)

閏月

'辛巳年'은 天武10년(681)으로 볼 수 있다. 天武10년은 7월이 閏月이다.

(3)

「大乙下□□

(4)

□小乙下

'大乙下' '小乙下'는 大化5년(649) 2월부터 天武14년(685) 정월까지 시행된 관위이다.

(5)

□大津皇

천무천황의 황자인 大津皇子이다.

(6)

阿直史友足

'阿直史'는 天武12년 10월에 連의 姓을 하사되었다.

이상의 내용으로 이들 목간은 天武10년 혹은 그 직후에 일괄 폐기되었을 가능성이 크다.

9. 참고문헌

橿考研『奈良縣遺跡調査概報 1984年度(第2分冊)』1985年

橿考研友史會『講演會記錄 日本と東アジアの考古學(1)』1987年

木簡學會編『日本古代木簡選』岩波書店, 1990年

龜田博·和田萃「奈良·飛鳥京跡」(『木簡研究』12, 1990年)

奈文研飛鳥資料館『木簡黎明一飛鳥に集ういにしえの文字たち』(飛鳥資料館圖錄53) 2010年

102) 飛鳥京跡(111次)

1. 이름 : 아스카쿄 터(111차)

2. 출토지 : 奈良縣(나라현) 高市郡(다카이치군)

3. 발굴기간 : 1986.8~1986.9

4. 발굴기관 : 奈良縣立橿原考古學研究所

5. 유적 종류 : 궁전·관아

6. 점수 : 3

7. 유적과 출토 상황

아스카쿄 Ⅱ기 즉 皇極천황의 飛鳥板蓋宮으로 추정되는 시기의 石列 SX8605에서 출토되었다. 동서방향으로 20~30㎝ 자연석을 2~3줄로 깔았는데 성격은 미상이다.

8. 목간

[   ]

秦人部□

　削屑이다.

9. 참고문헌

橿考研『奈良縣遺跡調査槪報 1987年度(第1分冊)』1990年

鶴見泰壽「奈良·飛鳥京跡」(『木簡硏究』28, 2006年)

103) 飛鳥京跡(129次)

1. 이름 : 아스카쿄 터(129차)

2. 출토지 : 奈良縣(나라현) 高市郡(다카이치군)

3. 발굴기간 : 1993.1~1993.3

4. 발굴기관 : 奈良縣立橿原考古學硏究所

5. 유적 종류 : 궁전·관아

6. 점수 : 1

7. 유적과 출토 상황

掘立柱 건물 3동, 掘立柱 담 1, 석조 溝 1, 구덩이, 토갱 등이 확인되었다. 掘立柱 건물이 아스카시대 후반에 폐기된 후에 구덩이(SX9206)를 파서 바로 매립하고 다시 掘立柱 담과 溝를 만들었다.

8. 목간

· □□□御□□

　　　　　　　□〔新?〕□了

· □　之□□□由

문서목간으로 추측되지만 내용은 알 수 없다.

9. 참고문헌

橿考研 『奈良縣遺跡調査槪報 1992年度(第2分冊)』 1993年

林部均 「奈良·飛鳥京跡」 (『木簡硏究』 16, 1994年)

104) 飛鳥京跡(131次)

1. 이름 : 아스카쿄 터(131차)

2. 출토지 : 奈良縣(나라현) 高市郡(다카이치군)

3. 발굴기간 : 1995.2~1995.5

4. 발굴기관 : 奈良縣立橿原考古學硏究所

5. 유적 종류 : 궁전·관아

6. 점수 : 89

7. 유적과 출토 상황

유구는 A~D기로 정리할 수 있다. B~D기 연대는 토기로 봐서 7세기 제Ⅳ분기로 볼 수 있다. 목간은 B기 SD9205에서 출토되었다. B기에는 掘立柱 건물 3동이 계획적으로 배치되어 있었다. SD9205는 동서방향 석조 溝이며 제129차 조사와 아울러서 약 32m 확인되었다. 溝은 폭이 약 1m, 깊이 약 1.5m이다.

8. 목간

(1)

· 「丁丑年四月生六日　…□等　□〔丁?〕」

· 「卽了□其□□〔切工?〕…　　　巳　　　」

글자를 새겨 썼다. '丁丑年'은 天武6년(677)이다.

(2)

- 「∨川奈五□〔十?〕戸煮一籠十八列」
- 「∨二節□〔廿?〕五斤」

상부에 홈이 있는 貢進物 부찰이다. '川奈五十戶'는 『和名抄』의 駿河國 蘆原郡 河名鄕에 해당한다.

(3)

「∨无耶志國仲評中里布奈大贄一斗五升」

상부에 홈이 있는 貢進物 부찰이다. 國-評-里制 사료이며 『和名抄』의 武藏國 那珂郡 那珂鄕에 해당된다. '无耶志'라는 표기는 『古事記』나 후지와라노미야터 출토 목간 등에도 보인다. '布奈'는 붕어(フナ, 후나)이다.

(4)

- 「碓日評□大□〔丁?〕少丁」
- 「鹿 支多比　　　　　」

'碓日評'(上野國 碓氷郡)에서 공진된 사슴의 支多比(마른 고기) 부찰이다.

(5)

- 「∨佐為評
- 「∨一斗

上野國 佐為評의 부찰이다.

(6)

- 「∨　奈須評 」
- 「∨□□□一斗」

下野國 那須郡의 부찰이다.

(7)

　　　　　秦勝黒▰
「∨野五十戶
　　　　　又椋人二人併二斗∨」

若狹國 遠敷郡 野里의 부찰이다.

(8)

「∨三形評　三形五十戶生部乎知
　　　　　調田比煮一斗五升　∨」

若狹國 부찰이다. '田比'는 도미(タイ;다이)이다.

(9)

・「∨多具万五十戶」

・「∨凡人久□□　　」

貢進物 부찰이다. '多具万五十戶'는『和名抄』伊予國 濃満郡 宅万鄉에 해당된다.

(10)

・×五十戶

・×知　佐祁
　　　一斗五升」

부찰로 추정된다. '佐祁'는 연어(サケ ; 사케)로 생각된다.

(11)

・「[　　　　　　]∨」

・「伊具比□□□□∨」

하단에 홈이 있다. '伊具比'는 황어(ウグイ ; 우구이)이다.

(12)

「∨癸巳年□

상부에 홈이 있는 부찰이다. 持統7년(693)은 후지와라로 천도하기 1년전이다. 최상층에서 출토되었고 유구 연대 하한에 해당된다.

(13)

×諸人秦人若末呂三斗」

부찰의 하단으로 생각된다.

(14)

□部主寸得安 □〔左?〕

삭설이고 인명이다.

9. 참고문헌

橿考研『奈良縣遺跡調査概報 1995年度(第2分冊)』1996年

清水昭博·和田萃·鶴見泰壽「奈良·飛鳥京跡」(『木簡研究』18, 1996年)

木簡學會編『日本古代木簡集成』東京大學出版會, 2003年

105) 飛鳥京跡(152次)

1. 이름 : 아스카쿄 터(152차)
2. 출토지 : 奈良縣(나라현) 高市郡(다카이치군)
3. 발굴기간 : 2004.2~2004.3
4. 발굴기관 : 奈良縣立橿原考古學研究所
5. 유적 종류 : 궁전·관아
6. 점수 : 425

7. 유적과 출타 상황

목간은 석조 溝 SD0315 퇴적토 최하층에서 출토되었다. SD0315는 북쪽으로 흐르는 남북 방향 溝이며 상면 폭 약 1.8m, 깊이 약 0.6~0.8m이다. 축조 시기는 분명하지 않으나 출토된 토기가 아스카IV·V기에 한정되므로 궁이 폐절된 후에 바로 매몰된 것으로 생각된다. 아스카쿄 터 조사에서 확인된 溝에서 가장 규모가 크며 경 안의 물을 모아서 배수하는 基幹排水路의 일부로 생각된다. '水', '水取'라고 묵서된 토기, '岡本'라고 새긴 토기가 출토되었다. 아스카시대 처음으로 완형 자도 출토되었다.

8. 목간
대부분이 삭설이다.

(1)

川原□

(2)

御

□

(3)

評

"評" 위에 글자가 없다.

(4)

□國原□

(5)

丁[　　]

(6)

・野野□

・之之之

(7)

・之之之之□

・□□之之□□

위 2점은 직접 연결되지는 않지만 같은 목간의 파편이다. 두께 1㎜도 안 되지만 앞뒤에 묵
서가 있다. 삭설 양면에 작은 글씨로 습서를 한 것이다.

「小建 」

天智3년(664)부터 天武14년(685)까지 시행된 관위의 하나다.

(8)

・「頓首謹白 」

・「『□□寺寺寺』 」

前白목간의 일부다.

9. 참고문헌

橿考研 『奈良縣遺跡調査槪報 2004年(別刷)』 2005年

十文字健·鶴見泰壽 「奈良·飛鳥京跡」(『木簡研究』27, 2005年)

橿考研 『飛鳥京跡Ⅳ―外郭北部域の調査』(奈良縣立橿原考古學研究所調査報告108) 2011年

106) 飛鳥京跡苑池(2次)(飛鳥京跡143次)

1. 이름 : 아스카쿄엔치(2차) (아스카쿄 터143차)

2. 출토지 : 奈良縣(나라현) 高市郡(다카이치군)

3. 발굴기간 : 2000.11~2001.4

4. 발굴기관 : 奈良縣立橿原考古學研究所

5. 유적 종류 : 정원

6. 점수 : 72

7. 유적 및 출토 상황

아스카쿄 터에 부속하는 정원유적이다. 1998년의 1차 조사에서는 1916년 석조물이 2점 출토된 자리를 다시 발굴했는데, 그 결과 苑池인 것을 알 수 있었다. 이 조사에서 연못 남단을 확인했고 북쪽으로 뻗어나가는 것이 확실하므로 다음 해 이후 연못의 범위와 형태를 확인할 목적으로 조사를 실시하였다.

苑池와 관련되는 유적으로 南池 SG9801, 北池 SG0001, 그 사이에 있는 둑 SX0002, 北池에서 파행하는 수로 SD0013, 그리고 굴립주열, 석조 溝 등 주변 시설이 있다.

南池 SG9801은 주위에 석조 호안을 둘려 바닥에 돌을 깔고 있다. 호안은 북쪽 그리고 서쪽에서 32m 확인되었다. 목간이 2차 조사에서 7점 출토되었는데 모두 둑에 가까운 곳에서 출토되었다. 출토된 층위는 敷石 바로 위층이다.

수로 SD0013은 트렌치 3군데에서 확인되었다. 北池에서 飛鳥川으로 흘러가는 유구로 추정된다. 수로 폭은 10~12m, 호안 높이는 0.9~2.2m이다.

8. 목간

南池 SG9801
  (1)
· □□　多支五十戶　伊久□
    □　□知五十戶
    □□〔伊伐?〕□
· (뒷면에는 '大', '知々' 등 많은 습서)

앞면에 '五十戶'의 이름을 열기한다. '多支五十戶'는 『和名抄』에 大和國 宇陀郡, 伊勢國 多氣郡, 備中國 賀夜郡, 出雲國 神門郡에 있다.

수로 SD0013
  (2)
· 「大夫前恐万段頓首白 □〔僕?〕眞乎今日國」
· 「下行故道間米无寵命坐整賜　　　　　　　」

완형 문서목간이다. '大夫 前에 恐하여 万段頓首하며 아뢴다. 僕眞乎, 今日 國에 下行하는데 道間의 米가 없다. 寵命에 坐하여 整하여 주십시오.'로 읽을 수 있다.

(3)

· 　　　□病齊下甚寒

· 藥師等藥酒食敎豉酒

앞면에는 병의 증상을, 뒷면에는 약사 등의 지도 내용을 기록한다.

(4)

　　　　　[　　　　　　]
·「丙寅年
　　　　廿一日□□□□　　　」

·「十八日子古鮑一列勅人奈□

　十九日寅古鮑三井上□〔女?〕□」

'丙寅年'은 天智5년(666)이다.

(5)

「加ツ麻□十　波々支道花六

　加庖四　　　□草二　知々□

　□□三　　　五百木□〔部?〕四

(6)

·「∨坂田評歌里人錦織

·「∨主寸大分

近江國 坂田郡일 것이지만 『和名抄』에 歌里는 없다.

(7)

「∨□佐評椋椅部∨」

(8)

·「∨高屋郎女」

·「∨蝮女□〔非?〕王」

(9)

「∨委佐俾三升∨」

 '委佐俾'는 고추냉이(ワサビ;와사비)이다.

(10)

「∨五石八斗」

(11)

「∨ 中衣□〔四?〕□」

(12)

日下部眞□〔次?〕人

大伯部□□〔多初?〕

(13)

「山田肆二□〔束?〕

(14)

「有□□

 嶋官　　□

 '嶋官'은 따로 용례가 없다. 苑池를 관리하기 위해 설치된 것으로 생각된다.

(15)

宿祢三留末呂

9. 참고문헌

橿考研『飛鳥京跡苑池遺構調査概報』學生社, 2002年

橿考研『奈良縣遺跡調査槪報 2001年度(第3分冊)』2002年

卜部行弘·鶴見泰壽「奈良·飛鳥京跡苑池遺構」(『木簡研究』25, 2003年)

橿考研『史跡·名勝飛鳥京跡苑池(1)ー飛鳥京跡Ⅴ』(奈良縣立橿原考古學研究所調查報告 111) 2012年

107) 飛鳥京跡苑池(3次)(飛鳥京跡145次)

1. 이름 : 아스카쿄엔치(3차) (아스카쿄 터145차)
2. 출토지 : 奈良縣(나라현) 高市郡(다카이치군)
3. 발굴기간 : 2001.5~2001.8
4. 발굴기관 : 奈良縣立橿原考古學研究所
5. 유적 종류 : 정원
6. 점수 : 10

7. 유적 및 출토 상황

南池 SG9801에서 3차 조사에서 목간 10점이 출토되었다.

8. 목간

　(1)

・「大山下

・「『□□□〔太?〕□□』　　」

　(2)

「佐留陀首□夫　　」

　(3)

「□〔俵?〕□　　」

9. 참고문헌

橿考研『飛鳥京跡苑池遺構調査概報』學生社, 2002年

橿考研『奈良縣遺跡調査概報 2001年度(第3分冊)』2002年

卜部行弘・鶴見泰壽「奈良・飛鳥京跡苑池遺構」(『木簡研究』25, 2003年)

橿考研『史跡·名勝飛鳥京跡苑池(1)─飛鳥京跡Ⅴ』(奈良縣立橿原考古學研究所調査報告
111) 2012年

108) 飛鳥京跡苑池(4次)(飛鳥京跡147次)

1. 이름 : 아스카쿄엔치(4차) (아스카쿄 터147차)

2. 출토지 : 奈良縣(나라현) 高市郡(다카이치군)

3. 발굴기간 : 2001.11~2002.2

4. 발굴기관 : 奈良縣立橿原考古學研究所

5. 유적 종류 : 정원

6. 점수 : 90

7. 유적과 출토 상황

수로 SD0013에서 출토되었다.

8. 목간

　(1)

「造酒司解伴造廿六人　　」

　'造酒司', '解'로 大寶令 시행 후의 목간이다. 후지와라로 천도한 후의 아스키 지역 상황을 추측할 수 있는 중요한 사료이다.

　(2)

・「□□三分亡肖三分□　　」

・「□[松?]羅□□斤□□□　　」

　'亡肖', '松羅'는 약물이다.

(3)

・「猪名部評宮×

・「政人野廿〔甘〕万×

伊勢國 員弁郡 美耶鄉이다.

(4)

・「安怒評片縣里人田邊　　　」

・「汙沙之『又宮守』『物部己□

　　　　　　　　　二人知』」

伊勢國 安濃郡 片縣鄉이다.

(5)

・「戊子年四月三野國加毛評」

・「度里石部加奈見六斗　　　」

戊子年은 持統2년(688)이다. 『和名抄』의 美濃國 賀茂郡 曰理鄉에 해당된다.

(6)

井手五十戶刑部赤井白米

(7)

・「∨丙□〔戊?〕年六

・「∨[　　　　　]

丙戌年이면 朱鳥원년(686)이다.

(8)

・「西州續命湯方　　麻黃□〔六?〕
　　　　　　　　　　　　　　(石·命·方 각서)
　　　　　　　　石膏二両

・「當帰二両　杏人卅枚

　乾薑三両『其　　　□水九□〔升?〕□』」

'西州續命湯'의 성분을 기록한 것이다. 의학서 『千金要方』(650년대 성립) 등에 보이는 중풍

약이다.

(9)

・「戊寅年十二月尾張海評津嶋五十戶」

・「韓人部田根春〔春〕赤米斗加支各田部金」

　戊寅年은 天武8년(678)이다. '尾張 海評'는 尾張國 海部郡인데『和名抄』에는 '津嶋五十戶'에 해당하는 里가 없다. 赤米의 貢進物 부찰이고 '斗加支'는 계량할 때 쓰는 도구인데 여기서는 작업 자체를 뜻하는 것으로 생각된다.

(10)

・「尾治國春部評池田里」

・「三家人部〔　〕米六斗入」

(11)

・「遠水海國長田評五十戶」

・「匹□〔沼?〕五十戶□□〔野具?〕ツ俵五斗」

　遠江國이 '遠水海國'로 표기되고 있다.

(12)

・「播磨國明伊川里五戶海直恵万呂」

・「俵一斛　　行司春米玉丑　　　」

　'播磨國 明'는 評자가 생략되어 있어 播磨國 明石郡이다. '伊川里'는『和名抄』에는 없지만 지명은 남아 있다. 뒷면 '行司'는 담당자를 의미할 것이다.

(13)

・「∨大伯郡土師里土師」

・「∨寅米一石　　　　　」

9. 참고문헌

橿考研『飛鳥京跡苑池遺構調査概報』學生社, 2002年

橿考研『奈良縣遺跡調査槪報 2001年度(第3分冊)』2002年

卜部行弘·鶴見泰壽「奈良·飛鳥京跡苑池遺構」(『木簡研究』25, 2003年)

橿考研『史跡·名勝飛鳥京跡苑池(1)－飛鳥京跡Ⅴ』(奈良縣立橿原考古學硏究所調査報告 111) 2012年

109) 飛鳥京跡苑池(6次)(飛鳥京跡170次)

1. 이름 : 아스카쿄엔치 (6차) (아스카쿄 터170차)

2. 출토지 : 奈良縣(나라현) 高市郡(다카이치군)

3. 발굴기간 : 2011.8~2011.12

4. 발굴기관 : 奈良縣立橿原考古學研究所

5. 유적 종류 : 정원

6. 점수 : 1

7. 유적과 출토 상황

南池 東岸은 1~1.5m의 큰 돌을 3단 이상 올려 쌓은 호안이 있고 높이는 3m 이상이다. 목간은 南池 남단 부근에서 출토되었다.

8. 목간

「□〔鳥?〕養□」

뒷면에 칼자국이 8개 있다.

9. 참고문헌

橿考研『奈良縣遺跡調査槪報 2011年(第2分冊)』2012年

東影悠「奈良·飛鳥京跡苑池」(『木簡研究』34, 2012年)

110) 坂田寺跡(1次)

1. 이름 : 사카타데라 터(1차)
2. 출토지 : 奈良縣(나라현) 高市郡(다카이치군)
3. 발굴기간 : 1972.8~1972.10
4. 발굴기관 : 奈良國立文化財研究所
5. 유적 종류 : 사원
6. 점수 : 7

7. 유적과 출토 상황

창건 연대에 관해서 여러 설이 있는데 鞍作 씨의 氏寺로 7세기 전반에 창건되어 飛鳥寺와 더불어 최고급 고대 사원으로 생각된다. 7세기 가람은 아직 발견되지 않으나 출토된 토기나 기와로 보아 존재한 것은 확실하다. 1972년 이후의 발굴조사를 통해 8세기 가람배치를 알 수 있다. 한 변의 길이가 60m인 회랑이 둘러싸고 동변에 금당이 붙어있다. 회랑 안쪽에도 기단건물이 있고 중문은 북면 회랑에 열려 있다.

북면회랑 북쪽에서 연못 SG100이 확인되었다. 깊이 1m 이상, 퇴적토에서 坂田寺 창건시기 기와, 7세기 중엽 토기 등이 출토되었다. 7세기 전반부터 중엽의 창건시기 유물로 생각된다. 목간이 3점 출토되었다.

토갱 SK080은 7세기 후반의 유구이며 기와, 토기 등과 함께 목간 1점이 출토되었다.

석조 溝 SD051은 8세기 전반 유구이다. 우물 SA110A 북쪽에 붙어있어 우물 배수시설로 기능했다. 기와, 토기와 함께 목간 3점이 출토되었다. 토기에는 '知識', '金' 등으로 묵서된 것이 있었다.

8. 목간

연못 SG100

(1)

「∨十斤」

(2)

「∨十斤」

(3)

「∨十斤」

완형 부찰이다. 물품 정리용으로 생각된다.

토갱 SK080

(4)

・「賀年□

・「[   ]

석조 도랑 SD051

(5)

・□〔漆?〕升

　　　□□

・ [   ]

・　　□□〔三?〕　□

　　　　□

・　□

9. 참고문헌

奈文研 『飛鳥·藤原宮發掘調査槪報』 3, 1973年

奈文研 『飛鳥·藤原宮發掘調査出土木簡槪報』 1, 1973年

奈文研 『奈良國立文化財研究所年報1973』 1974年

木簡學會編 『日本古代木簡選』 岩波書店, 1990年

奈文研 『飛鳥·藤原宮發掘調査出土木簡槪報』 17, 2003年

竹内亮 「奈良·坂田寺跡」 (『木簡研究』 25, 2003年)

奈文研飛鳥資料館 『木簡黎明一飛鳥に集ういにしえの文字たち』 (飛鳥資料館圖錄53) 2010年

111) 坂田寺跡(2次)

1. 이름 : 사카타데라 터(2차)
2. 출토지 : 奈良縣(나라현) 高市郡(다카이치군)
3. 발굴기간 : 1974.1~1974.4
4. 발굴기관 : 奈良國立文化財研究所
5. 유적 종류 : 사원
6. 점수 : 11

7. 유적과 출토 상황

9세기 전반의 우물 SE110B에서 神功開寶 2점, 토기 등과 함께 목간 1점이 출토되었다. '坂田寺', '金', '上南客', '廚' 등으로 묵서된 토기가 있었다.

8. 목간

□　□　元　　　　枚　條　ッ　□〔參?〕具　・三米□〔十?〕
□　　　　□　□　□〔直?〕　　　　　　　　　□
　　　　　　　　　　　　　　　　　　　　　□
　　　　　　　　　　　　　　　　　　　　□

□　□　　□　□　　　　□　・□

9. 참고문헌

奈文研『飛鳥·藤原宮發掘調査槪報』5, 1975年
奈文研『奈良國立文化財研究所年報1974』1975年
奈文研『飛鳥·藤原宮發掘調査出土木簡槪報』17, 2003年
竹內亮「奈良·坂田寺跡」(『木簡研究』25, 2003年)

112) 坂田寺跡(23次)

1. 이름 : 사카타데라 터(23차)
2. 출토지 : 奈良縣(나라현) 高市郡(다카이치군)
3. 발굴기간 : 2002.10~2002.12

4. 발굴기관 : 奈良國立文化財研究所

5. 유적 종류 : 사원

6. 점수 : 1

7. 유적과 출토 상황

조사지는 1·2차 조사지와 인접하는 지점이다. 掘立柱 건물, 담, 석조 溝, 溝 등을 확인하였다. 목간은 가람 조성 중에 판 溝보다 앞서는 퇴적토에서 1점 출토되었다. 조성 직전의 토층인지 조성토인지는 확인할 필요가 있다.

8. 목간

「醬五升 不乃理五升 □　　」

'不乃理'는 해초 청각채(フノリ ; 후노리)이다. 목간에는 '布乃理' '布乃利'로 쓰는 사례가 있고 正倉院(쇼소인) 문서에도 '不乃利' '布乃理' 등으로 쓰고 있다.

9. 참고문헌

相原嘉之·竹內亮 「奈良·坂田寺跡」(『木簡硏究』 25, 2003年)

明日香村敎委 『明日香村遺跡調査槪報 平成14年度』 2004年

113) 縣立明日香養護學校遺跡

1. 이름 : 겐리츠아스카요고각고우 유적

2. 출토지 : 奈良縣(나라현) 高市郡(다카이치군)

3. 발굴기간 : 1972.12

4. 발굴기관 : 奈良縣立橿原考古學硏究所

5. 유적 종류 : 성격 불명

6. 점수 : 2

7. 유적과 출토 상황

공사 중에 토기, 목편과 함께 목간이 출토되었다. 유구는 확인되지 않았으나 폐기는 후지와리궁터에서 출토된 것과 유사하다.

8. 목간

　(1)

・「∨旦波國多貴評草上」

・「∨里漢人部佐知目　」

　貢進物 부찰이지만 연월일이나 세목, 품명은 없다. 『和名抄』에 丹波國 多紀郡 草上鄉이 있다.

　(2)

・「∨白糸×

・「∨大遣×

　상단부만 남아 있다. 白糸 하찰로 생각된다.

9. 참고문헌

白石太一郎·前園美知雄「明日香養護學校校庭出土の木簡」(橿原考古學研究所彙報『靑陵』22, 1973年)

網干善教「飛鳥地方遺跡の木簡」(奈文研『第1回木簡研究集會記錄』1976年)

和田萃「奈良·縣立明日香看護學校遺跡」(『木簡研究』13, 1991年)

114) 大官大寺跡(3次)

1. 이름 : 다이칸다이지 터(3차)
2. 출토지 : 奈良縣(나라현) 高市郡(다카이치군)
3. 발굴기간 : 1976.4~1977.1
4. 발굴기관 : 奈良國立文化財硏究所
5. 유적 종류 : 사원
6. 점수 : 9

7. 유적과 출토 상황

大官大寺는 639년에 조영된 百濟大寺(吉備池廢寺로 비정)에 유래하여 天武 2년(673)에 造營 記事가 보이는 高市大寺를 이은 절이다. 절은 완성되기 전에 불탄 것으로 생각된다. 목간은 동면회랑에서 동쪽으로 약 66m 떨어진 장원형 토갱 SK245에서 9점(削屑 3점) 출토되었다.

8. 목간

3632호

「∨讚用郡駅里鉄十連」

'讚用郡駅里'는 『和名抄』의 播磨國 佐用郡 駅家鄕에 해당한다. 貢進된 철이 절 주변의 공방에서 철제품으로 가공된 것으로 추정된다.

9. 참고문헌

奈文研 『飛鳥·藤原宮發掘調査槪報』 7, 1977年
奈文研 『奈良國立文化財硏究所年報1977』 1977年
奈文研 『飛鳥·藤原宮發掘調査出土木簡槪報』 3, 1977年

木簡學會編『日本古代木簡選』岩波書店, 1990年

奈文研『飛鳥藤原京木簡二一藤原京木簡一』(奈良文化財研究所史料82) 2009年

山本崇「奈良·大官大寺跡」(『木簡研究』31, 2009年)

115) 紀寺跡

1. 이름 : 키데라 터
2. 출토지 : 奈良縣(나라현) 高市郡(다카이치군)
3. 발굴기간 : 1978.1~1978.2
4. 발굴기관 : 奈良縣立橿原考古學研究所
5. 유적 종류 : 사원
6. 점수 : 5

7. 유적과 출토 상황

紀寺라는 절은『續日本紀』天平寶字8년(763) 7월조에 보일 뿐인데 天智9년(670)쯤에 창건되어 紀氏를 檀越로 하였다고 생각된다. 발굴 결과 남대문, 중문 금당, 강당, 회랑 등이 확인되었다. 목간이 출토된 유구는 남면 흙담에서 약 40m 남쪽에서 확인된 토갱들이다. 출토된 스에키, 하지키는 후지와라노미야에서 출토된 것과 같은 형식으로 7세기 말부터 8세기 초로 생각된다.

8. 목간
  (1)
· 「□奉　拎上物俵六」
· 「　[　　]□[五十?]四□□[之?]」
  전체적인 의미를 잘 알 수 없다.

(2)
「∨山田里□×
　　(3)
「∨三野里×

위에 홈이 있는 부찰이다. 貢進物 부찰로 보이지만 '山田里', '三野里'는 전국적으로 많은 지명이어서 어느 지역인지 알 수 없다.

9. 참고문헌

奈良縣敎委『奈良縣遺跡調査槪報 1977年度』1978年

泉森咬·岸俊男「奈良·紀寺跡」(『木簡硏究』1, 1979年)

116) 小山廢寺東南部(舊, 紀寺跡(1987-1次))

1. 이름 : 코야마하이지(구, 키데라 터(1987-1차))

2. 출토지 : 奈良縣(나라현) 高市郡(다카이치군)

3. 발굴기간 : 1987.8~1987.9

4. 발굴기관 : 奈良國立文化財硏究所

5. 유적 종류 : 사원

6. 점수 : 14

7. 유적과 출토 상황

小山廢寺는 후지와라쿄 左京8條2坊에 있어 紀寺터라고 추측되지만 확실하지 않다. 절은 남문, 중문, 금당, 강당이 남북으로 있고 중문에서 시작된 회랑이 강당으로 이어지는 가람배치다. 절 동남부 조사에서 확인된 크고 작은 토갱 16기에서 목간 총14점(削屑 10점)이 출토되었다.

鑄銅, 옻칠 등 공방에서 난 폐기물을 버린 것으로 생각된다.

토갱SK01 장변 1.8m 이상, 단변 약 1.6m, 깊이 약 1.2m이다. 목간은 하층에서 10점(削屑 7점)이 출토되었다.

토갱SK06 장변 2.9m 이상, 단변 약 1.6m, 깊이 약 1.1m이다. 목간은 하층에서 1점 출토되었다.

토갱SK11 장변 약 2.2m, 단변 약 1.1m, 깊이 약 1.4m이다. 하층에서 削屑 3점이 출토되었다.

8. 목간

SK01
(1)
・×□可三万呂
・×□〔日?〕
인명으로 추측된다.

SK06
(2)
「∨□□國□

SK11
(3)
下毛野人□

9. 참고문헌

奈文研『飛鳥·藤原宮發掘調査槪報』18, 1988年

加藤優「奈良·紀寺跡」(『木簡研究』10, 1988年)

奈文研『飛鳥·藤原宮發掘調査出土木簡槪報』22, 2008年

奈文研『飛鳥藤原京木簡二一藤原京木簡一』(奈良文化財研究所史料82) 2009年

117) 飛鳥寺南方遺跡(84年度調査)(舊, 飛鳥寺南方の調査)
118) 飛鳥寺南方遺跡(1次)
119) 飛鳥寺南方遺跡(3次)

1. 이름 : 아스카데라 남쪽 유적(84년도 조사), (1차), (3차)

2. 출토지 : 奈良縣(나라현) 高市郡(다카이치군)

3. 발굴기간

　1) 84년도 조사 – 1984.7

　2) 1차 – 1992.12

　3) 2차 – 1993.2~1993.3

4. 발굴기관 : 奈良國立文化財研究所

5. 유적 종류 : 관아

6. 점수

　1) 84년도 조사 – 1

　2) 1차 – 4

　3) 3차 – 16

7. 유적과 출토 상황

飛鳥寺 남쪽에 있는 7세기 유구군의 가칭이다.

84년도 조사에서는 飛鳥寺 瓦窯 남쪽 약 90m 지점에서 7세기 중엽 이후의 돌을 깐 유구, 후지와라노미야 시기 이후 남북 방향 溝와 토갱, 중세 이후 동서방향 溝가 확인되었다. 목간은 돌을 깐 유구 밑에 있는 자연 유로에서 출토되었다. 7세기 전반~중엽 토기, 기와 편, 나무 편, 銅鑛滓 등이 함께 출토되었다.

1차, 3차 조사에서는 飛鳥寺의 瓦窯 남쪽 약 150m 지점에서 A기(7세기 중엽~후반), B기(7세기 말~8세기 초), C기(9세기 초~10세기 초)의 유구가 확인되었고, 목간은 B기 석조 溝 SD20에서 출토되었다. 이 溝은 북쪽으로 흐르는 基幹排水路로 폭 약 4m, 깊이 최대 0.8m이다. 토기, 기와, 土俑, 숫돌 등이 같이 출토되었고 토기 연대는 7세기 말부터 8세기 초까지였다.

8. 목간

84년도 조사

(1)

「∨□〔杉?〕□□

첫째 글자는 '杉'의 이체자인 '枤'으로 보인다.

1차 조사

(2)

・□〔怠?〕飯前[　　　]白

・　　　　　　　□

□□□[　　]　七日□

古拙한 서체로 판독하기 어렵다.

(3)

・□□□□□□□□□乎□而□□□□□

・　　　□□〔三月?〕□□　　[　　　　]

3차 조사

(4)

□□〔人部?〕

(5)

・　　　　　　『□□□』

　　[　　]生出乎月

　『[　　　　　　]□』

・『[　　　　　　]

　　□□ □ □ □□　　　」』

9. 참고문헌

<84년도 조사>

奈文研『飛鳥·藤原宮發掘調査槪報』15, 1985年

奈文研『飛鳥·藤原宮發掘調査出土木簡槪報』18, 2004年

市大樹「奈良·飛鳥寺南方遺跡」(『木簡硏究』26, 2004年)

<1차 & 3차>

奈文研『飛鳥·藤原宮發掘調査槪報』23, 1993年

奈文研『飛鳥·藤原宮發掘調査出土木簡槪報』11, 1993年

奈文研『奈良國立文化財硏究所年報1993』1994年

奈文研·奈良縣教委『飛鳥寺南方遺跡發掘調査報告』1995年

奈文研『飛鳥·藤原宮發掘調査出土木簡槪報』18, 2004年

市大樹「奈良·飛鳥寺南方遺跡」(『木簡研究』26, 2004年)

120) 橘寺(1986-1次)

1. 이름 : 타치바나데라(1986-1차)

2. 출토지 : 奈良縣(나라현) 高市郡(다카이치군)

3. 발굴기간 : 1986.9~1986.11

4. 발굴기관 : 奈良國立文化財硏究所

5. 유적 종류 : 사원

6. 점수 : 9

7. 유적과 출토 상황

橘寺 북서쪽 약 170m 지점이다. 유구는 Ⅰ기(7세기 후반), Ⅱ기(8세기 중엽), Ⅲ기(중세)로 구분된다. 목간은 Ⅱ기 토갱 SK05에서 출토되었다. 동서 4.5m, 남북 3.5m, 깊이 1.5m이고 공사 폐기물이나 쓰레기를 버린 것으로 추정된다.

8. 목간

　(1)

・「∨□〔香?〕川郡□□鄕□□□□」

・「∨□十一〔　　〕　　　　　　　　」

　(2)

×魚煮一連上」

(3)

「∨煮凝」

9. 참고문헌

奈文研『飛鳥·藤原宮發掘調査槪報』17, 1987年

奈文研『飛鳥·藤原宮發掘調査出土木簡槪報』8, 1987年

加藤優「奈良·橘寺」(『木簡研究』9, 1987年)

奈文研『奈良國立文化財研究所年報1987』1988年

121) 山田道跡(3次)(飛鳥藤原63-14次)

1. 이름 : 야마다미치 터(3차) (아스카후지와라63-14차)

2. 출토지 : 奈良縣(나라현) 高市郡(다카이치군)

3. 발굴기간 : 1990.10~1990.11

4. 발굴기관 : 奈良國立文化財研究所

5. 유적 종류 : 도성

6. 점수 : 4

7. 유적과 출토 상황

　　고대 阿倍山田道가 있었던 것으로 추정되는 길이다. 후지와라쿄 左京12條4坊 서남·동남 편에 해당한다. 야요이시대, 고훈시대, 7~8세기, 중세 유구가 확인되었다. 7세기 대 유구로는 7세기 전반의 맹암거가 있는 대규모 정지터, 7세기 후반 掘立柱 건물이 있다. 7세기 말~8세기 전반의 유구로는 阿倍山田道의 北側溝로 추정되는 東西溝 SD2540, 이에 합류하는 南北 溝 SD2623· 2624·2625가 있다.

東西溝 SD2540은 阿倍山田道 北側溝로 추정되고 폭 약 2.5m, 깊이 0.3~0.6m이며 7세기 말~8세기 전반 토기가 출토되었다. SD2623·2625에서는 7세기 말~8세기 전반 토기가 다량으로 출토되었다. 목간 1점이 출토되었다.

南北溝 SD2623 폭 약 1.7~3.7m, 깊이 약 40㎝이다. 목간 1점이 출토되었다.

南北溝 SD2625 폭 약 2.3m, 깊이 약 50㎝이다. 목간 1점이 출토되었다.

SD2625 서쪽 약 3m에 있는 나라시대 포함층에서 목간 1점이 출토되었지만 판독할 수 없다.

8. 목간

SD2623

  (1)

・□□部　□□□□

　龜甘部　伊皮□〔田?〕

・　　　　□□□

SD2625

  (2)

僧[ ]

9. 참고문헌

奈文研『飛鳥·藤原宮發掘調査概報』21, 1991年

奈文研『飛鳥·藤原宮發掘調査出土木簡概報』10, 1991年

橋本義則「奈良·山田道跡」(『木簡研究』13, 1991年)

奈文研『奈良國立文化財研究所年報1991』1992年

奈文研『飛鳥藤原京木簡二一藤原京木簡一』(奈良文化財研究所史料82) 2009年

122) 山田道跡(8次)(飛鳥藤原104次)

1. 이름 : 야마다미치 터(8차) (아스카후지와라104차)

2. 출토지 : 奈良縣(나라현) 高市郡(다카이치군)

3. 발굴기간 : 1999.12~2000.2

4. 발굴기관 : 奈良國立文化財研究所

5. 유적 종류 : 도성

6. 점수 : 1

7. 유적과 출토 상황

후지와라쿄 左京12條6坊 서남평에 해당한다. 南北溝 4조, 東西溝 1조, 斜行溝 2조, 주혈이 확인되었다. 목간은 南北溝 SD3880에서 1점 출토되었다. 溝는 폭 2m 이상, 깊이 1.2m이고 목제품, 토기 등이 출토되었다. 토기 연대로 보아 溝가 매몰된 연대는 7세기 중엽으로 보인다.

8. 목간

습서 혹은 연습목간으로 판독할 수 없다.

9. 참고문헌

奈文研『奈良國立文化財研究所年報2000~Ⅱ』2000年

奈文研『飛鳥·藤原宮發掘調査出土木簡概報』18, 2004年

市大樹「奈良·山田道跡」(『木簡研究』28, 2006年)

奈文研『飛鳥藤原京木簡二一藤原京木簡一』(奈良文化財研究所史料82) 2009年

123) 飛鳥池遺跡(飛鳥寺1991-1次)

1. 이름 : 아스카이케 유적(아스카데라1991-1차)
2. 출토지 : 奈良縣(나라현) 高市郡(다카이치군)
3. 발굴기간 : 1991.4~1991.8
4. 발굴기관 : 奈良國立文化財硏究所
5. 유적 종류 : 생산유적
6. 점수 : 106

7. 유적과 출토 상황

飛鳥池 유적은 飛鳥寺의 동남, 酒船石 유적 북쪽에 있었던 근세 저수지 飛鳥池에서 유래된 유적명이다. 남쪽에서 뻗은 동서 두 구릉 사이의 역Y자형 골짜기에 있다. 1991년부터 2001년까지 9차에 걸쳐 발굴 조사되었다. 조사지 중앙에 동서 담이 있었고 이를 경계로 남북 두 지구로 나뉜다. 남쪽지구는 공방터, 북쪽지구는 그와 별도의 시설이다. 41개소에서 목간 8,110점(削屑 6983점)이 출토되었다.

남쪽지구에는 남동에서 북서방향으로 폭 약 20m의 골짜기(동쪽 골짜기)와 이 골짜기의 남서에서 접하는 작은 골짜기(서쪽 골짜기)가 있고 각 구릉의 경사면에는 爐가 있는 각종 공방이 있었다. 동쪽 골짜기에 棚田(계단식 논)처럼 만든 웅덩이가 만들어졌다. 이는 공방의 폐기물을 沈澱, 濾過하는 역할을 했다.

1991-1차 조사에서는 목간 106점(削屑 12점)이 출토되었다.
동쪽 골짜기에서는 동서 골짜기가 합류하는 지점의 웅덩이SX1222에서 94점(削屑 10점)이 출토되었다. 폭 18m, 길이 12m이다. 퇴적토는 숯이다.
서쪽 골짜기에서는 5개소에서 목간 12점(削屑 2점)이 출토되었다.
木屑더미·흑회색점토층은 서쪽 골짜기에 있는 공방 동쪽을 막는 담SA753의 남쪽 경사부에 있다. 공방에서 폐기된 숯 층보다 하층이고 7세기 중엽경의 石敷나 우물보다 상층이다. 목간 5점(削屑 2점)이 출토되었다.

掘立柱 건물SB805·808을 지을 때 조성된 整地土 혹은 건설 후의 퇴적토에서 목간 4점이 출토되었다. SB805 남서쪽에 爐가 있어 銅 공방으로 생각된다.

SX761 동서의 폭이 약 8m의 웅덩이고 목간 1점이 출토되었다.

SK770 방형 토갱이고 장변이 4.4m, 단변이 4m이며 깊이가 0.7~1.1m이다. 부찰 목간 1점이 출토되었다.

SK830 원형 토갱이고 掘立柱 건물 SB781 동남 구석에 있다. 목간 1점이 출토되었다.

8. 목간

SX1222

(1)

「二月廿九日詔小刀二口 針二口 ^{斤[ ]} _{半[ ]}」 ( )는 위아래가 거꾸로 되어 있다

천황의 조로 '小刀'와 '針'을 만들게 한 문서 혹은 그 명을 기록한 것이다.

(2)

「大伯皇子宮物 大伴□ … □品倂五十□」

'大伯皇子'는 천무천황의 딸인 大伯皇女를 가리킨다.

(3)

· 「穂積□□〔皇子?〕」

· 「□□〔穂積?〕[ ]」

양면에 '穂積(皇子)'라고 적는다. 물품 관리에 사용된 名札일 가능성이 있다. 穂積皇子는 天武천황의 황자이다.

(4)

「石川宮鉄

　'石川宮'은 분명하지 않으나 蘇我馬子의 石川宅이 있었던 石川의 궁일 가능성이 있다.

(5)

□百廿　小切釘□〔二?〕

(6)

□難釘五十六□

(7)

□堅釘百六十

(8)

大釘一」

　여러 종류의 못이다.

(9)

「十月十二日飛鳥尼麻呂二出」

(10)

「∨十月三日佐支ツ三出」

(11)

・十月五日立家安麻呂四

・『□　五十三　五十』(뒷면은 각서)

(12)

「立家安▆二」▆는 門+牛

84~87호는 '날짜+인명+숫자+出'이라는 공통된 기재내용을 가지고 있다. 부찰이고 인명은 장인으로 추정된다.

(13)

內工釘五十

나무로 만든 못의 본보기다. '內工'은 內廷에 소속된 장인으로 추정된다.

(14)

· 舍人皇子□

·　　百七十

못의 본보기다. '舍人皇子'는 天武 천황의 황자다. '百七十'은 舍人皇子宮이 주문한 못의 수량을 뜻한다.

(15)

·「∨加毛評柞原里人」

·「∨『兒嶋部□俵』」

'加毛評 柞原里'는 『播磨國風土記』 賀毛郡條에 柞原里가 있다.

(16)

·「∨吉備道中國加夜評」

·「∨葦守里俵六□」

'吉備道中國 加夜評 葦守里'는 『和名抄』의 備中國 賀夜郡 足守鄕에 해당한다. 吉備國을 분할한 것은 天武12년(683)경으로 추정되며 里표기와 모순되지 않는다.

(17)

「湯評井刀大部首俵」

'湯評 井刀'는 『和名抄』 伊予國 溫泉郡에는 해당하는 향이 없지만 浮穴郡에 井門鄕이 있다. 湯評이 뒤의 浮穴郡까지 포함했을 가능성이 있다.

(18)

·「湯評大井五十戶」

·「凡人部己夫」

'湯評 大井五十戶'는 『和名抄』에 伊予國 溫泉郡에 해당하는 향이 없다.

(19)

· 湯評笑原五十戶

· 足支首知與尓俵

(20)

· 「∨加佐評春□×

· 「∨(里人)□□□× (위아래가 거꾸로 되어 있다)

'加佐評'는 丹後國 加佐郡 혹은 吉備(備中)의 笠國造에 관련되는 가능성이 있다.

(21)

×五十戶 阿止伯部大尓
鵜人部犬▉   ▉는 門+牛

齋串로 재활용된 하찰 목간이다.

(22)

×里鉄」

철의 貢進 하찰이다.

木屑더미·흑회색점토층

(23)

· 「□□□銀□可□」

· 「□□□□□」

문서 목간으로 추정되고 은제품 생산과 관련될 가능성이 있다.

(24)

· 官白[

· □三□

'官'이 上申하는 주체나 대상인 가능성이 있다.

SB805・808주변토

(25)

湯評伊皮田人葛木部鳥

'湯評 伊皮田'는 『和名抄』伊予國 伊予郡에 있는 石田鄉에 해당한다고 생각된다.

(26)

「∨三尋布十」

천의 부찰 목간이다.

SX761

(27)

「∨□□□五十戶」

SK770

(28)

「∨正月十七日甲可石□〔末?〕×

부찰 목간이다.

SK830

(29)

「∨木×

9. 참고문헌

奈文研『飛鳥·藤原宮發掘調査槪報』22, 1992年

橋本義則「奈良·飛鳥池遺跡」(『木簡研究』14, 1992年)

奈文研『奈良國立文化財研究所年報1992』1993年

奈文研 『飛鳥·藤原宮發掘調査出土木簡概報』 11, 1993年

奈文研 『飛鳥·藤原宮發掘調査出土木簡概報』 15, 2002年

木簡學會編 『日本古代木簡集成』 東京大學出版會, 2003年

奈文研 『飛鳥藤原京木簡――飛鳥池·山田寺木簡』 (奈良文化財研究所史料79) 2007年

奈文研飛鳥資料館 『木簡黎明―飛鳥に集ういにしえの文字たち』 (飛鳥資料館圖錄53) 2010年

124) 飛鳥池遺跡(飛鳥藤原84次)

1. 이름 : 아스카이케 유적(아스카후지와라 84차)

2. 출토지 : 奈良縣(나라현) 高市郡(다카이치군)

3. 발굴기간 : 1997.1~1997.12

4. 발굴기관 : 奈良國立文化財研究所

5. 유적 종류 : 생산유적

6. 점수 : 7,522

7. 유적과 출토 상황

84차 조사에서 출토된 목간은 7,552점(삭설 6623점)이다. 93차 북쪽지구 조사에서는 261점(삭설 218점)이 출토되었다.

飛鳥池 유적 북쪽지구에서는 掘立柱 건물·담, 溝, 토갱, 석조 우물, 석조 방형 못 등이 확인되었고 공방 관련 시설이 형성된 남지구와는 양상이 다르다. 유구는 남쪽지구 공방에서 연속하는 水處理施設과 기타 유구로 나눌 수 있다.

수처리시설

SD1130 제84·93차 조사에서 확인된 南北溝이고 폭 6~7.5m, 깊이 0.6m이다. 골자기 지형을 메우고 南北溝 SD1110, 바로 그 서쪽을 평행하는 남북 담SA1120, 암거SX1114 등을 조성하는 과정에 만든 溝이다. 부식토층을 중심으로 목간 3,316점(삭설 2880점)이 출토되었다. 목간 내용으로 연대는 天武5~7년(676~678) 전후로 볼 수 있다.

SD1108 제93차 조사에서 확인된 斜行溝이고 남쪽지구 웅덩이SX1220에서 제방SX1199 서부를 지나서 북쪽으로 흘러 南北溝 SD1110에 합류한다. 폭이 1.2~2m이고 최대 깊이가 0.5m이다. 목간 225점(削屑 203점)이 출토되었다.

SD1109 제93차 조사에서 확인된 南北溝이고 SD1108 동쪽 약 5m에 있다. SD1108을 메운 뒤에 웅덩이SX1220과 南北溝 SD1110을 연결하기 위해 만든 溝이며 폭이 약 1m이다. SD1110과 같은 溝이지만 남쪽을 SD1109, 북쪽을 SD1110이라 부른다. 목간 5점(削屑 1점)이 출토되었다.

SD1110 제84·93차 조사에서 확인된 南北溝이고 SD1108·1109 북쪽에 접속하고 석조방형못SG1100까지 길이 35m이다. 목간은 바닥에 두껍게 퇴적된 木屑층을 중심으로 1,267점(削屑1073점) 출토되었다.

SD1110 혹은 SD1130 정확한 출토지점은 알 수 없으나 제84차 조사구인 南北溝SD1110 혹은 南北溝 SD1130에서 출토된 것으로 추정되는 목간 43점(削屑 35점)이 있다.

SD1103 제84차 조사에서 확인된 南北溝이고 南北溝 SD1110이 매몰된 후에 형성되었고 석조방형 못SG1100 동남구석부에 흘러간다. 상단 폭 3m 바닥, 폭 0.5m, 깊이 0.9m이다. 목간 1점이 출토되었다.

SG1100 제84차 조사에서 확인된 석조방형 못이다. 남북이 8.6m, 동서가 7.9m이며 애초에 南北溝 SD1110 서남쪽 구석 뒤편에 있는 南北溝 SD1103의 동남쪽 구석으로 연결되었는데 여기서 흘러온 물이 침전 여과된 이후 동북쪽 구석에 있는 석조溝 SD1101을 거쳐서 유적 동방을 흐르는 유로로 배출된 溝였다. 퇴적토는 모두 3층으로 구성되는데 하층에서 6점, 중층에서 5점 (삭설 1점) 총 11점(삭설 1점)의 목간이 출토되었다.

기타 시설

SK1153 제84차 조사에서 확인된 원형 토갱이다. 南北溝 SD110 동쪽 약 10m에 있고 동서 5.2m, 남북 4m, 깊이 1.7m이다. 퇴적토는 3층으로 나뉘고 목간은 주로 상층 木屑층에서 2,174점(削屑 2080점) 출토되었다. 연대는 7세기 말로 추정된다.

SK1126 제84차 조사에서 확인된 부정형 토갱이고 동서 6.5m, 남북 4m, 깊이 1.4m이다. 매립토는 3층으로 나뉘고 중층을 중심으로 목간 689점(削屑 547점)이 출토되었다. 연대는 7세기 말부터 8세기 초이다.

SG1100 주변에 다수 토갱군이 있고 6곳에서 목간 20점이 출토되었다.

SK1128 제84차 조사에서 확인된 토갱으로 SG1100 남서 구석에 있다. 동서 4.8m, 남북 4m, 깊이 1.3m이고 하층 매립토를 중심으로 목간 9점이 출토되었다.

SK1806 제84차 조사에서 확인된 토갱으로 SG1100 동남 구석에 있다. 동서 경 4.1m, 깊이 0.7m이고 南北溝 SD1103과 중복되는데 그보다 앞선다. 목간 1점이 출토되었다.

SK1811 제84차 조사에서 확인된 토갱으로 SD1100 남변에 있는데 南北溝 SD1110 퇴적토에 상당하는 가능성도 있다. 목간 1점이 출토되었다.

SK1818 제84차 조사에서 확인된 토갱으로 SG1100 서북 구석에서 호안 석조와 일부 중복된다. 평면 타원형으로 남북 1.7m, 동서 1.1m, 깊이 1m이다. 목간 1점이 출토되었다.

SK1819 제84차 조사에서 확인된 토갱으로 SK1818 남쪽에 중복되고 그보다 앞선다. 동서 2.7m 이상, 깊이 1m이다. 목간 2점이 출토되었다.

SK1821 제84차 조사에서 확인된 토갱으로 SK1126 동쪽에 접하고 그보다 앞선다. 남북 3m, 동서 6m이상 되는데 일부만 발굴했다. 목간이 총 6점이 출토되었다.

암회색점토층 제93차 조사구북쪽에서 동서 방향 단할조사에서 확인된 정지토이다. 골짜기를 흐른 폭 30m 이상 옛 하천을 메운 흙으로 두께 0.5~0.6m이다. 7세기 중엽의 유물을 포함하는 南北溝 SD1173보다 하층이지만 상층유구의 유물이 혼입되었을 가능성도 있다.

SD1173 제93차 조사구 동서사면부에서 확인된 유로이다. 7세기 후반 整地土보다 하층에 있다. 7세기 중반의 토기, 기와, 목제품 등이 출토되었다. 목간 1점이 출토되었다.

SD1112 제84차 조사에서 확인된 東西溝로 폭 약 6m, 깊이 1.2m이며 목간 1점이 출토되었다.

SD1113 제84차 조사에서 확인된 東西溝로 南北溝 SD1130과 직교하여 그보다 앞선다. 상층에 東西溝1116이 거의 같은 위치에 있다. 폭 0.5~0.6m, 깊이 0.25m이다. 목간 1점이 출토되었다.

SK1148 제84차 조사에서 확인된 원형 토갱이다. 南北溝 SD1110 동쪽 3m에 있고 지름 1.3m, 깊이 0.9m이다. 목간 1점이 출토되었다.

SE1090 제84차 조사에서 확인되었다. 주위에 석부, 배수구가 있는 우물이다. 테두리로 사용된 판자에 문자가 있었다.

SB1155 제84차 조사에서 확인된 헤이안시대 동서 건물이다. 북서 구석 주굴형에서 목간 1점이 출토되었다.

유물포함층 유적 전체를 남북으로 나누는 동서 담SA1150 상층 포함층에서 1점, 석조방형 못SG1100 주변 포함층에서 2점 출토되었다. 기타 제84차 조사에서 출토지점을 알 수 없는 목간이 21점(삭설 20점)이 있다.

8. 목간

SD1130

(1)

・「師啓奉布一枎」

・「今借賜啓奉『[ ]』」

'師한테 啓奉한다. 布一枎를 지금 빌려 주시기를 啓奉한다'로 이해할 수 있다. 7세기 문서목간에 시작과 끝에 같은 동사를 되풀이하는 어법이 있다.

(2)

・「十月上半理充□□〔唯那?〕」

・「爲食」

'十月上半'은 10월의 상반이다. '唯那'는 절의 승직인 (都)維那이고 '理充'은 이름으로 추측된다.

(3)

□〔師?〕□□□□〔韓人?〕□□□□〔病侍賜?〕

문서 목간의 일부로 생각된다.

(4)

・　又五月廿八日飢　　六月七日飢者下俵二

　　者賜大俵一　道　　受者道性女人賜一俵

　　　　　　　　　　　性　　　　　　　　　　　」

・「小升三升大師借用　又三升『□□□』(위아래 거꾸로 썼다. 『』안은 깎아 남은 것?)

'飢者', '女人'한테 식료를 지급하는 내용이고 승려의 救恤 활동이다. 뒷면은 '大師'가 식료를 빌린 기록이다.

(5)

・[　　]五斗二斗|[　　　　　　　]|□文一石斗二□〔師?〕

　　　　　　　|知達四石一斗|　　　　　　　　　　」

・「□□□□弁智　(위아래 거꾸로 썼다)

쌀의 지출을 기록한 장부로 생각된다. '知達'은 658년에 당에 가서 玄奘한테 법상종을 배웠다는 기록이 있다. '□文' '弁智'도 승려로 생각된다.

(6)

・　『輕寺』波若寺　瀆尻寺　日置寺　春日部　矢口

　　石上寺　立部　山本　平君　龍門　吉野

・『□〔耶?〕　耶　耶　耶　[　　　]』(위아래 거꾸로 썼다)

절 이름과 지명을 열기한 것인데 지명도 절을 뜻하는 것으로 추정된다. 大和國의 중소사원이다.

(7)

・『合合』庚午年三[

・　　□ □

'合合'은 깎아 남은 것이다. '庚午年'은 670년인데 다른 목간보다 연대가 올라간다. 전국적으로 작성된 최고의 호적인 庚午年籍과 관련이 있을 가능성이 있다.

(8)

「∨尾張海評堤□□□□〔田五十戶?〕」

하찰 목간이다. '尾張 海評 堤田五十戶'는 『和名抄』의 尾張國 海部郡 津積鄕에 해당할 것이다.

(9)

「∨丁丑年十二月次米三野國 加尓評久々利五十戶人

　　　　　　　　　　　　物部 古麻里　　　　　　∨」

'丁丑年'은 天武6년(677)이다. '次米'는 여러 설이 있지만 粢에 떡의 뜻이 있어 정월 의식에 쓰는 찹쌀일 가능성이 크다.

(10)

「∨次評 上部五十戶巷宜部

　　　　刀由弥軍布廿斤　　　∨」

'次評 上部五十戶'는 平城宮·京 출토 하찰 목간에 보이는 隱伎國 周吉郡 上部鄕에 해당할 것이다.

(11)

・「∨陽沐戶海部佐流 ∨」

・「∨調　∨」

'陽沐戶'는 湯沐戶로 황태자, 황후를 위한 封戶이다.

(12)

・「∨丙子鍬代四枳」

・「∨□代一匹又四枳」

'丙子年'이면 天武5년(676)이다. 양면이 '~代+수량+숫자'란 기재내용이고 '鍬'(괭이) 등에 대신한 물건의 부찰로 생각된다. '枇'는 157호에서 布의 단위로 사용되니 이 목간도 그럴 가능성이 있다.

(13)

· 「∨四楓半秤『直』」(별필은 위아래 거꾸로 썼다)

· 「∨三楓得針□〔和?〕□」

바늘을 얻기 위한 대가에 붙인 부찰일 가능성이 있다.

(14)

「∨輕銀卅半秤」

'輕'은 지명이고 下ツ道와 阿倍山田道가 교차하는 지점이며 시장이 있었다. '卅'과 '半' 사이에 가로획이 있다.

(15)

· 「∨難波銀十」

· 「∨八秤」

'難波'에도 시장이 있었을 가능성을 보여준다.

(16)

· 釋迦伯綿」

· □九斤」

석가여래상에 바치는 白綿을 뜻한다.

(17)

「∨桑根白皮」

'桑根白皮'는 뽕나무 뿌리의 껍질이며 약재로 사용된다.

(18)

「佛麻油一黃」

'麻油'는 삼의 종자로 만든 기름이다. '佛'은 부처님에 바친다는 뜻으로 보인다.

(19)

「∨荏子油三斗」

'荏子油'는 들기름이다.

(20)

・「o經藏盇」

・「o□□□」

'盇'은 鑰을 뜻할 것이고 열쇠 부찰이다.

(21)

「天皇聚□〔露?〕弘寅□

　　　　　　　　□

'天皇'은 天武 천황을 뜻할 가능성이 있지만 군주호가 아니라 도교적인 문구일 가능성도 있다.

(22)

・觀世音經卷

・支爲□〔照?〕支照而爲(좌측면)

・子曰學[　　]是是

각재 3면에 글자를 썼다. '觀世音經'은 『法華經』 7권, 觀世音菩薩普門品을 뜻하는데 7세기 후반부터 8세기에 걸쳐 독립된 경전으로 중시되었다. 뒷면은 『論語』 학이편 모두다.

(23)

・]□□□□□〔薑海鹹河淡?〕

・　推位□〔讓?〕國(좌측면)

・□□□□[　　　　]

『千字文』이고 '海鹹河淡'은 제17구 '推位讓國'은 제23구에 해당하니 아래와 같이 복원할 수 있을 것이다.

・天地玄黃 宇宙洪荒 日月盈昃 辰宿列張 寒來署往 秋收冬藏(제1면)

· 閏余成歲 律呂調陽 雲騰致雨 露結為霜 金生麗水 玉出崑崗(제2면)

· 劍號巨闕 珠称夜光 菓珍李奈 菜重芥薑 海鹹河淡 鱗潜羽翔(제3면)

· 竜師火帝 鳥官人皇 始制文字 乃服衣裳 推位讓國 有虞陶唐(제4면)

　　(24)

·]字文勅員□

·　　　□

『千字文』과 관련되는 목간이다.

　　(25)

· 「白馬鳴向山　欲其上草食

· 「女人向男唉　相遊其下也

五言絶句 같은 한시인데 규칙에 맞지 않다. '백마가 울고 산에 향하여 그 위에서 풀을 먹고 싶어 한다. 여인이 남자한테 웃어 그 밑에서 서로 논다'는 내용이다.

　　(26)

· 「　　□ □ □ □〔坐?〕 □〔中?〕 □〔者?〕

· 「三□廿□〔四?〕□九□〔九?〕八十一六□□

뒷면은 숫자를 습서한 것 같은데 구구가 되지 않는다.

　　(27)

· 「身身身羅身聞問聞身身

· 「　　身身身身天天是(좌측면)

습서 목간이다.

　　(28)

馬代稻八束□□□〔塩廿籠?〕

말의 대가로 벼와 소금의 수량을 적은 것이다.

　　(29)

□代銀一秤

SD1108

(30)

・官 大夫

・[ ]□□

문서 목간의 모두 부분으로 추정된다.

(31)

卯時　□〔召?〕

시간을 명기한 소환 목간으로 추정된다.

(32)

「鮑耳酢一斗□」

전복 가공품의 부찰 목간이다.

(33)

・「阿 阿阿

・「阿阿

습서 목간이다.

SD1110

(34)

・「□〔智?〕照師前謹白昔日所」

・「白法華經本借而□□〔苑賜?〕」

'苑'은 宛의 뜻일 것이다. 문서 목간이다.

(35)

・「□〔三?〕岡等前頓□〔首?〕

・「[　]□〔物?〕故上□

上申문서다. '三岡'은 절의 관리 운영을 담당한 역직인 三綱을 뜻할 것이다.

(36)

・大德□〔前?〕[

・□用可□

'大德'에 대한 上申문서다. 대덕은 유덕한 승에 대한 경칭이다.

(37)

・「甘草一両　豉一升

・「桂心二両 半　　　　　□

약재와 그 수량을 열기한 목간이다.

(38)

□呂戶年六十一老夫丁 初□□

호명, 연령, 연령구분을 기록한다. 호적 내용을 반영한 것일 가능성이 있다.

(39)

・　　　　一者十信　　　　　一[

　卌心者 二者十解 次四種善根者 二者□

　　　　三者十句　　　　　三者□

　　　　四者十□〔廻?〕向

・比丘者死者怖魔[　　　　　　　]

　□□□〔向東死?〕者□初阿羅漢□〔得?〕又百□〔体?〕羅 [　]

　□〔者?〕佛入□□〔卌?〕怖□□[　　　]

'卌心'은 보살이 수행해야 할 52계위의 40계위까지를 말한다. 1~10위를 十信, 11~20위를 十解, 21~30위를 十句, 31~40위를 十廻向라고 불렀고 '四種善根'도 보살수행의 계위로 깨달음 직전이다. 뒷면은 경전의 일부일 가능성이 있지만 미상이다.

(40)

・□多心經百合三百『[　]』

・『十一□』『[　　　]』

'多心經'은 『般若婆羅蜜多心經』이다. 당나라 玄奘이 649년에 번역한 것이며 이미 이 시기에
일본에 전래된 것을 알 수 있다.

(41)

· 「∨丁丑年十二月三野國刀支評次米」

· 「∨恵奈五十戸造 阿利麻

　　　春人服部枚布五斗俵　　　　　」

193호와 같이 '丁丑年'(677) 12월에 三野國에서 '次米'(찹쌀)을 공진한 하찰 목간이다. '三野
國 刀支評 恵奈五十戸'는 『和名抄』의 美濃國 恵奈郡 繪上·繪下郷에 해당한다. '恵奈五十戸造 阿
利麻'가 공진 책임자인데 쌀을 찧은 '服部枚布'까지 기록한 것이 특징이다.

(42)

□部五十戸俵七斗」

하찰 목간이다.

(43)

「∨此者牛価在」

'이것이 소값이다'는 뜻이다. 구입할 소의 값, 소를 팔아서 얻은 값, 소가 물건을 운반할 때의
비용 등일 가능성이 있다.

(44)

· □止求止佐田目手和□〔加?〕

　　　□□□

· □[　　　　　]□□[　　]

　羅久於母閉皮

1자1음으로 표기하였다. "止求止佐田目手'=도쿠도사다메테(トクトサダメテ), '羅久於母
閉皮'=라쿠오모헤바(ラクオモヘバ)로 읽을 수 있다.

(45)

· 「道道天天无无」

• 「天　　師　師師□

　　天若師　常　常師師」

　(46)

• 「見見母母母母母」

• 「尒見百惠惠見」

　(47)

• 「天 飛鳥 飛 鳥鳥

• 「□□

습서 목간이다.

　(48)

亦樂乎

『論語』 학이편 앞머리 '子曰 學而時習之 不亦說乎 有朋自遠方來 不亦樂乎'를 쓴 것이다.

SD1110 혹은 SD1130

　(49)

「ㆍ伊西部□閞調」

　(50)

□〔羅?〕羅蜜□〔蜜?〕

『般若波羅密多心經』과 관련이 있을 것이다.

SD1103

　(51)

□未飛飛」

SG1100

(52)

□尒者瘡

(53)

・□下下 惠惠下不九道道道等　角末呂本

角末呂

及及及及及及　亦亦亦□□末呂

・　　□□　　　　　　□

我我□我我□□□我□

습서 목간인데, 상자로 전용되었다.

SK1153

(54)

・「恐々敬申 院堂童子大人身病得侍」

・「故万病膏神明膏右□一受給申　願惠

知事 」

'院'은 飛鳥寺 禪院으로 추측된다. 院의 '堂童子大人'가 병을 얻었으니 '万病膏' '神明膏'을 청구한다는 내용의 문서 목간이다.

(55)

「大德御前頓首□

'大德'에 대한 上申문서다.

(56)

・]月卅日智調師入坐糸卅六斤半

・『又十一月廿三日糸十斤出 受申□〔和?〕□』

앞면의 '入'과 뒷면의 '出'이 보이며 실의 출납을 기록한 목간이다. '智調'는 『日本霊異記』상권 22연에 보이는 知調와 같은 사람일 것이다.

(57)

・「世牟止言而□

　橘本止飛鳥寺

・「『□□□□』

　국어학적으로 중요한 목간이고 앞면의 '세무토이히테(セムトイヒテ)'는 1자 1음 표기와 훈독이 혼재한다.

(58)

・□千字文勅員□〔外?〕

・　　[　]□　　□□

『千字文』을 쓴 목간이다.

(59)

「礼論□語礼□礼

『論語』와 관련된 습서 목간이다.

(60)

　觀勒□

大夫

　大念念[　]□ (大念念는 위아래를 고꾸로 썼다)

　'觀勒'은 推古10년(602)에 백제에서 온 고승이며, 曆, 천문지리서, 둔갑방술서 등을 전했다. 목간은 7세기 말이므로 생전에 기록이 아니라 후대에 기록일 것이다.

(61)

六月米一斗

七月一斗五升

　달마다 출납한 쌀의 양을 기록한다.

(62)

□日女瓦百枚四日男瓦六

(63)

□□□〔百?〕八男瓦百五十枚

(64)

女瓦□〔六?〕

□女瓦七十七□〔枚?〕

'女瓦'는 암키와(평기와) '男瓦'는 수키와(둥근기와)다.

SK1126

(65)

・□□〔大德?〕前白須□用所有□〔故?〕紙二三□〔紙?〕

・□□〔乃君?〕□□□〔等?〕□□〔法?〕□□〔白?〕□□〔具?〕自出「□」思事

'大德'한테 소유하는 파지를 쓰는 것을 원한 문서로 생각된다.

(66)

・「黑月二升稻末呂二升　□

・「眞二升針間二升□

'黑月'들한테 쌀 2승씩을 지급한 기록이다.

(67)

「∨八月廿日奉上□

부찰 목간이다. '奉上'은 進上과 같은 뜻이고 진상하는 물품에 매단 것으로 생각된다.

(68)

「∨□〔芹?〕□五十戸粟田部三山」

하찰 목간이다.

(69)

・「∨幡磨國宍禾郡三方里」

・「∨神人時万呂五斗」

'播磨國 宍禾郡 三方里'는『和名抄』의 播磨國 宍粟郡 三方鄕에 해당한다.

(70)

・「∨幡磨國宍禾郡」

・「∨三方里神人勝牛白米五斗」

(71)

・「∨宍粟郡三方里

・「∨神人□〔部?〕□□五斗

1309호와 인명이 같을 가능성이 있어 하나의 貢進物에 복수 하찰을 붙인 사례일 수 있다. 형태도 다르고 이 목간은 국명을 생략한다.

(72)

・「∨幡磨國宍粟」

・「∨郡山守里穴毛知俵」

'山守里'는『和名抄』의 播磨國 宍粟郡 安志鄕에 해당한다.

(73)

・「∨幡磨國宍粟郡山守里」

・「∨日奉部奴比白米一俵」

(74)

・「熊 汙 罷彼 下 匝 ナ 恋 □〔累?〕写 上 横 詠 營詠

　　　吾　　　　布　尔　　　　　　　　　」

・「蜚 皮 尸之忭懼

　　　伊　　　　」

한자음을 표기한 音義 목간이다.

SK1128

(75)

・南　請葛城明日沙弥一人

・『天天天天天天天天□〔地?〕天天』

앞면은 '南'이 '葛城'한테 내일 '沙弥' 한명을 파견하는 것을 요청한 문서이다. '南'은 어떤 시설이나 조직을 뜻할 것이다. 뒷면은 습서다.

SK1806

(76)

・「□ □〔己?〕々己々　　首 勝券〔劣?〕劣劣

　　　　　　　謹啓　古□　　　　　　　」

・「□□□〔須?〕[ ]　古□　古□　□」

습서 목간이다.

SK1811

(77)

□知 知 □□〔人廿?〕

습서 목간이다.

SK1818

(78)

・人人

・(기호×)

SK1819

　(79)

・□不能食欲白」

・惠伊支比乃　　」

SK1821

　(80)

・□寺主□〔前?〕

・□□欲賜□

　'寺主'에게 보낸 上申문서이다. 사주는 三綱의 하나다.

　(81)

「眞尓支米廿五斤∨」

　'尓支米'(니기메)는 미역이다.

암회색점토층

　(82)

・「各也也□〔也?〕也謂『□』

　　　　　　　　　　　　　謂

・「合

습서 목간이다.

SD1112

　(83)

]□〔月?〕魚切里人 大伴部眞□

　　　　　　尓支米廿斤

'魚切里'는『和名抄』의 志摩國 英虞郡 名錐鄕에 해당한다. '尓支米'(니기메)는 미역이다.

SD1113

(84)

・「∨□□□□

・「∨□古俵五

SK 1148

(85)

□　□□　二

SE1090

(86)

　　□〔堂?〕　□〔飛?〕□

依　　　在

道　　　飯

依　　　在子　　□　　　□

　　　　在飯　　　　□

□　　　　　　　□　　□

상부에 남녀 성기나 꽃을 그렸다.

SB1155

(87)

二□□□□〔八十八?〕　　　□

　　　[　]

```
　　□　　□〔文?〕□□
```

유물포함층

　(88)

月

　(89)

一百

9. 참고문헌

奈文研『奈良國立文化財硏究所年報1998~Ⅱ』1998年

奈文研『飛鳥·藤原宮發掘調査出土木簡槪報』13, 1998年

奈文研『飛鳥·藤原宮發掘調査出土木簡槪報』14, 1999年

寺崎保廣「奈良·飛鳥池遺跡」(『木簡研究』21, 1999年)

奈文研『飛鳥·藤原宮發掘調査出土木簡槪報』15, 2002年

木簡學會編『日本古代木簡集成』東京大學出版會, 2003年

奈文研『飛鳥藤原京木簡一一飛鳥池·山田寺木簡』(奈良文化財研究所史料79) 2007年

奈文研飛鳥資料館『木簡黎明一飛鳥に集ういにしえの文字たち』(飛鳥資料館圖錄53) 2010年

125) 飛鳥池遺跡(飛鳥藤原93次)

1. 이름 : 아스카이케 유적(아스카후지와라 93차)

2. 출토지 : 奈良縣(나라현) 高市郡(다카이치군)

3. 발굴기간 : 1998.7~1999.2

4. 발굴기관 : 奈良國立文化財研究所

5. 유적 종류 : 생산유적

6. 점수 : 457

7. 유적과 출토 상황

목간은 남쪽지구에서 196점(삭설 120)점, 북쪽지구에서 261점(삭설 218점)이 출토되었다 (북쪽지구에서 출토된 목간에 대해서는 1126에서 84차 발굴과 같이 다루었다). 여기서는 남쪽 지구에서 출토된 목간에 대해 적는다.

웅덩이 SX1220에서 187점(削屑 120점), SX1222에서 8점, 爐터군 造成整地土에서 1점이 출 토되었다.

웅덩이 SX1220는 동쪽골짜기에서 확인된 웅덩이 7기 가운데 제일 큰데 폭 18m, 길이 22m 이다. 퇴적토는 5층으로 아래부터 회색점토층, 숯층4, 숯층3, 숯층2, 숯층1이며 목간은 회색점 토층에서 2점, 숯층3에서 5점, 숯층2에서 23점, 숯층1에서 119점(削屑 89점), 층위불명이 38 점(削屑 31점) 출토되었다.

웅덩이SX1222는 1991-1차 조사에서도 94점(削屑 10점)이 출토되었고 93차에서 8점이 출 토되었다.

8. 목간

SX1220

　(1)

・「官大夫前白　田□〔人?〕連奴加　加須波□〔人?〕鳥麻呂
　　　　　　　□〔文?〕田取　　　小山戸弥乃

・「以波田戸麻呂　安目　汗乃古

　　野西戸首麻呂　大人　阿佐ツ麻人□留黒井

문서 목간이다. 구체적인 용건에 대해서는 내용이 없고 앞면에 3명 뒷면에 7명의 이름을 열기할 뿐이다.

(2)

「∨ 丁亥年若狭小丹評 木津部五十戸
秦人小金二斗 ∨」

'丁亥年'은 持統원년(687)이다. '若狭小丹評木津部五十戸'는 『和名抄』의 若狭國 大飯郡 木津鄕에 해당한다.

(3)

・「∨賀賜評塞課部里∨」

・「∨人蝮王部斯非俵∨」

하찰 목간이다. '賜'는 陽일 것이고 '塞課部'는 宗我部(蘇我部)로 추정되어 '賀賜評 塞課部里'는 天平 11년(739) 備中國大税負死亡人帳에 보이는 '賀夜郡 阿蘇鄕 宗部里'에 해당할 것이다.

(4)

・「∨加夜評阿□□〔蘇里?〕人∨」

・「∨□□□〔羅曳連?〕□□〔手?〕 □□
□□□ □□□〔足?〕 ∨」

'加夜評 阿蘇里'는 『和名抄』의 備中國 賀夜郡 阿曽鄕에 해당한다.

(5)

・「加□〔夜?〕評□□□〔矢田部?〕里」

・「犬甘部皮佐閇俵六」

'加夜評 矢田了里'는 『和名抄』의 備中國 賀夜郡 八部鄕에 해당한다.

(6)

・□大大有大大大大大大大
道 道 道
道 道 道 道 道 道

・實實實實實實實

實實實實

　道大大大有大有有道

　(7)

□椋椋屋屋□

　습서 목간이다.

SX1222

　(8)

・「∨甲申□〔年?〕×

・「∨[　　]

　'甲申年'은 天武 13년(684)이다.

　(9)

・「∨[　　]□

・「∨岡万里俵

　'岡万里'는 인명이다.

9. 참고문헌

奈文研『奈良國立文化財研究所年報1999~Ⅱ』1999年

奈文研『飛鳥·藤原宮發掘調査出土木簡槪報』14, 1999年

寺崎保廣「奈良·飛鳥池遺跡」(『木簡硏究』21, 1999年)

奈文研『飛鳥·藤原宮發掘調査出土木簡槪報』15, 2002年

木簡學會編『日本古代木簡集成』東京大學出版會, 2003年

奈文研『飛鳥藤原京木簡一一飛鳥池·山田寺木簡』(奈良文化財研究所史料79) 2007年

奈文研飛鳥資料館『木簡黎明一飛鳥に集ういにしえの文字たち』(飛鳥資料館圖錄53) 2010年

126) 飛鳥池遺跡(飛鳥藤原98次)

1. 이름 : 아스카이케 유적(아스카후지와라 98차)
2. 출토지 : 奈良縣(나라현) 高市郡(다카이치군)
3. 발굴기간 : 1999.3~1999.9
4. 발굴기관 : 奈良國立文化財硏究所
5. 유적 종류 : 생산유적
6. 점수 : 22

7. 유적과 출토 상황

동쪽 골짜기 웅덩이시설에서 목간 22점(削屑 9점)이 출토되었다.

SX1224 폭 17m, 길이 8m이고 퇴적토는 하층에서 숯층, 다갈색점토층, 회갈색토와 점토혼탄층이다. 목간은 숯층3에서 3점, 斷割숯층에서 3점(削屑 1점), 총 6점(削屑 1점)이 출토되었다.

SX1226 폭 17m, 길이 8m이다. 퇴적토는 SX1224와 기본적으로 같고 다갈색점토층에서 목간 1점, 木屑混灰色粘土層에서 삭설 2점 총 3점이 출토되었다. 다갈색점토층에서 헤이안시대 토기도 일부 출토되었지만 목간은 7세기로 볼 수 있다.

SX1228 폭 13m, 길이 7m이다. 목간은 육교 밑에서 1점, 다갈색사질토에서 1점, 木屑層에서 2점 총 4점이 출토되었다.

SX1231 북서부만 확인되었다. 다갈색사질토에서 목간 1점이 출토되었다.

斜行溝 SD1234 상부 폭 1~2m, 깊이 0.3~0.5m이고 골짜기 東岸을 북서방향으로 흐른다. SX1232를 횡단하는 지점에서 목간 1점이 출토되었다.

토갱SK1241 남북 2.3m, 동서 1.5m, 깊이 0.15m이다. 바로 남쪽에 있는 토갱 SK1240와 원래 하나였을 가능성이 크다. 富本錢 주조 관련 유물을 다량으로 포함한다. 목간 7점(削屑 6점)이 출토되었지만 다 작은 파편이며 판독되지 않는다.

8. 목간

SX1224

132호(하찰190)

(1)

「∨ 次評 新野五十戸∨」

土師部皮

'次評 新野五十戸'는 『和名抄』의 隱岐國 周吉郡 新野鄕에 해당한다.

(2)

「∨ 依地評 都麻五十戸　∨」

軍布

'依地評 都麻五十戸'는 『和名抄』 隱岐國 隱地郡 都麻鄕에 해당한다.

SX1226

(3)

□□〔三三?〕

SX1228

(4)

□□〔木津?〕[　　]□部[　　]仍利六□〔斤?〕

'木津' 다음은 五十戸일 가능성이 있다. 『和名抄』의 若狹國 大飯郡 木津鄕에 해당할 것이다.
'仍利'는 노리 즉 김이다.

(5)

· 「∨高志□新川評」

· 「∨石□□〔背?〕五十戸大□〔家?〕□目」

'高志'는 越를 뜻하고 '髙志□ 新川評 石背五十戶'는 『和名抄』 越中國 新川郡 石勢鄕에 해당한다. 越國이 越前·越中·越後 셋으로 나뉜 시기는 天智7년(668)부터 持統6년(692) 사이로 생각되고 있어 '評-五十戶' 표기는 이 문제를 생각하는데 주목된다.

(6)
· 「∨桑原五十戶」
· 「∨□□□〔尓竈?〕」

'桑原五十戶'는 비정할 수 있는 후보가 여럿이어서 확정할 수 없다.

SX1231

(7)
· 不□
· 席 (위아래를 거꾸로 썼다)

SD1234

(8)
· 賜 大 賜 大 除

　　　　大飛飛

　　　　　　□

· 之之之見之見大之

　습서 목간이다. 일부 글자는 위아래를 거꾸로 썼다.

SK1241

(9)
□□□□

　□　□

9. 참고문헌

奈文研『奈良國立文化財研究所年報2000~Ⅱ』2000年

奈文研『飛鳥·藤原宮發掘調查出土木簡槪報』15, 2002年

市大樹「奈良·飛鳥池遺跡」(『木簡研究』24, 2002年)

奈文研『飛鳥·藤原宮發掘調查出土木簡槪報』20, 2006年

奈文研『飛鳥藤原京木簡――飛鳥池·山田寺木簡』(奈良文化財研究所史料79) 2007年

127) 飛鳥池遺跡(飛鳥藤原112次)

1. 이름 : 아스카이케 유적(아스카후지와라 112차)

2. 출토지 : 奈良縣(나라현) 高市郡(다카이치군)

3. 발굴기간 : 2000.12~2001.3

4. 발굴기관 : 奈良國立文化財研究所

5. 유적 종류 : 생산유적

6. 점수 : 1

7. 유적과 출토 상황

飛鳥池 유적의 최남단에서 확인된 부식토층이다. 이 부식토층으로 보아 골짜기는 소택 혹은 습지화 되어 있었던 것으로 추정된다. 목간 1점과 헤이안시대 흑색토기가 출토되었다.

8. 목간

· 頭黑黑丸所召者佰

　　　□□□〔勘?〕問其由□」

· 『□□奈太□□〔於?〕奈太□〔千?〕□』

어딘가에 불러 '勘問'한다는 내용의 습서 목간이다. 인명에 '丸'을 사용하는 것은 9세기 이후에 사례가 있는데 이 목간도 9세기 이후일 가능성이 크다. 뒷면은 1자 1음으로 쓴 것으로 보인다.

9. 참고문헌

奈文研『奈良文化財研究所紀要2001』2001年

奈文研『飛鳥·藤原宮發掘調査出土木簡槪報』15, 2002年

市大樹「奈良·飛鳥池遺跡」(『木簡研究』24, 2002年)

奈文研『飛鳥藤原京木簡――飛鳥池·山田寺木簡』(奈良文化財研究所史料79) 2007年

128) 飛鳥池東方遺跡(飛鳥藤原92次)

1. 이름 : 아스카이케토호 유적(아스카후지와라 92차)

2. 출토지 : 奈良縣(나라현) 高市郡(다카이치군)

3. 발굴기간 : 1998.4~1998.6

4. 발굴기관 : 奈良國立文化財研究所

5. 유적 종류 : 구

6. 점수 : 3

7. 유적과 출토 상황

飛鳥池 유적 바로 동쪽에 있다. 掘立柱 건물, 掘立柱 담, 유로 등을 확인했다. SD1700은 폭 6~8m 이상으로 생각되고 북서 방향으로 흐른다. 유로에서 목간 3점이 출토되었다. 이 유로는 『日本書紀』齋明紀에 보이는 狂心渠에 해당할 가능성이 있다.

8. 목간

1439호

「∨煮物」

　부찰 목간이다.

9. 참고문헌

奈文研『奈良國立文化財研究所年報1999~Ⅱ』1999年

奈文研『飛鳥·藤原宮發掘調査出土木簡槪報』14, 1999年

寺崎保廣「奈良·飛鳥池東方遺跡」(『木簡研究』21, 1999年)

奈文研『飛鳥藤原京木簡一─飛鳥池·山田寺木簡』(奈良文化財研究所史料79) 2007年

129) 立部地內遺跡群(定林寺北方遺跡)

1. 이름 : 타치베치나이 유적군
2. 출토지 : 奈良縣(나라현) 高市郡(다카이치군)
3. 발굴기간 : 1993.7
4. 발굴기관 : 明日香村敎育委員會
5. 유적 종류 : 자연유로
6. 점수 : 2

7. 유적과 출토 상황

　定林寺는 7세기 전반에 조영이 시작된 아스카시대 사원의 하나다. 유적은 절이 있는 구릉 기슭에 있는 논에 있다. 유로가 몇 개 확인되었고 목간이 출토된 유로는 폭 3m, 깊이 1m이며, 동쪽에서 서쪽으로 흐른다. 기와, 토기 등이 출토되었다.

8. 목간

・智 道[ ]道道□

・   □□

'智'나 '道'자를 연습한 습서목간이다.

9. 참고문헌

明日香村教委『明日香村遺跡調査概報 平成5年度』1994年

納谷守幸・橋本義則「奈良・定林寺北方遺跡」(『木簡研究』16, 1994年)

130) 酒船石遺跡(9次)
131) 酒船石遺跡(10次)

1. 이름 : 사케후네이시 유적(9차), (10차)

2. 출토지 : 奈良縣(나라현) 高市郡(다카이치군)

3. 발굴기간

    1) 9차 – 1997.3~1997.4

    2) 10차 – 1997.5~1997.9

4. 발굴기관 : 明日香村教育委員會

5. 유적 종류 : 궁전 관련

6. 점수

    1) 9차 – 13

    2) 10차 – 15

7. 유적과 출토 상황

酒船石 유적은 아스카 동쪽 언덕에 있다. 이 언덕 위에는 수수께끼의 석조물로 불리는 酒船石이 있다. 북쪽 경사면에서 1992년에 대규모 토지 조성 흔적과 돌담 유적이 발견되어『日本書紀』에 기록된 齋明천황의 "궁 동쪽의 돌담"에 해당되는 것으로 보인다.

확인된 유구는 크게 A·B 두 시기로 구분된다. A기는 대형 掘立柱 건물이나 돌을 깐 유구, 석조溝 등에서 출토된 유물로 보아 7세기 후반 天武천황 시기에 기능한 유구였을 것으로 생각된다. B기에는 이들 유구를 메우고 만든 석조溝 SD10나 돌을 쌓은 유적, 溝 등이 있다. 목간은 남북 방향 석조溝 SD10에서 출토되었다. 폭 2m, 깊이 1m이다. 매립토는 크게 2층으로 나눌 수 있고 유물은 하층에서 많이 출토되었고 목간과 토기, 나무 조각이 있었다.

8. 목간

제9차 조사

(1)

□□〔私?〕部安麻呂

(2)

田直佐

인명을 쓴 削屑이다.

(3)

□□〔頭遠?〕□家家□

습서목간으로 추측된다.

제10차 조사

(4)

・「尾張國中嶋□〔郡?〕□□□□□〔白米?〕」

・「五斗　靈龜弐年」

완형 하찰목간이다. 靈龜2년은 716년이며 나라시대로 내려간다.

　(5)

牛皮四枚直布

소가죽의 대가로 베의 양을 기록한 것으로 보인다.

9. 참고문헌

〈9차〉

明日香村敎委『明日香村遺跡調査槪報 平成8年度』1998年

相原嘉之·寺崎保廣「奈良·酒船石遺跡」(『木簡研究』20, 1998年)

明日香村敎委『酒船石遺跡發掘調査報告書－付, 飛鳥東垣內遺跡·飛鳥宮ノ下遺跡(本文編)(圖版編)』(明日香村文化財調査報告書4) 2006年

〈10차〉

相原嘉之·寺崎保廣「奈良·酒船石遺跡」(『木簡研究』20, 1998年)

明日香村敎委『明日香村遺跡調査槪報 平成9年度』1999年

明日香村敎委『酒船石遺跡發掘調査報告書－付, 飛鳥東垣內遺跡·飛鳥宮ノ下遺跡(本文編)(圖版編)』(明日香村文化財調査報告書4) 2006年

132) 酒船石遺跡(14次)

1. 이름 : 사케후네이시 유적(14차)
2. 출토지 : 奈良縣(나라현) 高市郡(다카이치군)

3. 발굴기간 : 2000.6~2000.11

4. 발굴기관 : 明日香村教育委員會

5. 유적 종류 : 궁전 관련

6. 점수 : 4

7. 유적과 출토 상황

2000년 제12, 13차 조사로 언덕 북쪽 기슭 골짜기 밑에서 거북형 석조물을 비롯한 導水施設이나 돌을 깐 유구, 돌담 등이 확인되었다. 제14차 조사는 제12차 조사 북쪽 양상을 해명하기 위한 것이며 조사 결과, 거북형 석조물에서 뻗은 석조 溝가 북쪽으로 이어진 그 양쪽에 석단이 있는 것을 확인했다. 이 지역은 7세기 중엽~10세기 초까지를 5시기로 나눌 수 있다. Ⅰ기는 7세기 중엽, Ⅱ기는 7세기 후반, Ⅲ기는 7세기 후반~말, Ⅳ기는 9세기 후반, Ⅴ기는 10세기 초이다.

목간은 Ⅲ기 석조 溝 SD11B에서 나무 부스러기와 같이 출토되었다. 같이 출토된 유물이 매우 적어서 시기를 결정하기 어려우나 7세기 중엽~후반 사이로 추정된다.

8. 목간

(1)

□□□〔殿間?〕椅 神□

　여러 인명을 쓴 목간으로 추측된다.

(2)

「∨□□　□□〔薦?〕二尺四寸」

　하찰 혹은 보관용 부찰로 생각된다.

9. 참고문헌

相原嘉之·山下信一郎「奈良·酒船石遺跡」(『木簡研究』23, 2001年)

明日香村教委『明日香村遺跡調査概報 平成12年度』2002年

明日香村教委『酒船石遺跡發掘調査報告書一付, 飛鳥東垣內遺跡·飛鳥宮ノ下遺跡(本文編)(圖版編)』(明日香村文化財調査報告書4) 2006年

133) 酒船石遺跡(19次)
134) 酒船石遺跡(23次)

1. 이름 : 사케후네이시 유적(19차), (23차)

2. 출토지 : 奈良縣(나라현) 高市郡(다카이치군)

3. 발굴기간

    1) 19차 – 2002.4~2002.7

    2) 23차 – 2003.2~2003.3

4. 발굴기관 : 明日香村教育委員會

5. 유적 종류

    1) 19차 – 궁전 관련

    2) 23차 – 자연유로

6. 점수

    1) 19차 – 416

    2) 23차 – 1

7. 유적과 출토 상황

제19차 조사에서 석조 溝가 4개 확인되었다. 溝 1~3은 아스카궁 동쪽 기간 배수로이고 7세기부터 8세기까지 1, 2, 3의 순서로 변천되었다.

溝1(7세기 중엽~후반)은 폭 1.8~2.5m, 깊이 0.3~1m의 석조 溝이다. 溝2는 溝1을 개수한 석조 溝이며 폭 1.3m, 깊이 0.6m이다. 溝3은 溝2 서쪽에 새로 만든 석조 溝이다. 이 溝는 조사구 북단에서 溝2와 합류해서 북쪽으로 흐른다. 그리고 溝1 동쪽에는 석조 小溝가 있다.

목간은 溝1에서 54점(削屑 36점), 溝2에서 359점(削屑 331점), 석조 小溝에서 2점이 출토되었다.

제23차 조사로 酒船石 동쪽 골짜기에서 자연 유로를 확인했다. 목간은 언덕 동쪽 기슭에 있는 2구역 지표 아래의 약 3m에서 많은 나무 부스러기(木片)와 함께 출토되었다.

8. 목간

제19차 조사

溝1

(1)

□坐大夫□

'...에 坐하는 大夫한테'라는 내용의 문서목간의 削屑이다.

(2)

□當麻公□

當麻公 씨는 天武13년(684)에 眞人姓을 받았으니 이 목간은 그 이전의 것이다.

溝2

(3)

「十一月十六日葛人十五」

'葛人'의 11월 전반의 上日(근무한 일수)을 기록한 것일 가능성이 있다.

(4)

□直若狹 二月 三月 四×

十三　廿三　廿×

‘□直若狹’는 인명으로 보이고 ‘月’ 왼쪽 숫자는 각 달의 上日 숫자를 기록한 것일 가능성이 있다. 大寶令 이후에는 8월~정월의 상일이 120일 이상이면 春夏祿을, 2월~7월 상일이 120일 이상이면 秋冬祿을 지급하게 되어 있었다. 이 목간에는 원래는 2월부터 7월까지 반년 분의 기록이 있었다고 추정된다.

(5)

□〔刀?〕支縣主乙麻

(6)

牟義君

(7)

日置 春部

　인명을 적은 목간 들이다.

(8)

小山中

　관위를 적은 것이다. ‘小山中’은 天智3년(664)부터 天武14년(685)까지 사용되었다.

(9)

・□前前白白

・　　　〔　　〕

　前白형식 문서의 습서목간이다.

석조 小溝

(10)

□大夫前…□々白□

　직접 연결되지 않지만 형태나 서체로 한 목간으로 추정된다. 전백목간이다.

(11)

- 「∨三重評靑女五十戶人」
- 「∨六人部□〔弟?〕中春五斗」

하찰목간이다. '里=사토'의 표기는 天武10년(681) 이전은 五十戶, 天武12년(683) 이후는 里로 변화되니 이 목간은 681년 이전으로 추정된다. '三重評靑女五十戶'는 뒤의 伊勢國 三重郡 采女鄕이다.

제23차 조사

(12)

- 「∨ 皮伎麻五戶布 ∨」
- 「∨『皮伎□〔眞?〕五戶布』∨」

'皮伎麻'는 지명으로 생각되지만, 비정할 수 없다. 베를 공진할 때는 베 양단에 공진 주체를 적는 것으로 규정되어 있었는데 하찰을 만든 경우도 있었음을 알 수 있다. 형태, 서풍, 표기방식 등으로 7세기 목간일 가능성이 크다.

9. 참고문헌

西光慎治·市大樹「奈良·酒船石遺跡」(『木簡研究』25, 2003年)

明日香村敎委『明日香村遺跡調査槪報 平成14年度』2004年

明日香村敎委『酒船石遺跡發掘調査報告書―付, 飛鳥東垣內遺跡·飛鳥宮ノ下遺跡(本文編)(圖版編)』(明日香村文化財調査報告書4) 2006年

奈文硏飛鳥資料館『木簡黎明―飛鳥に集ういにしえの文字たち』(飛鳥資料館圖錄53) 2010年

135) 川原寺跡

1. 이름 : 카와하라데라 터
2. 출토지 : 奈良縣(나라현) 高市郡(다카이치군)
3. 발굴기간 : 1998.6
4. 발굴기관 : 明日香村教育委員會
5. 유적 종류 : 도로
6. 점수 : 3

7. 유적과 출토 상황

川原寺 남서 100m지점이다. 폭 1.2m, 깊이 55㎝ 東西溝를 확인했다. 溝 안의 퇴적토는 크게 2층으로 나눌 수 있고 목간은 상층에서 출토되었다. 스에키, 하지키, 기와 등이 출토되었다.

8. 목간

(1)

天平十年歲次戊寅

　연호 뒤에 간지까지 쓰는 것은 하찰에는 거의 없으므로 문서목간의 일부일 가능성이 크다.

(2)

□上□

(3)

上

　'上'자를 쓴 목간인데 내용은 알 수 없다.

9. 참고문헌

西光愼治「奈良·川原寺跡」(『木簡硏究』21, 1999年)

明日香村教委 『明日香村遺跡調査概報 平成10年度』 2000年

136) 飛鳥東垣內遺跡

1. 이름 : 아스카히가시가이토 유적
2. 출토지 : 奈良縣(나라현) 高市郡(다카이치군)
3. 발굴기간 : 1999.2~1999.3
4. 발굴기관 : 明日香村教育委員會
5. 유적 종류 : 구
6. 점수 : 3

7. 유적과 출토 상황

飛鳥池 유적 북쪽 약 200m에 있고 飛鳥寺 추정 동쪽 담의 바로 동쪽이다. 조사 결과 폭 9.8m, 깊이 1.2m의 南北溝를 확인했다. 이 溝는 飛鳥池 동방 유적에서도 확인되었고 그 하류에 해당된다. 溝 시기는 크게 A~C 3기로 구분되며 목간은 7세기 중엽인 A기 溝 바닥에서 출토되었다. 기와, 스에키, 하지키, 옻칠이 된 토기, '元寺', '大' 등으로 묵서된 토기가 출토되었다.

8. 목간

□□〔廿荷?〕

　내용은 알 수 없다.

9. 참고문헌

西光慎治 「奈良·飛鳥東垣內遺跡」 (『木簡研究』 21, 1999年)

明日香村教委 『酒船石遺跡發掘調査報告書一付, 飛鳥東垣內遺跡·飛鳥宮ノ下遺跡(本文編)(圖

137) 石神遺跡(13次)(飛鳥藤原110次)
138) 石神遺跡(14次)(飛鳥藤原116次)

1. 이름 : 이시가미 유적(13차) (아스카후지와라110차)

　　　　　　이시가미 유적(14차) (아스카후지와라116차)

2. 출토지 : 奈良縣(나라현) 高市郡(다카이치군)

3. 발굴기간

　　1) 13차 - 2000.10~2001.2

　　2) 14차 - 2001.7~2001.12

4. 발굴기관 : 奈良文化財研究所

5. 유적 종류 : 궁전 관련

6. 점수

　　1) 13차 - 2

　　2) 14차 - 83

7. 유적과 출토 상황

　7세기를 중심으로 계획적으로 배치된 건물들이 밀집되어 있다. 특히 7세기 중엽경의 유구는 규모도 크고 齋明천황 시기의 공적인 饗宴 시설일 가능성이 크다.

　13차, 14차 조사 결과 A기(7세기 전기~중기)에 동서 掘立柱 담 2개(SA3893, SA3895)가 확인되었다. SA3893 바깥쪽(북쪽)에 동서 석조 溝 SD3896이 있고 매립토에서 목간 2점이 출토되었다. B기(7세기 후기)에는 담이나 溝가 없어지고 대규모 건물이 배치된다. C기(7세기 말)에 대규모 건물이 없어지고 南北溝 SD1347A와 SD1476만 있다. 14차 조사로 목간은 SD1347A

퇴적토에서 82점(삭설 76점), 매립토에서 1점이 출토되었다.

8. 목간

제13차 조사

SD3896

(1)

「∨□[　]人六人部□」

‘人’ 위에는 五十戸로 적혀 있었다고 추측된다.

제14차 조사

SD1347A(퇴적토)

(2)

「諸岡五十戸田皮□」

『和名抄』에 武藏國 久良郡 諸岡鄕이 있다.

(3)

□□□〔戸?〕

戸자를 반복해서 쓴 습서목간으로 생각된다.

SD1347A(매립토)

(4)

・「∨尓破評佐匹部」

・「∨　　俵　　　」

하찰목간이다. 『和名抄』 尾張國 丹羽郡에 해당된다. '佐匹部'는 佐伯部이다.

9. 참고문헌

〈13차〉
奈文研 『奈良文化財研究所紀要2001』 2001年
奈文研 『飛鳥·藤原宮發掘調査出土木簡槪報』 15, 2002年
奈文研 『飛鳥·藤原宮發掘調査出土木簡槪報』 16, 2002年
竹內亮 「奈良·石神遺跡」 (『木簡研究』 24, 2002年)

〈14차〉
奈文研 『奈良文化財研究所紀要2002』 2002年
奈文研 『飛鳥·藤原宮發掘調査出土木簡槪報』 16, 2002年
竹內亮 「奈良·石神遺跡」 (『木簡研究』 24, 2002年)
奈文研 『飛鳥·藤原宮發掘調査出土木簡槪報』 20, 2006年

139) 石神遺跡(15次)(飛鳥藤原122次)

1. 이름 : 이시가미 유적(15차) (아스카후지와라 122차)
2. 출토지 : 奈良縣(나라현) 高市郡(다카이치군)
3. 발굴기간 : 2002.7~2003.1
4. 발굴기관 : 奈良文化財研究所
5. 유적 종류 : 궁전관련
6. 점수 : 2,422

7. 유적과 출토 상황

제13, 14차 조사 북쪽을 조사했다. A기에는 전체가 沼澤地였다. B기에는 늪을 두 개 층의 정지토로 메웠다. 상층 整地面에는 토갱들이 있는데 목간, 나무 부스러기, 숯이 다량으로 출토되었다. 조사구 남단에 있는 토갱SK4060은 남북 2m 이상, 동서 11m의 溝狀 토갱이며 깊이 0.3m이다. 토갱SK4064는 남북 1m, 동서 3m의 얕은 토갱이다. 조사구 북서부에 있는 토갱 SK4069는 남북 5m 이상, 동서 약 3.7m, 깊이 0.3m이다. 東西溝 SD4089는 폭 최대 6m, 깊이 0.4m이다. SD4090은 SD4089의 물을 북쪽으로 흘리게 하는 南北溝이다. 동서 9m, 남북 9m, 깊이 0.5m로 규모가 크고 연못일 가능성도 있다.

C기에는 다시 정지되었고 그 과정에서 토갱SK4096, 4097을 팠다. B기 폐절, C기 조영과 관련되는 폐기 토갱이다. SD4090보다 연대가 내려온다. 南北溝 SD1347은 C기에 조사구 동부를 북쪽으로 흐르는 溝인데 제14차 조사에서도 목간이 출토되었다. 애초의 溝 SD1347A는 폭 4m, 깊이 0.9m이다. 이 溝 서쪽을 다시 판 것이 SD1347B로 폭 1.2m, 깊이 0.5m이다. 南北溝 SD4072는 폭 0.8m, 깊이 0.3m 정도이고 C기 후반 혹은 그 이후의 유구다. 南北溝 SD4095는 폭 0.5~1m, 깊이 0.1~0.2m 溝이다.

8. 목간

토갱SK4060

(1)

· 「□〔道?〕勢岐官前□

· 「代□

'道의 勢岐官 前에..'의 뜻으로 過所목간일 가능성이 있다.

토갱SK4064

(2)

・「∨戊寅年四月廿六□〔日?〕

・「∨汗富五十戸大□□

무인년은 天武7년(678)이다.

토갱SK4069

(3)

・「委之取五十戸仕丁俌物□□

　　『建　建』

　　二斗三中神井弥〔　〕□〔三?〕斗」

・「『銀銀釜□重子□小子□□

　　　　建　建　□　建』」

仕丁에 대한 식료지급 장부이다. '委之取五十戸'는 『和名抄』의 參河國 碧海郡 鷲取鄕이다.
2명의 이름이 있는 것은 仕丁이 1개의 五十戸에서 2명씩(立丁·廝丁) 공진된 것과 관련된다.

(4)

・「∨六月生五日記大部斯□母∨」

・「∨□□〔羅?〕兒□〔人?〕母併二皮加利上

　　　□〔卅?〕二〔　〕上　　　　　　　∨」

(5)

・×月□□〔十一?〕日記」

・　　　　　　　　貸　」

기록간이다. '날짜+記'라는 표기 방법은 당시 일반적인 것이다.

溝 SD4089(퇴적토)

(6)

「三野五十上□〔書?〕大夫馬草四荷□〔奉?〕」

'三野五十上'은 三野國 출신 仕丁 50명을 통솔하는 사람으로 생각된다.

(7)

・鮎川五十戸丸子部多加

　　□〔大?〕鳥連淡佐充干食同五□□〔十戸?〕三枝部□

・□□部〔　〕□□□□□〔五十戸眞須?〕

　　□部白干食大野五十戸委文部代□

'干食'은 仕丁의 廁丁을 뜻한다.

(8)

「物部五十戸人　『□□

　大家五十戸人　　□□

　日下五十戸人　　□□』」

'五十戸人'라고만 적고 이름을 적지 않는 것은 仕丁이 각 五十戸에서 2명만 공진되는 것과 관련이 있을 것이다.

(9)

・「∨尾治國山田評山田五十□□〔戸人?〕」

・「∨三□□□〔家人部?〕万呂米五斗」

(10)

・「∨乙丑年十二月三野國ム下評」

・「∨大山五十戸造ム下部知ツ

　　　　從人田部兒安　　　　　」

(11)

・「∨知夫利評 大結五十戸加毛部
手伊加乃利六斤∨」

・「∨『大□夫贊□〔贊?〕』　　∨」

(12)

「∨□□〔川内?〕五十戸若軍布∨」

(13)

・「多土評難田×　　　　」

・「海部刀良佐匹部足奈」

(14)

「∨此皮加都男」

하찰목간이다. 을축년은 665년이고 國-評-五十戸라는 행정구분을 기록한 최고의 목간이
다. '加都男'은 가다랑어(カツオ ; 가쓰오)이다.

(15)

・「奈尓波ツ尓佐兒矢己乃波奈□□〔布由?〕×

・「□　　　□倭部物部矢田部丈部□〔丈?〕×

(16)

・「奈尓皮×

・「【□〔止?〕佐久移】×

難波津의 노래와 관련되는 목간이다. 노래의 한 절 サクヤ(사쿠야)를 '佐兒矢'와 '佐久移'로
다르게 표기하고 있다.

溝 SD4090(퇴적토)

(17)

・□此于□□〔物?〕部[　　　]」

・□〔治?〕不上者 　五十戸造名記
　　　　　　　　 日々吉治上賜」

뒷면은 和文體다.

　(18)

・「曰佐連二　　 守君×

　　主寸三　　薗人四　下毛野

　　大多君二 者多□二　下毛×

・「上捄五　　近水海四　伊×

　　　　　　　　□□五

　　海部□□〔酉可?〕五 但波×

인명을 열기한 기록 목간이며 '曰佐連' 등의 氏姓과 '下毛野', '近水海' 등 國名의 옛 표기를 기록하였다. 인명 아래 숫자는 식료를 지급한 양 혹은 근무 일수로 보인다.

　(19)

・「∨飽□〔海?〕評大辟部五十□□〔戸人?〕」

・「∨委文部□□
　　　　　　　　俵
　　□□〔委文?〕[ ]　　　　」

　(20)

「角里山君万呂米五」

　(21)

・「∨大野評栗須太里人」

・「∨蝮□〔公?〕部甘也六斗」

하찰목간이다.

　(22)

「∨物部五十戸長済部刀良俵六□〔斗?〕∨

'六斗'는 仕丁 한 달 식료에 해당하므로 養米 하찰목간일 가능성이 크다.

토갱 SK4096

(23)

□日□〔記?〕尾張國尒皮評人□〔各?〕×

(24)

・∨□□〔庚寅?〕年十二月三川國鴨評」

・∨山田里物部□□〔万呂?〕□米五斗」

(25)

・「乙酉年九月三野國不× 」

・「評新野見里人止支ツ 俵六
斗 」

양미 하찰로 추정된다. 乙酉年은 天武14년(685)이다. '三野國 不…評 新野見里'는 『和名抄』의 美濃國 不破郡 新居鄉에 해당한다.

(26)

「∨深津五十戶養」

양미 하찰이다.

토갱 SK4097

(27)

・「癸未年九月□□□〔十四日?〕
□

・「 四人 矢爪部□□〔鳥?〕□
×

溝 SD1347A(퇴적토)

(28)

・「∨辛巳年鴨評加毛五十戶」

・「∨矢田部米都御調卅五斤」

辛巳年은 天武10년(681)이다. '卅五斤'은 賦役令에 나오는 가다랑어의 공진량으로 보인다. '鴨評 加毛五十戶'는 伊豆國 賀茂郡 加茂鄕으로 추정된다.

(29)

・「∨安評御上五十戶」

・「∨安直族麻斗一石」

(30)

・「∨□〔三?〕野國厚見評草田五十戶　　」

・「∨□□〔田?〕部支田□□〔赤?〕米五　　」

(31)

「∨高草評野□〔岬?〕五十戶鮎日干∨

　　　　　　　　　　贄　　」

贄의 공진 하찰이다.

(32)

・「∨神石評小近五十□〔戶?〕」

・「∨□〔養?〕米六斗□升」

양미 하찰이다. 뒷면 '六斗' 다음 글자는 남은 획으로 보아 六 혹은 八로 보인다.

(33)

・「∨売羅評長浜」

・「∨五十戶堅魚」

가다랑어 하찰이다. 8세기 가다랑어 하찰은 30㎝를 넘는 큰 것이지만 이 목간은 8.6㎝로 작다.

(34)

· □河止五十戸人」

· 阿麻
　　二人相六斗二升
　麻伊　　　　　　　」

양미 목간일 가능성이 있다.

(35)

·「蓮花之□

·「所説之□〔尊?〕

불교와 관련된 말을 적은 목간이다.

(36)

「Ｖ評五十戸山部大閇」

마지막 글자는 남자 인명 말미에 사용되는 용어로 '마로'를 의미한다.

溝 SD1347B(퇴적토)

(37)

·「評五十戸」

·「山部□□□〔大麻呂?〕」

위 목간하고 표기는 다르지만 내용이 똑같다. 목재, 목간 제작 기법, 서체도 비슷하다. 같은 짐에 매단 하찰 목간으로 보인다. '評五十戸'은 후대의 郡家鄉에 해당할 것이다.

溝 SD1347B(매립토)

(38)

「Ｖ海評佐々五十戸　勝部由手
　　　　　　　　　調制代煮一斗五升 Ｖ」

調 하찰 목간이다. '海評佐々五十戸'는 隱岐國 海部郡 佐作鄉이다. '制代'는 전어(コノシロ,

고노시로)다.

(39)

・「御垣守□

・「□□□

南北溝 SD4072

(40)

・「九月生十×

・「御垣守　　×
　　　　　日□

'御垣守'는 울타리나 문을 경비하는 병사를 뜻하고 이 주변이 이시가미 유적 북쪽 끝쪽과 관련될 것이다.

南北溝 SD4095

(41)

・×□〔庚?〕申丸　　□□□□

　　×辛酉破　上玄□〔岡?〕虛厭□

　　×壬戌皮　三月節急盈九×

　　×癸亥色　□〔重?〕馬牛出椋□

　　×□〔甲?〕子成　絶紀帰忌□

　　×□〔乙?〕丑収　天間日□□

　　　　×□〔開?〕　□〔血?〕忌□□

・　　　　　　〔　〕

　　×□〔申?〕平　天間日血忌□

　　×丁酉定　天李乃井□

×戊戌丸　望天倉小□

□己亥皮　往亡天倉重

×庚子危　人出宅大小□□

×□□〔丑成?〕　□□□〔帰?〕×

持統3년(689) 3, 4월의 具注暦 목간이다.

유물포함층

(42)

・朔十四日記三□〔川?〕×

・□□五日記三川□〔國?〕

날짜별 기록간이다.

9. 참고문헌

奈文研『奈良文化財研究所紀要2003』2003年

奈文研『飛鳥·藤原宮發掘調査出土木簡概報』17, 2003年

市大樹「奈良·石神遺跡」(『木簡研究』26, 2004年)

奈文研『飛鳥·藤原宮發掘調査出土木簡概報』20, 2006年

奈文研『飛鳥·藤原宮發掘調査出土木簡概報』22, 2008年

奈文研飛鳥資料館『木簡黎明—飛鳥に集ういにしえの文字たち』(飛鳥資料館圖錄53) 2010年

140) 石神遺跡(16次)(飛鳥藤原129次)

1. 이름 : 이시가미 유적(16차) (아스카후지와라 129차)

2. 출토지 : 奈良縣(나라현) 高市郡(다카이치군)

3. 발굴기간 : 2003.7~2004.1

4. 발굴기관 : 奈良文化財研究所

5. 유적 종류 : 궁전 관련

6. 점수 : 782

7. 유적과 출토 상황

조사 지역은 제15차 조사구 바로 북쪽이다. A기에는 전체적으로 沼澤地 SX4050이 있었다. B기에 沼澤地를 메우고 南北溝 SD4090, 그 동쪽에 돌을 깐 SX4114 등이 있었다(B1기). C기에 조성을 위해 다시 정지하는 과정에서 溝 SD4121, 원형 토갱 SX4122를 만들었다. C기 조성 정지 뒤에 南北溝 SD4127, 그것을 정비한 SD1347A·B, 돌을 깐 SX4081, 4124를 만들었다.

B1기에는 南北溝 SD4090의 퇴적토에서 107점(削屑 48점), 매립토에서 4점이 출토되었다. 제15차 조사에서 확인된 북쪽으로 흐르는 溝이며 폭 13~16m다.

B2기에는 南北溝 SD4121에서 385점(削屑 313점), 그 상층 나무 부스러기 층에서 115점(削屑 75점), 토갱 SX4122에서 51점(削屑 32점)이 출토되었다. SD4121은 폭 약 2m, 깊이 0.1~0.2m 溝이다. 토갱 SX4122는 직경 약 4m, 깊이 약 0.1m 원형 토갱이다.

C기에는 南北溝 SD1347A 퇴적토에서 80점(削屑 30점)이 출토되었다. 폭 약 5m, 깊이 0.5~0.8m이다.

8. 목간

연대표기가 있는 목간이 11점 있고 乙亥年(天武4년, 675)부터 壬辰年(持統6년, 692)까지에 해당된다. 지명 표기는 郡은 없고 다 評이고 里보다 五十戶가 많다.

南北溝 SD4090(퇴적토)

(1)

· 　　　道官□

· [   ]

'道官'은 처음 보이는 관명이다. 조사구 북쪽에 있었다고 추측되는 山田道와 관련될 것이다.

(2)

· 「∨壬辰年九月□□〔廿四?〕日 三川國□〔鴨?〕×

· 「∨高椅里　物部□乃井六斗

(3)

· 「∨壬辰年九月廿四日□□〔下枯?〕里長部大□」

· 「∨呂五斗　　　　　　　　　　　　　　」

(4)

「鴨評下枯里物部稻都弥米五斗∨」

(5)

「壬辰年九月七日三川國鴨評□□

(6)

「∨三川穗評穗里穗部佐

(7)

三川□〔靑?〕見評□〔靑?〕×

三川=參河國의 하찰 목간이다. '鴨評'은 『和名抄』의 賀茂郡에, '靑見評'은 碧海郡에 해당한다.

(8)

「∨□〔役?〕道評□〔村?〕五十戶□〔忍?〕□□

　　軍布廿斤　　　　　　　　　　∨　　　　　」

'役道評 村五十戶'는 『和名抄』의 隱岐國 隱地郡 武良鄕에 해당한다.

(9)

· 「汙和評仕俵

· 「【石野五□□〔十戶?〕】

'汙和評 石野五十戶'은 伊予國 宇和島郡 石野鄕에 해당한다. '仕俵'는 仕丁에 지급되는 쌀 즉

養米를 뜻하는 것으로 생각된다.

(10)

· ×乎　有朋自遠方來　□

· 　　『大大大大□□□〔大?〕』(좌측면)

각주 형태 나무에 『論語』학이편을 쓴 목간이다. 좌측면은 2차적으로 깎아서 大자를 습서했다.

南北溝 SD4090(매립토)

(11)

「∨三川國鴨∨」

(12)

∨□〔旦?〕波國多□〔貴?〕評□

SD4121

(13)

· 「磯部　　□〔葛?〕□人部　□〔語?〕部　□　「□」□□

　　□宜部　秦人部　□矢部　神人部于遲×

　　　　□〔宍?〕　蝮王部　海部　□遲部　道守×

· 「　　　□丈部　秦部　茨城部　連人部

　　『諸』若湯坐部　　土師部　　茨原部　　矢作部

　　『□』五百來部　　『赤粮□』建王部□□□

部姓을 열기한 목간이다. 別筆로 '小粮' '赤粮'을 추기했는데 식료를 지급할 때 이용한 것일 가능성이 있다.

(14)

· 「加牟加皮手五升

神久□□二升　小麻田戸二升」
・「□
　　鳥取□□二升櫻井戸二升一升□
　　青見□□二升知利布二升　汙久皮ツ二升」

　　三川(參河)國 '靑見'評(碧海郡) 仕丁에 관한 목간이다. '加牟加皮手'라는 기술자 밑에 있는
靑見評 여러 지역 仕丁 식료를 지급한 기록이다.

　　(15)
・「方原戸仕丁米一斗
・『阿之乃皮尓之母□』

　　仕丁한테 5일분의 쌀을 지급한 장부로 추정된다. 뒷면은 다른 필체로 和歌 같은 것을 적었
다.

　　나무 부스러기 층
　　(16)
「三川十二月
　　(17)
・×□〔靑?〕見評
・×五斗
　　(18)
「∨己卯年十一月三野國加尓評∨」
　　(19)
×□〔戸?〕養俵六斗」
　　"養"을 명기한 하찰이다.

(20)

「留之良奈弥麻久々

阿佐奈伎尓伎也」(刻書)

和歌의 일부를 쓴 것이다.

토갱 SX4122

(21)

・「壬午年廿日記×

・「　　□　　」

月을 생략했다.

(22)

・「∨竹田五十戶六人部乎」

・「∨佐加柏俵卅束　　　　」

(23)

・∨江川里猪甘部斯多」

・∨布米六斗一升　　　」

播磨國 佐用郡 江川鄕에 해당한다. 앞뒤로 이어져 '猪甘部 斯多布'가 인명이다.

C기 조성 정지토

(24)

「∨羽栗評三川里人□□〔丈部?〕

'羽栗評'은 尾張國 葉栗郡에 해당한다.

(25)

・「丙戌年□月十一日□

・「大市部五十戶□〔人?〕□

丙戌年은 朱鳥원년(686)이다. 이 때 이미 里 표기가 성립되었지만 여기서는 五十戶로 표시하고 있어 과도기적인 양상이다.

(26)

・「∨三川國靑見評大市部五十戶人」
・「∨大市部逆米六斗　　　　　　　」

'三川國 靑見評 大市部五十戶'는 參河國 碧海郡 太市鄕에 해당한다.

(27)

・□眞奴寸人神人部□
・[　　　　　]

'寸'은 村이다.

南北溝 SD1347A 퇴적토

(28)

□□□評 大夫等前謹啓

(29)

・乙亥□〔歲?〕十月立記知利布五十戶
・□止□下又長部加□小□米□□

'月立'은 月生 月朔과 같은 뜻이다.

(30)

・「∨□〔庚?〕辰年 三野大野□〔評?〕
　　　　　　　　大□〔田?〕五十戶」
・「∨□部稻耳六斗　『[　　]』」

'三野 大野評 大田五十戶'는 美濃國 大野郡 大田鄕에 해당한다.

(31)

「∨小田評甲野五十戶日下部鞆海贄」

'小田評 甲野五十戶'는 備中國 小田郡 甲努鄕에 해당한다. '海'는 해산물을 뜻할 것이다.

9. 참고문헌

奈文研『奈良文化財研究所紀要2004』2004年

奈文研『飛鳥·藤原宮發掘調査出土木簡槪報』18, 2004年

奈文研『奈良文化財研究所紀要2005』2005年

奈文研『飛鳥·藤原宮發掘調査出土木簡槪報』19, 2005年

市大樹「奈良·石神遺跡」(『木簡研究』27, 2005年)

奈文研『飛鳥·藤原宮發掘調査出土木簡槪報』20, 2006年

奈文研『飛鳥·藤原宮發掘調査出土木簡槪報』22, 2008年

奈文研飛鳥資料館『木簡黎明―飛鳥に集ういにしえの文字たち』(飛鳥資料館圖錄53) 2010年

141) 石神遺跡(17次)(飛鳥藤原134次)

1. 이름 : 이시가미 유적(17차) (아스카후지와라 134차)

2. 출토지 : 奈良縣(나라현) 高市郡(다카이치군)

3. 발굴기간 : 2004.4~2004.10

4. 발굴기관 : 奈良文化財研究所

5. 유적 종류 : 궁전 관련

6. 점수 : 3

7. 유적과 출토 상황

제15·16차 조사구역 동쪽이다. 목간은 제15차 조사구역의 다시 메운 흙에서 1점, 제16차 조사구의 다시 메운 흙에서 2점 출토되었다.

8. 목간

∨□〔以?〕上人同野上人∨」

형태는 위아래 양단에 홈이 있는 부찰 형태다.

9. 참고문헌

奈文研『奈良文化財研究所紀要2005』2005年
奈文研『飛鳥·藤原宮發掘調査出土木簡概報』19, 2005年
市大樹「奈良·石神遺跡」(『木簡研究』28, 2006年)

142) 石神遺跡(18次)(飛鳥藤原140次)

1. 이름 : 이시가미 유적(18차) (아스카후지와라 140차)
2. 출토지 : 奈良縣(나라현) 高市郡(다카이치군)
3. 발굴기간 : 2005.9~2006.5
4. 발굴기관 : 奈良文化財研究所
5. 유적 종류 : 궁전 관련
6. 점수 : 110

7. 유적과 출토 상황

제15, 16차 조사구역 바로 북쪽이다.

A기에는 조사구역 대부분을 차지하는 沼澤地 SX4050을 메워 杭列 SX4230 등을 만든다. 南北溝 SD4127도 A기에 올라갈 가능성이 있다. B기에는 南北溝 SD4090, 4121를 팠다. C기에는 南北溝 SD1347이 흐르는데 溝는 B기로 올라갈 가능성이 있다.

SD4090는 폭 17.8m, 깊이 0.6m이며 목간 38점(削屑 1점)이 출토되었다. SD4121에서는 7점, SD1347에서는 62점(削屑 32점)이 출토되었다. SD1347는 폭 3.3m, 깊이 0.55m의 南北溝이며 암회색점토·흑회색점토가 퇴적하는 SD1347A에서 57점(削屑 32점), 회색조립사가 퇴적하는 SD1347B에서 4점이 출토되었다.

8. 목간

南北溝 SD4090

　(1)

· 「己卯年八月十七日白奉經」

· 「觀世音經十卷記白也　　　　」

　문서목간이다. '己卯年(天武8년, 679) 8월 17일에 아뢰는 經에 관한 일.『觀世音經』10권. 목간에 적어서 보고 드립니다.'로 해석된다.

　(2)

· 「『[　　　　　]』□　　　　□

　　聖御前白小信法□〔謹?〕　　□〔賜?〕□

· [　　　　　　　　　　　]

　문서목간. '聖'한테 '信法'이 올린 문서이다. '小'는 겸양 표현이다.

　(3)

「　o

　此又取□〔人?〕

　작은 구멍이 있다. 제첨으로 사용된 것으로 추정된다.

(4)

・「素留宜矢田部調各長四段四布□□六十一」

・「荒皮一合六十九布也　　　　　　　　」

　장부 목간이다. '素留宜'는 駿河(스루가)일 것이다. 길이 4段의 調인 베의 수량을 기록한다. 앞면 '六十一' 위는 三布일 가능성이 있어 四布+三布+六十一+荒皮一=合六十九布로 된다.

(5)

・「∨以三月十三日三桑五十戸」

・「∨御垣守潰尻中ツ刀自　　　」

　'御垣守'는 衛士이며 '三桑五十戸' 출신 위사한테 보낸 資養物 하찰로 추정된다. 潰尻中ツ刀自가 御垣守일 것이지만 刀自는 여성이며 문제가 남는다.

(6)

・×月春日部□

・　六斗

　'六斗'이므로 양미 하찰이다.

南北溝 SD1347AB

(7)

「尾治部

　若麻續部」

이름을 적은 장부목간이다.

(8)

・□□五戸小長□〔浴?〕部」

・□〔贄?〕一古　　　　　　」

　贄의 貢進 하찰이다.

(9)

「∨奈貴下黃□〔布?〕五連」

'奈貴'는 山城國 久世郡 那紀鄕에 해당한다. '黃布'는 해초 혹은 약물 黃連일 가능성이 있다.

(10)

「和軍布十五斤」

'和軍布'는 미역이다.

(11)

□〔康?〕嫡嫡

(12)

・ 識識識　」

・　□

　□東□〔方?〕□」

습서목간이다.

南北溝 SD1347B

(13)

「∨海部奈々古」

인명만 적은 하찰목간이다.

9. 참고문헌

奈文研『奈良文化財研究所紀要2007』2007年

奈文研『飛鳥·藤原宮發掘調査出土木簡槪報』21, 2007年

市大樹「奈良·石神遺跡」(『木簡研究』29, 2007年)

奈文研飛鳥資料館『木簡黎明―飛鳥に集ういにしえの文字たち』(飛鳥資料館圖錄53) 2010年

143) 石神遺跡(19次)(飛鳥藤原145次)

1. 이름 : 이시가미 유적(19차) (아스카후지와라 145차)
2. 출토지 : 奈良縣(나라현) 高市郡(다카이치군)
3. 발굴기간 : 2006.10~2007.5
4. 발굴기관 : 奈良文化財研究所
5. 유적 종류 : 궁전 관련
6. 점수 : 32

7. 유적과 출토 상황
목간이 다수 출토된 제15, 16, 18차 조사구역 바로 북쪽이다.

Ⅰ기(7세기 중엽 이전)는 서쪽에 沼澤地 SX4050이 있고 동쪽에는 斜行溝 SD4260을 팠다.

Ⅱ기(7세기 중엽~후반)는 이들을 메워 阿倍山田道 SF2607을 만들었다. SD4260에는 7세기 중엽의 토기가 많이 포함되므로 길을 만든 시기는 이 무렵으로 추정된다. 길 남쪽에 SD4270을 만들고 그 남쪽에 제15차 조사구역에서 이어지는 南北溝 SD4090이 서쪽으로 흘러간다.

Ⅲ기(7세기 후반)는 SD4270과 4090을 메워 東西溝 SD4275와 南北溝 SD1347A를 만들고 T자형으로 연결하였다.

Ⅳ기(7세기 말)는 SD4275와 SD1347A를 메워 東西溝 SD4280과 4285, 南北溝 SD1347B를 만들었다.

Ⅴ기(나라시대~중세)는 南北溝 SD4289 등이 있다.

8. 목간

斜行溝 SD4260

(1)

□□女丁大人丁□〔意?〕取□久□〔御?〕

'大人丁'은 正丁을 뜻할 것으로 추측된다.

(2)

「∨大家臣…□首大□

(3)

・「∨十五斤　　　　　」

・「∨『□□〔思?〕□□』」

물품을 정리하는 데 사용된 부찰이다.

길 SF2607

(4)

「∨弥阿□〔以?〕□□□〔腰?〕□□」

(5)

・「□天于」

・「天王　」

南北溝 SD4090

(6)

「∨六人部尼麻呂贄四古∨」

贄 하찰목간이다. 贄 하찰은 일반적으로 공진 주체로 지명만 쓰지만 이 목간은 인명만 쓴 것이 특징이다.

(7)

```
                [        ] 『大家臣加□
□百代五十代[      ]   以蛭部今女□
□步□大百代[       ]   乙里田知不
□□□□   [        ]   石上大連公』(刻書)
```

상부는 '五十代' 등 代制로 보이는 토지 면적을 묵서하고 하부는 인명을 새겼다.

(8)

×廿七人   沙弥六十

위에는 僧으로 적었을 가능성이 크다. 讀經이나 법회에 참가하는 인원수를 기록한 것으로 생각된다.

(9)

「㭬□〔㭬?〕㭬□

습서목간이다.

암회갈색 점질토

(10)

・「∨□〔山?〕□評佐加五十戶」

・「∨十市部田ツ六斗俵」

養米 하찰 목간이다.

東西溝 SD4280

(11)

・「∨辛巳年□〔鰒?〕一連」

・「∨□〔物?〕部五十戶　」

전복 하찰이다. 신사년은 天武10년(681)이다. 지명을 뒤에 쓰는 것이 특이하다.

東西溝 SD4285과 南北溝 SD1347B 합류점

(12)

「∨田田塩二斗∨」

소금의 하찰목간이다. '田田'은 紀伊國 名草郡 多田鄕에 해당할 가능성이 있다.

南北溝 SD4289

(13)

・「∨　上長押釘卅隻　之中打合釘二　五丈　」
　　　　　　　　　　長七寸

・「∨　　『□□□』　　　　　　　　　」

'五丈'은 '上長押'의 길이며 조립용 못의 종류와 점수를 적는다.

(14)

・　　　　正月四日志紀未成」

・□　　　　　　　　　　　」

날짜와 인명만 적혀 있다.

9. 참고문헌

奈文研『奈良文化財研究所紀要2008』2008年

奈文研『飛鳥·藤原宮發掘調査出土木簡槪報』22, 2008年

市大樹「奈良·石神遺跡」(『木簡研究』30, 2008年)

29. 和歌山縣

1) 秋月遺跡

1. 이름 : 아키즈키 유적
2. 출토지 : 和歌山縣(와카야마현) 和歌山市(와카야마시)
3. 발굴기간 : 1985.7~1986.2
4. 발굴기관 : 和歌山縣敎育委員會
5. 유적 종류 : 취락
6. 점수 : 1

7. 유적과 출토 상황

秋月遺跡은 國鐵和歌山驛의 남동 약 1㎞에 鎭座한 日前宮을 중심으로 하는 유적이다. 고훈시대 전기의 전방후원분이나 方墳을 비롯하여 나라시대에서 가마쿠라시대에 이르는 掘立柱 건물과 우물·토광 등이 출토되었다. 나라시대 이후의 유구로는 馬形으로 재이용된 목간이 나라시대 후기의 우물에서 齋串과 함께 출토되었다. 또 헤이안시대 전기의 우물에서 묵서가 존재하는 토기도 발견되었다.

8. 목간

□〔大?〕田□

『播磨國風土記』揖保郡條에 '紀伊國名草郡大田村'이 보이며, 『和名類聚抄』에 名草郡大田村이 기재되어 있다.

9. 참고문헌

山本高照 「和歌山·秋月遺跡」(『木簡硏究』 8, 1986年)

2) 野田地區遺跡(4區)

1. 이름 : 노다치쿠 유적(4구)
2. 출토지 : 和歌山縣(와카야마현) 有田郡(아리다군)
3. 발굴기간 : 1980.5~1980.8
4. 발굴기관 : 和歌山縣教育委員會·(社)和歌山縣文化財研究會
5. 유적 종류 : 사원
6. 점수 : 804

7. 유적과 출토 상황

野田地區遺跡은 有田川하류 유역의 左岸에 위치한다. 충적평야와 하안단구의 경계에서 야요이시대 후기에서 무로마치시대에 이르는 溝群이 조사구역 내 약 25m에 걸쳐서 10조 출토되었다.

목간이 출토된 것은 해발 10.7m에서 출토된 溝이며 폭 3m, 깊이 0.5m, 溝內 퇴적토는 크게 3층으로 나뉜다. 상층·중층은 각각 모래층과 점토층으로 이루어져 있으며 8세기 후반의 토기가 출토되었다. 하층은 물이 흘러 퇴적된 것을 보여주는 모래자갈층으로 이루어져 있다. 목간은 이 하층에서 출토되었고 그 밖에 人形 2점 등도 출토되었다.

8. 목간

×□五□×

9. 참고문헌

和歌山縣教委·和歌山縣文化財研究會『和歌山縣有田郡吉備町 野田·藤並地區遺跡發掘調查槪報』1981年

澁谷高秀「和歌山·野田地區遺跡」(『木簡研究』3, 1981年)

澁谷高秀「和歌山・野田地區遺跡」(『木簡研究』4, 1982年)

和歌山縣敎委『和歌山縣有田郡吉備町 野田・藤並地區遺跡第1次整理槪報―野田地區遺跡4區出土木製品の槪要』1983年

30. 鳥取縣

1) 桂見遺跡(八ツ割地區·堤谷東地區·堤谷西地區)

1. 이름 : 카츠라미 유적
2. 출토지 : 鳥取縣(돗도리현) 鳥取市(돗도리시)
3. 발굴기간 : 1993.4~1995.12
4. 발굴기관 : (財)鳥取縣教育文化財團
5. 유적 종류 : 취락
6. 점수 : 1

7. 유적과 출토 상황

桂見遺跡은 鳥取市街地에서 서쪽으로 약 4㎞, 湖山池 남동의 해발 약 2m의 수전지대 및 구릉아래부·계곡부에 위치한다. 조사 결과 조몬시대 후기의 포함층에서 목제품, 토기·석기가 다량 출토되었다. 나라~헤이안시대에는 구릉아래부·계곡부에서 건물터, 저지부에서 抗列·溝狀 유구 등이 확인되었다. 중세의 포함층에서는 수전에 포함된 것으로 보이는 抗列·溝狀 유구 등이 출토되었다. 목간은 94년도 조사의 나라~헤이안시대의 포함층에서 1점 출토되었다.

8. 목간

「∨米□□」

형상은 한 단의 좌우에 홈이 들어가 있으며, 다른 단을 뾰족하게 한 것으로 완형이다. 앞면 및 측면은 공들여 깎아 평평하지만, 뒷면은 쪼개진 채로 가공되어 있지 않다.

9. 참고문헌

鳥取縣教育文化財團『鳥取市 桂見遺跡—八ツ割地區·堤谷東地區·堤谷西地區—主要地方道鳥取鹿野倉吉線道路整備事業に伴う埋藏文化財發掘調査報告書1』(鳥取縣教育文化財團調査報告書45) 1996年

牧本哲雄「鳥取・桂見遺跡」(『木簡研究』18, 1996年)

2) 宮長竹ケ鼻遺跡

1. 이름 : 미야나가타케가하나 유적
2. 출토지 : 鳥取縣(돗도리현) 鳥取市(돗도리시)
3. 발굴기간 : 1993.7~1994.3
4. 발굴기관 : (財)鳥取市敎育福祉振興會
5. 유적 종류 : 취락
6. 점수 : 1

7. 유적과 출토 상황
宮長竹ケ鼻遺跡은 鳥取평야 남부의 수전지대에 위치하며 국도29호 우회도로건설에 따라 실시되었다. 조사 결과, 고훈시대에서 중세의 유구가 출토되었다. 掘立柱건물・우물형 유구・토갱・토광묘 등이 있다. 출토된 유물은 하지키・스에키・도자기・목제품, 유구 밖에서는 조몬토기・석기 등이 있다. 목간은 폭 8m, 깊이 1.5m의 溝狀 유구의 埋土하층에서 1점 출토되었다. 정확한 용도는 알 수 없지만 퇴적으로 보아 水路로서 기능하고 있었을 가능성이 크다.

8. 목간
「∨[   ]∨」
　형상으로 볼 때 荷札의 가능성이 크다. 유존상태가 나쁘고, 적외선사진기로 한쪽 면에 묵흔을 확인할 수 있었지만, 내용은 판독이 어렵다.

9. 참고문헌

鳥取市福祉教育振興會『紙子谷古墳群 宮長竹ケ鼻遺跡一國道29號線津ノ井バイパス建設工事に係る埋藏文化財發掘調査』1994年

稻浜隆志「鳥取·宮長竹ケ鼻遺跡」(『木簡研究』16, 1994年)

3) 岩吉遺跡

1. 이름 : 이와요시 유적
2. 출토지 : 鳥取縣(돗도리현) 鳥取市(돗도리시)
3. 발굴기간 : 1995.4~1995.9
4. 발굴기관 : (財)鳥取市教育福祉振興會
5. 유적 종류 : 관아?
6. 점수 : 21

7. 유적과 출토현황

岩吉遺跡은 JR鳥取驛의 북서 약 3.5㎞의 鳥取平野 거의 중앙에 위치한다. 조사지의 대부분은 千代川의 범람이동이 관리될 쯤의 옛 유로라 생각되는 溝 형태의 유구와 웅덩이 형태의 토갱이 차지하지만, 북동 구석에서는 많은 탄광과 토갱이 출토되었다. 유물의 출토량 또한 많은데 대부분이 옛 유로와 웅덩이 형태의 토갱에서 8세기 말~11세기경의 토기류와 목제품이 출토되었다. 묵서토기 및 人形 등을 시작으로 曲物, 齋串·나막신·실타래심·木片 등이 있다. 목간도 옛 유로의 SD-X와 웅덩이 형태의 토갱(SX-01)에서 주로 출토되었으며 전자에서 3점, 후자에서 10점, 그 밖에 6점으로 총 19점 출토되었다.

8. 목간

19점의 목간 중 8점은 판독이 어려우며, 7점은 쌀 관련의 荷札이라 생각된다.

(1)

「天長二年税

帳

　제첨축으로, 그 '税帳'의 기재는 본조사지 주변에 어떠한 공적시설이 존재하였을 가능성을 나타내는 귀중한 자료이다. 또한 '天長二年'의 기재는 본 유구가 9세기 전반의 것을 가리킨다고 할 수 있다.

(2)

・「『卅四』(刻書)　　【□□〔年?〕『以上』】」

・「　　　　　　　【□〔乙?〕益□五□□】」

　그 내용으로는 성격까지는 파악할 수 없었다. 또한 미사용인지 혹은 묵서가 깎여 나가버린 것인지가 판단할 수 없었지만, 033형식의 荷札형태 목제품 몇 점도 본 유적 내에서 출토되었다.

9. 참고문헌

山田眞宏「鳥取・岩吉遺跡」(『木簡研究』18, 1996年)

鳥取市福祉教育振興會『岩吉遺跡Ⅳ－湖山變電所新設工事に伴う埋藏文化財發掘調査』 1997年

4) 良田平田遺跡(11年度調査)

1. 이름 : 요시다히라타 유적 (11년도 조사)

2. 출토지 : 鳥取縣(돗도리현) 鳥取市(돗도리시)

3. 발굴기간 : 2011.5~2011.11

4. 발굴기관 : (財)鳥取縣教育文化財團

5. 유적 종류 : 관아관련

6. 점수 : 12

7. 유적과 출토 상황

良田平田遺跡은 야요이시대에서 무로마치시대에 걸쳐진 복합유적으로 湖山池 南岸의 충적 저지에 입지한다. 일반국도 9호의 개축공사에 동반하여 발굴조사가 실행되었고 야요이시대 중기의 수로, 고훈시대 전기의 우물, 중기의 掘立柱 건물과 우물·유로, 아스카시대 말에서 헤이안 시대까지의 掘立柱 건물, 건물군을 구획하는 수로, 토갱, 고대에서 중세까지의 水田 등을 발굴하였다. 주된 유물로는 묵서토기, 원형 벼루, 轉用硯, 제염토기, 목제용 제사도구, 曲物 등의 목제용기종류, 동전, 동제 허리띠 장식구 등이 있으며 그 대부분이 고대의 수로에서 출토되었다.

목간은 19점 출토되었다. 2011년도 조사 중에 掘立柱 건물의 주혈에서 1점, 8세기에서 9세기에 걸친 수로에서 11점 출토되었다. 2012년도 조사 중에는 아스카시대 말에서 나라시대까지의 수로에서 3점, 성격불명의 수혈에서 1점 출토되었다. (*고대 이후의 정보는 제외)

8. 목간

1. 2011년도 조사

3구 굴립주건물9 (3450피트)

(1)

「 『孔王部淨主廿四　繼廿八　八　淨成　十四』

『大大』因播國高草郡刑部鄉戶主刑部□繩孔王部廣公十六」

기록목간. 상하 양단절단, 좌변이 쪼개지고 우변이 깎였다. 2행 째의 □는 '札', '私', '和'의 가능성이 있으며 두 곳의 追筆이 어느 단계의 것인가는 알 수 없다.

3구 3006구

(2)

・□□□□□□白益

・　　　□□□ [　　　]

기록목간으로 추정되고 있다. 상하 양단 부러지고 좌변 쪼개지고 우변에 2차 깎임이 있다. 앞면 세 번째 글자는 흙토변의 문자, 여섯 번째 글자는 合点일 가능성이 있다. '白益'은 각각의 오른쪽 부수에 해당하는 문자일 가능성도 있다.

(3)

・□公足百冊□

・□日子

기록문간? 상단은 2차적으로 절단되었고 하단은 부러지고 절단되었다. 좌우 양변에 깎인 흔적이 있다. 앞면 여섯 번째 글자는 숫자 혹은 '束' 등의 단위이다.

(4)

「□部吉在」

付札목간? 상단·좌변·우변이 깎이고 하단은 절단되었다. 좌우 양변의 하부는 비스듬하게 깎여 있다. 하단은 2차적 절단의 가능성이 있다. 첫 번째 글자는 '同'일 가능성이 있다.

2. 2012년도 조사

4구 4038구

(5)

皮之

상하 양단이 부러지고 좌우 양변이 깎여 있다.

4구 4228ピット

(6)

・「□□□御前□〔謹?〕白籠命□

・「使孔王部直万呂午時

前白의 형식을 취하는 문서목간의 단편으로 상단·좌우 양변은 깎여 있고 하단은 부러져 있다.

9. 참고문헌

髙尾浩司「鳥取·良田平田遺跡」(『木簡研究』35, 2013年)

鳥取縣敎委『良田平田遺跡 一般國道９號(鳥取西道路)の改築に伴う埋藏文化財發掘調査報告書XIX』2014年

5) 靑谷橫木遺跡(舊, 養鄕所在遺跡)(試掘)

1. 이름 : 아오야요코기 유적
2. 출토지 : 鳥取縣(돗도리현) 鳥取市(돗도리시)
3. 발굴기간 : 2012.3
4. 발굴기관 : 鳥取市敎育委員會
5. 유적 종류 : 유물산포지
6. 점수 : 6

7. 유적과 출토 상황

靑谷橫木遺跡은 長尾鼻구릉의 西裾에서 그 서측을 북류하는 日置川에 의해 형성된 평야부에 위치한다. 고훈시대에서 나라·헤이안시대까지를 중심으로 하는 복합유적이다. 확인된 주요 유구는 구릉 기슭의 횡혈식석실, 평야부의 溝, 集石유구, 集木형태 유구, 抗列 등이 있다.

목간은 북서-남동 방향으로 긴 조사대상지 내의 북측에 위치하는 제2트렌치의 유물포함층에서 1점, 중앙에서 조금 북서에 위치한 제6트렌치의 유물포함층에서 5점 출토되었다.

8. 목간

제2 트렌치

(1)

「□□部廣岡」

상단은 일부 결손 되었고 절단되어 있다. 하단은 양변을 조금 얇게 깎아 산 모양과 비슷하다. 상부와 중앙 약간 아래쪽에 부러짐이 있다. 인명을 적었던 付札이다.

제6 트렌치

(2)

· 「□〔郡?〕村□文

· 「天曆□〔元?〕年

상단 및 좌우 양변이 깎여졌으며, 하단이 부러진 제첨축의 제첨부분으로, 軸부분은 결손되었다. 앞면에는 문서의 내용, 뒷면에는 연호가 적혀 있다. 天曆9년은 955년이다. 앞면 첫 번째 글자는 '祝', '祀 '등 세 번째 글자는 '壓', '庭' 등일 가능성이 있다.

(3)

「沽買布納帳

상단 및 좌우 양변이 깎여졌으며 하단은 부러졌다. 제첨축의 제첨부분으로, 상단은 일직선상으로 깎였고 하단은 쪼개져 있다. 軸部는 결손되었다. 布의 매매에 관한 수납장부로 생각된다.

9. 참고문헌

鳥取市教委『平成24(2012)年度 鳥取市內遺跡發掘調査槪要報告書』2013年

山田眞宏「鳥取·青谷横木遺跡」(『木簡研究』35, 2013年)

6) 陰田第一遺跡

1. 이름 : 인다다이이치 유적
2. 출토지 : 鳥取縣(돗도리현) 米子市(요나고시)
3. 발굴기간 : 1980.8~1980.10
4. 발굴기관 : 米子市敎育委員會
5. 유적 종류 : 취락
6. 점수 : 1

7. 유적과 출토 상황

陰田第一遺跡은 米子驛 서쪽 1㎞의 出雲·伯耆 양國 경계에 해당하는 지역에 위치한다. 中海에 접한 소규모 충적지로 취락터, 고분군, 횡혈묘군 등이 확인되었다. 아스카시대에서 나라시대까지의 鍛冶·철생산 관련 유적이 집중하며, 묵서토기나 원형 벼루 등이 출토되었다. 목간은 유적군 동쪽의 陰田第一遺跡A구(수전부)의 유물포함층에서 1점 출토되었다.

8. 목간

```
        □田定□
            □
[    ]□□〔年?〕八月三日
            大□〔領?〕」
```

'定', '八', '大'에는 먹이 남아 있지만 그 밖의 문자는 약간의 요철이 남아 있을 뿐이다. 문자의 상태에 더해 하부에 두 곳의 구멍이 확인되는 것으로 보아 일정기간 옥외에 노출되었을 것으로 생각된다. 상단 및 좌우 양변 모두 조정한 흔적은 확인되지 않았고 2차적인 절손의 가능성이 크다. 실제는 현재 상태보다도 장대한 목간이었을 것이라 본다.

9. 참고문헌
米子バイパス關係埋文發掘調査團『陰田』1984年
髙橋周「鳥取·陰田第一遺跡」(『木簡研究』33, 2011年)

7) 陰田小犬田遺跡

1. 이름 : 인다코인다 유적
2. 출토지 : 鳥取縣(돗도리현) 米子市(요나고시)
3. 발굴기간 : 1994.4~1994.12
4. 발굴기관 : (財)鳥取縣敎育文化財團
5. 유적 종류 : 수전·자연유로
6. 점수 : 1

7. 유적과 출토 상황
陰田小犬田遺跡은 米子市街地의 남서방향 약 2.7㎞, 鳥取와 島根의 현경계가 이어지는 구릉 동측 골짜기의 충적지에 위치한다. 본 유적의 水田層에서는 조몬시대 전기에서 근세에 이르는 시대의 각종유물이 출토되었으며 6세기 말에서 8세기 후반의 토기가 많다. 水田層 아래에서는 자연유로를 발굴하였으며 그 埋土 속에서 목간이 1점 출토되었다. 함께 출토된 유물의 연대는 8세기 후반을 하한으로 한다.

8. 목간

□知□

장방형상으로 뒷면은 박리되어 있다. 좌우측면은 원형을 유지하고 있지만 아래쪽은 2차적으로 절단되었고 위쪽 절단면은 약간 부식되었으며 파손의 유무가 확실히 판단되지 않는다. 3문자가 확인되지만 두 번째 글자의 '知' 외에는 판단이 어렵다. 첫 번째 글자는 '母' 또는 '丑'일 가능성이 있지만 의미는 알 수 없다.

9. 참고문헌

北浦弘人「鳥取·陰田小犬田遺跡」(『木簡硏究』17, 1995年)

鳥取縣教育文化財團『鳥取縣米子市 陰田遺跡群 陰田マノカンヤマ遺跡堤ノ下地區·陰田ヒチリザコ遺跡·陰田小犬田遺跡·陰田荒神谷遺跡(本文編Ⅱ)(寫眞圖版編)』(鳥取縣敎育文化財團調査報告書47) 1996年

8) 目久美遺跡(5次)

1. 이름 : 메구미 유적 (5차)
2. 출토지 : 鳥取縣(돗도리현) 米子市(요나고시)
3. 발굴기간 : 1996.9~1997.2
4. 발굴기관 : (財)米子市教育文化事業團
5. 유적 종류 : 수전·자연유로
6. 점수 : 1

7. 유적과 출토 상황

目久美遺跡은 JR米子驛의 남동 약 600m의 시가지 변두리에 있다. 지금까지의 조사로 조몬시대 초기 말부터 야요이시대 중기의 유적이라는 것이 확인되었다. 이 조사에서는 고훈시대 후기부터 나라시대의 水田의 畦畔, 자연 유로 등을 발굴하였다. 자연 流路에서는 流木와 함께 櫂狀木製品, 호미, 人形 등의 목제품이 출토되었다. 목간은 토갱SK01에서 1점 출토되었으며 이 유구는 직경 1.8m, 단경 1.8m, 깊이 0.2~0.3m로 나라시대의 유물이 출토되었다.

8. 목간

「見見□大大大

9. 참고문헌

高橋浩樹「鳥取·目久美遺跡」(『木簡研究』19, 1997年)

米子市敎育文化事業團埋文調査室『目久美遺跡Ⅴ·Ⅵ一都市計劃道路車尾目久美町線道路改良工事に伴う埋藏文化財發掘調査報告書』(米子市敎育文化事業團文化財發掘調査報告書25) 1998年

9) 大御堂廢寺(1次補足)

1. 이름 : 오미도하이지(1차 보충)
2. 출토지 : 鳥取縣(돗도리현) 倉吉市(구라요시시)
3. 발굴기간 : 1996.11~1997.1
4. 발굴기관 : 倉吉市敎育委員會
5. 유적 종류 : 사원
6. 점수 : 8

7. 유적과 출토 상황

大御堂廢寺는 鳥取縣 중앙부를 북류하는 天神川와 그 지류 小鴨川에 끼어있는 충적평야에 위치한다. 이번 조사는 倉吉파크스퀘어 건설공사에 동반하여 실시되었다. 발견된 목간은 묵서가 쓰인 나무재질의 수도관으로 절 중심부에서 서쪽으로 약 180m 떨어진 지점에 매설되어 있었다. 이 수도관을 설치한 때 끼워놓은 수막새와 굴형 내의 토기는 7세기 말부터 8세기 초로 비정되지만 재료의 벌채 시기는 6세기 말 이후로 추정된다. 절터 동한부근의 溝 SD01에서 묵서토기가 약 160점 출토되었다.

8. 목간

(1)
「 {一} 」

(2)
「 {一} 」

(3)
「□〔子?〕」

(4)
「□〔未?〕」

(5)
「□」

(6)
「□」

(7)
「卯」

(8)
「巳」

한 변이 약 15㎝의 각재목을 세로로 갈라서 뚜껑과 본체 부분으로 나누고 導水부분을 파내었다. 각 재목의 양단은 이어지게끔 한쪽 끝에 장붓구멍을 뚫고 다른 쪽 끝에 돌기를 만들었다. 이러한 양단의 가공을 통해 접합순서를 바꾸는 것은 불가능하다. 길이는 일정하지 않지만 약 5.6m로 보존 상태는 상당히 양호하다. 12개 중 6개 묵서의 柄穴側 右肩隅部에는 番付樣 부호를 뜻하는 한 글자가 뚜껑 윗면과 본체 측면에 각각 세 곳과 다섯 곳, 모두 8곳에서 관찰된다. 뚜껑과 본체를 맞추기 위한 표식이거나 목재수도관을 연결하는 순서를 나타내는 것으로 추측된다.

9. 참고문헌

根鈴智津子「鳥取・大御堂廢寺」(『木簡研究』20, 1998年)

倉吉市敎委『史跡 大御堂廢寺跡發掘調査報告書』(倉吉市文化財調査報告書107) 2001年

10) 大御堂廢寺(久米寺)(4次)

1. 이름 : 오미도하이지(4차)
2. 출토지 : 鳥取縣(돗도리현) 倉吉市(구라요시시)
3. 발굴기간 : 1999.7~2000.3
4. 발굴기관 : 倉吉市敎育委員會
5. 유적 종류 : 사원
6. 점수 : 14

7. 유적과 출토 상황

제4차 조사 출토목간은 목재 수도관에 접속하는 溜枡SE01의 部材와 部材 내 출토 목간이다. 그 部材에 번호를 기입한 묵서가 있으며 樺板 1개에 한 곳, 구석기둥 3개에서 다섯 곳, 土居의 도리 2개에서 두 곳, 총 8곳이 확인되었다. 방위를 한 두 자 적은 것으로 실제의 설치방위에서

90도 서쪽으로 돌아있다. 목간이 출토된 溜枡 내 하층에서는 목제용 제사도구·曲物·匙·건축 부재 등 다량의 목제품 등이 출토되었으며 출토 토기는 7세기 후반부터 8세기의 것이다. 묵흔이 인정된 목간은 삭설 3점과 판독불능의 단편 6점을 포함하여 11점이다. 묵흔이 확인되지 않은 목간 형태의 목제품도 2점이 있다.

8. 목간
　(1)
「東一」(溜枡北邊樺板)
　(2)
北＊東 [×西] 」(溜枡北西隅柱北面)
　(3)
・東」(溜枡北東隅柱北面)
・南」(溜枡北東隅柱東面)
　(4)
・◎南」(溜枡南東隅柱東面)
・西南」(溜枡南東隅柱南面)
　(5)
「南」(土居桁北邊)
　(6)
「□西」(土居桁南邊)
　(7)
・「　　　佛×
　ｏ三日
　　　　聖□〔僧?〕
・「二□一升半□七

ｏ

　　　一升小甲口

　(8)

・僧四

・[　　　]口

　二　　間口

9. 참고문헌

根鈴智津子「鳥取·大御堂廢寺(久米寺)」(『木簡硏究』22, 2000年)

倉吉市教委『史跡 大御堂廢寺跡發掘調査報告書』(倉吉市文化財調査報告書107) 2001年

11) 坂長第 7 遺跡

1. 이름 : 사카쵸다이나나 유적

2. 출토지 : 鳥取縣(돗도리현) 西伯郡(사이하쿠군)

3. 발굴기간 : 2011.8~2011.11

4. 발굴기관 : (財)鳥取縣敎育文化財團

5. 유적 종류 : 고대포함층

6. 점수 : 6

7. 유적과 출토 상황

　坂長第 7 遺跡은 해발 226m의 越敷山에서 북으로 뻗은 구릉과 해발 55m의 長者原台地 사이의 계곡에 입지한다. 이 조사에서는 2006년도 조사와 마찬가지로 조몬시대부터 고대에 사용된 자연 유로 및 중세 이후의 수전을 발굴하였는데 고대까지는 습지, 중세 이후는 수전 경작지로 사용된 것이 확인되었다. 목간은 조사구역 내를 남동에서 북서 방향으로 뻗은 溝 SD30에서 7세기 말에서 8세기 후반 사이에 만들어진 유물과 함께 1점, 고대에서 중세까지의 포함층 속에서 5점 총 6점이 출토되었다.

8. 목간

Ⅱ층
(1)
・「∨□□□□」
・「∨□□□□」

사방이 깎여 있다. 하단의 일부는 결손. 상단의 칼집부분에 끈 자국이 확인되었다. 앞뒤양면에 네 문자 분량의 묵흔이 확인되지만 판독은 되지 않는다. 이러한 형상으로 가공되기 전에 적힌 문자의 일부일지도 모르며, 문자 이외의 것이 적혀 있었을 가능성도 있다.

(2)

星川部小身□〔嶋?〕

상하 양단은 절단, 좌우 양변은 깎여 있다. '星川'에 대해서는 伯耆國上見郡에 星川鄕이 있다. 星川鄕는 본 유적에서 南西側으로 약 2.5㎞ 떨어진 곳에 있었다고 상정된다. 또한 正倉院문서에 적힌 '因幡國高草郡海鄕戶主星川君蟲麻呂'와의 관계가 지적된다.

SD30
(3)
「河村郡合定弐仟漆佰參拾陸束　相見郡合定伍千陸拾弐束　　　　　　　　　　　　四

久米郡定五千壹佰壹拾陸束　　　　　　　　　合三郡定稅員一万二千九百十束」

사방이 깎여 있다. 앞면에는 깎임의 흔적이 현저하며 중앙 부근에 깎다 남은 묵흔이 보이는 것으로 보아 여러 번 사용된 것으로 생각된다. 公出擧에 관한 장부로 생각되며 河村郡 이하 3군의 반납금액 및 그 합계금액이 적혀 있는 것으로 보인다. 합계금액에는 '十束'의 좌측에 '四'가 추가 기입되어 이것으로 계산이 맞아지게 되어 있다.

9. 참고문헌

鳥取縣教育文化財團 『鳥取縣西伯郡伯耆町 坂長第7遺跡2 坂長第8遺跡3――一般國道181號(岸本バイパス)道路改良工事に伴う埋藏文化財發掘調査報告IX』(鳥取縣教育文化財團調査報告書118) 2013年

玉木秀幸 「鳥取・坂長第7遺跡」 (『木簡研究』 35, 2013年)

31. 島根縣

1) 出雲國府跡(68年~70年度調査)(舊, 出雲國廳跡)

1. 이름 : 이즈모코쿠후 터(68년~70년도 조사)

2. 출토지 : 島根縣(시마네현) 松江市(마쓰에시)

3. 발굴기간 : 1968.8~1970.12

4. 발굴기관 : 松江市教育委員會

5. 유적 종류 : 관아

6. 점수 : 11

7. 유적과 출토 상황

出雲國府跡는 出雲國分寺의 남쪽 1㎞에 위치해 있으며 國廳의 정전과 그 북방의 廳舍부분에서 발굴조사가 실시되었다. 正殿을 포함해 掘立柱건물 12동, 溝 수십조, 담 7조가 발굴되었다. 발견된 國廳의 건축유구는 國廳내에서 출토된 토기의 연대로 보아 7세기에서 9세기경으로 판단된다. 목간 출토유구는 南北溝 SD004에서 1점, 東西溝 SD005에서 2점, 상세불명이 7점이다.

8. 목간

(1)

大原評 □磯部 安□

상단·하단은 결손. 뒷면에는 벗겨낸 형태의 깎임이 있다. '□磯部'는 전체로 씨족의 이름일 가능성이 있다. '磯' 위의 문자는 다른 문자와 조금 상이하여 이필(異筆)로 생각되지만 단언은 할 수 없다. 기능적으로는 荷札목간으로 그 이외에 '安□'을 인명이라 본다면 歷名부분을 가진 목간일 가능성도 있다.

(2)

· 「進上兵士財□□〔月万?〕

· 「   〔   〕

상단은 평면으로 깎여져 있으며 하단은 결손되었다. 앞면에는 벗겨 낸 형태의 깎임이 확인된다. 뒷면은 결손. 군단에서 병사를 국부로 진상한 문서목간이나 그때에 작성된 장부목간으로 추정된다. 또 '財'의 좌우방향으로 壓痕 상태의 線刻이 확인된다.

(3)

「□〔中?〕

상단은 평면 깎기와 측면 깎기의 가공이 이루어져 있다. 하단은 결손되었다. 앞뒤 양면 모두 유리로 세공한 듯한 깎임이 확인된다. 측면에 구멍이 있지만 탄 흔적은 확인되지 않았다. 문서는 첫 번째 글자의 우반부가 남아 있으며 거의 중앙에서 세로로 반절되어 있는 것이라 생각된다. '中'의 문자로 본다면 三等의 考第가 세워진 郡司·군단 少毅 이상, 史生, 資人, 國博士·醫師, 外散位에 관계된 考課목간일 가능성이 크다.

9. 참고문헌

松江市教委·出雲國廳跡發掘調査團『出雲國廳の發掘』1970年

松江市教委·出雲國廳跡發掘調査團『出雲國廳跡發掘調査概報』1971年

島根縣教委『出雲國府跡 環境整備報告書』1975年

鬼頭淸明「島根·出雲國廳跡」(『木簡研究』11, 1989年)

木簡學會編『日本古代木簡選』岩波書店, 1990年

平石充「島根·出雲國廳跡(第一一號)·釋文の訂正と追加」(『木簡研究』20, 1998年)

島根縣古代文化センター『山陰古代出土文字資料集成Ⅰ(出雲·石見·隱岐編)』(島根縣古代文化센터調査研究報告書14) 2003年

島根縣教委『史跡出雲國府跡5』(風土記の丘地內遺跡發掘調査報告書18) 2008年

2) 出雲國府跡(01年度調査)

1. 이름 : 이즈모코쿠후 터(01년도 조사)
2. 출토지 : 島根縣(시마네현) 松江市(마쓰에시)
3. 발굴기간 : 2001.5~2001.11
4. 발굴기관 : 島根縣教育廳埋藏文化財調査센터
5. 유적 종류 : 관아
6. 점수 : 7

7. 유적과 출토 상황

1968~70년대의 발굴조사 이후 1994년부터 유적의 범위·구조를 확인하기 위해 다시금 조사를 실시하였다. 조사지는 史蹟公園出雲國廳 터의 북측으로 대형건물터 3동, 掘立柱건물터 3동, 제사유구, 溝 등을 확인하였다. 이 유구들은 8세기 전·후반이 중심연대이며 10세기 전반의 유구도 존재한다. 목간은 제사 토갱 위에 퇴적된 점질토 및 4호구 埋土의 하층에서 출토되었다.

8. 목간

제사토갱
(1)
· 「[   ]　　　□東殿出雲積大山　□□　伊福部大□
· 「□□　□[　　　　　　]

문서목간으로 선단은 산 모양으로 가공되어 있다. 하단과 우변을 결손하고 있지만 현재 상태로 길이 54.4㎝로 상당히 길다. 양면에 묵서가 있지만 판독되는 것은 앞면뿐이며 건물명·인명이 적혀 있다.

(2)

□□□〔建部上?〕

(3)

・蘇□□

・□□〔　　　〕

(4)

「□　　　　　□　□〔二?〕

(5)

・「□　□　　　□

・「□

(6)

〔　　　　　〕　□

【四□】

□頁□頁」

목제품의 앞에 묵서가 있으며 3행 중 중앙의 행의 문자가 반대 방향으로 쓰인 것으로 보아 습서라 생각된다.

4호 溝

(7)

□　　　□　□

□〔崎?〕　□

9. 참고문헌

角田德幸「島根・出雲國府跡」(『木簡研究』24, 2002年)

島根縣教委『史跡出雲國府跡Ⅰ』(風土記の丘地內遺跡發掘調査報告書14) 2003年

島根縣古代文化センター『山陰古代出土文字資料集成Ⅰ(出雲·石見·隱岐編)』(島根縣古代文化センター調査研究報告書14) 2003年

3) 才ノ峠遺跡

1. 이름 : 사이노토게 유적
2. 출토지 : 島根縣(시마네현) 松江市(마쓰에시)
3. 발굴기간 : 1980.5~1980.10
4. 발굴기관 : 島根縣教育委員會
5. 유적 종류 : 취락
6. 점수 : 2

7. 유적과 출토 상황

본 유적은 意宇平野 북변에서 出雲國分寺 터 동측을 지나 大橋川으로 빠지는 계곡의 西側溝릉·사면(Ⅲ구역) 및 계곡부의 수전(Ⅰ·Ⅱ구역)으로 되어 있다. 주요 유구로 Ⅲ구역의 구릉 꼭대기부분 및 경사면의 加工段에서 掘立柱 건물 16동 등이 발굴되었다. 각 유구의 연대는 확정이 어렵지만 유적 전체의 연대는 7세기 후반에서 9세기까지가 중심으로 보인다. 수전에서 曲物·浮標 등의 목제품 외에 土玉·수제토기·土馬·거울형태의 토제품 등 제사용이라 생각되는 유물, 묵서토기 1점이 출토되었다. 목간은 Ⅰ구역의 水田에서 출토되었다.

8. 목간
    (1)
「大□□〔草鄕?〕 」

(2)

返在□〔處?〕

뒷면은 보존상태가 나쁘며 조정의 유무는 확인되지 않는다. 동일한 목간이라 생각된다는 보고도 있지만 접합부가 없기 때문에 2점이라 한다.

9. 참고문헌

島根縣教委·建設省松江國道工事事務所『國道9號線バイパス建設豫定地內 埋藏文化財發掘調査報告書Ⅳ(本文編)(圖版編)』1983年

島根縣古代文化センター『山陰古代出土文字資料集成Ⅰ(出雲·石見·隱岐編)』(島根縣古代文化センター調査研究報告書14) 2003年

平石充「島根·才ノ峠遺跡」(『木簡研究』26, 2004年)

4) 大坪遺跡(99年度調査)

1. 이름 : 오쓰보 유적(99년도 조사)

2. 출토지 : 島根縣(시마네현) 松江市(마쓰에시)

3. 발굴기간 : 1999.11~2000.2

4. 발굴기관 : 松江市教育委員會·(財)松江市教育文化振興事業團

5. 유적 종류 : 습지·條里

6. 점수 : 3

7. 유적과 출토 상황

조사대상지는 松江市의 남동부에 해당하며, 茶臼山의 동남쪽 산기슭에 펼쳐진 수전지대에 위치한다. 본 조사지는 出雲國廳 터에서 북서 500m의 지점으로 고대 山陰道 루트의 최고 유력

후보지이다. 하지만 유구는 야요이토기를 다량으로 포함한 옛 하도와 12세기경으로 추정되는 탄광뿐으로 고대 山陰道의 흔적을 발견하지는 못했다. 하지만 조사구 중앙부근에 퇴적토층의 큰 변화가 확인되므로 그 근방에 條里의 경계가 있었을 가능성은 크다. 목간은 이 경계의 조금 북측에 해당하는 늪지형태 퇴적토층의 최하층에서 출토되었다.

8. 목간

(1)

「恐々謹解□□□

상단이 원형을 유지하고 있지만 좌우에 단차가 생기게 하여 'ㄴ' 형태를 보인다. 하부는 결손되었으며 뒷면은 미조정이다. 묵흔은 두꺼운 문자로 명료하지만 현 시점으로는 앞 4글자만 판독되었다.

(2)

又進□

(3)

□□〔歷?〕□□〔年?〕□

9. 참고문헌

江川幸子「島根·大坪遺跡」(『木簡研究』22, 2000年)

松江市教育文化振興事業團『埋藏文化財課年報Ⅴ 平成12年度』2001年

松江市教委·松江市教育文化振興事業團『市道眞名井神社線整備事業に伴う 大坪遺跡發掘調査報告書』(松江市文化財調査報告書91) 2002年

島根縣古代文化センター『山陰古代出土文字資料集成Ⅰ(出雲·石見·隱岐編)』(島根縣古代文化センター調査研究報告書14) 2003年

5) 面白谷遺跡

1. 이름 : 오모시로다니 유적
2. 출토지 : 島根縣(시마네현) 松江市(마쓰에시)
3. 발굴기간 : 2004.5~2004.12
4. 발굴기관 : 島根縣教育廳埋藏文化財調査センター
5. 유적 종류 : 취락
6. 점수 : 1

7. 유적과 출토 상황

面白谷遺跡은 瑪瑙 산지로 알려진 花仙山에서 북서방향으로 뻗은 해발 약 25m의 舌狀 구릉부와 계곡부에 펼쳐져 있다. 구릉부에서는 고훈시대부터 고대에 이르는 취락, 玉作공방을 발굴하였다. 계곡부의 주변은 2차 퇴적된 산포지로 자연유로 외에 발굴되지 않았다. 목간은 계곡부 水田의 경작토에서 1점 출토되었다. 나라시대일 가능성이 있지만 상세한 것은 알 수 없다.

8. 목간

□等波

9. 참고문헌

島根縣教育廳埋文調査センター・島根縣教委 『縣道浜乃木湯町線(湯町工區)建設に伴う埋藏文化財發掘調査報告書(第2分冊)』 2006年

勝部智明 「島根・面白谷遺跡」 (『木簡研究』 34, 2012年)

6) 中殿遺跡

1. 이름 : 나카도노 유적
2. 출토지 : 島根縣(시마네현) 松江市(마쓰에시)
3. 발굴기간 : 2008.5~2008.10
4. 발굴기관 : (財)松江市教育文化振興事業團·松江市教育委員會
5. 유적 종류 : 취락
6. 점수 : 1

7. 유적과 출토 상황

中殿遺跡은 예로부터 곡창지대로 알려진 美保關町 千酊에 소재하고 있다. 본 조사는 농업기반 정비사업에 따른 것으로 시굴조사 결과 많은 유적이 출토된 몇 곳을 대상으로 조사를 실시한 것이다. 조사 결과, 中殿遺跡에서는 야요이시대 후기에서 고훈시대 전기까지의 자연하도를 단상으로 굴착한 유구나 8세기에서 9세기까지의 掘立柱 건물과 그와 부속하는 抗列이 출토되었다. 목간은 유구에 동반된 것이 아니기 때문에 연대를 특정할 수는 없지만 주변에서는 고훈시대에서 중세 초기까지의 유물이 출토되었다.

8. 목간

· 「∨ □□ 」
· 「∨□□□」

9. 참고문헌

松江市敎委·松江市教育文化振興事業團『千酊條里制遺跡他發掘調査報告書―千酊地區經營体育成基盤整備事業及び千酊地區農業生産法人等育成緊急整備事業に伴う調査』(松江市文化財調査報告書133) 2010年

錦織慶樹「島根·中殿遺跡」(『木簡研究』33, 2011年)

7) 江分遺跡

1. 이름 : 고우와케 유적

2. 출토지 : 島根縣(시마네현) 松江市(마쓰에시)

3. 발굴기간 : 2011.4~2011.7

4. 발굴기관 : (財)松江市教育文化振興事業團·松江市教育委員會

5. 유적 종류 : 유물산포지

6. 점수 : 1

7. 유적과 출토 상황

江分遺跡은 出雲國分寺의 가람중심축에서 도방 140~200m에 소재하며 八重垣神社失線 竹失工區 新世紀道路 사업에 따른 것이다. 조사 결과, 8세기에서 12세기까지의 유물포함층을 확인하였으며 목간 1점이 출토되었다. 목간의 출토지는 出雲國分寺의 금당중심에서 동쪽 180m의 지점으로 出雲國分僧寺와 尼寺의 거의 중간지점에 해당한다.

8. 목간

「∨□〔門?〕□□

상단과 좌우 양변은 직선으로 깎여 있으며 상단부에 가까운 위치에서 좌우로 칼집이 있다. 앞면은 정성스럽게 깎여 있지만 뒷면은 깎임이 조잡하다. 하부는 결손. 문자는 먹이 옅고 후세의 토압에 의해 요철이 심하여 판독이 어렵다.

9. 참고문헌

松江市教委·松江市教育文化振興事業團『八重垣神社竹矢線竹矢工區新世紀道路(生活關連)事業に伴う出雲國分寺跡發掘調査報告書』(松江市文化財調査報告書146) 2012年

江川幸子「島根·江分遺跡」(『木簡研究』34, 2012年)

8) 稻城遺跡

1. 이름 : 이나기 유적
2. 출토지 : 島根縣(시마네현) 出雲市(이즈모시)
3. 발굴기간 : 1991.1
4. 발굴기관 : 斐川町敎育委員會
5. 유적 종류 : 유물산포지
6. 점수 : 1

7. 유적과 출토 상황

稻城遺跡은 縣道개량사업에 따른 시굴조사에 의해 확인된 유적으로 斐川町 남부에 소재하는 佛經山에서 북으로 뻗은 수전지대에 있다. '出雲國風土記'에 보이는 出雲郡 出雲鄕에 해당한다. 조사 결과, 水田面 아래로 1.0~1.5m 퇴적된 올리브흑색토에서 주부목간 1점과 스에키 조각 1점이 출토되었다. 스에키는 헤이안시대 전기의 것이지만 목간의 연대는 알 수 없다.

8.목간

「(符籙)如律令

상단은 圭頭 형태를 하고 있지만 하단은 손상되어 알 수 없다. 상부에 'イ点', 하부에 '如律令'의 주술어구가 적혀 있다. 또한 본 목간에는 '急々'이란 주술어구는 적혀 있지 않다. 적혀 있

는 符籙은 '日'과 '口'의 문자를 조합한 것이다.

9. 참고문헌

金築基「島根·稲城遺跡」(『木簡研究』14, 1992年)

島根縣古代文化センター『山陰古代出土文字資料集成Ⅰ(出雲·石見·隱岐編)』(島根縣古代文化センター調査研究報告書14) 2003年

9) 三田谷Ⅰ遺跡(94年度調査)

1. 이름 : 산타다니Ⅰ유적(94년도 조사)

2. 출토지 : 島根縣(시마네현) 出雲市(이즈모시)

3. 발굴기간 : 1994.4~1994.12

4. 발굴기관 : 島根縣教育廳埋藏文化財センター

5. 유적 종류 : 취락

6. 점수 : 1

7. 유적과 출토 상황

三田谷Ⅰ遺跡은 神戶川우안의 低台地에 위치하는 취락유적이다. 1994년도의 조사지점은 취락터의 연변부에 해당하며 계곡 안쪽에서 소하천의 유로가 곡지형태 지형으로 출토되었다. 이곳에서 조몬시대 후기부터 중세에 이르는 유물이 정리용 상자로 400박스 분량 출토되었다. 목간은 1점으로 이 곡지형태 지형의 복토에서 발견되었다. 목간이 포함된 토층에서는 고대 이전의 유물이 출토되었다.

8. 목간

「高岸神門

　상단은 앞뒤 양면에 보이는 잘림 기법에 의해 절단되어 있으며 하단은 손상되어 있다. '高'의 위에는 연속한 문자가 보이지 않는 점에서 상단은 원형을 유지하고 있다고 생각된다. 『出雲國風土記』에서는 神龜3년(726)에 표기를 '高崖'에서 '高岸'으로 고친 것으로 되어 있어 본 목간도 그 이후의 것이라 추정된다. 또한 神門郡高岸鄕에 대해서는 본 유적 북북서 약 2㎞의 鹽冶町 高西가 이 옛터로 생각된다. 본 목간은 고대의 神門郡과 鄕과의 관계를 생각함에 있어 중요한 자료가 된다.

9. 참고문헌

平石充「島根·三田谷 I 遺跡」(『木簡研究』17, 1995年)

島根縣教育廳埋文調査センター『三田谷 I 遺跡 Vol.3—斐伊川放水路建設予定地內埋藏文化財發掘調査報告書Ⅸ』2000年

島根縣古代文化センター『山陰古代出土文字資料集成 I (出雲·石見·隱岐編)』(島根縣古代文化センター調査研究報告書14) 2003年

10) 三田谷 I 遺跡(95年度調査)

1. 이름 : 산타다니 I 유적(95년도 조사)
2. 출토지 : 島根縣(시마네현) 出雲市(이즈모시)
3. 발굴기간 : 1995.4~1995.8
4. 발굴기관 : 島根縣教育廳埋藏文化財センター
5. 유적 종류 : 취락
6. 점수 : 4

7. 유적과 출토 상황

본 유적은 島根縣의 동부 出雲市의 南郊에 위치하며, 神戶川이 산간부에서 평야부로 흘러나오는 근처의 右岸側 低台地에 입지한다. 수책 형태 유구, 抗列, 토갱, 曲物을 이용한 우물 등이 있으며 고훈시대 중기에서 나라·헤이안시대의 것으로 생각된다. 유물은 다종다양하지만 나라·헤이안시대에 한정한다면 供膳具로 보이는 많은 스에키·하지키가 출토되었으며 묵서토기도 확인되었다. 목간은 묵흔이 확인되는 것을 포함하여 5점 출토되었는데 5점 모두 자연 유로라고 여겨지는 11·12세기 이전의 유물포함층에서 출토되었다.

8. 목간

(1)
「∨(符籙)鬼急々如律令」

(2)
「(符籙)急々如律令

(3)
(符籙)急々如律令

모두 주부목간이다. 묵흔이 떠올라 있어 당시의 비바람에 바래진 것을 알 수 있다. [ ]된 부분은 [梵天□]일 가능성도 있다.

(4)
□□□積豊□

조금 낡고 9세기를 중심으로 하는 유물과 함께 출토되었다. '積'의 위에 두 글자는 판독이 확실하지 않지만 '出雲'으로 판독되지 않는 것도 아니다. 만약 이에 대해 오류가 없다면 '出雲積豊□'은 인명일 가능성이 있다. '出雲積'은 天平6년(734)의 '出雲國計會帳' 속에 보이는 出雲國 출신의 右衛士의 이름이나 같은 11년의 '出雲國大稅賑給歷名帳'의 氏姓으로 확인된다.

(5)

「∨[ ]」

9. 참고문헌

鳥谷芳雄 「島根·三田谷Ⅰ遺跡」 (『木簡研究』19, 1997年)

島根縣教育廳埋文調査センター 『三田谷Ⅰ遺跡 Vol.2一斐伊川放水路建設予定地內埋藏文化財發掘調査報告書Ⅷ』 2000年

島根縣古代文化センター 『山陰古代出土文字資料集成Ⅰ(出雲·石見·隱岐編)』 (島根縣古代文化センター調査研究報告書14) 2003年

11) 三田谷Ⅰ遺跡(97年度調査)

1. 이름 : 산타다니Ⅰ유적(97년도 조사)

2. 출토지 : 島根縣(시마네현) 出雲市(이즈모시)

3. 발굴기간 : 1997.4~1997.12

4. 발굴기관 : 島根縣教育廳埋藏文化財センター

5. 유적 종류 : 취락

6. 점수 : 3

7. 유적과 출토 상황

1994년도까지는 취락 연변부의 조사였으나 본 연도 조사는 좀 더 상류에 해당한다. 나라시대의 溝에서 紀年銘목간 1점이 출토되었다. (*고대 이후의 자료는 제외)

8. 목간

· 　右依大調進上件人　　」

· 感寶元年五月廿一日□□」

　양면 모두 커트글라스 상태의 깎임 흔적이 약간 남아 있다. 상단, 우측면, 좌측면 상반은 결손되어 있지만 하단, 좌측면 하반은 잔존해 있다. 하단은 앞뒤양면의 평면 깎기에 의해 조정되어 있다. 게다가 하단에서 약 15㎜의 위치에는 직경 2~3㎜의 구멍이 양 측면에서 뚫려 있으며 이 구멍이 25㎜에 걸쳐 뒷면에 노출되어 있다. 구멍은 불에 달군 젓가락형태의 물건으로 뚫려진 것 같으며 그 내면이 탄화되어 검게 변한 모습이 적외선카메라로 관찰되었다.

9. 참고문헌

久保田一郎「島根·三田谷Ⅰ遺跡」(『木簡硏究』20, 1998年)

島根縣敎育廳埋文調查センター『三田谷Ⅰ遺跡 Vol.2－斐伊川放水路建設豫定地內埋藏文化財發掘調查報告書Ⅷ』2000年

島根縣古代文化センター『山陰古代出土文字資料集成Ⅰ(出雲·石見·隱岐編)』(島根縣古代文化センター調查硏究報告書14) 2003年

12) 三田谷Ⅰ遺跡(98年度調查)

1. 이름 : 산타다니Ⅰ 유적(98년도 조사)

2. 출토지 : 島根縣(시마네현) 出雲市(이즈모시)

3. 발굴기간 : 1998.4~1998.12

4. 발굴기관 : 島根縣敎育廳埋藏文化財センター

5. 유적 종류 : 취락·관아

6. 점수 : 2

7. 유적과 출토 상황

98년도 조사는 5년에 걸친 조사의 최종연도로서 低台地 위에서는 고훈시대 이전의 유구 외에 7~8세기의 것으로 생각되는 掘立柱건물 15동을 발견하였다. 그중에서도 소형의 總柱건물의 수가 10동으로 일반의 취락과는 다르다. 臺地의 연변부에서는 97년도에 목간이나 묵서토기가 출토된 溝의 나머지를 조사하였다. 유물은 7세기 후반~8세기에 집중되어 있다. 목간은 2점으로 이 溝 깊숙한 곳의 모래가 섞인 점질토층에서 출토되었다.

8. 목간

목간 2점 모두 앞면은 깎임에 의해 조정이 이루어져 있지만, 뒷면은 미조정으로 상단은 절단된 것으로 생각된다. 전체 길이는 불명이지만 두 점 다 폭과 두께가 같다.

(1)

「八野鄕神門米□〔代?〕　　　　□

'八野鄕'는 『出雲國風土記』에 있는 神門郡 八野鄕로 현재의 出雲市 失野町 주변으로 비정된다. 그에 이어서 인명의 아래에 다섯 문자분 정도의 공백을 가지며 그 아래에 한 문자 확인되었다. 神門은 神門郡을 본령으로 하는 씨족으로 『出雲國風土記』에 大領神門臣의 저명이 있으며 天平11년 '出雲國大稅賑給歷名帳'에서는 神門臣族·神門部가 보인다.

(2)

「高岸三上部茂×

'高岸'은 神門郡高岸鄕으로 현재 出雲市鹽冶町에 古西의 오래된 이름이다. 『風土記』에 의하면 '高崖'에서 '高岸'으로 고쳐졌다. 첫 번째 목간과 같이 지명과 인명이 이어지지만 도중에 손상되어 있다.

9. 참고문헌

島根縣教育廳理文調査センター 『斐伊川放水路發掘物語Part5』 1999年

熱田貴保 「島根·三田谷Ⅰ遺跡」 (『木簡硏究』 21, 1999年)

島根縣教育廳埋文調査センター『三田谷Ⅰ遺跡 Vol.2―斐伊川放水路建設予定地內埋藏文化財發掘調査報告書Ⅷ』2000年

島根縣古代文化センター『山陰古代出土文字資料集成Ⅰ(出雲・石見・隱岐編)』(島根縣古代文化センター調査研究報告書14) 2003年

13) 靑木遺跡(02年度調査)

1. 이름 : 아오키 유적(02년도 조사)

2. 출토지 : 島根縣(시마네현) 出雲市(이즈모시)

3. 발굴기간 : 2002.5~2003.3

4. 발굴기관 : 島根縣教育廳埋藏文化財センター

5. 유적 종류 : 관아 관련 유적

6. 점수 : 73

7. 유적과 출토 상황

靑木遺跡은 北山에서 남으로 흐르는 湯屋谷川에 의해 형성된 선상지의 연변부에 위치한다. 국도 431호 도로개축사업에 따라 2001년부터 발굴조사를 실시하였다. 야요이시대 전기에서 중세에 이르는 복합유적으로서 야요이시대의 유구면인 墓壙內에서는 近畿式 銅鐸의 귀걸이가 인골과 함께 출토되었고 또 四隅突出型噴丘墓도 발견되었다. 고대의 유구로서는 초석건물·掘立柱건물과 溝 형태의 유구 등이 있으며 초석건물은 일부 초석이 빠져나가 있었지만 성토를 하여 초석을 놓았다. 시기는 8세기 후반에서 9세기 초 무렵으로 생각된다. 목간은 고대 86점, 중세 1점으로 총 87점 출토되었다. (*고대 이후는 제외)

8. 목간

Ⅰ구 SX01

(1)

「□稲祀□□□宅部

　　□〔以?〕祓給造□〔玉?〕人」

　부러진 산뽕나무 가지의 수피를 벗긴 상태로 그 이상의 성형을 하지 않고 묵서한 자료이다. 과실류가 들어 있던 하지키 옹기의 埋納坑SX01의 바닥부에서 출토되었다.

Ⅰ구 SX50ヵ

(2)

・「部富自姪富□者買□

・「莫其故者今天宜承知■目今□

　풍화에 의해 앞면이 울퉁불퉁한 형태로 거칠어진 자료로 書狀的인 내용이지만 어지럽게 쓰여 있다. 수습할 때 혼란이 있어 정확한 출토지점은 알 수 없지만 SX50 출토일 가능성이 크다.

Ⅳ구 유물포함층 출토

(3)

・「　　　　　　　　　　　　　　　　　　　　　　　　o

　売田券　船岡里戸吉備部忍手佐位宮税六足不堪進上」

　　　　　　　　　　天平八□〔年?〕十二月十日[　　]

・仍□□〔口分?〕船越田一段進上

　　　　　　□〔郷?〕長若倭部臣□麻□〔呂?〕[　　]」

　　　　　　　　　　　　　　o

　보존처리에 의해 뒷면하단에 부착되어 있던 흑색물질이 약간 제거되어 '天平八年(736)

十二月十日'의 날짜, 鄕長 등을 새롭게 해석할 수 있었다. 또 뒷면의 船越田도 口分田으로 추정되며 본 목간이 貰租에 관련된 사료일 가능성이 크다고 할 수 있다.

9. 참고문헌

今岡一三「島根·靑木遺跡」(『木簡研究』25, 2003年)

島根縣教育廳埋文調査センター『一般國道431號道路東林木ＢＰ發掘調査槪報―山持遺跡 靑木遺跡の槪要』2004年

島根縣教育廳埋文調査センター『靑木遺跡Ⅱ 弥生~平安時代編―國道431號道路改築事業 (東林木バイパス)に伴う埋藏文化財發掘調査報告書3』2006年

平石充「島根·靑木遺跡 (第二五·二六號)·釋文の訂正と追加」(『木簡研究』30, 2008年)

14) 山持遺跡(6區)(7次)

1. 이름 : 잔모치 유적(6구) (7차)
2. 출토지 : 島根縣(시마네현) 出雲市(이즈모시)
3. 발굴기간 : 2006.5~2006.12
4. 발굴기관 : 島根縣教育廳埋藏文化財センター
5. 유적 종류 : 도로유구
6. 점수 : 4

7. 유적과 출토 상황

山持遺跡은 出雲평야의 북변, 北山山系의 남쪽 산기슭에 위치하며 伊努谷川에 의해 형성된 소선상지 및 그 연변부에 위치하는 야요이시대에서 에도시대에 걸쳐진 복합유적이다. 2006년도 조사에서 출토된 주요 유구로는 고훈시대 전기의 토기더미, 나라·헤이안시대의 도로형태 유구 등이 있다.

목간은 도로형태 유구의 주변에서 4점 출토되었다. 도로 축조 후의 道路法面에서 1점, 옛 河道의 퇴적층 및 도로의 성토 속에서 2점, 옛 河道의 퇴적층에서 1점 출토되었다. 마지막 목간은 도로 축조 후에 폐기된 것으로 인물이 그려져 있다.

8. 목간

(1)

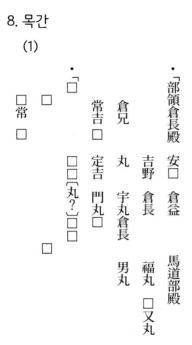

상단을 잘라 부러뜨려 다듬어서 方頭형태이며, 하단은 결손되어 있어 알 수 없다. 뒷면은 풍화가 심하다. 歷名風의 목간으로 '部領倉長殿'과 '馬道部殿'의 각각 관계된 인명이 상하 2단의 그래프로 나뉘어 적혀 있다. '倉長'은 그 외에는 보이지 않지만 倉의 관리에 관계된 役職名이라 생각된다. 노무관리 관계 목간이라 생각된다.

(2)

「神戸額田部□間

상단은 명료하지 않지만, 方頭형태임을 추정할 수 있고, 하단은 결손으로 인해 알 수 없다.

(3)

「伊努鄕若倭部□□」

상단을 깎아 조정하여 方頭형태로 가공하였으며 하단은 付札형태로 뾰족하다. 하단부의 문자가 적힌 이후에 2차적으로 付札형태로 가공된 것으로 보인다.

9. 참고문헌

島根縣敎育廳埋文調査センター『山持遺跡・里方本鄕遺跡の調査ー東林木バイパス發掘調査槪報』2007年

原田敏照「島根・山持遺跡」(『木簡硏究』30, 2008年)

島根縣敎育廳埋文調査センター『山持遺跡Vol.5(6區)ー國道431號道路改築事業(東林木バイパス)に伴う埋藏文化財發掘調査報告書7』2009年

15) 白坏遺跡(1次)
16) 白坏遺跡(2次)

1. 이름 : 시라쓰키 유적(1차), (2차)

2. 출토지 : 島根縣(시마네현) 大田市(오다시)

3. 발굴기간

　　1) 1차 - 1987.11~1988.2

　　2) 2차 - 1988.4~1988.7

4. 발굴기관 : 大田市敎育委員會

5. 유적 종류 : 취락

6. 점수

　　1) 1차 - 3

2) 2차 - 22

7. 유적과 출토 상황

白圻遺跡은 大田市街地에서 남쪽으로 약 14㎞, 서쪽에서 동쪽으로 뻗은 구릉의 계곡 및 계곡 출두에 형성된 선상지상에 위치한다. 이 부근의 水田에는 나라시대를 중심으로 한 시기의 유물산포가 확인되었다. 조사 결과, 계곡의 중앙부를 東流하는 고훈시대 이후의 폭 5~8m의 자연유로가 확인되었고 그 북측에 나라시대 이후의 건물터를 확인하였다. 상당한 수의 구덩이가 확인되었고 고훈시대에서 중세 후기까지 장기에 걸쳐 운영된 복합유적임이 밝혀졌다. 목간은 계곡의 중앙을 흘렀던 자연유로의 기슭 부근에서 다수의 목제품·하지키·스에키와 함께 25점 출토되었다.

8. 목간

(1)

「∨止知一斛　尙世名∨」

물품명을 기재한 것. '止知'는 상수리나무의 열매라 추측되며 당시의 식사나 식생을 생각함에 있어 흥미 깊은 자료이다.

(2)

「人上　三主

(3)

一	二	三	四	五	六	七	八	九
×	□	九	九	×	九	九	八	々
	□	廿	卅		□	×	七	八
	□	×	×		□	×	×	□
								×

九九段 목간이라 생각되는 것도 출토되었다. 9의 단에서 위로 변수, 아래로 정수의 9를 놓고 있다. 구구단 목간의 출토 예를 고대로 한정짓는다면 平城宮·藤原宮·長岡宮·但馬國府·奈

良稗田 유적 등이 알려져 있지만 畿內 주변 이외의 지방 출토 예로서 중요한 자료이다.

9. 참고문헌

遠藤浩巳「島根·白圷遺跡」(『木簡研究』10, 1988年)

大田市教委『白圷遺跡發掘調査概報』(大田市埋藏文化財調査報告8) 1989年

島根縣古代文化センター『山陰古代出土文字資料集成Ⅰ(出雲·石見·隱岐編)』(島根縣古代文化センター調査研究報告書14) 2003年

17) 五丁遺跡

1. 이름 : 고쵸 유적
2. 출토지 : 島根縣(시마네현) 大田市(오다시)
3. 발굴기간 : 2006.4~2006.12
4. 발굴기관 : 島根縣教育廳埋藏文化財センター
5. 유적 종류 : 수전
6. 점수 : 1

7. 유적과 출토 상황

五丁遺跡은 주변지역에서는 가장 큰 평야인 仁摩평야의 해발 6~7m의 충적지에 소재한다. 본 유적은 條里制를 계승한 토지구획을 바탕으로 한 수전이다. 야요이시대부터 중세의 유적이 출토되었으며 그중 나라·헤이안시대의 유구로는 현재의 條里制 하에 1町 당 만들어진 것으로 보이는 畦畔을 확인하였다. 목간은 D1구의 유구 외 흑차색 점질토에서 1점 출토되었다. 이 토층은 條里制의 畦畔을 절반 정도 피복하는 토층이며 목간과 함께 출토된 유물은 대부분이 9세기경의 것이다.

8. 목간

「宅□□〔鄕?〕長

　기재내용과 관련하여 邇摩郡에는 託農鄕·託農驛家의 존재가 알려져 본 유적에서 북으로 2.5㎞ 정도의 장소에 遺稱地인 宅野町이 존재한다.

9. 참고문헌

　島根縣敎育廳埋文調査センター·國土交通省中國地方整備局·島根縣敎委 『五丁遺跡 庵寺遺跡Ⅰ 於才迫遺跡──一般國道9號仁摩溫泉津道路建設豫定地內埋藏文化財發掘調査報告書2』 2009年

　平石充 「島根·五丁遺跡」 (『木簡硏究』 32, 2010年)

18) 中尾 H 遺跡

1. 이름 : 나카오 H유적
2. 출토지 : 島根縣(시마네현) 大田市(오다시)
3. 발굴기간 : 2010.5~2010.12
4. 발굴기관 : 島根縣敎育廳埋藏文化財センター
5. 유적 종류 : 취락
6. 점수 : 1

7. 유적과 출토 상황

　본 유적은 島根縣 大田市의 북동부에 위치하며 江谷川의 지류에 의해 형성된 소계곡부에 소재한다. 조사는 일반국도 9호선 개축공사에 따라 실시되었다. 목간은 1구의 자연유로 혹은 범람원으로 보이는 지점의 암회색점질토층에서 1점 출토되었다. 이 층은 12세기에 유입된 도자기를 하한으로 하는 유물포함층으로 다른 출토유물로는 나라·헤이안시대의 스에키, 하지키, 轉用硯, 須惠質土馬 등이 있다.

8. 목간
- 「∨二斗一升二合」
- 「∨　　　　石□〔花?〕」

상단은 절단 후 약간 조잡하게 조정되었으며 좌우에서 칼집을 넣었다. 하단부는 수평방향으로 잘라 부러뜨렸다. 앞뒤 같은 필체이며 石花인듯 보이는 산물의 '斗一升二合'이라는 수량을 적은 付札목간이라 생각된다. 石花는 隣國의 『出雲國風土記』 嶋根郡의 條에 '北海'의 산물로 보인다. 그러므로 해당 장소는 고대에 石見國 安濃郡 刺鹿鄉에 속했다고 추정된다.

9. 참고문헌
鳥谷芳雄「島根·中尾H遺跡」(『木簡研究』34, 2012年)
島根縣教育廳埋文調査センター·島根縣教委『門遺跡 高原遺跡 I 區　中尾H遺跡――一般國道9號(朝山大田道路)改築工事に伴う埋藏文化財發掘調査報告書1』2013年

19) 大婦け遺跡

1. 이름 : 오부케 유적
2. 출토지 : 島根縣(시마네현) 鹿足郡(카노아시군)
3. 발굴기간 : 2005.8~2005.12
4. 발굴기관 : 津和野町教育委員會
5. 유적 종류 : 수전
6. 점수 : 1

7. 유적과 출토 상황

大婦け遺跡은 津和野町木部지구에 있는 남북 약 2.7㎞의 長野분지 중앙부 서변에 위치한다. 조사 결과 고대의 水田유구가 발굴 되었으며 포함층에서 다수의 유물이 출토되었다. 출토된 유물 가운데 논두렁을 구성하는 용도전화된 목제품, 스에키, 하지키 이외에 다수의 鑛滓·鞴羽口 등이 있어 근처에서 고대에 금속생산이 이루어진 것으로 보인다. 목간은 조사구 북동부의 수전유구에 관련된 溝狀 유구 SD6에서 1점 출토되었다. 목간은 다른 목제유물과 혼재한 상황으로 溝 상류부의 상면 부근에서 출토되었다. 이 유구에서는 8세기경의 스에키의 뚜껑이 출토되어 유구 및 목간의 시기도 이쯤으로 생각된다.

8. 목간

· □〔件?〕供　物
· □□

9. 참고문헌

宮田健一「島根·大婦け遺跡」(『木簡研究』29, 2007年)

津和野町敎委『木部地區發掘調査報告書－土居丸館跡·本鄕遺跡·大婦け遺跡』(津和野町埋藏文化財報告書6) 2008年

32. 岡山縣

1) 肩脊堀の内遺跡

1. 이름 : 가타세호리노우치 유적
2. 출토지 : 岡山縣(오카야마현) 岡山市(오카야마군)
3. 발굴기간 : 1982.8
4. 발굴기관 : 瀨戶町敎育委員會
5. 유적 종류 : 城館
6. 점수 : 1

7. 유적과 출토 상황

본 조사 지역은 나라시대부터 에도시대에 걸친 館跡이다. 목간은 堀狀 유구 표토의 약 1.4m 밑에서 1점 출토되었다.

8. 목간

```
「                   □德二年
 奉轉読大□□經[     ]百巻守護砌也
                   二月廿日            」
```

재질은 삼나무이고, 상단이 山型으로 깎여 있다.

9. 참고문헌

吉岡永一「岡山·肩脊堀の内遺跡」(『木簡研究』5, 1983年)
瀨戶町史編纂委員會『瀨戶町誌』1985年

2) 川入·中撫川遺跡(法万寺Ⅳ調査區)

1. 이름 : 가와이리·나카나쓰카와(호만지Ⅳ조사구)
2. 출토지 : 岡山縣(오카야마현) 岡山市(오카야마군)
3. 발굴기간 : 2000.4~2001.3
4. 발굴기관 : 岡山市埋藏文化財センター
5. 유적 종류 : 취락
6. 점수 : 1

7. 유적과 출토 상황

川入·中撫川遺跡은 足守川 유역의 퇴적평야 좌측 언덕에 입지한다. 앞선 조사에서 築地狀 유구가 확인되었고, 平城宮式 기와가 출토되었다. 본 조사에서도 아스카시대부터 나라시대의 건물군 등이 확인되는 등 고대 항만시설이었을 가능성도 지적되고 있다. 목간은 우물에서 출토되었다. 함께 출토된 토기 등으로 미루어 나라시대의 것으로 추정된다.

8. 목간

```
·          田            都□〔都?〕 □
           □〔田?〕      □〔都?〕
·     □          友  □
     □〔之?〕  友      友
```

습서 목간으로 추정된다. 상단은 불태워져 손상되었고 좌우 양단은 손상되어 있어 원형을 알 수 없다.

9. 참고문헌

岡山市敎委『岡山市埋藏文化財センター年報Ⅰ 2000(平成12)年度』2002年

安川満「岡山·川入·中撫川遺跡」(『木簡研究』24, 2002年)

3) 美作國府跡(縣3次)

1. 이름 : 미마사카코쿠후 터(현3차)
2. 출토지 : 岡山縣(오카야마현) 津山市(쓰야마시)
3. 발굴기간 : 1971.4~1972.3
4. 발굴기관 : 岡山縣教育委員會
5. 유적 종류 : 관아
6. 점수 : 1

7. 유적과 출토 상황

美作國府는 中國山地와 吉備고원 사이의 분지에 위치한다. 美作國와 관련해서는 『續日本紀』 和銅 6년(713) 4월 乙未條에 '割備前國六郡, 始置美作國'라고 기록되어 있어 備前國 북부의 여섯 郡을 나누어 성립되었다고 한다. 나라시대에서 헤이안시대 초기를 중심으로 한 유구로서 구릉부에서 掘立柱 건물 6채·우물·토갱 등이 확인되었다. 목간은 우물 옆에서 출토되었다.

8. 목간

「[   ]」

하단이 齋串처럼 뾰족하다.

9. 참고문헌

岡山縣教委『中國縱貫自動車道建設に伴う發掘調査3』(岡山縣埋藏文化財發掘調査報告 6) 1974年

津山鄉土博物館『美作國府―埋もれた古代の役所』展示圖錄, 1995年

岡田博「岡山・美作國府跡」(『木簡研究』19, 1997年)

33. 廣島縣

1) 安芸國分尼寺跡(1次)

1. 이름 : 아키코쿠분니지 터(1차)
2. 출토지 : 廣島縣(히로시마현) 東廣島市(히가시히로시마시)
3. 발굴기간 : 1977.11~1977.12
4. 발굴기관 : 廣島縣教育委員會
5. 유적 종류 : 사원·취락
6. 점수 : 1

7. 유적과 출토 상황

安芸國分尼寺跡에 대해서는 종래 지명 등으로 미루어 國分寺跡의 동쪽에 인접한 지점으로 추정되었으나 조사에서 사원터라 단정할 수 있을 만한 유구는 확인되지 않았다. 유물은 목간 외에 나라·헤이안시대의 기와·토기·도기 등이 출토되었다. 목간은 남북 방향의 溝 안에서 나라·헤이안시대의 기와, 토기가 함께 출토되었다.

8. 목간

・「養方□□×

・[   ]

상단은 칼로 잘려 있고 하부는 손상되어 있다. 또한 앞면 일부에 불에 탄 흔적이 있다. 내용은 분명치 않다.

9. 참고문헌

廣島縣教委『安芸國分尼寺跡―第1次調査槪要』1978年

松下正司·山縣元「廣島·安芸國分尼寺傳承地」(『木簡硏究』2, 1980年)

2) 安芸國分寺跡(12次)

1. 이름 : 아키코쿠분지 터(12차)
2. 출토지 : 廣島縣(히로시마현) 東廣島市(히가시히로시마시)
3. 발굴기간 : 2000.8~2000.11
4. 발굴기관 : (財)東廣島市敎育文化振興事業團
5. 유적 종류 : 사원
6. 점수 : 83

7. 유적과 출토 상황

安芸國分寺跡은 廣島縣 서부이자 고대 安藝國 거의 중앙에 펼쳐진 西條 분지의 북측 단구 위에 위치한다. 본 조사는 중심가람 동측의 유구와 옛 지형의 상황을 파악하는 목적으로 진행되었다. 조사 결과 9세기 전반~중엽의 南北溝 SD450이 확인되었고 토갱 SK451의 존재도 밝혀졌다. 목간은 토갱에서 다량의 목제품, 묵서 토기 등과 함께 출토되었다. 목간은 50점 이상 출토되었으며 일부 削屑도 확인된다. 함께 출토된 묵서 토기는 각각 8세기 중엽의 것으로 추정된다.

8. 목간

(1)

- 　　『之之之』
- □　　□〔四?〕斗 目大夫御料者　送人　秦人乙麿 付□□
　　　　　　『之之之之　之　之之　之之秦秦秦秦』
- ×□〔嶋?〕天平勝寶二年四月卄九日帳佐伯マ足嶋

55㎝ 이상의 대형 목간이다. 國分寺跡 출토의 기년 목간에서 가장 오래된 것이다. '帳'이 主帳을 생략한 것이라면 '足嶋'가 主帳을 맡는 某郡에서 國分寺 체재 중의 安芸國의 目에게 보낸 물품의 送狀으로 볼 수 있다. 혹은 目의 요청을 받아 '足嶋'가 작성한 國分寺 법회에 대한 寄進狀

일 가능성도 있다. 상단은 세로로 여러 번, 가로로도 칼을 넣어 부수어져 있다. 하단은 썩고 측면은 깎아 정형되어 있다.

(2)
・御料二升五合 『容客人□〔惠?〕得□□□』   」
・□〔升?〕五合
　　　　　　　　七日用米三斗八升五合　廿日安藝郡□□〔下坐?〕」

米의 지급 등에 관한 기록 목간이라 생각된다. 하단은 뒷면으로부터 칼을 넣어 분리되어 있고 상단은 앞면으로부터 칼을 넣어 접혀 있으며 측면은 깎아 조정되어 있다.

(3)
・　　　　　　　　□□〔薦?〕×　　　　□
×□鄉鋪設事
　　　　　　茵二枚　　　葆□〔二?〕
・　　　　　　　　□〔薦?〕一枚　　□〔座?〕茵二□
□〔鄉?〕鋪設事
　　　　　　　□□枚　　□□〔葆三?〕枚

상하 두 편에 나뉘어 출토되었다. 폐기되었을 때 파단된 것으로 생각된다. 상·하단은 꺾여 결손되었고 측면은 깎아 조정되어 있다. 좌석의 설영 작업을 鄕 단위로 할당한 것을 말해 주는 것으로 보인다.

(4)
・　　　　　　　　　　[　　]
[　　　]　□□共(供)養用米事
・　　　　　　　[　　　　　]
　　二[　　]　□人
　　　　　　　[　　　　　　　]

상단은 뾰족하게 깎여 있고 하단은 자르고 꺾여 있으며 측면은 깎아 조정되어 있다. 단책형 목간의 일단을 뾰족하게 만들고 중간에 구멍을 뚫어 어떠한 도구로 재이용하였을 가능성이 있다.

　(5)

「∨佐伯郡米五斗」

　佐伯郡에서 발급된 米의 하찰이다.

9. 참고문헌

東廣島市教育文化振興事業團『阿岐のまほろば』(文化財センター報21) 2001年

東廣島市教育文化振興事業團『史跡安芸國分寺跡－出土木簡とその概要』(阿岐のまほろば特集號) 2001年

東廣島市教育文化振興事業團『西條町吉行 史跡安芸國分寺跡發掘調査報告書Ⅳ－第12次·第13次調査の記錄』(文化財センター報告書36) 2002年

妹尾周三·佐竹昭「廣島·安芸國分寺跡」(『木簡研究』24, 2002年)

渡邊昭人·關廣尙世·佐竹昭「廣島·安芸國分寺跡(第二四號)·釋文の訂正と追加」(『木簡研究』26, 2004年)

3) 安芸國分寺跡(25次)

1. 이름 : 아키코쿠분지 터(25차)

2. 출토지 : 廣島縣(히로시마현) 東廣島市(히가시히로시마시)

3. 발굴기간 : 2004.11~2005.1

4. 발굴기관 : ㈶東廣島市教育文化振興事業團

5. 유적 종류 : 사원

6. 점수 : 1

7. 유적과 출토 상황

安芸國分寺跡은 廣島縣 서부, 고대 安藝國 중앙의 西條 분지 북측 언덕 위에 위치한다. 25차 조사에서는 掘立柱의 흔적이 확인되었다. 목간은 7점이 출토되었으나 판독 가능한 것은 1점밖에 없다.

8. 목간

「∨高宮　」

상단은 圭頭狀으로 정리되어 있다. 하단은 손상되었고 앞면은 風化되어 있다.

9. 참고문헌

石垣敏之「廣島·安芸國分寺跡」(『木簡研究』28, 2006年)

東廣島市教育文化振興事業團『西條町吉行 史跡安芸國分寺跡發掘調査報告書Ⅷ』(文化財センター報告書51) 2006年

4) 郡山城下町遺跡

1. 이름 : 고오리야마죠우카마치 유적
2. 출토지 : 廣島縣(히로시마현) 安芸高田市(아키타카타시)
3. 발굴기간 : 1993.9~1994.3
4. 발굴기관 : (財)廣島縣埋藏文化財調査センター
5. 유적 종류 : 취락
6. 점수 : 1

7. 유적과 출토 상황

郡山城下町遺跡은 廣島縣 북부 중앙의 高田郡 吉田町에 위치하고 廣島市街地 동북 45㎞, 3차 시가지 남서 약 26㎞ 거리에 있다. 조사 결과 石敷나 석조유구·초석건물·掘立柱 건물 등이 확인되었다. 토기, 목간, 그릇, 기와 등이 출토되었다. 목간은 8~9세기의 토기와 함께 출토되었다.

8. 목간

· 「 　　　　　　　　占マ連千足

　高宮郡司解　　　　　　　　□□

　　　　　　　　□マ麻呂　　　　　□

· □□　　　　　　　　　　　□マ　□〔連?〕□

　□〔葛?〕木マ□〔直?〕子人占マ連千足海マ□〔首?〕口良□人

　나라~헤이안시대의 上申문서로 생각된다. 자세한 내용은 분명치 않다.

9. 참고문헌

伊藤公一「廣島·郡山城下町遺跡」(『木簡研究』16, 1994年)

廣島縣埋文調査センター『郡山城下町遺跡ー吉田郵便局廳舍新築工事に伴う埋藏文化財の發掘調査』(廣島縣埋藏文化財調査センター調査報告書135) 1995年

5) 下岡田遺跡(2次)

1. 이름 : 시모오카다 유적(2차)

2. 출토지 : 廣島縣(히로시마현) 安芸郡(아키군)

3. 발굴기간 : 1964.3

4. 발굴기관 : 府中町教育委員會

5. 유적 종류 : 관아

6. 점수 : 2

7. 유적과 출토 상황

下岡田 유적은 安藝國府의 소재지로 추정되는 廣島市 東郊, 安藝郡 府中町 서북단에 위치하며 서남으로 나온 작은 언덕의 남단에 소재한다. 조사에서는 고대의 초석건물터, 掘立柱 건물의 흔적, 우물 등이 확인되었으며 목제품과 함께 목간이 출토되었다. 또한 나라·헤이안시대의 토기, 도기편, 曲物, 기와 등이 출토되었다. 확인된 유구 및 유물 등으로 미루어 관아터로 추정된다.

8. 목간

(1)

「∨高田郡□〔庸?〕□□」

'高田郡'은 유적이 소재하는 安藝郡의 북쪽에 인접한 군이다.

(2)

「∨久良下六俵入」

'久良下'를 어떻게 읽는지 분명치 않다.

9. 참고문헌

府中町教委·府中町重要文化財保護協會『府中町下岡田古代建築群遺跡調査報告Ⅱ 第2次發掘調査概報』1964年

松下正司「廣島·下岡田遺跡」(『木簡研究』3, 1981年)

木簡學會編『日本古代木簡選』岩波書店, 1990年

34. 山口縣

1) 長門國分寺跡(國分寺地區)(81年度調査)

1. 이름 : 나가토코쿠분지 터(81년도 조사)
2. 출토지 : 山口縣(야마구치현) 下關市(시모노세키시)
3. 발굴기간 : 1981.4~1981.12
4. 발굴기관 : 下關市教育委員會
5. 유적 종류 : 사원
6. 점수 : 1

7. 유적과 출토 상황

長門國分寺跡은 추정 長門國府域 서북 끝에 접하며 國分寺川을 사이에 두고 서쪽의 准提峯 동남쪽 산기슭에는 長門鑄錢所跡, 북쪽에는 安養寺遺跡이 있다. 목간은 LX101이라 불리는 유구의 埋積土 최상층에서 출토되었다. 상한 연대는 분명치 않으나 목간과 함께 출토된 유물로 미루어 8세기 중엽이 하한으로 추정된다.

8. 목간

「　大大
　　凡
　　大大大
　凡　大大
　凡凡大大
　　□　□　□　」

습서 목간이다.

9. 참고문헌

下關市敎委『長門國分寺—長門國府周邊遺跡發掘調査報告Ⅴ』1982年

水島稔夫「山口·長門國分寺跡」(『木簡硏究』10, 1988年)

山口縣『山口縣史 史料編 古代』2001年

2) 長門國分寺跡

1. 이름 : 나가토코쿠분지 터
2. 출토지 : 山口縣(야마구치현) 下關市(시모노세키시)
3. 발굴기간 : 1987.12~1988.5
4. 발굴기관 : 下關市敎育委員會
5. 유적 종류 : 사원
6. 점수 : 1

7. 유적과 출토 상황

長門國分寺跡은 長門國府 추정 구역 가운데 중심 시설이 분포하는 字龜의 甲周邊域 砂礫台地 북변에 입지한다. 조사 결과 國分寺 창건기 이전의 유구로서 溝 L120A가 확인되었다. 자연퇴적으로 추정되는 유구의 埋積土는 상하로 구분되는데, 상층의 매적 연대는 유물의 연대로 미루어 나라시대로 추정된다. 여기서 목간 1점이 출토되었다.

8. 목간

□三荷遣故領不有

한 면에 묵서가 확인된다. 상단은 꺾여 손상되었고 하단은 잘려 있다. 좌측면은 갈라져 손상되었고 우측면은 깎여 있다. 내용은 어떠한 물품의 송부에 관한 문서목간의 일부로 생각되나 확실치 않다.

9. 참고문헌

下關市敎委·神鋼興産(株)『長門國分寺―長門國府跡周邊遺跡發掘調査報告Ⅵ』1988年

濱﨑眞二「山口·長門國分寺跡」(『木簡研究』26, 2004年)

3) 延行條里遺跡(八幡ノ前地區)(08年度調査)

1. 이름 : 노부유키조리 유적(08년도 조사)
2. 출토지 : 山口縣(야마구치현) 下關市(시모노세키시)
3. 발굴기간 : 2008.10~2009.1
4. 발굴기관 : 下關市敎育委員會
5. 유적 종류 : 취락
6. 점수 : 1

7. 유적과 출토 상황

延行條里遺跡은 綾羅木川 하류 유역에 형성된 綾羅木平野(川中平野)의 넓은 범위에 위치하며 해발 2~6m의 퇴적평야에 입지한다. 확인된 주요 유구는 우물 2기로 그 가운데 1기는 출토유물로 보아 고대(8세기 말)의 것으로 추정된다. 목간은 그 우물 안에서 출토되었다.

8. 목간

「弓削畳万呂　」

상단 및 좌우 양변은 깎아 정형되어 있고 하단은 꺾여 손상되어 있다.

9. 참고문헌

藤本有紀「山口·延行條里遺跡(八幡ノ前地區)」(『木簡研究』32, 2010年)

下關市教委『下關市文化財年報3－平成20(2008)年度の記錄』2011年

下關市教委『延行條里遺跡(餅田·六ノ坪·八幡ノ前地區) 八幡遺跡 下有富遺跡(前ノ田地區)

觀音

堂古墳－市道有富·延行線道路改良工事に伴う發掘調查報告書』(下關市文化財調查報告書

32) 2011年

4) 二刀遺跡

1. 이름 : 니토 유적
2. 출토지 : 山口縣(야마구치현) 下關市(시모노세키시)
3. 발굴기간 : 2002.1~2002.2
4. 발굴기관 : 土井ヶ浜遺跡人類學ミュージアム
5. 유적 종류 : 취락
6. 점수 : 1

7. 유적과 출토 상황

二刀遺跡은 沖田川 좌측 언덕의 저습지에 위치하며 야요이시대 전기부터 근세에 걸친 복합 유적이다. 조사구역의 퇴적층은 Ⅰ~Ⅵ층으로 구별되며 Ⅲ~Ⅴ층이 유물 포함층이다. 특히 7세기~9세기의 토기가 눈에 띈다. 목간은 Ⅴ층에서 1점 출토되었다. 출토된 유물의 양상으로 미루어 8세기~9세기의 것으로 추정된다.

8. 목간

「∨[   ]」

　거의 완형이다. 상단에 홈이 있다. 판독은 불가하다.

9. 참고문헌

　土居ヶ浜遺跡人類學ミュージアム『二刀遺跡·丸山遺跡·神田口遺跡—國營農地再編整備事業に伴う阿川·土居地區埋藏文化財發掘調査報告書』(山口縣豊北町埋藏文化財調査報告書24) 2003年

　小林善也「山口·二刀遺跡」(『木簡研究』28, 2006年)

5) 周防國府跡(47次)

　1. 이름 : 스오코쿠후 터(47차)

　2. 출토지 : 山口縣(야마구치현) 防府市(호후시)

　3. 발굴기간 : 1986.12~1987.3

　4. 발굴기관 : 防府市教育委員會·周防國府跡調査會

　5. 유적 종류 : 관아

　6. 점수 : 1

7. 유적과 출토 상황

　周防國府跡은 國府遺跡을 대표하는 것으로 중심부의 二町域, 國府八町域의 네 모퉁이, 船所·浜宮지구 등이 사적으로 지정되어 있다. 제47차 조사지는 國府 중심부「二町域」북서쪽에 접한 위치에 있고 나라~헤이안시대의 자연 하천과 인공적인 溝를 확인하였다. 이 자연 하천 유구의 나라시대 埋土인 중층에서 목간이 1점 출토되었다.

8. 목간

「三□〔家?〕山公□ □□□

　　　　　　　[　　　　]

‘三家山公’은 인명일 가능성이 크다.

9. 참고문헌

吉瀨勝康 「山口·周防國府跡」 (『木簡研究』 9, 1987年)

防府市教委 『周防の國府跡—1970~1980年代の發掘調査成果から』 1990年

山口縣 『山口縣史 史料編 古代』 2001年

6) 周防國府跡(62次)

1. 이름 : 스오코쿠후 터(62차)
2. 출토지 : 山口縣(야마구치현) 防府市(호후시)
3. 발굴기간 : 1989.6~1989.10
4. 발굴기관 : 防府市教育委員會·周防國府跡調査會
5. 유적 종류 : 관아
6. 점수 : 1

7. 유적과 출토 상황

周防國府跡은 山口縣 防府市 거의 중앙부에 위치한다. 목간 출토지는 유적의 중앙부 남단에 위치하며 指定地「船所·浜宮」의 서남 약 80m 지점이다. 유구는 8세기 이후의 것이며 헤이안시대 후기를 중심으로 한다. 목간의 연대를 밝히는 데 단서가 될 만한 유물은 확인되지 않았다.

8. 목간

- 「天岡　□□□十一」

- 「□▉急々如律令　」　(▉=尸+鬼)

呪符목간이다. 자세한 연대는 알 수 없으나 10세기 대를 하한으로 하는 것으로 추정된다.

9. 참고문헌

防府市教委 『周防の國府跡』 1990年

大林達夫 「山口·周防國府跡」(『木簡研究』 12, 1990年)

周防國府跡調查會·防府市教委 『周防國府跡—山陽本線防府駅周邊連續立体交差事業, 江川改修事業, 都市計劃街路整備事業に伴う發掘調査槪要報告書』 1993年

山口縣 『山口縣史 史料編 古代』 2001年

7) 周防國府跡(112次)

1. 이름 : 스오코쿠후 터(112차)
2. 출토지 : 山口縣(야마구치현) 防府市(호후시)
3. 발굴기간 : 1998.7~1999.2
4. 발굴기관 : 防府市教育委員會·周防國府跡調查會
5. 유적 종류 : 관아
6. 점수 : 7

7. 유적과 출토 상황

조사구역은 國府政廳 추정 구역에 가까운 위치에 있다. 조사를 통해 명확한 구획 시설을 수반한 遺構群이 확인되었다. 구획 내에서는 掘立柱 건물·우물·토갱·溝가 확인되었고 8세기 후반부터 10세기 전반까지 기능을 유지·정비한 양상을 엿볼 수 있다. 목간은 우물에서 출토되었다. 스에키·목제품 등이 함께 출토되었는데 9세기 전반을 하한으로 하는 것으로 추정된다.

8. 목간

「請菜

請求목간으로 추정된다.

9. 참고문헌

羽島幸一「山口·周防國府跡」(『木簡研究』22, 2000年)

8) 周防國府跡(121次)

1. 이름 : 스오코쿠후 터(121차)
2. 출토지 : 山口縣(야마구치현) 防府市(호후시)
3. 발굴기간 : 1999.7~1999.10
4. 발굴기관 : 防府市教育委員會
5. 유적 종류 : 관아
6. 점수 : 1

7. 유적과 출토 상황

조사구역은 國府政廳 추정 구역에 가까운 위치에 있고 國司館으로 추정되는 지구에 근접한다. 조사 결과 목제품이 확인되었으며 그중에 목간이 1점 출토되었다.

8. 목간

<pre>   □□□□□〔佐波鄉?〕
「□人□□〔殿門?〕大前□□人夫者□□進上依而[   ]人夫□□</pre>

　상면·측면 각각 직선적으로 가공되어 있고 하면은 불태워져 손상되어 있다. 자세한 내용은 분명치 않으나 人夫의 貢進에 관한 문서목간으로 추정된다.

9. 참고문헌

柳智子 「山口·周防國府跡」 (『木簡研究』 23, 2001年)

9) 周防國府跡(125次)

1. 이름 : 스오코쿠후 터(125차)
2. 출토지 : 山口縣(야마구치현) 防府市(호후시)
3. 발굴기간 : 2000.5~2000.12
4. 발굴기관 : 防府市教育委員會
5. 유적 종류 : 관아
6. 점수 : 29

7. 유적과 출토 상황

　조사 결과 池狀 유구와 掘立柱 건물 1채가 확인되었다. 연못의 층위는 상하 2층으로 나누어지며 목간은 이 池狀 유구의 하층에서 주로 출토되었는데 모두 27점이다.

8. 목간

아래의 목간은 모두 투기하기 위한 목적으로 처리된 폐기목간이다.

(1)

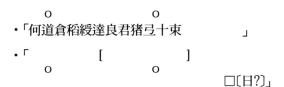

·「何道倉稻綏達良君猪弓十束   」
·「   [   ]
                              □〔日?〕」

상부는 圭頭狀, 측면·하부는 직선적으로 가공되어 있다.

(2)

글자에 평행하는 界線이 그어져 있다.

(3)

9. 참고문헌

柳智子「山口·周防國府跡」(『木簡研究』23, 2001年)

防府市教委『平成12年度 防府市內遺跡發掘調査槪要―周防國府跡第124·125次調査, 周防國分寺第10·11次調査, 阿弥陀寺第2次調査, 下右田遺跡, 井上山遺跡, 多々良寺山古墳』(防府市埋藏文化財調查槪要0201) 2002年

10) 長登銅山跡(90年度調査)

1. 이름 : 나가노보리도잔 터(90년도 조사)
2. 출토지 : 山口縣(야마구치현) 美祢市(미네시)
3. 발굴기간 : 1990.7~1991.3
4. 발굴기관 : 美東町教育委員會
5. 유적 종류 : 관아
6. 점수 : 149

7. 유적과 출토 상황

長登銅山跡은 秋吉台 카르스트台地의 동쪽 기슭에 위치한다. 1988년 東大寺 大佛殿 서쪽 구역의 발굴 조사에서 奈良 대불 창건시의 목간과 靑銅塊가 출토되었는데 이 靑銅塊의 화학 분석에 의해 奈良의 대불을 만드는 데 長登銅山의 銅이 사용되었음이 밝혀졌다. 토기·도기·銅鑛石 등의 유물이 확인되었으며 목간은 溝의 여러 층에서 출토되었다.

8. 목간

(1)

□人謹請[　　　　　　]一□万□

대형 목간이다. 상·하단이 손상되어 있으며 앞면의 부식이 심하다. 물품을 청구한 上申목간이다.

(2)

「日置マ小椅出□□　　忍海マ志□米出炭十八石
刑マ龍手出炭卅八石　大神マ廣麻呂出炭四□石」

숯의 출납과 관련된 목간이다. 燒炭夫의 出炭高의 기록으로 보인다.

(3)

「□炭□□□四人　和炭一人」

숯의 출납과 관련된 목간이다.

(4)

「春米連宮弖夕上米二斗一升　十五日」

식료의 분배에 관한 목간이다. 午刻부터 夕刻까지 노역 15일분의 지급분을 의미한다.

(5)

・遣米六斗三升八合

・□□□□

　　　　□□

　　[　　　　　]

銅을 생산하는 관아 시설 내부의 官人·雜工·役夫에 대한 식료의 지출이나 잔고 계산을 적은 것이다.

(6)

・「∨日下マ色夫七月功」

・「∨大殿七十二斤枚一」

銅의 제련 부문의 鑄工의 월 단위 功을 적어 銅塊 용기마다 정리용으로 붙여진 하찰이다.

9. 참고문헌

池田善文·八木充「山口·長登銅山跡」(『木簡研究』13, 1991年)

著者不明「長登銅山跡(山口縣美祢郡美東町)出土の逃亡關係木簡」(『木簡研究』14, 1992年)

美東町教委『長登銅山跡Ⅱ』(美東町文化財調査報告5) 1993年

美東町·美東町教委『古代の銅生産ー古代の銅生産シンポジウムin長登 資料集』2001年

美東町教委『長登銅山跡出土木簡ー古代の銅生産シンポジウムin長登 木簡展解説圖錄』2001年

山口縣 『山口縣史 史料編 古代』 2001年

木簡學會編 『日本古代木簡集成』 東京大學出版會, 2003年

11) 長登銅山跡(91年度調査)

1. 이름 : 나가노보리도잔 터(91년도 조사)

2. 출토지 : 山口縣(야마구치현) 美祢市(미네시)

3. 발굴기간 : 1991.8~1991.12

4. 발굴기관 : 美東町敎育委員會

5. 유적 종류 : 관아

6. 점수 : 1

7. 유적과 출토 상황

長登銅山跡은 秋吉臺 카르스트대지의 동쪽 기슭에 위치한다. 조사 결과 大切谷의 북측 斜面(대절ⅢB區3T)에 불탄 토갱과 溝狀 유구를 확인하였다. 목간은 지표에서 밑으로 2.8m, 해발 170.45m에서 1점 출토되었다.

8. 목간

「   天平三年九月

・∨佐美鄕槻原里庸米六斗」

・「∨□□□□□〔足?〕庸米三斗
　　□□□〔牛?〕足□米三斗」

글자는 鄕里로부터 쓰기 시작한 것이며 이면에 두 명 분의 씨명을 병기하였으나 여백이 없기 때문에 연호는 앞면의 여백에 취한 것으로 볼 수 있다. 郡名이 생략되어 있으므로 郡 이하의

기관에서 작성되어 長登 관아에 반입된 것으로 생각된다.

9. 참고문헌

池田善文「山口·長登銅山跡」(『木簡研究』14, 1992年)

美東町教委『長登銅山跡Ⅱ』(美東町文化財調査報告5) 1993年

美東町·美東町教委『古代の銅生産ー古代の銅生産シンポジウムin長登 資料集』2001年

美東町教委『長登銅山跡出土木簡ー古代の銅生産シンポジウムin長登 木簡展解説圖錄』
2001年

山口縣『山口縣史 史料編 古代』2001年

12) 長登銅山跡(94年度調査 Ⅱ期3年次)(大切ⅡC區4Ｔ)

1. 이름 : 나가노보리도잔 터(94년도 조사Ⅱ기3차)
2. 출토지 : 山口縣(야마구치현) 美祢市(미네시)
3. 발굴기간 : 1994.6~1996.8
4. 발굴기관 : 美東町教育委員會
5. 유적 종류 : 관아
6. 점수 : 2

7. 유적과 출토 상황

長登銅山跡은 秋吉台 카르스트대지의 동쪽 기슭에 위치한다. 조사는 8세기 초에 개발된 것으로 추정되는 大切谷 끝을 대상으로 골짜기의 토층 퇴적 상황을 파악하기 위해 진행되었다. 그 결과 동서로 이어지는 大溝가 확인되었으며 퇴적층에서 스에키·하지키·목제품·목간이 출토되었다. 목간은 8세기의 것으로 추정된다.

8. 목간

　(1)

・「∨　　　　　十月九日

　　額田部万呂　　　　」

・「∨□□□〔枚?〕□□　　　」

측면이 깎여 있으며 홈이 있다.

　(2)

「　　　　　　　廿二斤枚二

∨下神部小□□

　　　　　　七月十日」

기술자 공인인 下神部가 제련한 銅의 부찰로서 銅 22근을 2매로 하고 7월 10일에 長登製銅 관아의 장관에게 납입한 것으로 생각된다. 生銅의 부찰인 가능성이 있다.

　(3)

・厚佐加三鳥額部

・【□□長神人□】

상·하단이 이차적으로 갈라져 손상되어 있다.

9. 참고문헌

池田善文「山口·長登銅山跡」(『木簡研究』18, 1996年)

美東町教委『長登銅山跡Ⅲ―平成4年度~7年度調査概報』(美東町文化財調査報告8) 1998年

美東町·美東町教委『古代の銅生産―古代の銅生産シンポジウムin長登 資料集』2001年

美東町教委『長登銅山跡出土木簡―古代の銅生産シンポジュウムin長登 木簡展解説圖錄』 2001年

山口縣『山口縣史 史料編 古代』2001年

13) 長登銅山跡(96年度調査 Ⅲ期1年次)

1. 이름 : 나가노보리도잔 터(96년도 조사Ⅲ기1차)
2. 출토지 : 山口縣(야마구치현) 美祢市(미네시)
3. 발굴기간 : 1996.8~1997.3, 1997.6보충
4. 발굴기관 : 美東町教育委員會
5. 유적 종류 : 관아
6. 점수 : 437

7. 유적과 출토 상황

長登銅山跡은 秋吉台 카르스트대지의 동쪽 기슭에 위치한다. 조사의 목적은 관아 유구의 확인이다. 그 결과 스에키나 목제품과 함께 대량의 목간이 출토되었다. 목간의 출토 양상으로 관아 유적의 존재를 확인할 수 있었다.

8. 목간
  (1)
・「o　　　大斤七百廿三斤枚卅一

　　　　　　　　　　　　　　　　　　　　朝庭不申銅

　　掾殿銅　　　　　　　　小斤二千四百廿四斤枚八十四　　　天平二年六月廿二日」
・「　　「日置若手　　「語積手　　「凡海部乙万呂　　凡海部袁西

　　　　　日置比叡　　　弓削部小人　「凡海部勝万呂　　日置部廣手

　　　借子　　　　　　　　　　　　　　　廁

　　大津郡　下神部乎自止　「語部豊田　　「日置部根手　　　日置部比万呂

　　　　　　　　　　　　　　　　　　　　　　　廁

　　　o　　　「日置百足　「三隅凡海部末万呂　下神部根足　　矢田部大人

　　　　「日置小廣　　　凡海部恵得　「凡海部小廣　　　　凡海部末呂　　　　　　　」

　天平 2년(730) 6월 長門掾에 배분되는 大斤 723근·小斤 2424근의 製錬銅과 그 鑄工 20명을 앞뒤 양면에 기록한다. 상단 우측에 구멍이 있다.

　　(2)

符雪邑山　日下□　　□□×

　符式木簡이다.

　　(3)

·「　　　　　　　　枚一　　　　　　中

　　野身連百依七十五斤　　五十五斤枚二　一合百卅七斤

　　　　　　　　　　上

·「　　合五百　斤枚十一　　　　　　□□□□×

　鑄工의 생산량을 적은 기록이다.

9. 참고문헌

池田善文·森田孝一·八木充「山口·長登銅山跡」(『木簡研究』19, 1997年)

美東町·美東町教委『古代の銅生産ー古代の銅生産シンポジウムin長登 資料集』2001年

美東町教委『長登銅山跡出土木簡ー古代の銅生産シンポジウムin長登 木簡展解説圖錄』2001年

山口縣『山口縣史 史料編 古代』2001年

木簡學會編『日本古代木簡集成』東京大學出版會, 2003年

14) 長登銅山跡(97年度調査 Ⅲ期2차)

1. 이름 : 나가노보리도잔 터(97년도 조사 Ⅲ기 2차)

2. 출토지 : 山口縣(야마구치현) 美祢市(미네시)

3. 발굴기간 : 1996.8~1997.3, 1997.10~1998.3, 補足 1998.4, 1998.5

4. 발굴기관 : 美東町教育委員會

5. 유적 종류 : 관아

6. 점수 : 228

7. 유적과 출토 상황

長登銅山跡은 秋吉台 카르스트대지의 동쪽 기슭에 위치한다. 大切ⅢC區4TA의 大溝의 斜面 및 동측의 大切ⅢC區5T의 벽면을 청소하다가 목간이 출토되었다.

8. 목간

　(1)

「∨日置部麻事庸米六斗」

　貢進物 부찰목간이다.

　(2)

□□□斤枚

　鑄工의 한 달 제련 량과 그 배분처를 기록한 銅地金의 정리 목간이다.

　(3)

二百六十日　　　□麻呂

　上日 또한 散役日의 1년분을 집계한 기록의 일부로 보인다.

　(4)

・×穴十五人

・×六十一　穴二×

　穴(人)에게 식료를 지급하였을 때 기록이다.

9. 참고문헌

池田善文·八木充「山口·長登銅山跡」(『木簡研究』21, 1999年)

山口縣『山口縣史 史料編 古代』2001年

美東町·美東町教委『古代の銅生産―古代の銅生産シンポジウムin長登 資料集』2001年

美東町教委『長登銅山跡出土木簡―古代の銅生産シンポジウムin長登 木簡展解説圖錄』
2001年

35. 德島縣

1) 觀音寺遺跡(97年度調査)

1. 이름 : 간논지 유적(97년도 조사)
2. 출토지 : 德島縣(도쿠시마현) 德島市(도쿠시마시)
3. 발굴기간 : 1997.4~1998.3
4. 발굴기관 : (財)德島縣埋藏文化財センター
5. 유적 종류 : 관아·하도(河道)
6. 점수 : 74

7. 유적과 출토 상황

유적은 吉野川의 지류인 鮎喰川으로 인해 형성된 충적지의 위, 해발 6~7m에 입지한다. 1997년도 발굴 조사에서는 溝·우물 등 많은 유구와 함께 대규모 자연 유로가 확인되었다. 유로는 6세기 말 이후부터 약 200년 동안 기능한 것으로 추측되며 그 안에서 약 50점의 목간을 비롯한 많은 유물이 출토되었다. 퇴적층은 7세기 중엽을 경계로 상하 2층으로 크게 구별되는데 대부분 목간은 상층에서 출토되었다. 이 유적에서 출토된 목간의 총수는 약 90점이다. 목간의 내용이나 기타 출토 유물로 미루어 관음사 유적은 阿波國府 및 阿波國의 정무를 행한 國廳과 밀접한 관련이 있는 유적임이 틀림없다.

8. 목간
(1)
「己丑年□〔四?〕月廿九日∨」
'己丑年'은 持統 3년(689)에 해당한다. 부찰 목간이다.
(2)
「∨麻殖評伎珥宍二升」
麻殖評으로부터 貢進된 雉(伎珥)의 고기(宍) 2승에 부착된 목간이다. 관음사 유적이 阿波國

府이었음을 단적으로 보여주는 목간이다.

(3)

「　　　波尓五十戸税三百□

　　高志五十戸税三百十四束　　佐井五十戸税三×

　　　　　　　　　　　　□

2개 단편으로 나뉘어 출토되었으나 석독 작업 중에 접속함이 판명되었다. '五十戸'는 里 표기가 정착하기 이전에 사용된 단위이다.

(4)

· □□依□〔還?〕□乎□止□(耳?)所中□□□

· □　□　□　□　乎

· 子曰　學而習時不孤□乎□自朋遠方來亦時樂乎人不□〔知?〕亦不慍

· [　　　]用作必□□□□〔兵?〕□人[　　　]□□□〔刀?〕

지팡이 형태로 된 목제품의 4면에 묵서가 있어 觚에 해당하는 것으로 추측된다. 하단부를 깎아 약간 가늘게 되어 있는데, 그 부분에서 절손되어 있다. 원래 땅에 꽂는 형태였다고 생각된다. 『論語』 가운데 學而篇을 적은 것으로서 출토 층위로 미루어 7세기 전반의 목간으로 보인다. 阿波國府에는 大寶令 시행 이후에 國學이 설치된 것으로 생각되므로 7세기 전반에 阿波에서 『논어』가 수용되어 있던 역사적 배경이 주목된다.

(5)

「津迩鄉野緣里大伴マ廣嶋」

鄉里制下의 목간이다. 『和名抄』에 津迩鄉은 보이지 않는다.

(6)

「∨丹生里籾一石」

『和名抄』에 丹生鄉은 보이지 않으나 阿南市 水井町 일대에 소재하는 水井水銀鑛山과의 관련이 주목된다.

9. 참고문헌

德島縣理文センター『德島縣埋藏文化財センター年報9 平成9(1997)年度』1998年

藤川智之·和田萃「德島·觀音寺遺跡」(『木簡研究』20, 1998年)

德島縣理文センター『觀音寺木簡一觀音寺遺跡出土木簡槪報』(德島縣埋藏文化財センター調查槪報2) 1999年

德島縣理文センター·德島縣敎委·國土交通省四國地方整備局『觀音寺遺跡 I (觀音寺遺跡木簡篇)一般國道192號德島南環狀道路改築に伴う埋藏文化財發掘調查』(德島縣埋藏文化財センター調查報告書40) 2002年

德島縣理文センター·德島縣敎委·國土交通省四國地方整備局『觀音寺遺跡 III (遺構·遺物篇)一般國道192號德島南環狀道路改築に伴う埋藏文化財發掘調查』(德島縣埋藏文化財センター調查報告書77) 2010年

奈文研飛鳥資料館『木簡黎明一飛鳥に集ういにしえの文字たち』(飛鳥資料館圖錄53) 2010年

和田萃·藤川智之「德島市觀音寺木簡の歷史的意義」(『眞朱』9, 2011年)

和田萃·藤川智之「德島·觀音寺遺跡(第二〇·二一號)·釋文の訂正と追加」(『木簡研究』35, 2013年)

2) 觀音寺遺跡(98年度調査)

1. 이름 : 간논지 유적(98년도 조사)

2. 출토지 : 德島縣(도쿠시마현) 德島市(도쿠시마시)

3. 발굴기간 : 1998.4~1998.9

4. 발굴기관 : (財)德島縣埋藏文化財センター

5. 유적 종류 : 관아·하도(河道)

6. 점수 : 10

7. 유적과 출토 상황

나라시대~중세에 걸친 掘立柱 건물을 포함한 많은 유구가 확인되었고 동시에 자연 유로 가운데 기존 도로 때문에 조사하지 못했던 지점 및 북쪽으로 떨어진 국도 192호에 따라 조사를 실시하였다. 유물 출토 상황에 대해서는 제사 후의 폐기 상황을 보여주는 사례가 주목된다. 목간은 4개로 대별되는 퇴적층 가운데 제2층과 제3층에서 출토되었다. 제3층은 1997년도 조사에서도 많은 목간이 출토된 바 있는데 제2층에서는 처음 목간이 확인되었다.

8. 목간

(1)

「　　　　　　　　　　　×一升又日一升×

×□〔年?〕四月廿□×　又日一升又日一□又日×

板野國守大夫分米三升小子分用米[　　　　]

　　　　　　　　此月□×

우측면의 일부와 좌측면 상반부는 당초 형태를 유지하고 있으나 하단부에 가까운 부분에서 절손되어 있다. 이 목간은 國司가 순행할 때 國守와 小子에게 지급된 식량을 기록한 것이다.

(2)

「『奈尓』　　　　『矢己』

奈尓波ツ尓作久矢己乃波奈×

萬葉假名으로 難波津의 노래를 습서한 목간이다.

(3)

·×安子之比乃木

×少司椿ツ婆木」

·□□□□〔留?〕木

한자를 읽는 방법을 보여 주는 이른바 音義 목간이다.

(4)

□彼里人

층토 층위로 미루어 己丑年(持統3년=689)보다 시대가 거슬러 올라가는 것이다.

(5)

×□子見祢女年 五十四」

(6)

・「生部諸光

　　　　　年×

・「以□光□□□〔鄕?〕

(7)

「井上戸主弓金[　　]〔卅?〕□七」

상단부가 원형인 큰 완형 목간이다.

9. 참고문헌

德島縣埋文センター『德島縣埋藏文化財センター年報10 平成10(1998)年度』1999年

德島縣埋文センター『觀音寺木簡―觀音寺遺跡出土木簡槪報』(德島縣埋藏文化財センター調査槪報2) 1999年

藤川智之・和田萃「德島・觀音寺遺跡」(『木簡硏究』21, 1999年)

德島縣埋文センター・德島縣敎委・國土交通省四國地方整備局『觀音寺遺跡Ⅰ(觀音寺遺跡木簡篇)―一般國道192號德島南環狀道路改築に伴う埋藏文化財發掘調査』(德島縣埋藏文化財センター調査報告書40) 2002年

德島縣埋文センター・德島縣敎委・國土交通省四國地方整備局『觀音寺遺跡Ⅲ(遺構・遺物篇)―一般國道192號德島南環狀道路改築に伴う埋藏文化財發掘調査』(德島縣埋藏文化財センター調査報告書77) 2010年

奈文硏飛鳥資料館『木簡黎明―飛鳥に集ういにしえの文字たち』(飛鳥資料館圖錄

53) 2010年

和田萃·藤川智之「德島市觀音寺木簡の歴史的意義」(『眞朱』9, 2011年)

和田萃·藤川智之「德島·觀音寺遺跡(第二〇·二一號)·釋文の訂正と追加」(『木簡研究』35, 2013年)

3) 觀音寺遺跡(00年度調査)

1. 이름 : 간논지 유적(00년도 조사)
2. 출토지 : 德島縣(도쿠시마현) 德島市(도쿠시마시)
3. 발굴기간 : 2000.10~2001.11
4. 발굴기관 : (財)德島縣理藏文化財センター
5. 유적 종류 : 관아·자연유로
6. 점수 : 19

7. 유적과 출토 상황

2000년도 조사에서는 1997·98년도에 조사한 자연 유로에서 이어지는 부분이 확인되었다. 목간은 11점이 출토되었으며 그 후의 세척 작업에서 3점이 나와 총 14점이 되었다. 조사구역 가운데 유물이 집중적으로 확인된 서남쪽과 서북쪽에서 출토되었다. 목간과 함께 출토된 토기의 연대로 미루어 보아 서남쪽은 8세기 중반에서 후반, 서북쪽은 10세기의 유물로 추측된다.

8. 목간
(1)
「[　　　]□麦 伍合□〔請?〕□□□□〔三升内?〕

延暦三年四月廿四日　　　　　　」

延暦3년(784)의 기년명을 가진 목간이다. 상단부 및 하단부가 뾰족하게 되어 있다.

(2)

· 「謹解申神原田稻苅得事　合壹□〔百?〕柒拾四束　　　」

· 「　　　　　　　　□留玖拾四□〔束?〕

　〔　　〕捌□□〔拾束?〕　天平勝寶二年八月十五日□〔虫?〕足」

둘레가 깎여 있고 상단에 결손 된 부분이 있다. '神原田'에서 수확한 벼 174束에 관해 '留'한 94속과 그 이외 80속을 보고한 것이다. 天平勝寶2년은 750년이다.

(3)

八万大名」

상단부가 결손되었으나 하단부가 뾰족한 형상을 띠고 있다. '八万'은 阿波國 名方郡에 속한 鄕名이다.

(4)

「櫻間猪使廣山

상단부가 뾰족하게 족하게 되어 있고 하단부는 결손되었다.

(5)

井上生王部満万呂」

상단부가 결손되었고 하단부는 뾰족하다.

(6)

「∨櫻間米五斗『眞□』∨

하찰목간이다. 상단부 좌측은 결손되었고 우측에 홈이 남아 있다. 하단부의 대부분은 결손되었으나 좌측에 홈의 일부가 조금 남아 있다.

(7)

「井上弓金佐流

상단부가 뾰족하고 하단부는 결손되었다.

(8)

□□□

　　□□大豆不請□□□」

[　　]

　상단부는 결손되었고 하단부는 方頭狀으로 정형되어 있다.

9. 참고문헌

德島縣埋文センター『德島縣埋藏文化財センター年報12 平成12(2000)年度』2001年

田川憲「德島·觀音寺遺跡」(『木簡硏究』23, 2001年)

德島縣埋文センター·德島縣敎委『觀音寺遺跡(Ⅳ)―道路改築事業(德島環狀線國府工區)關連埋藏文化財發掘調査報告書』(德島縣埋藏文化財センター調査報告書71) 2008年

大橋育順「德島·觀音寺遺跡」(『木簡硏究』31, 2009年)

德島縣埋文センター·德島縣敎委·國土交通省四國地方整備局『觀音寺遺跡Ⅲ(遺構·遺物篇)―一般國道192號德島南環狀道路改築に伴う埋藏文化財發掘調査』(德島縣埋藏文化財センター調査報告書77) 2010年

4) 觀音寺遺跡(04年度調査)

1. 이름 : 간논지 유적(04년도 조사)

2. 출토지 : 德島縣(도쿠시마현) 德島市(도쿠시마시)

3. 발굴기간 : 2004.4~2005.3

4. 발굴기관 : (財)德島縣埋藏文化財センター

5. 유적 종류 : 관아·자연유로

6. 점수 : 29

7. 유적과 출토 상황

2004년도 조사구역에서는 8세기 후반부터 10세기의 자연 유로 퇴적층에서 30점의 목간이 출토되었다. 이 유로는 폭이 약 80m이며 가지고 동남쪽에서 서북쪽으로 흘렀다. 목간은 이 유로의 가운데 모래톱 주변에서 산재된 상태로 출토되었다.

8. 목간

(1)

×平寶字八年二月十日附使弓金部□〔金?〕進上」

상단이 부러져 있고 하단이 깎여 있다. 좌변이 깨져 있고 우변이 깎여 있다. 장대한 문서목간의 말미 부분의 단편으로 추측된다. 天寶字8년은 764년이다.

(2)

・「□□□〔府掌等?〕解申可□火事□

　　　　　　　　　□

・「『海廣海海』

상단이 깎여 있고 하단은 이차적으로 절단된 것으로 보인다. 우변이 이차적으로 깎여 있고 좌변이 부러졌다. 표면의 문자는 좌측만이 남아 있다. 남아 있는 문자를 중심으로 접어 꺾으면 폭이 8㎝ 이상이 되므로 대형 목간이었을 가능성이 크다.

(3)

・「　　　右為×

　召粟永□〔繼?〕

　　　　使宗□〔我?〕

・□〔知?〕副使參向不□〔得?〕×

검文목간의 상부이다. 상단과 좌변은 깎여 있고 하단은 부러졌으며 우변은 깨져 있다. 좌변 하부는 이차적으로 약간 가늘게 깎여 있다. 남아 있는 문자를 중심으로 되접어 꺾으면 폭이 8㎝ 정도가 되고 길이도 60㎝(2척) 정도의 대형 목간이었을 가능성이 크다.

(4)

×殖栗鄕秦石嶋」

상부가 결손되었다. 표면은 좌측을 깎은 뒤에 우단을 깎고 있다. 이면에 깎인 흔적은 확인되지 않는다.

(5)

・「∨皮麦五□阿波郡□

・∨　　　　　八月七□

상부 좌우 양변에 상하로부터 칼을 넣어 삼각형으로 깎은 부분이 있으나 삼각형 꼭대기까지 칼이 들어가 있지 않다. 표면에는 작게 가공된 흔적이 보이나 이면은 좌우 양변을 작게 깎았을 뿐이다.

(6)

「∨生螺百貝」

표면에 명확하게 가공된 흔적이 확인된다. 상부 양 측면에 깎인 흔적이 있다.

(7)

「□〔名?〕東郡人安曇繼見」

표면에 가공된 흔적이 많이 확인된다. 단면은 문자가 쓰인 면이 얇게 되어 있는데 이는 문자를 쓰기 위해 가공한 것으로 생각된다. 名東郡은 寬平 8년(896)에 名方郡을 동서로 나누어 설치되었다.

(8)

「白米處

제첨축 형태로 軸 상부에서 부러졌다. 軸의 위치가 좌우 대칭이 아니므로 이차적인 사용의 가능성도 있다. 표면은 작게 가공되었고 측면은 문자면 측의 끝이 제거되어 있다.

(9)

「□□得人

書生□□□虫」

가공한 흔적이 많이 확인되고 표면은 거의 완형이다. 하단부는 동그랗게 정형되어 있어 曲物의 뚜껑이나 底板을 전용한 가능성도 있다.

9. 참고문헌

德島縣埋文センター『德島縣埋藏文化財センター年報16 平成16(2004)年度』2005年

大橋育順 「德島·觀音寺遺跡」(『木簡研究』28, 2006年)

德島縣埋文センター·德島縣教委『觀音寺遺跡(Ⅳ)―道路改築事業(德島環狀線國府工區)關連埋藏文化財發掘調査報告書』(德島縣埋藏文化財センター調査報告書71) 2008年

大橋育順 「德島·觀音寺遺跡」(『木簡研究』31, 2009年)

德島縣埋文センター·德島縣教委·國土交通省四國地方整備局『觀音寺遺跡Ⅲ(遺構·遺物篇)―一般國道192號德島南環狀道路改築に伴う埋藏文化財發掘調査』(德島縣埋藏文化財センター調査報告書77) 2010年

5) 觀音寺遺跡(05年度調査)

1. 이름 : 간논지 유적(05년도 조사)

2. 출토지 : 德島縣(도쿠시마현) 德島市(도쿠시마시)

3. 발굴기간 : 2005.4~2006.3

4. 발굴기관 : (財)德島縣埋藏文化財センター

5. 유적 종류 : 관아·자연유로

6. 점수 : 66

7. 유적과 출토 상황

목간의 절반은 자연 유로 SR3001의 8세기 중엽~10세기의 퇴적층에서 출토된 것이며 자연

유로 안에 형성된 모래톱 주변에 산재된 상태로 출토된 것으로 보아 투기 지점에서 어느 정도 흘러온 것으로 생각된다.

8. 목간

(1)

「∨土師里米一石目杢」

둘레가 깎여 있고 좌우는 홈보다 윗부분이 결손되었다. 里名만이 쓰인 쌀의 부찰이다.

(2)

「鴨里漢人部□□□□□

상단은 山形으로 뾰족하게 되어 있고 하단은 부러졌다.

(3)

「∨櫻間里小□ 斗∨」

두 편이 접속하는 것이다. 하편은 우변이 깨져 있고 상단은 손상하여 숫자에 해당하는 첫 번째 글씨 부분의 묵흔이 결여되었다. 8세기 전반의 목간으로 추측된다.

(4)

「櫻間里酒人部赤麻呂□□」

둘레가 깎여 있다. 8세기 전반의 목간으로 추측된다.

(5)

・「阿波國司牒 □□□〔淡路國?〕　□□□□□

　　牒　　　　〔×依〕　　　　　　　　　今□□□

　　右被今月廿三日牒俙國依牒旨仰當郡司與使人共依數乞徵已畢者國仍差那賀直綿麻呂

　　~~　　　　　　　　　　　　　　　　~~　方□

　　　　令向

　　□〔充?〕使發遣如前仍注事狀付使綿麻呂故牒　　　　　　　　　　」

・「　　　　　　　　　彼　　　　　　　即附佐伯費大長

已畢望請除此土籍欲附出京戸籍者國依解狀覆檢知実仍録事狀故移

～～～

『[   ]』

『[   ]』

部下名方郡殖栗鄕戸主秦人部人麻呂戸口者

阿波國司解 申勘籍資人事秦人部大宅年弐拾陸

[   ]   [   ]   」

상하 양 끝과 좌변이 깎여 있고 우변은 깨져 있다. 목제품을 목간으로 재이용한 가능성도 있다. 표면의 牒, 뒷면의 移, 解 세 개의 각각 다른 문서의 초고로 구성되어 있다.

9. 참고문헌

德島縣埋文センター『德島縣埋藏文化財センター年報17 平成17(2005)年度』2006年

大橋育順「德島·觀音寺遺跡」(『木簡研究』31, 2009年) 德島縣埋文センター·德島縣教委『觀音寺遺

跡(Ⅳ)─道路改築事業(德島環狀線國府工區)關連埋藏文化財發掘調査報告書』(德島縣埋藏文化財センター調査報告書71) 2008年

大橋育順「德島·觀音寺遺跡」(『木簡研究』31, 2009年)

德島縣埋文センター·德島縣教委·國土交通省四國地方整備局『觀音寺遺跡Ⅲ(遺構·遺物篇)─一般國道192號德島南環狀道路改築に伴う埋藏文化財發掘調査』(德島縣埋藏文化財センター調査報告書77) 2010年

6) 觀音寺遺跡(07年度調査)

1. 이름 : 간논지 유적(07년도 조사)

2. 출토지 : 德島縣(도쿠시마현) 德島市(도쿠시마시)

3. 발굴기간 : 2007.7~2007.9, 2007.12

4. 발굴기관 : (財)德島縣埋藏文化財センター

5. 유적 종류 : 관아·자연유로

6. 점수 : 7

7. 유적과 출토 상황

목간의 절반은 자연 유로 SR3001의 8세기 중엽~10세기의 퇴적층에서 출토된 것이며 자연 유로 안에 형성된 모래톱 주변에 산재된 상태로 출토된 것으로 미루어 투기 지점에서 어느 정도 흘러온 것으로 생각된다.

8. 목간

(1)

・「　　　　　　　勝□(人物劃)　賜

　鳥　道　第　第　第　□　蠶　霜　家

・「　　　　　　　　　蘭　　　蘭

　鳥　第　第　説

　　　　　(記號)

상단과 좌우 양변이 깎여 있고 하단이 부러졌다.

(2)

・秦[　　　]斛　斛斛　有有

　稻足一斗　斛斛　斛斛斛○

　□〔秦?〕秦百足一斗斛斛斛斛斛

・又六

　[　　]久四　人□　　　　　○」

상단이 부러져 있는데 상단 우측에 깎인 흔적이 있다. 하단과 좌우 양변은 깎여 있다. '斛'은 각각 습서이다.

(3)

「∨阿波國進 御贄甲贏壹缶∨」

두 편으로 분리되었고 중간 부분이 조금 결여되었으나 둘레는 거의 완형이다. 홈은 阿波國의 贄에 특징적인 台形狀으로 만들려는 의도가 엿보인다.

(4)

「∨蕀甲贏二斗四升」

둘레가 깎여 있고 좌변 하단만 일부 결손되었다. 홈은 台形狀인데 이는 阿波國의 贄의 특징이다.

9. 참고문헌

德島縣埋文センター『德島縣埋藏文化財センター年報19 平成19(2007)年度』2008年

大橋育順「德島・觀音寺遺跡」(『木簡研究』31, 2009年)

德島縣埋文センター・德島縣教委『觀音寺遺跡(V)─道路改築事業(德島環狀線國府工區)關連埋藏文化財發掘調査報告書』(德島縣埋藏文化財センター調査報告書75) 2009年

德島縣埋文センター・德島縣教委・國土交通省四國地方整備局『觀音寺遺跡Ⅲ(遺構・遺物篇)─一般國道192號德島南環狀道路改築に伴う埋藏文化財發掘調査』(德島縣埋藏文化財センター調査報告書77) 2010年

7) 敷地遺跡(99年度調査)(1999年第1分割2-3區)

1. 이름 : 시키지 유적(99년도 조사) (1999년 제1분할 2-3구)
2. 출토지 : 德島縣(도쿠시마현) 德島市(도쿠시마시)

3. 발굴기간 : 1999.4~2000.3

4. 발굴기관 : ㈜德島縣埋藏文化財センター

5. 유적 종류 : 거관

6. 점수 : 1

7. 유적과 출토 상황

조사 대상지는 德島市 서부에 해당되며 阿波國府方八町 추정 구역으로부터 약 100m에 위치한다. 國廳이 존재하였다고 생각되는 觀音寺나 많은 목간이 출토된 觀音寺遺跡 부근에서 북쪽으로 약 600m 지점이다. 본 조사에서는 고훈시대 2시기(5세기 말·7세기 전반)의 수혈 주거군·토광묘, 나라시대~헤이안시대에 걸친 굴립주 건물·우물·토갱·溝·수전 등의 유구가 확인되었다. 목간은 굴립주 건물로 구성된 거관 구역 내에 구축된 우물에서 출토된 것이며 8세기로 비정된다.

8. 목간

「勝浦 板野 麻殖　　 ∨

　　　　　　　　　那賀　」

短冊型으로 생각되며 하부 우측에 홈이 보인다.

9. 참고문헌

德島縣埋文センター『德島縣埋藏文化財センター年報11 平成11(1999)年度』2000年

氏家敏之「德島·敷地遺跡」(『木簡研究』22, 2000年)

德島縣埋文センター·德島縣教委『敷地遺跡Ⅰ-道路改築事業(德島環狀線國府工區)關連埋藏文化財發掘調査報告書(第1分冊本文編1)(第2分冊本文編2)(第3分冊觀察表·寫眞圖版編)』(德島縣埋藏文化財センター調査報告書72) 2007年

36. 香川縣

1) 多肥宮尻遺跡

1. 이름 : 다히미야지리 유적
2. 출토지 : 香川縣(가가와현) 高松市(다카마쓰시)
3. 발굴기간 : 1999.4~1999.9
4. 발굴기관 : (財)香川縣埋藏文化財調査センター
5. 유적 종류 : 자연유로
6. 점수 : 1

7. 유적과 출토 상황

多肥宮尻 유적은 조몬시대 말기부터 근세에 걸친 복합 유적으로서 高松 평야 남부의 남쪽으로부터 북쪽으로 형성된 언덕 위, 해발 약 23m에 입지한다. 1997년도부터 3년에 걸쳐 진행된 발굴조사에서는 야요이시대 중기부터 고대에 걸쳐 기능한 자연 유로가 확인되었다. 목간은 자연 유로 중층 SR02로부터 출토된 묵서가 쓰인 人形이다. 3점이 출토되었는데, 그중 1점에서 묵서가 확인된다.

8. 목간

「(墨畵) 人

두께는 약 1㎜이다. 하단은 부러져 있어 원형이 불분명하다. 양변은 원형을 유지하고 있다.

9. 참고문헌

香川縣埋文調査センター『縣道·河川關係埋藏文化財發掘調査槪報 平成11年度』2000年

小野秀幸「香川·多肥宮尻遺跡」(『木簡研究』34, 2012年)

2) 下川津遺跡

1. 이름 : 시모카와쓰 유적
2. 출토지 : 香川縣(가가와현) 坂出市(사카이데시)
3. 발굴기간 : 1985.5~1987.10
4. 발굴기관 : (財)香川縣埋藏文化財調査センター
5. 유적종류 : 취락
6. 점수 : 5

7. 유적과 출토 상황

下川津 유적은 香川縣 중부, 丸龜 평야 동북 가장자리의 해발 5m 언덕과 그 사이를 흐르는 옛 河道에 존재한다. 이 부근은 옛 讚岐國 鵜足郡 川津鄕의 북단으로 비정되며 유적은 川津鄕의 북단에 위치한다. 고훈시대 말~헤이안시대의 취락이 확인되었는데 이 지역 수장층의 저택을 포함한 中核的 취락으로 보인다. 목간은 총 5점이 확인되었으나 4점은 손상이 현저하여 내용을 판독할 수 없다. 층위로 미루어 보아 7세기 전반~8세기 중엽으로 상정된다.

8. 목간

```
「    秦人   秦部   秦尓部
  o  秦人
   □                □〔秦?〕□」(刻書)
```

장방형의 나무판 양단을 동그랗게 깎고 상부 중앙에 작은 구멍이 뚫려 있다. 노송나무를 이용하였고 내용은 제사 행위와 관련된 것으로 보인다.

9. 참고문헌

香川縣教委『瀨戶大橋建設に伴う埋藏文化財調査槪報Ⅶ 下川津遺跡Ⅰ』1986年

香川縣教委『瀬戸大橋建設に伴う埋藏文化財調査概報Ⅷ 下川津遺跡Ⅱ』1987年

香川縣教委『瀬戸大橋建設に伴う埋藏文化財調査概報Ⅸ 下川津遺跡Ⅲ』1988年

大久保徹也「香川·下川津遺跡」(『木簡研究』11, 1989年)

香川縣埋文調査センター·香川縣教委·本州四國連絡橋公團『瀬戸大橋建設に伴う埋藏文化財發掘調査報告Ⅶ 下津川遺跡(第1分冊)(第2分冊)(第3分冊)』1990年

37. 愛媛縣

1) 久米窪田Ⅱ遺跡

1. 이름 : 구메쿠보타 Ⅱ 유적
2. 출토지 : 愛媛縣(에히메현) 松山市(마쓰야마시)
3. 발굴기간 : 1977.2~1977.5
4. 발굴기관 : 愛媛縣教育委員會
5. 유적 종류 : 성격 불명
6. 점수 : 12

7. 유적과 출토 상황

高繩山系 山麓 선상지의 扇端 위에 형성된 퇴적 평야에 위치하며 일대는 水田이었다. 샘물이 많은 지역으로 유적의 서쪽 약 1㎞ 지점에 白鳳期의 來住廢寺跡이 존재한다. 掘立柱 건물이나 溝, 우물이 확인되었으며 7세기~8세기로 비정되는 토기·기와·목제품·목간 등이 출토되었다. 목간의 대부분은 8세기 초의 토층에서 출토되었다. 본 유적은 일반 취락과 달리 관아적 성격이 강하다.

8. 목간

· 「□大□〔長?〕□□
· 「　□　　□

목간은 총 12점이 확인되었다. 재질은 노송나무, 삼나무이다.

9. 참고문헌

吉本拡「愛媛·久米窪田Ⅱ遺跡」(『木簡研究』2, 1980年)

愛媛縣教委·愛媛縣埋文調査センター『一般國道11號松山東道路關係遺跡埋藏文化財調査報告書Ⅱ』(埋藏文化財發掘調査報告書5) 1981年

2) 久米窪田森元遺跡(3次)

1. 이름 : 구메쿠보타모리모토 유적(3차)
2. 출토지 : 愛媛縣(에히메현) 松山市(마쓰야마시)
3. 발굴기간 : 1992.11~1993.2
4. 발굴기관 : (財)松山市生涯學習振興財團埋藏文化財センター
5. 유적종류 : 취락·수로
6. 점수 : 1

7. 유적과 출토 상황

松山平野의 동남부, 小野川 우측 강가에 전개된 來住舌狀 대지의 남단부에 입지한다. 이 지역은 고대 伊豫國 14郡 가운데 久米郡에 속하며 그 중심적 위치에 해당한다. 조사 결과 굴립주 건물·溝·토갱·자연 유로 등이 확인되었으며 7~8세기 중반의 토기류와 함께 목간이나 목제품이 출토되었다.

8. 목간

「∨[   ]」

글씨는 판독하기 어려우나 묵흔이 확인된다. 본 조사지 북쪽 인접지에서도 나라시대 목간이 출토되어 그 유적과의 관련도 상정된다.

9. 참고문헌

松山市敎委·松山市生涯學習振興財團埋文センター『松山市埋藏文化財調査年報Ⅴ』1993年
西尾幸則「愛媛·久米窪田森元遺跡」(『木簡研究』15, 1993年)
松山市敎委·松山市生涯學習振興財團埋文センター『來住·久米地區の遺跡Ⅱ 來住廢寺18·20次 久米窪田森元3次』(松山市文化財調査報告書44) 1994年

38. 高知縣

1) 德王子前島遺跡(08年度調査)

1. 이름 : 도쿠오지마에지마 유적(08년도 조사)
2. 출토지 : 高知縣(고치현) 香南市(고난시)
3. 발굴기간 : 2008.11~2009.3
4. 발굴기관 : (財)高知縣文化財團埋藏文化財センター
5. 유적 종류 : 취락
6. 점수 : 2

7. 유적과 출토 상황

香宗川 좌측 강가에 전개되는 습지와 언덕 부분 끝에 입지하며 야요이시대부터 중세에 걸친 복합 유적이다. 고대부터 중세까지 유물을 포함한 자연 유로가 확인되었다. 크게 2층으로 나눌 수 있는데 상층은 10세기 후반~12세기의 유물이 포함되어 있고 하층은 8세기 후반~9세기 유물이 중심이다. 완형 토기가 많아 이 지역에서 제사가 행해진 것으로 보인다.

8. 목간
 (1)
「[ ]」
 단책형 목간이다. 상단부에는 묵흔이 확인되지 않고 중앙부에 묵서가 있다.
 (2)
「[   ]
 [   ]
 [   ]
 [   ]」
 하부에 홈이 있어 呪符 목간일 가능성이 크다.

9. 참고문헌

島內洋二 「高知·德王子前島遺跡」(『木簡研究』32, 2010年)

高知縣文化財團埋文センター『德王子前島遺跡一南國安芸道路建設工事に伴う發掘調査報告書Ⅲ(高知東部自動車道埋藏文化財發掘調査報告書Ⅳ)』(高知縣埋藏文化財センター發掘調査報告書119) 2011年

2) 德王子前島遺跡(09年度調査)

1. 이름 : 도쿠오지마에지마 유적(09년도 조사)

2. 출토지 : 高知縣(고치현) 香南市(고난시)

3. 발굴기간 : 2009.4~2009.7

4. 발굴기관 : ㈜高知縣文化財團埋藏文化財センター

5. 유적 종류 : 취락

6. 점수 : 1

7. 유적과 출토 상황

香宗川 좌측 강가에 전개되는 습지와 언덕 부분 끝에 입지하며 야요이시대부터 중세에 걸친 복합 유적이다. 고대부터 중세에 이르는 유물을 포함하는 자연 유로가 확인되었다. 크게 2층으로 나눌 수 있는데 상층은 10세기 후반~12세기의 유물이 포함되어 있고 하층은 8세기 후반~9세기 유물이 중심을 이루고 있다. 완형 토기가 많아 이 지역에서 제사가 행해진 것으로 보인다.

8. 목간

· ∨β南□×

· ∨[   ]

상부 좌우 양변에 홈이 있고 하부는 부러졌다. 앞면에 글씨가 3개 확인되고 뒷면에도 묵흔이 확인된다.

9. 참고문헌

島內洋二「高知·德王子前島遺跡」(『木簡研究』32, 2010年)

高知縣文化財團埋文センター『德王子前島遺跡—南國安芸道路建設工事に伴う發掘調査報告書Ⅲ(高知東部自動車道埋藏文化財發掘調査報告書Ⅳ)』(高知縣埋藏文化財センター發掘調査報告書119) 2011年

39. 福岡縣

1) 長野角屋敷遺跡(舊, 上長野 A 遺跡第1地点)

1. 이름 : 나가노카도야시키 유적
2. 출토지 : 福岡縣(후쿠오카현) 北九州市(기타큐슈시)
3. 발굴기간 : 1996.12~1997.1
4. 발굴기관 : (財)北九州市教育文化事業團
5. 유적 종류 : 하도
6. 점수 : 1

7. 유적과 출토 상황

北九州市 동남부에 위치하며 長野川의 우측 강가 언덕 기슭에서 산골짜기 부분에 입지한다. 이 지역은 到津驛에서 豊前國府로 통하는 고대 간선도로 부근이다. 조사 결과 언덕 부분에 조몬시대 초의 토층과 토기, 야요이시대~나라시대의 유물이 출토되었다. 목간은 뒷면이 보이는 상태로 유로를 따라 출토되었다.

8. 목간

- 「　　　　　　　　右為勘×
  郡召税長膳臣澄信　　持事番□□等依□

- 「不避昼夜視護仕官□〔舍?〕而十日不宿□〔直?〕×
  只今曉參向於郡家不得延□〔怠?〕□□
  大領物部臣今繼　　□□□

企救郡家가 '税長膳臣澄信'을 소환하는 召文이다. 상단은 山形이며 하단은 부러졌다. 남아 있는 길이는 40㎝도 되지 않지만 8㎝를 넘는 폭으로 보아 상당히 장대한 목간이었을 가능성이 있다. 앞면은 묵흔이 잘 남아 있으나 뒷면의 묵흔은 보기 어렵다.

9. 참고문헌

北九州市教育文化事業團埋文調査室『埋藏文化財調査室年報』14, 1998年

前田義人「福岡・上長野A遺跡」(『木簡研究』20, 1998年)

北九州市教育文化事業團埋文調査室『長野角屋敷遺跡ー北九州市總合運動公園に伴う埋藏文化財調査報告1』(北九州市埋藏文化財調査報告書235) 1999年

木簡學會編『日本古代木簡集成』東京大學出版會, 2003年

2) 朽網南塚遺跡(第1地点)

1. 이름 : 구사미미나미쓰카 유적(제1지점)
2. 출토지 : 福岡縣(후쿠오카현) 北九州市(기타큐슈시)
3. 발굴기간 : 2002.4~2002.12
4. 발굴기관 : (財)北九州市芸術文化振興財團
5. 유적 종류 : 취락
6. 점수 : 2

7. 유적과 출토 상황

曾根平野의 동남 끝이며 豊前國 企救郡 동남 끝에 위치한다. 부근의 산기슭에는 고훈시대 말부터 헤이안시대 전반에 걸쳐 고대 豊前國 북부 지역의 스에키 산지가 형성되어 있다. 본 조사에서는 나라시대부터 무로마치 시대의 취락터가 출토되었다. 목간은 구릉 동측의 작은 谷地의 퇴적층에서 출토되었다. 공반된 주요 유물은 하지키와 스에키로 대체로 8세기 후반부터 9세기 초두의 것으로 추정된다.

8. 목간

· 戸主秦部竹□〔村?〕口分田□〔給?〕

　　□□田二段　　　　　　　　　　　　」

· ×月廿九日郡圖生刑部忍國

　　　□□〔國圖?〕生調勝男□　　　」

목간은 短冊形으로서, 세 개로 부러져 있는 것으로 생각된다. 목간의 내용은 토지 영유를 둘러싸고 國이 '國圖生調勝男□'를 郡이 '郡圖生刑部忍國'를 현지에 파견하여 調停한 것이다.

9. 참고문헌

北九州市芸術文化振興財團埋文調査室『朽網南塚遺跡Ⅰ(第1地点)—東九州自動車道建設工事に伴う埋藏文化財調査報告5』(北九州市埋藏文化財調査報告書296) 2003年

谷口俊治「福岡·朽網南塚遺跡」(『木簡研究』25, 2003年)

3) 三宅廢寺

1. 이름 : 미야케하이지
2. 출토지 : 福岡縣(후쿠오카현) 福岡市(후쿠오카시)
3. 발굴기간 : 1977.11~1978.3
4. 발굴기관 : 福岡市教育委員會
5. 유적 종류 : 사원
6. 점수 : 3

7. 유적과 출토 상황

해발 11m의 퇴적지에 위치하며 掘立柱 건물이나 溝 등의 유구가 확인되었다. 발굴된 기와 등으로 미루어 보아 나라시대의 유적으로 생각된다. 목간은 掘立柱 건물 주변의 溝에서 출토되었다.

8. 목간

×□□〔師?〕一□

네 글자가 확인되나 전체적으로 묵흔이 옅어 판독하기 어렵다.

9. 참고문헌

福岡市教委『福岡縣南區 三宅廢寺發掘調査報告書』(福岡市埋藏文化財調査報告書50) 1979年
二宮忠司「福岡·三宅廢寺」(『木簡研究』1, 1979年)

4) 高畑遺跡(8次)(舊, 高畑廢寺)

1. 이름 : 다카바타케 유적(8차)
2. 출토지 : 福岡縣(후쿠오카현) 福岡市(후쿠오카시)
3. 발굴기간 : 1982.4~1982.6
4. 발굴기관 : 福岡市教育委員會
5. 유적 종류 : 사원
6. 점수 : 12

7. 유적과 출토 상황

高畑遺跡은 1982년도 조사에 의해 소재가 확인된 나라시대 창건사원이다. 寺域의 동남 외연부로 상정된다. 나라시대~헤이안시대의 토갱·우물 등이 확인되었다. 목간은 폭이 약 10m, 깊이 약 2m의 북쪽으로 흐르는 大溝에서 출토되었다. 溝의 埋土는 대체로 세 층으로 구분되어 있는데 목간은 모두 두 번째 층에 포함되어 있었다.

8. 목간

(1)

```
                                        白一石
・「∨三□□〔月廿?〕四日付荒権下米四斛 之          」
                                        里三石
```

・「∨田中□直」

(2)

・「知佐□一石五□〔升?〕∨」

・「三月十日   ∨」

(3)

「石□□〔田上?〕石□□」

(4)

【□□□□　金□】

(5)

×□人木人

(6)

[　　]大　大大　大

9. 참고문헌

福岡市教委『板付周邊遺跡調査報告書9-1982年度調査概要』(福岡市埋藏文化財調査報告書 98) 1983年

柳澤一男「福岡・高畑廢寺」(『木簡研究』5, 1983年)

木簡學會編『日本古代木簡選』岩波書店, 1990年

5) 高畑遺跡(17次)

1. 이름 : 다카바타케 유적(17차)
2. 출토지 : 福岡縣(후쿠오카현) 福岡市(후쿠오카시)
3. 발굴기간 : 1998.9~1999.3
4. 발굴기관 : 福岡市教育委員會
5. 유적 종류 : 관아
6. 점수 : 1

7. 유적과 출토 상황

본 조사에서는 고대의 大溝, 중세의 水田 유구가 확인되었다. 고대의 大溝는 폭이 8.5~11.5m로서 인위적으로 조성되었을 가능성이 있다. 조성 시기는 8세기 전반이고 10세기경에 매몰된 것으로 생각된다. 목간은 大溝 埋土의 중간층, 9세기대의 퇴적층에서 출토되었다. 묵서 토기, 목제 人形 등이 함께 출토되었다.

8. 목간

· 「□□□〔也右?〕所損稻□□來八日[   ]」(「稻」에 「□」가 重書되어 있음)
  □利進塡□□事□□□[   ]
                    □□   」

· 「□□□   □   □□□
  □令□勘□乙成□□□〔米?〕 □□□□□□□
  事狀以解   天長五[   ]」

묵서는 비교적 선명하나 판독하지 못한 글자가 많다. 天長 5년(828)의 기년을 가지는 稻의 손실 補塡에 관한 큰 문서 목간이다.

9. 참고문헌

福岡市教委『高畑遺跡17次―外環狀道路關係埋藏文化財調査報告書11』(福岡市埋藏文化財調査報告書676) 2001年

大庭康時「福岡·高畑遺跡」(『木簡研究』25, 2003年)

6) 井相田C遺跡(5次)

1. 이름 : 이소다 C 유적(5차)
2. 출토지 : 福岡縣(후쿠오카현) 福岡市(후쿠오카시)
3. 발굴기간 : 1995.1~1995.3
4. 발굴기관 : 福岡市教育委員會
5. 유적 종류 : 관아?
6. 점수 : 2

7. 유적과 출토 상황

福岡市와 大野城市 사이에 위치하며 御笠川 중류 구역의 퇴적지 위에 입지한다. 야요이시대 전기부터 무로마치시대에 걸친 유구가 확인된 바 있고 고대 취락은 8세기 전반부터 10세기 초까지 기능한 것으로 생각된다. 본 조사에서는 고훈시대 水田의 溝, 고대·중세의 掘立柱 건물·溝·토갱·하천·수전이 확인되었다. 목간은 중세의 하천 SD10에서 야요이시대~중세까지 유물과 함께 출토되었다.

8. 목간

「∨[   ]

부찰목간이다. 한쪽 면에 묵흔이 확인되나 글씨로서 판독할 수 없다. 상부에 홈이 있고 하단은 잘려있다.

9. 참고문헌

福岡市教委『井相田C遺跡第5次·高畑遺跡第14次』(福岡市埋藏文化財調查報告書458) 1996年

吉武學「福岡·井相田C遺跡」(『木簡研究』23, 2001年)

7) 鴻臚館跡(5次·6次)

1. 이름 : 고로칸 터(5차·6차)

2. 출토지 : 福岡縣(후쿠오카현) 福岡市(후쿠오카시)

3. 발굴기간 : 1989.4~1989.12, 1990.4~1990.12

4. 발굴기관 : 福岡市敎育委員會

5. 유적 종류 : 관아

6. 점수 : 73

7. 유적과 출토 상황

筑紫館·鴻臚館은 문헌에서 688년(持統2년)부터 1091년(寬治5년)까지 그 존재를 확인할 수 있는 일본 고대의 영빈관이다. 鴻臚館 유적의 시기 구분은 다음과 같다.

· 제1기: 7세기 후반, 「筑紫館」 전기, 掘立柱 건물의 시기

· 제2기:

　(A) 8세기 초부터 9세기 중엽, 「筑紫館」 후기·「鴻臚館」 초기, 제1차 초석 건물의 시기

　(B) 9세기 후반, 「鴻臚館」 전기, 건물 확장·개조 시기, 제2차 초석 건물의 시기

· 제3기: 10세기 이후, 「鴻臚館」 후기, 현재까지 유물의 폐기갱만 확인, 宋商 왕래 시기

1987년에 진행된 조사에서 鴻臚館跡의 유적임을 말해 주는 다량의 유물을 포함한 토갱이 확인되었으며 이후 여러 번 진행된 조사에서 초석 건물·溝·토갱 등이 확인되었다. 출토된 유물로 외국제 기와나 도자기, 철기·화폐 등이 있다. 목간은 8세기 전반의 토갱 SK57에서 출토되었다. 토층은 상층과 하층으로 나누어지는데 목간은 하층에서 출토되었으며 8세기 전반 鴻臚館 이전의 筑紫館과 관련된 유물로 보인다.

8. 목간

(1)

「∨肥後國天草郡志記里□　」

'肥後國天草郡志記里'는 현재 熊本縣 天草郡 苓北町 志岐 부근에 해당된다. 8세기 전반의 목간으로 보인다.

(2)

「∨讚岐國三木郡□□六斗∨」

하찰목간이다. 大宰府 管外로부터 보내 온 것으로서 大宰府 유적 출토 목간에도 확인되지 않는 것이다.

(3)

・「目大夫所十四隻　□□」

・「□□十隻　　　　　」

이차적으로 정형되어 있으며 글자도 일부 깎여 있다.

(4)

「□□玄米二升　五十人　日二合　」

이차적으로 정형되어 있다.

(5)

「∨京都郡庸米六×

豊前國 京都郡은 지금의 福岡縣 京都郡에 해당된다.

(6)

「二物大□

이차적으로 정형되어 있다.

(7)

「庇羅鄕甲□煮一斗」

'庇羅鄕'은 肥前國 松浦郡에 속하며 지금의 長崎縣 平戶市에 해당된다.

9. 참고문헌

福岡市教委『鴻臚館跡Ⅰ』(福岡市埋藏文化財調査報告書270) 1991年

折尾學「福岡・鴻臚館跡」(『木簡研究』13, 1991年)

木簡學會編『日本古代木簡集成』東京大學出版會, 2003年

福岡市教委『史跡鴻臚館跡 鴻臚館跡19―南館部分の調査(1)』(福岡市埋藏文化財調査報告書 1175) 2012年

8) 鴻臚館跡(21次)

1. 이름 : 고로칸 터(21차)

2. 출토지 : 福岡縣(후쿠오카현) 福岡市(후쿠오카시)

3. 발굴기간 : 2003.5~2004.3

4. 발굴기관 : 福岡市教育委員會

5. 유적 종류 : 관아

6. 점수 : 1

7. 유적과 출토 상황

北館 담 구획 동남 끝의 밖에 조성된 8세기 중엽의 변소 유구 SK1124에서 목간 1점이 출토 되었다. SK1124의 하층은 배설물의 퇴적층으로서 대량의 籌木 등이 폐기되어 있으며 목간도 여기에 포함되어 있었다.

8. 목간

□ □

적어도 2행의 글자가 쓰여 있다.

9. 참고문헌

福岡市敎委『鴻臚館 鴻臚館跡16-平成15年度發掘調査報告書』(福岡市埋藏文化財調査報告書875) 2006年

大庭康時「福岡·鴻臚館跡」(『木簡硏究』29, 2007年)

福岡市敎委『史跡鴻臚館跡 鴻臚館跡19-南館部分の調査(1)』(福岡市埋藏文化財調査報告書1175) 2012年

9) 雀居遺跡(2次)(91年度調査)

1. 이름 : 사사이 유적(2차) (91년도 조사)
2. 출토지 : 福岡縣(후쿠오카현) 福岡市(후쿠오카시)
3. 발굴기간 : 1991.10~1991.12
4. 발굴기관 : 福岡市敎育委員會
5. 유적 종류 : 취락·수전
6. 점수 : 1

7. 유적과 출토 상황

福岡平野 동쪽에 위치하며 御笠川 우측 강가에 있는 유적이다. 조사 결과 상하 2면의 유구군이 확인되었다. 유물의 출토량은 그다지 많지 않다. 목간은 제1면의 溝 바닥에서 출토되었다.

8. 목간

□□□□□□

　6글자 확인되나 판독할 수 없다.

9. 참고문헌

下村智「福岡·雀居遺跡」(『木簡研究』14, 1992年)

福岡市教委『雀居遺跡Ⅰ 第2次調査の報告』(福岡市埋藏文化財調査報告書322) 1993年

10) 元岡·桑原遺跡群(7次)(舊, 元岡遺跡群)

1. 이름 : 모토오카·쿠와바라 유적군(7차)
2. 출토지 : 福岡縣(후쿠오카현) 福岡市(후쿠오카시)
3. 발굴기간 : 1998.5~1999.6
4. 발굴기관 : 福岡市教育委員會
5. 유적 종류 : 취락
6. 점수 : 3

7. 유적과 출토 상황

福岡市 서쪽 끝, JR筑紫線 周船寺驛으로부터 서북쪽으로 3.4㎞에 위치하며 玄界灘에 돌출한 糸島半島 동측에 있다. 고훈시대 후기의 취락, 아스카시대~헤이안시대 중엽의 건물군, 제철 관

련 유구 등이 출토되었다. 목간은 폭이 약 10m, 길이 약 50m, 깊이 약 2m의 貯水 유구에서 출토되었다. 상층에서는 8세기~11세기의 유물이 출토되었고 중층에서는 주로 8세기의 유물, 하층에서는 고훈시대부터 8세기 전반의 유물이 출토되었는데 목간은 모두 하층에서 출토되었다.

8. 목간

(1)

「∨壬辰年韓鉄□□」

　　　좌측 반이 결손되어 있으나, 원형을 복원할 수 있다. '壬申年'은 출토 층위나 간지년이 冒頭에 서술된 서식 등에서 持統 6년(692)으로 추측된다.

(2)

・□□□〔符白?〕□里長□□〔五?〕戸[　　　　　　　　　　　　　　]…□者大□神廿□〔二?〕物」

・□□□政丁□〔ア□□□□□□□一□□□〔婢馬?〕□□□□…□〔瓦?〕田　余戸人在

　□□□嶋里□□□□□□□□□□□□□□□□□…　　　　　　　　　　　　　　」

　　　직접적으로 접속되지 않은 2편으로부터 이루어져 있고 본래는 길이 60㎝ 전후의 장대한 목간이다. 앞면에 1행, 뒷면에 2행 있으나 대체로 묵흔이 엷다.

(3)

□彊氣[　]

　　　상하 양 끝이 결손되어 있다.

9. 참고문헌

吉留秀敏「福岡・元岡遺跡群」(『木簡研究』21, 1999年)

福岡市教委『九州大學統合移轉用地內埋藏文化財發掘調査槪報1一元岡・桑原遺跡群發掘調査』(福岡市埋藏文化財調査報告書693) 2001年

福岡市教委『元岡・桑原遺跡群12 第7次調査の報告―九州大學統合移轉用地內埋藏文化財發掘調査報告書』(福岡市埋藏文化財調査報告書1012) 2008年

11) 元岡·桑原遺跡群(15次)(舊, 元岡遺跡群)

1. 이름 : 모토오카·쿠와바라 유적군(15차)
2. 출토지 : 福岡縣(후쿠오카현) 福岡市(후쿠오카시)
3. 발굴기간 : 1999.6~1999.10
4. 발굴기관 : 福岡市敎育委員會
5. 유적 종류 : 제철
6. 점수 : 1

7. 유적과 출토 상황

福岡市 서쪽 끝, 糸島半島 동측의 山間部에 있다. 본 조사에서는 고대 말기~중세 전반기의 水田 유적이 출토되었다. 수전 하부는 고훈시대부터 고대의 유물포함층인데 목간은 이 층위의 하부에서 출토되었다. 목간이 출토된 장소에서 서쪽으로 약 10m 지점에서 製鐵炉가 발견되었는데 목간을 덮었던 포함층에 포함된 鐵滓 등은 거기서 배출된 것으로 생각된다. 목간은 출토 위치나 상황으로 보아 谷部를 조성하여 진행된 대규모 제철조업 직전에 매몰된 것이므로 이에 앞서 행해진 의례와 관련된 것으로 추정된다.

8. 목간

「 凡人言事解除法　進奉物者　人方七十七隻　馬方六十隻　須加×

水船四隻　弓廿張　矢卌隻　五色物十柄　□□多志五十本　赤玉百□　立志玉百□

□□二柄 酒三×　　　　　　　　　　×米二升　栗木二□　　□〔束?〕木八束 」

10편 정도가 접합하였으나 완형이 되지 못하였다. 목간 우측 상부에 두 개의 구멍이 있다.

묵서는 한쪽 면에만 쓰여 있고 3행이 확인된다. 묵서의 내용은 祓에 사용하는 祓具의 품목과 수량을 쓴 것이다. 율령제 초기에 지방에서 행해진 의례의 구체적 내용을 검토하는 데 중요한 자료가 된다.

9. 참고문헌

吉留秀敏「福岡・元岡遺跡群」(『木簡研究』22, 2000年)

福岡市教委『九州大學統合移轉用地內埋藏文化財發掘調査概報1―元岡・桑原遺跡群發掘調査』(福岡市埋藏文化財調査報告書693) 2001年

木簡學會編『日本古代木簡集成』東京大學出版會, 2003年

福岡市教委『元岡・桑原遺跡群4 第12, 15, 24次調査の報告―九州大學統合移轉用地內埋藏文化財發掘調査報告書』(福岡市埋藏文化財調査報告書860) 2005年

12) 元岡・桑原遺跡群(18次)

1. 이름 : 모토오카·쿠와바라 유적군(18차)
2. 출토지 : 福岡縣(후쿠오카현) 福岡市(후쿠오카시)
3. 발굴기간 : 1999.10~1902.2
4. 발굴기관 : 福岡市教育委員會
5. 유적 종류 : 제철
6. 점수 : 1

7. 유적과 출토 상황

福岡市 서쪽 끝, 糸島半島 동측의 山間部에 있다. 부근은 해발 100m 이하의 구릉지대로 작은 하천으로 인해 침식되어 있다. 조사 결과 다섯 개 면의 유구가 확인되었다. 제1면은 중세 말

부터 근세, 제2면은 고대 말부터 중세 전기, 제3면은 고대 후기(주로 나라시대), 제4면은 고훈
시대 후기부터 고대 전기(아스카시대), 제5면은 야요이시대 이전이다. 목간은 산골짜기의 바닥
에 조성된 저수 유구에서 출토되었는데 제4면 하부에 해당된다.

8. 목간

□「〔 〕Ｖ」

　홈이 있고 상부가 결손되어 있다. 글자가 확인되나 석독하지 못했다.

9. 참고문헌

福岡市教委『九州大學統合移轉用地內埋藏文化財發掘調查槪報2ー元岡・桑原遺跡群發掘調
查』(福岡市埋藏文化財調查報告書743) 2003年

　吉留秀敏「福岡・元岡・桑原遺跡群」(『木簡硏究』25, 2003年)

　福岡市教委『元岡・桑原遺跡群16 第18次調查の報告2ー九州大學統合移轉用地內埋藏文化財
發掘調查報告書』(福岡市埋藏文化財調查報告書1102) 2010年

13) 元岡・桑原遺跡群(20次)(舊, 元岡・桑原遺跡)

1. 이름 : 모토오카·쿠와바라 유적군(20차)

2. 출토지 : 福岡縣(후쿠오카현) 福岡市(후쿠오카시)

3. 발굴기간 : 2000.4~2003.5

4. 발굴기관 : 福岡市教育委員會

5. 유적 종류 : 취락·관아 관련

6. 점수 : 37

7. 유적과 출토 상황

福岡市 서쪽 끝, 糸島半島 동측의 山間部에 있다. 부근은 해발 100m 이하의 구릉지대로 작은 하천으로 인해 침식되어 있다. 유구는 고훈시대 후기부터 고대의 유물을 포함한 정지층 상면에서 확인되었다. 나라시대부터 헤이안시대 사이에 폐기된 것으로 추측되며 건물터도 확인되었다. 池狀 유구에서는 토기류, 목제품, 동제품, 철제품 등이 대량으로 출토되었다. 이 유구는 7세기 말부터 8세기 말까지 기능한 것으로 보이며 제사가 행해졌을 가능성이 있다. 목간은 池狀 유구 및 그 유출부에서 출토되었다.

8. 목간

(1)

· □〔粮?〕 壹石者

· 計帳造書□□用仍□

　　　延曆四年六月廿四日中×

상단의 일부, 하단, 우변이 각각 결손되었다. 延曆4년(785)이라는 기년이 확인된다. 이 목간은 計帳 작성과 관련된 것으로 이해된다. 앞면에 '粮'의 지급 등에 관한 문언과 수량을 주로 기재하고 뒷면에 그 내용이 계장 작성과 관련하여 지급되는 내용 및 연월일과 인명을 쓴 것으로 보인다.

(2)

· 　難波部　十人□〔入?〕

大伴部　　額田部□〔五?〕

· □〔波?〕部五□〔人?〕　□

상하 양단이 결손되었다. 전체적으로 「部姓＋人數」라는 기재 양식이 상정된다. 사람들의 동원의 관한 기록일 가능성도 있다.

(3)

· 嶋郡赤敷里□〔持?〕難波部□〔首?〕

・□「□〔五月?〕廿三日丁卯□□〔領?〕□

하단과 좌변이 결손되었다. 郡里制(701~717) 중에 작성된 것이다. 앞면의 '赤敷里'는『和名抄』의 筑前國 志麻郡 明敷鄕에 해당되는 것으로 보인다. '持丁'은 長屋王家木簡에 보이듯이 운반자를 의미한다. 뒷면은 '五月廿三日丁卯'로 석독할 수 있다면 和銅 4년(711)에 작성된 것이라 할 수 있다.

(4)

・「∨太寶元年辛丑十二月廿二日

　　　白□□□〔米二石?〕[　　　]鮑廿四連代稅

　　　官川內□〔歲?〕六黑毛馬胸白　　　　」

・「∨『六人マ川內』　　　　　　　　　」

상단의 일부가 결여되어 있으나 거의 완형이다. 상단 좌우에서 홈이 있는 점에서 부찰목간이라 생각된다. 앞면은 3행으로 구성되어 있는데 제1행에는 연월일을 쓰고 제2행에는 鮑廿四連의 代稅가 되는 물품과 그 수량을 쓰고 제3행에는 이를 운반한 인물과 말에 대해 쓰여 있다.

(5)

「獻上　　　□〔沙?〕魚皮…延曆四年十月十四日眞成」

중앙부가 결손되었으나, 두 편은 각각 같은 목간의 상단부·하단부일 가능성이 크다. '沙魚'는「サメ(사메, 상어)」라 읽는다.

9. 참고문헌

菅波正人「福岡·元岡·桑原遺跡」(『木簡硏究』23, 2001年)

福岡市教委『九州大學統合移轉用地內埋藏文化財發掘調査槪報2ー元岡·桑原遺跡群發掘調査』(福岡市埋藏文化財調査報告書743) 2003年

菅波正人「福岡·元岡·桑原遺跡群(第二三號)·釋文의訂正과追加」(『木簡硏究』25, 2003年)

福岡市教委『元岡·桑原遺跡群8 第20次調査報告ー九州大學統合移轉用地內埋藏文化財發掘調査報告書』(福岡市埋藏文化財調査報告書962) 2007年

福岡市教委『元岡·桑原遺跡群14 第12次, 18次, 20次調査の報告(下)―九州大學統合移轉用地內埋藏文化財發掘調査報告書』(福岡市埋藏文化財調査報告書1063) 2009年

奈文研飛鳥資料館『木簡黎明―飛鳥に集ういにしえの文字たち』(飛鳥資料館圖錄53) 2010年

菅波正人「福岡·元岡·桑原遺跡群(第二三·二五號)·釋文の訂正と追加」(『木簡研究』33, 2011年)

14) 今山遺跡(8次)

1. 이름 : 이마야마 유적(8차)

2. 출토지 : 福岡縣(후쿠오카현) 福岡市(후쿠오카시)

3. 발굴기간 : 1999.9~2000.3

4. 발굴기관 : 福岡市教育委員會

5. 유적 종류 : 항만(港灣)

6. 점수 : 3

7. 유적과 출토 상황

今山遺跡은 今山 동쪽 기슭의 주요 지방도 확장 공사에 따른 것으로 폭 약 5m, 길이 25m를 조사 대상으로 하였다. 본 조사에서는 헤이안시대의 溝, 고훈시대의 製鹽土器群, 야요이시대 石斧 제작 관련 유구, 조몬시대 전·중기 유물을 포함한 토층이 출토되었다. 목간은 헤이안시대의 溝에서 출토되었다.

8. 목간

南□□

9. 참고문헌

米倉秀紀「福岡·今山遺跡」(『木簡硏究』22, 2000年)

福岡市教委『福岡市埋藏文化財年報Vol.14―平成11年(1999)度版』2001年

15) 下月隈C遺跡群(7次)

1. 이름 : 시모쓰키구마 C 유적군(7차)

2. 출토지 : 福岡縣(후쿠오카현) 福岡市(후쿠오카시)

3. 발굴기간 : 2001.4~2002.3

4. 발굴기관 : 福岡市教育委員會

5. 유적 종류 : 하도

6. 점수 : 1

7. 유적과 출토 상황

福岡平野를 형성한 御笠川의 우측 강가 퇴적지에 있으며 大宰府에서 서북쪽으로 10㎞ 지점에 위치한다. 목간은 舊河川 SR735에 구축된 제방에서 齋串과 겹친 상태에서 출토되었다. 목간의 폐기 시기는 하천의 매몰 시기로 미루어 8세기 후반으로 생각된다.

8. 목간

· 「□三人右為皇后職少属正八位上   」

· 「□□   □□〔脚?〕力者宜知狀限今日戌時□進來御□〔示?〕到奉行」

상부는 부러져 결손되었다. 표면은 상부가 결손되어 분명하지 않으나 3명의 이름이 쓰여 있었을 가능성이 있다. 내용은 이 3명에게 '皇后職少属正八位上'의 관인을 위해 어떠한 역할을 수행하도록 명한 것으로 생각된다. 뒷면은 상부의 글자가 결손되어 분명하지 않으나 '脚力'에게

'今日戌時'라는 임박한 기한을 제시하고 마지막으로 '奉行'으로 마무리하여 명을 내리고 있다.

9. 참고문헌

荒牧宏行「福岡・下月隈C遺跡群」(『木簡研究』25, 2003年)

福岡市教委『下月隈C遺跡VI―福岡空港周邊整備工事に伴う下月隈C遺跡第7次調査發掘調査報告(本文編)(圖版編)』(福岡市埋藏文化財調査報告書881) 2006年

16) 金武靑木A遺跡(1次)

1. 이름 : 가나타케아오키 A 유적(1차)
2. 출토지 : 福岡縣(후쿠오카현) 福岡市(후쿠오카시)
3. 발굴기간 : 2009.6~2009.12
4. 발굴기관 : 福岡市教育委員會
5. 유적 종류 : 하도
6. 점수 : 9

7. 유적과 출토 상황

福岡市 서부의 무良平野 남단부에 위치한다. 주변에는 고훈시대부터 기능한 제철 관련 유구나 고대를 중심으로 한 관아적 배치를 보여 주는 건물군이 확인되었다. 조사에서는 掘立柱 건물, 토갱, 연못터 등이 출토되었다. 목간은 모두 연못터에서 목제품과 함께 출토되었다.

8. 목간

(1)

×□別六×

□□怡土城擬大領□〔解?〕□□□□□
□□□〔令?〕專當其事□□〔案主?〕□

　상하 양단 각각이 부러져 있고 좌우 양변 각각 또한 깨져 있다.

　(2)

物部嶋足

矢田部長足

　상하 양단 각각 부러져 있고 하부에서 두 개로 부러졌다. 묵흔은 선명하게 남아 있다.

　(3)

・□公淨足

　三家連敷浪　　　　　　　」

・　　　　　　　　志麻郡」

　상단이 부러져 있고 하부에서 두 개로 부러졌다. 앞면에는 인명이 보이고 뒷면 하부 끝에 군명이 쓰여 있다. 군명만을 뒷면의 하부에 쓰는 서식에는 어색한 감이 있으나 목간 상부를 묶은 상태에서 검색하는 데 유용한 것이다.

　(4)

「∨□〔物?〕部□〔家?〕□□三斗」

　상단의 일부가 결손되어 있는 하찰목간이다.

　(5)

・□月七日[　　]○」

・　　×部[　] ○」

　상단이 부러졌다. 하부에는 끈을 꿰기 위한 구멍이 있다. 양면에 묵흔이 확인되나 뒷면은 목간의 왼쪽에 쓰여 있어 사용 후의 습서일 가능성도 있다.

　(6)

・二小

・　又□

상하 양단이 부러져 있고 좌변은 연륜에 따라 깨진 가능성이 있다. 양면에 선명한 묵흔이 확인된다.

(7)

· □□□〔足足足?〕

·　　□

상단이 부러져 있고 하단은 燒失되어 있다.

(8)

　　　　ㅇ

·　　　　七月十九日

□□□□來

　　　　ㅇ　　九十疋

두 개의 구멍이 있는 데서 折敷의 底板이었음을 알 수 있다.

(9)

「延歷〔曆〕十年□〔四?〕

상단의 일부가 결실되어 있으나 상단은 깎여 있다. '延歷(曆)十年'(791)의 기년명을 왼쪽으로 들여 썼다.

9. 참고문헌

福岡市教委『福岡市埋藏文化財年報Vol.24一平成21年(2009)度版』2010年

加藤隆也「福岡·金武靑木A遺跡」(『木簡研究』32, 2010年)

福岡市教委『金武靑木 金武靑木A遺跡 第1次調査 金武靑木B遺跡 第1·2次調査一金武西地區基盤整備促進事業關係調査報告』(福岡市埋藏文化財調査報告書1146) 2012年

17) ヘボノ木遺跡(52次)

1. 이름 : 헤보노키 유적(52차)
2. 출토지 : 福岡縣(후쿠오카현) 久留米市(구루메시)
3. 발굴기간 : 1993.1~1993.3
4. 발굴기관 : 久留米市教育委員會
5. 유적 종류 : 관아·사원
6. 점수 : 1

7. 유적과 출토 상황

九州縱貫道 久留米IC에서 서남쪽으로 약 1㎞, 高良山에서 북방의 筑後川 방면으로 뻗은 저위 대지 위 해발 13m 부근에 전개된 유적이다. 이 지역은 舊筑後國 御井郡에 속하며 筑後國府跡도 같은 대지의 서부에 소재한다. 유적의 범위는 동서 약 300m, 남북 약 600m로 추정되며 8세기 후반~9세기 초를 중심으로 한 유구군이 확인되었다. 유구나 유물의 출토 상황으로 미루어 관아 혹은 사원으로 추정된다. 목간은 조사구역 북단부에서 확인된 소규모 토갱에서 출토되었다.

8. 목간

```
        □  □
     □〔三?〕 四   五
□    九  □  □  掛
```

글자는 오른쪽으로 올라가는 서체로 삼행에 걸쳐 쓰여 있다. 판독하기 어려운 부분이 많아 전체적인 의미는 분명하지 않다.

9. 참고문헌

久留米市教委『ヘボノ木遺跡 平成5年度發掘調査概要』(久留米市文化財調査報告書 90) 1994年

水原道範「福岡・ヘボノ木遺跡」(『木簡研究』16, 1994年)

18) 椿市廢寺(4次)

1. 이름 : 츠바키이치하이지(4차)
2. 출토지 : 福岡縣(후쿠오카현) 行橋市(유쿠하시시)
3. 발굴기간 : 1992.6~1992.12
4. 발굴기관 : 行橋市教育委員會
5. 유적 종류 : 사원
6. 점수 : 1

7. 유적과 출토 상황

京都平野 북서부에 형성된 작은 평야 서쪽 끝에 소재하는 고대 寺院跡이다. 금당은 확인되지 않았으나 강당의 위치와 탑의 추정 위치로 미루어 주요 건물이 남북으로 나열된 사천왕사식 가람 배치로 추정된다. 가람과 일부 중복하여 복수의 掘立柱 건물이 발굴되어 있는데 이는 사원에 선행하는 재지 호족의 저택이었을 가능성이 있다. 출토된 기와 가운데 平城宮跡의 6284형식과 같은 것이 있어 椿市廢寺의 檀越과 중앙정권과의 관계를 엿보게 한다. 椿市廢寺는 7세기 말 내지 8세기 전반에 건립되어 9세기까지 존속한 京都郡內의 유일한 초기 사원이므로 건립자는 郡司級의 호족이라 생각된다. 목간은 강당의 동쪽 약 20m에 위치한 트렌치에서 출토되었다.

8. 목간

- 「今日物□〔믍?〕
- 「□□□

우측 상부가 결손되었고 하부는 한쪽이 뾰족하게 깎여 있다. 묵서의 내용으로 미루어 物忌札이라 생각된다.

9. 참고문헌

行橋市教委『椿市廢寺Ⅱ』(行橋市文化財調査報告書24) 1996年

小川秀樹「福岡·椿市廢寺」(『木簡研究』29, 2007年)

19) 延永ヤヨミ園遺跡(08年度調査)

1. 이름 : 노부나가야요미소노 유적(08년도 조사)
2. 출토지 : 福岡縣(후쿠오카현) 行橋市(유쿠하시시)
3. 발굴기간 : 2008.6~2009.3
4. 발굴기관 : 福岡縣教育委員會
5. 유적 종류 : 관아
6. 점수 : 3

7. 유적과 출토 상황

福岡縣 行橋市 북부에 위치한 平尾台에 뻗어 있는 해발 9m 전후의 낮은 구릉 및 산골짜기 부분으로 이루어진 복합유적이다. 구릉 남쪽 경사면에 야요이시대 후기의 취락이 있고 구릉 전체에 고훈시대 후기의 대규모 취락이 조성되었다. 목간은 구릉 중앙 골짜기의 9세기의 우물, 구릉 남측 골짜기의 우물에서 출토되었고 전자에서는 7점, 목간 형태의 목제품이 9점 출토되었다.

목간의 시기는 포함층의 유물이나 내용으로 미루어 각각 8세기로 보인다.

8. 목간

(1)

・「□□〔不知?〕山里□」

・「□〔籾?〕一石　　　　」

'不知山里'는 『和名抄』의 豊前國 京都郡 諫山鄉에 해당한다. 이 목간은 不知山里로부터 납부된 籾一石에 달려 있던 부찰로 추측된다. 和銅 6년(713)에 畿內七道諸國 郡鄉名은 好字를 사용하라는 制가 내렸으며 靈歸 3년(717)에 鄉里制가 시행되었으므로 이 하찰은 그 이전의 것으로 보인다.

(2)

[　]」

상단이 부러져 있고 하단 및 좌변은 깎여 있으며 우변은 갈라져 있다.

(3)

・　　　急々×

下

・□□□〔淨欲?〕

상단이 부러져 있고 하단은 이차적으로 절단되어 있다. 좌변은 깎여 있고 우변은 갈라져 있다.

9. 참고문헌

酒井芳司·松川博一「福岡·延永ヤヨミ園遺跡」(『木簡研究』 32, 2010年)

20) 延永ヤヨミ園遺跡(09年度調査)

1. 이름 : 노부나가야요미소노 유적(09년도 조사)
2. 출토지 : 福岡縣(후쿠오카현) 行橋市(유쿠하시시)
3. 발굴기간 : 2009.8~2009.12
4. 발굴기관 : 福岡縣敎育委員會
5. 유적 종류 : 관아
6. 점수 : 4

7. 유적과 출토 상황

福岡縣 行橋市의 북부, 平尾台에서 뻗어 있는 해발 9m 전후의 낮은 구릉 및 산골짜기 부분으로 이루어진 복합 유적이다. 구릉 남쪽 경사면에 야요이시대 후기의 취락이 조성되었고 뒤에 고훈시대 후기에 구릉 전체에 대규모 취락이 전개되었다. 목간은 7점, 목간 형태의 목제품이 9점 출토되었다. 목간의 시기는 포함층의 유물이나 내용으로 미루어 각각 8세기로 보인다.

8. 목간

(1)

天平六年十月十八日

상하 양단이 부러져 있고 좌우 양변이 갈라져 있다. 날짜와 인명이 쓰여 있는 데서 하찰의 일부였을 가능성이 있다. 天平6년(734)의 기년명이 있다.

(2)

□戸川部嶋山　□

상하 양단이 부러져 있고 좌우 양변이 갈라져 있다. 날짜와 인명이 쓰여 있는 데서 하찰의 일부였을 가능성이 있다.

(3)

・「□[　]□段　」

・「　得五段　」

상하 양단이 부러져 있고 좌우 양변이 깎여 있다.

(4)

・「符　郡首□□少長□[　]」

・「[　　　　　　　]」

하단이 약간 뾰족하게 되어 있다.

9. 참고문헌

酒井芳司・松川博一「福岡・延永ヤヨミ園遺跡」(『木簡研究』32, 2010年)

21) 井上藥師堂遺跡

1. 이름 : 이노우에야쿠시도 유적

2. 출토지 : 福岡縣(후쿠오카현) 小郡市(오고리시)

3. 발굴기간 : 1984.8~1985.3

4. 발굴기관 : 福岡縣敎育委員會

5. 유적 종류 : 취락

6. 점수 : 6

7. 유적과 출토 상황

이 부근은 寶滿川 좌측 강가의 城山(花立山)에서 동남쪽으로 뻗는 구릉의 끝부분에 해당하고 유적은 해발 17m 전후의 수전지대 가운데에 위치한다. 주변에는 井上廢寺나 筑後國 御原郡衙

跡으로 비정되는 小郡官衙遺跡 등이 소재한다. 현재는 산골짜기를 사이에 두고 그 양측에 台地가 형성되어 있다. 목간은 다양한 목제품과 함께 출토되었으며 나라시대 후반~헤이안시대 전반의 유물이 함께 확인되었다.

8. 목간

(1)

• 「両家搗米宅津十両部里人大津夜津評人」

• 「両里人家□□[   ] [   ]   」

文意가 통하지 않기 때문에 습서로 보아야 할지도 모른다.

(2)

「　　　　　　　　　黒人赤加倍十　　　竹野□□□本五
□白日□〔種?〕稻□人　山部田母之本廿
　　　　　　　　　□□□之倍十
　　　　　　　　　□田□刀□之本五　　　　　　　」

우변에 상단으로부터 약 25㎝ 위치에 삼각형의 홈이 있으나 좌변에 없어 그 의미는 분명치 않다.

(3)

　　　三石　加太里白米二石半

米一石　　 幷十五石

白米半　　 反俵廿一石半　　 」

米의 출납과 관련된 것으로 보인다.

(4)

•　　　　　　　　見上出擧千百七束

　　　　　　　　　　　　未

二石六斗七升

·   『倉』(「上」 위에 重書)

百九十四[ ]上□〔積?〕義上五束

□〔二?〕石六斗□□

百十束七把   加義上五束

     『倉』(「上」 위에 重書)

出擧와 관련된 목간으로 보인다.

(5)

· □〔月?〕服服服服大大大大大大□□□□〔名名名?〕

· 夫大大大尒□〔大?〕   夫□□〔廿?〕□□

습서로 보인다.

9. 참고문헌

倉住靖彦「福岡·井上藥師堂遺跡」(『木簡研究』7, 1985年)

福岡縣敎委『小郡市所在井上藥師堂遺跡の調査―九州橫斷自動車道關係埋藏文化財調査報告 10』1987年

木簡學會編『日本古代木簡選』岩波書店, 1990年

平川南·淸武雄二·三上淸孝·田中史生「井上藥師堂遺跡出土木簡の再檢討」(小郡市敎委『上 岩田遺跡調査槪報』付編, 2000年)

平川南「福岡·井上藥師堂遺跡(第七號)·釋文の訂正と追加」(『木簡研究』22, 2000年)

奈文研飛鳥資料館『木簡黎明―飛鳥に集ういにしえの文字たち』(飛鳥資料館圖錄 53) 2010年

22) 九州大學筑紫地區構內遺跡

1. 이름 : 규슈다이가쿠쓰쿠시치쿠코나이 유적
2. 출토지 : 福岡縣(후쿠오카현) 大野城市(오노조시)
3. 발굴기간 : 1981.4~1981.8
4. 발굴기관 : 九州大學筑紫地區埋藏文化財調查會
5. 유적 종류 : 성격 불명
6. 점수 : 2

7. 유적과 출토 상황

본 유적은 福岡縣 春日·大野城 양측 시에 걸친 옛 美軍基地跡 가운데 九州大學에 이관된 남쪽 약 19만㎡ 내에 소재하는 유적의 총칭이다. 유적에서는 조몬시대의 포함층, 야요이시대의 취락터·토갱, 고훈시대의 취락터·掘立柱 건물적·우물터, 나라시대의 溝, 헤이안~가마쿠라시대의 溝·수전터 등의 유구가 확인되었다. 목간은 溝에서 출토되었는데 8세기 전~중기로 비정되는 토기가 함께 출토되었다.

8. 목간

(1)

```
            一院收□〔田?〕□段
[   ]卅五步
            一院□〔佃?〕□□田一段百七十步」
```

상단은 이차적으로 잘려 있다. 田積이 쓰여 있으나 상부가 결손되어 있어 내용은 분명치 않다.

(2)

[   ]一□〔院?〕□□□

상단은 이차적으로 잘려 있다.

9. 참고문헌

倉住靖彦「福岡·九州大學(筑紫地區)構內遺跡」(『木簡硏究』4, 1982年)

木簡學會編『日本古代木簡選』岩波書店, 1990年

九州大學春日原地區埋文調査室『九州大學埋藏文化財調査報告—九州大學筑紫地區遺跡群3』
1994年

23) 本堂遺跡(7次)

1. 이름 : 혼도 유적(7차)
2. 출토지 : 福岡縣(후쿠오카현) 大野城市(오노조시)
3. 발굴기간 : 2004.2~2004.11
4. 발굴기관 : 大野城市教育委員會
5. 유적 종류 : 취락·제사유적
6. 점수 : 4

7. 유적과 출토 상황

背振山系에서 뻗는 牛頸山에서 북방으로 파생된 구릉에 위치한 유적이다. 조사는 구릉 산골짜기 부분과 그 주변의 평지에서 진행되었다. 산골짜기 내부의 퇴적토는 ①고훈시대 종말기, ②나라시대 후기, ③헤이안시대 후기 세 시기로 나뉜다. 목간은 ③ 층에서 3점이 출토되었다.

8. 목간
  (1)
·「壹弐參肆伍陸漆捌玖拾佰仟〓億斛斗升」
·【大天□天】   □十□□」

상·하단은 앞뒤 양면에서 칼을 넣어 꺾여 있다.

(2)

「　　　　鬼

(人物像) 急々如□〔律?〕令

　　　　　　鬼　　　　　　　」

상·하단은 뒷면에서 칼을 넣어 꺾여 있다. 뒷면은 조정되어 있지 않다.

(3)

「　　　　鬼

(人物像) 急々如津〔律〕令

　　　　　鬼　　　　　　」

상·하단은 뒷면에서 칼을 넣어 꺾여 있다. 뒷면은 조정되어 있지 않다.

9. 참고문헌

石木秀啓·一瀬智「福岡·本堂遺跡」(『木簡研究』27, 2005年)

大野城市教委『牛頸本堂遺跡群Ⅶ 第7次調査―上大利北土地區劃整理事業地內埋藏文化財發掘調査報告書Ⅷ』(大野城市文化財調査報告書81) 2008年

24) 大宰府跡藏司西地區(4次)

1. 이름 : 다자이후 터(4차)
2. 출토지 : 福岡縣(후쿠오카현) 太宰府市(다자이후시)
3. 발굴기간 : 1970.2~1970.5
4. 발굴기관 : 福岡縣教育委員會
5. 유적 종류 : 관아

6. 점수 : 9

7. 유적과 출토 상황

藏司西地區는 大宰府政廳跡 중축선에서 서쪽으로 약 30m 떨어진 지점의 藏司跡과 來木의 사이에 위치한다. 조사 결과, 발굴구역의 동쪽에 있던 저습지에 남북 방향으로 통하는 溝가 확인되었다. 溝는 폭이 약 26m, 깊이 2m 이상이며 5개 층으로 나뉜다. 목간은 4번째 층에서 출토되었으며 시기는 6세기 중엽에서 8세기 초로 비정된다.

8. 목간

(1)

· □□疾病為依　　　」
· □日下部牛□〔閇?〕
　里長日下部君牛閇」

이 목간은 다른 목간과 달리 제IV층에서 출토되었다. 상단이 부러져 있고, 하단 및 좌우 양변이 깎여 있다. 뒷면에 里長이 보이므로 鄕里制가 시행된 靈龜 3년(717)을 하한으로 한다. 里長日下部君牛閇가 노역 때문에 징발되어 있었으나 질병 때문에 결근한다는 이유를 쓴 것으로 해석할 수 있다.

(2)

　大夫之□〔紬?〕

削屑이다. 大夫는 율령제하에서 五位 이상을 칭하는데 藏司西地區 출토 목간은 7세기 말부터 8세기 초까지의 것으로서 筑前國이 大宰府로부터 별치되지 않았던 상황이었으므로 대부의 대상은 大宰府 관인이었을 가능성이 상정된다.

(3)

· 「∨久須評大伴マ　」
· 「∨太母□□□三貝」

상하 양단 및 좌우 양변이 깎여 있다. 久須評은 뒤의 **豊後國 玖珠郡**이다. 評은 **大寶** 원년 (701)에 시행된 **大寶律令** 이전의 **郡**에 해당하는 행정 단위이다.

(4)

「八月廿日記貸稻數　□　　　財×

　　　　　財マ人　物×

상단 및 좌우 양변이 깎여 있고 하단은 이차적으로 잘려 있다. **貸稻**는 **大寶律令** 이전의 **出 擧**의 **古稱**이며 또한 문장의 첫 부분에 연월일을 써 「一記」라 쓰는 형식도 7세기 말을 하한으로 한다. 이 목간은 **出擧**한 **稻**의 수를 기록한 것으로써, 두 행으로 되어 있는 부분에서 하단의 결손 부분에 걸쳐 **稻**를 빌린 인명과 그 **稻束數**를 기록하였다고 추정된다. 목간의 뒷면은 자이다.

(5)

年里五戶

상하 양단이 부러져 있고 좌변은 깎여 있으며 우변은 갈라져 있다. 지명과 호수가 보이는 데서 부찰의 가능성이 있다.

(6)

・「告稻事者受食白 大伴部尸手此」

・「无□〔故?〕在時□〔奴?〕吾□〔麻?〕□□□〔稻取?〕出白」

상하 양단 및 좌우 양변이 깎여 있다. 文意는 '稻에 대해서는 受給받고 싶다고 말씀드립니 다.'로 된다. 뒷면의 **吾麻**는 稻 수급의 신청 주체가 된다. 이 목간 또한 **出擧**에 따른 **稻**를 빌려줄 때 사용된 신청 문서로 추정된다.

(7)

「　□□□□子亥戌□

　□□□□〔記?〕□□□□□

상단 및 좌우 양변이 깎여 있고 하단은 부러졌다. **十二支**가 거꾸로 쓰여 있다.

(8)

□十二篇其□〔以?〕□□

상하 양단이 부러져 있고 좌우 양변이 깎여 있다. 漢籍 등의 습서로 생각되나 출전은 분명치 않다.

9. 참고문헌

福岡縣教委『大宰府史跡 第4次發掘調査槪要』1970年

福岡縣教委『大宰府史跡 昭和45年度發掘調査の槪要』(福岡縣文化財調査報告書47) 1971年

九州歷史資料館『大宰府史跡出土木簡槪報』1, 1976年

倉住靖彦「大宰府跡出土の木簡」(奈文硏『第1回木簡硏究集會記錄』1976年)

木簡學會編『日本古代木簡選』岩波書店, 1990年

沖森卓也・佐藤信編『上代木簡資料集成』おうふう, 1994年

太宰府市史編集委員會・太宰府市『太宰府市史 古代資料編』2003年

酒井芳司「大宰府史跡藏司西地區出土木簡の再檢討」(『九州歷史資料館硏究論集』30, 2005年)

奈文硏飛鳥資料館『木簡黎明一飛鳥に集ういにしえの文字たち』(飛鳥資料館圖錄53) 2010年

25) 大宰府跡大楠地區(14次・71年度)

1. 이름 : 다자이후 터(14차·71년도)

2. 출토지 : 福岡縣(후쿠오카현) 太宰府市(다자이후시)

3. 발굴기간 : 1971.9

4. 발굴기관 : 福岡縣敎育委員會

5. 유적 종류 : 관아

6. 점수 : 5

7. 유적과 출토 상황

조사 결과, 政廳지구(都府楼跡)의 전면은 광장과 같은 성격을 가진 空閑地였고 이를 사이에 두고 동서 양측에는 8세기 전반부터 정청 관련 시설이 존재하였음이 밝혀졌다. 본 조사구역은 그 서쪽 지구의 서쪽, 藏司지구의 남쪽에 위치한다. 목간은 남북으로 이어진 溝에서 출토되었다. 출토 유물로 미루어 보아 늦어도 8세기 후반에는 존재하였고 11세기 후반까지 존속한 것으로 보인다.

8. 목간

· 忌忌忌忌忌　□□□□□

　忌頓首硌硌　硌□硌[　　]

　[　]　[　]內

· □正正月月月月月月月月

　　俉俉俉俉俉俉俉俉俉□

　　頓頓頓頓頓　□□淨淨淨

9. 참고문헌

九州歷史資料館『大宰府史跡 昭和46年度發掘調查槪報』1972年

九州歷史資料館『大宰府史跡出土木簡槪報』1, 1976年

倉住靖彦「大宰府跡出土の木簡」(奈文研『第1回木簡研究集會記錄』1976年)

太宰府市史編集委員會·太宰府市『太宰府市史 古代資料編』2003年

九州歷史資料館『大宰府政廳周邊官衙跡Ⅲ－不丁地區遺構編』2012年

26) 大宰府跡學校院地區東邊部(74次)

1. 이름 : 다자이후 터(74차)
2. 출토지 : 福岡縣(후쿠오카현) 太宰府市(다자이후시)
3. 발굴기간 : 1981.1~1981.3
4. 발굴기관 : 九州歷史資料館
5. 유적 종류 : 관아
6. 점수 : 9

7. 유적과 출토 상황

본 유적은 大宰府政廳에 부속된 교육기관 「府學校」의 터로 비정되며 특별 사적 「大宰府跡」(政廳跡)의 동쪽 약 400m에 소재한다. 이 지역은 4町의 政廳域과 3町의 觀世音寺 경내 사이에 존재하며 2町이 學校院의 영역으로 파악되었으나 大宰府史跡의 발굴 조사 결과, 정청역과 학교원지구 사이에 명확한 경계가 없었음이 밝혀졌다. 주된 유구로서는 남북으로 통하는 溝, 우물, 掘立柱 건물터 등이 확인되었다. 기와류의 출토가 적은 점이 주목된다. 목간은 총 9점이 출토되었는데 각각 발굴구역 동변의 溝에서 나온 것이다.

8. 목간

(1)
「南无大般若心經」
이른바 卒塔婆 모양으로 되어 있고 하단이 뾰족하게 되어 있다.

(2)
・「延長五年　[　　　　]
　　　　　米■帳

- 「[   ]□所々
             米■帳

제첨이다. 상단은 山 모양이다.

(3)

- × □[   ]
     俱〔舍?〕□〔八?〕□[   ]」
- ×   [   ]」

9. 참고문헌

倉住靖彦「福岡·大宰府學校院跡東邊部」(『木簡研究』3, 1981年)

九州歷史資料館『大宰府史跡 昭和56年度發掘調査槪報』1982年

九州歷史資料館『大宰府史跡出土木簡槪報』2, 1985年

太宰府市史編集委員會·太宰府市『太宰府市史 古代資料編』2003年

27) 大宰府跡大楠地區(76次)

1. 이름 : 다자이후 터(76차)
2. 출토지 : 福岡縣(후쿠오카현) 太宰府市(다자이후시)
3. 발굴기간 : 1981.4~1981.9
4. 발굴기관 : 九州歷史資料館
5. 유적 종류 : 관아
6. 점수 : 21

7. 유적과 출토 상황

본 지구는 條坊 복원안의 右郭六條二坊에 해당하고 大宰府政廳跡 서쪽에 인접하는 藏司 지구의 남쪽 약 200m에 위치한다. 1971년도에 이루어진 조사에서 나라시대 후반의 大溝 SD320이 확인되었는데 이번 조사에서는 그 연장 부분을 포함하여 溝 5개, 초석 건물, 토갱 등의 유구가 확인되었다. 목간은 SD320에서 총 17점이 출토되었으며 목제품에 묵서한 것이 2점 출토되었다.

8. 목간

(1)

· ×[　] 遠遠遠[　]×

· 　　　君　君

遠을 筑前國 遠賀郡을 의식한 것이라면 君은 郡일 가능성이 있다.

(2)

· □□□伏 」

· [　　　　] 」

(3)

「佐□」

曲物의 側板에 묵서한 것이다.

9. 참고문헌

九州歷史資料館 『大宰府史跡 昭和56年度發掘調査槪報』 1982年

倉住靖彦 「福岡·大宰府跡(大楠地區)」 (『木簡研究』 4, 1982年)

九州歷史資料館 『大宰府史跡出土木簡槪報』 2, 1985年

九州歷史資料館 『大宰府政廳周邊官衙跡Ⅲ一不丁地區 遺構編』 2012年

28) 大宰府跡不丁官衙地區(右郭五條二坊)(83次)

1. 이름 : 다자이후 터(83차)
2. 출토지 : 福岡縣(후쿠오카현) 太宰府市(다자이후시)
3. 발굴기간 : 1982.11~1983.2
4. 발굴기관 : 九州歷史資料館
5. 유적 종류 : 도시
6. 점수 : 3

7. 유적과 출토 상황

政廳 지구(都府樓跡) 앞에는 광장이 있었고 그 동측인 日吉 지구에서는 11채의 掘立柱 건물 터가 확인되어 8세기 전반부터 관아 구역이 형성되어 있었음이 밝혀졌다. 이번 조사구역은 광장 서쪽에 인접하며 정청 지구의 서남쪽 끝에 접한다. 不丁이라는 小字名은 '府廳'과 음이 통하므로 정청 관련 시설이 존재한 것으로 보인다. 조사구역에서는 掘立柱 건물터가 23채가 확인되었는데 세 시기에 나뉘어 존재한 것으로 보인다. 출토 유물로 미루어 각각 8세기에 존재한 것으로 보이며 9세기 전반에 굴립주 건물에서 초석 건물로 이행한 것으로 생각된다. 건물터 이외에는 울타리·溝·우물·토갱 등 유구가 확인되었는데 목간은 모두 조사구역 동쪽 끝에서 확인된 溝에서 출토되었다. 이 溝는 아마도 不丁 지구 관아 구역의 동쪽 끝으로 추정되며 8세기 전반부터 중반에 걸쳐 존재한 것으로 추정된다.

8. 목간
×三麦□三麦×

9. 참고문헌
九州歷史資料館 『大宰府史跡 昭和58年度發掘調査槪報』 1984年

倉住靖彦「福岡・大宰府跡(不丁地區)」(『木簡硏究』6, 1984年)

九州歷史資料館『大宰府史跡出土木簡槪報』2, 1985年

九州歷史資料館『大宰府政廳周邊官衙跡Ⅲ－不丁地區 遺構編』2012年

九州歷史資料館『大宰府政廳周邊官衙跡Ⅳ－不丁地區 遺物編1』2013年

29) 大宰府跡不丁官衙地區(右郭六條一坊・六條二坊)(85次)

1. 이름 : 다자이후 터(85차)

2. 출토지 : 福岡縣(후쿠오카현) 太宰府市(다자이후시)

3. 발굴기간 : 1983.7~1983.10

4. 발굴기관 : 九州歷史資料館

5. 유적 종류 : 도시

6. 점수 : 58

7. 유적과 출토 상황

政廳 지구(都府楼跡) 앞에는 광장이 있었고 그 동측인 日吉 지구에서는 11채의 掘立柱 건물터가 확인되어 8세기 전반부터 관아 구역이 형성되어 있었음이 밝혀졌다. 이번 조사구역은 광장 서쪽에 인접하며 정청 지구의 서남쪽 끝에 접한다. 不丁이라는 小字名은 '府廳'과 음이 통하므로 정청 관련 시설이 존재한 것으로 보인다. 조사구역에서는 掘立柱 건물터가 23채가 확인되었는데 세 시기에 나뉘어 존재한 것으로 보인다. 출토 유물로 미루어 각각 8세기에 존재한 것으로 보이며 9세기 전반에 掘立柱 건물에서 초석 건물로 이행한 것으로 생각된다. 건물터 이외에는 울타리·溝·우물·토갱 등 유구가 확인되었는데 목간은 모두 조사구역 동쪽 끝에서 확인된 溝에서 출토되었다. 이 溝는 아마도 不丁 지구 관아 구역의 동쪽 끝으로 추정되며 8세기 전반에부터 중반에 걸쳐 존재한 것으로 추정된다.

8. 목간

(1)

□　□二人兵士□三人

・「兵士合五十九人

定役五十四　□□〔筑前?〕兵士卅一
筑後兵士廿三」

・天平六年四月廿一日　　　　　　　　　　」

숫자는 각각 병사의 인원수를 보여 준다. 大宰府에 上番하는 병사에 관한 목간임은 확실하나 더 이상 구체적인 내용은 알 수 없다. 天平6년은 734년에 해당한다.

(2)

「□　尊者上座者火急殿門進上宜 須良狀×

(3)

二月十日…□夫卅十一日卅十三日廿九

(4)

・×造廳造造造廳造□廳□

・×□『大豆五斗』造造廳大×

문서목간을 폐기하기 전에 습서용으로 전용된 것으로 보인다.

(5)

「∨糟屋郡紫草廿根」

보라색 염료로 사용된 '紫草'에 관한 목간이다.

(6)

「∨岡賀郡紫草廿根」

보라색 염료로 사용된 '紫草'에 관한 목간이다.

(7)

・「∨夜須郡苫壹張　　　　」

・「∨　調長『大神部道祖』」

‘夜須郡’은 筑前國에 속한다. ‘苫’은 賦役令에서 규정된 調副物의 하나로서 『延喜式』主計上에서 中男作物로 되어 있다. 養老 원년(717)에 調副物 등을 폐하여 中男作物로 課하도록 改制되었으므로 이 목간의 하한 시기를 추정하는 데 단서가 된다.

9. 참고문헌

九州歷史資料館『大宰府史跡 昭和58年度發掘調査槪報』1984年

倉住靖彦「福岡・大宰府跡(不丁地區)」(『木簡研究』6, 1984年)

九州歷史資料館『大宰府史跡出土木簡槪報』2, 1985年

木簡學會編『日本古代木簡選』岩波書店, 1990年

沖森卓也・佐藤信編『上代木簡資料集成』おうふう, 1994年

木簡學會編『日本古代木簡集成』東京大學出版會, 2003年

九州歷史資料館『大宰府政廳周邊官衙跡Ⅲ－不丁地區 遺構編』2012年

九州歷史資料館『大宰府政廳周邊官衙跡Ⅳ－不丁地區 遺物編1』2013年

30) 大宰府跡大楠地區(14次補足・83年度)

1. 이름 : 다자이후 터(14차보충・83년도)

2. 출토지 : 福岡縣(후쿠오카현) 太宰府市(다자이후시)

3. 발굴기간 : 1983.11~1984.1

4. 발굴기관 : 九州歷史資料館

5. 유적 종류 : 관아

6. 점수 : 10

7. 유적과 출토 상황

본 조사구역은 不丁 지구 서쪽에 인접하며 藏司 지구의 남측에 해당한다. 주된 유구로서는 울타리, 溝, 우물 등이 확인되었다. 목간은 남북으로 통하는 溝 SD320에서 출토되었다. 출토 유물로 미루어 보아 이 溝는 8세기 후반 이후부터 11세기 후반까지 존속한 것으로 보인다.

8. 목간

(1)

日置部力良

인명으로 보인다.

(2)

「∨□[　　]□[　　]十一年料」

'十一年' 위의 글자는 연호로 보이며 SD320의 시기로 미루어 8세기말부터 9세기 초로 추측되므로 延曆이었을 가능성이 크다.

(3)

・『□五　九斤二両二分四□〔銖?〕』

　　□ 烏賊 [　　]

　　□〔大?〕

・[　]　　　荒□七□

글자가 겹쳐 있어 적어도 2번 이상 묵서된 것으로 보인다.

9. 참고문헌

九州歷史資料館『大宰府史跡 昭和59年度發掘調査概報』1985年

九州歷史資料館『大宰府史跡出土木簡概報』2, 1985年

倉住靖彦「福岡·大宰府跡」(『木簡硏究』8, 1986年)

太宰府市史編集委員會·太宰府市『太宰府市史 古代資料編』2003年

31) 大宰府跡不丁官衙地區(87次)

1. 이름 : 다자이후 터(87차)

2. 출토지 : 福岡縣(후쿠오카현) 太宰府市(다자이후시)

3. 발굴기간 : 1984.1~1984.3

4. 발굴기관 : 九州歷史資料館

5. 유적 종류 : 관아

6. 점수 : 51

7. 유적과 출토 상황

조사구역은 大宰府政廳 지구(都府楼跡)와 縣道를 사이에 두고 그 서남 끝에 접한다. 不丁이라는 小字名이 '府廳'과 음이 통하므로 정청 관련 시설이 존재하였다고 상정되고 있는 지구이다. 주된 유구로서 掘立柱 건물, 울타리, 溝, 우물 등이 확인되었다. 목간은 남북으로 통하는 溝 SD2340에서 출토되었다. 이 溝는 8세기 전반부터 중엽까지 존재한 것으로 보인다.

8. 목간

(1)

・□〔下?〕神部足嶋米

　　神部□□□□

・□月廿六日　　□

(2)

「三井郡庸米六斗」

(3)

・∨豊前□□□□〔國京都郡?〕×

・∨□〔天?〕平八□〔年?〕九□〔月?〕×

(4)

「∨合志郡紫草大根四百五十編」

9. 참고문헌

九州歷史資料館『大宰府史跡 昭和59年度發掘調査槪報』1985年

九州歷史資料館『大宰府史跡出土木簡槪報』2, 1985年

倉住靖彦「福岡・大宰府跡」(『木簡硏究』8, 1986年)

木簡學會編『日本古代木簡選』岩波書店, 1990年

木簡學會編『日本古代木簡集成』東京大學出版會, 2003年

太宰府市史編集委員會・太宰府市『太宰府市史 古代資料編』2003年

九州歷史資料館『大宰府政廳周邊官衙跡Ⅲ一不丁地區 遺構編』2012年

九州歷史資料館『大宰府政廳周邊官衙跡Ⅳ一不丁地區 遺物編1』2013年

32) 大宰府跡不丁官衙地區(90次)

1. 이름 : 다자이후 터(90차)

2. 출토지 : 福岡縣(후쿠오카현) 太宰府市(다자이후시)

3. 발굴기간 : 1984.5~1984.7

4. 발굴기관 : 九州歷史資料館

5. 유적 종류 : 관아

6. 점수 : 47

7. 유적과 출토 상황

조사구역은 大宰府政廳 지구(都府楼跡)와 縣道를 사이에 두고 그 서남 끝에 접한다. 不丁이라는 小字名이 '府廳'과 음이 통하므로 정청 관련 시설이 존재하였다. 주된 유구로서 掘立柱 건물, 울타리, 溝, 우물 등이 확인되었다. 목간은 남북으로 통하는 溝 SD2340에서 출토되었다. 이 溝는 8세기 전반부터 중엽까지 존재한 것으로 보인다.

8. 목간

(1)

・「三團兵士□□□〔役?〕宗形部刀良日下部赤猪」

・「□二人[   ]   」

(2)

上日六十□〔二?〕[   ]∨」

(3)

・   □本□

          □　十一月　日田山□□人

木工□□□□〔秦人部山?〕孔館仕五日　　　　　九年

                              並月八

□□〔木工?〕秦人部遠雲館仕七日　　　　　　」

・[   ]   　　□□

    【月二十□□□□〔日?〕一十

        月一十年八平天】   　　」

(4)

・□〔十?〕一月　■田山□

×

・【[   ]月一十　十】

(5)

十七大『□□』

(6)

・筑紫 □〔滓?〕屋□〔郡?〕

　　　　　　　　□□〔前牛?〕□□□

・[　　　　]

　　　　　　　　　□□」

(7)

進上豊後國海部郡眞紫草……□□〔斤?〕□

(8)

・山鹿郡紫草

・　託□　　大根

(9)

宅麻」

(10)

「∨伊藍嶋□□

9. 참고문헌

九州歷史資料館『大宰府史跡 昭和59年度發掘調査槪報』1985年

九州歷史資料館『大宰府史跡出土木簡槪報』2, 1985年

倉住靖彦「福岡·大宰府跡」(『木簡研究』8, 1986年)

木簡學會編『日本古代木簡選』岩波書店, 1990年

木簡學會編『日本古代木簡集成』東京大學出版會, 2003年

太宰府市史編集委員會·太宰府市『太宰府市史 古代資料編』2003年

九州歷史資料館『大宰府政廳周邊官衙跡Ⅲ一不丁地區 遺構編』2012年

33) 大宰府跡廣丸地區(96次)

1. 이름 : 다자이후 터(96차)

2. 출토지 : 福岡縣(후쿠오카현) 太宰府市(다자이후시)

3. 발굴기간 : 1985.6~1985.10

4. 발굴기관 : 九州歷史資料館

5. 유적 종류 : 관아

6. 점수 : 3

7. 유적과 출토 상황

조사구역은 大宰府政廳跡 中軸線에서 서쪽으로 430m에 위치하며 條坊 복원 안에서는 右郭 五條五坊에 해당한다. 확인된 주요 유구로는 掘立柱 건물 5채, 울타리 1조, 溝 9개, 우물 1기, 토 갱 등이 있다. 목간은 조사구역의 북부 서남 끝 부근에서 확인된 9세기 후반의 우물에서 3점 출 토되었다.

8. 목간

(1)

□　□

우변과 하단이 깎여 있고 상단이 부러져 있으며 좌변은 이차적으로 잘려 있다.

(2)

□

상·하단이 부러져 있고 좌우 양변이 깎여 있다.

(3)

□

상단과 하단이 부러져 있고 좌우 양변은 이차적으로 잘려 있다.

9. 참고문헌

九州歷史資料館『大宰府史跡 昭和60年度發掘調查槪報』1986年

酒井芳司「福岡·大宰府跡」(『木簡研究』28, 2006年)

34) 大宰府跡不丁官衙地區(98次)

1. 이름 : 다자이후 터(98차)

2. 출토지 : 福岡縣(후쿠오카현) 太宰府市(다자이후시)

3. 발굴기간 : 1986.1~1986.3

4. 발굴기관 : 九州歷史資料館

5. 유적 종류 : 관아

6. 점수 : 12

7. 유적과 출토 상황

본 조사에서는 굴립주 건물 6채, 울타리 1조, 우물 1기, 溝 2조 등의 유구가 확인되었다. 목간
은 溝 SD2340에서 12점이 출토되었다.

8. 목간

(1)

「為班給筑前筑後肥等國遣基肄城稻穀随 大監正六上田中朝×」

거의 완형이다. 문의는 "筑前·筑後·肥 등의 國에 班給하기 위한 基肄城의 稻穀을 (보내어) 大監正六(位)上田中朝(臣某)에게 따르게 한다"로 해석된다.

(2)

「∨□一石五×

부찰목간으로 추정된다.

(3)

×□□一斗 」

부찰목간으로 추정된다.

(4)

「∨肥後□廿」

부찰목간으로 추정된다.

(5)

· ×□[   ]七[   ]九[ ]×

· ×□[   ]   □×

묵흔이 단편적으로 남아 있어 해석하기 어렵다.

(6)

· 部 豊 田

□〔下?〕神部津田良

□□〔部?〕廣麿   □乃牟」

·   十人   」

일종의 歷名으로 추정된다.

9. 참고문헌

九州歷史資料館 『大宰府史跡 昭和61年度發掘調査槪報』 1987年

倉住靖彦 「福岡·大宰府跡」 (『木簡研究』 9, 1987年)

沖森卓也·佐藤信編『上代木簡資料集成』おうふう, 1994年

九州歷史資料館『大宰府政廳周邊官衙跡Ⅲ－不丁地區遺構編』2012年

九州歷史資料館『大宰府政廳周邊官衙跡Ⅳ－不丁地區 遺物編1』2013年

35) 大宰府跡月山東官衙地區(99次)

1. 이름 : 다자이후 터(99차)
2. 출토지 : 福岡縣(후쿠오카현) 太宰府市(다자이후시)
3. 발굴기간 : 1986.3~1986.5
4. 발굴기관 : 九州歷史資料館
5. 유적 종류 : 관아
6. 점수 : 1

7. 유적과 출토 상황

政廳跡의 동측에 月山이라는 작은 언덕이 있으며 본 조사구역은 그 동남에 위치한다. 본 조사에서는 8세기 전반부터 11세기에 걸쳐 기능한 건물터가 확인되었다. 목간은 이 지구의 동쪽 끝에 위치한 건물터 SB2920의 柱穴에서 1점이 출토되었다.

8. 목간

×□六□半」

削屑에 가까운 단편이다. 구체적인 내용 등은 분명치 않으나 어떠한 수량을 쓴 것으로서 원래는 부찰과 같은 것이었을 가능성이 상정된다.

9. 참고문헌

九州歷史資料館『大宰府史跡 昭和61年度發掘調查概報』1987年

倉住靖彦「福岡・大宰府跡」(『木簡研究』9, 1987年)

太宰府市史編集委員會·太宰府市『太宰府市史 古代資料編』2003年

36) 大宰府跡不丁官衙地區(124次)

1. 이름 : 다자이후 터(124차)

2. 출토지 : 福岡縣(후쿠오카현) 太宰府市(다자이후시)

3. 발굴기간 : 1990.1

4. 발굴기관 : 九州歷史資料館

5. 유적 종류 : 관아

6. 점수 : 14

7. 유적과 출토 상황

본 조사에서는 남북으로 통하는 溝 SD2340의 남쪽 연장 부분 약 7m가 확인되었다. 溝는 4층으로 나누어지는데 목간은 최하층에서 12점, 하층에서 2점 총 14점이 출토되었다.

8. 목간

(1)

・□□□〔鳥鳥?〕□□□〔夫?〕□□□」

・□□□□□□□□□」

앞면과 뒷면 전면에 묵서되어 있으나 전체적으로 해석하기 어렵다. 습서목간으로 추정된다.

(2)

□□□

(3)

「∨肥後國飽田□〔郡?〕□□壹□□　□□□□

하단부가 결여되어 있으나 나머지 부분은 원형을 유지하고 있다.

(4)

「∨□□□□五斤」

어떠한 물품의 양을 쓴 것으로 추정된다.

(5)

「∨乾□〔年?〕魚七斤」

(6)

・「∨石□□□□」

・「一□〔籠?〕　　」

어떠한 물품의 양을 쓴 것으로 추정된다.

(7)

「∨□□□七斤」

어떠한 물품의 양을 쓴 것으로 추정된다.

9. 참고문헌

九州歷史資料館『大宰府史跡 平成2年度發掘調查槪報』1991年

倉住靖彦「福岡・大宰府跡(不廳地區)」(『木簡研究』13, 1991年)

九州歷史資料館『大宰府政廳周邊官衙跡Ⅲ―不丁地區遺構編』2012年

九州歷史資料館『大宰府政廳周邊官衙跡Ⅳ―不丁地區 遺物編1』2013年

37) 觀世音寺跡東邊中央部(119次)

1. 이름 : 간제온지 터(119차)
2. 출토지 : 福岡縣(후쿠오카현) 太宰府市(다자이후시)
3. 발굴기간 : 1989.4~1989.8
4. 발굴기관 : 九州歷史資料館
5. 유적 종류 : 사원
6. 점수 : 4

7. 유적과 출토 상황

관세음사는 天智天皇이 朝倉橘廣庭宮에서 돌아가신 齋明天皇을 추선하기 위해 발원한 사원으로 天平 18년(746)에 완성되었다. 大宰府 관내 사원의 필두로서 그 계단원은 일본 三戒壇의 하나였다. 이번 조사에서는 초석 건물 2채, 掘立柱 건물 2채, 우물 15기, 溝 6개 등 유구가 확인되었다. 출토 유물은 각종 토기, 도자기, 기와, 목제품, 동전 등으로 나라 말기 내지 헤이안 초의 것으로 추정된다. 목간 1점은 발굴 구역 중앙부 동쪽에 위치한 남북 大溝의 북반부에서 확인되었다.

8. 목간
판독 불가

목간은 卒塔婆로 시기적으로는 11세기 후반으로 추정된다.

9. 참고문헌

九州歷史資料館 『大宰府史跡 平成元年度發掘調査槪報』 1990年

倉住靖彦 「福岡·觀世音寺跡(東邊中央部)」 (『木簡研究』 13, 1991年)

九州歷史資料館 『觀世音寺(伽藍編)』 2005年

九州歷史資料館 『觀世音寺(寺域編)』 2006年

九州歷史資料館 『觀世音寺(遺物編1)(遺物編2)』 2007年

38) 大宰府條坊跡(256次)

1. 이름 : 다자이후 터(256차)
2. 출토지 : 福岡縣(후쿠오카현) 太宰府市(다자이후시)
3. 발굴기간 : 2006.3
4. 발굴기관 : 太宰府市敎育委員會
5. 유적 종류 : 도시
6. 점수 : 1

7. 유적과 출토 상황

이 유적은 나라시대 중엽부터 후반에 걸쳐 기능한 생활 관련 유적이다. 掘立柱 건물 3채, 우물 1기, 토갱 1기가 확인되었다. 목간은 南北溝 SD015의 가장 밑의 부식토층에서 1점 출토되었다. 8세기 중엽 이후의 토기와 함께 출토되었다.

8. 목간

「∨此家売

윗부분에 좌우에서 깎인 흔적이 있고 여기에 폭이 약 0.8㎝의 끈을 맺은 흔적이 확인된다. 하부는 결손되었다. 내용은 분명치 않으나 가옥 내지 물품 등을 매매하는 데 表示札로 사용되었을 가능성이 상정된다.

9. 참고문헌

山村信榮「福岡・大宰府條坊跡」(『木簡研究』29, 2007年)

39) 大宰府條坊跡(277次)

1. 이름 : 다자이후 터(277차)

2. 출토지 : 福岡縣(후쿠오카현) 太宰府市(다자이후시)

3. 발굴기간 : 2008.9~2012.3

4. 발굴기관 : 太宰府市敎育委員會

5. 유적 종류 : 도시

6. 점수 : 2

7. 유적과 출토 상황

大宰府條坊跡은 大宰府 정청의 남쪽에 펼쳐진 고대 도시 유적이다. 이번 조사구역은 大宰府 조방의 거의 중앙으로 주작대로에 면한 左郭14條1坊에 위치한다. 목간은 나라시대 우물 SE1215의 우물 틀의 목재로 전용된 것이다. 우물은 나라시대 후기~말에 폐절된 것으로 생각된다.

8. 목간

(1)

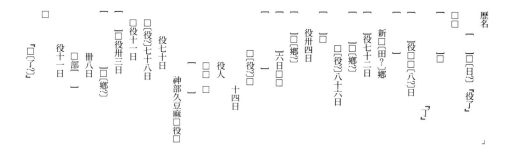

役에 관한 역명 목간이다. 둘레가 절단 가공되어 있는데 이는 우물 틀을 구성하는 목재로 전용될 때 흔적으로 보인다. 첫 부분의 '歷名'에 이어 인물명이 열기되어 있었다고 추측되나, 결실되어 있다. 중앙 우측에는 日數를 기재한 행의 사이에 '鄕'자를 끝에 기재한 행이 보이는데 이는 종사자의 출자 鄕으로 추측된다. 즉 인물명·출자·역의 일수를 세트로 기재한 역명이라 생각된다. 이 목간에는 17~21명 정도의 인물이 열기되어 있었던 것으로 보인다.

판독하기 어렵고 우물 틀을 구성하는 목재로 전용될 때 가공된 흔적이 보인다.

(2)

神□部部 日下部 □□□ □枚 □□〔選?〕□十

仕丁 自丁 □〔仕?〕□ □〔自?〕□路 「□ 生

(3)

「□札廿九枚

札의 매수를 기재한 목간이다. 상단 및 좌우는 잘려 있고 우측면은 일부 갈라져 있다.

(4)

□□板

　　　丁□[卯?]□　　□□　　□

□ノ□

　　상단 및 좌우는 잘려 있다. 육안으로 묵서를 거의 확인하지 못한다. 내용은 거의 알지 못한다.

9. 참고문헌

井上信正「福岡·大宰府條坊跡」(『木簡研究』33, 2011年)

太宰府市教委『大宰府條坊跡44－推定客館跡の調査概要報告書』(太宰府市の文化財122) 2014年

40) 大宰府條坊跡(289次)

1. 이름 : 다자이후 터(289차)
2. 출토지 : 福岡縣(후쿠오카현) 太宰府市(다자이후시)
3. 발굴기간 : 2011.7~2012.1
4. 발굴기관 : 太宰府市教育委員會
5. 유적 종류 : 도시
6. 점수 : 1

7. 유적과 출토 상황

　　조사구역은 고대 구획도시 유적인 大宰府條坊跡의 남서쪽, 大宰府政廳跡으로부터 약 1.5㎞ 지점에 위치하며 條坊 복원안의 右郭18條7·8坊에 해당한다. 우물 틀의 목제가 우물 상부에 가까운 부분까지 남아 있던 우물 3기 가운데 條289SE025의 구성 목제에 묵서를 확인하였다. 출토된 목간은 이 1점이다. 나라시대 후반에 매몰된 것으로 추정된다.

8. 목간

「基肄郡布七端絁六匹□□〔布?〕一匹□〔駄?〕一□〔匹?〕」

완형이다. '基肄郡'은 현재 佐賀縣 三養基郡 基山町에서 鳥栖市 田代에 걸친 범위에 해당하고 肥前國에 속하며 북측은 大宰府가 소재한 筑前國에 접한다.

9. 참고문헌

遠藤茜「福岡·大宰府條坊跡」(『木簡硏究』35, 2013年)

41) 脇道遺跡(1·2次)

1. 이름 : 와키도 유적(1·2차)
2. 출토지 : 福岡縣(후쿠오카현) 太宰府市(다자이후시)
3. 발굴기간 : 1992.4~1992.11
4. 발굴기관 : 太宰府市敎育委員會
5. 유적 종류 : 도시
6. 점수 : 1

7. 유적과 출토 상황

脊振山地에서 동방으로 뻗어 있는 곳이 天拝山系 山麓이다. 본 유적은 여기에서 북쪽으로 뻗어 있는 구릉 기슭의 해발 약 40m 전후에 입지한다. 조사 결과, 나라시대의 유구로서 掘立柱건물 2채, 수혈주거 1채, 폐기 토갱 4기, 溝 1조, 하천터(고훈시대~나라시대)가 확인되었다. 목간은 하천터의 나라시대 전반 퇴적층에서 1점 출토되었다.

8. 목간

· 「廣足謹申無本×

· 「□人□□　　　」

　하부가 결손되어 있어 내용은 불분명하나 관사 내에서 사용되었음을 짐작케 한다. 다만 앞면과 뒷면은 異筆로 보이므로 습서의 가능성도 배제할 수 없다.

9. 참고문헌

井上信正「福岡·脇道遺跡」(『木簡研究』15, 1993年)

太宰府市史編集委員會·太宰府市『太宰府市史 古代資料編』2003年

42) 國分松本遺跡(11次)

1. 이름 : 고쿠부마쓰모토 유적(11차)

2. 출토지 : 福岡縣(후쿠오카현) 太宰府市(다자이후시)

3. 발굴기간 : 2010.1~2010.3

4. 발굴기관 : 太宰府市教育委員會

5. 유적 종류 : 도시

6. 점수 : 3

7. 유적과 출토 상황

　조사구역은 四天王寺 기슭의 해발 34m의 퇴적지에 위치하며 동북 약 230m에 筑前國分寺跡, 서북 약 150m에 筑前國分尼寺跡이 소재한다. 조사구역 북측에서는 水城 동문을 통과하는 고대 官道에서 分岐하여 筑前國分尼寺·筑前國分寺로 통하는 도로유적이 확인되었다. 목간은 溝 SD001에서 출토되었다. 溝의 퇴적토는 상층의 나라시대와 하층의 야요이시대 중기 2시기로 나눌 수 있고 목간은 모두 상층에서 출토되었다.

8. 목간

(1)

·「□〔論?〕語學×

『(「□□〔論而?〕【第一】」　」

·「□□□〔五?〕　　」

하단이 꺾여 있다. 습서 목간으로 추정된다.

(2)

「□□〔鍬?〕以奉□〔上?〕」

상하 양단이 꺾여 있다.

(3)

·「有政故也　」

·「□覚　尓　」

하단이 꺾여 있다. 문서 목간이 아니라 典籍일 가능성이 있으나 분명치 않다.

9. 참고문헌

遠藤茜「福岡·國分松本遺跡」(『木簡研究』33, 2011年)

43) 國分松本遺跡(13次)

1. 이름 : 고쿠부마쓰모토 유적(13차)

2. 출토지 : 福岡縣(후쿠오카현) 太宰府市(다자이후시)

3. 발굴기간 : 2012.3~2012.6

4. 발굴기관 : 太宰府市教育委員會

5. 유적 종류 : 취락

6. 점수 : 10

7. 유적과 출토 상황

본 유적은 大宰府政廳跡에서 서북쪽으로 약 1.2㎞ 떨어진 곳에 위치한다. 목간은 매몰된 자연 하천 SX001의 8세기 중엽에서 후반의 퇴적층에서 출토되었다.

8. 목간

(1)

・「嶋評　　　戸主建ア身麻呂戸又附去建□〔部?〕

　　　　　政丁次得□□〔万呂?〕兵士次伊支麻呂政丁次×

『嶋□□〔戸?〕』

　　　　　占部惠[　　]川部里占部赤足戸有□□×

　　　　　小子之母占部眞□〔廣?〕女老女之子得×

□□□』

　　　　　穴凡部加奈代戸有附□□□□□□〔建部万呂戸?〕占部×

　　　　　□□

・「併十一人同里人進大貳建部成戸有　　戸主□〔建?〕×

同里人建部咋戸有戸主妹夜乎女同戸□〔有?〕□×

麻呂損戸　又依去同部得麻女丁女同里□〔人?〕□×

白髮部伊止布損戸　二戸別本戸主建部小麻呂□×

상단과 우변은 깎아 정리되어 있고, 하단은 결손되었다. '嶋評'은 뒤의 筑前國 志麻郡에 해당하므로 지금의 福岡縣 糸島市에서 福岡市 西區를 가리킨다. '評'자의 사용이 大寶(다이호)令 시행(701년) 이전이며 '進大弍'를 포함하는 관위 48계의 사용이 天武 14년(685) 이후이므로 목간 작성 연대는 685년~701년 사이로 추정된다. 이 목간의 특징은 戶나 戶口의 증감·분할에 관한 것으로 보이는 점이다. 내용을 종합적으로 보면 嶋評에서 筑前國府, 혹은 筑紫大宰의 筑前 담당 부서에 제출된 籍帳에 관한 戶口 변동을 기록한 목간으로 추정된다.

(2)

戶主□〔建?〕

목간의 표면을 깎았을 때의 削屑로 보인다.

(3)

「Ｖ　　　　　　私□板十六枚目錄板三枚父母

竺志前國嶋評

　　　　　　方板五枚倂廿四枚　　　　　」

좌변 하부가 결손되었다. 상부에 양측에서 홈이 들어가 있는 형상으로 미루어 부찰목간의 일종으로 추정된다.

(4)

「天平十一年十一月□」

완형이다. 상단과 하단은 삼각형으로 가공되어 있다. 「天平十一年」은 739년이다. 이 목간은 연월만을 기재한 것이므로 문서 등에 꽂아 접수의 시기를 표시하기 위해 사용되었을 가능성이 있다.

(5)

· □山□　倂□道家□□□(記號)

　□□　□□山□見□□　之□

· 　□　　□　□

상하 양단이 결손되었고 우변은 갈라져 있으며 좌변은 깎아 정리되어 있다.

9. 참고문헌

髙橋學「福岡·國分松本遺跡」(『木簡研究』35, 2013年)

44) 長安寺廢寺跡(8次)

1. 이름 : 조안지하이지 터(8차)
2. 출토지 : 福岡縣(후쿠오카현) 朝倉市(아사쿠라시)
3. 발굴기간 : 1999.1~1999.3
4. 발굴기관 : 朝倉町敎育委員會
5. 유적 종류 : 사원
6. 점수 : 5

7. 유적과 출토 상황

이 유적지는 筑後川 중류의 우측 언덕에 위치하고 있어 고대 大宰府에서 豊後로 통하는 교통의 요충이었다. 본 유적은 齊明天皇이 행차한 朝倉橘廣庭宮의 비정지로 추정되어 왔으나 그 뒤의 발굴 조사에서 사원유적으로 수정되었다. 목간은 나라시대 후반에 기능한 溝에서 출토되었다.

8. 목간

(1)

・□□□□〔座座座座?〕座座座□□〔座?〕

『[   ]』

『[   ]』

　□□

상하 양단이 꺾여 있고 우측은 깎여 있으며 좌측은 갈라져 있다. 앞면은 습서목간이다.

(2)

「万呂□民上主村國

　상단 및 좌우측이 깎여 있고 하단이 꺾여 있다. 뒷면이 가공되어 있는 데서 목제품을 전용한 것으로 추정된다.

(3)

「一升□〔五?〕合　　□〔各?〕部□〔次?〕

　하단이 꺾여 있고 좌측이 갈라져 있다. 하찰목간으로 추정된다.

9. 참고문헌

姫野健太郎·馬場基「福岡·長安寺廢寺跡」(『木簡研究』22, 2000年)

朝倉町教委『長安寺廢寺跡·宮地嶽古墳群』(朝倉町文化財調査報告書10) 2002年

45) 泊リュウサキ遺跡

1. 이름 : 도마리류사키 유적
2. 출토지 : 福岡縣(후쿠오카현) 糸島市(이토시마시)
3. 발굴기간 : 2007.12~2008.6
4. 발굴기관 : 前原市敎育委員會
5. 유적 종류 : 항만(港灣)시설
6. 점수 : 5

7. 유적과 출토 상황

본 유적은 야요이시대 중기부터 중세에 걸친 복합유적으로서 石ヶ岳에서 남측으로 펼쳐진

구릉 말단에 위치한다. 今津灣에서 서쪽으로 들어간 糸島 저습 지대에 면한 해발 4~10m에 입지한다. 목간은 8세기 후반~9세기 전반에 기능한 우물에서 5점 출토되었다.

8. 목간

(1)

· 「∨豊『乙阿子米五斗』

· 「∨雄□雄雄□□

　상단에 홈이 있고 하단이 결손되었다. 본래 습서목간으로 사용된 것을 깎고 하찰목간으로 한 것이다.

(2)

「∨白米五斗」

　상단에 홈이 있다.

(3)

「∨三昧米五斗

　상단에 홈이 있고 하단이 결손되었다.

(4)

「∨大

　상단에 홈이 있다.

(5)

「[　　　]」

　묵서의 흔적이 남아 있을 뿐 판독은 할 수 없다.

9. 참고문헌

前原市教委『泊リュウサキ遺跡—福岡縣前原市前原北部研究施設等建設に係る文化財調査報告書』(前原市文化財調査報告書102) 2009年

平尾和久·瓜生秀文「福岡·泊リュウサキ遺跡」(『木簡研究』31, 2009年)

46) 松崎遺跡

1. 이름 : 마쓰자키 유적
2. 출토지 : 福岡縣(후쿠오카현) 朝倉郡(아사쿠라시)
3. 발굴기간 : 1993.8~1993.11
4. 발굴기관 : 夜須町教育委員會
5. 유적 종류 : 취락
6. 점수 : 3

7. 유적과 출토 상황

본 유적은 砥上岳에서 파생하는 구릉 동쪽 기슭 부분에 위치하며 해발 40m 전후이다. 유구는 수혈주거 40채, 굴립주 건물 31채, 溝, 토갱 등이 확인되었다. 목간은 溝에서 출토되었다. 溝의 서측에 취락이 확인되었고 이 취락에서 8세기 말부터 10세기에 걸친 유물이 출토되었다.

8. 목간

□

□□□〔大養閑?〕

溝 최하층에서 출토되었는데 결손 부분이 대부분이고 판독도 어렵다.

9. 참고문헌

夜須町教委『松崎遺跡Ⅰ一福岡縣朝倉郡夜須町大字吹田所在遺跡調査報告』(夜須町文化財調査報告書28) 1994年

夜須町教委『松崎遺跡Ⅱ－福岡縣朝倉郡夜須町大字吹田所在遺跡調査報告』(夜須町文化財調査報告書33) 1996年

石井扶美子「福岡·松崎遺跡」(『木簡研究』18, 1996年)

47) 雨窪遺跡群

1. 이름 : 아마쿠보 유적군
2. 출토지 : 福岡縣(후쿠오카현) 京都郡(미야코군)
3. 발굴기간 : 2001.9~2002.3
4. 발굴기관 : 福岡縣教育廳文化財保護課
5. 유적 종류 : 관아
6. 점수 : 1

7. 유적과 출토 상황

본 유적은 福岡縣 동북부, 동쪽으로는 周防灘에 면하고 서쪽으로는 貫山系와 가까운 좁은 땅에 위치한다. 조사 결과 폭이 12~16m, 깊이 0.2~0.3m의 流路와 그 남쪽에 인접한 2기의 토갱이 확인되었다. 유로에서는 화폐, 토기, 석기, 목제품 등이 출토되었다.

8. 목간

□□□□

상하 양단 및 우단이 결손되었다.

9. 참고문헌

福岡縣教委『福岡縣京都郡苅田町雨窪遺跡群の調査』(東九州自動車道關係埋藏文化財調査報

告1) 2004年

飛野博文「福岡・雨窪遺跡群」(『木簡研究』26, 2004年)

40. 佐賀縣

1) 中原遺跡(99年度調査)

1. 이름 : 나카바루 유적(99년도 조사)
2. 출토지 : 佐賀縣(사가현) 唐津市(가라쓰군)
3. 발굴기간 : 1999.7~2000.1
4. 발굴기관 : 佐賀縣教育委員會·唐津市教育委員會
5. 유적 종류 : 취락·수전
6. 점수 : 2

7. 목간

본 유적은 鏡山의 서남부 5.5㎞ 水田 지대에 해당하며 唐津灣과 松浦川에 의해 형성된 사구 위에 입지한다. 나라시대의 취락과 水田이 확인되었으며 유구는 掘立柱 건물 4채, 우물 1기, 옛 河道 등이 확인되었다. 목간은 옛 河道에서 2점 출토되었다.

8. 목간
  (1)
「大村戸主川部祖次付日下□〔部〕

  하부가 결손되었고 상단은 깎여 있다. '大村'에 관하여 肥前國에 大村驛의 존재가 알려져 있다.

  (2)
[   ]」

  상단은 우측에서 중앙까지 2차적으로 칼이 사용되었으며 거기서 꺾여 결손되었다. 묵흔이 확인되나 판독은 불가능하다.

9. 참고문헌

小松讓「佐賀·中原遺跡」(『木簡研究』22, 2000年)

佐賀縣敎委『西九州自動車道建設に伴う埋藏文化財發掘調査槪報 中原遺跡』2002年

佐賀縣敎委·國土交通省九州地方整備局佐賀國道事務所『古代の中原遺跡—解き明かされる鏡の渡し』2005年

小松讓「佐賀·中原遺跡(第二二·二四號)·釋文の訂正と追加」(『木簡研究』28, 2006年)

佐賀縣敎委『中原遺跡Ⅰ—西九州自動車道建設に係る文化財調査報告(4)』(佐賀縣文化財調査報告書168) 2007年

2) 中原遺跡(00年度調査)

1. 이름 : 나카바루 유적(00년도 조사)
2. 출토지 : 佐賀縣(사가현) 唐津市(가라쓰군)
3. 발굴기간 : 2000.4~2001.3
4. 발굴기관 : 佐賀縣敎育委員會·唐津市敎育委員會
5. 유적 종류 : 취락
6. 점수 : 8

7. 유적과 출토 상황

본 유적은 鏡山의 서남쪽 5.5㎞의 水田 지대에 해당하며 唐津灣 및 松浦川에 의해 형성된 사구 위에 입지한다. 야요이·고훈시대의 墳墓·나라시대의 취락터·水田터·掘立柱 건물, 옛 河道 등의 유구가 확인되었다. 옛 河道와 연결되는 溝에서 다량의 토기와 함께 목간 9점이 출토되었다. 유물의 시기는 6세기 후반부터 9세기 전반이다.

8. 목간

  (1)

· 「呼二邊玉女別百俵　凡死人家□〔野?〕□□□〔二?〕

   老見地日後見□□〔日?〕　念聖玉女二□〔賢?〕」

· 「　　　　【□〔料?〕□十反小】　　　　　　　」

  상하 및 좌측이 깎여 있고 우측은 갈라져 있다. 좌단 중앙에 側板과의 결합을 위한 구멍이
있다.

  (2)

「大村戸主五戸秦部宮

  상·좌우측이 깎여 있고 하부가 부러졌다.

  (3)

「廿三日□□〔料以?〕員□

　　　　員□□□

  두 편이 접속하고 상·좌우가 깎여 있으며 하부가 부러졌다.

  (4)

□〔向?〕寺□〔街?〕

  상하부가 부러져 있고 좌측이 깎여 있으며 우측이 갈라져 있다.

  (5)

長尼□□□□

  두 편이 접속하고 상하가 부러져 있으며 좌우가 깎여 있다. 다만 좌변 가운데 하부는 갈라
져 있다.

  (6)

· 「[　　　　　　]

　　　　　　　七月十日　[　　]

· 「[　　]　　[　　　]

현재 10개 단편으로 나뉜다. 상단은 山形으로 정형되어있고 좌우 양변도 깎인 상태의 원형을 유지하고 있다. 하단은 잘려 있다. 대형 문서목간의 단편으로 보인다.

(7)

```
                    [        ]□□                下知状之
・小長□部□□〔束?〕          甲斐国□〔津?〕戌□〔人?〕
            □□家□□〔注?〕【「首小黒七把」】
        【『□田龍□□〔麻呂?〕七把□〔雀?〕部大前』】
・                        □□[        ]桑□〔永?〕
【『□〔延?〕暦八年      物部諸万七把  日下部公小□〔浄?〕[        ]』】
```

두 번 사용된 흔적이 남아 있다. 상단은 2차 이용 후에 다시 깎아 정형되어 있다. 좌우 양변도 2차 이용 후에 깎였을 가능성이 있다. 하단만 1차 이용 당시의 원형을 유지하는 것으로 보인다. 내용은 분명치 않다.

(8)

```
□□張      □□…□□□
```

2개의 단편으로 구성된다. 위의 단편은 상하가 부러져 있고 좌우가 깎여 있다. 아래의 단편은 상부가 부러져 있고 하부 및 좌측이 깎여 있으며 우측이 갈라져 있다.

(9)

```
・「∨[      ]
・「∨[      ]
```

상부 및 좌우는 원형이다. 하단은 2차적으로 정형된 것으로 보인다. 하찰목간의 단편으로 생각되나 판독할 수 없다.

9. 참고문헌

佐賀縣教委·國土交通省佐賀國道工事事務所『末盧國を掘る　西九州自動車道文化財調査概要』2001年

佐賀縣教委『西九州自動車道建設に伴う埋藏文化財發掘調査概報 中原遺跡』2002年

小松讓「佐賀·中原遺跡」(『木簡研究』24, 2002年)

佐賀縣教委·國土交通省九州地方整備局佐賀國道事務所『古代の中原遺跡—解き明かされる鏡の渡し』2005年

小松讓「佐賀·中原遺跡(第二二·二四號)·釋文の訂正と追加」(『木簡研究』28, 2006年)

佐賀縣教委『中原遺跡Ⅲ 5區の調査—西九州自動車道建設に係る文化財調査報告(6)』(佐賀縣文化財調査報告書179) 2009年

3) 千堂遺跡

1. 이름 : 센도 유적
2. 출토지 : 佐賀縣(사가현) 唐津市(가라쓰군)
3. 발굴기간 : 1999.7~2000.1
4. 발굴기관 : 佐賀縣教育委員會·唐津市教育委員會
5. 유적 종류 : 취락·수전
6. 점수 : 2

7. 유적과 출토 상황

본 유적은 嬉野市役所의 동남쪽 약 800m에 소재하고 남쪽에는 藤津郡의 塩田驛에 비정되는 大黑町 유적이 있다. 이번 조사 결과 고훈시대의 토갱 2기, 나라시대의 溝 2조, 掘立柱 건물 1채 등이 확인되었다. 목간은 溝 SD001에서 2점 출토되었다. 溝에서는 그 외에 나라시대의 묵서 토기 등 목제품도 출토되었다.

8. 목간

　(1)

「∨[　　]」

　상부에 홈이 있다. 묵흔이 있으나 판독할 수 없다. 하찰목간으로 보인다.

　(2)

「一□□□秋納

　　　　六月　□」

　상단과 좌우 양변에 깎인 흔적이 있다. 하단은 이면이 결손되었다.

9. 참고문헌

小松讓 「佐賀·中原遺跡」(『木簡研究』 22, 2000年)

佐賀縣教委 『西九州自動車道建設に伴う埋藏文化財發掘調査槪報 中原遺跡』 2002年

佐賀縣教委·國土交通省九州地方整備局佐賀國道事務所 『古代の中原遺跡─解き明かされる鏡の渡し』 2005年

小松讓 「佐賀·中原遺跡(第二二·二四號)·釋文の訂正と追加」(『木簡研究』 28, 2006年)

佐賀縣教委 『中原遺跡Ⅰ─西九州自動車道建設に係る文化財調査報告(4)』(佐賀縣文化財調査報告書168) 2007年

4) 吉野ヶ里遺跡(吉野ヶ里地區Ⅳ區)(87年度調査)

　1. 이름 : 요시노가리 유적(87년도 조사)

　2. 출토지 : 佐賀縣(사가현) 神埼市(간자키시)

　3. 발굴기간 : 1986.5~1987.3

　4. 발굴기관 : 佐賀縣敎育委員會

5. 유적 종류 : 관아·취락

6. 점수 : 1

7. 유적과 출토 상황

佐賀平野의 중앙에서 약간 동쪽으로 脊振山地이 위치한다. 유적군은 이곳의 남쪽 기슭에서 남쪽으로 펼쳐진 吉野ヶ里 구릉 주변에 점처럼 있는 유적군의 총칭이다. 조사 결과, 야요이시대 ~고훈시대의 취락·묘지와 함께 고훈시대 후기~나라시대·헤이안시대 전기의 掘立柱 건물(100채 이상)·우물·고대 驛路 등이 확인되었다. 목간은 나라시대 후기의 우물에서 출토되었다.

8. 목간

×□大嶋一斗二升」

9. 참고문헌

七田忠昭「佐賀·吉野ヶ里遺跡」(『木簡研究』9, 1987年)

佐賀縣教委『吉野ヶ里―神埼工業團地計劃に伴う埋藏文化財發掘調査槪要報告書』(佐賀縣文化財調査報告書113) 1992年

5) 吉野ヶ里遺跡(志波屋四の坪地區)

1. 이름 : 요시노가리 유적

2. 출토지 : 佐賀縣(사가현) 神埼市(간자키시)

3. 발굴기간 : 1986.5~1988.1

4. 발굴기관 : 佐賀縣敎育委員會

5. 유적 종류 : 관아·취락

6. 점수 : 2

7. 유적과 출토 상황

이 유적군은 佐賀平野의 중앙보다 약간 동쪽, 脊振山地 남쪽 기슭에서 남쪽으로 펼쳐진 吉野ヶ里 구릉 주변에 점재하는 유적군의 총칭이다. 2년에 걸쳐 조사 결과, 야요이시대의 대규모 취락터·묘지 등과 함께 나라시대~헤이안시대 전기의 掘立柱 건물 약 200채·우물 약 40기·토갱·나라시대의 驛路터 등이 확인되었고 목간은 총 5점 출토되었다.

8. 목간

· 「□　五月十□□〔日稻?〕□[　　]
· 「[　　]□〔命?〕□」

9. 참고문헌

七田忠昭「佐賀·吉野ヶ里遺跡群」(『木簡研究』10, 1988年)

木簡學會編『日本古代木簡選』岩波書店, 1990年

佐賀縣教委『吉野ヶ里ー神埼工業團地計劃に伴う埋藏文化財發掘調査槪要報告書』(佐賀縣文化財調査報告書113) 1992年

6) 吉野ヶ里遺跡(志波屋三の坪甲地區)(87年度調査)

1. 이름 : 요시노가리 유적(87년도 조사)
2. 출토지 : 佐賀縣(사가현) 神埼市(간자키시)
3. 발굴기간 : 1987.4~1987.10
4. 발굴기관 : 佐賀縣敎育委員會

5. 유적 종류 : 관아·취락

6. 점수 : 6

7. 유적과 출토 상황

이 유적군은 佐賀平野의 중앙보다 약간 동쪽, 脊振山地 남쪽 기슭에서 남쪽으로 펼쳐진 吉野ヶ里 구릉 주변에 점재하는 유적군의 총칭이다. 2년에 걸쳐 조사 결과, 야요이시대의 대규모 취락터·묘지 등과 함께 나라시대~헤이안시대 전기의 掘立柱 건물 약 200채·우물 약 40기·토갱·나라시대의 驛路터 등이 확인되었고 목간은 총 5점 출토되었다.

8. 목간

(1)

「□□〔郡?〕[　　　]

(2)

「日下部鳥甘」

(3)

×□向□□〔申久?〕□」

(4)

・「□養養□〔訪?〕」

・「養　□□」

9. 참고문헌

七田忠昭「佐賀·吉野ヶ里遺跡群」(『木簡研究』10, 1988年)

木簡學會編『日本古代木簡選』岩波書店, 1990年

佐賀縣敎委『吉野ヶ里―神埼工業團地計劃に伴う埋藏文化財發掘調查槪要報告書』(佐賀縣文化財調查報告書113) 1992年

7) 中園遺跡(Ⅲ區)

1. 이름 : 나카조노 유적(Ⅲ구)
2. 출토지 : 佐賀縣(사가현) 神埼市(간자키시)
3. 발굴기간 : 1991.9~1991.11
4. 발굴기관 : 神埼町敎育委員會
5. 유적 종류 : 취락
6. 점수 : 2

7. 유적과 출토 상황

이 유적은 神埼町의 동쪽 끝에 위치하는 요시노가리(吉野ケ里) 구릉의 서측에 형성된 해발 약 8~10m의 낮은 언덕 위에 입지한다. 헤이안시대의 우물 1기나 굴립주 건물 1채 등이 확인되었다. 목간은 우물에서 출토되었다.

8. 목간

「□〔奉?〕[　　] 」

　상·하단 및 우측이 결손되었고 묵서는 좌측에 기울어 있다. 습서목간일 가능성이 있다. 함께 출토된 목제품이나 토기로 미루어 목간은 9세기 중엽~10세기 전반에 폐기된 것으로 생각된다.

9. 참고문헌

神埼町敎委『中園遺跡Ⅱ·Ⅲ·Ⅳ·Ⅴ區―佐賀縣神埼郡神埼町大字鶴所在遺跡の調査報告書』(神埼町文化財調査報告書32) 1992年

桑原幸則「佐賀·中園遺跡Ⅲ區」(『木簡硏究』17, 1995年)

8) 荒堅目遺跡

1. 이름 : 아라카타메 유적
2. 출토지 : 佐賀縣(사가현) 神埼市(간자키시)
3. 발굴기간 : 1984.8~1985.3
4. 발굴기관 : 神埼町教育委員會
5. 유적 종류 : 취락·분묘(墳墓)
6. 점수 : 1

7. 유적과 출토 상황

이 유적은 神埼町 남부에 위치하고 背振山系에서 파생되는 田手川 서안에 형성된 해발 약 3m의 자연 제방 위에 있다. 야요이시대 전기·중기의 토갱·토갱묘, 고훈시대 전기의 수혈주거터·우물터·토갱, 헤이안시대의 우물터·掘立柱 건물 등이 확인되었다. 목간은 9세기 전반의 것으로 추정된다.

8. 목간

　　　　　　□□二人吉□一人
　· □□御前□□

　　　　　　　　　□□□一□」
　· □□□□□□□　藏吉一人
　　□□□人□□□人貞□一人　　　」

내용은 불분명하다. 상단이 이차적으로 정형되어 있다.

9. 참고문헌

神埼町教委『荒堅目遺跡―佐賀縣神崎郡神崎町大字本堀所在荒堅目遺跡の調査概要』(神埼町

文化財調査報告書12) 1985年

八尋実「佐賀·荒堅目遺跡」(『木簡研究』7, 1985年)

佐賀縣教委『佐賀縣農業基盤整備事業に係る文化財調査報告書4』(佐賀縣文化財調査報告書 83) 1986年

9) 多田遺跡

1. 이름 : 다다 유적

2. 출토지 : 佐賀縣(사가현) 杵島郡(기시마군)

3. 발굴기간 : 1989.8~1990.3

4. 발굴기관 : 白石町敎育委員會

5. 유적 종류 : 취락

6. 점수 : 3

7. 유적과 출토 상황

이 유적은 白石平野 북서부에 해당하고 白石町 중심부보다 서쪽으로 약 1.5㎞, 해발 약 2~2.4m의 水田 지대에 위치하고 있다. 조사 결과, 이 유적은 동서 600m, 남북 400m의 범위에 걸친 취락터임이 밝혀졌다. 유구는 토갱·溝가 중심이고 주거지의 흔적은 확인되지 않았다. 시기는 고훈시대 후기에서 나라시대를 중심으로 하나 취락의 북서부에 고훈시대 전기의 유구가 확인되었다. 목간은 1989년도에 취락 남서부에 해당하는 조사구역의 토갱 SK207, SK209에서 각각 2점, 1점이 출토되었다.

8. 목간

(1)

・「五月八日大神部□□□□

　　　□□□□人□部

・「五月八日一前□□

'大神部'에 대해서는 大寶 2년(702) '筑前國嶋郡川邊里戶籍'과 같은 해 '豊前國仲津郡丁里戶籍'에 같은 姓을 가진 자의 이름이 보인다.

(2)

・「道□

・「二月　二月廿日□□

상부는 동그랗게 정형되어 있고 하부는 결실되어 있다.

(3)

□月□忍止□乙丁□亦□□

　　□□　　　　　　　　(右邊)

　　　忍□　　　　　　　(左邊)

V자형의 목제품에 묵서가 있는 것이다. 전체적으로 판독할 수 없는 글자가 많다.

9. 참고문헌

佐賀縣敎委『佐賀縣農業基盤整備事業に係る文化財調査報告書9』(佐賀縣文化財調査報告書101) 1991年

渡部俊哉「佐賀·多田遺跡」(『木簡硏究』13, 1991年)

41. 長崎縣

1) 原の辻遺跡

1. 이름 : 하루노쓰지 유적
2. 출토지 : 長崎縣(나가사키현) 壹岐市(이키시)
3. 발굴기간 : 1993.4~1994.3
4. 발굴기관 : 石田町教育委員會
5. 유적 종류 : 관아·취락
6. 점수 : 5

7. 유적과 출토 상황

이 유적은 壹岐島의 동남부에 위치한다. 야요이시대 전기~종말기에 걸친 대규모 취락터임이 밝혀졌다. 목간은 야요이시대 環濠 위에 파인 토갱 안에서 5점 출토되었으며 내용으로 미루어 보아 고대(나라~헤이안시대)의 것으로 생각된다.

8. 목간

(1)
· 「[　　]□〔進?〕
· 「白玉六□

　高□〔仗?〕[　　]

貢進과 관련된 목간으로 생각된다.

(2)
· 「赤万呂七八升□〔高?〕□

　□七升□[　　]□□
· 「□□□□〔七升八升?〕[　　]

『友　□　一　一』

내용은 불분명하다.

(3)

[   ][   ]

내용은 불분명하다.

(4)

・壹斗一□〔升?〕」

・□□   」

貢進과 관련된 목간으로 생각된다.

(5)

□□□□

내용은 불분명하다.

9. 참고문헌

副島和明「長崎·原の辻遺跡」(『木簡研究』16, 1994年)

長崎縣教委『原の辻遺跡一幡鉾川流域總合整備計劃(圃場整備事業)に伴う埋藏文化財緊急發掘調査報告書1』(長崎縣文化財調査報告書124) 1995年

42. 熊本縣

1) 北島遺跡群(舊, 北島北遺跡)(99年度立會調査)

1. 이름 : 기타지마 유적군(99년도 입회조사)
2. 출토지 : 熊本縣(구마모토현) 熊本市(구마모토시)
3. 발굴기간 : 2000.8
4. 발굴기관 : 熊本縣敎育廳文化課
5. 유적 종류 : 유물산포지
6. 점수 : 3

7. 유적과 출토 상황

이 유적은 熊本市 북서부, 金峰山의 동쪽 기슭, 阿蘇-四火砕流의 퇴적으로 형성된 것으로 보이는 대지에 위치한다. 또 이 대지의 동측을 井芹川이 흐르고 있으며 전원 지대를 형성하고 있다. 목간은 유적의 동부, 井芹川 우측 언덕의 水田에서 발견되었다. 함께 출토된 하지키로 보아 고대~중세에 걸친 목간이라 추측된다.

8. 목간

　(1)
· 「　　□六□□　　　　」
· 「□□□□□九月十一日」
　상단은 잘려 있다. 날짜가 쓰여 있으나 그 외의 글자는 분명치 않다. 형상으로 미루어 하찰목간이라 추측된다.

　(2)
· 「□□ □□」
· 「□月□□〔十日?〕」
　상단이 잘려 있다. 형상으로 미루어 하찰목간이라 추측된다.

9. 참고문헌

坂口圭太郎 「熊本·北島北遺跡」(『木簡研究』26, 2004年)

熊本縣教委 『花岡山·万日山遺跡群 新馬借遺跡 北島遺跡群 万樂寺出口遺跡—九州新幹線建設工事に伴う埋藏文化財發掘調査報告』(熊本縣文化財調査報告266) 2010年

2) 鞠智城跡(18次)

1. 이름 : 기쿠치죠우 유적(18차)
2. 출토지 : 熊本縣(구마모토현) 山鹿市(야마가시)
3. 발굴기간 : 1996.4~1997.3
4. 발굴기관 : 熊本縣教育廳文化課
5. 유적 종류 : 산성
6. 점수 : 1

7. 유적과 출토 상황

熊本縣 북측으로 흐르는 菊池川의 지류로 木野川이 있다. 이 하천의 동쪽 언덕에 해발 140m 정도의 米原台地가 있는데 이곳에 유적이 위치한다. 산성 내부에는 掘立柱 건물이나 초석 건물 등이 확인되었으며 7세기 후반~9세기 후반에 기능한 것으로 생각된다. 집중적으로 건물이 있는 지역의 서북측에 자연지형을 이용한 연못이 있는데 이곳에서 목간이 1점 출토되었다.

8. 목간

「∨秦人忍□〔米?〕五斗」

　뒷면에 칼을 넣어 꺾은 흔적이 남아 있다.

9. 참고문헌

熊本縣教委『鞠智城跡―第18次調査報告』(熊本縣文化財調査報告164) 1997年

西住欣一郎「熊本・鞠智城跡」(『木簡研究』19, 1997年)

熊本縣教委『鞠智城跡Ⅱ―鞠智城跡第8~32次調査報告』(熊本縣文化財調査報告276)2012年

3) 花岡木崎遺跡(7區)

1. 이름 : 하나오카키자키 유적(7구)
2. 출토지 : 熊本縣(구마모토현) 葦北郡(아시키타군)
3. 발굴기간 : 2007.4~2008.3
4. 발굴기관 : 熊本縣教育廳文化課
5. 유적 종류 : 관아
6. 점수 : 2

7. 유적과 출토 상황

이 유적은 佐敷川 하류역에 형성된 자연 제방 위, 해발 4m 정도의 언덕에 위치한다. 많은 柱穴群이 확인되었으나 확실한 건물은 1채 밖에 없다. 청동제품, 토기 등의 유구가 확인되었다. 목간은 우물에서 2점 출토되었다. 함께 출토된 토기로 보아 8세기 말~9세기 초에 폐기된 것으로 보인다.

8. 목간

(1)

×□於佐色□□□

　　　　　□

상하 양단과 우변 및 뒷면의 대부분이 결손되었다. 좌변은 깎여 있다.

(2)

×發向路次駅□〔子?〕等×

상단 및 좌우 양변이 결손되어 있고 하단은 이차적으로 잘려 있다. 驛制와 관련된 용어로 구성되어 있다.

9. 참고문헌

宮崎敬士「熊本·花岡木崎遺跡」(『木簡研究』31, 2009年)

43. 大分縣

1) 下林遺跡(Ⅳ區)

1. 이름 : 시모바야시(Ⅳ구)
2. 출토지 : 大分縣(오이타현) 宇佐市(우사시)
3. 발굴기간 : 1991.5~1992.3, 1992.8~1992.9
4. 발굴기관 : 宇佐市教育委員會
5. 유적 종류 : 사원
6. 점수 : 2

7. 유적과 출토 상황

이 유적은 宇佐平野 중앙부를 북쪽으로 흐르는 驛館川으로 형성된 언덕에 위치한 虛空藏寺跡 북쪽에 위치한다. 掘立柱 건물 2채, 우물, 토갱 등 나라시대의 유구가 확인되었다. 목간은 우물에서 출토되었다. 함께 출토된 기와로 보아 8세기 중반~9세기 후반에 폐기된 것으로 보인다.

8. 목간

(1)

「豆一升

[   ]」

우측 하단만 남아 있는 목간이다.

(2)

```
  □                    「
  □                    寺
      □ □ 上 □        家
      □ □ □ □        □
      □ □ 座
  」         ?
```

뚜껑 혹은 底板으로 사용된 목제품에 묵서된 것이다.

9. 참고문헌

宇佐市教委『下林遺跡――一般國道10號宇佐道路建設に伴う埋藏文化財發掘調査概報Ⅲ』1992年

大分縣教委『大分縣埋藏文化財年報 平成3年度』1993年

宇佐市教委『虚空藏寺遺跡 切寄遺跡 下林遺跡Ⅳ區――一般國道10號宇佐別府道路建設に伴う埋藏文化財發掘調査報告書』1995年

小倉正五「大分·下林遺跡Ⅳ區」(『木簡研究』18, 1996年)

2) 飯塚遺跡

1. 이름 : 이이즈카 유적

2. 출토지 : 大分縣(오이타현) 國東市(구니사키시)

3. 발굴기간 : 1999.1~1999.8

4. 발굴기관 : 國東町敎育委員會

5. 유적 종류 : 취락·泥湿地

6. 점수 : 55

7. 유적과 출토 상황

飯塚遺跡은 國東半島 東岸의 거의 중앙에 위치하는 國東町 중심부에 해당한다. 마을의 중심을 동서로 흐르는 田深川 하류역 우측 언덕으로 현 國東港에서 서남쪽으로 약 1㎞ 거리에 있는 퇴적층의 수전 지대에 위치한다. 掘立柱 건물이 총 14채 확인되었고 묵서토기나 목제품·목간 등이 출토되었다.

8. 목간

　　(1)

　　　　　　　　　　　　　×
□二月十七日作人十二人
　　　　　　　　　　　太□

　날짜와 '作人'의 인원수, 그 내역 내지 구체적 인명을 기록한 것이다. 논을 만드는 사람들을 가리키는 것으로 보인다.

　　(2)
都合弐伯参拾弐束
勘納分公男□　　　」
　稲穀의 수납이나 출납에 관한 목간이다. '勘納'은 수납한 稲의 양을 가리키는 것이다.

　　(3)
・「□〔阿?〕烏女十束　□刀自女十束　〔　　　　　　〕
　　　　　　　　　　　　　　　〔　　　　　　　〕
　　□女十束　　田長丸女十束　成次女五束上〔　〕」
・「〔　　　　　〕□□□
　〔　　　　〕□〔五?〕?束　　　丸女五束上　　」
　出擧에 관한 목간이다. 여성의 이름과 그 밑에 쓰인 '十束'내지 '五束'이라는 稲의 양을 기재한 것이다. 이는 出擧의 양을 가리키는 것으로 생각된다.

　　(4)
・「雜□〔物?〕所□〔食?〕□〔　　　　　　　　〕
　　　　　　　　〔　　〕四〔×五?〕人　　　　　　　　　　　　」
・「
　　　　　　　　木工所三人今丸□〔鏡?〕丸□□丸
　　　　　　夫五人者
　　　　　　　　金□〔洗?〕所一人　柳丸　松切一人飯□

[   ]八人之中

　　　　　　　　　工三人者金工一人□□丸　木工二人□多丸美佐久丸」

　목공·금공 등 수공업에 관한 목간이다. '雜物所'의 食을 청구 내지 지급하였음을 말해 주는 목간이다.

　　(5)

「今日物忌不可出入」

　신앙·종교에 관한 목간이다. 하단이 뾰족하고 상단에 글자가 쓰여 있다.

　　(6)

・以四月廿三日鍬和

　　　　屎丸　　八飯丸

　　　　屎□丸　□□□〔丸?〕

・「『[　　　　　]』」（뒷면의『　』안쪽은 지운 흔적인지?）

　　可□〔莫?〕悪

　歷名을 기재한 목간이다. 내용 전체는 분명치 않다.

9. 참고문헌

永松みゆき·舘野和己「大分·飯塚遺跡」（『木簡研究』22, 2000年）

國東町教委『飯塚遺跡―東國東郡廣域連合總合文化施設に伴う發掘調査報告書』（大分縣國東町文化財調査報告書26) 2002年

舘野和己「大分·飯塚遺跡(第二二號)·釋文の訂正と追加」（『木簡研究』24, 2002年）

木簡學會編『日本古代木簡集成』東京大學出版會, 2003年

永松みゆき·渡邊晃宏「大分·飯塚遺跡(第二二·二四號)·釋文の訂正と追加」（『木簡研究』30, 2008年）

44. 宮崎縣

1) 妻北小學校敷地內遺跡

1. 이름 : 쓰마키타쇼각고 시키치나이 유적
2. 출토지 : 宮崎縣(미야자키현) 西都市(사이토시)
3. 발굴기간 : 1973(월은 알 수 없음)
4. 발굴기관 : 建設工事中
5. 유적 종류 : 성격 불명
6. 점수 : 1

7. 유적과 출토 상황

국가지정 특별사적 西都原古墳群이 위치하는 台地의 동북으로 이어지는 언덕 해발 20~25m에 있다. 목간은 표토 밑 약 1.2m의 흑색 토층 안에서 토기나 목기 등과 함께 출토되었다.

8. 목간

「∨[   ]」

9. 참고문헌

近藤協「日向考古資料4ー西都市妻北小學校敷地內の出土の木簡および墨書土器」(『宮崎縣總合博物館研究紀要18 平成4年度』1993年)

近藤協「宮崎·妻北小學校敷地內遺跡」(『木簡研究』15, 1993年)

2) 昌明寺遺跡(A區)

1. 이름 : 쇼묘지 유적(A구)

2. 출토지 : 宮崎縣(미야자키현) えびの市(에비노시)

3. 발굴기간 : 1995.6~1995.8

4. 발굴기관 : えびの市教育委員會

5. 유적 종류 : 취락

6. 점수 : 1

7. 유적과 출토 상황

昌明寺 유적은 九州山地에서 파생하는 구릉의 말단에 입지하며 川內川의 우측 언덕에 위치하는 취락유적이다. 목간은 9세기 말에 매몰된 골짜기에서 출토되었다.

8. 목간

「∨□□□〔二?〕□」

　상단 좌우에 홈이 있다. 목간의 연대는 출토 상황으로 미루어 9세기 후반에 상당하는 것으로 추측된다.

9. 참고문헌

中野和浩「宮崎·昌明寺遺跡」(『木簡研究』18, 1996年)

えびの市教委『昌明寺遺跡―縣營担い手育成基盤整備事業昌明寺地區圃場整備事業に伴う埋藏文化財發掘調査報告書』(えびの市埋藏文化財調査報告書30) 2001年

45. 鹿兒島縣

1) 京田遺跡

1. 이름 : 교덴 유적
2. 출토지 : 鹿兒島縣(가고시마현) 薩摩川內市(사쓰마센다이시)
3. 발굴기간 : 2000.9~2001.5
4. 발굴기관 : 鹿兒島縣立埋藏文化財センター
5. 유적 종류 : 수전·유로
6. 점수 : 1

7. 유적과 출토 상황

京田 유적은 薩摩國分寺跡 동측에 인접한 저습지에 입지한다. 야요이시대 및 고대의 유구·유물이 확인되었다. 특히 고대의 유구로 水田跡이나 杭列 등이 확인되었고 목간은 고대의 杭列의 杭 하나에 전용된 상태로 출토되었다.

8. 목간

- 「告知諸田刀□〔祢?〕等　　　勘取□田二段九條三里一曽□□　　」
- 「右件水田□□□□子□〔息?〕□□□□□□□　　　　　」
- 「　嘉祥三年三月十四日　　　大領薩麻公　　　　　　」
- 「　　　　　　　　　　　　　擬小領　　　　　　　　」

四角柱의 네 면에 글자가 쓰여 있다. 본래 하단을 뾰족하게 만들어 세워진 목간이었다고 추측된다. 내용은 좌측면으로 이어지는 형식으로 기재되어 있다. 嘉祥3년은 850년이다.

9. 참고문헌

鹿兒島縣立埋文センター 『埋文だより』 26, 2001年
宮田榮二·川口雅之 「鹿兒島·京田遺跡」 (『木簡研究』 24, 2002年)

鹿兒島縣立埋文センター『京田遺跡(薩摩川內市)一九州新幹線鹿兒島ルート建設に伴う埋藏文化財發掘調査報告書XIV』(鹿兒島縣立埋藏文化財センター發掘調査報告書81) 2005年

총람 수록 목간 크기 일람표

총람 번호	판독문	형식 번호	출전	유적명	길이	너비	두께
1-1-1	□家	081	木研28-121頁-(3)	向中野館遺跡	(65)	20	2
1-1-2	〈〉	081	木研28-121頁-(4)	向中野館遺跡	(54)	(12)	1.5
1-2	差良紫豆二斗八升	033	木研1-87頁-(1)	落合II遺跡	(23.6)	2.4	(0.9)
1-3·4-1	□君□[近ヵ進ヵ]○第三○／勝成／全→‖	039	木研集報3-10頁-(1)	胆沢城跡	(151)	49	6.5
1-3·4-2	・━納□□[約皮ヵ]━・━善□	081	木研集報3-10頁-(2)	胆沢城跡	(70)	24	20
1-3·4-3	・大大大・━大→	081	木研集報3-10頁-(4)	胆沢城跡	(98)	(20)	3.5
1-5	・□[柴ヵ]田郡白木郷中臣秋→・進	059	木研4-60頁	胆沢城跡	(98)	16	6
1-6	・□行之古垣一荷○右木[者ヵ]□□・〈〉	065	木研8-71頁	胆沢城跡	238	19	6
1-7-1	和我連□進白五斗	051	日本古代木簡選(木研9-88頁-(1))	胆沢城跡	185	25	4
1-7-2	勘書生吉弥候豊本	019	木研9-88頁-(2)	胆沢城跡	(131)	19	8
1-7-3	━□[壬ヵ]生□[君ヵ]永	081	木研9-88頁-(3)	胆沢城跡	(225)	(11)	5
1-8	射手所請飯壱斗五升○右内神侍射手□[巫]蝎万呂□□□[請如件]	011	木研12-116頁-(1)	胆沢城跡	310	21	2
1-9	○禁制田参段之事○字垂楊池□[側ヵ]＼右田公子廣守丸進田也而□○酒□□＼件田由被犯行者□□役主〈〉之契状□[并ヵ]□○白于禁制如件○〈〉＼□○永二二二二○		木研32-78頁-(1)	道上遺跡	463	44	42
2-1-1	封附→	039	日本古代木簡選·木研4-56頁-(1)	郡山遺跡	(104)	29	3
2-1-2	━学生寺━	081	日本古代木簡選·木研4-57頁-(2)	郡山遺跡	(95)	(18)	3
2-1-3	・起・「波婆云婆婆塞云婆宇宇宇宇宇」	061	木研4-57頁-(3)(日本古代木簡選)	郡山遺跡	(314)	18	4
2-2	○延暦十一□[年ヵ]／＼合四百六十四□[束ヵ]○／□□□[野公ヵ]□〈〉／□刀□[部ヵ]九〈〉‖○〈〉／真野公〈〉九□／真野□[公ヵ]〈〉／奈女／〈〉‖○真野公穴万呂五十五束	081	木研14-111頁-(1)	田道町遺跡C地点	(302)	(78)	14
2-3~6-1	武蔵国播羅郡米五斗／○○○○○○○○部領使□□刑部古□□[乙正ヵ]		多年報	多賀城跡	200	30	10
2-3~6-2	・付進上□□□□□・急々如律令須病人呑		多年報	多賀城跡	303	29	8
2-3~6-3	・白河団進上射□□□□[手歴名事ヵ]＼□○守十八人○火長神○和德□□[三衣ヵ]○人味人・大生部乙虫□○□部嶋□[成ヵ]○丈部力男＼□□[阿倍ヵ]○大伴部建良	*	日本古代木簡選(多年報)	多賀城跡	223	(38)	1
2-7-1	・類○類○類○類○類○類・馬〈〉＝＝馬＝＝	011	木研3-39頁-(1)(多年報)	多賀城跡	172	25	9
2-7-2	━上〈〉→	081	木研3-39頁-(2)(多年報)	多賀城跡	80	15	12
2-7-3	・━□尓□[井ヵ]□□[大ヵ]□□□村萠井村長・━○( )□□[両両ヵ]○郡郡郡□	051	木研3-39頁-(3)(多年報)	多賀城跡	(172)	(14)	6
2-8	長者□[種ヵ]→	039	木研4-55頁	多賀城跡	(196)	39	9
2-9-1	・〈〉＼━百卌八石・━□□□[五ヵ]□□[斗ヵ]	019	木研5-58頁-(1)	多賀城跡	(82)	(44)	4
2-9-2	・━□□[郡ヵ]□□[解ヵ]	081	木研5-58頁-(2)	多賀城跡	(67)	(7)	4
2-9-3	○有○執━○月・□○自・○○自・＼○大・○○／无／天‖道━○劣劣遠道━○＼○天天□□━＼執執丸□＼━○執執執執━	061	木研5-58頁-(3)	多賀城跡	高144		
2-10-1	・│○│○│○執━○黒万呂姉占部□用売━＼│○│○│○弟万呂母占部小□[売ヵ]━＼│○│○│戸主同□[族ヵ]□□□・━〈〉→	081	木研6-77頁-(1)	多賀城跡	(118)	(38)	7

총람 번호	판독문	형식 번호	출전	유적명	길이	너비	두께
2-10-2	・丈部「／丈／丈‖」大麻呂／年□〔廿ヵ〕九左頬黒子／陽日郷川合里‖「鳥取丈部丈部」・「〇鳥取部丈丶鳥鳥鳥鳥鳥鳥鳥鳥取部丈部鳥丶丈丈〇鳥」	015	日本古代木簡選・木研6-77頁-(11)	多賀城跡	(208)	20	7
2-11-1	・｜〇｜服部意美麻呂丶｜十月｜□□□□・←□〔月ヵ〕上□〔旬ヵ〕〇〈〉	032	木研7-96頁-(1)	多賀城跡	139	32	13
2-11-2	・｜〇｜〈〉人番長旅→丶｜〇｜物部□〔真ヵ〕事百五十→・〇｜下旬一人番長火〔長ヵ〕→丶〇｜□□	032	木研7-96頁-(2)	多賀城跡	140	35	15
2-11-3	一人番長火長物部荒・｜	032	木研7-97頁-(3)	多賀城跡	140	35	13
2-11-4	・□〇麻呂｜〇｜丶□〇｜〇｜・在｜〇｜	032	木研7-97頁-(4)	多賀城跡	139	36	14
2-11-5	｜〇｜□□部	032	木研7-97頁-(5)	多賀城跡	161	34	13
2-11-6	七	032	木研7-97頁-(6)	多賀城跡	(50+68)	(33)	14
2-11-7	｜	032	木研7-97頁-(7)	多賀城跡	137	32	12
2-11-8	〇〈〉丶青皮二枚〇〈〉	081	木研7-97頁-(8)	多賀城跡	(180)	(63)	9
2-11-9	・「□度問見」安積団解〇□□〔申ヵ〕□番〈〉事「□廿伎長□□〔二ヵ〕〇卅伎□□・二□□」「上等申申」丶〇畢番度玉前剗還本土安積団会津郡番度還「長□十六伎〇楉十六束」「法師師〇法師〇法師」・〇←二人山→丶單上→丶〇□□〔郡ヵ〕□□□→	011	木研7-97頁-(9)	多賀城跡	539	37	4
2-12-1	・廣山二日出米九升丶宮成五〔日ヵ〕〇出三斗・刀良三日斗丶小黒栖四□□〔日出ヵ〕五升五合・子黒□〔出ヵ〕米一日五升丶乙万呂七□□〔日米ヵ〕□升丶□〔黒栖ヵ〕米〇升丶直〇八日□□〔出米ヵ〕五升丶子□□二日出米四升	011	木研14-105頁-1(1)	多賀城跡	119	57	7
2-12-2	・丈部廣山〇右件□〔廣ヵ〕→・〇火長丈部→	081	木研14-105頁-1(2)	多賀城跡	(178)	24	6
2-12-3	長丈部□…□□□	091	木研14-105頁-1(5)	多賀城跡			
2-13-1	□□□〔衣ヵ〕有有	059	木研14-107頁-2(1)	多賀城跡	(156)	21	7
2-13-2	三斗三升二合／〈〉‖	039	木研14-107頁-2(2)	多賀城跡	(158)	26	5
2-14	←奥丈部立男／白川‖〇§氏部子蘇万呂§／十一‖丈部	081	木研32-76頁-(1)	多賀城跡	(204)	(16)	2
2-15	・〇大伴部益国丶〇〈〉丶←平神護□□〔二年ヵ〕〇□□〔三日ヵ〕〇奈須直「廣成」丶〇□□	019	木研35-78頁-(1)	多賀城跡	(158)	61	6
2-16	禁杖八十◇□	019	木研7-95頁-(1)	市川橋遺跡	(111)	27	3
2-17	安達	065	木研18-128頁-(1)	市川橋遺跡	長(222)	径24	
2-18	〇大田部子□□〔赤〕〇□〔麻〕丶足〇矢田石足	091	木研18-128頁-(2)	市川橋遺跡			
2-19	・◇〇〈〉・◇〇天長六年二月六日丶□□隊長□部□人	039	木研22-131頁-1(1)	市川橋遺跡	(127)	22	6
2-20	・五斗黒春・七月廿八日	032	木研22-131頁-2(1)	市川橋遺跡	115	24	10
2-21-1	・□野郷戸主物部□速□□□・延暦十年九月四日	051	木研23-98頁-1(1)	市川橋遺跡	170	14	7
2-21-2	高□□□□	033	木研23-98頁-1(2)	市川橋遺跡	109	17	5
2-22-1	・火長人長〈〉〇〈〉者上・□□□□〔弐拾口ヵ〕丶債仮入石□〔田部ヵ〕	019	木研23-98頁-2(1)	市川橋遺跡	(328)	33	9
2-22-2	・◇磐城団解〇申進上兵士事／〇〈〉／合□人‖□刑部子立〈〉〇「道」〇丈部竹万呂・◇□□□七〈〉	011	木研23-98頁-2(2)	市川橋遺跡	657	32	7
2-22-3	「□」伊具郡小川里公廨□（「□」は削り残り）	039	木研23-98頁-2(3)	市川橋遺跡	(142)	25	2
2-22-4	・「□」謹解〇申進上「春丶米事〇合□□〈〉・〇□丶合更替〈〉丶□□」	065	木研23-98頁-2(4)	市川橋遺跡	(142)	(49)	20
2-22-5	・〈〉麻綿五袴綿二要米二升・〇□巻〇子集	059	木研23-99頁-2(5)	市川橋遺跡	(150)	14	5
2-22-6	・←年五月卅日舎人家宿買物・〇〈〉〇□巻奉	081	木研23-99頁-2(6)	市川橋遺跡	(126)	16	9
2-22-7	□人□〔麻ヵ〕	065	木研23-99頁-2(7)	市川橋遺跡	(74)	(21)	2
2-22-8	・千葉郷私馬矢五斗・延暦十一年四月五日□〔私ヵ〕	019	木研23-99頁-2(8)	市川橋遺跡	(104)	17	2
2-22-9	伊少毅一石	033	木研23-99頁-2(9)	市川橋遺跡	149	25	5
2-22-10	解〇申進人□‖	081	木研23-99頁-2(10)	市川橋遺跡	(103)	(28)	4
2-23-1	・□〇□□□□□□□□〈〉〈〉丶□□□〇□□□□□□成〇麻呂〈〉丶〇□〇麻〇□□□□□□〈〉安麻呂〈〉呂・〈〉丶〇〈〉丶〇〈〉	065	木研24-81頁-(1)	市川橋遺跡	323	50	7

총람 번호	판독문	형식 번호	출전	유적명	길이	너비	두께
2-23-2	進上◇□□□○◇◇○◇◇	081	木研24-81頁-(4)	市川橋遺跡	(313)	23	8
2-23-3	□□□部龍麻呂〈〉	015	木研24-81頁-(6)	市川橋遺跡	(262)	28	11
2-23-4	・□壱裏百・□□〔天平ヵ〕寶字三年三月廿一日	081	木研24-82頁-(12)	市川橋遺跡	(104)	(21)	6
2-23-5	・莫□〔於ヵ〕謹牒□宣棒□〔申ヵ〕便使□〈〉知下□□□・■■ □□□□〈〉	019	木研24-82頁-(16)	市川橋遺跡	(342)	22	7
2-23-6	・失馬文・国判	061	木研24-82頁-(27)	市川橋遺跡	(130)	26	9
2-24-1	□川部乙万呂六十八/〈〉/〈〉‖	081	木研25-129頁-(1)	市川橋遺跡東西 大路東道路南側 溝	(130)	(23)	4
2-24-2	・○〈〉・○延暦□年〈〉	033	木研25-129頁-(2)	市川橋遺跡東西 大路東道路北側 溝	133	24	6
2-24-3	進□〔買ヵ〕米七斗軽	039	木研25-129頁-(3)	市川橋遺跡東西 大路東道路北側 溝	(155)	31	9
2-24-4	・「□□宿」\ε（文様）・ε（文様）	081	木研25-129頁-(6)	市川橋遺跡東西 大路東道路北側 溝	(134)	(33)	2
2-24-5	三丈／去□‖	081	木研25-129頁-(8)	市川橋遺跡	(139)	(19)	4
2-25-1	小川郷丈部兄万呂三斗真与二斗	032	木研26-142頁-(1)	市川橋遺跡	149	22	7
2-25-2	信夫郡税春米五斗	039	木研26-142頁-(2)	市川橋遺跡	(183)	41	6
2-25-3	・書生丈部廣道〈〉\〈〉□〔伝ヵ〕□右○右〈〉□〔書ヵ〕\〈〉・ 〈〉\〈〉□〔須ヵ〕（表裏削り残りの墨痕・重書あり）	081	木研26-142頁-(3)	市川橋遺跡	233	(27)	4
2-25-4	□□□□〈〉	019	木研26-142頁-(4)	市川橋遺跡	(154)	39	4
2-26-1	久□□	091	木研27-129頁-(1)	市川橋遺跡			
2-26-2	・修理所○送兵士馬庭□事□卅□□□\○火長〈〉○/§鳥取 部敷成□○§丈部子醜麻呂□部□/§阿刀部廣守§磯部□□○ §矢田部田公□○和部□□〔成ヵ〕‖・鳥取部□□□〔麻ヵ〕\ □□〔丈部ヵ〕□□○□□部□\大伴〈〉□〔丈ヵ〕部綿麻 呂\占部浦子麻呂	019	木研27-130頁-(2)	市川橋遺跡	(357)	69	7
2-27〜 29-1	・杜家立成雑□書要□□〔略雑ヵ〕書□〔略ヵ〕□□□□〔成立 家ヵ〕・杜家立成雑書事要略一巻雪寒呼知故酒飲書	011	木研21-137頁-(1)	市川橋遺跡	360	36	6
2-27〜 29-2	・丸女大伴部刀自□〔口ヵ〕○/□〔年ヵ〕□七/少女‖・○ 「照勝勝○宮隅道道送道道前」	032	木研21-137頁-(2)	市川橋遺跡	242	20	3
2-27〜 29-3	・多珂郷土□〔師ヵ〕部真・□〔獦ヵ〕米五斗	032	木研21-137頁-(3)	市川橋遺跡	122	33	4
2-30	・□貴遺〈〉□□・〈〉古古〈〉	081	木研29-81頁-(1)	山王遺跡(八幡 地区)	(160)	26	11
2-31・ 32-1	〈〉	011	木研16-139頁-(1)	山王遺跡(多賀 前地区)	400	30	5
2-31・ 32-2	・〈〉・弘仁十一年十月□□	039	木研16-139頁-(4)	山王遺跡(多賀 前地区)	(140)	(19)	8
2-31・ 32-3	〈〉	061	木研16-140頁-(10)	山王遺跡(多賀 前地区)	(343)	27	10
2-31・ 32-4 2-34	・解文\案・会津郡〈〉□主政益□〔継ヵ〕	061	木研16-140頁-(11)	山王遺跡(伏石 地区)	(289)	46	7
2-33-1	□〔見ヵ〕□□\九□〔日ヵ〕○□	081	木研17-108頁-(1)	山王遺跡	(51)	24	5
2-33-2	□□五斗	039	木研17-108頁-(2)	山王遺跡	(68)	23	4
2-33-3	□□□	081	木研17-108頁-(3)	山王遺跡	(79)	(20)	(3)
2-35	・右大臣□〔殿ヵ〕\□〔餞ヵ〕馬□〔収ヵ〕文・□□〔大ヵ〕臣□ 〔殿ヵ〕\餞馬収文	061	木研18-122頁-(1)	山王遺跡	(55)	36	8
2-36-1	廿三日役十二人○□〈〉\□相替不役□□〔人ヵ〕○土 漆五/〈〉/〈〉‖\○長□\○《〉○同〈〉	019	木研18-123頁-(2)	山王遺跡	(374)	82	7

총람 번호	판독문	형식 번호	출전	유적명	길이	너비	두께
2-36-2	・○□□□〔食カ〕一ヽ火長已上□□十人○○・/軍毅⟨ ⟩/主帳一‖○見二⟨ ⟩	015	木研18-123頁-(3)	山王遺跡	(165)	(20)	5
2-37-1	◇⟨ ⟩	019	木研18-124頁-(4)	山王遺跡	(150)	22	3
2-37-2	堪□□仍注事状申送	081	木研22-136頁-1(1)	山王遺跡	(165)	(21)	(3)
2-38	嶋□□□□□	081	木研22-136頁-2(1)	山王遺跡	(141)	(12)	(6)
2-39	・□主諸・○海道○二番	051	木研23-100頁-(1)	赤井遺跡	(194)	34	5
2-40	□□〔大住カ〕団/○/□□/諸万呂/□部/§宮万呂‖	019	木研20-129頁-(1)	三輪田遺跡	(91)	47	3
2-41	・從六年○十二月十一日・/矢田部黒/□/□〔汗カ〕知部○忍山‖/□□〔部カ〕/若田部□‖	081	木研35-79頁-(1)	権現山遺跡	(136)	(31)	4
2-42	□升一升大弟又□〔給カ〕三升子弟⟨ ⟩	065	木研28-113頁-(1)	壇の越遺跡	210	(18)	8
2-43	□□□□□〔寸カ〕	081	木研29-85頁-(1)	壇の越遺跡	(88)	(15)	(5)
3-1-1	天平六年月（刻書）	059	秋田城2-1(木研1-42頁-(1))	秋田城跡	(315)	30	10
3-1-2	・浪人丈部八手五斗・○勝寶五年調米	033	秋田城2-2(日本古代木簡選・木研1-42頁-(2))	秋田城跡	370	25	7
3-1-3	・宇大宙宇於大大飽・飽○飽海郡○飽海郡○最・最上郡○最上郡□〔佰カ〕郷	065	秋田城2-3(木研1-42頁-(3))	秋田城跡	283	34	34
3-1-4	・而察察察察察察察察察察之之之之之之之灼灼灼灼灼灼若若・若若若若若若夫夫夫菓菓菓出綠綠波波波波醺醺醺醺醺	019	秋田城2-6(日本古代木簡選・木研1-43頁-(4))	秋田城跡	458	26	9
3-1-5	・解○申進人事合五人○/⟨ ⟩/⟨ ⟩‖○/⟨ ⟩/⟨ ⟩‖○/⟨ ⟩‖・⟨ ⟩	011	秋田城2-7(木研1-43頁-(7))	秋田城跡	458	40	10
3-1-6	・下野国河内郡□〔財カ〕部郷⟨ ⟩○⟨ ⟩○⟨ ⟩○⟨ ⟩○□□□□〔柱御為カ〕○⟨ ⟩○⟨ ⟩○天王御為○父母二柱御為五百○□百⟨ ⟩ヽ⟨ ⟩○大国王御為五⟨ ⟩ヽ⟨ ⟩○若国国王御為カ〕○⟨ ⟩○過去現在眷属御為五→・○□菩薩○ヽ□□〔縁カ〕○□〔縁カ〕○□□〔縁カ〕○□□〔現カ〕○□○天平勝寶四年七月廿五日⟨ ⟩	081	木研29-155頁-1(1)(秋田城2-4・秋田城2-5・木研1-43頁-(5)・木研1-43頁-(6))	秋田城跡	664	(35)	11
3-2-1	□□□⟨ ⟩□〔加カ〕γ⟨ ⟩□〔離カ〕○⟨ ⟩如□□〔律令カ〕	019	木研29-155頁-2(1)(秋田城2-8・木研8-78頁-(1))	秋田城跡	(340)	31	5
3-2-2	←解文⟨ ⟩→	081	秋田城2-9(木研8-78頁-(2))	秋田城跡	(104)	25	4
3-2-3	・□一斗四合□食・□□□七月□→	059	秋田城2-10(木研8-78頁-(3))	秋田城跡	(80)	14	3
3-2-4	□女須□	091	秋田城2-12(木研8-78頁-(5))	秋田城跡			
3-3-1	○舂米嶋守	033	秋田城2-55(木研12-120頁-(1))	秋田城跡	127	21	3
3-3-2	舂米長万呂	033	秋田城2-54(木研12-120頁-(2))	秋田城跡	152	20	4
3-3-3	・◇○三月四日八升五合・◇⟨ ⟩	A016	秋田城2-20(木研12-120頁-(3))	秋田城跡	(155)	22	3.5
3-3-4	・⟨ ⟩/⟨ ⟩/⟨ ⟩‖・○延暦十年四月廿二日	032	木研29-156頁-3(1)(秋田城2-62・木研12-120頁-(4))	秋田城跡	(143)	25	5
3-4	・□□□〔飯カ〕一斗○□□□□○飯ヽ丸子部○□□□飯□〔卅カ〕□ヽ=人拾捌/男六人/女十二人‖合物陸種○□稲一○飯□ヽ/津守部□□□/日□部継人○□‖□□□□□/日置子□□□〔倉刀自カ〕/物部子□□□□‖ヽ蝮□〔不カ〕部□□○嶋□□□ヽ□□□〔奉余カ〕○□□□□□□〔刑カ〕部□□〔刀自カ〕	081	木研10-69頁-(5)	手取清水遺跡	387	(67)	5
3-5-1	◇□□山□□一斗五升	011	木研24-89頁-(1)	十二牲B遺跡	225	19	8
3-5-2	大	011	木研24-89頁-(2)	十二牲B遺跡	131	38	6
3-6	一三□木二(刻書)		木研31-124頁	払田柵跡	不明	不明	不明

총람 번호	판독문	형식 번호	출전	유적명	길이	너비	두께
3-7-1	←□〔右ヵ〕件㸔請取闰四月廿六日寺書生仙○氏監	019	木研1-52頁-(1)(木 研集報3-8頁-(1))	払田柵跡	(223)	24	5
3-7-2	・飽海郡隊長解○申請□□□〈 〉・六月十二日○隊長春日旅□	011	日本古代木簡選(木 研1-52頁-(2)・木研 集報3-8頁-(2))	払田柵跡	294	29	7
3-8	・←十火○大粮二石八斗八升・←二斗八升二合	019	木研1-52頁-(3)(木 研集報3-8頁-(3))	払田柵跡	(153)	23	5
3-9-1	・嘉祥二年正月十日下稲日紀□〔充ヵ〕年料・□〔合ヵ〕 三千八百卅四□〔束ヵ〕○「勘了正月十□〔二ヵ〕」	011	木研26-242頁-1(1) (木研集報3-9頁-(4))	払田柵跡	237	22	5
3-9-2	・□如件／○六月廿→／仮粟‖・□○直□〔強ヵ〕□	081	木研26-243頁-1(2) (木研集報3-10 頁-(5))	払田柵跡	(72)	31	2
3-9-3	〈 〉	091	木研26-243頁-1(3)	払田柵跡			
3-9-4	□九月	091	木研26-243頁-1(4)	払田柵跡			
3-9-5	〈 〉	091	木研26-243頁-1(5)	払田柵跡			
3-10	□□	019	木研26-243頁-2(1)	払田柵跡	(26)	21	4
3-11-1	□□	081	木研26-243頁-3(1)	払田柵跡	(131)	(21)	6
3-11-2	解○申請□	081	木研26-243頁-3(2) (木研集報3-10 頁-(6))	払田柵跡	(75)	(22)	3
3-11-3	・□□□□□□・〈 〉	081	木研26-243頁-3(3)	払田柵跡	(111)	(14)	3
3-12	一百□〔枝ヵ〕		木研2-51頁	払田柵跡	高880	木表・裏幅 240	こば面 幅220
3-13-1	←／〈 〉○□□□□□〔主進妙ヵ〕○□／〈 〉○□□□□□〔追 ヵ〕‖ □□□□□〔之ヵ〕	019	木研5-60頁-(1)	払田柵跡	(170)	32	6
3-13-2	・ε〔馬の絵〕・ε		木研5-60頁-(2)	払田柵跡	(151)	(23)	3
3-14-1	・〈 〉・〈 〉	081	木研28-132頁-(1)	払田柵跡	281	(6)	4
3-14-2	解○申請借稲	081	木研28-132頁-(2)	払田柵跡	(112)	22	4
3-14-3	〈 〉□□□□弐伯枝進・□□□□□□□□□若桜部弓＼○〈 〉 □〔宝ヵ〕字四年六月廿六日	019	木研28-132頁-(3)	払田柵跡	(195)	22	5
3-15-1	□隊〈 〉之□□〔日粮伏ヵ〕＼□〔連ヵ〕公隊十人〈 〉	081	木研7-101頁-(1)	払田柵跡	(256)	(106)	27
3-15-2	○長五尺五寸七分「□」万呂＼□□〔口ヵ〕○経～師～万～呂 ～万呂	059	木研7-101頁-(2)	払田柵跡	(232)	35	8
3-15-3	□〔足ヵ〕§鷹□§子土女万呂§大□〔甘ヵ〕	091	木研7-101頁-(3)	払田柵跡			
3-15-4	□〔飯ヵ〕長	081	木研7-101頁-(4)	払田柵跡	(145)	(23)	6
3-15-5	□□	091	木研7-101頁-(5)	払田柵跡			
3-16-1	□□□〔並ヵ〕□	091	木研9-93頁-(1)	払田柵跡			
3-16-2	□〔廣ヵ〕□	091	木研9-93頁-(2)	払田柵跡			
3-16-3	○副	065	木研9-93頁-(3)	払田柵跡	(189)	(20.5)	(18.4)
3-16-4	□〔義ヵ〕義義□〔義ヵ〕	091	木研9-93頁-(4)	払田柵跡			
3-17	小□〔針ヵ〕□□□〔公ヵ〕調米五斗	019	木研16-147頁-(1)	払田柵跡	(130)	30	5
3-18-1	解○申請馬事○／鹿毛牡馬者／右件馬□□〔養損ヵ〕□代□〔 別ヵ〕当子弟貫営生‖	011	木研19-154頁-(1)	払田柵跡	280	38	12
3-18-2	・貢上○祝売□〔副ヵ〕□□□・以四月十七日付穴太部宗足 ＼○別当子弟大伴寧人	011	木研19-154頁-(2)	払田柵跡	159	46	4
3-18-3	・○×三月三日下給物事・○五日片＼○弟長米七日□＼ ○◇	051	木研19-154頁-(3)	払田柵跡	124	44	7
3-18-4	□〔穀ヵ〕勲十等□□□〔下毛野ヵ〕	081	木研19-154頁-(4)	払田柵跡	(144)	(15)	7
3-18-5	一升○安古丸一升○§真福一升＼○〈 〉○〈 〉	081	木研19-154頁-(5)	払田柵跡	(247)	(27)	4
3-18-6	□○志手古二○□本一	081	木研19-154頁-(6)	払田柵跡	(326)	(10)	5
3-18-7	数□○□	081	木研19-154頁-(7)	払田柵跡	(85)	(20)	7

총람 번호	판독문	형식 번호	출전	유적명	길이	너비	두께
3-18-8	□○大伴	081	木研19-154頁-(8)	払田柵跡	(67)	(12)	2
3-18-9	・下毛野高祢○大伴□[田カ]・欠二人□□□	081	木研19-156頁-(11)	払田柵跡	(283)	(12)	11
3-18-10	□△三宅部常□[戕カ]	081	木研19-156頁-(12)	払田柵跡	(269)	(10)	14
3-18-11	・白春米一斗六升・六月十八日	033	木研19-156頁-(13)	払田柵跡	112	18	5
3-18-12	・□□□＼□俗俗・□（記号）（記号）（記号）	065	木研19-156頁-(14)	払田柵跡	(70)	(22)	3
3-18-13	□士成身可□＼□□長恵徳□	065	木研19-156頁-(15)	払田柵跡	(78)	(29)	3
3-18-14	此於事□□	081	木研19-156頁-(16)	払田柵跡	(58)	(16)	2
3-18-15	除※	081	木研19-156頁-(17)	払田柵跡	(107)	(57)	6
3-18-16	□□＼仕	081	木研19-156頁-(18)	払田柵跡	(138)	(26)	8
3-18-17	□□[客カ]	081	木研19-156頁-(19)	払田柵跡	(146)	(14)	3
3-18-18	・◇＼□□□□○□□□□・○〈 〉＼◇	011	木研19-156頁-(20)	払田柵跡	266	23	5
3-18-19	□	065	木研19-156頁-(21)	払田柵跡	(113)	(22)	15
3-18-20	□□□□□□	081	木研19-156頁-(22)	払田柵跡	(229)	(19)	9
3-18-21	□□□（記号カ）	081	木研19-156頁-(25)	払田柵跡	(201)	(11)	13
3-18-22	具○秋藻肆拾□	091	木研19-156頁-(26)	払田柵跡			
3-18-23	得得得得得□[有カ]	081	木研19-158頁-(38)	払田柵跡	(209)	(21)	11
3-18-24	尤是久会□	081	木研19-158頁-(39)	払田柵跡	(107)	(12)	10
3-18-25	□[二カ]□□	081	木研19-159頁-(40)	払田柵跡	(107)	(21)	11
3-19	｛東北方＼○八	061	木研20-146頁-1(1)	払田柵跡	(1800)	(173)	(75)
3-20-1	六月廿九日勘鮭□〈 〉□〈 〉	065	木研20-146頁-2(1)	払田柵跡	(213)	27	4
3-20-2	□□	065	木研20-146頁-2(2)	払田柵跡	207	12	13
3-20-3	〈 〉	091	木研20-146頁-2(3)	払田柵跡			
3-20-4	・北門□[所カ]請／□／阿刀‖・□□〈 〉	081	木研20-146頁-2(4)	払田柵跡	(102)	(11)	2
3-20-5	・所□□□□□〈 〉・〈 〉／大□松得世「合□」‖	081	木研20-146頁-2(5)	払田柵跡	(327)	(14)	5
3-20-6	・□□主〈 〉・○九□[月カ]○廿三日	081	木研20-146頁-2(6)	払田柵跡	(145)	25	5
3-20-7	□□	081	木研20-146頁-2(7)	払田柵跡	(60)	(10)	3
3-21	全二（刻書）	061	木研31-122頁-(1)	払田柵跡	(773)	330	257
3-22-1	〈 〉	081	木研34-75頁-(1)	払田柵跡〈HH79グリッドⅡ層〉	(155)	25	9
3-22-2	・〈 〉（右側面）・○〈 〉（表面）・〈 〉（左側面）	081	木研34-75頁-(2)	払田柵跡〈HJ76グリッドⅢ層〉	(105)	13	6
3-23	・◇□□・◇□□	081	木研31-123頁-(1)	新山遺跡	(104)	(25)	7
3-24	〈 〉々如律令	081	木研31-126頁-(1)	半在家遺跡	(201)	15	10
3-25	・□□□□出○□[相カ]○□□[給カ]○出○物○名○帳＼○○◇○米一升＼○○□玉作□[日カ]米五升五合○玉作□[麻カ]主＼○□＼○□□□□米一升＼○〈 〉□□米一升五合和尓部永□米一升□□□□[丈部今カ]＼□□[米カ]一升建部和弘主米一升公□[子カ]□□米五合一～升～伴万呂米一升＼○□□[得カ]吉米一升土師□呂米一升○□〈 〉○〈 〉米二升＼○○◇〈 〉○○□＼○大□□[万大カ]○□□□[大カ]○□□□[大カ]○□□□＼○◇○□□[松五十カ]○須□□□□□□＼○○◇◇】	065	◎木研28-199頁-1(1)	胡桃館遺跡	224	226	11
3-26-1	建□[建カ]	081	◎木研28-202頁-2(1)	胡桃館遺跡	(247)	(17)	5
3-26-2	○一□□＼七月十六日自誦奉□[経カ]＼同日卅巻十七日□[卅カ]巻＼十八日卅巻	061	◎木研28-202頁-2(2)	胡桃館遺跡	(973)	504	43
3-27	中将	019	木研34-73頁-(1)	家ノ浦遺跡	(42)	18	4
3-28	雑穀九斗	033	木研36-125頁-(1)	家ノ浦Ⅱ遺跡	147	27	10
3-29-1	・□[解カ]○□□[申請カ]□□□〈 〉・○□□□五月三日利鷹	081	木研36-126頁-(1)	谷地中遺跡	(268)	(17)	5
3-29-2	〈 〉□[列カ]十三□	081	木研36-126頁-(2)	谷地中遺跡	(125)	(24)	5

총람 번호	판독문	형식 번호	출전	유적명	길이	너비	두께
3-29-3	□貴□□	081	木研36-126頁-(3)	谷地中遺跡	(39)	(15)	10
3-29-4	〈 〉	039	木研36-126頁-(4)	谷地中遺跡	(68)	10	3
3-29-5	□□□□	081	木研36-126頁-(5)	谷地中遺跡	(100)	(12)	5
4-1-1	・〈 〉□□〔奉行ヵ〕□□□〔長ヵ〕□部「人雄」＼○「□為」仁寿参 年六月三日・大□〔浜ヵ〕	019	木研16-145頁-(1)	今塚遺跡	(234)	30	5
4-1-2	・毎二斗七升遺二斗三升＼○【「酒世二斗四升四合□□□」＼ 「二斗四升四合○中津子二斗八升」】・五斗四升四合○□〈 〉五 斗○□□子二斗〈 〉	081	木研16-145頁-(2)	今塚遺跡	(325)	(28)	4
4-1-3	七月一日始十日□＼○□斗□升二合	081	木研16-145頁-(3)	今塚遺跡	(89)	(23)	4
4-2	□□□「十ヵ」	019	木研23-105頁-(1)	石田遺跡	(90)	15	5
4-3	・東方青龍王○南方赤龍王○西方白龍王＼○下天黄龍王・【○ □□□□〔夭亡ヵ〕□□□□＼□□□□】	081	木研30-110頁-(1)	梅野木前1遺跡	281	40	3
4-4-1	←□寶私田曽□□	011	木研4-63頁-(1)	笹原遺跡	(150)	35	3
4-4-2	〈 〉→	055	木研4-63頁-(2)	笹原遺跡	(94)	(15)	5
4-4-3	□□□〈 〉→	055	木研4-63頁-(3)	笹原遺跡	(89)	(25)	2
4-5	（判読不能）		木研7-100頁-(1)	大浦遺跡	116	30	5
4-6-1	・有宗・案文	061	木研26-146頁-(1)	古志田東遺跡	(45)	20	7
4-6-2	□田人廿九人／九人／女廿人‖ 又卅九人／女卅一人／男八 人‖	081	木研26-146頁-(2)	古志田東遺跡	(256)	(19)	5
4-6-3	・□百五十八人／丁二百□／小廿人‖・卅人／男廿八人／小 二人‖	081	木研26-146頁-(3)	古志田東遺跡	(99)	(29)	3
4-6-4	八斗六升□□人万呂	033	木研26-146頁-(4)	古志田東遺跡	98	19	4
4-6-5	三斗八升	019	木研26-146頁-(5)	古志田東遺跡	(241)	31	4
4-6-6	善□一石	033	木研26-146頁-(6)	古志田東遺跡	184	19	2
4-6-7	五十二束	051	木研26-146頁-(7)	古志田東遺跡	175	15	4
4-6-8	□万○七万○八万○九万○十一万○□万	059	木研26-146頁-(8)	古志田東遺跡	(245)	29	2
4-6-9	□□□	081	木研26-146頁-(9)	古志田東遺跡	(61)	(12)	3
4-6-10	・〈 〉・〈 〉	019	木研26-146頁-(10)	古志田東遺跡	(109)	15	7
4-6-11	東	061	木研26-147頁(11)	古志田東遺跡		径150	厚7
4-6-12	狄帯建一斛	033	木研26-147頁-(12)	古志田東遺跡	240	32	5
4-6-13	・□船津運十人・□□□□□	081	木研26-147頁-(13)	古志田東遺跡	(163)	(16)	4
4-6-14	上毛野真人一石	033	木研26-147頁-(14)	古志田東遺跡	158	17	5
4-6-15	□□□○子主□人	081	木研26-147頁-(15)	古志田東遺跡	(121)	17	5
4-6-16	□魚	061	木研26-147頁-(16)	古志田東遺跡		径135	厚5
4-7	・□〔βカ〕ァ鬼鬼鬼…□八龍王水八竜王草木万七千・□□龍王 □□龍王…○□□□□〔龍ヵ〕□□八竜王	011	木研23-103頁-(1)	馳上遺跡	(129+68)	20	3
4-8	（判読不可能）	＊	木研1-39頁	平形遺跡	(102)	(5)	
4-9-1	・甘祢郷錦織部果安戸主佰姓□長□□〔巫部ヵ〕〈 〉＼○「大〈 〉」○召□〔山ヵ〕守・〈 〉	011	木研20-143頁-(1)	山田遺跡	495	46	15
4-9-2	大伴酒〈 〉	051	木研20-143頁-(2)	山田遺跡	172	33	5
4-10	・□駅駅四皿駅子人□〔食ヵ〕・大辟部○麻績部○長浴部○六 人＼大伴部○大日子部○小浴部○宍人	019	木研22-146頁-(1)	山田遺跡	(245)	46	3
4-11-1	・天天天天天天地地地地地地天天天（表面）・天天天 天女女女女女女□□□（左側面）	019	木研32-84頁-(1)	興屋川原遺跡	(201)	6	5.5
4-11-2	〈 〉	081	木研32-84頁-(2)	興屋川原遺跡	(168)	22	7
4-11-3	〈 〉	011	木研32-84頁-(3)	興屋川原遺跡	51	34	7
4-11-4	・〈 〉・□	051	木研32-84頁-(4)	興屋川原遺跡	183	11	3
4-11-5	〈 〉	011	木研32-84頁-(5)	興屋川原遺跡	166	13	4.5
4-12	（判読不可能）	＊	木研1-40頁	城輪柵遺跡	(213)	(29)	3
4-13	山口縄急々如律令	＊	木研1-41頁	堂の前遺跡	(510)		

총람 번호	판독문	형식 번호	출전	유적명	길이	너비	두께
4-13	山口縄急々如律令	*	木研1-41頁	堂の前遺跡	(330)		
4-13	山口縄急々如律令	*	木研1-41頁	堂の前遺跡			
4-14-1	ε（人面）□□[鬼ヵ]□	061	木研8-75頁-(1)	俵田遺跡	593	46	8
4-14-2	ε（人面）□□[鬼ヵ]□	061	木研8-75頁-(2)	俵田遺跡	486	53	9
4-14-3	ε（人面）□鬼坐	061	木研8-75頁-(3)	俵田遺跡	504	54	6
4-15	大戸□[ロヵ]西□	081	木研9-92頁-(1)	新青渡遺跡	(178)	21	7
4-16	□依如件但□[御ヵ]□首□[道ヵ]宣□□□□[以ヵ]□□□□\□但田者在賛人縄継□	081	木研11-87頁-(1)	熊野田遺跡	(353)	(29)	6
4-17	□五日田主大伴部廣□	081	木研20-139頁-(1)	三条遺跡	(132)	(74)	4
4-18	□	039	木研26-150頁-(1)	大在家遺跡	(103)	22	4
4-19· 20-1	・□斗許今要用・□[奉ヵ]行正月卅日使□\□[生ヵ]長作□\□□一今□□	081	木研28-123頁-1(1)	高畠町尻遺跡	(106)	32	4
4-19· 20-2	□□□□[今月四日ヵ]入□[稲ヵ]〈 〉	019	木研28-123頁-1(2)	高畠町尻遺跡	(154)	38	6
4-19· 20-3	・□□□・□□□	061	木研28-123頁-1(3)	高畠町尻遺跡	142	26	9
4-19· 20-4	□[若ヵ]	061	木研28-123頁-1(4)	高畠町尻遺跡		径(130)	厚7
4-19· 20-5	〈 〉	081	木研28-123頁-1(5)	高畠町尻遺跡	(107)	34	3
4-19· 20-6	・{○□\○□[酉ヵ]\○居\□不} ・ {□}	081	木研28-123頁-2(1)	高畠町尻遺跡	(13)	(90)	3
4-19· 20-7	・□□・□[丁ヵ]	081	木研28-123頁-2(2)	高畠町尻遺跡	(42)	(16)	4
4-19· 20-8	□□	081	木研28-123頁-2(3)	高畠町尻遺跡	(50)	(13)	4
4-19· 20-9	・〈 〉□□三□□□\○〈 〉・〈 〉	081	木研28-123頁-2(4)	高畠町尻遺跡	(171)	(18)	4
4-19· 20-10	・【石□□】 {○□\○丁\○可\○二\□□\○□\□置\○徳\○□\○□\○□□\□税} ・〈 〉○〈 〉○〈 〉（裏面天地不詳）	081	木研28-123頁-2(5)	高畠町尻遺跡	(15)	(340)	4
4-19· 20-11	・【上□\□六\□】【□□□□□】	081	木研28-123頁-2(6)	高畠町尻遺跡	(14)	(86)	4
4-21-1	・寛平八年計収官物□[事ヵ]○去七年料○本倉実五百卌□□[斛ヵ]《 》→\○□□[前ヵ]官物計収如件□□・□〈 〉	011	日本古代木簡選(木研2-49頁-(1))	道伝遺跡	450	(24)	7
4-21-2	・四天王〈 〉\○合三百卅□[部ヵ]／観世音経一○精進経一百八○十一面陀一百十／多心経十六○涅槃経陀六十五○八名普密陀卅‖・□	011	日本古代木簡選・木研2-49頁-(2)	道伝遺跡	512	34	7
4-21-3	・□□□□□□・□〈 〉	081	木研2-49頁-(3)	道伝遺跡	(130)	23	1
4-21-4	栗毛□○→	081	木研2-49頁-(4)	道伝遺跡	(162)	26	5
4-21-5	・○□水五斗三升○／□□加師丸九升○王乙不丸六升上□□／□□□丸‖／□□丸‖・□・寅□[日ヵ]〈 〉\○□□□\□行○〈 〉□[家ヵ]〈 〉世〈 〉	061	木研2-49頁-(5)	道伝遺跡	(360〜300)	(80)	9
4-22-1	□\□□□→	039	木研4-61頁-(1)	道伝遺跡	(50)	(29)	4
4-22-2	（墨痕認められず）	033	木研4-61頁-(2)	道伝遺跡	200	20	3
4-23	潤三月九日軍□[福ヵ]録補役○／伴咋万呂畾二役／目代真畾二役□部／□□□真〈 〉‖	019	木研17-114頁-(1)	大坪遺跡	(313)	52	8
4-24-1	畔越	033	木研19-148頁-(1)	上高田遺跡	133	29	5
4-24-2	・□[万ヵ]□継・一斛	032	木研19-148頁-(2)	上高田遺跡	61.5	30	3.8
4-24-3	・□□□春□[日ヵ]□丸子部牛廿\□福前竹万呂・○□□□木□田人万呂\○已上九人三月□日	019	木研19-148頁-(3)	上高田遺跡	(267)	34	3
4-24-4	γ	061	木研19-148頁-(4)	上高田遺跡	249	33	8
4-24-5	γ	061	木研19-148頁-(5)	上高田遺跡	(108)	32	6

총람 번호	판독문	형식 번호	출전	유적명	길이	너비	두께
4-24-6	γ四万八千神宅急々如律令	011	木研19-149頁-(6)	上高田遺跡	287	46	7
4-25	□	065	木研19-147頁-(1)	宮ノ下遺跡	(155)	70	6
5-1	□□税長等依法□物填進了〇寛→＼「有安」擬大領〈 〉「荅麻呂」擬少領〈 〉	039	木研12-114頁-(1)	門田条里制跡	(262)	75	12
5-2	大川度	019	木研26-126頁-(1)	門田条里制跡	(138)	27	4
5-3-1	白和世種一石	033	木研22-262頁-(1) (木研17-104頁-(2))	矢玉遺跡	(158)	30	7
5-3-2	足張種一石	033	木研22-262頁-(2) (木研17-104頁-(3))	矢玉遺跡	(161)	31	6
5-3-3	・尓□若有又造用＼二年六月廿二日田□〔主ヵ〕・□□〔西行ヵ〕廿□＼□□〔行ヵ〕廿□〔四ヵ〕	081	木研22-262頁-(3) (木研17-104頁-(4))	矢玉遺跡	(170)	36	6
5-3-4	七年出挙	061	木研22-262頁-(4)	矢玉遺跡	(225)	20	7
5-3-5	・□〔見ヵ〕台政所符〇田中村読祖等・□□召符如件宜承知□〇□	059	木研22-262頁-(5)	矢玉遺跡	(275)	32	6
5-3-6	〈 〉〈 〉・□／去承和以五年／年除田守□ ‖	081	木研22-262頁-(6)	矢玉遺跡	(177)	36	5
5-3-7	長非子一石	032	木研22-262頁-(7)	矢玉遺跡	135	18	4
5-3-8	荒木種一石	033	木研22-263頁-(8)	矢玉遺跡	217	37	5
5-3-9	γ急々如律令	051	木研22-263頁-(9)	矢玉遺跡	217	36	5
5-3-10	・〈 〉・符宜承和不得追廻符〈 〉	081	木研22-263頁-(10)	矢玉遺跡	(321)	(37)	4
5-3-11	白和世種一石	033	木研22-263頁-(11)	矢玉遺跡	160	25	8
5-3-12	〈 〉合弐□〈 〉〇〈 〉	081	木研22-263頁-(12)	矢玉遺跡	(207)	(33)	(6)
5-3-13	太麦	051	木研22-263頁-(13)	矢玉遺跡	178	19	4
5-3-14	太麦	051	木研22-263頁-(14)	矢玉遺跡	178	19	4
5-4	大麦	033	木研26-128頁-(1)	東高久遺跡	177	20	3
5-5	山口□□□〔郷巫ヵ〕子鷹取九斗	019	木研13-117頁-(1)	荒田目条里遺構	(200)	22	5
5-6-1	・郡符〇§里刀自〇§手古丸〇§黒成〇§宮沢〇§安継家〇§貞馬〇§天地〇§子福積〇奥成〇§得内〇宮公〇§吉惟〇§勝法〇§円隠〇百済部於用丸〇§真人丸〇§奥大〇§福丸〇§蘇日丸〇§勝野〇§勝宗〇§貞継〇§浄人部於日丸〇§浄野〇§舎人丸〇§佐里丸〇§浄継〇§子浄継〇§丸子部福継〇「不」〇足小家＼§壬部福成女〇§於保五百継〇§子穂本家〇§太青女〇§真名足〇「不」〇子於足〇「合卅四人」＼右田人為以今月三日上面職田令殖可廻発如件・〇大領於保臣〇〇奉宣別為如任件〔宜ヵ〕／〇以五月一日 ‖	011	木研24-165頁-(1) (木研17-99頁-(1))	荒田目条里遺跡	592	45	6
5-6-2	・返抄検納公廨米陸升／正料四升／調度二升 ‖ 卅七石丈部子福□〔領ヵ〕→＼右件米検納如件別返抄・〇仁寿三年十月□日米長〈 〉＼〇「於保臣雄公」	033	木研24-165頁-(2) (木研17-99頁-(3))	荒田目条里遺跡	(268)	35	10
5-6-3	・□□□請給□□・〇□四斗	039	木研24-165頁-(3) (木研17-99頁-(4))	荒田目条里遺跡	(125)	26	6
5-6-4	・謹言上請借計矢十五・□□〇〈 〉九月五〈 〉	019	木研24-165頁-(4) (木研17-99頁-(5))	荒田目条里遺跡	(219)	37	8
5-6-5	・〇〇買上替馬□〔事ヵ〕＼〇赤毛牝馬／歳四／験无 ‖ 〇直六百・真〈 〉斗〇□＼〇立六日	081	木研24-165頁-(5) (木研17-101頁-(6))	荒田目条里遺跡	(148)	35	3
5-6-6	五疋令肋〈 〉	081	木研24-165頁-(6) (木研17-101頁-(7))	荒田目条里遺跡	(93)	15	6
5-6-7	・〈 〉立申〈 〉＼〈 〉・〈 〉＼〈 〉	019	木研24-165頁-(7) (木研17-101頁-(8))	荒田目条里遺跡	(266)	40	4
5-6-8	□□□〇／丈部廣足／丈部庭足／壬生部虫万呂 ‖ 〇／丈部得足／丈部子／丈部□ ‖	019	木研24-165頁-(8) (木研17-101頁-(9))	荒田目条里遺跡	(164)	35	3
5-6-9	・□□二〇§千手一＼〇陀フ〔羅〕尼廿遍〇浄土阿弥＼大仏頂四返〇千手懺海過・定□〇俗名丈部裟吉＼「□〔総ヵ〕〇経〇□〔百ヵ〕〇〈 〉」	081	木研24-166頁-(9) (木研17-101 頁-(10))	荒田目条里遺跡	(125)	42	2
5-6-10	・□□〔温女ヵ〕五斗・〇〈 〉	033	木研24-166頁-(10) (木研17-101 頁-(12))	荒田目条里遺跡	203	17	5

총람 번호	판독문	형식 번호	출전	유적명	길이	너비	두께
5-6-11	厩伝子丈部	081	木研24-166頁-(11) (木研17-101 頁-(13))	荒田目条里遺跡	(155)	27	3
5-6-12	・千万九斗・〈 〉	033	木研24-166頁-(12) (木研17-101 頁-(14))	荒田目条里遺跡	(182)	22	4
5-6-13	・白稲五斗○五月〈 〉・○〈 〉	051	木研24-166頁-(13) (木研17-101 頁-(17))	荒田目条里遺跡	(196)	23	3
5-6-14	女和早四斗	033	木研24-166頁-(14) (木研17-101 頁-(18))	荒田目条里遺跡	(197)	24	4
5-6-15	・地蔵子一斛・五月廿三日門戸介	033	木研24-166頁-(15) (木研17-102 頁-(21))	荒田目条里遺跡	(109)	22	3
5-6-16	・○鬼□□□・五月十七日○○[於ヵ]	039	木研24-166頁-(16) (木研17-101 頁-(19))	荒田目条里遺跡	(87)	25	3
5-6-17	・◇〈 〉□□子□[石ヵ]・◇月廿二日記	081	木研24-166頁-(17) (木研17-102 頁-(22))	荒田目条里遺跡	(113)	23	4
5-6-18	・丈部有安逍料・〈 〉十月戻る	033	木研24-166頁-(18) (木研17-102 頁-(20))	荒田目条里遺跡	177	22	5
5-6-19	□[即ヵ]正観□□□	081	木研24-166頁-(19) (木研17-102 頁-(23))	荒田目条里遺跡	(105)	(18)	(3)
5-6-20	我○吾	061	木研24-166頁-(20) (木研17-102 頁-(24))	荒田目条里遺跡	(173)	23	7
5-6-21	下丈部〈 〉	011	木研24-166頁-(21) (木研17-102 頁-(26))	荒田目条里遺跡	175	15	5
5-6-22	・□櫃・□□□□	011	木研24-166頁-(22) (木研17-102 頁-(27))	荒田目条里遺跡	146	30	4
5-7	・判□郷戸主生部子継正税・大～同～元～年～九～月～□～□～ 日～「大同元十月三日」	051	木研15-96頁-(1)	小茶円遺跡	227	16	2
5-8	永加羽	019	木研15-97頁-(1)	番匠地遺跡	(345)	17	9
5-9-1	〈 〉泊田郷□※置□□□[参束ヵ]／楯縫□〈 〉／楯縫〈 〉三束 ‖ 右□□○○訖□□	011	根岸遺跡-1(木研 19-125頁-(1))	根岸遺跡	494	30	11
5-9-2	・玉造郷／戸主□部□□□／□[戸ヵ]□□□□〈 〉‖・○「□ □神○□」	032	根岸遺跡-4(木研 19-125頁-(3))	根岸遺跡	245	37	9
5-9-3	←□□□飽田二人／〈 〉一□[人ヵ]／〈 〉一□‖○／□□□□ □□□[四ヵ]人〈 〉□□□□□〈 〉‖	061	根岸遺跡-2(木研 19-125頁-(4))	根岸遺跡	(332)	29	5
5-9-4	・□□[判祀ヵ]郷生部足人一石・○「□廣寸□」	051	根岸遺跡-6(木研 19-125頁-(5))	根岸遺跡	156	27	4
5-9-5	□□福里／戸主丈部□→／穀一石‖	019	根岸遺跡-3(木研 19-125頁-(6))	根岸遺跡	(113)	33	4
5-9-6	飯野郷／戸主□□□[君ヵ]万呂／□□宮万呂‖	039	根岸遺跡-5(木研 19-125頁-(7))	根岸遺跡	(211)	29	11
5-10	・判祀十六○／〈 〉／少丁一‖・〈 〉（記号）	081	木研18-118頁-(1)	大猿田遺跡	(102)	(12)	3
5-11-1	・玉造郷四斗・七月廿日	032	木研19-120頁-(1)	大猿田遺跡	110	17	2
5-11-2	・常世家万呂〈 〉□〈 〉・□□□○〈 〉	032	木研19-120頁-(2)	大猿田遺跡	311	19	14
5-11-3	・〈 〉□□三斗＼〈 〉二斗・潤六月廿三日	032	木研23-175頁-(1) (木研19-120頁-(3))	大猿田遺跡	241	31	6

총람 번호	판독문	형식 번호	출전	유적명	길이	너비	두께
5-11-4	・白田／〈 〉○石足二斗／〈 〉□［筑ヵ］山三斗 ∥ 合五斗□□［巳 上ヵ］・○「欠二升」	032	木研23-175頁-(2) (木研19-120頁-(4))	大猿田遺跡	215	24	3
5-11-5	・□作部□…□五斗・○□□	019	木研19-120頁-(5)	大猿田遺跡	(77+100)	32	8
5-11-6	斗	081	木研19-120頁-(6)	大猿田遺跡	(97)	(61)	2
5-11-7	□領六申今日甚□	081	木研23-175頁-(3) (木研19-120頁-(7))	大猿田遺跡	(218)	34	5
5-11-8	戸主葛原部○〈 〉	011	木研19-120頁-(8)	大猿田遺跡	250	24	10
5-12	・〈 〉・〈 〉	033	木研34-60頁-(1)	高堂太遺跡	106	16	5
5-13	・□□・□□位	019	木研25-120頁-(1)	泉廃寺跡	(118)	35	5
5-14	□［合ヵ］○□□□［拾肆ヵ］＼「□大伴部□」	081	木研24-75頁-(1)	泉廃寺跡	(151)	(20)	3
5-15-1	嶋□郷□□□［成ヵ］里□□□［部ヵ］白人・□［米ヵ］一石□□ 十一日	032	木研27-124頁-(1)	泉廃寺跡	158	21	8
5-15-2	□□□□	065	木研27-125頁-(2)	泉廃寺跡	82	33	5.5
5-15-3	〈 〉	015	木研27-125頁-(3)	泉廃寺跡	180	18	9
5-15-4	□	081	木研27-125頁-(4)	泉廃寺跡	(105)	(29)	4
5-16	・最□［勝ヵ］□□仏説大□［弁ヵ］功徳四天王経千巻／又大 □［般ヵ］□□百巻 ∥ ・合千巻百巻謹啓万呂精誦奉／天平十五 年三月□日 ∥	011	木研22-127頁-(1)	江平遺跡	240	36	4
6-1	・□長三尋一尺七□［寸ヵ］・□［道ヵ］浄人	019	木研34-48頁-(1)	島名熊の山遺跡	(141)	37	4
6-2-1	＝々□［如ヵ］律令	011	木研6-62頁-(1)	鹿島湖岸北部条 里遺跡	125	22	4
6-2-2	・〈 〉二百＼七十・〈 〉	081	木研6-62頁-(2)	鹿島湖岸北部条 里遺跡	(70)	(32)	8
6-2-3	正□□	021	木研6-62頁-(3)	鹿島湖岸北部条 里遺跡(宮中条 里爪木地区)	57	42	6
6-3	(釈読不能)	＊	木研8-58頁	鹿島湖岸北部条 里遺跡(豊郷条 里沼尾地区)			
6-4-1	伊佐郷春米卅一斛一斛／白六石 ∥ ・□□米料八百廿束○□□□	019	木研32-125頁-(1) (木研28-105頁-(1))	栗島遺跡	(146)	18	5
6-4-2	○□□□＼□□□天天大大大	065	木研32-125頁-(2) (木研28-105頁-(2))	栗島遺跡	192	25	6
6-4-3	○加乙巳□□□［年九ヵ］＼○五十〈 〉○□□□＼○□□束	081	木研32-125頁-(3) (木研28-105頁-(3))	栗島遺跡	(80)	34	3
6-4-4	・廿卅□□・〈 〉	081	木研32-125頁-(4) (木研28-105頁-(4))	栗島遺跡	(264)	43	7
6-4-5	意生□□［長ヵ］○□□□＼□［定ヵ］□□	019	木研32-125頁-(5)	栗島遺跡	(210)	27	5
6-4-6	□□□□［奉ヵ］	061	木研32-125頁-(6)	栗島遺跡	(175)	36	(17)
7-1	〈 〉＼〈 〉□合色□○都＼〈 〉	081	下野国府跡 7-4221(木研5-54 頁)	下野国府跡寄居 地区遺跡	(181)	(37)	(2)
7-2	○郡○私○私○私人＼○大大大大大大大郡□［郡ヵ］＼国	065	下野国府跡7-1(木研 2-45頁)	下野国府跡	(193)	(209)	(26)
7-3-1	・□○延暦十年七月廿□・○□［中ヵ］］	081	下野国府跡 7-2163(木研5-51 頁-(1))	下野国府跡	(124)	(24)	3
7-3-2	・□［薬ヵ］師寺＼月料・〈 〉□＼□［解ヵ］文	061	下野国府跡 7-2360(日本古代木 簡選・木研5-51 頁-(3))	下野国府跡	(62)	27	5
7-3-3	・〈 〉□□□［学生ヵ］○丈丈丈丈部浜足足足・〈 〉＼徳○徳○徳 ○天平元○〈 〉＼〈 〉	081	下野国府跡 7-2371(木研5-51 頁-(5))	下野国府跡	(176)	(12)	3

총람 번호	판독문	형식 번호	출전	유적명	길이	너비	두께
7-4-1	・都可郷進藤一荷□・「檢領□[藤ヵ]所返抄〇郡雑器所〇申送」	019	下野国府跡 7-4213(日本古代木簡選・木研4-52頁-(1))	下野国府跡	(190)	29	5
7-4-2	石田郷委	059	下野国府跡 7-4216(木研4-52頁-(2))	下野国府跡	(47)	12	4
7-4-3	□[鎮]火祭□□	091	下野国府跡 7-4173(木研4-52頁-(3))	下野国府跡	(87)	(12)	-
7-4-4	□里正徳	091	下野国府跡 7-4172(木研4-52頁-(4))	下野国府跡	(56)	(13)	-
7-5-1	□□	065	下野国府跡 7-4222(木研5-55頁-(2))	長原東遺跡	(141)	(42)	(24)
7-5-2	□□	081	下野国府跡 7-4233(木研5-55頁-(1))	長原東遺跡	(61)	(19)	(3)
8-1-1	ε(顔)桧女	061	木研16-131頁-(1)	元総社寺田遺跡	133	17	3
8-1-2	ε(顔)桧女	061	木研16-131頁-(2)	元総社寺田遺跡	137	17	2
8-1-3	十四＼泉	061	木研16-131頁-(3)	元総社寺田遺跡		(径)163	(厚)11
8-2	□□□＼〇□□□	061	木研12-112頁-(1)	国分境遺跡	(167)	29	4
8-3	・以三月十六日天福〇十八日□[日ヵ]天福＼〇四月九日〈 〉天福□□[貞ヵ]観九年四月十五日〈 〉・〇別当代〈 〉〇日代〈 〉「天福」＼〇檢収権目代壬生「道□」	011	木研22-122頁-(1)	前六供遺跡	430	59	9
8-4-1	□□□□奉龍王	051	木研14-99頁-(1)	内匠日向周地遺跡	(250)	33	4
8-4-2	〈〉奉□[龍ヵ]王	019	木研14-99頁-(2)	内匠日向周地遺跡	(145)	33	7
8-4-3	〈〉	019	木研14-99頁-(3)	内匠日向周地遺跡	(42+53)	35	6
9-1	□□事	019	木研33-74頁-(1)	大久保領家遺跡	(150)	48	(8)
9-2	{〇稲□＼□七十束〇＼〇稲〇十束一□＼〇□[束ヵ]一□[瓶ヵ]}	011	木研16-112頁-(1)	八幡前・若宮遺跡	40	315	2
9-3	・有有有有口是□大〇「是」是是〇是〇是〇大〇是□□〇◇＼□□□〇長□□□□□〇＼有有有有長長十十〇「長」〇□〇「長」〇□長長十□〇十十・大大大長十十〇是十〇□〇有有有有〇是〇大是〇有丈＼有是□□是十〇斤□有有〇有有□有有有◇	032	木研26-112頁-(1)	北島遺跡	352	35	5
9-4	・百〇二百〇三百〇四百・大大大大〇君而〇「□□□[忽忽忽ヵ]□」□□	019	木研35-65頁-(1)	西別府祭祀遺跡	(242)	30	6
9-5-1	・□□直許在在□□代等言而布四枚乞是寵命座而・□乎善問賜欲白之	019	『古代東国と木簡』『小敷田遺跡』-1(木簡黎明-(56)・日本古代木簡選・木研7-78頁-(1))	小敷田遺跡	(400)	28	5
9-5-2	・九月七日五百廿六□□□[四百ヵ]・卅六次四百八束□千□百七十＼少稲二千五十五束	011	日本古代木簡選・木研7-78頁-(2)	小敷田遺跡	158	32	2
9-5-3	・〈〉比□□百五十束・〈〉六束	081	木研7-78頁-(3)	小敷田遺跡	(103)	(21)	3
9-5-4	十五日＼十六日＼十七日□[日ヵ]＼十八日＼〈 〉□木里＼〇□味味」	011	日本古代木簡選・木研7-78頁-(4)	小敷田遺跡	330	57	6
9-5-5	・今貴大徳若子御前頓首拝白云・□□〈 〉	011	『小敷田遺跡』-7(木簡黎明-(52)・日本古代木簡選・木研7-78頁-(5))	小敷田遺跡	378	28	3
9-5-6	・直上畳廿五絞鷹八立鷹二枚合百廿枚・〈 〉	081	日本古代木簡選・木研7-78頁-(6)	小敷田遺跡	236	(20)	4

총람 번호	판독문	형식 번호	출전	유적명	길이	너비	두께
9-5-7	数〇墨俁「〈〉\〇〈〉	081	木研7-78頁-(7)	小敷田遺跡	(175)	21	4
9-5-8	万凡物応□□	081	日本古代木簡選·木研7-79頁-(8)	小敷田遺跡	(220)	42	4
9-5-9	□連連首連	081	木研7-79頁-(9)	小敷田遺跡	(187)	19	19
9-6	桧前部名代女上寺稲肆拾束\〇寶亀二年十月二日税長大伴国足	019	木研20-122頁-(1)	山崎上ノ南遺跡B地点	(182)	37	5
9-7	□□\〇大	081	木研19-96頁-(1)	岡部条里遺跡	(33)	(11)	3
10-1	〇福〇福成〇福成\□〇〇□〇□	081	木研37-89頁-(1)	萱野遺跡	(115)	(20)	4
10-2	□□米五斗	032	木研13-85頁-(1)	市原条里制遺跡	182	23	7
10-3	·□□□·□□□	081	木研27-106頁-(1)	市原条里制遺跡(実信地区)	(40)	16	3
10-4	γ／天柱／□[身ヵ]‖此身護為	011	木研20-124頁-(1)	西別遺跡	135	50	5
11-2-1	·□□□□□·〈〉々如律令腹病□	061	木研17-84頁-(1)	伊興遺跡	(250)	(38)	11
11-2-2	〈〉申状〈〉	081	木研17-84頁-(2)	伊興遺跡	(208)	(32)	(8)
11-3-1	·〈〉\〇〈〉\〈〉·〇ε（騎馬像） 〇ε（騎馬像）	065	木研19-72頁-(1)	伊興遺跡	(189)	(59)	8
11-3-2	〇〈〉\□〈〉〇□／□卅五／□〇五〇〈〉‖\〇延暦十七年七月廿四日	019	木研19-73頁-(2)	伊興遺跡	(246)	38	4
11-3-3	□[立ヵ]薦二巻間\〈〉〇◇	019	木研21-220頁-(1)	伊興遺跡	(160)	50	8
11-3-4	□□□□□〇◇	019	木研21-220頁-(2)	伊興遺跡	(154)	34	4
11-4	·〇γεε（鳥の絵）·〈〉	061	木研35-151頁-(1)（木研12-102頁）	多摩ニュータウン遺跡群(No.107遺跡)	(281)	(47)	7
11-5	·大〇□〇大大大〈〉·□〇大大大\〇大〇大	065	木研32-59頁-(1)	日野市№16遺跡	(319)	51	6
12-1	·糒五斗天平五年七月十四日·郷長丸子□□	039	日本古代木簡選·木研8-56頁-(1)	今小路周辺遺跡(御成小学校内、= 今小路西遺跡)	(266)	30	6
12-2·3-1	□□□	081	木研13-167頁-(1)	下曽我遺跡	(66)	24	?
12-2·3-2	□□□□□	081	木研13-167頁-(2)	下曽我遺跡	(120〜110)	36	?
12-2·3-3	六十四	051	木研13-167頁-(3)	下曽我遺跡	188	27	7〜6
12-2·3-4	□□□□神丸	051	木研13-168頁-(4)	下曽我遺跡	119	23〜20	5
12-4-1	·§八月三日前遺米四斗五升二合／又□／〇□‖·八月四日□[前ヵ]□四斗〈〉	019	木研22-93頁-(1)	千代南原遺跡第Ⅶ地点	(226)	34.5	4
12-4-2	·〈〉□運三遍積阿·〇□人麻呂	081	木研22-94頁-(2)	千代南原遺跡第Ⅶ地点	(237)	48.5	4
12-5-1	□道道道道	081	木研11-72頁-(1)	居村B遺跡	(161)	32	7
12-5-2	·〇〇\□郡十年料〇放生布施□□[事ヵ]·「〇伊ゝ飛〇飛〇烏飛部〇豊春部足人」\〇◇	019	木研11-72頁-(2)	居村B遺跡	(290)	46	7
12-6	〇茜槽\「炭□\壱□\炭炭\炭炎\□[大ヵ]大\〇茜二斤」\〇〈〉\〈〉	061	木研18-95頁-(1)	居村B遺跡		(径)204	(厚)5
12-7	·貞観□年八月十□日勾村□殿秋村□□給〇合□市田殿酒一斗〇□□殿酒一斗\吉成殿酒一斗〇新勾殿酒一斗一〇田□殿酒一〇□□□上〇給酒一斗□殿酒一斗□□□·□□□〇雑物\〇□□員九□[十ヵ]〇人\飯一石七斗\酒一石九斗〇雑菜卅一根	011	木研35-46頁-(1)	本村居村B遺跡	458	78	5
12-8	心心長□□□□□大□	019	木研22-96頁-(1)	香川·下寺尾遺跡群(下寺尾地区北B地点)	(152)	24	5
12-9	·←荒山大豆五→·〇□□	081	木研36-73頁-(1)	西富岡·向畑遺跡	(86)	(20)	2.8

총람 번호	판독문	형식 번호	출전	유적명	길이	너비	두께
12-10	・鎌倉郷鎌倉里□□□[軽部ヵ]□寸稲天平五年九月・田令軽部 麻呂郡稲長軽部真国	051	日本古代木簡選・木 研6-60頁-(1)	宮久保遺跡	250	22	9
13-1・ 2-1	杉人鮭○／〈 〉／〈 〉‖	019	木研13-114頁-(1)	的場遺跡	(142)	(19)	5
13-1・ 2-2	狄食○狄食○狄食○狄食	081	木研13-114頁-(2)	的場遺跡	(185)	20	7
13-1・ 2-3	□□町九百五十六文□□町七□六百→＼□町三□[貫ヵ] 六百廿□[五ヵ]文○〈 〉	019	木研13-114頁-(3)	的場遺跡	(151)	22	10
13-3	・賑一麗六水戸四□二○／○□□〈 〉／酒杯九十‖＼○〈 〉・ □□□〈 〉	081	木研13-112頁-(1)	緒立C遺跡	313	(33)	10
13-4	／九々八十一／八九七十二／七六六十三‖○六九七十四／ 七九四七／四三六‖○／三九二十四／二九四八／十九々々 □‖○／八条六十四／七八七十六／六八卅八‖○・＊三[× 五八□□／二五□／一八□‖	019	木研31-150頁-(1)	大沢谷内遺跡	(209)	35	4
13-5-1	・郡司符○青海郷事少丁高志君大虫○右人其正身率〈 〉・虫大 郡向参朔告司□[身ヵ]率申賜／符到奉行○火急使高志君 五百嶋／○九月廿八日主帳支部〈 〉‖	011	木研13-109頁-(1)	八幡林遺跡	585	34	5
13-5-2	・廿八日解所請養老→・□祝○沼垂城	081	木研13-109頁-(2)	八幡林遺跡	(90)	26	2
13-6-1	・請雑物○／□□○○○□□／奈□[多ヵ]□□□‖・□／諸□ ‖	081	木研15-101頁-(1)	八幡林遺跡	(124)	(26)	5
13-6-2	・郡□□・〈 〉	081	木研15-102頁-(8)	八幡林遺跡	(71)	(31)	5
13-6-3	←日□力一束○作毎殖力二束○注□[所ヵ]→	081	木研15-102頁-(12)	八幡林遺跡	(195)	(14)	4
13-6-4	卅五隻	033	木研15-102頁-(4)	八幡林遺跡	156	22	4
13-6-5	射水臣□□□	039	木研15-102頁-(5)	八幡林遺跡	(100)	22	5
13-6-6	□□下	032	木研15-102頁-(6)	八幡林遺跡	79	15	2
13-6-7	甕三→	039	木研15-102頁-(7)	八幡林遺跡	(63)	27	2
13-6-8	・是是是＼是□□・○大大□＼【大大】	081	木研15-102頁-(13)	八幡林遺跡	(64)	37	4
13-7	／当荷取文○合馱馬廿六匹□□丁井夫十二人／進丁日置 養万呂特内子鮭四隻米一斗／又千進丁能寸豊万呂特内子鮭 四隻米一斗／万呂進丁物部□黒ヵ栖特内子鮭三隻米一斗 ←淵万呂特内 子鮭□‖○／□〈 〉六斗五升／夫○鮭十〈 〉 鮭／○□四〈 〉‖○／□部八千万呂進丁満人□／〈 〉 八千万呂進丁神人浄万／□[丸ヵ]部〈 〉万呂進丁□[山ヵ]田 □／刑部□□進丁□□	081	木研16-158頁-(1)	八幡林遺跡	(300)	(70)	4
13-8-1	殿門上税四百五十九束先上＼三百五十束後上一百九束○ 十四＼又後六十六束＼搃大夫借貸卅五束八十束	081	木研20-177頁-(1)	下ノ西遺跡	225	(80)	10
13-8-2	・○志志○□□＼越後国高志郡□越志□高□高志 (表面) ・○高千＼○百二百千千〈五十〉世卅／道□六‖□[関ヵ]／ 道／□‖在首 (裏面)・〈 〉奥〈 〉 (左側面)・〈 〉 (右側面)	031	木研20-180頁-(5)	下ノ西遺跡	330	24	9
13-9-1	・今浪人司謹牒丸部専司二□・瀧山俣水取小布西三村田人 □	019	木研23-183頁-(1) (木研21-173頁-(1))	下ノ西遺跡	(260)	26	4
13-9-2	□□仕□二石四斗	091	木研21-173頁-(2)	下ノ西遺跡	(79)	(11)	
13-10-1	・□越後国□□[遣召ヵ]・○□□	081	木研23-130頁-(1)	下ノ西遺跡	(158)	(20)	5
13-10-2	・◇志多々美・◇丈□[部子ヵ]□	032	木研23-131頁-(3)	下ノ西遺跡	127	25	3
13-10-3	・□[道ヵ]君□[道ヵ]阿刀連□・〈 〉	081	木研23-131頁-(4)	下ノ西遺跡	(161)	(20)	4
13-11-1	□□□□□[前ヵ]	081	木研35-95頁-(1)	浦反甫東遺跡	(102)	(14)	12.5
13-11-2	〈 〉里真志□[瓶ヵ]	081	木研35-95頁-(2)	浦反甫東遺跡	(150)	10	15
13-12	・牒○三宅史御所○応□□□[出来ヵ]○□并□[米ヵ]・□[時ヵ]□不過可到来於駅家村勿□□[怠遅ヵ]	019	木研22-178頁-(1)	箕輪遺跡	(259)	35	5
13-13-1	仏□有	081	木研6-85頁-(1)	曽根遺跡	140	36	7
13-13-2	門継損同□匡合	022	木研6-85頁-(2)	曽根遺跡	162	105	6
13-13-3	井～於～連～□～□～	021	木研6-85頁-(3)	曽根遺跡	160	23	6
13-13-4	←千＼→道	081	木研6-85頁-(4)	曽根遺跡	(105)	162	5

총람 번호	판독문	형식 번호	출전	유적명	길이	너비	두께
13-14-1	□〔七ヵ〕旧川	081	木研22-191頁-(1)	野中土手付遺跡	(70)	(17)	4
13-14-2	γ子子急□	051	木研22-191頁-(2)	野中土手付遺跡	(214)	25	7
13-15	□□	051	木研33-104頁-(1)	野中土手付遺跡	280	15	3
13-16	□〔βヵ〕○南無阿弥陀仏	061	木研26-188頁-(1)	青田遺跡〈20G10グリッドⅥ層〉	(135)	17	1
13-17	←□〔華ヵ〕光如来過十二小劫授堅→	081	木研22-186頁-(1)	馬見坂遺跡	(127)	18	3
13-18	・□〔九ヵ〕九八十一八九七十二七九六十卅三＼○六五十四五九□□〔四ヵ〕□九□□＼○一九又九八八六十四・〈〉	061	木研33-102頁-(1)	七社遺跡	167	49	3
13-19-1	γ□□□〔急々ヵ〕→	081	木研34-91頁-(1)	空毛遺跡	(351)	33	7
13-19-2	〈〉〔γヵ〕	081	木研34-91頁-(2)	空毛遺跡	(210)	40	6
13-20-1	・丈部□□〔家ヵ〕〈〉□□□□□〔九九九九九九ヵ〕・○〈〉	019	木研22-182頁-(1)	馬越遺跡	(286)	21	2
13-20-2	丈部□□□□	019	木研22-182頁-(2)	馬越遺跡	(163)	21	1
13-21	・元□〔慶ヵ〕＼○同日□□□□□□〈〉・〈〉	019	木研32-95頁-(2)	馬越遺跡〈C区下層〉	124	(23)	6
13-22	□廿五束○乎□□	081	木研27-177頁-(1)	上田遺跡	(100)	(28)	6
13-23・24-1	出雲〈〉	059	木研30-139頁-1(1)	前波南遺跡	(108)	23	2
13-23・24-2	出雲真山	051	木研30-139頁-2(1)	前波南遺跡	172	25	3
13-25	・献進下□〈〉□□・□〔倉ヵ〕〈〉	019	木研27-173頁-(1)	三角田遺跡	(235)	23	5
13-26・27-1	・道智僧稲在所野田村郡木直麻呂所四百斤○大蔵→・〈〉→	081	木研30-134頁-(4)	延命寺遺跡	(395)	(27)	5
13-26・27-2	・○物部郷□□里戸主物部多理丸□〔口ヵ〕○／物部鳥丸野田村奈良田三段又中家田六→／□〔有ヵ〕人伊神郷人酒君大嶋田直米二石一斗‖・□田沽人多理丸戸人／物部比呂‖天平七年三月廿一日相知田領神田君万〔呂ヵ〕	011	木研30-135頁-(21)	延命寺遺跡	486	49	6
13-28	・□□□上黒米・□□□〔十一月ヵ〕〈〉	051	木研31-147頁-(1)	岩ノ原遺跡	99	20	5
13-29-1	・○三月朔戊辰日・←卯月○六月朔丙申日・←未日	019	木研11-94頁-(1)	発久遺跡	(159)	44	8
13-29-2	・右米領納如件○四抄／○四＼九月廿日磯部広人	019	木研11-94頁-(2)	発久遺跡	(115)	32	4
13-30	健児等解申進上宿直事○家人家□	011	木研22-187頁-(1)	発久遺跡	299	24	10
13-31	・←□□伍本・○寶亀五年五月卅日	081	木研23-133頁-(1)	腰廻遺跡	(139)	(13)	5
13-32	・○…○〈〉＼〈〉□□分＼廿八日上十二束□□分…○〈〉〈〉…〈〉・〉…田租料二石五斗＼〈〉〉○…〈〉	081	木研24-119頁-(1)	六日町余川地内試掘調査地点	(109+105)	29	3
13-33-1	・人足等受国足口〔黍ヵ〕飯・〈〉□□□□□□□□□□殿＼○〈〉神人部宮加女	011	木研20-183頁-(1)	中倉遺跡	315	36	4
13-33-2	…升○斗阿二升○□□二升・【←□〔升ヵ〕○子嶋二升】	081	木研20-183頁-(2)	中倉遺跡	(103)	(11)	4
13-34	□□□□〔部ヵ〕□国十三○§土師部船守十三白＼○§〈〉○□□	081	木研21-183頁-(1)	船戸川崎遺跡	(275)	(23)	3
13-35-1	・□部直部□〔直ヵ〕部□□□〔直ヵ〕部・○〈〉	039	木研24-127頁-(1)	船戸川崎遺跡	(190)	(19)	4
13-35-2	・大野○＼○・〈〉＼十〆〈〉	081	木研24-127頁-(2)	船戸川崎遺跡	(89)	(31)	5
13-36	□□郷□□	019	木研23-138頁-(1)	船戸桜田遺跡	82	31	3
13-37・38	□〔御ヵ〕□□符○〈〉黒緒／直‖	081	木研24-126頁-(1)	船戸桜田遺跡	206	(72)	8
13-39	・□〔束ヵ〕・小戸〈〉	033	木研23-136頁-1(1)	蔵ノ坪遺跡	115	28	5
13-40-1	・少目御館米五斗・○□□□□所進	051	木研23-136頁-2(1)	蔵ノ坪遺跡	110	19	4
13-40-2	不不不不	019	木研23-136頁-2(2)	蔵ノ坪遺跡	(128)	22	4
13-41-1	・六八冊八○五八冊○四八卅三○三八・〈〉八〈〉	019	木研25-164頁-(1)	草野遺跡	(253)	26	4
13-41-2	・□□□一年□□○猪油二＼○升○荏□升○◇・□□□＼＼○□□□〔四月廿ヵ〕六日◇	019	木研25-164頁-(2)	草野遺跡	(171)	32	4
13-41-3	・□□□・右人□□〔仍ヵ〕□□	019	木研25-164頁-(3)	草野遺跡	(91)	30	2

총람 번호	판독문	형식 번호	출전	유적명	길이	너비	두께
13-42-1	γ九々八十一	011	木研31-153頁-(1)	草野遺跡	326	27	6
13-42-2	□巳者□卅五束又□□束記□□□又□□五	081	木研31-153頁-(3)	草野遺跡	(298)	21	5
13-43-1	□□[山家ヵ]石□[女ヵ]□□若女	081	木研25-165頁-(1)	屋敷遺跡	(184)	(19)	5
13-43-2	布二段〵○日〳〵	081	木研25-165頁-(2)	屋敷遺跡	(64)	(24)	4
13-44	山家深□[江ヵ]	019	木研27-180頁-(1)	築地館東遺跡	(105)	25	2
13-45	・□前・□□	081	木研19-167頁-(1)	大坪遺跡	(99)	27	4
14-1	神服小年賀	061	木研18-141頁-(1)	豊田大塚遺跡	176	27	2
14-2-1	・廣上真里米田七束四把・○〳〵□□□□□〳〵	081	木研34-85頁-(1)	下佐野遺跡	(191)	(43)	4
14-2-2	・←□[束ヵ]八把○§枚□□[万呂ヵ]○二束四把○□〵□□□[把ヵ]○□□□□四把・〳〵□[束ヵ]二	081	木研34-85頁-(2)	下佐野遺跡	(125)	(24)	4
14-3	・□□[舟ヵ]□□□〵□置取人・○十九〵□四斗□	081	木研21-163頁-(1)	中保B遺跡	(149)	(23)	3
14-4-1	・気多大神宮寺涅槃浄土紙布米入使・□暦二年九月五日廿三枚入布米三□	011	木研23-181頁-(1) (木研21-165頁-(1))	東木津遺跡	154	21	5
14-4-2	はルマ止左くや古乃は□	011	木研23-181頁-(2) (木研21-165頁-(2))	東木津遺跡	250	34	15
14-5-1	・□□□□□[郡ヵ]□二月六日便	019	木研22-169頁-(1)	東木津遺跡	(152)	28	8
14-5-2	・〳〵□□□[粮物ヵ]百束十□[日ヵ]・〳〵戸主高田国足	081	木研22-170頁-(2)	東木津遺跡	(142)	(20)	11
14-6-1	○右依□□給事□□□[前ヵ]□	081	木研22-167頁-(1)	須田藤の木遺跡	(214)	(48)	5
14-6-2	・布師郷戸主丈部□[宗ヵ]□□□・○十月十日	039	木研22-167頁-(2)	須田藤の木遺跡	(163)	(27)	4
14-7-1	・丸部飯刀自女上米一斗・十月十六日	051	木研34-87頁-(1)	出来田南遺跡	170	26	5
14-7-2	・見見眷※※※※※※※※※※□※※※※※※※・○※ ※※※※※※※	081	木研34-88頁-(2)	出来田南遺跡	(230)	19	7
14-7-3	・γ○急々如律令・【五六□□】	019	木研34-88頁-(3)	出来田南遺跡	(183)	39	7
14-8	一石一石〳〵一	081	木研26-169頁-(1)	桜町遺跡	(116)	19	7
14-9	□[庄ヵ]○□□□□□□	061	木研18-145頁-(1)	五社遺跡	(358)	50	12
14-10	昔右支□[篤ヵ]易曹上人□[須ヵ]難	019	日本古代木簡選(木研14-145頁-(1))	高瀬遺跡	(184)	(18)	6
14-11	・一・二・三・四	061	木研26-174頁-(1)	小杉流通業務団地№20遺跡	65	15	15
14-12	・←本利并卅七十五束又□□□[同本利ヵ]→・【□[束ヵ]□□】	081	木研15-112頁-(1)	北高木遺跡	(130)	18	6
14-13-1	・□諾冠□冠冠□[賦ヵ]□請冠□○○□[安ヵ]万呂楊麻□[呂ヵ]呂楊□[楊ヵ]万呂□[楊ヵ]万呂□	019	木研17-135頁-(1)	北高木遺跡	(520)	24	3
14-13-2	・道長大神進上申○三月十日□兄江富継天女女建部乙成女生子兄江千仁女大神解申神一・品治部他当女道長大神進上申事如件三月十日	019	木研17-135頁-(2)	北高木遺跡	(410)	33	3
14-13-3	・〳〵□万呂二合○六月廿八日米三升○□万呂一升二合〵○□万□□合○□万呂一升二合〵○□万呂六合○浦万呂一升二合・〳〵	019	木研17-135頁-(3)	北高木遺跡	(424)	54	5
14-13-4	・春三千百六十束交易○又夏一千七百卅二…十二束本○利二千四百册六□[束ヵ]□□○□□十二□廿七束□□百六十□…卅二束□□[在襄ヵ]○／□□/□□□[戸ヵ]□‖	019	木研17-135頁-(4)	北高木遺跡	(182+88)	20	3
14-14	二口村□[庄ヵ]	033	木研20-171頁-(1)	二口五反田遺跡	137	29	7
14-15-1	・長□[谷ヵ]部是女乙嶋北□[野ヵ]三和廣麻呂射水→・【□大大○□□】	081	木研12-123頁-(1)	辻遺跡	(510)	(38)	18
14-15-2	□[中ヵ]□□[原ヵ]○／□□〳〵／□□□[葦原ヵ]里正□□□[墨目ヵ]郡司射水□[臣ヵ]〳〵‖	081	木研12-123頁-(2)	辻遺跡	(382)	(38)	18
14-16-1	□□[山継ヵ]	051	日本古代木簡選(木研14-141頁-(1))	じょうべのま遺跡	178	16	3.5
14-16-2	・□大水可進上□・月十九□[日ヵ]	065	日本古代木簡選(木研14-141頁-(2))	じょうべのま遺跡	97	16	5
15-1	←解申田中殿□□[目代ヵ]□	081	木研6-84頁-(1)	近岡遺跡	(213)	(27)	7

총람 번호	판독문	형식 번호	출전	유적명	길이	너비	두께
15-2	□是□□□□〈〉□〈 〉◇	061	木研28-160頁-(1)	千木ヤシキダ遺跡	(204)	11.5	2
15-3	須留女	019	木研16-155頁-(1)	西念・南新保遺跡	(285)	23	7
15-4-1	・有○有・道○道	039	木研11-91頁-(1)	三小牛ハバ遺跡	(109)	39	4
15-4-2	□山山寺□	081	木研11-91頁-(2)	三小牛ハバ遺跡	(185)	35	2
15-4-3	【□大大大大】□間家□	061	木研11-91頁-(3)	三小牛ハバ遺跡	(158)	26	14
15-5-1	品治部君足黒五斗二升	051	上荒屋4(木研13-99頁(1))	上荒屋遺跡	120	15	4
15-5-2	荒木佐ツ麻呂黒五斗二	051	上荒屋4(木研13-99頁(2))	上荒屋遺跡	124	15	5
15-5-3	・酒人月朔・○奉	033	木研13-99頁-(4)	上荒屋遺跡	110	20	5
15-5-4	大根子籾種一石二斗	033	木研13-99頁-(5)	上荒屋遺跡	175	18	5
15-5-5	秦於政□[大]神山人進上	051	木研13-99頁-(6)	上荒屋遺跡	294	25	5
15-6-1	○§別止万呂○§服部安万呂二人\万呂○§福継○§三田万呂	081	木研14-113頁-(1)	上荒屋遺跡	(161)	(25)	4
15-6-2	壱斛一斗三升	033	木研14-113頁-(2)	上荒屋遺跡	137	24	5
15-7-1	γ急々如律令	019	木研16-152頁-(1)	戸水大西遺跡	(495)	41	11
15-7-2	□竈鳥□□□□[真公カ]□□□□□□□□□□\□○秦真公□[家竈□[鳥カ]弘仁十三年五月一日庚寅	031	木研16-152頁-(3)	戸水大西遺跡	(472)	57	5
15-8・9-1	□□□□□□[謹解殿門御稲カ]	081	木研20-159頁-1(1)	戸水大西遺跡	(162)	(12)	10
15-8・9-2	・〈〉\〈〉・〈〉\□[相カ]〈〉	081	木研20-159頁-1(2)	戸水大西遺跡	(237)	(44)	3
15-10-1	・□一石○又○/倉部安倍弓田直七束/贄人□万呂〈〉‖・并○卅四束	081	木研32-88頁-(1)	金石本町遺跡	(239)	30	7
15-10-2	・鳥大大夫□・〈〉	081	木研32-88頁-(2)	金石本町遺跡	(124)	35	12
15-11-1	・〈〉□□□父御前申田□・□□□□阿皆欲難□□	081	木研20-157頁-(1)	金石本町遺跡	(248)	(13)	2.5
15-11-2	伍伯〈〉□[長カ]〈〉	033	木研20-157頁-(2)	金石本町遺跡	(175)	37	4.5
15-11-3	□稲○大者君稲廿三	019	木研20-157頁-(3)	金石本町遺跡	(189)	37	4
15-12	二月廿八日槻本連甲奉米一石	051	木研19-164頁-(1)	金石本町遺跡	240	22	6
15-13	泉在内□	039	木研17-125頁-(1)	大友西遺跡	(78)	15	4
15-14	元慶五年十一月	061	木研18-134頁-(1)	磯部カンダ遺跡		(径)156	(厚)7
15-15	□□二百六十四束\○〈〉	065	木研21-155頁-(1)	神野遺跡	(231)	(28)	(12)
15-16	加志皮急	081	木研22-158頁-(1)	観法寺遺跡	(126)	(27)	7
15-17	{天平勝寶四年上領\§戸主阿刀足人六十\○§妻答忌寸宅女卌\○§阿刀三繩卌束\○§妻舘気奈加女\§山辺足君卌\○§内麻呂廿\○〈〉悪万呂\○合稲二百卌\○田秋人卌\○答忌寸□女卌束\○刑部小当廿束\□□[同カ]姓味知万呂十}	081	木研22-160頁-(1)	畝田・寺中遺跡	(103)	292	9
15-18-1	郡□[符カ]○大野郷長□[等カ]○件〈 〉・罪科知□出火急○/「主政」/「主帳」‖	019	木研24-105頁-(1)	畝田・寺中遺跡	(294)	34	4
15-18-2	追○召○/阿部准下女/山辺志祁良	081	木研24-105頁-(2)	畝田・寺中遺跡	(156)	(29)	7
15-18-3	・幡部連弘万呂白米一石・○「御物」	051	木研24-105頁-(4)	畝田・寺中遺跡	185	23	4
15-19-1	・符○田行笠○等/横江臣床嶋□/西岡□[部カ]物□‖・□相宮田行率召持来今□[船カ]以付\○田領横江臣「□」	019	木研25-145頁-(1)	畝田・寺中遺跡	(278)	42	3
15-19-2	・□□山村里・□□	059	木研25-146頁-(2)	畝田・寺中遺跡	(84)	22	2
15-20-1	□上□□□[六十カ]	081	木研23-117頁-(1)	畝田ナベタ遺跡	(83)	(28)	4
15-20-2	酒流女一石余	032	木研23-117頁-(2)	畝田ナベタ遺跡	160	31	3

총람 번호	판독문	형식 번호	출전	유적명	길이	너비	두께
15-20-3	□〔盜ヵ〕盜盜□□＼□酒	091	木研23-117頁-(3)	畝田ナベタ遺跡			
15-20-4	須□〔留ヵ〕女一石一斗	032	木研23-117頁-(4)	畝田ナベタ遺跡	147	24	2
15-20-5	否益一石二斗	032	木研23-117頁-(5)	畝田ナベタ遺跡	170	18	5
15-20-6	比田知子一石二斗	033	木研23-117頁-(6)	畝田ナベタ遺跡	170	18	5
15-21	・六段百八十歩〇物部須毛〇廿七足原田一町〇□・〇北三段／〔佃ヵ〕一段／地子二段‖国古〔茂ヵ〕〇□	081	木研25-148頁-(1)	中屋サワ遺跡	(312)	(22)	3
15-22	上日郷戸主舟木浄足戸□□〔西岡ヵ〕	051	木研11-93頁-(1)	能登国分寺跡	282	33	4
15-23-1	三国子一石	032	木研23-126頁-(1)	吉田C遺跡	190	27	2
15-23-2	戸主山□部□〔真ヵ〕得万呂	081	木研23-126頁-(2)	吉田C遺跡	(111)	(22)	3
15-23-3	戸主真	081	木研23-126頁-(3)	吉田C遺跡	(89)	(24)	5
15-24	・依里物忌固物忌天岡急々如律令・依里物忌固物忌天岡急々如律令	061	木研4-69頁	漆町遺跡(C地区)	(357)	32	4
15-25-1	←□造□□□〔宿女ヵ〕	019	木研4-68頁-(1)	高堂遺跡	(125)	(14)	5
15-25-2	金光明最勝王経四天王護国品	019	木研4-68頁-(2)	高堂遺跡	(515)	28	5
15-26	今月□□恐物忌人者／楊丸子菩提薩睡‖	051	木研13-96頁-(1)	浄水寺跡	483	48	6
15-27-1	大国別社□〔略＝祓集厄第〈〉左□阿加心〈〉田〈〉穂根	011	木研24-109頁-(1)	指江B遺跡	857	30	24
15-27-2	・〇江沼臣□末呂事依而□・□一石在止母〈〉	019	木研24-109頁-(2)	指江B遺跡	(190)	31	5
15-27-3	・道□道郡部為〈〉・□〔馬ヵ〕□□〇人〈〉石〇人	019	木研24-110頁-(3)	指江B遺跡	(168)	42	4
15-28	石	081	木研30-130頁-(1)	森ガッコウ遺跡	(760)	23	3
15-29	・γ→・γ→	051	木研10-71頁-(1)	横江荘遺跡	(166)	(33)	10
15-30	〇倭万呂〇縄女＼□万呂〇〈〉	081	木研18-137頁-(2)	横江荘遺跡	(133)	(38)	9
15-31	・謹啓〇丈部安□…《 》〇／献上人給雑魚十五隻／□□消息後日参向而語□〔奉ヵ〕〇无礼状具注以解・〇…〇七月十日〇□□造□主	011	木研18-139頁-(1)	加茂遺跡	(146+334)	33	5
15-32・33-1	文書文書文書生書	011	木研23-120頁-1(1)	加茂遺跡	210	37	4
15-32・33-2	兎〔兔ヵ〕□黒□□	039	木研23-120頁-1(2)	加茂遺跡	(91)	23	4
15-32・33-3	{←符深見村□郷駅長并諸刀弥〔称〕等＼応奉行壹拾条之事＼〇一田夫朝以寅時下田夕以戌時還私状＼〇一禁制田夫任意喫魚酒状＼〇一禁断不労作溝堰百姓状＼〇一以五月卅日前可申田殖竟状＼〇一可捜捉村邑内竊宕為諸人被疑人状＼〇一可禁制无桑原養蚕百姓状＼〇一可禁制里邑之内故喫酔酒及戯遊百姓状＼〇一可填〔慎ヵ〕勤農業状＼□村里長人申百姓名＼〇案内被国去□〔正ヵ〕月廿八日符併〔俯ヵ〕勧催農業＼〔有ヵ〕法条而百姓等恣事逸遊不耕作喫＼・魚段乱為宗播殖過時還称不熟只非＼弊耳復致飢饉之苦此郡司等不冶＼之□〔期ヵ〕而豈可〇然哉郡宜承知耶並口示＼事早令勤作若不違符旨称倦懈＼由加梛決者謹依符旨仰下田領宜〇〇＼一毎村屢廻愉〔論ヵ〕有懈怠者移身進郡符＼←国道之裔縻羈進之膀示路頭厳加禁＼←領刀弥〔称〕有怨憎隠容以其人為罪背＼←有〔有ヵ〕符到奉行＼〇大領錦村主〇主政八戸史＼擬大領錦部連真手鷹〇擬主帳甲臣＼少領道公〇夏〈〉副擬主帳宇治＼□〔擬ヵ〕少領勘了＼嘉祥□〔二ヵ〕年□〔二ヵ〕月□□〔十二ヵ〕日＼〇□〔二ヵ〕月十五日讃田領丈部浪麿}	081	◎木研23-121頁-2(1)	加茂遺跡	(233)	617	17
15-34	〈 〉家郷品治部□□良英太若岡麿〇「鷹」	011	木研28-161頁-(1)	加茂遺跡(1)	343	40	8
15-35-1	英太卅	081	木研28-163頁-(1)	加茂遺跡(2)	(157)	23	7
15-35-2	閏十月使便県	081	木研28-163頁-(2)	加茂遺跡(2)	(264)	17	6
15-35-3	□〔道ヵ〕道□〔道ヵ〕	065	木研28-163頁-(3)	加茂遺跡(2)	(43)	20	2

총람 번호	판독문	형식 번호	출전	유적명	길이	너비	두께
15-36	（判読不能）	081	木研13-107頁	田中遺跡	(211)	(16)	5
15-37	・合□［船ヵ］□□○欲請〈 〉品治部□［所ヵ］＼○「右右右○右」・〈 〉申□欲請四月〈 〉□［丈ヵ］部大□	032	木研27-165頁-(1)	森本C遺跡	245	29	5
16-1	○是是人＼粳粳粳○富通○通通○相相相是是是是是是是＼□□□□粳□□□□□□□□□□□□□	019	木研4-66頁	大森鐘島遺跡	(300)	22	5
16-2	戸主大部真□	039	木研22-150頁-(1)	高塚遺跡	(61)	18.5	5
16-3-1	□□	081	木研29-104頁-(1)	木崎遺跡	(117)	(27)	7
16-3-2	乃間田	033	木研29-104頁-(2)	木崎遺跡	128	21	8
16-3-3	□□□一石	033	木研29-105頁-(3)	木崎遺跡	(130)	22	3
16-3-4	□□	081	木研29-105頁-(4)	木崎遺跡	(62)	19	3
16-4	□□□	059	木研31-129頁-(1)	西縄手下遺跡	(103)	30	5
16-5	（□［公ヵ］＼十＼□＼）	081	木研18-133頁-(1)	西太郎丸遺跡	(95)	(625)	9
16-6	若狭国三方郡○／能登里中臣廣足一斗／○〈 〉○三家人□□一斗‖○／私部首宇治麻呂一□／□□□［竹田部ヵ］首□麻呂一斗／○右五斗‖	031	日本古代木簡選(木研9-94頁-(1))	日名遺跡	227	38	7
16-7・8-1	・←□今日〈 〉・←□□□［布一ヵ］□〈 〉＼○天平四年十月廿八日	081	木研10-70頁-(1)	角谷遺跡	(133)	(24)	6
16-7・8-2	今□□□□	019	木研34-125頁-(1)	角谷遺跡	(112)	35	4
17-1	〈 〉＼○□□□	019	木研23-70頁-(1)	大坪遺跡	(152)	18	9
18-1	十七□［日ヵ］百九十三束○十八日百〈 〉○十九日百□［三ヵ］束○廿日百七□＼□□○□［百ヵ］廿一□［束ヵ］＼〉三□〈 〉□□□□卅〈 〉□［卅ヵ］□七□［束ヵ］＼□□□［卅ヵ］六百七十二束十日百六十四束十一日百廿四束十二日廿□［九ヵ］＼○□百八十八日□［束ヵ］○十七日百六十九束十八□□［日百ヵ］三束○西室□□□［内ヵ］□	081	木研21-132頁-(1)	榎田遺跡	246	(58)	5
18-2-1	【 ｛木｝＼□［全ヵ］＼○ ｛木｝ （刻書）	061	木研38-99頁-(1)	綿内遺跡群南条遺跡	器高17	口径212	
18-2-2	大井 （刻書）	061	木研38-99頁-(2)	綿内遺跡群南条遺跡	器高19	口径168	
18-2-3	□［十ヵ］ （刻書）	061	木研38-99頁-(3)	綿内遺跡群南条遺跡	(35)	(93)	5
18-3	長□→	019	木研4-49頁	恒川遺跡	(211)	32	5
18-4	□三繩	011	木研6-69頁-(1)	北稲付遺跡	130	35	4
18-5-1	・○□□［奉］○人□□□□□□□□人〈 〉・【小野部小〈 〉部士□□□□部二月卅日□□]】	019(Z003)	木研18-111頁-(1)(屋代木簡-1)	屋代遺跡群〈6区〉	(395)	37	2
18-5-2	酒人部万呂郡作人□［定］千□［奉または本］出	011(1002)	木研18-112頁-(10)(屋代木簡-32)	屋代遺跡群〈6区〉	265	27	43
18-5-3	・←間郡□「□□□［九九ヵ］九九」・「□○□哉」【「□□」】	019(a0f0f1)	木研18-112頁-(11)(屋代木簡-36)	屋代遺跡群〈6区〉	(191)	(21)	3
18-5-4	七年十月十四日	081(b00b)	木研18-112頁-(12)(屋代木簡-44)	屋代遺跡群〈6区〉	(131)	20	7
18-5-5	竈神	019(1(6)0A)	木研18-112頁-(3)(屋代木簡-4)	屋代遺跡群〈6区〉	(141)	18	4
18-6	□□□［駅］○□□□	011	木研21-130頁-(1)	屋代遺跡群(北陸新幹線関係)	539	54	2
18-7	誠□緘城咸□	081	木研24-70頁-(1)	八幡遺跡群社宮司遺跡	(131)	34	4
19-1	・□□□□・○□□□□	019	木研35-76頁-(1)	野内遺跡C地区	(103)	21	6
19-2-1	｜｜□［石ヵ］	011	木研25-112頁-(1)	弥勒寺西遺跡	32	34	1.5
19-2-2	・□□人・□□	081	木研25-112頁-(5)	弥勒寺西遺跡	(115)	(31)	4
19-2-3	・□□□□□万呂〈 〉・○〈 〉	081	木研26-253頁-(1)(木研25-112頁-(3))	弥勒寺西遺跡	(166)	(19)	4

총람 번호	판독문	형식 번호	출전	유적명	길이	너비	두께
19-2-4	・/建部□□[男ヵ]/建部□□ ‖ …右件人等以今時参向・若 怠者重…/○□/□□□□[万呂ヵ] ‖	019	木研32-127頁-(1) (木研26-253頁-(2)・ 木研25-112頁-(4))	弥勒寺西遺跡	(106+195)	35	4
19-3	○九斗○十斗○一□[斗ヵ]	081	木研24-69頁-(1)	柿田遺跡	(100)	28	3
19-4	・符○飽□[見ヵ]・→・急□	019	木研16-128頁-(1)	杉崎廃寺	(80)	30	7
20-1・ 2-1	他田里戸主宇刀部真酒	051	日本古代木簡選・木 研7-70頁-(1)	神明原・元宮川 遺跡	110.5	17	4.5
20-1・ 2-2	β（金剛界大日）南無阿弥□→	*	木研7-70頁-(2)	神明原・元宮川 遺跡	220	22.5	2.5
20-3-1	・相星五十戸◇・□□□◇◇	011	荷札集成-64(日本古 代木簡選・木研8-53 頁-(1))	神明原・元宮川 遺跡	135	22	3.5
20-3-2	□□	039	木研8-53頁-(2)	神明原・元宮川 遺跡	(222)	15	8.5
20-3-3	〈 〉	032	木研8-53頁-(3)	神明原・元宮川 遺跡	88	9	4
20-4	□□[臣ヵ]安居女	051	木研11-68頁-(1)	池ヶ谷遺跡	(128)	18	5
20-5	・□□[件ヵ]○/○〈 〉鷹○□□/五百原□□□人○戸廣 □□→○□□□/西奈□□□□五百原□□□○戸五□[目ヵ]女 ‖ ・○□\○□	081	木研11-70頁-(1)	瀬名遺跡〈1区〉	(404)	(56)	10
20-6	□戸主奈□	081	木研13-82頁-(1)	瀬名遺跡〈10区〉	(73)	(44)	(10)
20-7	下代謹解申□高諸□大□[刀ヵ]□□□	051	木研12-100頁-(1)	川合遺跡八反田 地区	253	29	7
20-8	・□相（表面）・○□（左側面）・桧□（裏面）・○和（右 側面）	065	木研19-68頁-(1)	川合遺跡志保田 地区	(58)	32	31
20-9-1	黒万呂五□	081	木研17-80頁-(1)	曲金北遺跡	(101)	21	6
20-9-2	常陸国鹿嶋郡→	019	木研17-80頁-(2)	曲金北遺跡	(418)	31	15
20-9-3	戸主大生秋万呂五丈	051	木研17-80頁-(3)	曲金北遺跡	218	29	3
20-10・ 11-1	石部田麻呂○石部○礼雅礼□	019	木研30-48頁-(1)	ケイセイ遺跡	(268)	23	13
20-10・ 11-2	木部○七両	061	木研30-48頁-(2)	ケイセイ遺跡	147	33	10
20-10・ 11-3	・白部郷上糯合五斗／戸主丈部子秦五升／戸主丈部大市五 升 ‖ ○／戸主他田臣久須／戸主神前臣□呂五升 ‖ ／戸 主□□□[呂ヵ]□[升ヵ]／戸主丈部□□五升／□ □[戸主ヵ]□部□ ‖ ・○〈 〉丈部里麻呂	011	木研30-49頁-(3)	ケイセイ遺跡	416	29	4
20-10・ 11-4	・□□[駿河ヵ]〈 〉・○失二□\廿五連中	039	木研31-56頁-(1)	ケイセイ遺跡	(100)	20	2
20-12～ 18-1	・辛巳年正月生十日柴江五十戸人○／若倭□[部ヵ] ‖ ○◇・ □□□三百卅束若倭部□□〈 〉○◇	011	木研30-198頁-(1) (伊場12-3・日本古代 木簡選・伊場4-3・伊 場1-3)	伊場遺跡	284	29	3
20-12～ 18-2	物部□[毘ヵ]□夫百七十六束代又江田□	1・0 (019)	木研30-198頁-(2) (伊場12-5・伊場4-5・ 伊場1-5)	伊場遺跡	(39+122)	26	3
20-12～ 18-3	・○竹田五十戸人・□・□□□[日佐ヵ]□〈 〉□□[又ヵ]〈 〉	5・2 (051)	木簡黎明-(99)(木研 30-198頁-(3)・伊場 12-6・伊場4-6・伊場 1-6)	伊場遺跡	274	29	5
20-12～ 18-4	辛卯年十二月新井里人宗我部□[稲ヵ]	1・0 (019)	木研30-198頁-(4) (伊場12-7・荷札集 成-59・伊場1-7)	伊場遺跡	(330)	29	8
20-12～ 18-5	乙未年十月□	1・0 (019)	木簡黎明-(151)(木 研30-198頁-(5)(伊 場12-8・日本古代木 簡選・伊場1-8)	伊場遺跡	(63)	25	2.5

총람 번호	판독문	형식 번호	출전	유적명	길이	너비	두께
20-12~ 18-6	・□□□□□□□＼袁文里百十・□□［斯ヵ］上□□□ （裏面 刻書）	0·2 (059)	木研30-198頁-(6) (伊場12-2·伊場1-2)	伊場遺跡	(211)	21	5
20-12~ 18-7	・／□□一／○〈 〉椋一〇双□／○／□部衣□［縫ヵ］屋‖○ ／委尓部足結屋一／肥人部牛麻呂椋一／委尓部長椋二／語 部山麻呂椋一‖○／若倭部小人屋一／若倭部八百椋一／ 五十戸造麻久□椋二／宗尓部□□屋一‖○／語部□支□屋 一／同小麻呂椋一屋一／委尓部干支鶡椋一／委尓部酒人椋 一屋一‖○／〇駅評人／語部三山椋一／○人／□竹語 部比古椋一／○／軽部軽部足石椋一屋一／○／加□□［毛 江ヵ］五十戸人／〈 〉男椋一‖○／蘇可部虎男椋一屋一／ 語部小衣屋一椋一／語部小君椋一／□◇・〈 〉□［屋ヵ］／ □部□□椋一今［作ヵ］／□□部□［豆ヵ］女屋一／○□ □／○〈 〉間人部□〈 〉□［石ヵ］部龍椋一／同□椋一／ 宗何部□□椋一／○／□□□［人部ヵ］□［椋ヵ］一／同部 □屋／石部国□椋／大□［伴ヵ］部足石椋一／敢石部角椋一 椋一／宗可部□□椋一／○／日下部部□木椋二今作／宗何部 椋一／宗□□□□椋一‖○／□□神人□□□／□木部 伊□□椋／○／□□□□［屋ヵ］‖／加毛〈 〉椋一／宗何部 □□□□‖○◇	061	木簡黎明-(64)(木研 30-199頁-(7)·伊場 12-21·伊場4-21·伊 場1-21)	伊場遺跡	(1165)	62	10
20-19~ 22-1	・〇黒□［和ヵ］〈 〉□□・□□	081	伊場12-4(城山-4·木 研1-30頁-(4))	城山遺跡	(45)	(15)	3.5
20-19~ 22-2	・〇多祢・□□□□□	032	伊場12-5(城山-5·木 研1-30頁-(5))	城山遺跡	109.5	28.5	2.8
20-19~ 22-3	・京田□□□［五十ヵ］・○□	081	伊場12-6(城山-6·木 研2-31頁-(1)·日本 古代木簡選)	城山遺跡	(106)	(28)	5
20-19~ 22-4	□［平ヵ］四□［年ヵ］三月二日	081	伊場12-10(城山-10· 木研2-31頁-(2))	城山遺跡	(174)	24	8
20-19~22- 5	天平五年	059	伊場12-30(城山-30· 木研2-32頁-(17)·日 本古代木簡選)	城山遺跡	(77)	23	8
20-19~ 22-6	月生二日家度稻卅□…□度□□	019	伊場12-32(城山-32· 木研2-32頁-(19)·日 本古代木簡選)	城山遺跡	(154+163)	19	8
20-19~ 22-7	中寸軽部大知	011	伊場12-11(城山-11· 木研2-31頁-(5))	城山遺跡	101	19	3
20-23-1	□万呂〇五□□□	011	伊場12-1(木研5-44 頁-(1))	梶子遺跡	150	19	5
20-23-2	・□□□［宜部ヵ］廣万呂口人・○□	081	伊場12-2(2)(木研 5-44頁-(4))	梶子遺跡	(182)	25	6
20-23-3	竹田宗我部薬師	051	伊場12-3(木研5-44 頁-(2))	梶子遺跡	173	20	6
20-24-1	・〈 〉坐大神□［命ヵ］…□［命ヵ］又荒別〈 〉命〇奴良支 別御＼□□〇次□□乃事開ヵ］魂命□…□六柱神乃御□［ 名ヵ］呼而白□［奉ヵ］・○□乎命□〇荒…□［木ヵ］幡比女命 尓千幡男□□…〈 〉＼尓支□留荒別御…魂命〇次生 魂□［命ヵ］〇次□足□［魂ヵ］命〇右□［六ヵ］柱□［神ヵ］	019	伊場12-4(木研 15-82頁-(1))	梶子遺跡	(325)	32	3
20-24-2	□□□□［長ヵ］□	019	伊場12-5(木研 15-82頁-(2))	梶子遺跡	(140)	41	4
20-24-3	赤坂〈 〉部〈 〉五斗	051	伊場12-6(木研 15-82頁-(3))	梶子遺跡	198	25	5
20-24-4	若万呂	059	伊場12-7(木研 15-82頁-(4))	梶子遺跡	(85)	15	4
20-24-5	□柴□長摂 （重書あり）	081	伊場12-8(木研 15-82頁-(5))	梶子遺跡	(127)	35	4
20-25-1	・依調借子入□□□□□［浜津郷鴨部ヵ］里□□□［戸主ヵ］物 部三□［狩ヵ］・○大領「石山」	019	伊場12-1(木研 17-76頁-(1))	梶子北遺跡	(260)	51	5
20-25-2	中寸宗宜部里秦	051	伊場12-2(木研 17-76頁-(2))	梶子北遺跡	281	18	3

총람 번호	판독문	형식 번호	출전	유적명	길이	너비	두께
20-25-3	赤坂郷忍海部古□	019	伊場12-5(木研 17-76頁-(5))	梶子北遺跡	(101)	17	5
20-26-1	・中寸里人宗我部□[无カ]志麻呂○又貸給・○和銅八年□月 廿七日	019	伊場12-1(木研 22-87頁-(1))	中村遺跡	(209)	30	4
20-26-2	小文里語部□[海カ]人	019	伊場12-2(木研 22-87頁-(2))	中村遺跡	(147)	19	4
20-27-1	□[赤カ]□若倭部益万呂	051	伊場12-5(木研 23-66頁-(1))	中村遺跡	155	23	2
20-27-2	丈部□[廣カ]塩	051	伊場12-6(木研 23-66頁-(2))	中村遺跡	196	25	3
20-27-3	赤坂□	051	伊場12-7(木研 23-66頁-(3))	中村遺跡	(159)	23	6
20-28	□刀自女○□	081	伊場12-8(木研 25-83頁-(1))	中村遺跡南伊場 地区	(54)	20	3
20-29-1	・大税給春耳十束夏耳四束・戸主物部□[水カ]麻呂之名附十 束夏六束	011	伊場12-1(木研 27-75頁-(1))	大蒲村東I遺跡	318	37	7
20-29-2	・駅下稲十五束〈〉・合百□[束カ]〈〉	019	伊場12-2(木研 27-75頁-(2))	大蒲村東I遺跡	154	29	3
20-29-3	〈〉□十二月廿二日記大□□十五束〈〉定田〈〉	019	伊場12-3(木研 27-75頁-(3))	大蒲村東I遺跡	(446)	34	8
20-30	□□[中寸カ]若日下部足石十九□[束カ]	051	伊場12-1(木研 29-64頁-(1))	東前遺跡	178	26	2
20-31-1	□三日□	081	木研31-54頁-(1)	鳥居松遺跡	(90)	(19)	4
20-31-2	・←人蛭田郷〈〉・○□□□□	081	木研31-54頁-(2)	鳥居松遺跡	(144)	(30)	6
20-31-3	・□[耳カ]糸一斤貸受人赤坂郷嶋里／忍海部石□□／□□□ ‖・○神亀元□[年カ]	019	木研31-54頁-(3)	鳥居松遺跡	(407)	63	7
20-32-1	〈〉委文□[部カ]□代	051	木研25-86頁-(1)	箱根田遺跡	149	31	6
20-32-2	八□秦人〈〉秦人真□万呂	051	木研25-86頁-(2)	箱根田遺跡	181	20	2
20-32-3	又又六月廿日○六月＼○七月廿日廿日＼○□□□□＼□□ ＼□□[薮カ]＼○□□吾＼□□□	061	木研25-86頁-(3)	箱根田遺跡	(226)	147	16
20-33-1	大宅胞二百五十	032	木研32-31頁-(1)	伊勢堰遺跡〈第 3・4地点〉	168	(25)	7
20-33-2	舘佐乙□	081	木研32-31頁-(2)	伊勢堰遺跡〈第 3・4地点〉	(108)	23	4
20-34-1	大郷○小長谷部宮□◇	011	日本古代木簡 選-392(御殿二之宮 1-1・木研1-35 頁-(1))	御殿・二之宮遺 跡	168	32	3
20-34-2	狭束郷戸主文委部麻←	019	日本古代木簡 選-394(御殿二之宮 1-2・木研1-35 頁-(2))	御殿・二之宮遺 跡	(109)	18	3
20-34-3	豊国郷戸主小長谷部色万呂戸小長	081	日本古代木簡 選-393(御殿二之宮 1-3・木研1-35 頁-(3))	御殿・二之宮遺 跡	(161)	17	3
20-34-4	久米郷□□□□□	*	日本古代木簡 選-396(御殿二之宮 1-4・木研1-35 頁-(4))	御殿・二之宮遺 跡	(185)	13	3
20-35	而○□○祀□	081	木研19-67頁-(1)	御殿・二之宮遺 跡	(81)	25	4
20-36-1	←申進上夫事○小長谷浄□[成カ]＼○□□□□	081	藤枝市史資料編 2-35(日本古代木簡 選・藤枝報3-8・木研 1-37頁-(1))	御子ヶ谷遺跡	(196)	(29)	12

총람 번호	판독문	형식 번호	출전	유적명	길이	너비	두께
20-36-2	日□[置ヵ]＼○□	081	藤枝市史資料編 2-36(藤枝報3-9·木 研1-37頁-(2))	御子ヶ谷遺跡	186	33	8
20-36-3	○〈 〉○□＼○□□召勘間安人□□[召文ヵ]＼人□□[足可 ヵ]沽事〈 〉安人〈 〉＼○□□[如件ヵ]	081	藤枝市史資料編 2-29(藤枝報3-2·木 研1-37頁-(3))	御子ヶ谷遺跡	229	60	7
20-36-4	·右□[件ヵ]可□[進ヵ]日□○[□ヵ]者□＼○仰□罪□□[進填ヵ]·□□□	081	藤枝市史資料編 2-30(藤枝報3-3·木 研1-37頁-(4))	御子ヶ谷遺跡	(119)	(25)	5
20-36-5	·〈 〉·廿五日税長○友○足	051	藤枝市史資料編 2-32(藤枝報3-4·木 研1-37頁-(5))	御子ヶ谷遺跡	258	(31)	7
20-36-6	·召○/□□□〈 〉/□□□〈 〉‖以前□[人ヵ]→·女召○付 里正「丈部麻々呂」	081	藤枝市史資料編 2-28(日本古代木簡 選·藤枝報3-1·木研 1-37頁-(6))	御子ヶ谷遺跡	(218)	(34)	4
20-37-1	·□[巻ヵ]巻巻·□□	081	藤枝市史資料編 2-42(木研7-65 頁-(1))	秋合遺跡	(60)	24	8
20-37-2	□[不ヵ]不□	081	藤枝市史資料編 2-43(木研7-65 頁-(2))	秋合遺跡	(95)	(22)	5
20-38	·□□○□□○□□·←□□□[日見見ヵ]□[可ヵ]□→	081	藤枝市史資料編 2-58(木研7-67 頁-(1))	郡遺跡	(185)	39	3
20-39-1	·物部里五□[戸ヵ]宇治部角末呂·米五斗	033	藤枝市史資料編 2-44(日本古代木簡 選·木研7-67頁-(1))	郡遺跡	199	26	6
20-39-2	戸主刑→	039	藤枝市史資料編 2-47(日本古代木簡 選·木研7-67頁-(2))	郡遺跡	(55)	(15)	9
20-39-3	·←□六日□[壬ヵ]牛[午ヵ]□[木ヵ]□七月十二日丁＼ □□□□□廿八日□[癸ヵ]□九月□→·「ε（馬絵）○◇」	011	藤枝市史資料編 2-46(日本古代木簡 選·木研7-67頁-(3))	郡遺跡	130	73	5
20-39-4	□[給ヵ]□□＼益頭郡□[益ヵ]	081	藤枝市史資料編 2-57(木研7-67 頁-(4))	郡遺跡	(92)	49	7
20-39-5	下○矢田部□[子ヵ]毛人	059	藤枝市史資料編 2-49(日本古代木簡 選·木研7-67頁-(5))	郡遺跡	(179)	24	3
20-40	自今日□[迄ヵ]□七□[日ヵ]□前□態仕奉□足□	019	藤枝市史資料編 2-61(木研22-89 頁-(1))	水守遺跡	(281)	24	5
20-41-1	□□□	039	木研4-45頁-(1)	坂尻遺跡	(62)	20	3
20-41-2	○□□/□/□‖	039	木研4-45頁-(2)	坂尻遺跡	(119)	26	7
20-42	○〈 〉○□〈 〉＼□	091	木研7-64頁-(1)	坂尻遺跡			
20-43	二斗五升□	081	木研26-84頁-(1)	土橋遺跡	(64)	15	3
20-44	○□[得ヵ]廿□□□八十□‖○＼□[共ヵ]□木□□□[五ヵ] □□‖	081	木研40-105頁-(1)	仲島遺跡	(145)	28	5
20-45	郡符○右依大伴直＼於都家不得怠々今状得	061	木研33-52頁-(1)	宮ノ西遺跡	215	162	59
21-1-1	□磨□□□□□□□□[人ヵ]□秦人	081	木研24-49頁-(1)	志賀公園遺跡	(399)	27	6
21-1-2	·「六束」(刻書)＼○奈女口首□·□□□□□	081	木研24-49頁-(3)	志賀公園遺跡	(127)	(22)	5
21-1-3	五束＼○□[依ヵ]□□□[里ヵ]□	081	木研24-50頁-(4)	志賀公園遺跡	(120)	(36)	5
21-2	γ	011	木研26-82頁-2(1)	大毛沖遺跡	320	20	7
21-3	□□[虎村ヵ]五斗→	039	木研10-50頁-(1)	勝川遺跡	(90)	26	3
21-4	·春春春秋尚尚書書律·令令文文□□□[是ヵ]是人	039	木研24-52頁-(1)	下懸遺跡	(259)	24	5

총람 번호	판독문	형식 번호	출전	유적명	길이	너비	두께
21-5	□□〔算ヵ〕米物受被□〔賜ヵ〕□	081	木研33-47頁-(1)	下懸遺跡	(138)	38	3
21-6	□□□□□〔カヵ〕□	011	木研30-46頁-(1)	惣作遺跡	225	21	10
21-7	·道大巻〇得得麻呂〇得□□〔巻ヵ〕大〇□天平護田〇呉部足国〇ε（戯画ヵ）·〇□□大本〇本本本〇本〇本〇本〇ε（戯画ヵ）	065	木研33-45頁-(1)	惣作遺跡	573	32	7
21-8	□物□〔部ヵ〕〈〉	081	木研8-46頁-(1)	大渕遺跡	(225)	(18)	(6)
22-1	·「〈〉」〇真〇「〈〉/〈〉」壬‖〇/〈〉/〇可‖「殖□」〇多·〇殖〇□	061	木研21-85頁-(1)	六大A遺跡	(280)	(50)	5
22-2	柴田郷長右□	019	木研15-77頁-(1)	宮の西遺跡	(157)	22	6
22-3	□村〇七月廿→	081	木研10-46頁-(1)	杉垣内遺跡	(81)	24	2
22-4	·沓縫阿□□□□租□□□□·〈〉出可租稲七束四把四分延暦□	065	日本古代木簡選·木研1-27頁-(1)	下郡遺跡	(262)	27	3
22-5	□□□→	081	木研3-33頁-(1)	西沖遺跡	(115)	(22)	1
22-6-1	黒□二升	039	木研13-80頁-(1)	伊賀国府推定地	(104)	24	3.5
22-6-2	□□□	032	木研13-80頁-(2)	伊賀国府推定地	137	24	3.5
22-7-1	□□□＼〇□□□〈〉□□＼「武武武武」＼〇□□□□〇承□□枚〇利□□大和恒友垣	051	木研23-63頁-(1)	辻子遺跡	635	89	15
22-7-2	□□□□□	081	木研23-63頁-(2)	辻子遺跡	(112)	(15)	(8)
22-8	□〇〇□〔分ヵ〕□	081	木研36-57頁-(1)	田丸道遺跡	(127)	(15)	3
23-1	〇鰈〇/汗/ツ‖〇/□/□/□‖〇慕〇/尼我/布‖〇諲〇/阿佐ム/加ム移母‖〇〈〉鎧〇/与里/□〔比ヵ〕‖〇□□〔二ヵ〕〇/参須羅乎‖〇栄取〇体〇/ツ久/羅布‖〇□〔洛ヵ〕〇/羅□〇/□□□〇/米‖〇=〇/久皮/之‖〇披〇開〇費〇/阿□〔多ヵ〕□〔比ヵ〕‖〇□〇/□〇〇/〇〇/〈〉/〈〉〇検/□‖	011	木研33-145頁-(1)（「古代地方木簡の世紀」·木簡黎明-(32)·日本古代木簡選·木研集報3-5頁）	北大津遺跡	685	74	5
23-2	（片面墨痕あり、判読不能）	019	木研5-47頁	野畑遺跡			
23-3	·□□〔月ヵ〕□下〇□下〈〉〇〈〉·〇□□□□俵□□□小〇□〇〇馬射□＼三□〔籠ヵ〕〇〇〈〉人□□□□□日佐上□俵＼〇馬日佐俵二〇□□□□□□□	039	木研18-106頁-(1)	南滋賀遺跡	(212)	30	4
23-4-1	□手皮□〔及ヵ〕□	059	木研35-66頁-(1)	近江国府跡·菅池遺跡	(248)	30	4
23-4-2	·久□□□□□〔川ヵ〕命何命命□□□何□□·□□□事為之何□□□□□	051	木研35-66頁-(2)	近江国府跡·菅池遺跡	(515)	54	5
23-5	·□〔牒ヵ〕〇〈〉所〇/〈〉□□/□□□〈〉取今奉‖·□□□〔取ヵ〕□	081	木研31-96頁-(1)	六反田遺跡	(275)	(24)	3
23-6	·｛道＼道＼道｝·｛□＼□二日｝	081	木研24-68頁-(1)	八角堂遺跡	(22)	76	5
23-7	□黒毛□〇ε（馬の絵）	*	木研7-87頁-(1)	尾上遺跡	148	(28)	(5)
23-8	·寺前田□□□女稲百□→＼恵好〈〉目須女卅□→·〈〉〇付〈〉□→	019	日本古代木簡選(木研9-83頁-(1))	神照寺坊遺跡	(137)	34	5
23-9	播寸椋御	033	木研16-124頁-(1)	大戌亥遺跡	(115)	22	4
23-10	·□□□□□□□□·ε·ε·ε	061	木研30-76頁-(1)	八幡東遺跡	220	148	43
23-11	·之子〇左右〇我□□□論語〇「論□〔語ヵ〕論～天」天〇道〇「天」〇天〇我我我我〇□道天〇〇·〇〈〉□□□＼〈〉〇□□□〈〉＼〇「入	065	日本古代木簡選·木研8-62頁-(1)	勧学院遺跡	331	48	10
23-12	□〔伴ヵ〕□□□□【□□□〔郷郷郷ヵ〕】	081	木研22-115頁-(1)	大将軍遺跡	(340)	20	3
23-13-1	〇〈〉＼〈〉□〔心ヵ〕〇□□□□□〔長近松丹ヵ〕□〈〉	011	木研20-100頁-(1)	大将軍遺跡	453	58	8
23-13-2	〈〉□□	059	木研20-100頁-(2)	大将軍遺跡	(130)	27	3
23-13-3	·□□□奉人□□□□□·□〔次ヵ〕若善□〔卅ヵ〕□〇惣□人〈〉	081	木研20-100頁-(3)	大将軍遺跡	(140)	18	4
23-14-1	掛□一斗	033	日本古代木簡選·木研2-42頁-(1)	服部遺跡	162	25	4
23-14-2	←□野家五人/未一人‖＼□□□□□〔人ヵ〕	019	日本古代木簡選·木研2-42頁-(2)	服部遺跡	(128)	28	4

총람 번호	판독문	형식 번호	출전	유적명	길이	너비	두께
23-14-3	写□□〔弓ヵ〕阿此美○奴志□□□□〈 〉	019	日本古代木簡選・木研2-42頁-(3)	服部遺跡	(152)	31	1
23-14-4	鳥	061	日本古代木簡選・木研2-43頁-(4)	服部遺跡		径162	2
23-14-5	ε	061	木研2-43頁-(5)	服部遺跡	164	(44)	4
23-15	←付□〔廣ヵ〕□	059	木研13-90頁-(1)	石田三宅遺跡	(73)	22	5
23-16	・□長等来・○亦二□	081	木研23-83頁-(1)	蜂屋遺跡	(102)	35	2
23-17-1	【〈道師〉】	065	『栗東町1999年度年報』-2(木簡黎明-(90)・木研22-119頁-(2))	十里遺跡	74	(235)	14
23-17-2	・乙酉年四月一日召官大夫○勾連諸□〔相ヵ〕謀賜○即○下・○「得」	081	木研33-160頁-(1)(『栗東町1999年度年報』-1・木簡黎明-(136)・木研22-119頁-(1)・木研22-119頁-(3))	十里遺跡	342	(26)	3
23-18-1	・○赤染造造□〔造ヵ〕・書□□□□〔観御ヵ〕	081	木研30-73頁-(2)	手原遺跡	109	28	2
23-18-2	□詔□連左□	091	木研30-73頁-(12)	手原遺跡			
23-18-3	・足帯□・八月六	061	木研30-73頁-(5)	手原遺跡	(64)	24	3
23-18-4	□□□□□＼□□◇□○□山寺□□□□□＼○□□□◇□□連□	041	木研30-73頁-(11)	手原遺跡	303	38	8
23-19-1	§奈加王＼○§□	081	宮町-29頁-(A3)(宮町木簡概報1-9頁・宮町報告1-35頁-(68)・木研10-56頁-(2)・木研17-89頁-(2)・信楽報告2・日本古代木簡選)	宮町遺跡	(105)	(40)	5
23-19-2	§志→	081	宮町-29頁-(A6)(宮町木簡概報1-9頁・宮町報告1-35頁-(71)・木研10-57頁-(4)・木研17-89頁-(5)・信楽報告5)	宮町遺跡	(165)	(35)	6
23-19-3	鹿枚脯参斤／九十条‖○十四年十二月十三日	031	木研33-42頁-2(1)	紫香楽宮跡(宮町遺跡)	190	24	5
23-19-4	・山背国司解解宮＼后后皇后＼皇后宮職○職○職＼○皇后宮皇后宮・○足＼○足＼○□□解□司○＼○解解解司□（両面とも他にも削り残りや重ね書きの習書あり）	019	宮町-29頁-(A7)(宮町木簡概報1-10頁・木研17-90頁-(7)・信楽報告7)	宮町遺跡	(98)	41	3
23-19-5	・駿河国有度☆□…□〔調ヵ〕煮堅・魚八斤□〔五ヵ〕…○	032	宮町-32頁-(A8)(宮町木簡概報1-11頁・木研17-90頁-(17)・信楽報告8)	宮町遺跡	(60+62)	22	4
23-19-6	・駿河国駿河郡宇良郷戸主春日部小麻呂戸春日部若麻呂・調荒堅魚七連一節○天平十三年十月	032	宮町-38頁-(A17)(宮町木簡概報1-13頁・木研17-91頁-(33)・信楽報告18)	宮町遺跡	276	24	3
23-19-7	伊豆国田方郡棄妾郷戸主大生部綾師戸大生部大麻呂調麁堅魚拾壱斤拾両七□	039	宮町-41頁-(A42)(宮町木簡概報1-14頁・木研21-125頁-(3)・木研18-101頁-(2))	宮町遺跡	(296)	25	4
23-20	上総国山辺郡〈 〉□〈 〉天平十六年十月	031	木研23-85頁-(1)	新宮神社遺跡	270	34	6
23-21	・庚子年十二月□〔月ヵ〕□〈 〉□〔記ヵ〕□千五〈 〉◇・〈 〉◇	011	◎木研33-154頁-1(1)(木簡黎明-(164)・木研25-106頁-(1))	西河原宮ノ内遺跡〈No.31トレンチ〉	662	41	10

총람 번호	판독문	형식 번호	출전	유적명	길이	너비	두께
23-22-1	奈尓波都尓佐	091	◎木研33-155 頁-3(1)(木研19-100 頁-(1))	西河原宮ノ内 遺跡(旧湯ノ部 遺跡)			
23-22-2	部吉麻呂	091	◎木研33-155 頁-3(2)(木研19-100 頁-(2))	西河原宮ノ内 遺跡(旧湯ノ部 遺跡)			
23-22-3	寸錦□	091	◎木研33-155 頁-3(3)(木研19-100 頁-(3))	西河原宮ノ内 遺跡(旧湯ノ部 遺跡)			
23-22-4	歲□〔俵カ〕﹨□	091	◎木研33-155 頁-3(4)(木研19-100 頁-(5))	西河原宮ノ内 遺跡(旧湯ノ部 遺跡)			
23-22-5	歲□儀	091	◎木研33-155 頁-3(5)(木研19-100 頁-(6))	西河原宮ノ内 遺跡(旧湯ノ部 遺跡)			
23-23-1	·壬寅年正月廿五日／三寸造廣山○『三□』／勝鹿首大国○ 『□□〔八十カ〕』‖○◇·〈﹨○□田二百斤○□□○◇〈〉	011	◎木研33-154 頁-2(1)(『古代地方木 簡の世紀』-3·木簡黎 明-(166)·木研29-66 頁-(2))	西河原宮ノ内 遺跡	272	44	7
23-23-2	辛卯年十二月一日記宜都宜椋人□稻千三百五十三半記◇	011	◎木研33-154 頁-2(2)(木研29-66 頁-(3))	西河原宮ノ内 遺跡	595	41	10
23-23-3	·←刀自右二人貸稻□□□〔十斤カ〕稻二百□〔斤カ〕又□□〔斤カ〕 の稻卌□〔斤カ〕貸◇·／←人佐太大連·←首弥皮加之‖二 人知○文作人石木主寸文通◇	019	◎木研33-155 頁-2(4)(『古代地方木 簡の世紀』-6·木簡黎 明-(60)·木研29-66 頁-(5))	西河原宮ノ内 遺跡	(289)	45	5
23-24	·□□郡馬道鄉□□里／戶主〈〉／戶主□□□／戶主三寸 造得哉／戶主大友主寸□□‖○／馬道□〔首カ〕□□／馬道 首□□〈〉／〉□‖○／□□臣馬麻呂‖·／戶主石辺君玉足 ／戶主三宅連唯麻呂／戶主登美史東人／戶主馬道首少廣 ‖／戶主大友行□／戶主佐多直鳥／戶主石木主寸〈〉呂／ 戶主郡主寸得足‖○／戶主□□□□／戶主黃文〈〉／戶 主〈〉〈〉／□〔戶主カ〕□□□／年廿／ 正丁‖／〈〉／年卅／正丁‖／同戶人足○／○年卅二 ／／正丁‖／□□〈〉‖	011	◎木研33-149 頁-1(1)(木研8-60 頁-(1)·日本古代木 簡選)	西河原森ノ内 遺跡	520	64	8
23-25-1	·〈〉□□□〔午年カ〕從□〔之カ〕□成賜·〈〉○使人民直安万 呂﹨○□□	019	◎木研33-150 頁-2(1)(木研12-105 頁-(1))	西河原森ノ内 遺跡	(320)	20	6
23-25-2	·←百廿束馬評□〔甘カ〕每倭﹨○部連加久支廿束·刀良女 六十束	019	◎木研33-151 頁-2(2)(木研12-105 頁-(2))	西河原森ノ内 遺跡	(186)	46	7
23-25-3	·〈〉□□〔符道カ〕／□申□□□首稻□□□〈〉／○〈〉‖· ○〈〉﹨○□□首貸稻大卅束記	011	◎木研33-151 頁-2(3)(木研12-105 頁-(3))	西河原森ノ内 遺跡	328	37	9
23-25-4	·十一月廿二日自京大夫御前□〔謹カ〕白奴吾〈〉賜□〔別カ〕· □匹尓□〈〉大寵命坐□／今日□□／□□□□□‖﹨○〈〉	011	◎木研33-151 頁-2(6)(『古代地方木 簡の世紀』-11·木簡 黎明-(46)·木研 12-105頁-(6))	西河原森ノ内 遺跡	373	27	6
23-25-5	·□九□乙木□〔嶋カ〕木□〔国カ〕﹨□□□□□□·有木□ □□□□■■■■■■	011	◎木研33-151 頁-2(7)(木研12-105 頁-(8))	西河原森ノ内 遺跡	310	28	5
23-25-6	·／廿□／□□‖□利直十束·又中直五十又五十□〔直カ〕 ﹨□卅□利直卅□□見卅五束	081	◎木研33-151 頁-2(8)(木研12-105 頁-(9))	西河原森ノ内 遺跡	(121)	22	2
23-25-7	·庚戌金生人○□·午丙午申乙卯	019	◎木研33-151 頁-2(5)(木研12-105 頁-(5))	西河原森ノ内 遺跡	(100)	26	6

총람 번호	판독문	형식 번호	출전	유적명	길이	너비	두께
23-25-8	□□[古ヵ]□	081	◎木研33-152 頁-3(1)	西河原森ノ内 遺跡	(108)	(35)	3
23-25-9	・受○□□□[中ヵ]□知□[為ヵ]矣□子□十□□・□□〈 〉○ /□□□□□□□□三□□□□申□□□□/□□□ /□□□□□□□□□□□〈 〉‖	019	◎木研33-152 頁-4(1)(木研14-87 頁-(1))	西河原森ノ内 遺跡	(1061)	31	13
23-25-10	・□□□□□[五十ヵ]□・□□戸□□[福人ヵ]	033	◎木研33-152 頁-5(1)(荷札集 成-82・木研18-108 頁-(1))	西河原森ノ内 遺跡	136	19	3
23-25-11	・比利田□□□□[多比部麻ヵ]・阿皮古俵	032	◎木研33-152 頁-5(2)(荷札集 成-81・木研18-108 頁-(2))	西河原森ノ内 遺跡	135	18	4
23-26	・丙子年十一月作文記（右側面）・牒玄逸去五月中□[官ヵ] □蔭人〻自従二月巳来〈 〉養官丁〻久蔭不潤□〈 〉蔭人・次 之□□〻〈 〉□□□[等利ヵ]〻壞及於□□□〈 〉人□[宮ヵ]〻 裁謹牒也	011	◎『湯ノ部遺跡 Ⅰ』-1(木簡黎 明-(65)・木研14-93 頁-(1))	湯ノ部遺跡	274	120	20
23-27-1	・郡司符馬道里長令→・女丁○/又来□女○/□□[来又ヵ]□ 道□□‖	019	◎木研33-157 頁-(1)(木研14-90 頁-(1))	西河原遺跡	(145)	34	5
23-27-2	・○安今成・□□	081	◎木研25-104 頁-(1)	西河原遺跡	(180)	24	6
23-27-3	・〈 〉・○□	081	◎木研25-104 頁-(2)	西河原遺跡	(77)	(35)	3
23-28-1	□□□□[買塩卅俵ヵ]三	081	◎木研9-85頁-(1)	光相寺遺跡	(234)	(24)	6
23-28-2	大友部龍	032	◎木研9-85頁-(2)	光相寺遺跡	142	18	5
23-28-3	・田物□[料ヵ]〻・馬道□□	019	◎木研10-59頁-(2)	光相寺遺跡	(120)	29	5
23-28-4	〈 〉迩文□□□・□□〈 〉	011	◎木研33-158 頁-(1)(木研10-59 頁-(1))	光相寺遺跡	(210)	29	8
23-29	・□部□[欲ヵ]□卌束分□入物□□□進・神亀六年正月卅 日	019	◎木研33-159 頁-(1)(木研12-108 頁-(1))	虫生遺跡	(267)	30	8
23-30	/貞観十五年九月十七日刈員百八十一扮/○十八日刈員 二百卅五扮/○十九日刈員二百五十一扮‖/五加支 /□[若ヵ]丸南二百三分//〈 〉□□□/○/廿二日刈 員二百卅六扮/○廿八坪卅扮廿七坪卅八扮/○卅三迫田百 卅八扮/廿四日刈員百卅分/○加目方田 /□□□□‖○ 廿八日刈員三百卅五扮/南百十二扮分/○北二百廿三 扮‖/廿九日刈員六条七里廿七坪五百七十扮/○家五十三 □/広碓[雄ヵ]預五百十七扮‖/○卅三坪卅扮加広碓[雄ヵ]○右惣合五百□□[卅七ヵ]扮‖/「□□□□[遍遍遍 遍ヵ]」‖/○四日十七坪百五十扮/五日庄前廿四坪○ 二百十五扮廿五分//庄田百五十□//廿四坪卅分‖ /○六日廿四坪七坪百□[八ヵ]十扮廿七坪廿□[扮ヵ]○卅四坪百 □□[六十ヵ]/□[七ヵ]日□坪卅□[分ヵ]‖	011	日本古代木簡選(木 研2-37頁-(1))	鴨遺跡	1665	(64)	13
23-31	□田廣浜○秦椋人酒公秦廣嶋□□繼□〻◇□□〈 〉□□	011	木研7-89頁-(1)(日 本古代木簡選)	永田遺跡	250	(39)	4
23-32-1	尾□□件房◇	061	木研35-72頁-(1)	上御殿遺跡	(199)	22	2
23-32-2	□女○	061	木研35-72頁-(2)	上御殿遺跡	(59)	20	1
23-32-3	鬼ヶ□	041	木研35-72頁-(3)	上御殿遺跡	344	37	4
23-33	◇﹨〈 〉○○﹨○〈 〉○○	011	木研7-84頁-(1)	野瀬遺跡	319	(22)	4
23-34	・□□[人ヵ]錦織主寸□・□□﹨○小白在	033	日本古代木簡選・木 研8-65頁-(1)	柿堂遺跡	135	25	3
23-35	道師布施百四布	011	木研13-92頁-(1)	斗西遺跡	108	27	4
23-36	〈 〉日学○得□是得○是得・【□□来・□我○来来】○「□[而ヵ]侍」○【衆週】﹨・【之之之○□□□[之定ヵ]】（側面）	061	木研12-109頁-(1)	筑摩佃遺跡	(319)	26	19

총람 번호	판독문	형식 번호	출전	유적명	길이	너비	두께
23-37	・○大□人╲□○○○○○□［止ヵ］□╲╲○大十□・○〈 〉╲○□╲□	081	木研11-82頁-(1)	狐塚遺跡	(246)	43	6
23-38	咄==□	019	木研11-81頁-(1)	高溝遺跡	(75)	32	3
23-39	秦秦秦□［秦ヵ］秦□［秦ヵ］『大火□』→╲○『火火火火○火』	019	日本古代木簡選・木研2-44頁	畑田廃寺跡	(239)	44	4
24-1	内酒殿○夫弐人料飯捌升／人別四升○弘仁元年十月十八日／○山作○大舎人□□［安ヵ］‖	051	木研18-53頁-(1)	平安宮内酒殿・釜所・侍従所跡	(183)	30	5
24-2	□□□	081	木研23-39頁-(1)	平安京跡左京三条一坊十町	(59)	20	3
24-3-1	方上	051	木研31-22頁-(1)	平安京跡左京三条二坊十町(堀河院)	500	42	5
24-3-2	＝二丈○／□［丈ヵ］行二□［丈ヵ］‖	051	木研31-22頁-(2)	平安京跡左京三条二坊十町(堀河院)	549	47	6
24-4-1	・□沙賀我太雲朗□具不祢乃都□［久ヵ］・□□母□難□□□□○□□	*	木研17-52頁-(1)	平安京跡左京四条一坊一町	(178)	15	7
24-4-2	・□□［返抄ヵ］○□□□［納籠ヵ］□荒□□○〈 〉・○十四年十一月十□日〈 〉	011	木研17-53頁-(2)	平安京跡左京四条一坊一町	247	32	3
24-4-3	・□□□□□…／□○□三升／□□○〈 〉‖□斗□〈 〉・○…←月廿六日史生□□人麻→	081	木研17-53頁-(3)	平安京跡左京四条一坊一町	(95+199)	(25)	4
24-4-4	・朱雀院炭日記╲□十一年五月十三日始・朱雀院炭日記╲□十一年五月十三日始	061	木研17-53頁-(4)	平安京跡左京四条一坊一町	(80)	38	6
24-5-1	三月十九日	051	木研7-30頁-(1)	平安京跡左京八条三坊二町	(114)	19	4
24-5-2	・山代□・六年□［十ヵ］月□□	019	木研7-30頁-(2)・日本古代木簡選	平安京跡左京八条三坊二町	(80)	23	4
24-6-1	・〈 〉○□□□□・知明日寅□［時ヵ］参	081	木研7-32頁-(1)	平安京跡左京九条二坊十三町	(95)	(15)	2
24-6-2	・尓尓尓尓・□尓尓尓	081	木研7-32頁-(2)	平安京跡左京九条二坊十三町	(80)	(16)	3
24-7	・□□［一三ヵ］□□╲弘仁七年・□□［一三ヵ］□□╲弘仁七年	061	木研20-70頁-(1)	平安京跡右京三条三坊□町	(67)	30	5
24-8	・斉衡四年三条╲○『我我□』・院正倉帳	061	木研35-148頁-(1)(木研25-64頁-(1))	平安京跡右京三条一坊六町	(85)	35	5
24-9-1	赤参升阿古屎□	081	木研32-15頁-(1)	平安京跡右京三条一坊六町	(109)	22	4
24-9-2	□［見ヵ］見	059	木研32-15頁-(2)	平安京跡右京三条一坊六町	(88)	13	1.5
24-10	南無光明真言	061	木研9-42頁-(1)	平安京右京三条二坊八町	650	50	60
24-11	□○□□□○□	011	木研32-17頁-(1)	平安京跡右京四条四坊十六町	150	36	3
24-12	・□［道ヵ］様文内可行米一斛八斗四升・□料米六斗／人別二升‖功銭一貫╲六合人別二夕／○／醴一斗八升‖人別六合	081	木研30-32頁-(1)	平安京跡右京五条一坊一～四町	(205)	40	1.2
24-13	〈 〉	059	木研9-44頁-(1)	平安京右京五条一坊六町	(9.2)	12	2
24-14	・細工所飯肆→・○大原	019	木研22-44頁-(1)	平安京跡右京五条一坊六町	(81)	22	2
24-15-1	○葛井福万呂╲葛井福万呂	061	木研27-44頁-(1)	平安京跡右京六条三坊六町	230	40	25
24-15-2	桧前阿古□□	061	木研27-45頁-(2)	平安京跡右京六条三坊六町	165	25	15

총람 번호	판독문	형식 번호	출전	유적명	길이	너비	두께
24-16	讃岐国苅田郡白米	039	木研24-29頁-(1)	平安京右京六 条三坊七・八・ 九・十町	(99)	19	2.5
24-17-1	承和五千文安継	033	木研1-23頁-(1)·日 本古代木簡選	平安京西市跡	108	23	4
24-17-2	・承和六貫文・勘有名	031	木研1-23頁-(2)·日 本古代木簡選	平安京西市跡	89	21	3
24-18	・□□□其宿○□□□□□・〈 〉	011	木研12-60頁-(1)	平安京右京七 条二坊十四町	229	14	4
24-19-1	□薬供□[進ヵ]其事甚重＼□□皇□□[大子ヵ]□□皇□	081	日本古代木簡選·木 研8-27頁-(1)	平安京右京八 条二坊二町	(128)	33	3
24-19-2	□[寧ヵ]□不不寧受不従有道道道□[道ヵ]道＼□薬供進 其事甚重○□	019	日本古代木簡選·木 研8-27頁-(2)	平安京右京八 条二坊二町	(256)	43	5
24-20	六	061	木研9-45頁-(1)	平安京右京八 条二坊二町	169	7	5
24-21-1	・納物弐種○／紙廿三帖／庸布一端‖○裏料・延暦廿四 年五月十九日記秋穂	011	木研17-60頁-(11)	平安京跡右京 八条二坊二町	133	22	4
24-21-2	・買進上米壱斛伍斗直銭壱貫肆佰伍拾文・浜私買附上 鶏一隻直銭京上報□[納ヵ]七月・	019	木研17-60頁-(17)	平安京跡右京 八条二坊二町	(205)	16	3
24-21-3	・謹解○申請借銭事・□□□□□[十九年三ヵ]	081	木研17-62頁-(37)	平安京跡右京 八条二坊二町	193	(12)	3
24-22-1	・坂上殿□[東ヵ]収・□□十四年	061	木研12-57頁-(3)	平安京西市外 町	(78)	35	5
24-22-2	・○□職＼□□烏烏□[烏ヵ]職職式式・〈 〉成成成□□	065	木研12-57頁-(4)	平安京西市外 町	304	35	5
24-23-1	薬用所	081	木研11-43頁-(1)	嵯峨院跡(史跡 大覚寺御所跡)	(82)	(12)	3
24-23-2	御鹿請□[飯ヵ]	081	木研11-43頁-(2)	嵯峨院跡(史跡 大覚寺御所跡)	(68)	(30)	3
24-23-3	□廣□	081	木研11-43頁-(3)	嵯峨院跡(史跡 大覚寺御所跡)	(62)	37	7
24-23-4	等料＼○□□□□[納ヵ]物	081	木研11-43頁-(4)	嵯峨院跡(史跡 大覚寺御所跡)	(102)	(21)	2
24-23-5	・○□＼子嶋□□・小□[廣ヵ]□	081	木研11-43頁-(5)	嵯峨院跡(史跡 大覚寺御所跡)	(59)	(21)	2
24-23-6	右□明	081	木研11-43頁-(6)	嵯峨院跡(史跡 大覚寺御所跡)	(57)	17	1
24-23-7	・□衆料□・□□弐□□[拾ヵ]	081	木研11-43頁-(7)	嵯峨院跡(史跡 大覚寺御所跡)	(88)	(15)	2
24-24	蘇民□[将ヵ]○□□[孫ヵ]□	033	木研13-43頁-(1)	壬生寺境内遺 跡(平安京左京 五条一坊二町)	(92)	15	2
24-25	津丸一段	081	木研21-57頁-(1)	河守遺跡	(157)	(29)	8
24-26	・在□・□	019	木研13-45頁-(1)	里遺跡	(420)	30	10
24-27	承和七年三月廿五日	032	日本古代木簡選(木 研10-30頁-(1))	千代川遺跡	225	37	6
24-28	八条四甕納米三斛九斗	032	木研15-142頁-1(1) (長岡京1-499·日本 古代木簡選)	長岡宮跡北辺 官衙	126	25	3
24-29	□□□□〈 〉	065	木研15-143頁-2(1)	長岡宮跡北辺 官衙	610	39	38
24-30	◇人物志三巻	021	長岡京1-501(木研 1-22頁-2(1)·日本 古代木簡選)	長岡宮跡東辺 官衙	47	18	4
24-31	四月十二日御田□□□□／□〈 〉□／家人四人‖知国背千 嶋	011	長岡京2-1301(木研 10-23頁-(1))	長岡宮跡東辺 官衙	242	45	4

총람 번호	판독문	형식 번호	출전	유적명	길이	너비	두께
24-32	·←道郡胡麻油一斗七升五合·○延暦八年十一月七日	019	長岡京2-1305(木研6-27頁-1(1))	長岡宮跡北辺官衙(南部)(推定大蔵)	(126)	28	6
24-33-1	陰陽寮解○§申→	019	長岡京2-1307(木研10-26頁-1(1)·日本古代木簡選)	長岡宮跡北辺官衙(北部)	(107)	33	2
24-33-2	青郷中男作物海藻六斤	032	長岡京2-1308(木研10-26頁-1(2)·日本古代木簡選)	長岡宮跡北辺官衙(北部)	146	30	7
24-34	·白米五斗一○□[俵ヵ]□□□□〈 〉·□[延ヵ]暦八年四月廿九日	059	長岡京2-1311(木研11-38頁-1(1))	長岡宮跡東辺官衙·左京二条二坊一町	(162)	23	3
24-35-1	□□□	091	木研18-44頁-(1)	長岡宮跡北辺官衙(南部)(推定大蔵)			
24-35-2	□	091	木研18-44頁-(2)	長岡宮跡北辺官衙(南部)(推定大蔵)			
24-35-3	□	091	木研18-44頁-(3)	長岡宮跡北辺官衙(南部)(推定大蔵)			
24-35-4	□	091	木研18-44頁-(4)	長岡宮跡北辺官衙(南部)(推定大蔵)			
24-36	〈 〉	081	木研28-30頁-1(1)	長岡宮跡東辺官衙(北苑)	(34)	(5)	(2)
24-37-1	伊豆国那賀郡井田郷戸主〈 〉□[部ヵ]廣□麻呂□[調ヵ]荒□[堅ヵ]魚拾斤伍両／延暦十年十月十六日郡司領外従／八位上□□□□□[足ヵ]‖	031	木研20-59頁-1(9)	長岡宮跡東辺官衙(推定春宮坊)	440	25	4
24-37-2	·得度文·十一年五月廿日	061	木研20-61頁-1(26)	長岡宮跡東辺官衙(推定春宮坊)	(66)	16	4
24-37-3	·春宮坊·○古宍	039	木研20-59頁-1(17)	長岡宮跡東辺官衙(推定春宮坊)	(56)	(15)	4
24-37-4	神官進送酒坏四口○盤\随□○○○□○送如件但□□[依先ヵ]\短籍多疑耳○□□[盤ヵ]○○○○□□□	011	木研20-58頁-1(2)	長岡宮跡東辺官衙(推定春宮坊)	460	38	7
24-38-1	中衛将曹宮東□□	019	木研21-34頁-1(1)	長岡宮跡東辺官衙(推定春宮坊)	(142)	40	8
24-38-2	·〈 〉南○御在編垂工四人給料·○□□	039	木研21-35頁-1(2)	長岡宮跡東辺官衙(推定春宮坊)	201	(9)	4
24-38-3	·廿三日下薄鮑壱連○堅魚\肆節供○御料戻主膳監\「□□□○□○□」·{餅所分\□[二ヵ]月八日\胡麻一斗「謹啓\○自別→\○□[可ヵ]守\○□」}	011	木研21-35頁-1(3)	長岡宮跡東辺官衙(推定春宮坊)	184	46	3.5
24-39	□□〈 〉□	039	木研20-62頁-2(1)	長岡宮跡北辺官衙(南部)	(142)	20	45
24-40	山作□[進ヵ]物□□	091	木研21-39頁-2(1)	長岡宮跡北辺官衙(北部)	(85.5)	(10.0)	-
24-41	□	081	木研28-30頁-2(1)	長岡宮跡北辺官衙(南部)·東一坊大路	(20)	(10)	2
24-42	·○□□□□□□□□□\○□品品中中○牛牛○牛\〈 〉□□□頁頁頁\直○□[婢ヵ]·□□□占□□□□□[縫ヵ]□□\口兊○兊○兊□□□□□	081	木研17-42頁-3(3)	長岡京跡左京北一条二坊一·四町、東二坊坊間西小路	218	(16.5)	5

총람 번호	판독문	형식 번호	출전	유적명	길이	너비	두께
24-43-1	・始天応元年八月・〈〉	061	向日市報55-1(木研23-23頁-1(1))	長岡京跡左京北一条三坊二町(東院西外郭跡)	(86)	23.5	8.5
24-43-2	・内蔵北二＼蔵外出・〈〉＼延暦二年正月＼〈〉	061	向日市報55-2(木研23-23頁-1(2))	長岡京跡左京北一条三坊二町(東院西外郭跡)	(58)	30	11
24-43-3	・〇未申酉戌亥子丑寅卯辰巳＼尚侍家染所侫秦浄麻呂八月従一日始十一日・〇「別当石川朝臣仲善」	011	向日市報55-9(木研23-23頁-1(6))	長岡京跡左京北一条三坊二町(東院西外郭跡)	313	38	4
24-43-4	・◇＼〇〇寮仕丁十人／一人政所〇一人縫殿〇一人油衣所〇一人膕繡→／一人市買幷大炊米請〇一人薪〇三人□→‖・◇＼〇〇五月十一日大主鑑大→	019	向日市報55-15(木研23-24頁-1(12))	長岡京跡左京北一条三坊二町(東院西外郭跡)	(205)	27	3.5
24-44	・上□□・〇□	019	木研34-121頁-1(1)(長岡京1-503)	長岡京跡左京二条二坊十五町	(67)	23	5
24-45-1	・〈〉・北	081	木研22-30頁-1(1)	長岡京跡左京一条三坊二・三町〈第3調査区〉	(36)	16	2
24-45-2	〈〉	081	木研22-30頁-1(2)	長岡京跡左京一条三坊二・三町〈第3調査区〉	(31)	(5)	1
24-46-1	為為為為為為為為為為□	019	木研14-37頁-(1)	長岡京跡左京一条三坊四町	(234)	6.5	3
24-46-2	□□〇□〇□□□「右以件ヵ」□	081	木研14-37頁-(2)	長岡京跡左京一条三坊四町	(116)	(11)	3
24-47-1	□	081	木研28-32頁-(1)	長岡京跡左京一条三坊四町・一条大路	(49)	(8)	2
24-47-2	□□□	091	木研28-32頁-(2)	長岡京跡左京一条三坊四町・一条大路			
24-48-1	・進◇上樽十六村／附使川原万呂進上如件以解‖（「樽十」に「請」を朱書で重書）・〇〇〇四月廿二日板茂千依（「四月廿二日」に「少志」を朱書で重書）	051	長岡左京木簡1-17(木研12-52頁-(1))	長岡京跡左京一条三坊八・九町	379	23	4
24-48-2	・進◇上樽十六村／附使川原万呂進上如件以解／〇四月廿二日板茂千依‖（「上樽」に「請」を、「四月廿二日」に「少志」を朱書で重書）・一長◇押以今日夕進上以解	011	長岡左京木簡1-18(木研12-52頁-(2))	長岡京跡左京一条三坊八・九町	302	39	4
24-48-3	・進◇上樽十六村／附使の乙公進上如件以解／〇五月十八日板茂千依‖（「十六」に「請」を、「五月十八日」に「少〇志」を朱書で重書）	011	長岡左京木簡1-19(木研12-52頁-(3))	長岡京跡左京一条三坊八・九町	352	35	2
24-48-4	・務省判・｜｜｜・〇加賀采女道公□〇刀自女／〇久米采女久米直飯成女／女嬬従八位下□□□‖〇｜	019	長岡左京木簡1-34(木研12-52頁-(12))	長岡京跡左京一条三坊八・九町	(190)	(28)	4
24-49	大宰府宰卜[廬ヵ]塩三斗	031	長岡左京木簡1-3600(木研13-26頁-1(1))	長岡京跡左京一条四坊二町	121	21	4
24-50	但馬国出石郡賣母郷□□[人ヵ]部勝魚五□[斗ヵ]	031	木研19-28頁-(1)	長岡京跡左京二条二坊五・六町	282	17	5.5
24-51	・鯖□[九ヵ]斗四升・〇十六	032	木研15-40頁-6(1)	長岡京跡左京二条二坊五・六・十一・十二町、二条条間南小路・東一坊大路交差点	105	25	3

총람 번호	판독문	형식 번호	출전	유적명	길이	너비	두께
24-52-1	烏腊一古／□□一翼／雁一翼 ‖	032	木研34-121頁-3(1) (長岡京1-519·日本 古代木簡選)	長岡京跡左京 二条二坊八町	103	21	4
24-52-2	・備前国・○□□	039	木研34-122頁-3(2) (長岡京1-520)	長岡京跡左京 二条二坊八町	(63)	27	4
24-53	・進上政所歩板捌枚簀桁参村束柱拾根鷹陸束＼肱木貳村 斗貳村箕形板貳枚○右載□角万呂車一両・○〈 〉	011	長岡京2-1580(木研 8-19頁-2(1)·日本 古代木簡選)	長岡京跡左京 二条二坊九町	249	30	5
24-54	□風□	061	木研15-39頁-1(1)	長岡京跡左京 二条二坊九·十 町	276	35	10
24-55	・六度○／□〔納ヵ〕雑物漆櫃壱合／□←帳壱基○櫃□→ ‖ ・美濃国濃濃濃□〔席ヵ〕→	019	長岡京2-1604(木研 9-37頁-5(1))	長岡京跡左京 二条二坊九· 十六町	(165)	29	2
24-56-1	・□○十日民部省役奉○真□＼○□・○□〔造ヵ〕兵庫□□	081	木研15-40頁-5(1)	長岡京跡左京 二条二坊十二 町·左京三条二 坊九町、二条大 路	(191)	35	5
24-56-2	鹿生宍拾玖寸	039	木研15-40頁-5(3)	長岡京跡左京 二条二坊十二 町·左京三条二 坊九町、二条大 路	(80)	14	5
24-57	○◇○◇＼生生生生生○生生生生生生生生□〔生ヵ〕	081	木研15-39頁-3(1)	長岡京跡左京 二条二坊十三 町·二条三坊四 町	(251)	35	2
24-58-1	・〈 〉○米五斗三升・○□	051	長岡京2-1596(木研 9-36頁-3(1))	長岡京跡左京 二条二坊十三 町·三条二坊 十六町	(124)	17	(6)
24-58-2	・請□〔飯ヵ〕／□□□／□□〔凡丸ヵ〕 ‖・□□□息□□＼ □〔合ヵ〕〈 〉□	081	長岡京2-1591(木研 9-36頁-3(2))	長岡京跡左京 二条二坊十三 町·三条二坊 十六町	212	(16)	4
24-58-3	{□＼廿□＼廿＼廿}	081	長岡京2-1594(木研 9-36頁-3(6))	長岡京跡左京 二条二坊十三 町·三条二坊 十六町	(8)	(189)	3
24-59	□□〔酒酒ヵ〕□□	081	木研23-27頁-2(1)	長岡京跡左京 二条二坊十三 町·三条二坊 十六町、二条大 路·東二坊大路 交差点	(90)	(11)	8
24-60	・□二○二□○戸□〔主ヵ〕上麻呂＼□□西北□〔大ヵ〕□〈 〉・□東十廿卅卌五十・□＼○□□□	081	長岡京2-1613(木研 12-39頁-1(1))	長岡京跡左京 二条二坊十四 町(二条条間大 路·東二坊大路 交差点)	(89)	21	6
24-61	(釈読不能)	＊	木研13-29頁-2(1)	長岡京跡左京 二条二坊十四· 十五町·二条条 間大路	(48+13)	22	4.5
24-62	・縄紀□綱鯛鯛銭釘飯餅道有大舎人右十人正正□（第一 面）・右大臣銭延暦□年七月十三日右釘廿五□○近江国 蒲生郡（第二面）・□□行道今□〔琴ヵ〕蘭□〔年ヵ〕有□ 〔前ヵ〕牧□□〔魚神ヵ〕成□○倉□□〔塩ヵ〕□（第三面 ）・□〔継ヵ〕縄（第四面）	065	木研25-60頁-(1)	長岡京跡左京 二条二坊十五 町·三坊二町	(480)	35	30

총람 번호	판독문	형식 번호	출전	유적명	길이	너비	두께
24-63	・領為欲欲所□□□□□・〈〈 〉〉	011	長岡京2-1616(木研13-29頁-1(2))	長岡京跡左京二条二坊十五町・三坊二・三町（二条条間大路・東二坊大路交差点）	257	49	6
24-64-1	・□□□□[司食ヵ]□□／○／駆使四人‖・○行右史生□[宮ヵ]「雅万呂」＼○□□□	019	長岡京2-1315(木研5-34頁-(1))	長岡京跡左京二条二坊十六町・三坊一町	(160)	(19)	3
24-64-2	・戸主別公浄道戸大伴嶋公正□[米ヵ]「□□[伍斗ヵ]／上人別秋□／□□‖・○「□○隅○○延○暦○十年□月□日」	033	長岡京2-1322(木研5-34頁-(8))	長岡京跡左京二条二坊十六町・三坊一町	(142)	15	5
24-65	・○田□＼○・□通通	081	長岡京2-1555(木研7-24頁-2(1))	長岡京跡左京二条二坊十六町	(33)	(17)	1
24-66-1	柴柴	061	長岡京2-1554(木研7-23頁-1(1))	長岡京跡左京二条二坊二町	(247)	(25)	4
24-66-2	□[東ヵ]□	091	長岡京2-1352(木研7-24頁-1(3))	長岡京跡左京二条二坊二町	(28)	(8)	
24-66-3	□水	091	長岡京2-1371(木研7-24頁-1(8))	長岡京跡左京二条二坊二町	(9)	(7)	
24-67	・□[七ヵ]月十一日□□□・「□□□□□」	081	長岡京2-1589(木研9-36頁-2(1))	長岡京跡左京二条三坊二・三町	(85)	(6)	7
24-68-1	・飢麻呂雑鮨一缶・延暦十三年	032	木研17-41頁-2(1)	長岡京跡左京二条三坊六・七町、二条条間大路	143	25	4
24-68-2	□[兎ヵ]腊	059	木研17-41頁-2(2)	長岡京跡左京二条三坊六・七町、二条条間大路	(63)	(16)	3.5
24-69-1	鯛借	019	木研14-41頁-2(1)	長岡京跡左京二条三坊十一町	(55)	(15)	2
24-69-2	□□□□[石津酒足ヵ]	081	木研14-41頁-(2)	長岡京跡左京二条三坊十一町	(109)	(12.5)	2.5
24-70	・○虫□＼□□□我林延志・○〈 〉	081	長岡左京木簡1-8(木研8-21頁-(1))	長岡京跡左京二条三坊十四・十五・十六町	(191)	(17)	9
24-71-1	・是是是是是□□是・京京京□京京	019	木研20-65頁-(1)	長岡京跡左京二条四坊二・三町〈K区〉	(121)	20	7
24-71-2	五十□	081	木研20-65頁-(2)	長岡京跡左京二条四坊二・三町〈II区〉	(40)	(17)	5
24-72	・九月九日□米□二升里米三升「四日出米事」・○□	011	木研17-47頁-1(1)	長岡京跡左京二条四坊六・七町、二条条間大路	300	26	3
24-73	謹上○大□□□＼□□□[登ヵ]□□□[三原ヵ]○□□□	061	木研31-20頁-(1)	長岡京跡左京二条四坊六・七町	351.5	50	20
24-74-1	・厨請＝／○／二升八合‖○〈 〉洗濯雇女七人料□九月□日□丹国益・〈 〉国○益○国○益○〈 〉	011	木研23-27頁-3(6)	長岡京跡左京三条二坊一町	381	37	3
24-74-2	・§小丹里人」＼○§請飯陸升各弐升・延暦八年七月廿四日勾廣床	081	木研23-28頁-3(7)	長岡京跡左京三条二坊一町	(205)	43	5
24-74-3	・陸拾枚○◇＼○付丈部継万呂・十一月十日柿本得成○◇	019	木研23-28頁-3(8)	長岡京跡左京三条二坊一町	(207)	(20)	4

총람 번호	판독문	형식 번호	출전	유적명	길이	너비	두께
24-74-4	·額田部垣守〇大伴真国\〇〇〇〇·【〈 〉】	011	木研23-28頁-3(9)	長岡京跡左京 三条二坊一町	225	(38)	4
24-75	·嶋院｜｜｜物守斐太一人飯参升·/〇〇/〇〇〇∥〇十 月廿三日領	019	長岡京2-537(木研 4-28頁-1(1)·日本 古代木簡選)	長岡京跡左京 三条二坊一町	(198)	32	5
24-76	讃岐国阿野郡山本郷官厨米五斗真歳万→	039	長岡京2-1559(木研 8-18頁-1(5)·日本 古代木簡選)	長岡京跡左京 三条二坊二·三· 六·七町	(141)	16	2
24-77-1	奉度経等合四金剛般→	081	向日市報64-109(木 研18-49頁-(1))	長岡京跡左京 三条二坊六町	(157)	24	2
24-77-2	□銭二百文	081	向日市報64-110(木 研18-49頁-(2))	長岡京跡左京 三条二坊六町	(61)	22	3
24-77-3	·備前□□·〇□[水ヵ]	051	向日市報64-111(木 研18-50頁-(3))	長岡京跡左京 三条二坊六町	256	21	5
24-77-4	〇戸主〇阿波□\「□□□」	091	向日市報64-112(木 研18-50頁-(4))	長岡京跡左京 三条二坊六町	(90.5)	(16)	(1.5)
24-77-5	膓勝□	019	向日市報64-113(木 研18-50頁-(5))	長岡京跡左京 三条二坊六町	(103)	(21)	6.5
24-77-6	·□大〇〇是\〇〈 〉讃/〇□□□/□□□∥·〇□□□	019	向日市報64-114(木 研18-50頁-(6))	長岡京跡左京 三条二坊六町	(114)	25	6
24-77-7	·〇□□□□□□·□□□□□[如件ヵ]〇□□	019	向日市報64-116(木 研18-50頁-(7))	長岡京跡左京 三条二坊六町	(138)	(16)	4
24-77-8	·秦廣山·□〈 〉□	019	向日市報64-117(木 研18-50頁-(8))	長岡京跡左京 三条二坊六町	(67)	(13)	2
24-77-9	□□[山厚ヵ]	091	向日市報64-118(木 研18-50頁-(9))	長岡京跡左京 三条二坊六町	(43)	(14)	*
24-78-1	·下政所〇/木工二人/直丁二人∥〇/漆工一人∥〇料 魚菜·「鍛冶所食口十三人九月卅日佐伯=万呂」	011	木研22-31頁-2(1)	長岡京跡左京 三条二坊七·八 町	332	31	4
24-78-2	政所〇糟参升	019	木研22-31頁-2(6)	長岡京跡左京 三条二坊七·八 町	(93.5)	(36.5)	4.5
24-78-3	□[政ヵ]所	091	木研22-31頁-2(12)	長岡京跡左京 三条二坊七·八 町			
24-78-4	川埼郷米五斗/猪名首勝三斗/猪名部□□二斗∥	051	木研22-31頁-2(9)	長岡京跡左京 三条二坊七·八 町	173	30	5
24-79	木工助高篠連□□	019	長岡京2-1597(木研 9-36頁-4(1))	長岡京跡左京 三条二坊七·九· 十町	(137)	20	5
24-80-1	韓国	081	木研1-21頁-1(45)	長岡京跡左京 三条二坊八町	(64)	18	4
24-80-2	蔵蔵蔵蔵□□□	065	木研1-21頁-1(57)	長岡京跡左京 三条二坊八町	(248)	(16)	8
24-80-3	□[上ヵ]一□[品ヵ]□	019	木研1-21頁-1(49)	長岡京跡左京 三条二坊八町	(48)	19	3
24-80-4	鳥郡□	081	木研1-21頁-1(56)	長岡京跡左京 三条二坊八町	(38)	20	2.5
24-81	伊与国□□□[越智郡ヵ]□□□□□[郷戸主ヵ]□□□□ 米□□[五斗ヵ]□□	081	長岡京2-881	長岡京跡左京 三条二坊八町	(199)	(7)	5
24-82	·寺石工佐伯息人◇·〇五年七月十四日岳田王◇	019	長岡京2-1293(木研 11-39頁-4(1))	長岡京跡左京 三条二坊八町	(262)	27	4
24-83	·←□□〇〇〇□·←日□□□□	019	長岡京2-1300(木研 12-40頁-3(1))	長岡京跡左京 三条二坊八町	(169)	(16)	8
24-84-1	·造東大宮所〇□□[解申ヵ]〇《 》·〇八年正月十七日□□ □[附近衛ヵ]→	081	長岡京1-216(木研 3-26頁-1(1)·日本 古代木簡選)	長岡京跡左京 三条二坊八·九 町	(239)	(10)	5

총람 번호	판독문	형식 번호	출전	유적명	길이	너비	두께
24-84-2	·山桃院／←□〔合ヵ〕釘廿九隻○棉□〔梠ヵ〕→…←□〔隻 ヵ〕○長押雨壺五十六隻／□〔東ヵ〕屋□博風釘四隻○□ →—二□／／在釘十‖·○…○三月五日石作五百千	032	長岡京1-337(木研 3-26頁-1(6)·日本 古代木簡選)	長岡京跡京 三条二坊八·九 町	(185+146)	35	4
24-85	·｜／十九日用三升「二合」／○県万呂六‖／佐美○六／ 廣刀自○六‖／稲嶋○一升／□□□二‖·○｜／三日用 ／白米／黒米‖／□□〔利田ヵ〕三升無利田六升／黒○ 米○六○升‖	081	向日市報64-108(木 研17-43頁-4(3))	長岡京跡京 三条二坊十· 十一町、三条条 間小路	278	(27)	6.5
24-86	·○□□□·【「□堺堺」】	081	長岡京2-1610(木研 11-39頁-3(1))	長岡京跡京 三条二坊十四· 十五町·三坊二· 三町	(31)	21	1
24-87	·○□半○□長＼□□□〔守ヵ〕○□□·〈 〉○〈 〉＼○□女○〈 〉	081	木研34-121頁-2(1) (長岡京1-517)	長岡京跡京 三条二坊十六 町	(192)	(20)	6
24-88	厨糟壱升肆合□直□…□	081	木研16-54頁-1(1)	長岡京跡京 三条二坊十六 町·三条三坊一 町、東二坊大路	(89+31+ 24)	(22)	4
24-89	·◎○□·○〈 〉	039	木研15-39頁-4(1)	長岡京跡京 三条二坊十六 町·三坊一町	(147)	(19)	5
24-90	今日物忌○此所不有預人而他人輙不得出入	051	木研22-37頁-3(1)	長岡京跡京 三条三坊一町	1104	43	7
24-91	越前国大野郡〈 〉○〔郷ヵ〕□□□〔部ヵ〕	051	長岡京2-1588(木研 9-38頁-(1))	長岡京跡京 三条三坊二·三· 四·六·七町	(187)	22	3
24-92	·□□□·○□□	081	木研12-40頁-2(1)	長岡京跡京 三条三坊四町	(119)	(11)	5
24-93	·□□□·□□□□	019	木研14-41頁-1(1)	長岡京跡京 三条三坊四町· 四条二坊十三· 十四町·三坊一 町·五条二坊九· 十六町	(96)	25	4.5
24-94	·内膳正解申請□→·○〈 〉	081	木研19-30頁-2(1)	長岡京跡左京 三条三坊八町	(131)	(22)	3
24-95-1	山□〔繭ヵ〕	081	木研17-48頁-2(1)	長岡京跡京 四条一坊十· 十一·十五町	(110)	(18)	4
24-95-2	□〔大ヵ〕	081	木研17-48頁-2(2)	長岡京跡京 四条一坊十· 十一·十五町	(108)	(16)	4
24-96	(釈読不能)	*	木研13-29頁-3(1)	長岡京跡左京 四条一坊十五· 十六町·二坊一· 二町	(73)	(17.5)	4.5
24-97-1	子部○国足	051	長岡京2-1608(木研 10-26頁-2(1))	長岡京跡京 四条二坊六·七 町	131	17	4
24-97-2	·○□□〈 〉＼□□〔八月ヵ〕□□· 〔□＼□〔女ヵ〕＼□〔文ヵ 〕〕	061	長岡京2-1609(木研 10-27頁-1(2))	長岡京跡京 四条二坊六·七 町	(102)	(20)	4
24-98	□□□〔延ヵ〕板壱村□〔遣ヵ〕□□	065	長岡京2-1556(木研 7-25頁-(1))	長岡京跡左京 四条二坊七町	(214)	24	15
24-99	鮒等魚借	051	木研16-55頁-2(1)	長岡京跡左京 四条二坊七町、 四条条間小路	(82)	15	2.5
24-100-1	·□〔嶋ヵ〕□○正月□□〔万呂ヵ〕□·□○□□	019	長岡京2-1314(木研 4-30頁-2(1))	長岡京跡左京 四条二坊十一 町	(94)	(12)	7

총람 번호	판독문	형식 번호	출전	유적명	길이	너비	두께
24-100-2	□□□／○／□〔大ヵ〕息□□‖○□□□	081	長岡京2-1313(木研 4-30頁-2(2))	長岡京跡左京 四条二坊十一 町	(171)	(11)	7
24-101	・□請火之飯酒／《 》／朝□□‖・○□ (「□」は削り残り)	019	長岡京1-534(木研 2-20頁-(1))	長岡京跡左京 四条二坊十一 町	154	23	3
24-102	・鎰取《 》□□〔軽ヵ〕□□□〔連人ヵ〕□□〔御ヵ〕田連□□連 美□草連□・【〔女〕寸〔秦〕忌〔女〕】	011	長岡京2-1350(木研 6-27頁-2(1))	長岡京跡左京 五条二坊八町	365	20	6
24-103	美馬郡蓁原○□	039	木研15-39頁-2(1)	長岡京跡左京 五条二坊八・九 町	(201)	24	5
24-104-1	□月今□	091	長岡京2-1605(木研 9-37頁-6(1))	長岡京跡左京 五条二坊九町	(77)	(21)	
24-104-2	□□□	091	木研9-37頁-6(2)	長岡京跡左京 五条二坊九町			
24-105-1	・□富富○○・【□□〔□□□□□□□】	081	長岡左京木簡 1-9(木研8-23 頁-(1))	長岡京跡左京 五条二坊十六 町・三坊一町	(179)	23	4
24-105-2	・○《 》(右側面)・卅五○四九卅六○三九廿七二九十八 (表面)・○《 》〔八七五十六ヵ〕七、卅九 (左側面)・○《 》〔 四六ヵ〕廿四○三六十八 (裏面)	059	長岡左京木簡 1-10(木研8-23 頁-(2))	長岡京跡左京 五条二坊十六 町・三坊一町	(258)	(20)	15
24-106-1	地子米川□	039	長岡左京木簡 1-11(木研9-39 頁-(2))	長岡京跡左京 五条二坊十六 町・三坊一町	(70)	17	5
24-106-2	□〔艮ヵ〕□□黒米◇五斗	051	長岡左京木簡 1-14(木研9-39 頁-(3))	長岡京跡左京 五条二坊十六 町・三坊一町	131	21	2
24-107-1	・謹啓○欲□□・□□□○□進□銭期	019	長岡左京木簡 1-5(木研5-39 頁-(1))	長岡京跡左京 五条三坊一・八 町	(171)	(26)	8
24-107-2	・刑部酒力〔刀〕自女・□□□□	051	長岡左京木簡 1-7(木研5-39 頁-(4))	長岡京跡左京 五条三坊一・八 町	131	18	3
24-108-1	・知額田部庭虫・山村里四月十八日	032	長岡左京木簡 1-3(木研4-31 頁-(1))	長岡京跡左京 五条三坊九・ 十六町・四坊一 町	123	27	7
24-108-2	・白□□法□〔印ヵ〕□□・八月六日	051	長岡左京木簡 1-2(木研4-31 頁-(2))	長岡京跡左京 五条三坊九・ 十六町・四坊一 町	109	170	5
24-109	・□□〔蜊蜊ヵ〕□・子□ ‖	019	長岡左京木簡 1-16(木研11-41 頁-(1))	長岡京跡左京 五条四坊二町	(61)	(10)	3
24-110-1	・□□□〔百廿文ヵ〕・□□○□□□	081	木研14-44頁-1(1)	長岡京跡左京 六条一坊十二 町・七条一坊九町	290	(15)	4.5
24-110-2	□〔史ヵ〕□□	065	木研14-44頁-2(2)	長岡京跡左京 六条一坊十二 町・七条一坊九 町	173	21	7
24-110-3	□○／石寸史□万呂取→‖	081	木研14-45頁-1(3)	長岡京跡左京 六条一坊十二 町・七条一坊九 町	(126)	(11)	5
24-111	阿波郡猪宍作料米五斗	033	木研13-33頁-2(1)	長岡京跡左京 六条二坊二町	195	24	6
24-112	・「□」□〔年ヵ〕麻→・□○延暦四→	081	木研17-50頁-1(1)	長岡京跡左京 六条二坊三町	(118)	(25)	5

총람 수록 목간 크기 일람표

총람 번호	판독문	형식 번호	출전	유적명	길이	너비	두께
24-113	謹告知往還上中下尊等御中迷□少子事○右件少子以今月十日自勢多□＼錦□[織ヵ]□麻呂／年十一／字名者錦本云音也○皇后宮舎人字名村太之□[家ヵ]□□ ‖	019	木研13-35頁-3(1)	長岡京跡左京七条一坊六町	(325)	35	2
24-114-1	解申○請□○◇	061	木研13-33頁-1(1)	長岡京跡左京七条一坊九・十・十五・十六町	(150)	(23)	0.5
24-114-2	解申請錢合二百□□□○◇	061	木研13-33頁-1(2)	長岡京跡左京七条一坊九・十・十五・十六町	(152)	(24)	0.5
24-114-3	廣恋「〈〉兵兵兵□足」○◇	061	木研13-33頁-1(7)	長岡京跡左京七条一坊九・十…十六町	(153)	(23)	0.5
24-115-1	・□□□□□黒米五斗・「□[留ヵ]」延暦十年三月十六日	033	長岡左京木簡1-3602(木研13-26頁-2(1))	長岡京跡左京七条三坊三町	142	21	2.5
24-115-2	◇嘉麻郡米五斗○□[延ヵ]＼○知宮守倉主	039	長岡左京木簡1-3601(木研13-27頁-2(2))	長岡京跡左京七条三坊三町	141	35	4
24-115-3	・□□○蟹擁釰擁釰螺鯵鯯蛤甲螺沙魚・□□□□□[半臂ヵ]□□□□□襖子袍帽子	081	長岡左京木簡1-3603(木研13-27頁-2(3))	長岡京跡左京七条三坊三町	(313)	30	2.5
24-116-1	御曹司○請大殿油一瓶○／右□[伍ヵ]□□□[直錢ヵ]□／六月十五日「山道」 ‖	011	木研12-42頁-(1)	長岡京跡右京二条二坊十三町・三坊四町・三条二坊十六町・三坊一町	353	46	7
24-116-2	←観世〈〉	081	木研12-42頁-(2)	長岡京跡右京二条二坊十三町・三坊四町・三条二坊十六町・三坊一町	(202)	30	4
24-116-3	□[台ヵ]床万呂二斗二升	051	木研12-42頁-(3)	長岡京跡右京二条二坊十三町・三坊四町・三条二坊十六町・三坊一町	168	20	4
24-116-4	山代四合	081	木研12-42頁-(10)	長岡京跡右京二条二坊十三町・三坊四町・三条二坊十六町・三坊一町	(64)	20	4
24-117-1	・麻津郷庸米五斗／戸主尾津公大足戸三斗／戸主尾津公大成戸一斗／戸主三川直弓足戸一斗 ‖ ・○延暦十年九月廿六日	051	木研14-45頁-2(1)	長岡京跡右京三条二坊九町	225	22	2
24-117-2	○◇＼考所請飯壱升／黒 ‖ ○八月廿六日□[日ヵ]案主楊「守嶋」→	019	木研14-45頁-2(2)	長岡京跡右京三条二坊九町	(201)	29	2
24-118	・γ□[ε（顔）ヵ]□・γ□[ε（文様）ヵ]	039	木研17-51頁-2(1)	長岡京跡右京三条三坊三・四町	(61)	(17)	4
24-119	・上野国□〈〉□□□□□・日奉□[部ヵ]□□麻□[呂ヵ]○日奉→	081	木研7-27頁-(1)	長岡京跡右京四条二坊十町	(151)	(6)	12
24-120	日部郷□連赤人五斗	032	木研9-41頁-(1)	長岡京跡右京四条二坊十六町	178	27	9
24-121-1	・謹啓○申→＼右米五□[斗ヵ]→・誠石成□[米ヵ]→	081	木研15-42頁-(1)	長岡京跡右京六条二坊五町	(61)	(30)	4.5
24-121-2	金銀□[帳ヵ]	061	木研15-43頁-(2)	長岡京跡右京六条二坊五町	(83)	(20)	(4.5)
24-122	三月十八日○見住陸拾捌人加／〈〉 ‖ 除／□□○〈〉／宮道成○丸子茂成○巳上五人□十六日追除 ‖	081	木研33-22頁-(1)	長岡京跡右京六条二坊五町北部	410	(14)	4

총람 번호	판독문	형식 번호	출전	유적명	길이	너비	두께
24-123-1	・菅田郷度津廣司戸五斗・延暦十年四月一日	051	木研23-32頁-(3)	長岡京跡右京 六条二坊五・六 町	144	18	5
24-123-2	・郡宮○□□□○○・延暦八年十一月廿〈〉	051	木研23-32頁-(7)	長岡京跡右京 六条二坊五・六 町	201	18	4
24-123-3	・○□郷／□□□[部ヵ]／中臣電‖・○延暦十年	039	木研23-32頁-(9)	長岡京跡右京 六条二坊五・六 町	(95)	15	3
24-123-4	・依縫廣人五斗・延暦十一年正月十九日	051	木研23-33頁-(12)	長岡京跡右京 六条二坊五・六 町	95	23	3
24-123-5	・□[上ヵ]□部□万呂五斗白・延暦十一年正月十六日	051	木研23-35頁-(27)	長岡京跡右京 六条二坊五・六 町	107	12	9
24-123-6	◇蘇民将来＼之子孫者・◇蘇民将来＼之子孫者	022	木研23-36頁-(51)	長岡京跡右京 六条二坊五・六 町	27	13	2
24-124	・自司進□→・三年十二→	039	木研5-37頁-(1)	長岡京跡右京 七条二坊二町	(72)	19	5
24-125-1	用銭四百七十三文○樽十六村○直銭	019	木研24-25頁-(1)	長岡京跡右京 七条二坊七町	(244)	19	4
24-125-2	□□令令令令□□	081	木研24-25頁-(2)	長岡京跡右京 七条二坊七町	(155)	(6)	(16)
24-125-3	久米□[郷ヵ]白□[米ヵ]	039	木研24-25頁-(3)	長岡京跡右京 七条二坊七町	(75)	20	4
24-126	←□□□□□	019	木研5-38頁	長岡京跡右京 八条一坊十一・ 十四町	(99)	(8)	4
24-127	判読不能	*	木研13-36頁-4(1)	長岡京跡(今里 車塚古墳)	(303)	(16)	6
24-128	γ◇	011	木研14-48頁-(1)	遠所遺跡	95	85	9
24-129-1	固□	059	木研19-24頁-(1)	恭仁宮跡	(186)	(16)	5
24-129-2	〈〉里尾〈〉	033	木研19-24頁-(2)	恭仁宮跡	192	(20)	5
24-130-1	・□□□謹解申白事＼大大大大＼○□□□・□□□□□□ □□□前□	011	木研31-27頁-(2)	馬場南遺跡	268	24	3
24-130-2	・大将軍卯ム名○天□[岡ヵ]・ム名以天岡卯天岡	019	木研31-28頁-(4)	馬場南遺跡	(100)	22	3
24-131	□□□[殿料ヵ]	032	木研32-20頁-(1)	蟹満寺旧境内	117	27	4
24-132-1	讃岐国鵜足郡少領□	019	木研34-22頁-(1)	上狛北遺跡	(190)	11	4
24-132-2	海戸主海八目戸服部姉虫女米五斗	051	木研34-22頁-(2)	上狛北遺跡	(141)	17	2.5
24-132-3	草万荒蘇	081	木研34-22頁-(3)	上狛北遺跡	(81)	(23)	1.5
24-132-4	□[言ヵ]□□□□[千千千ヵ]	091	木研34-22頁-(4)	上狛北遺跡			
24-132-5	□□[言言ヵ]	091	木研34-22頁-(5)	上狛北遺跡			
24-132-6	□□□[言言ヵ]□	091	木研34-22頁-(6)	上狛北遺跡			
24-132-7	□段段段□	091	木研34-22頁-(7)	上狛北遺跡			
24-132-8	□□□□[多多多ヵ]	091	木研34-22頁-(8)	上狛北遺跡			
24-132-9	□長長	091	木研34-22頁-(9)	上狛北遺跡			
24-132-10	連連	091	木研34-22頁-(10)	上狛北遺跡			
24-132-11	□[稲ヵ]	091	木研34-22頁-(11)	上狛北遺跡			
24-133	奧胡万七斗外二升	033	木研7-28頁-(1)	百々遺跡(山城 国府跡)	198	12.5	2.5
25-1-1	・←奴我罷間盗以此□在＼・←□言在也自午年□□・←於是 本奴主有□□□・←□[知ヵ]部君之狂此事□□言□	061	『難波宮址の研究 11』-532(木簡黎 明-(20)・木研21-59 頁-(1))	難波宮跡	136	41	6

총람 번호	판독문	형식 번호	출전	유적명	길이	너비	두께
25-1-2	・謹啓・□[初ヵ]然而	019	『難波宮址の研究 11』-533(木簡黎 明-(21)・木研21-59 頁-(2))	難波宮跡	(57)	(25)	2
25-1-3	山部王	019	『難波宮址の研究 11』-534(木簡黎 明-(22)・木研21-59 頁-(3))	難波宮跡	(127)	20	3
25-2	・日子・□[古ヵ]□	081	木研26-39頁-(1)	難波宮跡(1)	(33)	29	2
25-3	皮留久佐乃皮斯米之刀斯□	019	『葦火125号』(木簡 黎明-(24)・木研 31-34頁-(1))	難波宮跡	(185)	26	6
25-4-1	秦人凡国評	019	『大坂城址Ⅱ』-1(木 簡黎明-(13)・荷札集 成-253・木研22-47 頁-(1))	難波宮跡北西 部	(104)	23	5
25-4-2	支多比	032	『大坂城址Ⅱ』-2(木 簡黎明-(14)・木研 22-47頁-(2))	難波宮跡	107	17	4
25-4-3	宍	032	木研22-47頁-(12)	難波宮跡	125	16	3
25-4-4	伊加比	032	木研22-47頁-(18)	難波宮跡	146	28	3
25-4-5	委尓部栗□□	032	『大坂城址Ⅱ』-4(木 簡黎明-(15)・荷札集 成-311・木研22-47 頁-(4))	難波宮跡北西 部	96	20	4
25-4-6	・王母前□[立ヵ]□□□・〈〉廿□[六ヵ]□	032	『大坂城址Ⅱ』-9(木 簡黎明-(17)・荷札集 成-303・木研22-47 頁-(9))	難波宮跡北西 部	166	28	5
25-4-7	・「□」〇『稲稲』〇戊申年□□□＼〇□□□□□□[連ヵ]・ 『〈〉佐□□十六□‖〇支□乃』	081	『大坂城址 Ⅱ』-11(木簡黎 明-(12)・木研22-47 頁-(11))	難波宮跡	(202)	(27)	3
25-5-1	・□家君委尓十□[沙ヵ]久因支鉄・□[恪ヵ]費〇□□□	081	木研26-40頁-(1)	難波宮跡(2)	(134)	(17)	3
25-5-2	□日之□[周ヵ]者□	081	木研26-40頁-(2)	難波宮跡(2)	(139)	(15)	4
25-5-3	□□□[俵一ヵ]□	032	木研26-41頁-(3)	難波宮跡(2)	138	29	5
25-5-4	五◇　(刻書)	011	木研26-41頁-(7)	難波宮跡(2)	112	22	5
25-5-5	二　(刻書)	061	木研26-41頁-(8)	難波宮跡(2)	63	48	10
25-6	・γ〇/〇募之平／文田里〇道意白加之‖・各家客等之	051	『桑津遺跡』(木簡黎 明-(23)・木研14-57 頁-(1))	桑津遺跡	216	39	4
25-7	十五束	091	木研28-46頁-(1)	長原遺跡			
25-8	米三石斗五升	081	木研25-68頁-(1)	長原遺跡	(125)	(25)	5
25-9-1	米入	039	木研18-59頁-(1)	森の宮遺跡	(65)	26	4
25-9-2	□□□粟	039	木研18-59頁-(2)	森の宮遺跡	(97)	20	3
25-9-3	□宅□	039	木研18-59頁-(3)	森の宮遺跡	(132)	22	5
25-10	・〈〉＼〈〉波可□＼〇〈〉・／□□／□□‖〇□□	061	木研23-51頁-(1)	加美遺跡	高30	径245	底板厚 7
25-11-1	・播磨国□郡□□[升ヵ]・里秦人□[少ヵ]田万□[呂ヵ]□ 一石	033	木研20-75頁-(1)	細工谷遺跡	131	19	5
25-11-2	・◇〇□月八日□□丁欲〈〉田＼〇〈　〉月八日□々〈　〉・◇〇〈 〉	011	木研20-76頁-(2)	細工谷遺跡	199	37	2
25-11-3	逐物意	081	木研20-76頁-(3)	細工谷遺跡	(75)	(16.5)	(2)
25-11-4	上和尓父南部□□[徳了ヵ]王久支	011	『細工谷遺跡 Ⅰ』-706(木簡黎 明-(53)・研20-76 頁-(5))	細工谷遺跡	181	34	2

총람 번호	판독문	형식 번호	출전	유적명	길이	너비	두께
25-12	・□□□[方旧ヵ]不得□〈 〉若犯之□□□・○天平寶字三年 四月十六日主守六人部→	081	木研22-63頁-(1)	吉井遺跡	(326)	38	5.5
25-13-1	□□十＊六[×五]尻今遺定五百廿三尻	019	日本古代木簡選(木 研14-137頁-(1))	上田部遺跡	(143)	33	4
25-13-2	・今遺二段〈 〉□壱分・○天平七年閏十一月廿三日〈 〉主道 守千足	019	日本古代木簡選(木 研14-137頁-(6))	上田部遺跡	(280)	(20)	6
25-13-3	・◇□□[謹聞ヵ]曽□在高不□[高ヵ]々・◇〈 〉＼〈 〉	022	日本古代木簡選(木 研14-137頁-(10))	上田部遺跡	79	22	3
25-14	鳥取部□六人部子□〈 〉	019	木研14-138頁-(1)	郡家今城遺跡	(114)	12	3
25-15	小□□	021	木研14-139頁-(1)	郡家川西遺跡	61	18	3
25-16	大鰯	032	木研3-32頁-(2)	大蔵司遺跡	92	14	3
25-17	新屋首乙売	051	木研10-40頁-(1)	梶原南遺跡	228	24	3
25-18-1	大領○六月	081	木研27-53頁-1(1)	禁野本町遺跡	(120)	(32)	4
25-18-2	□□米一石	033	木研27-53頁-1(2)	禁野本町遺跡	169	17	4
25-18-3	右二人□[等ヵ]	081	木研27-53頁-1(3)	禁野本町遺跡	(81)	(25)	2
25-19-1	←□[郷ヵ]池井里〈 〉□[連ヵ]〈 〉	019	木研27-53頁-2(1)	禁野本町遺跡	(133)	36	5
25-19-2	○〈 〉＼〈 〉□宇遅部連秋□□	091	木研27-53頁-2(4)	禁野本町遺跡			
25-19-3	□売卌束代□[船ヵ]一□	091	木研27-55頁-2(8)	禁野本町遺跡			
25-19-4	〈 〉□三段内	091	木研27-55頁-2(9)	禁野本町遺跡			
25-20	□□[漆拾ヵ]	091	木研31-30頁-(1)	禁野本町遺跡〈 G地区〉			
25-21	〈 〉一石	033	木研21-66頁-(1)	玉櫛遺跡	145	21	8
25-22	□[種ヵ]田五十戸奈→	039	木研4-37頁(荷札集 成-9・日本古代木簡 選)	佐堂遺跡	(108)	(29)	4
25-23	・□三人／之中上丁石津連乎黒万‖〈 〉・○□□	081	木研26-52頁-(1)	久宝寺遺跡	(176)	(48)	4
25-24-1	高岡郷尾□□	039	木研25-75頁-(1)	讃良郡条里遺 跡	(82)	16	5
25-24-2	{ε (馬の絵) ＼○神馬}	061	木研25-76頁-(2)	讃良郡条里遺 跡	146	196	7
25-25	□□河内国丹比郡□「□□□□[道道道ヵ]□」	081	木研8-36頁-(1)	観音寺遺跡	(321)	(12)	5
25-26	・謹啓志紀殿欲請稲具□→・大同五年七月十六日光□五□ □□→	019	日本古代木簡選・木 研6-41頁-(1)	万町北遺跡	(143)	24	2.5
25-27-1	・◇○九月一日進上車○一両○載稲六十束・◇建麻呂持稲 十束○合七十束○付飯万呂	011	木研36-207頁-(1) (日本古代木簡選・木 研9-55頁-(1))	安堂遺跡	263	18	4
25-27-2	・若狭国遠敷郡／野里相臣山守／調塩三斗‖・○天平十八 年九月	031	木研36-208頁(日本 古代木簡選・木研 9-55頁-(2))	安堂遺跡	142	31	4
25-27-3	・近江国浅井郡田根郷・春□□男戸	051	木研36-207頁-(2) (日本古代木簡選・木 研9-55頁-(3))	安堂遺跡	112	22	4
25-27-4	・浅井郡田根郷・□□□[春部酒ヵ]男戸	051	木研36-207頁-(3) (日本古代木簡選・木 研9-55頁-(4))	安堂遺跡	121	20	4
25-27-5	益田郷戸主錦□□[部大ヵ]□□[米ヵ]五斗	051	木研36-207頁-(4) (日本古代木簡選・木 研9-55頁-(5))	安堂遺跡	200	16	4
25-28-1	{東二}	061	木研25-69頁-(1)	西ノ辻遺跡	50	875	36
25-28-2	{西三}	061	木研25-69頁-(2)	西ノ辻遺跡	245	1010	22
25-28-3	{西四}	061	木研25-69頁-(3)	西ノ辻遺跡	190	988	43
25-28-4	{西五}	061	木研25-69頁-(4)	西ノ辻遺跡	180	967	22
26-1-1	・／○／○一升／二日用米‖○／エ二人／仕四人‖○／ ○／○エ二／三日用□仕四‖・○一〈 〉□□□廿石三斗	019	日本古代木簡選(木 研5-64頁-(1))	出合遺跡	147	(27)	2

총람 번호	판독문	형식 번호	출전	유적명	길이	너비	두께
26-1-2	·□今日□来□□[鮨ヵ]米□□□[三ヵ]□此日□□\○□□ □□□·□[四ヵ]□□□□□○○□□□	081	日本古代木簡選(木 研5-65頁-(2))	出合遺跡	(172)	(19)	4
26-2	「勘」○戸主椋人安道米壱石国諸\○承和十月十日椋人 稲繼○「合」◇·○「勘合」○◇	011	木研23-55頁-(1)	深江北町遺跡	221	29	3
26-3	□□□□〈〉	011	木研23-58頁-(1)	行幸町遺跡	412	37	10
26-4-1	□[酒ヵ]部□□□□[部老ヵ]人	051	木研28-207頁-1(1) (木研5-67頁-(1))	辻井遺跡	177	23	3
26-4-2	□□□□□□	081	木研28-207頁-1(2) (木研5-67頁-(2))	辻井遺跡	(244)	(20)	3
26-4-3	·□□□□□□[真称口同部ヵ]国麻呂之□[黒ヵ]□·□ □足嶋直白布二疋□□	081	木研28-207頁-1(3) (木研5-67頁-(3))	辻井遺跡	(179)	(27)	4
26-5-1	·□磨□·□内□□	081	木研28-207頁-2(1) (木研8-40頁-(1))	辻井遺跡	(30)	17	4
26-5-2	·←月生十六日記〈〉·□□□□[斗ヵ]記	081	木研28-207頁-2(2) (木研8-41頁-(3))	辻井遺跡	(172)	23	7
26-5-3	□二斗止□[記ヵ]	019	木研28-207頁-2(3) (木研8-40頁-(2))	辻井遺跡	(128)	25	7
26-5-4	·□□□□[波ツヵ]尓佐久□□[弥己ヵ]乃く 〉○夫□[由ヵ] 己母利□[伊ヵ]·□[己ヵ]知知屋○屋屋□屋□屋□屋 ○屋□□□	019	木研28-207頁-2(4) (木研8-41頁-(4))	辻井遺跡	(344)	34	3
26-6-1	十二月廿九日辰巳時金□[鳴ヵ]從東	019	木研7-52頁-(1)	前東代遺跡	(416)	57	11
26-6-2	·大日真□[言ヵ]·尺迦□□[牟尼ヵ]	039	木研7-52頁-(2)	前東代遺跡	(116)	20	5
26-7	年正活弎為□[九ヵ]	081	木研13-75頁-(1)	今宿丁田遺跡	(115)	35	5
26-8	·□□□[嶋ヵ]□□□[人等ヵ]□·○〈〉□□	081	木研20-94頁-(1)	境谷遺跡	(133)	(22)	5
26-9	〈〉	081	木研33-36頁-(1)	豆腐町遺跡	(153)	11	5
26-10	·〈〉□[国ヵ]〈〉□[郡ヵ]·方□郷日下□[部ヵ]〈〉	019	木研29-59頁-(1)	高畑町遺跡	(132)	25	3
26-11	·子卯丑□伺·○三壬子年□	019	木研19-44頁-(1)	三条九ノ坪遺 跡	(199)	33	6
26-12-1	·造寺料収納帳·寶龜三年四年\借○用○帳	061	木研12-90頁-(1)	但馬国分寺跡	(54)	26	5
26-12-2	供料六斗·「○「飛飛飛飛○司」合一石三斗八升五合/「飛」 雑料七斗八升五合「飛○月月月月」‖	019	木研12-90頁-(2)	但馬国分寺跡	(408)	32	19
26-12-3	□僧一人	081	木研12-90頁-(3)	但馬国分寺跡	(62)	(27)	3
26-12-4	光□	081	木研12-90頁-(4)	但馬国分寺跡	(50)	(15)	3
26-12-5	·国南国·□元	011	木研12-90頁-(5)	但馬国分寺跡	422	61	4
26-12-6	□人□四○朝□[来ヵ]四人〈〉四人出石五養父五	011	木研12-90頁-(6)	但馬国分寺跡	356	23	3
26-13-1	□\○□	091	木研32-28頁-(1)	但馬国分寺跡			
26-13-2	·〈〉·〈〉	081	木研32-28頁-(2)	但馬国分寺跡	(46)	(15)	1
26-13-3	·□·□	081	木研32-28頁-(3)	但馬国分寺跡	(22)	(10)	1
26-14-1	/□長石子/□□中丸‖○/正丸/御文丸‖○/水取今 /牛甘長丸‖○/□□馬丸‖○一□女/南日女 ‖○/稲□□女/吉成女‖○/□→/□→‖	081	木研6-49頁-(1)	福成寺遺跡	(235)	17	5
26-14-2	□[縄ヵ]前□[負ヵ]→	039	木研6-49頁-(2)	福成寺遺跡	(124)	30	3
26-15	·努万呂·十四日	081	木研7-49頁-(1)	川岸遺跡	(86)	(24)	2
26-16-1	·官稲·大同五年	061	日本古代木簡選·木 研8-43頁-(1)	但馬国府推定 地	(45)	16.5	5
26-16-2	·佐須郷田率·○□□	061	日本古代木簡選·木 研8-43頁-(2)	但馬国府推定 地	(82)	18	6
26-17-1	·造寺米残·弘仁三年	061	日本古代木簡選(木 研9-62頁-(1))	但馬国府推定 地	(284)	19	4
26-17-2	九条五石立里廿三桑原墾田百廿八歩/従此南方/高生 郷采女部男庭之墾‖	051	日本古代木簡選(木 研9-62頁-(2))	但馬国府推定 地	(486)	38	7
26-17-3	·式部卿·□文	061	日本古代木簡選(木 研9-62頁-(6))	但馬国府推定 地	(128)	16	6

총람 번호	판독문	형식 번호	출전	유적명	길이	너비	두께
26-17-4	寛平七年六月四日	019	木研9-62頁-(7)	但馬国府推定地	(210)	38	6.5
26-18	←┌○急々如律令／○／東□‖	081	木研9-60頁-(1)	祢布ヶ森遺跡	(208)	(24)	5
26-19	□[人ヵ]〈 〉□[文ヵ]○〈 〉人〈 〉	081	木研16-91頁-(1)	祢布ヶ森遺跡	(167)	(9)	6
26-20-1	・朝来郡・死逃帳・天長□□（右側面）・□□三年（左側面）	061	木研18-74頁-(1)	祢布ヶ森遺跡	(123)	25	9
26-20-2	・二方郡沽田結解・天長□[四ヵ]□	061	木研18-74頁-(2)	祢布ヶ森遺跡	(70)	28	7
26-20-3	・田公税帳・承和二年	061	木研18-74頁-(3)	祢布ヶ森遺跡	(46)	26	5
26-21	・養父郡＼買田券・寛平九年	061	木研18-75頁-(4)	祢布ヶ森遺跡	(60)	25	5
26-22-1	・気多□[郡ヵ]□□□・承和元年	061	木研22-82頁-(1)	祢布ヶ森遺跡	(77)	18	5
26-22-2	・←方郡帳・七年死者	061	木研22-82頁-(2)	祢布ヶ森遺跡	(148)	18	6
26-22-3	←方郡	081	木研22-82頁-(3)	祢布ヶ森遺跡	(79)	(20)	5
26-22-4	・□[掾ヵ]□三日○□□四○□[日信ヵ]□一日○□[掾ヵ]／・大四五八九／○□目□‖言田千一□□[元ヵ]二三六○／天地地玄宇宙洪荒‖	081	木研22-83頁-(4)	祢布ヶ森遺跡	384	(41)	5
26-23	寛七	081	木研31-45頁-1(1)	祢布ヶ森遺跡	(129)	(26)	3
26-24-1	典尚従三位五百井女王	019	木研31-46頁-2(17)	祢布ヶ森遺跡	(145)	47	5.5
26-24-2	・〈 〉○古孤苞〈 〉□○在○在○右○右○○＼凄寒風也谷風曰東風健児長・【○□□＼○君子】	061	木研31-46頁-2(13)	祢布ヶ森遺跡	395	(109)	7
26-25-1	交	011	木研10-45頁-(1)	砂入遺跡	(142)	42	6
26-25-2	下里郷□□□＼○□□□□□○＼□□□	032	木研10-45頁-(2)	砂入遺跡	185	50	5
26-26	□右□禁□	081	木研12-91頁-(1)	砂入遺跡	(117)	28	3
26-27-1	造○／山代部友足／山代部大□[刀ヵ]手‖□	081	木研16-89頁-(1)	砂入遺跡	(124)	35	6
26-27-2	・蘇民将来公□・蘇民将来	039	木研16-89頁-(2)	砂入遺跡	(280)	36	4
26-27-3	□□□[蘇民ヵ]□□□	081	木研16-89頁-(3)	砂入遺跡	(116)	23	4
26-27-4	・〈 〉＼土□□在□□□[四ヵ]在□・□□□	019	木研16-89頁-(4)	砂入遺跡	(104)	21	2
26-27-5	三月廿六日□子□	019	木研16-89頁-(5)	砂入遺跡	(96)	25	3
26-27-6	十一月十三日	019	木研16-89頁-(6)	砂入遺跡	(83)	21	4
26-27-7	□[六ヵ]月廿三日□…□	081	木研16-89頁-(7)	砂入遺跡	(101+83)	20	5
26-27-8	久□	081	木研16-89頁-(8)	砂入遺跡	(31)	(13)	2
26-28-1	・□[養ヵ]□□□□[郡石禾ヵ]郷□方部公稲積○白米・○延暦十六年正月廿日	039	木研11-63頁-(1)	袴狭遺跡	(216)	24	3
26-28-2	出石□□□[下ヵ]○／前部〈 〉／六人部〈 〉／□部〈 〉‖○／額田部□□十／日下部米□[四ヵ]／兵官□[判ヵ]□並‖此皇后宮税急奉上	011	木研11-63頁-(2)	袴狭遺跡	585	49	6
26-29-1	四月廿四日○土井□廿／□□□〈 〉○入旦□[後ヵ]文傭□[以ヵ]□筥□[久ヵ]○入〈 〉四〈 〉○入本□調布二端○入〈 〉＼○太□□五文〈 〉○入史生□□[健吉ヵ]三□□所三□[所ヵ]五人	011	木研15-70頁-(1)	袴狭遺跡	495	45	5
26-29-2	物部□[諸ヵ]長□[質]／□□支一□／□□二□‖□□□	031	木研15-70頁-(3)	袴狭遺跡	168	29	6
26-29-3	物部真貞質置馬□[曳ヵ]子十五隻／□□□／鍬二口‖	033	木研15-70頁-(4)	袴狭遺跡	252	37	5
26-30	□□[諸郷ヵ]徴部	061	木研16-87頁-(1)	袴狭遺跡(2)	(57)	25	5
26-31-1	・国府出□□□[石郡司ヵ]□○□□□・○天平勝寶七年五月□○五日文〈 〉	019	木研19-58頁-(1)	袴狭遺跡	(550)	50	10
26-31-2	延暦十四年三月十七日○／余戸里長所進稲十五□□□□／少□[坂ヵ]□□所進□[稲ヵ]十□〈 〉把定□又二日定九把○又□□□□‖（他削りのこりの墨痕あり）	019	木研19-58頁-(2)	袴狭遺跡	(507)	25	5
26-31-3	・○〈 〉○／○□[山ヵ]代□□女「一」／「入」刑部□万呂「一」／「入」物部足人「一」／「入」桧前部真依女「一」‖○／「入」猪名小真成女「一」／「入」物部稲女「二」／「入」桧前部石長「一」‖○○・□□□六年六月十四日〈 〉○「入」〈 〉○「二」／「入」秦〈 〉奈子女「一」／「入」□□□女子「一」／「入」□□□継成□女「一」‖○／□人／〈 〉／〈 〉‖○○	011	木研19-59頁-(4)	袴狭遺跡	419	50	3

총람 번호	판독문	형식 번호	출전	유적명	길이	너비	두께
26-32-1	鬼	011	木研22-247頁-(1)(袴狭遺跡·木研13-78頁-2(1))	袴狭遺跡	103	62	65
26-32-2	□□□[入ヵ]福□＼○入里□	081	木研22-247頁-(2)(袴狭遺跡·木研13-78頁-2(2))	袴狭遺跡	(87)	38	5
26-33-1	ε（鬼の絵）／里中家日人／其□地屋入□‖	019	袴狭遺跡(木研13-77頁-1(1))	袴狭遺跡	(157)	50	6
26-33-2	・咄＝岡γ・西	039	木研22-251頁-(21)(袴狭遺跡·木研13-77頁-1(2))	袴狭遺跡	(58)	21	3
26-33-3	石□□□…□□不可苅所□[副ヵ]＼□□[如件ヵ]○○…□[分ヵ]〈〉	039	木研22-251頁-(20)(袴狭遺跡·木研13-77頁-1(3))	袴狭遺跡	(62+102)	45	5
26-34	・納米四斗□[入ヵ]○／出／○八□‖・○十□□＼□□□	019	木研22-252頁-(24)(袴狭遺跡·木研14-78頁-2(1))	袴狭遺跡(1)	(173)	28	6
26-35	禁制六条八里□[卅ヵ]二葛□〈〉百歩／老□□常貞右田依□常／〈〉‖	019	木研22-248頁-(5)(袴狭遺跡·木研14-82頁-(1))	袴狭遺跡(2)(旧坪井遺跡)	(360)	56	3
26-36-1	・秦部大山○秦部弟麻呂○秦部□山・秦（秦は刻書）	011	木研22-251頁-(17)(袴狭遺跡·木研14-78頁-1(1))	袴狭遺跡(1)	296	25	5
26-36-2	・○□衣依言事右○□□唯□□＼○□大祖父世時□本□・□在○三月〈〉	081	木研22-251頁-(18)(袴狭遺跡·木研14-78頁-1(2))	袴狭遺跡(1)	(178)	38	6
26-37-1	下田二段＼○戸＼○他人作乱□	081	木研22-252頁-(23)(袴狭遺跡·木研14-78頁-3(1))	袴狭遺跡(1)	(177)	44	6
26-37-2	禁制六条九里廿椎下田弐段／右田依□[土ヵ]野郷出□[石ヵ]永社戸口／百姓□[軟ヵ]□□□□□執／○□[掌ヵ]人□□□○〈〉‖／延喜六年四月十三日／○執○民部卿家書吏車持公‖	011	袴狭遺跡(木研14-79頁-3(2))	袴狭遺跡(1)	595	106	
26-37-3	←□可○出石□[公ヵ]安道	059	袴狭遺跡(木研14-79頁-3(4))	袴狭遺跡(1)	(510)	72	9
26-38	五条八里六糀生百歩／〈〉／物部宅□‖	019	袴狭遺跡(木研16-85頁-2(1))	袴狭遺跡(1)	(246)	28	9
26-39-1	・絁狭狭物狭物物大生嶋出石郷郷郷桑桑原□[沽ヵ]壱段段□[沽ヵ]弐伯□□□[百銭銭ヵ]沽□[直ヵ]○○□〈〉○壱□段□□[沽直ヵ]稲弐拾束「此□[価ヵ]」・□□○□□□□＼得得得得得神宮部形麻物□○□□□□□	081	木研22-249頁-(12)(袴狭遺跡·木研17-69頁-1(1))	袴狭遺跡	(464)	(24)	3
26-39-2	・「子謂公冶長可妻」・右為鏑符捜求□	019	木研22-249頁-(10)(袴狭遺跡·木研17-69頁-1(2))	袴狭遺跡	(196)	26	5
26-39-3	但馬郡出石郡高椅里長□[等ヵ]関□	059	木研22-249頁-(9)(袴狭遺跡·木研17-69頁-1(3))	袴狭遺跡	(225)	30	4
26-40-1	・□○西二行二倉□収納／□□□／□二□‖・□□収納日下部乙訓	019	木研22-249頁-(7)(袴狭遺跡·木研20-234頁-(3))	袴狭遺跡	(221)	25	3
26-40-2	・β□法□□□□天禄三□＼□□[β]○南無八幡大菩薩咄・〈〉	081	木研22-249頁-(8)(袴狭遺跡·木研20-234頁-(5))	袴狭遺跡	(103)	(22)	4
26-41	・召史生奈胡□何故意□□不召今忍者大夫入坐・牟待申物曽見々与見々与○六□□日／主帳／少□[領ヵ]‖	011	木研18-77頁-(1)	香住ヱノ田遺跡	477	32	8
26-42	γ＝々如律令	019	木研21-75頁-(1)	岩井枯木遺跡	(125)	40	6
26-43	・◇□□里□□□□鳥戸口□[額ヵ]田部□○女□可□□□□□□不□[堪ヵ]□□□・◇卅代□／午年分直稲八束度	011	木研26-252頁-(1)(木研21-76頁-(1))	宮内黒田遺跡	474	50	6

총람 번호	판독문	형식 번호	출전	유적명	길이	너비	두께
	与貲□〔値ヵ〕得人／同里神部廣嶋○「若田□〔給ヵ〕者衣女分進上入□」‖天平勝寶四年十月九日○／「鳥取部□〔廣ヵ〕万呂」／知忍海部馬男／「鳥取部公手○直受鳥取部衣女」／○【「○※○※○※○末」】						
26-44	子日	039	木研24-46頁-(1)	溝之口遺跡	(84)	34	3
26-45-1	急々如□□	032	木研28-59頁-(1)	坂元遺跡	299	33	5
26-45-2	·順礼□□□·○〈 〉	011	木研28-60頁-(4)	坂元遺跡	107	31	3
26-46-1	·○〈 〉○□物者赤万呂等乞□□□〔仕ヵ〕奉＼□○守＼○〈 〉○□□□□○□平給等女□○□立奉·○□＼○□□□○〈 〉＼○□□○□○□○□□	019	木研20-228頁-(1) (木研6-44頁-(1)·山垣遺跡-(1))	山垣遺跡	(365)	37	7
26-46-2	·符春部里長等○竹田里六人部○□□○□依而□·／春部君廣橋／春部鷹麻呂‖○／神直与□／右三人‖○□〔部ヵ〕里長□□〔弟足ヵ〕木参出来／四月廿五日○碁万侶／○少領／今日莫不過急々○□	011	木研20-228頁-(2) (日本古代木簡選·木研6-45頁-(6)(7)·山垣遺跡-(2)·山垣遺跡-(3))	山垣遺跡	619	52	7
26-46-3	·□□年正月十一日秦人部新野□□□貸給○／秦人部新野百□〔束ヵ〕〈 〉本田五百代○／同部小林廿束〈 〉墓垣百代／伊干我郡嶋里秦人部安古十一束‖○／同里秦人部志比十束／秦人部加比十五束／竹田里春部若万呂十束‖◇·／秦人部身十束／間人部須久奈十束／〈 〉‖○合百九十六束椋□〔留ヵ〕二百四束／別而代□物八十束□〔勘ヵ〕新野貸給／并本□四百八十束‖○◇	011	木研20-229頁-(4) (日本古代木簡選·木研6-45頁-(2)·山垣遺跡-(8~11))	山垣遺跡	697	57	8
26-47-1	·五月十四日下稲数卌四束○／○臬二斤廿／赤綿八斤廿四束‖此者諸用事·○国遣御僧受給申＼石前郷野家里○／中臣部忍人○酒四升／尸尻方奈売○米一斗／桑連麻長古○米一斗‖○／秦人／大家／中臣‖	081	木研22-72頁-(1)	市辺遺跡	(379)	59	5
26-47-2	·○娶人日奉黒人＼秋稲塩酒一連□一□□〔進ヵ〕○□□□〔正身ヵ〕□·田中小奈伎事了	019	木研22-72頁-(2)	市辺遺跡	(369)	47	4
26-47-3	□□□年五月廿九日○／宗部□〔里ヵ〕従／申物部枚夫‖○／文作大人／右二人‖	081	木研22-72頁-(3)	市辺遺跡	294	73	7
26-48	山口里俵参上数十一石今	019	木研20-91頁-(1)	加都遺跡	(205)	35	5
26-49-1	□長□〔田ヵ〕首床万呂之可承示日	081	木研21-71頁-(1)	加都遺跡	(352)	39	4
26-49-2	·○臣女※○大家部酒刀自女※○阿刀部嶋公※○鷹鷹鷹鷹藤藤藤藤家家家家家勝勝勝郡郡郡郡長長長長長·□刀自女刀自女○□○歳歳歳歳歳歳置置置置置□□□□□諷諷諷風□真□真□真□	065	木研21-71頁-(2)	加都遺跡	(1226)	33	24
26-49-3	○〈 〉○右得鞆張継自女□□□〔侢ヵ〕□〈 〉＼□□〔神部ヵ〕勝少○不□加□□□〔令ヵ〕□○□〔割ヵ〕田百○□□／功力開発□□□□□料作□〔食ヵ〕□〈 〉／□今年□□□□□□〈 〉‖＼○〈 〉／凡□□□〈 〉／□□□□〈 〉‖	032	木研21-71頁-(3)	加都遺跡	640	84	9
26-50-1	駅子委文部豊足十束代稲籾一尺	033	木研23-59頁-(1)	柴遺跡	316	32	5.5
26-50-2	以今月三日癸卯日送□〔物ヵ〕	081	木研23-59頁-(2)	柴遺跡	(242)	(29)	45
26-50-3	·←悦乎○有朋自→·←子乎○有子→	081	木研23-60頁-(3)	柴遺跡	(100)	24	7
26-51-1	·○□〔尓ヵ〕□□息万呂·□□□□□	081	木研21-69頁-(1)	釣坂遺跡	(248)	(27)	10
26-51-2	○〈 〉□□□中＼□□□〔四ヵ〕小□〔庭ヵ〕〈 〉□□□□	081	木研21-69頁-(2)	釣坂遺跡	(384)	(24)	7
26-51-3	〈 〉王	081	木研21-69頁-(3)	釣坂遺跡	(114)	(45)	8
26-52	□□□〔卅ヵ〕□□〔束ヵ〕五把／上□一束五／未□二□□‖＼□□○□	059	木研35-42頁-(1)	田井A遺跡	(131)	21	4
26-53	／以天禄三年八月十日奉読経之巻□〔記ヵ〕／○合六百二十一巻之中／○仁王般若経五□〔百ヵ〕十巻／◇○／金剛般若経六十八巻○／／印仏／／般若心経五巻‖／大品四天王□□巻‖○／右□上華□□□為奉荘厳上界天衆下界／神□年中□□〔神ヵ〕天満天神各々眷族□所郡内大下／神□□中□□右□□□□二聖霊□□□□／□○〈 〉／○□／○満万事所念於一身‖＼○□□三〈 〉救諸身○□内南□□□男女身不□□□□□□□	011	木研16-95頁-(1)	木梨·北浦遺跡	668	160	9
26-54-1	布勢駅戸主□部乙公戸参拾人／中大女十□／□□女□〔十ヵ〕□‖給穀陸→	081	木研11-54頁-(1)	小犬丸遺跡	(229)	(18)	4

총람 번호	판독문	형식 번호	출전	유적명	길이	너비	두께
26-54-2	□□〔羽在カ〕□□□□〔為五カ〕百□〔疋カ〕□□□□〔羽在聖カ〕□□□〔為カ〕五百□〔疋カ〕＼○□□〔天カ〕□□〔池カ〕□□□〔為カ〕五百□〔疋カ〕	081	木研11-54頁-(2)	小犬丸遺跡	(244)	(35)	5
26-54-3	右□	081	木研11-54頁-(3)	小犬丸遺跡	(224)	(17)	4
26-55	□守解○申進□部事	019	木研6-51頁-(1)	長尾沖田遺跡	(193)	34	5
26-56-1	・奴□□□毎里・〈 〉	019	木研8-42頁-(1)	長尾沖田遺跡	(288)	(45)	3
26-56-2	〈 〉天部→	081	木研8-42頁-(2)	長尾沖田遺跡	(60)	(16)	5
27-1	・裝東司○牒寺政所○／從寺々奉請仏五十四〔七〕舗／寶頂卅三盖／在帛布端／辛櫃二合／仏御櫃三合‖○右次官佐伯大夫宮安置経所者彼家＼○「依数檢受上馬養○以四月十六日返送辛櫃一合敷布二条／付並栗秋万呂‖」／主不受□録状故牒／依牒旨可安置‖○天平勝寶五年三月廿五日主典葛井連「犬養」／判官上毛野君「真人」○判官内蔵伊美吉「縄万呂」‖	＊	木研1-59頁-(1)(日本古代木簡選・正倉院宝物銘文集成-76頁(253))	正倉院	515	54	8
27-2	・‖‖‖／○／○〈 〉／〈 〉‖‖‖‖／○／〈 〉‖‖‖‖／○／○‖□主典志斐麻呂□‖□〔七〕月／五日下調布壱伯壱端／□□□〔綿カ〕□〔伯〕屯／八百屯□□〔越前カ〕□百屯越中□／三百屯伯耆‖／○□□□□□‖‖・○‖‖‖〈 〉□□□〔検納カ〕〈 〉‖‖	019	木研34-11頁-(1)	正倉院	(1470)	78	10
27-3-1	・寺請○小豆一斗○醤一□〔斗カ〕五升／大床所‖酢○末醤等・右四種物竹波命婦御前○三月六日	081	◎城35-14上(木研1-55頁-(1)・平城宮1-1・日本古代木簡選)	平城宮大膳職地区	259	(19)	4
27-3-2	・肥前国目正八位上矢□□〔田部カ〕→・「＊豊」[×筑]前「＊国」[×目]□□従八位上矢田部□□	019	◎木研1-56頁-(5)(平城宮1-13・日本古代木簡選)	平城宮大膳職地区	(140)	13	5
27-3-3	「甲斐国」山梨郡雑役胡桃子一古・○天平寶字六年十月	031	◎木研1-56頁-(7)(平城宮1-19)	平城宮大膳職地区	129	19	4
27-3-4	山	039	◎木研1-57頁-(1)(平城宮1-42)	平城宮大膳職地区	(22)	27	5
27-3-5	政／津守貞成／□〔豊カ〕□□□〔継カ〕‖○御匣殿七人	019	◎木研1-57頁-(2)(平城宮1-41)	平城宮大膳職地区	(197)	18	3
27-4-1	・西宮東一門／室○矢田部○膳／川上○茨田○舘‖右七人・二／桧前○錦部○§漆部／三野○土師○尾張‖○合六人	011	◎木研2-63頁-(1)(平城宮1-92・日本古代木簡選・城1-3下(14))	平城宮内裏北方官衙地区	206	28	3
27-4-2	・東三門／額田○林○神／各務○漆部○秦‖○北門／日下部／県‖北府○§服□〔結カ〕／大伴‖・合十人○五月九日食司日下部太万呂状	011	◎木研2-63頁-(2)(平城宮1-100・木研22-299頁・日本古代木簡選1-4上(23))	平城宮内裏北方官衙地区	187	22	2
27-4-3	・府召○牟儀猪養○右可問給依事在召宜知・状不過日時参向府庭若遅緩科必罪○「翼」大志○少志／四月七日付県若虫	011	◎木研2-63頁-(3)(平城宮1-54・日本古代木簡選・城1-3上(8))	平城宮内裏北方官衙地区	282	28	5
27-5-1	・関々司前解近江国蒲生郡阿伎里人大初上阿□〔伎カ〕勝足石許田作人・同伊刀古麻呂／大宅女右二人左京小治町大初上笠阿曽弥安戸人右二／送行乎我都○鹿毛牡馬歳七○里長尾治都留伎‖	011	木研2-64頁-(1)(平城宮1-1926・日本古代木簡選・城2-4上(3))	平城宮朱雀門地区	656	36	10
27-5-2	・□事／□□○捉人守人連奉‖・□得□□□〔旨上カ〕＼○□	019	木研2-64頁-(2)(平城宮2-1927・城2-3(2))	平城宮朱雀門地区	(201)	(51)	5
27-5-3	大野里五百木部己波米五斗	031	木研2-64頁-(3)(平城宮2-1928・城2-3(1))	平城宮朱雀門地区	222	36	6
27-6-1	打合釘廿□	032	木研2-66頁-(1)(平城宮2-1936・城2-4上(7))	平城宮西面大垣	87	17	15
27-6-2	←□□〔雲カ〕形二枚□堺打下〈 〉→	091	木研2-66頁-(2)(平城宮2-1937)	平城宮西面大垣			

총람 번호	판독문	형식 번호	출전	유적명	길이	너비	두께
27-6-3	←□／平目釘一千六百□→‖	091	木研2-66頁-(3)(平城宮2-1939)	平城宮西面大垣			
27-6-4	・□[後ヵ]打合釘百・○斤二両	021	木研2-66頁-(4)(平城宮2-1940·城2-2上(4))	平城宮西面大垣	81	15	5
27-7-1	・請飯／番長二人／蔵部一人／史生一人‖○／舎人十七人‖○右依例所請如件・○十一月七日安曇田主	011	◎木研2-68頁-(1)(平城宮2-1943·城2-5下(36))	平城宮内裏北方官衙区	189	32	4
27-7-2	・泉進□[上ヵ]材十二条中／桁一条→／又八条□→‖・○付宿奈麻呂	019	◎木研2-68頁-(10)(平城宮2-2074·城2-6(44))	平城宮内裏北方官衙地区	(161)	56	4
27-7-3	河原郷／□□君山中三斗／□[子ヵ]□真人三斗‖	032	◎木研2-69頁-(18)(平城宮2-2089)	平城宮内裏北方官衙地区	181	(16)	3
27-8-1	・民部省召／波多足□山□／贄士師佐美万呂‖・／〈 〉／〈 〉多称○七□[月ヵ]〈 〉□[日ヵ]‖○宮内	011	木研3-61頁-2(1)(平城宮2-2094·城3-3上(3))	平城宮内裏東方官衙地区	111	24	5
27-8-2	〈 〉八竪子所六人奴／□[物ヵ]□一○／○荒／飯運一人‖／□一人／○／真木‖／子祖父／□当‖／○牧手女／逃亡六人／奴三人‖／婢三人‖・○子石‖／□□／栗男／益万呂／□万呂女‖／人成／□[益ヵ]万呂／〈 〉‖今□治□[毛ヵ]□□[返ヵ]□□	011	木研3-61頁-2(6)(平城宮2-2099·城3-3下(4))	平城宮内裏東方官衙地区	(700)	44	7
27-8-3	丹波国何鹿郡高津郷交易小麦五斗	031	木研3-61頁-2(12)(平城宮2-2182·城3-4上(21))	平城宮内裏東方官衙地区	241	28	5
27-9-1	・能登国能登郡鹿嶋郷望里里調熬海鼠六□・○天平四年四月十七日	031	◎城40-20下(木研3-64頁-(2)·平城宮2-2537·城3-8上(130))	平城宮造酒司地区	228	(18)	7
27-9-2	駿河国安倍郡貢上甘子〈 〉□[御ヵ]〈 〉○寶亀元年十二月	031	◎木研3-64頁-(3)(平城宮2-2538·城3-8上(129))	平城宮造酒司地区	222	8	4
27-9-3	・親王八升○三位四人一斗二升・伎人六升	011	◎平城宮2-2240(城3-5上(50)·木研3-64頁-(9))	平城宮造酒司地区	102	16	6
27-9-4	紀伊国无漏郡進上御贄礒鯛八升	031	◎木研3-65頁-(21)(平城宮2-2285·日本古代木簡選·城3-5下(62))	平城宮造酒司地区	188	27	4
27-10-1	・←□□□[郷ヵ]清水里戸主紀臣□□□□蔵調塩三斗・←□□年□[六ヵ]月	019	木研4-90頁-1(1)(平城宮2-2551·城3-8下(135))	平城宮東院地区西辺	(167)	34	4
27-10-2	若狭国三方郡竹田里浪人黄文五百相調三斗	031	木研4-91頁-6(2)(平城宮2-2665·城3-11上(192))	平城宮東院地区西辺	211	29	7
27-10-3	・宮舎人県志己等理・○受物戸四口・○天平勝寶八歳八月十六日	011	木研4-92頁-14(1)(平城宮2-2719·城3-13上(224))	平城宮東院地区西辺	303	25	5
27-11	角俣	031	平城宮7-12488(木研4-94頁-(1)·城4-3(1))	平城宮第一次大極殿院地区東辺	198	23	3
27-12-1	参河国播豆郡析嶋海部供奉□[去ヵ]天平十八年十二月料御贄佐米□「＝六斤」	031	平城宮7-12814(木研4-95頁-(1)·城4-4上(6))	平城宮第一次大極殿院西辺	285	21	4
27-12-2	参河国□□[芳豆ヵ]□□□[御贄ヵ]□	032	平城宮7-12815(木研4-95頁-(2)·城4-4上(7))	平城宮第一次大極殿院西辺	(123)	25	4
27-12-3	←魚十一斤十両／□□[連ヵ]□□[丸ヵ]□／養老七年九月‖	039	平城宮7-12822(木研4-95頁-(3)·城4-4上(11))	平城宮第一次大極殿院西辺	(211)	(10)	5

총람 번호	판독문	형식 번호	출전	유적명	길이	너비	두께
27-12-4	・越前国□□郡□□〈 〉□□□・□	033	平城宮7-12753(木 研4-95頁-(4)・城 4-4上(8))	平城宮第一次 大極殿院西辺	228	20	4
27-12-5	・讃岐国山□〔田ヵ〕→・□多□二人	039	平城宮7-12818(木 研4-95頁-(5)・城 4-4上(9))	平城宮第一次 大極殿院西辺	(56)	20	4
27-12-6	・左衛士府・宜相替国	081	平城宮7-12810(木 研4-95頁-(6)・城 4-3(2))	平城宮第一次 大極殿院西辺	(78)	(14)	4
27-13-1	｜未選｜秦人行＼｜仕丁｜建部乙公	081	木研4-96頁-1(1) (平城宮3-3210・城 4-4下(18))	平城宮東面大 垣入隅・東方官 衙地区	(139)	(45)	(5)
27-13-2	凡直□□〔児ヵ〕□白米五斗	031	木研4-96頁-1(2) (平城宮3-3212・城 4-4下(19))	平城宮東面大 垣入隅・東方官 衙地区	141	19	4
27-13-3	・□丸部臣廣庭→	091	木研4-96頁-1(3) (平城宮3-3218)	平城宮東面大 垣入隅・東方官 衙地区			
27-13-4	・□□※○加利等※尾治宇□〔廿ヵ〕→	091	木研4-96頁-1(4) (平城宮3-3216)	平城宮東面大 垣入隅・東方官 衙地区			
27-13-5	・□八位下川辺薬→	091	木研4-96頁-2(1) (平城宮3-3230)	平城宮東面大 垣入隅・東方官 衙地区			
27-13-6	・麻呂／夕卌□‖＼←呂／日百廿／夕六十‖	091	木研4-96頁-2(2) (平城宮3-3232・城 4-4下(21))	平城宮東面大 垣入隅・東方官 衙地区			
27-13-7	・内舎人勲十□→	091	木研4-96頁-2(3) (平城宮3-3228)	平城宮東面大 垣入隅・東方官 衙地区			
27-13-8	・朝臣養麻→	091	木研4-96頁-2(6) (平城宮3-3231)	平城宮東面大 垣入隅・東方官 衙地区			
27-14-1	・主奬署○宿侍舎人参人○未選氷宿祢宮繼＼○物部忍足 ・廿七屯／人別九屯‖＼○十月十二日氷宮繼	081	木研6-104頁-(1) (平城宮3-3259・城 4-7(60))	平城宮宮域東 南隅地区・二条 大路	319	(25)	5
27-14-2	・主奬署○○〔請ヵ〕〈 〉・□所所請如件	081	木研6-104頁-(2) (平城宮3-3260・城 4-7上(55))	平城宮宮域東 南隅地区・二条 大路	(96)	(6)	3
27-14-3	・蒕春宮・須々保利	081	木研6-104頁-(3) (平城宮3-3261・城 4-7下(68))	平城宮宮域東 南隅地区・二条 大路	(154)	17	5
27-14-4	・二升○〈)□〔八ヵ〕□＼一升○主工署四升・←月廿五日	081	木研6-105頁-(20) (平城宮3-3531・城 4-5下(33))	平城宮宮域東 南隅地区・二条 大路	(108)	(25)	4
27-15-1	・式部省召○書生佐為宿祢諸麻□・○十二月廿八日大録	019	城40-21上(平城宮 6-8498・木研9-116 頁-(1)・城4-8上(71))	平城宮宮域東 南隅地区	(183)	35	3
27-15-2	大学寮解○申宿直官人事／少允従六位上紀朝臣直人／ 神護景雲四年八月卅日‖	011	木研9-116頁-(2) (平城宮4-3751・城 4-8下(84)・日本古代 木簡選)	平城宮宮域東 南隅地区	300	40	1
27-15-3	依遣高麗使廻来天平寶字二年十月廿八日進二階叙	015	木研9-117頁-(29) (城4-12下(211)・平城 宮4-3767・日本古 代木簡選)	平城宮宮域東 南隅地区	248	20	4
27-16-1	・陰陽寮移○大炊寮○給飯捌升○右依・例給如件録状故移 ○／□□□□〔年八月ヵ〕〈 〉／従八位下〈 〉‖	011	木研12-138頁-(1) (城7-3下(1)・日本古 代木簡選)	平城宮第二次 朝堂院東外郭 東外郭大垣東 南隅	419	(35)	5

총람 번호	판독문	형식 번호	출전	유적명	길이	너비	두께
27-16-2	・□陰陽寮解申宿直・『月月天平』	081	木研12-138頁-(2) (城7-3下(2))	平城宮第二次 朝堂院・大極殿 東外郭大垣東 南隅	(78)	(6)	3
27-16-3	大政内礼礼主＼大養徳国○大	081	木研12-138頁-(4) (城7-4上(8))	平城宮第二次 朝堂院・大極殿 東外郭大垣東 南隅	(85)	(34)	6
27-16-4	・近江国乗田価銭壱・━○天平□年	032	木研12-138頁-(6) (城7-5上(24))	平城宮第二次 朝堂院・大極殿 東外郭大垣東 南隅	71	16	3
27-17	□□○一未○□	081	木研8-106頁-(1)	平城宮	(116)	12	6
27-18-1	・□□[造東ヵ]内司運藕一百━・━━出小子門・○十月廿八 日□━・━━小野滋野	081	木研7-119頁-(1) (平城宮3-3006・城 5-5上(28)・城5-5上 (29)・日本古代木簡 選)	平城宮小子門 地区	(186+116)	(22)	3
27-18-2	・□五位上門部王○従四位□紀朝臣男人○従五位上大□・ 足○/□□/□□‖○（ ）○/○□□/□[若ヵ]女/□足 女‖/○/○逆女/□十一人	081	木研7-119頁-(2) (平城宮3-2849・城 5-6下(54))	平城宮小子門 地区	(364)	27	5
27-18-3	・主殿寮御炬○/車持□□[嶋ヵ]□□[奴ヵ]□□「子祖父」 吉末呂「又吉万呂」/「鴨国嶋」真木‖婢古阿尼/「酒虫 女○多比女○名吉女/○□‖六月五日大属衣縫連大床	081	木研7-119頁-(3) (平城宮3-2850・城 5-5下(32))	平城宮小子門 地区	374	(16)	6
27-18-4	□□□□□[車持ヵ]□□□□□[車持ヵ]□□＼○車持祖 麻呂○鴨国嶋ヵ「鴨大人」	081	木研7-119頁-(4) (平城宮3-2851・城 5-5下(33))	平城宮小子門 地区	(295)	(19)	4
27-19-1	位○位	091	木研8-107頁-(1)	平城宮東方官 衙地区・塼積官 衙			
27-19-2	位	091	木研8-107頁-(2)	平城宮東方官 衙地区・塼積官 衙			
27-20	・式部大□（欠損）○伊賀守伊勢子老○遠江介藤井川守 ○出雲□□[守布ヵ]○周方守弓削秋万呂兼勢・＼○内倉 介安□[倍ヵ]草万呂○美野守石上息継○伊与守高□[円 ヵ]□[世ヵ]○下総員外□[介ヵ]○桑原王□[兼ヵ]・ 下野介当□[麻ヵ]□□□守田部息万呂（欠損）○介弓 削廣□＼能登（欠損）左馬司頭○牟□□[都支ヵ]王○右 大舎人介□[文屋ヵ]万呂〈・〉＼員外介□[弓ヵ]（欠損） □[麻ヵ]□○右衛士督備泉○玄蕃□相模□[波ヵ]○〈 〉○ ○□	011	城42-15表(平城宮 7-11894・木研 8-110頁-(11)・城 5-9上(106))	平城宮第一次 大極殿院築地 回廊東南隅付 近	(67+272)	37	3
27-21-1	・近江国甘作郡雄諸郷・大津里大友行商	051	木研8-114頁-(1) (平城宮3-3198・城 6-3下(6))	平城宮東院地 区西辺	122	13	3
27-21-2	□養老五年正月	059	木研8-114頁-(2) (平城宮3-3200・城 6-3下(9))	平城宮東院地 区西辺	(177)	22	8
27-21-3	伊豆国那可郡和志郷庭科里宍人部□	039	木研8-114頁-(3) (平城宮3-3197・城 6-3上(5))	平城宮東院地 区西辺	(183)	28	4
27-21-4	・右京一条四坊戸主国覓忌寸薩比登□[誡ヵ]━・欲給故牒 ○右如件	019	木研8-114頁-(4) (平城宮3-3190・城 6-3上(2)・日本古代 木簡選)	平城宮東院地 区西辺	(226)	23	4
27-21-5	・申上○近江国事・○一斗二升□升	019	木研8-114頁-(5) (平城宮3-3192・城 6-3下(7))	平城宮東院地 区西辺	(119)	9	2

총람 번호	판독문	형식 번호	출전	유적명	길이	너비	두께
27-21-6	志摩国答志郡和具郷難設里戸主大伴部祢麻呂口／同羊 御調海藻六斤／養老七年五月十七日 ‖	032	木研8-115頁-(6) (平城宮3-3196·城 6-3上(4)·日本古代 木簡選)	平城宮東院地 区西辺	295	33	4
27-22-1	·少初位下高屋連家麻呂／年五十／右京 ‖ 六考日并 千九十九／六年中 ‖ ·陰陽寮	015	木研10-90頁-1(1) (城6-3下(11)·日本 古代木簡選)	平城宮左京二 坊坊間大路西 側溝	291	30	9
27-22-2	·越中国利波郡川上里鮒雑·腊一斗五升○和銅三年正月 十四日	032	木研10-90頁-1(2) (城6-4上(17))	平城宮左京二 坊坊間大路西 側溝	105	26	6
27-22-3	·□□·○天平十九年七月四日使□万呂	081	木研10-90頁-1(6) (城6-4下(26))	平城宮左京二 坊坊間大路西 側溝	(159)	(6)	3
27-22-4	·装潢紙壱伯肆拾伍枚·八年八月九日注／○堤□／注押人 □ ‖	011	木研10-90頁-2(1) (城6-5下(36))	平城宮二条条 間大路南側溝	137	35	6
27-22-5	·召急○／津嶋連生石／山部宿祢東人／／平群郡 ‖ ／忍 海連宮立 ‖ ○／忍海郡 ‖ ○／春日椋人生村／／宇太郡／ 三宅連足嶋／／山辺郡 ‖ ○大豆造今志／／廣背郡 ‖ ·○ ／刑部造兄人／小長谷連赤麻呂／小長谷連荒当／／志貴 上郡／○右九／和銅六年五月十日使葦屋／○椋人大田充 食馬 ‖	011	木研10-91頁-2(2) (城6-5上(33)·日本 古代木簡選)	平城宮二条条 間大路南側溝	168	29	4
27-22-6	·長門国大津郡中男作物海藻陸斤二連·○天平九年十一 月	032	木研10-91頁-2(8) (城6-8上(95))	平城宮二条条 間大路南側溝	139	30	8
27-23-1	志摩国志摩郡手節里戸主大伴部荒人〈 〉／□藻根二斗／ 和□五年四月廿日 ‖	031	木研14-134頁-(1) (城6-8下(98))	平城宮馬寮地 区	(274)	31	6
27-23-2	阿波国阿波郡秋月郷庸米物部小籠一俵	051	木研14-134頁-(2) (城6-8下(99))	平城宮馬寮地 区	218	30	4
27-23-3	·嶋掃進兵士四人依人役数欠·状注以移○天平十一年正 月二日	011	木研14-135頁-(6) (城8-3上(1))	平城宮馬寮地 区	177	14	2
27-23-4	·←進兵士三人依東蘭→·○□以移○天平十年閏七月十二 →	081	木研14-135頁-(5) (城8-3上(3))	平城宮馬寮地 区	(145)	29	2
27-24-1	·応修理正倉□·右「／肥後国○山鹿郡／妙~○法~○蓮~ ○華~ ‖	081	平城宮7-11397(木 研23-170頁-(1)·城 9-4下(5))	平城宮第一次 大極殿院地区· 南門·東楼·南面 築地回廊	(88)	(25)	3
27-24-2	答志郷奈弖米三□[斤カ]	019	平城宮7-11411(木 研23-170頁-(2)·城 9-6下(38))	平城宮第一次 大極殿院地区· 南門·東楼·南面 築地回廊	(105)	20	3
27-24-3	·殿守二升＼○□○「国庭○英田郡国○肥後国合志郡□ □[鳥嶋カ]郷余□[戸カ]□」·「□□□□〈 〉○〈 〉」○「英 田郷○□太□□□□留□」	019	城42-15表(平城宮 7-11395·木研 23-170頁-(3)·城 9-4上(2))	平城宮第一次 大極殿院地区· 南門·東楼·南面 築地回廊	(635)	(35)	4
27-24-4	伊豆国田方郡棄妾郷戸主春□	039	平城宮7-11412(木 研23-170頁-(6)·城 9-6下(39))	平城宮第一次 大極殿院地区· 南門·東楼·南面 築地回廊	(176)	34	5
27-25	·ε (墨画) 白物桶＼ε (墨画) 白物桶＼【 「奈尓波」＼物 □} ·〈 〉＼白物桶福徳＼□□□□	081	木研27-201頁-(1) (城10-4下(1))	平城宮内裏東 端中央部	71	(25)	4
27-26-1	□□□□□□□□□□升／〈 〉○六／□□三 ‖ 和銅二 年	031	平城宮7-11350(木 研24-159頁-(1)·城 10-5上(9))	平城宮内裏西 南隅外郭	(447)	29	4
27-26-2	·丹波国氷上郡石□[負カ]里笠取直子万呂一俵納·白米 五斗○和銅□年四月廿三日	032	平城宮7-11306(木 研24-160頁-(15)· 城10-6下(20))	平城宮内裏西 南隅外郭	199	21	6
27-26-3	·丹波国氷上□石負里□□[氷部カ]·俵納白米五斗○和銅 三年	039	平城宮7-11308(木 研24-160頁-(17)· 城10-6下(22))	平城宮内裏西 南隅外郭	(132)	19	5

총람 번호	판독문	형식 번호	출전	유적명	길이	너비	두께
27-26-4	·丹波□[国力]○□□[負力]里□·[千力]□□·[部力]□牟一俵 ·納白米五斗○和銅三年四月廿三日	033	平城宮7-11307(木 研24-160頁-(16)· 城10-6上(21))	平城宮内裏西 南隅外郭	214	19	4
27-26-5	·額田部御□○額田部□·○車□□□□[麻呂力]	081	平城宮7-11298(木 研24-159頁-(4)·城 10-5上(6))	平城宮内裏西 南隅外郭	164	(30)	2
27-26-6	六戊五巳[己]九庚八辛七壬六□○□＼○〈 〉	091	平城宮7-11354(木 研24-159頁-(8)(城 10-5上(7))	平城宮内裏西 南隅外郭			
27-27-1	·長／春部万呂○陽候黒須／城部足浜○尾張安万呂○尾 張五百足‖·○右五人暁夜行	011	平城宮7-12594(木 研26-239頁-(2)·城 10-8下(50))	平城宮第一次 大極殿院西辺 佐紀池南岸	184	37	5
27-27-2	·播磨国赤穂郡周勢里·春部古□	051	平城宮7-12601(木 研26-240頁-(11)· 城10-9上(61))	平城宮第一次 大極殿院西辺 佐紀池南岸	181	21	6
27-27-3	·藤□[原力]郡和□·〈 〉	019	平城宮7-12602(木 研26-240頁-(13))	平城宮第一次 大極殿院西辺 佐紀池南岸	(64)	23	4
27-27-4	·越前国登能郡翼倚→（能の右横に転倒符）·庸米六斗 ○和銅	039	平城宮7-12752(木 研26-240頁-(17)· 城10-9上(59))	平城宮第一次 大極殿院西辺 佐紀池南岸	(103)	23	3
27-28-1	·進上瓦三百七十枚／女瓦百六十枚○宇瓦百卅八枚／○ 鐙瓦七十二枚‖功排七人／十六人各十枚○廿三人各六 枚／九人各八枚‖○◇·付葦屋石敷／○神亀六年四月十 日穴太□[老力]／○主典下道朝臣○向司家‖○◇	011	平城宮7-11873(木 研30-192頁-(1)·城 11-5上(1)·日本古代 木簡選)	平城宮中央区 朝堂院東北隅	266	23	2
27-28-2	·式部省召／○中務省○陰陽寮／右大舎人寮○内薬司‖ ○右省·○閏二[三力]月十六日	081	平城宮7-11881(木 研30-192頁-(2)·城 11-5下(2)·日本古代 木簡選)	平城宮中央区 朝堂院東北隅	198	(25)	4
27-28-3	〈 〉／○／里工作高殿料短枚桁二枝‖〈 〉	081	平城宮7-11898(木 研30-192頁-(3)·城 11-5下(5))	平城宮中央区 朝堂院東北隅	(261)	(22)	4
27-29-1	·東薗進上芹三升·／○／蓼〈 〉‖〈 〉／○／右三種‖付三□	081	木研38-183頁-(1) (平城宮発掘調査報 告15-(9)·城11-16 上(151))	平城宮東院庭 園地区	(161)	(25)	5
27-29-2	◇第十二櫃	021	木研38-183頁-(2) (平城宮発掘調査報 告15-(6)·城11-9下 (56))	平城宮東院庭 園地区	77	26	5
27-29-3	河村郡河村郷白米五斗	081	木研38-183頁-(3) (平城宮発掘調査報 告15-(5)·城11-9下 (57))	平城宮東院庭 園地区	(158)	33	5
27-29-4	宋麻呂方「一丈」	032	木研38-183頁-(4) (平城宮発掘調査報 告15-(2)·城11-9下 (53))	平城宮東院庭 園地区	175	27	5
27-30-1	·「伊福部宿祢廣浜／年冊三／大倭国十市郡」‖（右側面） ·右以去天平五年八月廿一日＼○状＼□遭服罷仍具 録以申送（表面）·〈 〉（左側面）	011	平城宮7-11859(城 12-7上(2))	平城宮中央区 朝堂院東北部	(146)	30	16
27-30-2	·受古釘六隻重十二斤／損二斤八両／○九斤八両‖○□[作力]五寸打合釘·五十一隻○四月廿二日刑部麻呂	081	平城宮7-11914(城 12-7上(1))	平城宮中央区 朝堂院東北部	268	(26)	4
27-30-3	·近江国浅井郡岡本郷·木部安□□[万呂力]庸	033	平城宮7-11957(城 12-7下(7))	平城宮中央区 朝堂院東北部	194	21	5
27-30-4	讃岐国山田郡林郷→	039	平城宮7-11966(城 12-7下(10))	平城宮中央区 朝堂院東北部	(144)	22	5
27-30-5	少丹生里／米七斗／秦人老五□[戸力]‖	051	平城宮7-12849(城 12-7下(11))	平城宮中央区 朝堂院東北部	148	25	5

총람 번호	판독문	형식 번호	출전	유적명	길이	너비	두께
27-31-1	・上総国阿波郡片岡里服織部小□戸服織部麻呂調壱束・ ○上総国阿波郡	039	城12-10上(48)(日 本古代木簡選)	平城宮東院地 区	(247)	27	6
27-31-2	嶋国嶋郡魚切里御調海藻廿□[斤ヵ]	051	城12-9下(41)(日本 古代木簡選)	平城宮東院地 区	*		
27-31-3	・§供○御所請「土」佐良・一十[×一]六口籠尻佐良料\○ ◇・/「判充大進/付物部山成‖小折/正月廿日「了/ ○高橋田張麻呂‖	011	城12-12下(83)(日 本古代木簡選)	平城宮東院地 区	234	29	3
27-32	・大伴・○□□□日下部□□	019	平城宮7-12048(城 13-9上(29)・木研 1-10頁-1(1))	平城宮中央区 朝堂院東第二 堂	(147)	8	3
27-33-1	・遠江国敷智郡□呼嶋・【□三百卅二大伴部山嶋九十\□ □六十□[束ヵ]物部黒人七十】	019	平城宮7-11956(城 13-9下(37)・木研 1-10頁-1(3))	平城宮中央区 朝堂院東第二 堂	(183)	39	5
27-33-2	・籠作鵜廿□□[鵜籠ヵ]□□□□□□□・籠〈〉〈〉	081	平城宮7-12212(城 13-9上(30)・木研 1-10頁-1(5))	平城宮中央区 朝堂院東第二 堂	(326)	(35)	5
27-33-3	・鵜鵤文倭利足梁田\安宗寒川都賀阿内・□[塩ヵ]□	011	平城宮7-12123(城 13-9下(32)・木研 1-11頁-1(6))	平城宮中央区 朝堂院東第二 堂	136	42	7
27-33-4	・□進上女瓦三百○…□/丁冊五人‖・○神亀五年十月… □秦小酒得麻呂	081	平城宮7-11874(城 13-9下(33)・木研 1-10頁-1(2))	平城宮中央区 朝堂院東第二 堂	(105+105)	(25)	5
27-34	・道□□□\○道請□□・□□□□□	065	平城宮7-11822(木 研2-9頁-1(1)・城 13-10下(47))	平城宮第一次 大極殿院地区 東辺	(278)	最大径 26.5	
27-35-1	・○□□□□□→・養老五年九月廿日	081	城14-8上(12)(木研 2-10頁-2(6))	平城宮東院園 池西南地区	(114)	15	3
27-35-2	・◇備後国安那郡山野郷山上里・◇\/矢田部甲努三斗/矢 田部木身三斗‖右庸米六斗	031	城14-8上(17)(木研 2-10頁-2(13))	平城宮東院園 池西南地区	221	55	5
27-35-3	・□□[炊ヵ]屋/二/庇二‖○釘百八十・□○合釘 千九百五十六	081	平城宮発掘調査報 告15-(1)(城14-8下 (23)・木研2-10 頁-2(15))	平城宮東院園 池西南地区	(137)	24	3
27-36	・造兵司移衛門府/大楯并桙事/以前等物脩理已訖宜‖・ 承状知以今日令運仍具状以移\○天平三年十二月廿日 従七位上行大令史葛井連「□足	011	木研3-11頁-1(5) (城14-9上(28)・日本 古代木簡選)	平城宮南面東 門(壬生門)二条 大路北側溝	283	39	2
27-37-1	・故「□部嶋」□□\○□連道道\○□\「若□部」若垣\ ○□□・【□阿□□□□語故□□□\○□□】	081	木研4-11頁-1(1) (城15-7上(1))	平城宮東院地 区	129	(44)	6
27-37-2	・←□=又如之但=□「其ヵ]→\←□□□□□→	081	木研4-11頁-1(2) (城15-7下(3))	平城宮東院地 区	(82)	(15)	1
27-37-3	・官・官	032	木研4-11頁-1(3) (城15-7下(6))	平城宮東院地 区	74	25	1
27-37-4	南新防壁三枚	031	木研4-11頁-1(4) (城15-7下(9))	平城宮東院地 区	167	34	3
27-37-5	・←五斗/□□郷二斗□□郷□五升/□□[山ヵ]二斗‖・ 天平元年八月十九日	019	木研4-11頁-1(5) (城15-8上(8))	平城宮東院地 区	(138)	16	4
27-37-6	天平十二年十月	039	木研4-11頁-1(6) (城15-8上(10))	平城宮東院地 区	(98)	19	4
27-37-7	・備前国上道郡居都郷・和仁部太都万呂五斗	033	木研4-12頁-1(7) (城15-8上(11))	平城宮東院地 区	(133)	22	1
27-37-8	・返抄○所請□[茄ヵ]子斗八升・○十月三日受車持家	011	木研4-12頁-1(8) (城15-8下(13))	平城宮東院地 区	185	19	4
27-37-9	・若狭国遠敷郡野駅家/大湯坐連→/御□→‖・○十月 十五日	039	木研4-12頁-1(9) (城15-8下(14))	平城宮東院地 区	(128)	33	4
27-37-10	・□□□□□天平勝寶□[六ヵ]→	081	木研4-12頁-1(11) (城15-8下(17))	平城宮東院地 区	(85)	28	3
27-37-11	・○□□□□[各七ヵ]副\□条各四副\「十四条/三条各五 副/十一条各三半辟副‖・	019	木研4-12頁-1(12) (城15-9上(18))	平城宮東院地 区	(96)	25	3

총람 번호	판독문	형식 번호	출전	유적명	길이	너비	두께
27-37-12	備前□□□□	039	木研4-12頁-1(13) (城15-9上(19))	平城宮東院地区	(40)	34	6
27-37-13	二百文／上丁‖「未」8□	081	木研4-12頁-1(14) (城15-9下(23))	平城宮東院地区	(72)	(20)	3
27-37-14	□□○酒司○□□□□□	019	木研4-12頁-1(15) (城15-9下(28))	平城宮東院地区	(312)	(14)	5
27-37-15	・伊与□□村郡□井郷□□□・□□五斗	059	木研4-12頁-1(16) (城15-9下(28))	平城宮東院地区	104	16	3
27-38-1	□[月ヵ]大宅内命婦□[宣ヵ]	019	木研4-12頁-2(1) (城15-10下(33))	平城宮内裏北 方官衙地区	(89)	31	3
27-38-2	・□→○天平十九年十一月二日使□→丶□□	081	木研4-12頁-2(2) (城15-10下(32))	平城宮内裏北 方官衙地区	(160)	(36)	3
27-38-3	天平十二年□□五日○案□□[三ヵ]嶋□□丶□□[守ヵ] 名氏	011	木研4-12頁-2(3) (城15-11上(38))	平城宮内裏北 方官衙地区	312	4	2
27-38-4	井於王丶□本王	081	木研4-12頁-2(5) (城15-10下(32))	平城宮内裏北 方官衙地区	(115)	(31)	3
27-38-5	・□□[阿ヵ]古女○凡小女笠王○□□□□□□○□□□ ・○天平十八年十一月十三日	081	木研4-13頁-2(7) (城15-10上(30))	平城宮内裏北 方官衙地区	(549)	(25)	5
27-38-6	次長高市息継○□□□[中臣ヵ]→丶□□□[紀三ヵ]□□○安 曇廣刀自○□□[紀ヵ]→	081	木研4-13頁-2(8) (城15-11上(37))	平城宮内裏北 方官衙地区	335	34	6
27-38-7	参河国□[播ヵ]豆郡析嶋海部供奉二月料御贄佐米楚割 六斤	031	木研4-13頁-2(9) (城15-12上(39))	平城宮内裏北 方官衙地区	268	20	5
27-38-8	苫田郡林田郷□[醬ヵ]大豆五斗進上	032	木研4-13頁-2(11) (城15-12上(41))	平城宮内裏北 方官衙地区	256	27	4
27-38-9	長見庸米五斗	011	木研4-13頁-2(12) (城15-12上(43))	平城宮内裏北 方官衙地区	179	(27)	3
27-38-10	・近江国犬上郡・川原郷	051	木研4-13頁-2(13) (城15-12上(44))	平城宮内裏北 方官衙地区	149	26	4
27-38-11	・□丶独活壱両・□受丶□□□	081	木研4-13頁-2(14) (城15-12下(46))	平城宮内裏北 方官衙地区	(83)	(35)	2
27-38-12	麻子二斗六升	032	木研4-13頁-2(14) (城15-13上(49))	平城宮内裏北 方官衙地区	94	(21)	2
27-38-13	・上蜜一斗二升・天平□年六月八日□	032	木研4-13頁-2(16) (城15-13上(50))	平城宮内裏北 方官衙地区	137	20	3
27-38-14	・○□鼠・天平十五年十月三日	032	木研4-13頁-2(17) (城15-13上(51))	平城宮内裏北 方官衙地区	86	18	6
27-38-15	七気丸一斛	011	木研4-13頁-2(18) (城15-13上(52))	平城宮内裏北 方官衙地区	66	15	2
27-38-16	南无龍自在王仏	011	木研4-13頁-2(19) (城15-13上(53))	平城宮内裏北 方官衙地区	267	42	4
27-38-17	□帳天平（木□）	081	木研4-13頁-2(20) (城15-13上(54))	平城宮内裏北 方官衙地区	(126)	(10)	(9)
27-39-1	・□□・□□□	081	木研27-9頁-1(1)	平城宮朱雀門 東側南面大垣	(69)	(4)	3
27-39-2	・□□[職ヵ]○／○人□□□／□平○人□‖・○□□□	081	木研27-9頁-1(2)	平城宮朱雀門 東側南面大垣	(139)	(22)	2
27-40-1	○□丶衛門府進和炭二斛／〈 〉／木屋坊‖○天平勝寶三年 正月廿五日番長道守臣努多万呂	081	木研4-14頁-3(1) (城15-15上(72)·日 本古代木簡選)	平城宮城南 面西門(若犬養 門)地区	324	(17)	8
27-40-2	・左衛士府○／居飼物部□→‖・○天平勝寶→	019	木研4-14頁-3(4) (城15-13下(58))	平城宮城南 面西門(若犬養 門)地区	(185)	(40)	3
27-40-3	・御○葬時服衣等進上番門部并・内物等歴名欲請附得万 呂／正月六／若犬養□‖	011	木研4-14頁-3(6) (城15-14上(60))	平城宮城南 面西門(若犬養 門)地区	189	34	5

총람 번호	판독문	형식 번호	출전	유적명	길이	너비	두께
27-40-4	・御門司所□[謹ヵ]解○催造司主典□→・○「御□□□[門司所ヵ]謹解催造司主□・」・□□□□□九月□[九ヵ]」	019	木研4-15頁-3(11)(城15-17上(84))	平城宮宮城南面西門(若犬養門)地区	(257)	(31)	4
27-40-5	・造西仏殿司□[移ヵ]若犬養門○右為□泉□→・□□□□□□[如件ヵ]□□□□[状以移ヵ]○□□□□□□□□→	081	木研4-15頁-3(13)(城15-17上(85))	平城宮宮城南面西門(若犬養門)地区	(278)	(6)	5
27-40-6	督／石上部□□／山口丈万呂○／□□□／□□若□‖	081	木研4-15頁-3(16)(城15-13下(48))	平城宮宮城南面西門(若犬養門)地区	(147)	(22)	3
27-40-7	←贄事／猪山二裏四枝□[酢ヵ]海→／鹿山二裏四枝漂二裏→‖	081	木研4-16頁-3(29)(城15-32上(219))	平城宮宮城南面西門(若犬養門)地区	(149)	(31)	5
27-40-8	・大嶋里□□□[前人ヵ]一古・○□□	032	木研4-16頁-3(30)(城15-33上(224))	平城宮宮城南面西門(若犬養門)地区	160	24	5
27-41-1	・少疏日下部直三竪謹申・□□□□	081	平城宮7-11856(木研4-20頁-4(1)·城15-33上(225))	平城宮中央区朝堂院地区東南隅	169	(17)	5
27-41-2	←□[蔵ヵ]省少主鑰	081	平城宮7-12002(木研4-21頁-4(2)·城15-33下(228))	平城宮中央区朝堂院地区東南隅	(119)	(8)	3
27-41-3	□木屋□[坊ヵ]□	081	平城宮7-12004(木研4-21頁-4(3)·城15-33下(229))	平城宮中央区朝堂院地区東南隅	(67)	(6)	4
27-41-4	・○〈 〉＼○〈 〉○§海真常○§安倍家足＼□□[倉主ヵ]○§三嶋永調○§白髪部倉主＼○主＼奈癸家公○§阿刀浄継＼下部□[佐ヵ]／伯大梓○§石寸浄野・§□□□飯事○飯飯／飯＼□□受□事○合□□[飯ヵ]□§	081	平城宮7-11869(木研4-21頁-4(4)·城15-34(233))	平城宮中央区朝堂院地区東南隅	(223)	(43)	2
27-41-5	／弓削生□／宇自善□‖○／□〈 〉／□〈 〉‖○／〈 〉／□[坂ヵ]□‖○／石川乙勝／村□□□‖□□[合ヵ]八人	011	平城宮7-11922(木研4-21頁-4(5)·城15-34(234))	平城宮中央区朝堂院地区東南隅	279	28	5
27-42-1	・駿河国志太郡正丁作物布乃理一籠→・○天平勝寶六年十月	019	木研5-11頁-1(8)(城16-6上(18)·日本古代木簡選)	平城宮内裏北外郭東北部	(148)	14	3
27-42-2	隠伎国海部郡／佐吉郷日下部止々利／調鮑六斤‖養老七年	031	木研5-11頁-1(14)(城16-7上(33)·日本古代木簡選)	平城宮内裏北外郭東北部	156	32	7
27-42-3	隠伎国／海部郡作佐郷／大井里海部小付／調紫菜二斤	031	木研5-12頁-1(30)(城16-10上(72)·日本古代木簡選)	平城宮内裏北外郭東北部	120	21	3
27-42-4	瀬肝二具	032	木研5-12頁-1(34)(城16-9上(58)·日本古代木簡選)	平城宮内裏北外郭東北部	65	21	5
27-43-1	民部省移	091	平城宮7-11846(木研5-13頁-2(1)·城16-12上(102))	平城宮中央区朝堂院地区東部			
27-43-2	・残米三斗九升□合／○／四月廿日勘文人上‖・□一升充御山所用＝[粥ヵ]料／付常陸□□□[部ヵ]足万呂○米□□□／四月廿二日京万呂□□□[付ヵ]‖○□□□□□□	019	平城宮7-12582(木研5-14頁-2(1)·城16-13上(105))	平城宮中央区朝堂院地区東部	(284)	30	4
27-43-3	・ ｛山○京橋造不状＼□□□[土師ヵ]／少疏倉人＼○□□□[巨勢朝ヵ]臣｝＼□□□□□＼又十二日宣受史生土＼十九日弾正台口宣〈 〉＼○東宮南道＼○□	081	城42-15表(平城宮7-12583·木研5-14頁-2(1)·城16-12下(104))	平城宮中央区朝堂院地区東部	(95)	(77)	5
27-43-4	造曹司所請□	091	平城宮7-12493(木研5-14頁-2(1)·城16-11上(85))	平城宮中央区朝堂院地区東部			
27-43-5	・西大宮正月仏○御供養雑物買残銭・一貫五百六十文／油五升○正月十六日添石前／□□‖	032	平城宮7-12495(木研5-14頁-2(8)·城16-10下(78))	平城宮中央区朝堂院地区東部	166	20	6

총람 번호	판독문	형식 번호	출전	유적명	길이	너비	두께
27-44	・阿波国□□□〔麻殖ヵ〕郡川嶋郷・少楮里忌部足嶋庸米六斗	051	木研5-16頁-7(1) (城16-14下(112))	平城宮南面大 垣	175	26	2
27-45-1	□一人□使一人	091	平城宮7-11832	平城宮中央区 朝堂院東南部			
27-45-2	□少志佐伯	091	平城宮7-11828	平城宮中央区 朝堂院東南部			
27-45-3	□〔廿ヵ〕七日□□〔少ヵ〕□	091	平城宮7-11831	平城宮中央区 朝堂院東南部			
27-46-1	・泉内親王宮〇出物□□□・九月廿五日	011	木研6-10頁-2(3) (城17-7上(4))	平城宮第二次 大極殿院・内裏 東方官衙地区	229	(11)	5
27-46-2	・返抄諸上進薪→・葛井□□〇五月十八□〔物〕部□〔乙〕万 呂	081	木研6-10頁-2(11) (城17-8上(15))	平城宮第二次 大極殿院・内裏 東方官衙地区	294	(13)	4
27-46-3	左兵衛府移〇中衛→	081	木研6-11頁-2(13) (城17-9下(31))	平城宮第二次 大極殿院・内裏 東方官衙地区	(128)	(18)	5
27-46-4	←□〔人ヵ〕逓送事合浮浪□→	081	木研6-11頁-2(17) (城17-7下(11))	平城宮第二次 大極殿院・内裏 東方官衙地区	(152)	(17)	4
27-46-5	・東□〔市ヵ〕交易銭計絁鷹人服部・真吉	039	木研6-11頁-2(18) (城17-16下(127)・日 本古代木簡選)	平城宮第二次 大極殿院・内裏 東方官衙地区	(94)	16	3
27-46-6	／美濃工一／上総三‖〇／下総廿四人／備後三／播磨二 ‖〇卌人／斐太廿／匠丁廿‖	011	木研6-11頁-2(19) (城17-13上(80))	平城宮第二次 大極殿院・内裏 東方官衙地区	191	45	3
27-46-7	伊豆国那賀郡射鷲郷和太里丈部黒栖調堅魚十一斤十 両七連八節＼〇天平五年九月	011	木研6-12頁-2(22) (城17-14上(90))	平城宮第二次 大極殿院・内裏 東方官衙地区	381	28	3
27-46-8	・神護元年・七月解	061	木研6-12頁-2(33) (城17-17下(138))	平城宮第二次 大極殿院・内裏 東方官衙地区	(65)	14	5
27-46-9	成選人名□〈〉	081	木研6-12頁-2(34) (城17-17下(140))	平城宮第二次 大極殿院・内裏 東方官衙地区	(148)	(17)	4
27-46-10	・□内門籍〇少録正七位下三野□→・□□□□□〇□□□ □□□	081	木研6-12頁-2(37) (城17-18上(144))	平城宮第二次 大極殿院・内裏 東方官衙地区	(154)	(12)	6
27-46-11	□□吹工三百廿一人＼共作二千二□＼〇□□宮人五	081	木研6-12頁-2(38) (城17-18下(151))	平城宮第二次 大極殿院・内裏 東方官衙地区	(175)	(25)	7
27-47-1	・散位寮召〇使部□□〈〉＼〇日置・□〔為ヵ〕□□□＼〇	019	平城宮6-8499(木研 7-10頁-1(1)・城 18-6上(1))	平城宮壬生門 東方南面大垣	(152)	42	5
27-47-2	・下等〇兵部省使部従八位下〈〉／年六十／右京‖上日百 〈〉・【□〇不□執□】	015	平城宮6-8616(木研 7-11頁-1(4)・城 18-6上(4)・日本古代 木簡選)	平城宮壬生門 東方南面大垣	270	28	10
27-47-3	・出羽国郡司考□□〔状帳ヵ〕・神亀五年（軸木口）	061	平城宮6-9883(木研 7-11頁-1(6)・城 18-8下(26))	平城宮壬生門 東方南面大垣	長295	径16	
27-47-4	・位□〔子〕〇□茨田宿祢多比□・〇神亀四年料□□＼五□ □〔百文ヵ〕〇輸神亀□	039	平城宮6-10005(木 研7-11頁-1(15)・城 18-10下(63))	平城宮壬生門 東方南面大垣	(111)	26	3
27-47-5	残飯一斗	019	平城宮6-10267(木 研7-12頁-1(19)・城 18-12下(91))	平城宮壬生門 東方南面大垣	(92)	19	3

총람번호	판독문	형식번호	출전	유적명	길이	너비	두께
27-47-6	·內參入舍人／※阿曇千嶋∥·※丹比足角∥·※大伴廣国﹨君子□[百ヵ]依∥○﹨品遅国前／海小□∥（※は合点ヵ）	011	平城宮6-10227(木研7-12頁-1(21)·城18-7上(8))	平城宮壬生門東方南面大垣	154	30	5
27-48-1	·天平寶字四年〈 〉□史考状□[帳ヵ]（軸木口）·□（軸木口）	061	城42-15表(平城宮7-11948·木研7-13頁-2(1)·城18-13上(97))	平城宮中央区朝堂院南方	長315	径22	
27-48-2	·｛河内国﹨從六位上三嶋﹨從七上美努連﹨從七下○日佐﹨○守〈 〉水﹨從八上□□﹨秦忌寸田□﹨○茨〈 〉得﹨○河内〈 〉網﹨○錦〈 〉□[継ヵ]﹨高橋連稲﹨勝部□[連ヵ]□｝·【｛今木連﹨黄文連﹨出雲□﹨飽浪連﹨鴨祢疑﹨六人部連﹨六人部連﹨高向調﹨秦忌寸船｝】	081	城42-15表(平城宮7-11895·木研7-13頁-2(8)·城18-13上(96))	平城宮中央区朝堂院南方	(39)	(154)	2
27-48-3	·○從六位下尺度忌寸人□·□[位ヵ]上〈 〉安麻呂	081	平城宮7-12026(木研7-14頁-2(14)·城18-13下(99))	平城宮中央区朝堂院南方	(126)	(12)	3
27-49	中等	081	平城宮7-11944(木研10-11頁-1(1)·城20-7上(1))	平城宮朱雀門東方南面大垣	(35)	(10)	4
27-50-1	養老三年閏七月	011	城19-9上(1)(木研8-9頁-1(1))	平城宮北面大垣地区(御前池)	187	10	3
27-50-2	□四斗七升	019	城19-9上(2)(木研8-9頁-1(2))	平城宮北面大垣地区(御前池)	(132)	20	3
27-50-3	｛八年｝	091	城19-9上(3)(木研8-9頁-1(3))	平城宮北面大垣地区(御前池)			
27-51-1	·讃岐国多度郡藤原郷伊□首智万庸米六斗·○神亀三年九月	051	城19-9上(5)(木研8-10頁-4(1)·日本古代木簡選)	平城宮馬寮地区北方	192	23	6
27-51-2	○□□田主三四﹨二斗寶亀四年	033	城19-9下(8)(木研8-11頁-4(2))	平城宮馬寮地区北方	(165)	35	9
27-51-3	·若狭国□[遠ヵ]→·→天平勝寶四年□□	019	城19-9上(4)(木研8-11頁-4(3))	平城宮馬寮地区北方	(156)	17	
27-52-1	上總国□□[望陀ヵ]→	039	城19-9下(11)(木研8-9頁-2(1))	平城宮壬生門東方南面大垣	(50)	19	3
27-52-2	·尾張国→·○□	081	城19-9下(10)(木研8-9頁-2(2))	平城宮壬生門東方南面大垣	(65)	(17)	
27-52-3	·□□馬依／○□□□／年十九○鼻右／黒子∥·□□信濃国□	081	城19-9下(9)(木研8-10頁-2(3))	平城宮壬生門東方南面大垣	(93)	(19)	4
27-52-4	·分／錢五百文／米一石塩五升∥·□□本三尺末□[二ヵ]→·□□四尺□末三尺五寸高一丈→	019	城19-10下(13)(木研8-10頁-2(4))	平城宮壬生門東方南面大垣	(203)	28	
27-52-5	己西郷豊□[乃ヵ]里白米五斗	033	城19-10下(14)(木研8-10頁-2(5))	平城宮壬生門東方南面大垣	176	26	4
27-53	·大□十□□·○□	039	城19-10上(17)	平城宮壬生門西辺南面大垣	(158)	20	2
27-54-1	·□□[臣ヵ]酒人宿祢□○／日佰伍拾壱／○〈 〉拾〈 〉∥·○□□	081	平城宮7-11826(城19-11下(20)·木研8-10頁-3(1))	平城宮中央区朝堂院地区南東部	(156)	(14)	5
27-54-2	「□□□」大初位下〈 〉	081	平城宮7-11829(城19-11下(21)·木研8-10頁-3(2))	平城宮中央区朝堂院地区南東部	(108)	(10)	5
27-54-3	散位寮□／□∥	081	平城宮7-11999(城19-11上(22)·木研8-10頁-3(3))	平城宮中央区朝堂院地区南東部	(76)	(14)	2
27-54-4	·工石床月米五斗八升／七月料者∥·八月上半月料三斗「□」	032	平城宮7-11995(城19-11上(24)·木研8-10頁-3(4))	平城宮中央区朝堂院地区南東部	168	26	5
27-54-5	上毛野朝臣廣人	091	平城宮7-12858(城19-11上(25)·木研8-10頁-3(5))	平城宮中央区朝堂院地区南東部			

총람 번호	판독문	형식 번호	출전	유적명	길이	너비	두께
27-54-6	□布里弓削子首□	091	平城宮7-12856(城19-11上(26)·木研8-10頁-3(6))	平城宮中央区朝堂院地区南東部			
27-54-7	受財而	091	平城宮7-12878(城19-11下(27)·木研8-10頁-3(7))	平城宮中央区朝堂院地区南東部			
27-55-1	僧房所＼○「□□」○中房預紀福足食○◇＼○□□□食一升五合＼○三月十三日別当佐伯千□	011	木研9-11頁-1(6)(城19-13下(65)·日本古代木簡選)	平城宮内裏東方東大溝地区	176	51	5
27-55-2	·〈 〉○〈 〉＼造宮省○合漆□漆〈 〉万呂·○〈 〉＼〈 〉天平寶字三年卿従三位藤原〈 〉	081	木研9-12頁-1(10)(城19-16上(99))	平城宮内裏東方東大溝地区	401	(40)	5
27-55-3	·北西門○他田宮成○丈部□敷○錦→·○□合四人	019	木研9-12頁-1(18)(城19-18上(132))	平城宮内裏東方東大溝地区	(149)	16	4
27-55-4	参河国芳図郡比莫嶋海部供奉九月料御贄佐米六斤	031	木研9-13頁-1(31)(城19-20下(175)·日本古代木簡選)	平城宮内裏東方東大溝地区	202	23	3
27-55-5	·播磨国賀茂郡下賀□□〈 〉→·民直豊国庸米一俵	033	木研9-13頁-1(42)(城19-31下(377))	平城宮内裏東方東大溝地区	221	21	6
27-55-6	周防国佐波郡牟礼郷上村里戸辛人麻〈 〉□二枚神亀三年十月	031	木研9-14頁-1(43)(城19-31下(378))	平城宮内裏東方東大溝地区	(234)	24	3
27-55-7	阿波国那賀郡薩麻駅子戸鵜甘部□麻呂戸同部牛調堅魚六斤／←平七→‖	031	木研9-14頁-1(44)(城19-32上(380))	平城宮内裏東方東大溝地区	261	24	5
27-55-8	因幡国巨濃郡潮井郷河会里物部黒麻呂中男作物海藻六斤○天平七年七月	031	木研9-14頁-1(45)(城19-31下(379))	平城宮内裏東方東大溝地区	368	28	3
27-56-1	伯耆国相見郡巨勢郷雑腊一斗五升○養老□年十月	031	平城宮7-12654(木研9-14頁-2(1)·城19-34上(415))	平城宮第一次大極殿院西辺	187	14	3
27-56-2	·○急々如々律々令々（右側面）·○□河＼／丈部若万呂／天剛々々‖○／丈部若万呂／天剛々々‖＼○熱□＼／丈部若万呂／天剛々々‖○／丈部若万呂／天剛々々‖＼○長□·○急々如々律々令々（左側面）	011	平城宮7-12716(木研9-15頁-2(5)·城19-35下(441))	平城宮第一次大極殿院西辺	123	78	(19)
27-56-3	讃岐国香川郡□〔細ヵ〕郷秦公□	039	平城宮7-12840(木研9-15頁-2(13)·城19-36上(449))	平城宮第一次大極殿院西辺	(103)	21	5
27-56-4	·／○「□」／「今五」‖左弁宣／長五丈／廣二丈‖·丈~部~伯~麻~呂○伯麻	019	平城宮7-12836(木研9-15頁-2(14)·城19-36上(448))	平城宮第一次大極殿院西辺	(106)	27	3
27-57-1	·別記司「□〔嗣ヵ〕」○｜／太政官／中務省／中宮職／□□□〔左大舎ヵ〕→‖·一番考目録｜○／「日＼□」／○以前□‖（「」内削り残り。他にもあり。）	081	平城宮6-10467(木研14-9頁-(3)·城26-5上(3))	平城宮南面東門(壬生門)内式部省東役所跡	(144)	(70)	4
27-57-2	掃部司選文二巻	032	平城宮6-10299(木研14-9頁-(4)·城26-5下(4))	平城宮南面東門(壬生門)内式部省東役所跡	75	17	4
27-57-3	○「医○酢○医○鳥」＼○医博士選医師□＼「凡凡田田□謹」	091	平城宮6-10906(木研14-11頁-(43)·城26-8上(61))	平城宮南面東門(壬生門)内式部省東役所跡			
27-57-4	撫使判□〔官ヵ〕	091	平城宮6-10641(木研14-11頁-(50)·城26-8下(71))	平城宮南面東門(壬生門)内式部省東役所跡			
27-58-1	造酒司召○令史○正召○使三宅公子	011	木研16-11頁-1(1)(城29-9上(1))	平城宮造酒司推定地	250	24	3
27-58-2	·丹波国氷上郡忍伎郷朝鹿里／○神人黒万呂三斗／「麻」□部小虫三→‖·「七四□□□□」（表裏「」内針書）	039	木研16-11頁-1(4)(城29-9上(6))	平城宮造酒司推定地	(275)	30	5
27-58-3	·海部郷京上赤春米五斗·矢田部首万呂○稲春	039	木研16-11頁-1(12)(城29-9下(15))	平城宮造酒司推定地	(188)	29	5
27-58-4	·美作国英多郡·白米五斗	039	木研16-12頁-1(14)(城29-10上(18))	平城宮造酒司推定地	(112)	17	3

총람 번호	판독문	형식 번호	출전	유적명	길이	너비	두께
27-59	日□	081	木研16-12頁-2(1) (城29-12上(46))	平城京左京東 二坊坊間路想 定地(法華寺北 方)	(53)	(17)	4
27-60-1	大伴門友造／〈 〉木万呂／十上□村粟田 ‖	011	木研16-12頁-3(1) (城29-10上(19))	平城宮東院南 端部	170	22	5
27-60-2	○〈 〉丶〈 〉司令史大初位上井上伊美吉麻呂	091	木研16-12頁-3(2) (城29-10上(23))	平城宮東院南 端部			
27-60-3	←位下川辺朝臣□	091	木研16-12頁-3(3) (城29-10上(24))	平城宮東院南 端部			
27-60-4	播麻介〈 〉	081	木研16-12頁-3(4) (城29-10上(21))	平城宮東院南 端部	(115)	10	3
27-60-5	・三保里戸主矢田部〈 〉同部□君・堅魚八連	033	木研16-12頁-3(5) (城29-10上(22))	平城宮東院南 端部	(148)	17	4
27-60-6	本（左側面）	061	木研16-12頁-3(6) (城29-10上(25))	平城宮東院南 端部	(1717)	222	134
27-61-1	・「□丶召／○壬生直得足○／朱雀門□□□□ ‖ ○武□□[射臣ヵ]虫／〈 〉|・□秦川辺□□／〈 〉|○□□□□□□□丶○片野連嶋村／子身陵比□[方ヵ]白／□□□□ ‖	061	平城宮発掘調査報 告15-(43)(木研 16-13頁-4(1)·城 29-11下(44))	平城宮東院北 側	(228)	(16)	5
27-61-2	・狩／§他田国足／綾公足／§□[忌ヵ]部忍人○§穴太□／§□□万呂○§ ‖・／§□／§錦部烏養／§坂上馬養 ‖ 右〈 〉丶「驗〇○丈新恵迴述」	081	平城宮発掘調査報 告15-(10)(木研 16-13頁-4(2)·城 29-11下(43))	平城宮東院北 側	(169)	(48)	4
27-62-1	玉所	081	木研17-8頁-(1)(城 31-7上(1))	平城宮東面大 垣東一坊大路 西側溝	(58)	(24)	3
27-62-2	隠伎国周吉郡○／新野郷布勢私部□□／調海藻六斤○ 天平六年 ‖	031	木研17-8頁-(2)(城 31-7上(2))	平城京左京三 条二坊一坪二 条大路南側溝	158	30	4
27-63-1	・主膳監解□申宿侍二人○／高橋山守／安都都万呂 ‖・○ 十一月廿二日秦一万	011	木研18-11頁-(8) ((城32-9下(10))	平城宮推定造 酒司宮内道路 南側溝	327	37	3
27-63-2	主馬署解	081	木研18-11頁-(10) (城32-9下(12))	平城宮推定造 酒司宮内道路 南側溝	(69)	(17)	1
27-63-3	・綾所請鯛漆合○人七口料○四月十日別当物部益・ 「行少属三嶋大調」	011	木研18-11頁-(14) (城32-10上(16))	平城宮推定造 酒司宮内道路 南側溝	219	32	3
27-63-4	・御贖所請柏拾把○五月十三日酒部宅継・「行○林浦海」	011	木研18-11頁-(15) (城32-10上(17))	平城宮推定造 酒司宮内道路 南側溝	270	30	3
27-63-5	・泉遣使請塩■■○／彼充魚塗料 ‖ 五月十七日栗前福 足・「行少属三嶋『大～調～』○史生～賀～陽～氏～継」	011	木研18-12頁-(24) (城32-10下(26))	平城宮推定造 酒司宮内道路 南側溝	322	29	2
27-63-6	・○請塩～壱～斗～／為～焼～皮～并～宍～塗～所～請～如件／ ○五月七日 ‖・○「判少進安倍○少～属～三～嶋～」○「大～調～」 ～」	011	木研18-12頁-(26) (城32-10下(28))	平城宮推定造 酒司宮内道路 南側溝	242	32	3
27-64	〈 〉丶〈 〉	065	木研27-10頁-2(1)	平城宮東区朝 堂院東第六堂	125	102	13
27-65-1	神亀元□[年ヵ]	091	木研19-12頁-1(3) (城33-11上(3))	平城宮東区朝 堂院南面築地・ 朝集殿院			
27-65-2	式部召土師宿祢大麻呂	081	木研19-12頁-1(4) (城33-11上(4))	平城宮東区朝 堂院南面築地・ 朝集殿院	164	(15)	4
27-65-3	・【{○勢\能■→\山口[背ヵ]→\○□\相楽□\○百\綴□[喜ヵ]→\○百□\○勢\久■→\宇治郡\○七□\紀伊→\冊三○◇}」・「〈 〉丶〈 〉□□□□□□束五把」◇（表面削り残り多数あり。裏面「」内削り残り）	065	木研19-13頁-1(10) (城33-11下(10))	平城宮東区朝 堂院南面築地・ 朝集殿院	(33)	(384)	4

총람 번호	판독문	형식 번호	출전	유적명	길이	너비	두께
27-66-1	芬書	091	平城宮6-11281(木 研19-14頁-2(17)· 城33-12下(25))	平城宮式部省· 神祇官地区			
27-66-2	·○□□□四□[斤ヵ] ⟨ ⟩四升蝮三斤拾両丶堅魚六斤五両 海藻六斤五両腊一斗五→·瓺四□坏八□塩四升□□□ □□□□	065	平城宮6-11262(木 研19-14頁-2(18)· 城33-12下(19))	平城宮式部省· 神祇官地区	(166)	23	2
27-66-3	□[腊ヵ]壱籠	091 (039)	平城宮6-11264(木 研19-14頁-2(19)· 城33-12下(20))	平城宮式部省· 神祇官地区			
27-66-4	□□丶兵主神社	091	平城宮6-11263(木 研19-14頁-2(20)· 城33-12下(21))	平城宮式部省· 神祇官地区			
27-66-5	□奉御	091	平城宮6-11272(木 研19-14頁-2(21)· 城33-12下(22))	平城宮式部省· 神祇官地区			
27-66-6	□座□□	091	平城宮6-11276(木 研19-14頁-2(22)· 城33-12下(23))	平城宮式部省· 神祇官地区			
27-67-1	内蔵出絁十四疋○上総布十端○糸卅絢丶凡布十端○布 四十□[段ヵ]○右依内侍牒進	011	木研20-11頁-1(1) (城34-10上(1))	平城宮式部省 東方·東面大垣 東西溝	202	32	1
27-67-2	·申○進殿門○鷹草十尺八尺束○菅十尺八尺束○／之中 菅八尺束此者/道守□[臣ヵ]合在‖·○養老三年十月八 日○知末呂申	011	木研20-11頁-1(2) (城34-10上(2))	平城宮式部省 東方·東面大垣 東西溝	367	36	4
27-67-3	中務省解	091	木研20-12頁-1(6) (城34-10上(6))	平城宮式部省 東方·東面大垣 東西溝			
27-67-4	召高橋□[国ヵ]足	011	木研20-12頁-1(7) (城34-10上(7))	平城宮式部省 東方·東面大垣 東西溝	137	34	3
27-67-5	·大倭国進稲六十四□（斜線アリ）·「□□□□⟨ ⟩丶□ 便可飲仍曰主人催末見松林丶○□□□含坏」	081	木研20-12頁-1(8) (城34-10下(8))	平城宮式部省 東方·東面大垣 東西溝	(111)	(35)	3
27-67-6	伊豆国那賀郡那賀郷□	019	木研20-12頁-1(9) (城34-10下(9))	平城宮式部省 東方·東面大垣 東西溝	(177)	25	4
27-67-7	·美濃国厚見郡大□[俣ヵ]郷·○米六斗	033	木研20-12頁-1(10) (城34-10下(10))	平城宮式部省 東方·東面大垣 東西溝	242	16	7
27-67-8	智夫郡由良里／鴨部□／蝮六斤‖	031	木研20-12頁-1(11) (城34-10下(11))	平城宮式部省 東方·東面大垣 東西溝	173	31	5
27-67-9	伊予国伊予郡古鯖□[三ヵ]	039	木研20-12頁-1(12) (城34-10下(12))	平城宮式部省 東方·東面大垣 東西溝	(176)	24	3
27-67-10	·□[煮ヵ]塩年魚入一斗七升六合·員二百卅口	032	木研20-12頁-1(13) (城34-10下(15))	平城宮式部省 東方·東面大垣 東西溝	(145)	23	2
27-67-11	·高夫□[久ヵ]丶○「正八位上□」（「」内削リ残リ）·□高 夫□	081	木研20-12頁-1(16) (城34-11上(19))	平城宮式部省 東方·東面大垣 東西溝	(68)	(17)	3
27-67-12	·槻本連少床○宍人□[酒ヵ]·□□□丶○高夫久○§□	081	木研20-12頁-1(17) (城34-11上(20))	平城宮式部省 東方·東面大垣 東西溝	(136)	(9)	5
27-67-13	·□上○瓜四丸○茄子六丸○使秋女·○六月八日国麻呂	019	木研20-13頁-1(26) (城34-12下(56))	平城宮式部省 東方·東面大垣 宮内基幹排水 路	(223)	24	3

총람 수록 목간 크기 일람표 **637**

총람 번호	판독문	형식 번호	출전	유적명	길이	너비	두께
27-67-14	西大寺元興寺□□供養	033	木研20-13頁-1(27) (城34-12下(57))	平城宮式部省 東方・東面大垣 宮内基幹排水 路	202	24	3
27-67-15	・幡多郷戸主葛木□・同□麻呂＼○同小国	039	木研20-13頁-1(28) (城34-12下(58))	平城宮式部省 東方・東面大垣 宮内基幹排水 路	(120)	26	5
27-67-16	・謹解申請給布事○合一（釈文に「〈 〉」を重書）・請請食 常○治部〈〉	011	木研20-13頁-1(30) (城34-13上(63))	平城宮式部省 東方・東面大垣 東一坊大路西 側溝	210	22	2
27-67-17	・謹啓○申請銭□＼□注状謹□・□○○＼□○○□○□□	019	木研20-13頁-1(31) (城34-13上(65))	平城宮式部省 東方・東面大垣 東一坊大路西 側溝	(115)	58	6
27-67-18	・草湯作料所請如前・○四月十七日吉田古麻呂	011	木研20-13頁-1(33) (城34-13下(67))	平城宮式部省 東方・東面大垣 東一坊大路西 側溝	160	29	2
27-67-19	・内務所請真魚・○四月一日大→	081	木研20-13頁-1(34) (城34-13下(68))	平城宮式部省 東方・東面大垣 東一坊大路西 側溝	(72)	(11)	2
27-67-20	進酒捌升壱合○正月一日茨田嶋国	011	木研20-13頁-1(35) (城34-13下(71))	平城宮式部省 東方・東面大垣 東一坊大路西 側溝	218	28	5
27-67-21	進酒八升一合○正月一日茨田嶋国	011	木研20-13頁-1(36) (城34-13下(72))	平城宮式部省 東方・東面大垣 東一坊大路西 側溝	201	23	2
27-67-22	・請□□□縄一方／少進大伴／如件○□‖・○十二月七日 私部□□[人成ヵ]	011	木研20-14頁-1(39) (城34-13下(75))	平城宮式部省 東方・東面大垣 東一坊大路西 側溝	171	26	2
27-67-23	・○/伊勢部吉成／安倍永年‖○／畠賢達／湯坐三□‖・ 書生子部人主○大資人紀東人○四月廿六日＼○合漆人	011	木研20-14頁-1(40) (城34-14上(77))	平城宮式部省 東方・東面大垣 東一坊大路西 側溝	294	(24)	2
27-67-24	安房国安房郡□	039	木研20-14頁-1(47) (城34-15上(92))	平城宮式部省 東方・東面大垣 東一坊大路西 側溝	(122)	29	3
27-67-25	出雲国仁多郡／横田郷前分一籠／天平寶字→‖	032	木研20-14頁-1(51) (城34-15上(98))	平城宮式部省 東方・東面大垣 東一坊大路西 側溝	126	31	5
27-67-26	出雲国大原郡来次郷前□□[雑ヵ]腊一籠＼○天平寶□[字ヵ]六年	031	木研20-14頁-1(52) (城34-15上(99))	平城宮式部省 東方・東面大垣 東一坊大路西 側溝	160	24	3
27-67-27	鹿宍未醤	019	木研20-15頁-1(56) (城34-15下(106))	平城宮式部省 東方・東面大垣 東一坊大路西 側溝	(111)	19	3
27-67-28	村社隊宍腊	039	木研20-15頁-1(57) (城34-15下(108))	平城宮式部省 東方・東面大垣 東一坊大路西 側溝	(97)	31	3

총람 번호	판독문	형식 번호	출전	유적명	길이	너비	두께
27-67-29	◇五千文／重卅六斤／四両‖	022	木研20-15頁-1(58) (城34-16上(112))	平城宮式部省 東方・東面大垣 東一坊大路西 側溝	95	22	4
27-67-30	·◇一·千文天平寳字六年十月·◇貫民領木刕進德	022	木研20-15頁-1(59) (城34-15下(110))	平城宮式部省 東方・東面大垣 東一坊大路西 側溝	100	17	6
27-67-31	◇貫三野廣足	051	木研20-15頁-1(60) (城34-16上(111))	平城宮式部省 東方・東面大垣 東一坊大路西 側溝	81	15	3
27-67-32	麻	061	木研20-16頁-1(83) (城34-19下(190))	平城宮式部省 東方・東面大垣 東一坊大路西 側溝	(42)	(20)	1
27-67-33	戸主□[鴨ヵ]	061	木研20-16頁-1(84) (城34-19下(196))	平城宮式部省 東方・東面大垣 東一坊大路西 側溝	(63)	(23)	1
27-67-34	鴨県主	061	木研20-16頁-1(85) (城34-19下(191))	平城宮式部省 東方・東面大垣 東一坊大路西 側溝	(65)	21	1
27-67-35	河内国	061	木研20-16頁-1(86) (城34-19下(192))	平城宮式部省 東方・東面大垣 東一坊大路西 側溝	(71)	(26)	1
27-67-36	□[原ヵ]里糯	061	木研20-17頁-1(87) (城34-19下(194))	平城宮式部省 東方・東面大垣 東一坊大路西 側溝	(71)	(25)	1
27-67-37	山背□[国ヵ]	061	木研20-17頁-1(88) (城34-19下(195))	平城宮式部省 東方・東面大垣 東一坊大路西 側溝	(61)	(23)	0.5
27-67-38	矢田部	061	木研20-17頁-1(89) (城34-19下(197))	平城宮式部省 東方・東面大垣 東一坊大路西 側溝	(62)	(23)	1
27-67-39	·◇嶋坊北一倉匙·「不得預」	011	木研20-17頁-1(93) (城34-20上(205))	平城宮式部省 東方・東面大垣 東一坊大路西 側溝	77	28	7
27-67-40	□[午ヵ]未申酉戌□＼寅卯□□□[辰巳午ヵ]	091	木研20-17頁-1(99) (城34-21下(226))	平城宮式部省 東方・東面大垣 東一坊大路西 側溝			
27-67-41	·｜タタタタタタ□＼｜午未申酉戌亥子□[丑ヵ]·｜○□タタタタタ＼｜午未申酉戌亥子丑	081	木研20-17 頁-1(100)(城34-21 下(223))	平城宮式部省 東方・東面大垣 東一坊大路西 側溝	(65)	(28)	3
27-68-1	·○□□＼「二」大万呂＼「二」川成·○□□□＼○五稲人	081	平城宮発掘調査報 告15-(12)(木研 19-15頁-3(25)·城 33-13上(28))	平城宮東院庭 園地区	(58)	(32)	2
27-68-2	·八月下番□·○□□＼○□□[舎人ヵ]□	081	平城宮発掘調査報 告15-(13)(木研 19-16頁-3(26)(城 33-13上(29))	平城宮東院庭 園地区	(61)	(13)	2

총람 번호	판독문	형식 번호	출전	유적명	길이	너비	두께
27-68-3	麻呂／年 ‖	091	平城宮発掘調査報告15-(22)(木研19-16頁-3(29)·城33-13上(32))	平城宮東院庭園地区			
27-68-4	□[吉ヵ]弥侯□[黄ヵ]	091	平城宮発掘調査報告15-(21)(木研19-16頁-3(40)·城33-13下(43))	平城宮東院庭園地区			
27-69-1	若狭国遠敷郡／□□[佐分ヵ]郷／〈 〉‖	019	木研20-21頁-2(1)(城34-23下(257))	平城宮東院庭園地区東二坊坊間路東側溝	(200)	26	3
27-69-2	·美作国勝田郡川辺郷庸米五斗·□□〈 〉□□[万呂ヵ]	032	木研20-21頁-2(2)(城34-23下(258))	平城宮東院庭園地区東二坊坊間路東側溝	193	21	7
27-69-3	讃岐国寒川郡造太郷□□□□庸米五斗	032	木研20-21頁-2(3)(城34-23下(259))	平城宮東院庭園地区東二坊坊間路東側溝	171	21	5
27-69-4	□／天平神護二年 ‖	081	木研20-21頁-2(4)(城34-23下(261))	平城宮東院庭園地区東二坊坊間路東側溝	(91)	(20)	3
27-69-5	·□□□受□[珍ヵ]□□[昼ヵ]夜○□·〈 〉	081	木研20-21頁-2(5)(城34-23下(263))	平城宮東院庭園地区東二坊坊間路東側溝	(150)	(16)	6
27-69-6	天天（表に花喰鳥の絵、裏に花の絵あり）	065	木研20-21頁-2(6)(城34-24上(264))	平城宮東院庭園地区二条条間路北側溝	(140)	(53)	17
27-69-7	□田朝臣	081	木研20-21頁-2(7)(城34-24上(265))	平城宮東院庭園地区二条条間路北側溝	(149)	(10)	3
27-70-1	·若狭国遠敷郡／野□□□□[郷嶋田里ヵ] ‖·○養老□[六ヵ]□□[八ヵ]月	031	木研20-21頁-3(5)(城34-22下(248))	平城宮東院庭園地区二条条間路北側溝	174	(14)	3
27-70-2	·近江国印勘郡□□□[遠佐郷ヵ]·穴太子人□[戸ヵ]俵	033	木研20-21頁-3(4)(城34-22下(247))	平城宮東院庭園地区二条条間路北側溝	179	28	4
27-70-3	·□右美作国英多郡·秦人部□[公ヵ]万呂三斗○「□□」	059	木研20-22頁-3(6)(城34-23上(249))	平城宮東院庭園地区二条条間路北側溝	(129)	18	3
27-70-4	召	081	木研20-21頁-3(2)(城34-22下(245))	平城宮東院庭園地区二条条間路北側溝	(42)	(9)	1.5
27-70-5	□万呂○丈部三綱	019	木研20-21頁-3(3)(城34-22下(246))	平城宮東院庭園地区二条条間路北側溝	(126)	23	2
27-70-6	·□[家ヵ]家家家家家家家家家·□□[逼ヵ]□＝□□□犀沢	081	木研20-22頁-3(7)(城34-23上(252))	平城宮東院庭園地区二条条間路北側溝	(272)	23	2
27-70-7	·□[符ヵ]山陽道□[駅ヵ]長等□·「〈 〉」	081	木研20-21頁-3(1)(城34-22下(244))	平城宮東院庭園地区二条条間路北側溝	(142)	(11)	3
27-70-8	←郡野田郷膳部〈 〉	081	木研20-22頁-3(8)(城34-23上(253))	平城宮東院庭園地区二条条間路北側溝	(197)	28	7
27-70-9	眙酢	031	木研20-22頁-3(9)(城34-23上(255))	平城宮東院庭園地区北岸護岸石裏込め	111	(20)	2
27-70-10	·〈 〉□□□·○養老四年八月一→	081	木研20-22頁-3(10)(城34-23上(254))	平城宮東院庭園地区北岸護岸石裏込め	(203)	(19)	4

총람 번호	판독문	형식 번호	출전	유적명	길이	너비	두께
27-71-1	・□［常ヵ］陸国那→・□小牧	081	木研22-9頁-(1)(城 35-10上(1))	平城宮東院庭 園地区二条条 間路北側溝	(48)	16	2
27-71-2	伊与国湯□□□□［味酒里ヵ］□□□〈 〉	032	木研22-9頁-(2)(城 35-10上(2))	平城宮東院庭 園地区二条条 間路北側溝	201	27	6
27-71-3	・儲儲養養養・○□□□	081	木研22-9頁-(3)(城 35-10上(3))	平城宮東院庭 園地区二条条 間路北側溝	(90)	(18)	2
27-71-4	安都智打	061	木研22-9頁-(4)(城 35-10下(5))	平城宮東院庭 園地区二条条 間路北側溝		径168	厚8
27-71-5	「讃岐国」三木郡山下里／□部〈 〉／□［次ヵ］赤万‖二人俵 □	033	木研22-9頁-(6)(城 35-10下(7))	平城宮東院庭 園地区二条条 間路北側溝	(185)	30	4
27-71-6	四月十六日食○□□□［仕丁ヵ］	091	木研22-9頁-(7)(城 35-10下(8))	平城宮東院庭 園地区二条条 間路北側溝			
27-71-7	□殿□［殿ヵ］□＼○□□［殿殿ヵ］	081	木研22-9頁-(8)(城 35-10下(9))	平城宮東院庭 園地区二条条 間路北側溝	(69)	24	1
27-71-8	←□□［国ヵ］／遠敷郡車持□［郷ヵ］‖	039	木研22-9頁-(9)(城 35-11上(10))	平城宮東院庭 園地区二条条 間路北側溝	(98)	(12)	6
27-71-9	□□□□…□□［天天ヵ］□□□［美ヵ］□□□□□□［孔孔 孔孔ヵ］(「□［道ヵ］○道○○［継ヵ］○□［道ヵ］□道」を下 片に重書)	081	木研22-9頁-(10) (城35-11上(11))	平城宮東院庭 園地区二条条 間路北側溝	(140+257)	(31)	7
27-71-10	・一（表面）・二（裏面）・三（左側面）	061	木研22-9頁-(11) (城35-11上(12))	平城宮東院庭 園地区二条条 間路北側溝	56	16	17
27-71-11	私門常食給受申＼○当月十二日	011	木研22-9頁-(12) (城35-11上(13))	平城宮東院 園地区南北溝	122	29	4
27-71-12	天平寶字□□□［二年ヵ］六月廿一日□	019	木研22-10頁-(14) (城35-11下(15))	平城宮東院庭 園地区橋	(82)	20	3
27-71-13	・◇牒○大蔵省送□［長ヵ］□□□□・◇〈 〉○□＼○〈 〉	019	木研22-10頁-(15) (城35-11下(17))	平城宮東院庭 園地区掘立柱 建物	(321)	35	3
27-71-14	・水尽尽尽［尽ヵ］○〈 〉＼□□・□□［家搔ヵ］□§□□［搔 ヵ］道□［使ヵ］	081	木研22-10頁-(18) (城35-12上(20))	平城宮東院庭 園地区掘立柱 建物	(191)	(29)	2
27-71-15	・山部廣依夕○錦石村＼〈 〉○〈 〉・〈 〉＼○〈 〉	081	木研22-10頁-(21) (城35-12下(22))	平城宮東院庭 園地区土坑	(106)	(18)	2
27-71-16	連右［古ヵ］麻呂	091	木研22-10頁-(24) (城35-13上(27))	平城宮東院庭 園地区土坑			
27-71-17	□部首	091	木研22-10頁-(25) (城35-13上(28))	平城宮東院庭 園地区土坑			
27-72-1	釘肆佰玖隻	011	平城宮7-12779(木 研23-10頁-1(5)・城 36-9上(5))	平城宮第一次 大極殿院西面 築地回廊	197	35	6
27-72-2	・右件稲□正下十日上進以解□＼○古文孝経□従□進・ 「□□」「〈 〉／○鳥、嶋嶋○嶋○嶋○□□□‖□「／□○□ ／□‖」『南無○无无』	081	平城宮7-12773(木 研23-10頁-1(7)・城 36-9上(1))	平城宮第一次 大極殿院西面 築地回廊	(294)	(43)	3
27-72-3	・美濃国□□□［山県郡ヵ］□□□［郷ヵ］〈 〉・三斗十月廿二 日□〈 〉	033	平城宮7-12775(木 研23-10頁-1(11)・ 城36-10上(18))	平城宮第一次 大極殿院西面 築地回廊	193	(11)	3
27-72-4	・備後国品治郡佐我□［郷ヵ］・庸米六斗	033	平城宮7-12776(木 研23-10頁-1(12)・ 城36-10下(23))	平城宮第一次 大極殿院西面 築地回廊	133	31	5

총람 번호	판독문	형식 번호	출전	유적명	길이	너비	두께
27-72-5	□上郷〈 〉□〔部ヵ〕小足□□〔俵ヵ〕	033	平城宮7-12778(木 研23-10頁-1(13)· 城36-10下(24))	平城宮第一次 大極殿院西面 築地回廊	153	(14)	5
27-72-6	駒椅里雜腊一斗五升○／□□干 ‖	039	平城宮7-12777(木 研23-10頁-1(14)· 城36-10上(19))	平城宮第一次 大極殿院西面 築地回廊	(155)	18	6
27-72-7	秦宿奈万呂薦二枚	032	平城宮7-12781(木 研23-10頁-1(15)· 城36-9下(8))	平城宮第一次 大極殿院西面 築地回廊	122	18	5
27-72-8	若狭国遠敷郡／余戸里宍人□臣足／○御調塩→ ‖	031	平城宮7-12794(木 研23-10頁-1(18)·木 研23-10頁-1(16)· 城36-10上(16)·木 研23-10頁-1(16)· 城36-10上(20))	平城宮第一次 大極殿院西面 築地回廊	160	35	4
27-72-9	但馬国七美郡七美郷春米伍斗／伍保三使部身成／天平 神護元年四月 ‖	031	平城宮7-12796(木 研23-10頁-1(17)· 城36-10上(21))	平城宮第一次 大極殿院西面 築地回廊	224	34	11
27-72-10	・道之来月之・□人□□〔土ヵ〕□	019	平城宮7-12847(木 研23-11頁-1(22)· 城36-11上(31))	平城宮第一次 大極殿院西面 築地回廊	(156)	16	4
27-73-1	・尾張国造御前謹恐々頓首□・頓○火○火○火頭○布布□	051	平城宮7-12748(木 研23-12頁-2(1)·城 36-11上(32))	平城宮第一次 大極殿院西面 築地回廊	(147)	15	4
27-73-2	内舎人	051	平城宮7-12755(木 研23-12頁-2(2)·城 36-11下(33))	平城宮第一次 大極殿院西面 築地回廊	293	26	6
27-73-3	○□□○＼日部□〔志ヵ〕田留	091 (039)	平城宮7-12758(木 研23-12頁-2(3)·城 36-11下(34))	平城宮第一次 大極殿院西面 築地回廊			
27-73-4	・美濃国片県郡□□□〔否間ヵ〕里守部連・少所比米六斗	039	平城宮7-12751(木 研23-12頁-2(4)·城 36-11下(36))	平城宮第一次 大極殿院西面 築地回廊	(179)	21	3
27-73-5	・□〔児ヵ〕矢己乃者奈夫由己己□□〔冊利〕伊真者々留部止・ □〔夫ヵ〕伊己冊利伊真春部止作古矢己乃者奈	051	平城宮7-12764(木 研23-12頁-2(5)·城 36-11下(37))	平城宮第一次 大極殿院西面 築地回廊	(251)	20	13
27-73-6	・／○／←師／法薬師 ‖ ○／従三人／／□／／六 ‖ ／光道 師／安光師／奉顕師 ‖ ○／□□師／基寛師／恵智師 ‖ ・□ □○合拾伍人＼○六月廿二日川口馬長	019	平城宮7-12789(木 研23-12頁-2(6)·城 36-12上(41))	平城宮第一次 大極殿院西面 築地回廊	(182)	35	2
27-73-7	・長□□〔屋郷ヵ〕〈 〉・米一表〔俵〕□□上□□□	051	平城宮7-12798(木 研23-12頁-2(8)·城 36-12下(44))	平城宮第一次 大極殿院西面 築地回廊	206	(17)	6
27-73-8	伊豆国賀茂郡稲→	039	平城宮7-12793(木 研23-12頁-2(9)·城 36-12下(46))	平城宮第一次 大極殿院西面 築地回廊	(97)	(20)	4
27-73-9	・←□〔郷ヵ〕○／□□〔忌浪ヵ〕□／〈 〉‖ ・□○塩三斗	039	平城宮7-12795(木 研23-13頁-2(10)· 城36-12下(47))	平城宮第一次 大極殿院西面 築地回廊	(134)	24	4
27-73-10	・讃岐国寒川→・庸米六斗	039	平城宮7-12797(木 研23-13頁-2(11)· 城36-12下(48))	平城宮第一次 大極殿院西面 築地回廊	(76)	20	5
27-73-11	布乃利	011	平城宮7-12800(木 研23-13頁-2(12)· 城36-13上(50))	平城宮第一次 大極殿院西面 築地回廊	101	18	3
27-73-12	背国葛…郡□□〔川辺ヵ〕郷	091	平城宮7-12792(木 研23-13頁-2(13)· 城36-12下(45))	平城宮第一次 大極殿院西面 築地回廊			
27-73-13	禁弓矢解□〔申ヵ〕〈 〉□入舎人事	019	平城宮7-12788(木 研23-13頁-2(14)· 城36-12上(40))	平城宮第一次 大極殿院西面 築地回廊	(148)	30	3

총람 번호	판독문	형식 번호	출전	유적명	길이	너비	두께
27-73-14	·□□〔美濃ヵ〕国大野郡美和郷長神直三田次進酢年·□〔魚ヵ〕二斗六升○神亀三年十月	011	平城宮7-12838(木研23-13頁-2(15)·城36-13上(52))	平城宮第一次大極殿院西面築地回廊	169	24	3
27-73-15	←郡形原郷□	081	平城宮7-12837(木研23-13頁-2(16)·城36-13上(53))	平城宮第一次大極殿院西面築地回廊	(69)	(20)	3
27-73-16	·備後国／品治郡→／漢人部□‖·○并二人	039	平城宮7-12839(木研23-13頁-2(17)·城36-13上(54))	平城宮第一次大極殿院西面築地回廊	(102)	23	6
27-73-17	讃岐国鵜足郡和軍六斤	031	平城宮7-12841(木研23-13頁-2(18)·城36-13下(55))	平城宮第一次大極殿院西面築地回廊	(153)	23	4
27-73-18	·○事＼麻呂事麻呂麻＼○事·『「□□□○○」』＼○事事事○事	081	平城宮7-12843(木研23-13頁-2(19)·城36-13下(57))	平城宮第一次大極殿院西面築地回廊	(128)	(28)	2
27-74-1	○癸卯年太寶三年正月宮内省□〔入ヵ〕四年□□＼年慶雲三年丁未年慶雲肆年孝服	019	平城宮7-11285(木研25-9頁-(1)·城37-26上(220))	平城宮第一次大極殿院	(274)	30	4
27-74-2	·伊勢国安農郡阿□〔刀ヵ〕里阿斗部身·和銅三年正月	051	城42-15下(平城宮7-11286·木研25-9頁-(2)·城37-26上(222))	平城宮第一次大極殿院	200	24	4
27-74-3	·伊勢国安農郡県·里人飛鳥戸万呂五斗	032	平城宮7-11287(木研25-9頁-(3)·城37-26下(223))	平城宮第一次大極殿院	132	18	4
27-74-4	·五百原□·○五斗	019	平城宮7-11290(木研25-9頁-(4)·城37-26下(225))	平城宮第一次大極殿院	(56)	15	4
27-74-5	長田上郡大□里□〔物ヵ〕→	039	平城宮7-11289(木研25-9頁-(5)·城37-26下(226))	平城宮第一次大極殿院	(115)	21	2
27-74-6	·大井里委文部鳥〈〉·米五斗	032	平城宮7-11291(木研25-9頁-(6)·城37-26下(227))	平城宮第一次大極殿院	153	17	4
27-74-7	□〔白ヵ〕酒四斗	019	平城宮7-11294(木研25-9頁-(7)·城37-27(229))	平城宮第一次大極殿院	(109)	22	3
27-74-8	·□□〔埼ヵ〕郡三江里守部·□白米五斗	039	平城宮7-11524(木研25-9頁-(8)·城37-8上(1))	平城宮第一次大極殿院地区西楼	(126)	24	5
27-74-9	·←栗郡漆部里羽栗臣·←俵〈〉	019	平城宮7-11521(木研25-9頁-(9)·城37-8上(2))	平城宮第一次大極殿院地区西楼	(115)	20	2
27-74-10	·衛門府○進鴨九翼○／風速小月／辟田麻呂‖○／大石小山／大市乎麻呂‖·○／大豆人成‖·○天平勝寶四月廿七日	032	平城宮7-11507(木研25-9頁-(10)·城37-8下(3))	平城宮第一次大極殿院地区西楼	202	22	3
27-74-11	·東市司進上＼○□·天平勝寶四	039	平城宮7-11510(木研25-9頁-(11)·城37-8下(4))	平城宮第一次大極殿院地区西楼	(98)	24	2
27-74-12	東梨原○梨百九十五果／〈〉‖	019	平城宮7-11534(木研25-9頁-(12)·城37-8下(5))	平城宮第一次大極殿院地区西楼	(334)	21	4
27-74-13	·備中国哲多郡□〔乃ヵ〕□郷白米五斗·□人白猪部身万呂	033	平城宮7-11528(木研25-10頁-(13)·城37-9上(9))	平城宮第一次大極殿院地区西楼	(225)	20	4
27-74-14	安芸国賀茂郡白米五斗＼○「□」	031	平城宮7-11529(木研25-10頁-(14)·城37-9上(10))	平城宮第一次大極殿院地区西楼	170	29	7

총람 번호	판독문	형식 번호	출전	유적명	길이	너비	두께
27-74-15	・安□[農ヵ]□□□部里・人阿斗部□五斗	011	平城宮7-11520(木 研25-10頁-(16)・城 37-9下(12))	平城宮第一次 大極殿院地区 西楼	(121)	16	4
27-74-16	・北□[門ヵ]〇/□[津ヵ]〇秦〇大□□[伴部ヵ]〈 〉/□□ [丈部ヵ]〇〈 〉‖□□□・下謹申入給不者有	019	城42-15表(平城宮 7-11513・木研 25-10頁-(18)・城 37-9下(14)・木研 25-10頁-(17)・城 37-9下(13))	平城宮第一次 大極殿院地区 西楼	(196)	26	5
27-74-17	隠伎国役道郡余戸郷大私部目代調短鰒六升〇天□[平ヵ] 勝寶四年	031	平城宮7-11526(木 研25-10頁-(19)・城 37-9下(15))	平城宮第一次 大極殿院地区 西楼	209	23	6
27-74-18	此所不得小便	011	平城宮7-11518(木 研25-10頁-(20)・城 37-10上(16))	平城宮第一次 大極殿院地区 西楼	203	55	6
27-74-19	額田□	039	平城宮7-11538(木 研25-10頁-(22)・城 37-10下(20))	平城宮第一次 大極殿院地区 西楼	(83)	20	2
27-74-20	・北門/己知/日下‖〇/川原/□野‖〇/高市/川口‖ 〇/§阿刀‖〇合七人・数香付此使〇中嶋所	011	平城宮7-11514(木 研25-10頁-(23)・城 37-10下(22))	平城宮第一次 大極殿院地区 西楼	(318)	28	3
27-74-21	隠伎国役道郡河内郷磯部黒□[嶋ヵ]	039	平城宮7-11525(木 研25-10頁-(25)・城 37-11上(28))	平城宮第一次 大極殿院地区 西楼	(84)	22	4
27-74-22	大嶋村調果塩	031	平城宮7-11530(木 研25-10頁-(26)・城 37-11上(29))	平城宮第一次 大極殿院地区 西楼	138	19	3
27-74-23	・淡路国﹨□□[津名ヵ]郡□馬郷□□[貢ヵ]□・戸口同姓 男調三斗勝寶四	039	平城宮7-11531(木 研25-11頁-(27)・城 37-11下(30))	平城宮第一次 大極殿院地区 西楼	(196)	38	7
27-74-24	・〇従〇□[乙ヵ]〇□﹨飯二升許乞〇右〇先日乞〇□ □□□□﹨〈〉更下□[訖ヵ]〇「白」〇□[外ヵ]常食菜甚 悪・□□[食薬ヵ]末□[醬ヵ]	019	平城宮7-11511(木 研25-11頁-(30)・城 37-11下(33))	平城宮第一次 大極殿院地区 西楼	(224)	24	1
27-74-25	〇□□□六十一人□[他ヵ]番﹨│散│卌七人	091	平城宮7-11630(木 研25-11頁-(34)・城 37-13上(47))	平城宮第一次 大極殿院地区 西楼			
27-74-26	〇〈 〉﹨│一人〇御田作所	091	平城宮7-11633(木 研25-11頁-(35)・城 37-13上(48))	平城宮第一次 大極殿院地区 西楼			
27-74-27	四人臥□[病ヵ]	091	平城宮7-11634(木 研25-11頁-(36)・城 37-13上(49))	平城宮第一次 大極殿院地区 西楼			
27-74-28	│少│初位□	091	平城宮7-11646(木 研25-11頁-(42)・城 37-15下(81))	平城宮第一次 大極殿院地区 西楼			
27-74-29	│位凡高﹨│贄兄人	091	平城宮7-11666(木 研25-11頁-(45)・城 37-16下(96))	平城宮第一次 大極殿院地区 西楼			
27-74-30	│〇│大伴部牛麻呂（刻線部分に異筆の墨痕あり）	091	平城宮7-11668(木 研25-11頁-(46)・城 37-17上(100))	平城宮第一次 大極殿院地区 西楼			
27-74-31	│〇│大神大虫	091	平城宮7-11671(木 研25-11頁-(47)・城 37-17上(104))	平城宮第一次 大極殿院地区 西楼			
27-74-32	│〇│白髪部猨﹨│〇│葛原□	091	平城宮7-11682(木 研25-12頁-(50)・城 37-18上(114))	平城宮第一次 大極殿院地区 西楼			
27-74-33	□〇天平勝寶五年十一月	091	平城宮7-11595(木 研25-12頁-(58)・城 37-24上(196))	平城宮第一次 大極殿院地区 西楼			

총람 번호	판독문	형식 번호	출전	유적명	길이	너비	두께
27-74-34	・播□〔羅ヵ〕郡仕□〔丁ヵ〕・養錢□〔六ヵ〕→	039	平城宮7-11523(木研25-12頁-(63)・城37-25上(210))	平城宮第一次大極殿院地区西楼	(69)	(19)	2
27-74-35	阿波国那賀□〔郡ヵ〕〈 〉	033	平城宮7-11532(木研25-12頁-(64)・城37-25上(211))	平城宮第一次大極殿院地区西楼	150	14	6
27-74-36	□式部位子少初位下糸君□〔益ヵ〕人	059	平城宮7-11545(木研25-12頁-(65)・城37-25下(213))	平城宮第一次大極殿院地区西楼	(160)	20	4
27-74-37	□□□□〔宮ヵ〕○中務栗宮	081	平城宮7-11539(木研25-12頁-(66)・城37-25下(214))	平城宮第一次大極殿院地区西楼	(180)	(14)	2
27-75-1	・左弁官□〔口ヵ〕宣○【「鉦」】〈 〉＼○又大輔宣御在所南□□□□受大蔵＼○「「」」＼○「□□□」・「「＼○＼□＼○＼□」」	081	木研30-8頁-2(1)(城38-20上(96))	平城宮東方官衙地区	358	(23)	4
27-75-2	右大舎人寮□○○〔大ヵ〕→	081	木研30-8頁-2(2)(城38-20下(97))	平城宮東方官衙地区	(101)	(12)	2
27-75-3	・少進〈 〉→・月十六日	081	木研30-8頁-2(4)(城38-20下(99))	平城宮東方官衙地区	(60)	(16)	3
27-75-4	少主鑰	081	木研30-8頁-2(7)(城38-20下(102))	平城宮東方官衙地区	(67)	(12)	5
27-75-5	茎折稲	032	木研30-8頁-2(8)(城38-20下(103))	平城宮東方官衙地区	92	24	3
27-76-1	・○□□＼○宮部名足＼伊部諸国＼正八位下磯部石足＼○〈 〉・二月廿四日正四位下行右大弁兼内→	011	木研31-8頁-(2)(城39-7上(2))	平城宮東方官衙地区	(91)	(63)	6
27-76-2	・□□〈 〉□□殿「□□」四人紀将監曹司○「金＼□」○○・□年二月十四日近衛金刺老□◇	081	木研31-11頁-(13)(城39-10上(22))	平城宮東方官衙地区	(164)	(21)	3
27-76-3	・謹解○申請出挙銭事／□〔合ヵ〕□□ ‖ 路○相知路並倉路並倉□	081	木研31-9頁-(4)(城39-7下(4))	平城宮東方官衙地区	(243)	(23)	3
27-76-4	・内厩寮移○中務省○／□□ ‖ 〈 〉	081	木研31-9頁-(5)(城39-8上(6))	平城宮東方官衙地区	(213)	(13)	3
27-76-5	・内運物○／折薦畳十枚○紺畳五枚○幄一具／簀九枚○黄二畳枚○赤短二枚 ‖ ・□供物○短畳一枚	033	木研31-9頁-(7)(城39-8下(11))	平城宮東方官衙地区	301	(25)	3
27-76-6	・十四日不直若宮老子／日夕 ‖ ・寶亀二年四月十四日／番長山代真勝／○久米枚夫 ‖	011	木研31-9頁-(8)(城39-8上(8))	平城宮東方官衙地区	202	40	4
27-76-7	・西宮守○／六人部安多麻呂○楮五月／伊香廣公○／○伊賀人麻呂○茨田廣足○叙負○摩 ‖ ・○十一月十日	011	木研31-9頁-(9)(城39-8下(13))	平城宮東方官衙地区	248	33	4
27-76-8	・鈴守○／神浄成／○戌／「上七」 ‖ ／神浄成○「亀」○亥／大伴総道「亀」 ‖ ○／「○浄人「亀」／「亀亀廣」○子／他田廣万呂 ‖ ／秦弥竹／「秦弥武」丑／「他□□」 ‖ 「／「亀」○金刺池主／「弥武武武」寅／大伴廣 ‖ ○／○「寶」○「亀」 ‖ ・鈴守○／金刺池主／謹啓○亥「□」／○物廣 ‖ ○□□神浄○□池／○子□□「鈴守」金刺池主 ‖ ○／大□□国／○「□」□道／錦部家□ ‖ ／池田○□麻呂○／「池」○大伴子○寅／「○「池」神浄□○「□」 ‖ │○◇	081	木研31-9頁-(11)(城39-9上(16))	平城宮東方官衙地区	506	(54)	6
27-76-9	・門々并雑物鋪帳・景雲四年八月	061	木研31-11頁-(15)(城39-14下(68))	平城宮東方官衙地区	(80)	27	4
27-76-10	・○番長・□□□	031	木研31-11頁-(17)(城39-14下(70))	平城宮東方官衙地区	103	17	2
27-76-11	蔵人官人	039	木研31-11頁-(18)(城39-14下(71))	平城宮東方官衙地区	(78)	15	3
27-76-12	・◇千文寶亀二年四月・◇貫仕丁蝮部虫人	011	木研31-11頁-(19)(城39-15上(72))	平城宮東方官衙地区	101	17	3
27-76-13	◇新銭八十文	011	木研31-11頁-(20)(城39-15上(73))	平城宮東方官衙地区	60	26	3
27-76-14	紫草六十八斤／中品 ‖	032	木研31-11頁-(23)(城39-15上(76))	平城宮東方官衙地区	168	20	4

총람 번호	판독문	형식 번호	출전	유적명	길이	너비	두께
27-76-15	跂納三斗八升	032	木研31-11頁-(24) (城39-15上(77))	平城宮東方官 衙地区	133	12	4
27-76-16	・煮堅魚一籠／盛十節∥・○□人○大三升	033	木研31-11頁-(25) (城39-15上(78))	平城宮東方官 衙地区	110	21	2
27-76-17	鯛味腊／四切∥	051	木研31-11頁-(26) (城39-15上(79))	平城宮東方官 衙地区	137	16	3
27-76-18	年魚鮨	032	木研31-11頁-(27) (城39-15下(80))	平城宮東方官 衙地区	92	26	5
27-76-19	辛螺頭打	031	木研31-11頁-(29) (城39-15下(82))	平城宮東方官 衙地区	125	21	3
27-76-20	・□□□□□□短短短短念\藤○藤○藤○藤○藤○捉○於\足○足○足○足○足○足○足・裳○裳○裳○参○参○向\倭○倭○裳○裳○裳○裳○裳\□□捉枚於富富□[帳ヵ]□倭倭万呂	011	木研31-12頁-(31) (城39-18上(102))	平城宮東方官 衙地区	275	93	2
27-76-21	・蕗薊薊薊薊薊薊薊・蕗薊	051	木研31-12頁-(32) (城39-18下(103))	平城宮東方官 衙地区	250	21	9
27-76-22	正六位下勲五等	091	木研31-12頁-(33) (城39-20上(124))	平城宮東方官 衙地区			
27-76-23	金刺意□	091	木研31-12頁-(34) (城39-19下(119))	平城宮東方官 衙地区			
27-76-24	医師	091	城43-85下(木研 31-12頁-(35)・城 39-19下(117))	平城宮東方官 衙地区			
27-76-25	近衛	091	木研31-12頁-(36) (城39-19下(116))	平城宮東方官 衙地区			
27-76-26	大宮	091	木研31-12頁-(37) (城39-19下(115))	平城宮東方官 衙地区			
27-76-27	寶亀	091	木研31-12頁-(38) (城39-20上(125))	平城宮東方官 衙地区			
27-76-28	□大夫藤原□	091	木研31-12頁-(39) (城39-20上(123))	平城宮東方官 衙地区			
27-76-29	・式部召○紀人○土師時足・宍人倭麻呂「□」中務「□」	011	木研31-12頁-(40) (城39-20上(127))	平城宮東方官 衙地区	174	34	2
27-77-1	・秦福貫麻呂\私船守\小長谷麻呂・←具録如件謹以申聞謹→	011	木研31-8頁-(1)(城 39-7上(1))	平城宮東方官 衙地区	(96)	(58)	9
27-77-2	左衛士府宿奏○合九十三人○／少尉正六位上安→／大志正六位上□∥	081	木研31-9頁-(3)(城 39-7下(3))	平城宮東方官 衙地区	(355)	(31)	6
27-77-3	・謹解○申請出挙銭事／□[合ヵ]□□∥・路○相知路並倉路並倉	081	木研31-9頁-(4)(城 39-7下(4))	平城宮東方官 衙地区	(243)	(23)	3
27-77-4	・内厩寮移○中務省○／□□∥・〈 〉	081	木研31-9頁-(5)(城 39-8上(6))	平城宮東方官 衙地区	(213)	(13)	3
27-77-5	・内運物○／折薦畳十枚○紺畳五枚○輾一具／簀九枚○黄二畳枚○赤短二枚∥・□供物○短畳一枚	033	木研31-9頁-(7)(城 39-8下(11))	平城宮東方官 衙地区	301	(25)	3
27-78-1	豊嶋郡大領大伴直宮足書	032	木研33-9頁-(1)(城 41-6上(1)・奈文研紀 要2011-159頁(1))	平城宮東方官 衙地区	96	18	6
27-78-2	・ {東}○式部省宣（他にも習書あり）・□○□□（裏面横材ヵ）	081	木研33-10頁-(6) (城41-6下(13)・奈文 研紀要2011-159頁 (6))	平城宮東方官 衙地区	(172)	(44)	2
27-78-3	鋪設五十六巻	039	木研33-10頁-(10) (城41-6上(2)・奈文 研紀要2011-159頁 (10))	平城宮東方官 衙地区	(117)	(21)	2
27-79	□□	033	木研7-18頁-2-(1)	平城京左京一 条三坊十二坪	98	15	3
27-80-1	人田真稲麻呂□□返□[奉ヵ]小開□如件○并氏吉小□与・□□[大ヵ]開□	091	木研22-17頁-(2)	平城京左京一 条三坊十三坪			

총람 번호	판독문	형식 번호	출전	유적명	길이	너비	두께
27-80-2	伊勢竹河	061	木研22-17頁一-(3)	平城京左京一 条三坊十三坪	148	19.5	1.5
27-81-1	楽毅論夏＼○□□〔毅論〕	081	木研16-189頁-(1) (城7-5上(25)·日本 古代木簡選)	平城京左京一 条三坊	(176)	(43)	4
27-81-2	参河国農多郡鴨田郷厚石里□	039	木研16-189頁-(4) (城7-5下(28))	平城京左京一 条三坊	(143)	21	3
27-81-3	参河国額田郡謂我郷白米五斗	031	木研16-189頁-(5) (城7-5下(29))	平城京左京一 条三坊	170	20	4
27-81-4	·八名郡多米里多米部□〔鷹カ〕庸米五□〔斗カ〕·和銅六年	051	木研16-189頁-(6) (城7-5下(30))	平城京左京一 条三坊	203	26	4
27-81-5	·参河国八名郡片山里大伴□〔健〕□·庸米五斗○和銅六年	051	木研16-189頁-(7) (城7-5下(31)·日本 古代木簡選)	平城京左京一 条三坊	(158)	13	6
27-81-6	·吉備里海部赤麻呂米六斗·霊亀三年六月	032	木研16-189頁-(11) (城7-5下(35)·日本 古代木簡選)	平城京左京一 条三坊	216	22	3
27-81-7	·淡路国津名郡賀茂里人·夫／中臣足嶋庸米三斗／同姓 山□〔部カ〕庸米三斗‖并六斗	032	木研16-189頁-(12) (城7-6上(36))	平城京左京一 条三坊	275	34	8
27-81-8	·人々勁·人々勁	061	木研16-189頁-(15) (城7-6上(46))	平城京東三坊 大路	(102)	27	5
27-81-9	·波羅□〔蜜カ〕多経巻·勝須波羅密□□（左側面）·□○ □□□□巻巻	081	木研16-190頁-(16) (城7-7上(50))	平城京東三坊 大路	(103)	23	12
27-81-10	物忌	019	木研16-190頁-(18) (城7-7上(48))	平城京東三坊 大路	(140)	32	4
27-81-11	·□仁彼～彼□仁佐·仁彼□仁佐久□	081	木研16-190頁-(20) (城7-7上(55))	平城京東三坊 大路	(116)	50	4
27-81-12	□〔天〕長□〔七〕年二月二日□□〔庁北〕間□〔垣〕○□小黒 万呂漆拾馱○□／将領栄井真継〈 〉□□覓安良麻呂／□□ □□□愛宕麻呂／○□麻呂‖	011	木研16-190頁-(23) (城7-7上(53))	平城京東三坊 大路	372	33	3
27-81-13	告知○往還諸人走失黒鹿毛牡馬一匹／在験片目白／額 少白‖＼○件馬以今月六日申時山階寺南花薗池辺而走 失也○九月八日○若有見捉者可告来山階寺中室自南 端第三房之	051	木研16-190頁-(24) (城7-8(59)·日本古 代木簡選)	平城京東三坊 大路	993	73	4
27-81-14	□□□〔往還カ〕□□告知／□□□〔被盗カ〕斑牡牛一頭○誌 左右本□〔爪カ〕在歳六許／応告賜山辺郡長屋井門村○右 牛以十一月卅〈 〉聞給人益坐必々可告給‖	051	木研16-190頁-(25) (城7-8(61)·日本古 代木簡選)	平城京東三坊 大路	876	50	4
27-81-15	告知捉立鹿毛牡馬一匹〈 〉右馬以今月一日辰時作作物 食損捉立也至于今日未来其主／験額髪□〔毛カ〕〈 〉□馬 □可来隅寺○□天長五年四月四日‖	051	木研16-190頁-(26) (城7-8(60))	平城京東三坊 大路	1134	51	75
27-82	·◇伊勢国安濃郡長屋郷甲可石前調銭壱貫·◇○神亀四年 十月	011	木研3-12頁-5(1) (城14-13上(76))	平城京左京二 条二坊五坪	148	(18)	3
27-83-1	·飯二升充大県起万呂○大隅乙万呂·○十月九日書吏	011	木研12-20頁-2(1) (城23-17上(160))	平城京左京三 条二坊八坪東 二坊坊間路西 側溝	141	14	3
27-83-2	·藻上郡／十六斤‖山辺郡／卅二斤‖式下郡／二百／○ 斤‖·○右二百卌八斤	081	木研12-20頁-2(2) (城23-18下(186))	平城京左京三 条二坊八坪東 二坊坊間路西 側溝	203	(28)	2
27-83-3	参河国播豆郡篠嶋〈 〉	039	木研12-20頁-2(3) (城23-19上(191))	平城京左京三 条二坊八坪東 二坊坊間路西 側溝	(207)	(17)	4
27-83-4	·伊豆国田方郡有参郷桜田里□□〔桧前カ〕→·○養老六年	039	木研12-20頁-2(4) (城23-19上(192))	平城京左京三 条二坊八坪東 二坊坊間路西 側溝	(210)	32	5

총람 번호	판독문	형식 번호	출전	유적명	길이	너비	두께
27-83-5	泉坊進上覆盆子一古＼○天平十九年五月十四日桑原新 万呂	011	木研12-20頁-2(6) (城23-20下(213))	平城京左京二 条二坊五坪	167	24	3
27-83-6	・美作国勝田郡塩湯郷庸米六斗○里□・服部足倍	039	木研12-20頁-2(7) (城23-21上(221))	平城京左京二 条二坊五坪東 二坊坊間路西 側溝	(232)	32	5
27-83-7	・請錢一貫○／大都保一口并用〈／直百文／白〈 〉○漆一升 三合直六百文／〈 〉合別五十文 ‖・遺錢卅文	011	木研12-21頁-2(8) (城23-20下(214))	平城京左京二 条二坊五坪東 二坊坊間路西 側溝	(117+171)	30	5
27-83-8	・上番従八位上御立史足国・上番従八位上御立史足国	011	木研12-21頁-2(9) (城23-20下(216))	平城京左京二 条二坊五坪東 二坊坊間路西 側溝	115	16	3
27-83-9	・左太臣官交□〔易ヵ〕・□〔額〕田古安米	019	木研12-21頁-2(11) (城23-20下(215))	平城京左京二 条二坊五坪東 二坊坊間路西 側溝	(82)	19	4
27-83-10	・兵衛・□勲九等	081	木研12-21頁-2(12) (城23-21上(219))	平城京左京二 条二坊五坪東 二坊坊間路西 側溝	(58)	(27)	4
27-83-11	長門国美祢郡「調綿壱伯屯○天平十九年九月」	031	木研12-21頁-2(13) (城23-21上(223))	平城京左京二 条二坊五坪東 二坊坊間路西 側溝	410	39	7
27-83-12	・大倭国志癸上郡大神里・和銅八年＼○計帳	061	木研12-21頁-2(14) (城23-20下(212))	平城京左京二 条二坊五坪東 二坊坊間路西 側溝	長315	径19	
27-84-1	・芳野幸行用貫簀・○天平八年七月十五日	032	木研12-10頁-1(13) (城22-13下(84))	平城京左京三 条二坊八坪二 条大路濠状遺 構(南)	141	23	3
27-84-2	・瓜四百六十二顆直錢一百卅三文之中○／大七十顆○別 一文二顆○小三百九十二顆○別一文四顆 ‖・柿子一石四 斗二升直錢八十五文○別斗六文／梨子三斗直錢拊文○ 別升一文○茄子四斗二升直錢一百廿六文○別升三文 ‖／ ○合四種物直錢三百七十四文	011	木研12-11頁-1(14) (城22-15上(97)・木 研22-291頁)	平城京左京三 条二坊八坪二 条大路濠状遺 構(南)	323	47	3
27-84-3	・駿河国駿河郡柏原郷小林里戸主若舎人部伊加麻呂戸若 舎人部人・麻呂調荒堅魚十一斤十両○天平七年十月	011	木研12-12頁-1(24) (城22-23下(230))	平城京左京三 条二坊八坪二 条大路濠状遺 構(南)	315	18	3
27-84-4	・駿河国駿河郡柏原郷小林里戸主若舎人部伊加麻呂戸若 舎人部人麻呂調・荒堅魚六連八節○天平七年十月	011	木研12-12頁-1(25) (城22-23下(231))	平城京左京三 条二坊八坪二 条大路濠状遺 構(南)	315	17	4
27-84-5	・中宮職移兵部省卿宅政所／§池辺波利／○太宿奈万呂／ §杖部廣国／§秦金積 ‖ ○／§大鳥高国／§川内馬飼夷万呂 ／§日下部乙万呂／○太東人 ‖ ／§八多徳足／§村国虫 万呂／§東代東人／§山村大立 ‖ ／§史戸廣山／§大荒木 事刀／§太屋主／§陽侯吉足 ‖ ／§狭井石楯／§馬国人／§ 他田神□〔護ヵ〕 ‖ ／右十九口舎人等考文銭人別三文成選 六文又官仰給智＼識銭人別一文件銭今早速進来勿怠緩 ＼○／大属／少進 ‖ ○天平八年八月二日付舎人刑部望麻 呂	011	平城京3-4513(城 30-44上・城24-5上 (7)・木研12-14 頁-1(45))	平城京左京二 条二坊五坪二 条大路濠状遺 構(北)	261	42	3
27-84-6	・岡本宅謹○申請酒五升○右為水葱撰雇女・等給料○天平 八年七月廿五日○六人部諸人	081	平城京3-4519(城 24-7上(21)・木研 12-14頁-1(49))	平城京左京二 条二坊五坪二 条大路濠状遺 構(北)	256	(23)	4

총람 번호	판독문	형식 번호	출전	유적명	길이	너비	두께
27-84-7	·近江国坂田郡上坂郷戸主薮／○田虫麻呂戸庸六斗	033	平城京3-4923(城 24-26下(256)·木研 12-18頁-1(71))	平城京左京二 条二坊五坪二 条大路濠状遺 構(北)	147	17	5
27-84-8	·岡本宅○上進青角豆十把·○天平八年七月廿日田辺久 世万呂	011	平城京3-5671(城 24-37上(426)·木研 12-18頁-1(74))	平城京左京二 条二坊五坪二 条大路濠状遺 構(北)	250	37	5
27-84-9	·淡路国津名郡□□[阿餅ヵ]郷人夫·海部荒海調三斗	032	平城京3-4490(木研 12-18頁-(1)·城 23-21下(227))	平城京左京二 条二坊五坪二 条大路北側溝	192	40	6
27-85	〈〉人米一升五□→〉〈 〉	081	木研12-23頁-4(1)	平城京左京二 条二坊五坪	(102)	(27)	2
27-86-1	·宿直粟伊□·直／秦長人□□○○[物ヵ]／佐伯若→‖	019	木研14-17頁-(1) (城26-20上(304))	平城京左京二 条二坊五坪東 二坊坊間路西 側溝	(123)	30	3
27-86-2	·薄鰒卅四斤調物·寶亀□□[四年ヵ]料	031	木研14-17頁-(2) (城26-20下(308))	平城京左京二 条二坊五坪東 二坊坊間路西 側溝	149	23	1
27-86-3	答志郡伊雑郷→	039	木研14-17頁-(3) (城26-20上(305))	平城京左京二 条二坊五坪東 二坊坊間路西 側溝	(100)	24	2
27-86-4	安房国安房郡廣湍郷沙田里神麻部□□	039	木研14-17頁-(4) (城26-20下(306))	平城京左京二 条二坊五坪東 二坊坊間路西 側溝	(172)	22	6
27-86-5	伊予郡石田里□□□[薗部臣ヵ]□	033	木研14-17頁-(5) (城26-20下(307))	平城京左京二 条二坊五坪東 二坊坊間路西 側溝	123	21	3
27-86-6	柿本朝臣	019	木研14-17頁-(6) (城26-20下(309))	平城京左京二 条二坊五坪東 二坊坊間路西 側溝	(145)	35	5
27-86-7	宇尓一籠○□	081	木研14-17頁-(7) (城26-20下(312))	平城京左京二 条二坊五坪東 二坊坊間路西 側溝	(111)	(8)	3
27-87-1	·〈 〉〉〈 〉両半亭歴子二両芒渭一両半○〈 〉·○□当□□也 其甚□□寧将少□〉〈 〉大小井○通支□□二三日殺人取 以苦酒和塗斉申干又〉〈○服之大方葵子二升以水四 升煮取一升頓服之	081	木研17-161頁-(2) (城8-6上(40))	平城京左京二 条二坊六坪	(457)	(39)	4
27-87-2	·嶋主貸物／上主寸高□／山寸首□□／日置属□□[五十 ヵ]‖·§／津守大嶋百□[文ヵ]今年八月／若麻続大国刀 一今年□‖	019	木研17-162頁-(3) (城8-4下(20))	平城京左京二 条二坊六坪	(93)	21	3
27-87-3	·憶漢月○万里望向関·〈 〉〉 {得〉得〉得〉得〉得〉得〉 得〉得}	081	木研17-163頁-(15) (城8-5下(36)·日本 古代木簡選)	平城京左京二 条二坊六坪	(142)	(22)	5
27-88-1	·後宮務所○任大見治人氷乱·○〈 〉□[閏ヵ]九月二日□	081	木研20-31頁-1(3) (城34-24上(268))	平城京左京二 条二坊十一 坪二条条間路 北側溝	(177)	(16)	2
27-88-2	·越中国鳳至郡小屋郷宮作衛士／車以部牛廿／六百文‖· ○天平廿年十二月十一日	032	木研20-32頁-1(23) (城34-25下(288))	平城京左京二 条二坊十一 坪二条条間路 北側溝	202	25	5

총람 번호	판독문	형식 번호	출전	유적명	길이	너비	두께
27-88-3	宿侍司人○／屋万呂／／火司∥○息万呂／真人○右三人∥○六月八日	011	木研20-31頁-1(2) (城34-24上(267))	平城京左京二 条二坊十・十一 坪二条条間路 北側溝	209	(26)	5
27-88-4	・進上◇御倉条架八枝又御垣□木二枝合十枝□□・鯨○○○六年四月廿六日木守角万呂	011	木研20-31頁-1(4) (城34-24上(269))	平城京左京二 条二坊十・十一 坪二条条間路 北側溝	242	27	4
27-88-5	左衛士府	031	木研20-34頁-1(64) (城34-27下(329))	平城京左京二 条二坊十・十一 坪二条条間路 北側溝	96	27	4
27-88-6	・□部□□麻呂進交易銭一貫・○校丸部嶋守○二月廿九日	032	木研20-34頁-1(59) (城34-27上(324))	平城京左京二 条二坊十・十一 坪二条条間路 北側溝	187	22	3
27-89-1	・〈 〉・□□□[腊籠ヵ]	033	木研19-19頁-(3) (城33-13下(46))	平城京左京二 条二坊十一坪	137	20	3
27-89-2	○◇＼〈 〉合伍人□□	019	木研19-20頁-(4) (城33-13下(44))	平城京左京二 条二坊十一坪	(162)	28	5
27-89-3	・若狭国遠敷郡遠敷郷／秦日佐大村／御調塩三斗∥・○天平寶字六年九月	031	木研19-20頁-(5) (城33-13下(45))	平城京左京二 条二坊十一坪	178	36	5
27-90-1	木本村御贄□[鯛ヵ]	039	木研20-40頁-3(5) (城34-31下(397))	平城京左京二 条二坊十一坪 東二坊坊間東 小路西側溝	(82)	18	3
27-90-2	・美濃国安八郡大田郷・大□[田ヵ]君□[酒ヵ]〈 〉米六斗俵	033	木研20-40頁-3(3) (城34-31下(395))	平城京左京二 条二坊十一坪 東二坊坊間東 小路西側溝	232	18	7
27-91-1	・□□□[武義郡ヵ]□□郷高□[倉ヵ]里□・○□亀元年	081	木研20-39頁-2(4) (城34-31上(384))	平城京左京二 条二坊十一坪 二条条間路南 側溝	(145)	(10)	3
27-91-2	／白髪部大麻呂／白□[髪ヵ]部〈 〉∥○庸米六斗俵	011	木研20-39頁-2(5) (城34-31上(386))	平城京左京二 条二坊十一坪 二条条間路南 側溝	165	26	4
27-92-1	鰒十斤「鰒十斤」	033	木研11-23頁-(1)	平城京左京二 条二坊十一・ 十四坪坪境小 路跡	95	(19)	4
27-92-2	・一・五・三	065	木研11-23頁-(8)	平城京左京二 条二坊十一・ 十四坪坪境小 路跡	長41	径20	
27-92-3	大録	065	木研11-23頁-(9)	平城京左京二 条二坊十一・ 十四坪坪境小 路跡	(66)	(24)	2
27-93-1	・遠江国長上郡煮塩年魚三斗八升○／三∥・○天平廿年	032	平城京左京二条二 坊十二坪-21(木研 5-19頁-(11))	平城京二条大 路・左京二条二 坊十二坪	156	20	4
27-93-2	左馬寮→	019	平城京左京二条二 坊十二坪-19(木研 5-20頁-(23))	平城京二条大 路・左京二条二 坊十二坪	(52)	(19)	3
27-94-1	封	039	木研7-17頁-1(1)	平城京左京二 条二坊十二坪・ 二条大路	(158)	30	4

총람 번호	판독문	형식 번호	출전	유적명	길이	너비	두께
27-94-2	・水精玉所食□…／□人□[舎ヵ]人／二人官守∥◇・「□□[受ヵ]検」□…寸□[集ヵ]麻呂◇	011	木研7-17頁-1(3)・日本古代木簡選	平城京左京二条二坊十二坪・二条大路	(125+75)	30	3
27-95	舟越海松一古	051	木研6-16頁-5(1)(城17-20下(166))	平城京左京二条二坊十三坪	116	15	4
27-96	海藻根	031	木研10-13頁-3(1)(城20-13下(74))	平城京左京二条二坊十四坪	69	17	2
27-97	・□[美]濃国牟義郡稲朽郷□□里・○□□□□	031	木研11-25頁-(1)	平城京左京二条四坊二坪	204	(19)	2
27-98-1	・□□□[字字ヵ]字字字字・【□□[字字ヵ]】□□字字	081	木研12-25頁-(1)	平城京左京二条四坊十一坪	(136)	(11)	2
27-98-2	・／□／○□∥勲一等・【□丶□[者ヵ]者】	081	木研12-25頁-(2)	平城京左京二条四坊十一坪	(99)	36	3
27-99-1	・○〈 〉○三□[升ヵ]○〈 〉○四〈 〉○□升○四条麦直十六文〈 〉○木□□○八条酒三升・麦直十文○□賀与比万呂酒四升〈 〉	081	木研34-7頁-(1)(城41-11上(79))	平城京左京三条一坊一・二坪	(530)	(34)	5
27-99-2	豊前国天平二年郡稲未納帳（木口）	061	木研34-7頁-(3)(城41-11上(81))	平城京左京三条一坊一・二坪	長(127)	径19	
27-99-3	・←□[三ヵ]六九五○＼←□[九ヵ]廿七○二九二八○一○一九如九・□六○六八卌一○五「主紀郡郡」＼○□	081	木研34-8頁-(4)(城41-11上(82))	平城京左京三条一・二坪	(222)	(29)	3
27-100-1	・ {□丶□} （右側面、左が天）・諸陵寮（表面）・「国＼月＼□」（左側面）・□（裏面）・□（上端木口）	011	木研19-19頁-(1)(城33-12上(17))	平城京左京三条一坊七坪東辺部・東一坊坊間路	(55)	25	(16)
27-100-2	〈 〉右大＼○秦乙万呂	081	木研19-19頁-(2)(城33-12上(18))	平城京左京三条一坊七坪東辺部・東一坊坊間路	(248)	(15)	(5)
27-101	□□〈 〉○□[髪ヵ]安万呂	019	木研23-16頁-(1)(城36-14上(61))	平城京左京三条一坊七坪東辺中央	(290)	13	8
27-102-1	□[志ヵ]摩国	061	木研2-11頁-4(1)(城13-10下(48))	平城京左京三条一坊八坪	214	15	6
27-102-2	□[播ヵ]	061	木研2-11頁-4(2)(城13-11上(49))	平城京左京三条一坊八坪	160	12	6
27-104-1	西嶋	091	木研15-10頁-3(1)((城27-4上(5))	平城京左京三条一坊十坪			
27-104-2	西	091	木研15-10頁-3(2)(城27-4上(6))	平城京左京三条一坊十坪			
27-105-1	内□[匠ヵ]寮	019	木研15-9頁-1(1)(城27-4上(3))	平城京左京三条一坊十六坪	(61)	(17)	2
27-105-2	・←枝宅車二両・○□年六月廿一日□□[赤染ヵ]□	081	木研15-9頁-1(2)(城27-4上(1))	平城京左京三条一坊十坪	(159)	33	7
27-105-3	蓮子壱斗	031	木研15-10頁-1(3)(城27-4上(2))	平城京左京三条一坊十坪	(221)	23	2
27-106-1	国国有有□□[近近ヵ]	091	木研17-10頁-(1)	平城京跡左京三条一坊十二坪			
27-106-2	〈 〉	091	木研17-10頁-(2)	平城京跡左京三条一坊十二坪			
27-107-1	・主蔵監□[申ヵ]宿□[侍ヵ]○／〈 〉／〈 〉／〈 〉忌寸〈 〉∥（釈文に【〈 〉百□】を重書）・「□□□[間食ヵ]右依」	011	木研20-41頁-5(1)(城34-33上(412))	平城京左京三条一坊十四坪東一坊大路西側溝	300	39	4

총람 번호	판독문	형식 번호	출전	유적명	길이	너비	두께
27-107-2	少録正六位上\〇〈 〉	081	木研20-41頁-5(2) (城34-33上(413))	平城京左京三 条一坊十四坪 東一坊大路西 側溝	(64)	(25)	2
27-108-1	·丹波国□[水ヵ]上郡→·村六月万□[呂ヵ]戸口同→	091	木研2-11頁-3(3) (城13-10上(41))	平城京左京三 条一坊十五坪	(121)	24	2
27-108-2	雑腊	019	木研2-11頁-3(4) (城13-10上(42))	平城京左京三 条一坊十五坪	(56)	17	3
27-109-1	·◇奉上木＊三[×栂]百二材·◇和銅四年二月五日	019	木研18-22頁-(1) (城32-16下(155))	平城京左京三 条一坊一五坪	(176)	30	3
27-109-2	·奉上·『□□[忌忌ヵ]』	011	木研18-22頁-(2) (城32-16下(156))	平城京左京三 条一坊一五坪	89	46	3
27-110	·池万呂□〇〇女·〈 〉\〇□□□	081	木研15-10頁-2(1) (城27-4上(4))	平城京左京三 条一坊十六坪· 東一坊大路西 側溝	(86)	(10)	2
27-111	厚狭郡地子米五斗	032	木研27-11頁-(1) (平城京1-124·城 22-7上(3))	平城京左京三 条二坊一坪	153	29	3
27-112	小□郷弟国□	039	木研9-15頁-4(1) (城19-32上(386))	平城京左京三 条二坊三·四坪	(97)	26	6
27-113-1	·和銅三年四月十日阿刀·部志祁太女春米	032	平城京1-17(城 13-11下(58)·木研 2-14頁-(7)·日本古 代木簡選)	平城京左京三 条二坊六坪宮 跡庭園	109	20	3
27-113-2	·竹野王子大許進米三升／受稲積‖〇◇·〇六日百嶋〇◇	011	平城京1-7(城13-11 下(56)·木研2-13 頁-(1)·日本古代木 簡選)	平城京左京三 条二坊六坪宮 跡庭園	183	23	9
27-113-3	·阿須波里□[白ヵ]→·北宮御物俵□	039	平城京1-14(城 13-12上(64)·木研 2-13頁-(4)·日本古 代木簡選)	平城京左京三 条二坊六坪宮 跡庭園	(87)	23	4
27-114	八日須支九口受□[道ヵ]守石村	011	平城京1-47(城 12-20下(179))	平城京左京三 条二坊七坪長 屋王邸	208	26	3
27-115-1	·←城〇養秦原→·〇軽不〇□	081	木研2-11頁-5(1) (城13-11上(50))	平城京左京三 条二坊七坪	(154)	32	3
27-115-2	手枕里戸主无得津君千嶋一石	051	木研2-11頁-5(2) (城13-11上(51))	平城京左京三 条二坊七坪	196	21	4
27-116	□里人歳歳歳歳歳歳	011	平城京1-49(木研 5-16頁-6(1)·城 16-14上(111))	平城京左京三 条二坊七坪長 屋王邸	(255)	45	7
27-117-1	·尾張国海部郡嶋里·□[嶋ヵ]連〈 〉	011	平城京1-48(城20-9 上(25)·木研9-16 頁-5(1))	平城京左京三 条二坊七坪長 屋王邸	159	28	8
27-117-2	□□并□[資ヵ]人等上日帳	061	城20-7下(7)(木研 9-16頁-5(2))	平城京左京三 条二坊七坪東 二坊坊間路西 側溝	356	50	9
27-117-3	厨布直銭二貫	039	城20-9上(22)(木研 9-16頁-5(5))	平城京左京三 条二坊七坪東 二坊坊間路西 側溝	(123)	21	3
27-118-1	従八位下小長谷連	091	平城京1-52(木研 10-12頁-2(1)·城 20-9下(27))	平城京左京三 条二坊七坪長 屋王邸			
27-118-2	·長屋皇宮俵一石春人夫·羽咋直嶋	051	平城京1-77(木研 10-12頁-2(5)·城 20-10上(34))	平城京左京三 条二坊八坪長 屋王邸	175	25	6

총람 번호	판독문	형식 번호	출전	유적명	길이	너비	두께
27-118-3	・犬上郡瓦原郷川背舎□〔人ヵ〕・乙米五斗	033	平城京1-71(木研 10-13頁-2(15)・城 20-12下(63))	平城京左京三 条二坊八坪長 屋王邸	117	19	3
27-119-1	・雅楽寮移長屋王家令所○／平群朝臣廣足／○右人請因 倭舞‖・故移○十二月廿四日○少属白鳥史豊麻呂＼○少 允船連豊	011	平城京1-156(城 21-6上(13)・城 25-25上・木研11-8 頁-(1))	平城京左京三 条二坊一・二・ 七・八坪長屋王 邸	220	37	3
27-119-2	◇吉備内親王大命以符○婢笒入女進出○／急々／〈 〉‖・ ◇○五月八日少書吏国足○家令○家扶	081	平城京2-1689(城 21-5上(2)・木研 11-8頁-(2))	平城京左京三 条二坊一・二・ 七・八坪長屋王 邸	(266)	26	3
27-119-3	・木上進糯米四斛○各田部逆・○十二月廿一日忍海安麻 呂	011	城21-10上(57)(木 研11-10頁-(19))	平城京左京三 条二坊一・二・ 七・八坪長屋王 邸	208	29	5
27-119-4	・進上氷一駄丁○阿部色麻呂○◇・○九月十六日火三田次 ○◇	011	城21-12(83)(木研 11-11頁-(26))	平城京左京三 条二坊一・二・ 七・八坪長屋王 邸	314	27	5
27-119-5	長屋親王宮鮑大贄十編	031	城25-30上(城 21-35上(398)・木研 11-14頁-(67))	平城京左京三 条二坊一・二・ 七・八坪長屋王 邸	214	26	4
27-119-6	「封」北宮進上○津税使	043	平城京1-454(城 21-35下(409)・城 25-30上・木研 11-14頁-(68))	平城京左京三 条二坊一・二・ 七・八坪長屋王 邸	300	27	3
27-119-7	尺太郡穴里大伴志伊俵	032	平城京2-2173(城 21-30下(322)・木研 11-15頁-(80))	平城京左京三 条二坊一・二・ 七・八坪長屋王 邸	162	22	4
27-119-8	周防国大嶋郡務理里日下部小籠御調塩三斗	033	平城京2-2186(城 21-33上(360)・木研 11-16頁-(94))	平城京左京三 条二坊一・二・ 七・八坪長屋王 邸	241	24	4
27-119-9	・謹牒○厨務所○□〔蕀ヵ〕本請二升許・右為薬分之○天平 元年八月十八日○／将曹若麻侶／○大国‖	011	城40-22上(城 23-17頁(158)・木研 11-18頁-(1))	平城京左京三 条二坊八坪東 二坊坊間路西 側溝	207	29	3
27-119-10	若狭国遠敷郡青郷御贄貽貝富也并作＼○一＝	032	城23-19上(194)(木 研11-18頁-(2))	平城京左京三 条二坊八坪東 二坊坊間路西 側溝	148	27	3
27-119-11	・芳野幸行貫贄○不用・○天平八年七月十五日	032	城22-13下(83)(木 研11-18頁-(3))	平城京左京三 条二坊八坪二 条大路濠状遺 構（南）	135	24	3
27-119-12	・山房解○申返抄○米二斗○菜一櫃○返上○／袋一口／ 櫃一合‖・丁壬生部己麻付○／注状進解／○天平七年 閏月廿一日‖僧延福	011	城22-8上(15)(木研 11-18頁-(5))	平城京左京三 条二坊八坪二 条大路濠状遺 構（南）	275	27	2
27-119-13	筑紫大宰進上肥後国託麻郡→	039	城22-40上(440)(木 研11-19頁-(9))	平城京左京三 条二坊八坪二 条大路濠状遺 構（南）	(87)	18	2
27-119-14	←麻郡殖種子紫草伍拾斤→□□	081	城22-40上(442)(木 研11-19頁-(10))	平城京左京三 条二坊八坪二 条大路濠状遺 構（南）	(84)	18	3

총람번호	판독문	형식번호	출전	유적명	길이	너비	두께
27-119-15	・伊豆国田方郡棄妾郷許保里戸主宍人部君麻呂口宍人部宿奈麻呂調荒堅魚「一斤十五両〇／六連四／節‖・〇「天平七年十月」	031	城30-44上(城22-25上(253)・木研11-19頁-(11))	平城京左京三条二坊八坪二条大路濠状遺構(南)	370	34	5
27-119-16	・武蔵国足立郡土毛蓮子一斗五升・〇天平七年十一月	032	城22-30上(297)(木研11-19頁-(14))	平城京左京三条二坊八坪二条大路濠状遺構(南)	156	22	5
27-120-1	・御命宜〇笘六張急々取遺仕丁・二人〇三月五日〇巳時四点〇廣足	011	木研12-22頁-3(1)(城23-5上(2))	平城京左京三条二坊一・二・七・八坪長屋王邸	291	36	4
27-120-2	・◇都祁遣雇人二口五升帳内一口一升受・◇智口[善カ]〇九月廿六日〇石角〇書吏	011	木研12-22頁-3(2)(城23-9上(57))	平城京左京三条二坊一・二・七・八坪長屋王邸	148	21	2
27-120-3	・◇牛乳煎人一口米七合五夕受稲万呂・◇〇十月四日大嶋	011	木研12-22頁-3(3)(城23-11上(82))	平城京左京三条二坊一・二・七・八坪長屋王邸	157	18	2
27-120-4	・障子作画師一人米二升・障子作画師一口帳内一口米口口[半升カ]	011	木研12-22頁-3(4)(城23-10上(70))	平城京左京三条二坊一・二・七・八坪長屋王邸	193	19	3
27-120-5	・新羅人一口一升〇受持万呂〇◇・〇七月卅日〇甥万呂〇◇	019	木研12-22頁-3(6)(城23-11下(91))	平城京左京三条二坊一・二・七・八坪長屋王邸	(182)	18	3
27-120-6	・銭一貫・／畝火連大山／桧前寺主寸安麻呂‖〇右二人検校	015	城28-45下(木研12-22頁-3(10)・城23-13上(114))	平城京左京三条二坊一・二・七・八坪長屋王邸	94	23	8
27-121-1	口口口[省家カ]符到奉行	011	木研28-10頁-2(1)	平城京跡左京三条三坊五坪(三条大路北側溝)	178	19	4
27-121-2	・尾張国愛智郡草部郷日置里戸主・尾張国愛智郡草日下〈〉(裏面【口不〇口入支〇草周国口〇〈〉】を重書)	011	木研28-10頁-2(2)	平城京跡左京三条三坊五坪(三条大路北側溝)	253	36	6
27-121-3	八口口	081	木研28-11頁-2(10)	平城京跡左京三条三坊五坪(三条大路北側溝)	(158)	(20)	7
27-121-4	・口是〇馬〇為〈〉口口口口\〇ε(人物絵)〇【鷺】万〇為ε(絵カ)〇用〇用〇衣〇口口口[是カ]〇五〇ε(顔の絵)〇万ε(絵カ)〇為〇為〇為口口口・口〇執【口是〇是】〇ε(絵カ)〇【毛毛】〇※〇〈〉〇ε〇ε(人物絵)ε(絵カ)〇【口是】〇成〇口入◇〈〉【鷺】衣〇衣〇長〇口[為カ]烏	019	木研28-11頁-2(13)	平城京跡左京三条三坊五坪(三条大路北側溝)	(642)	44	5
27-121-5	越前国坂井…口口[御贄カ]口口	081	木研28-11頁-2(3)	平城京跡左京三条三坊五坪(三条大路北側溝)	(82+49)	(12)	3
27-121-6	深渕郷口	039	木研28-11頁-2(4)	平城京跡左京三条三坊五坪(三条大路北側溝)	(94)	23	6
27-121-7	口口口[郡カ]〈〉	032	木研28-11頁-2(5)	平城京跡左京三条三坊五坪(三条大路北側溝)	133	(10)	5

총람 번호	판독문	형식 번호	출전	유적명	길이	너비	두께
27-121-8	□〔大ヵ〕部郷米一俵	032	木研28-11頁-2(6)	平城京跡左京 三条三坊五坪 (三条大路北側 溝)	95	23	3
27-121-9	十三日○六人部□□〔色夫ヵ〕	019	木研28-11頁-2(7)	平城京跡左京 三条三坊五坪 (三条大路北側 溝)	(120)	20	8
27-122	・尾張国仲嶋郡牧沼郷新居里・□部廣嶋白米五斗五月一 日	031	木研5-16頁-5(1) (城16-14上(110))	平城京左京三 条三坊五坪	130	24	4
27-123-1	□□□	081	木研26-7頁-(1)	平城京跡左京 三条三坊十一 坪	(96)	(12)	11
27-123-2	・□□□□○□□□・〈 〉○□	081	木研26-8頁-(2)	平城京跡左京 三条三坊十一 坪	(152)	(12)	4
27-123-3	□□□□□	081	木研26-8頁-(3)	平城京跡左京 三条三坊十一 坪	(84)	(12)	4
27-124-1	・味酒酔□・有好＼○□馴□〔鳩ヵ〕	081	木研13-7頁-(1)	平城京跡左京 三条三坊十二 坪	(73)	23	5
27-124-2	・□〔鷹ヵ〕□□□□・□〔氏ヵ〕□□□□	081	木研13-7頁-(2)	平城京跡左京 三条三坊十二 坪	(68)	11	3
27-125-1	・□得麻呂年廿九○藤原家・○〈 〉	081	木研28-13頁-3(1)	平城京跡左京 三条三坊十二 坪(三条大路北 側溝)	(153)	(8)	6
27-125-2	□□〔阿波ヵ〕国板野郡少嶋郷白米五斗	011	木研28-13頁-3(2)	平城京跡左京 三条三坊十二 坪(三条大路北 側溝)	202	16	3
27-126	□□□□□	081	木研17-15頁-(12)	平城京跡左京 三条四坊七坪	(152)	(30)	2
27-127	・○「上○天四□□〔月ヵ〕＼進出人夫四人右□〔道ヵ〕＼○ 「上四日注導入」・十二日申時将＼○「旧」	019	木研27-12頁-(1)	平城京跡左京 三条四坊七坪	(129)	36	3
27-128	{○□＼○人＼○□＼○人＼○□＼○池＼○池＼○ 地＼○宗○地＼○〔顕ヵ〕＼○可}	061	木研28-15頁-(1) (城17-20上(164))	平城京左京四 条二坊一坪	255	883	58
27-129-1	・衛士十七人＼○〈 〉五升・□□＼○□	081	木研29-9頁-1(1)	平城京跡左京 四条二坊三坪	(141)	(13)	6
27-129-2	・○□○従六位上守左大史・〈 〉○従□位下〈 〉	081	木研29-9頁-1(2)	平城京跡左京 四条二坊三坪	(145)	(5)	5
27-129-3	郡状（木口）	061	木研29-9頁-1(3)	平城京跡左京 四条二坊三坪	長(160)	径10	
27-129-4	・安芸国高田郡三田里己西部首・生石五斗	031	木研29-9頁-1(4)	平城京跡左京 四条二坊三坪	209	22	5
27-129-5	□□命者□受□	081	木研29-9頁-1(5)	平城京跡左京 四条二坊三坪	(124)	(10)	3
27-129-6	□米一石一	091	木研29-9頁-1(9)	平城京跡左京 四条二坊三坪			
27-130-1	石見国那賀郡石→	039	木研7-18頁-3(1)	平城京左京四 条二坊七坪	(152)	21	5
27-130-2	□	081	木研7-18頁-3(2)	平城京左京四 条二坊七坪	(80)	(8)	2.5
27-131-1	／往来諸人等○黒毛牛捉事○右牛今月以三日捉印左右 下耳辟二果足白／〈 〉到多□食損因是件牛捉知状主有 者間所来故告令知‖○延暦六年十一月八日	081	木研28-9頁-1(1)	平城京跡左京 四条三坊九坪 (東堀河)	(645)	40	9

총람 번호	판독문	형식 번호	출전	유적명	길이	너비	두께
27-131-2	・田村殿解・前寅□[曆ヵ]□料□	081	木研28-9頁-1(2)	平城京跡左京 四条三坊九坪 (東堀河)	(108)	(13)	3
27-131-3	・□酒受役夫病者／〈 〉受君□[候ヵ]部荒当○□□□〈 〉／「□□○○臥」○〈 〉‖・□□四斗一升二合中○四斗中〉□□□斗□□二合中○都合一斛九斗八升	011	木研28-9頁-1(3)	平城京跡左京 四条三坊九坪 (東堀河)	275	33	3
27-131-4	・食口・鯛万呂一斗	081	木研28-9頁-1(4)	平城京跡左京 四条三坊九坪 (東堀河)	(110)	(25)	4
27-131-5	横女八合	081	木研28-9頁-1(5)	平城京跡左京 四条三坊九坪 (東堀河)	207	(21)	6
27-131-6	四条二坊百	019	木研28-9頁-1(6)	平城京跡左京 四条三坊九坪 (東堀河)	(82)	23	4
27-132-1	〈 〉	081	木研17-13頁-(4)	平城京跡左京 四条三坊十坪	(42)	(11)	6
27-132-2	□	081	木研17-13頁-(5)	平城京跡左京 四条三坊十坪	(80)	(18)	1
27-132-3	背国□□□[相楽郡ヵ]水□〈 〉□□□請□[請ヵ]	032	木研17-13頁-(6)	平城京跡左京 四条三坊十坪	239	20	8
27-132-4	〈 〉君万呂〈 〉	039	木研17-13頁-(7)	平城京跡左京 四条三坊十坪	(112)	(25)	2
27-132-5	〈 〉	081	木研17-13頁-(8)	平城京跡左京 四条三坊十坪	(130)	(17)	5
27-133	〈 〉＼戸主物部→	081	木研18-25頁-(1)	平城京跡	(140)	(15)	3
27-134	〈 〉□□□	081	木研17-15頁-(9)	平城京跡左京 五条一坊十五 坪	(160)	(5)	7
27-135-1	・□○臣〈 〉○家家○足・□□□[臣ヵ]	081	木研33-13頁-1(1)	平城京跡左京 五条四坊九坪	(297)	32	8
27-135-2	・古銭百廿一文「□」・「〈 〉」	033	木研33-14頁-2(1)	平城京跡左京 五条四坊九坪・ 五条条間北小 路	129	19	4
27-135-3	佐伯	039	木研33-14頁-2(2)	平城京跡左京 五条四坊九坪・ 五条条間北小 路	(61)	19	6
27-136	○□□○□〈 〉□＼…＼○机机机机机机＼榎○榎榎成成○成○成＼障○障○障○障障障障心＼○□□□	061	木研29-10頁-2(1)	平城京跡左京 五条四坊九・ 十六坪		径186	厚4
27-137-1	□	081	木研29-10頁-3(1)	平城京跡左京 五条四坊十六 坪	92	(24)	3
27-137-2	・○□□□□□・□○○□□□	065	木研29-10頁-3(2)	平城京跡左京 五条四坊十六 坪	153	23	3
27-138	＝司（刻書）	061	木研34-9頁-(1)	平城京左京五 条四坊十六坪	高(2700)	内径700	
27-139-1	ε（人面）山□□□[下倉ヵ]人豆主	061	木研3-15頁-(1)	平城京左京(外 京)五条五坊七 坪	(216)	38	7
27-139-2	□□＼道道□	065	木研3-15頁-(2)	平城京左京(外 京)五条五坊七 坪	(63)	(19)	1
27-140-1	茄子一斗○糖十□[斤ヵ]	081	平城京左京七条一 坊十五・十六坪-(1) (木研17-18頁-(1)・ 城31-7上(3))	平城京左京七 条一坊十六坪 六条大路北側 溝	(116)	(14)	4

총람 번호	판독문	형식 번호	출전	유적명	길이	너비	두께
27-140-2	←岐国寒→	081	平城京左京七条一坊十五·十六坪-(2)(木研17-18頁-(2)·城31-7上(4))	平城京左京七条一坊十六坪六条大路北側溝	(39)	19	3
27-140-3	・○□□□□□□□〔中務省移衛門府ヵ〕・□人○□□〔夫ヵ〕□□□	081	平城京左京七条一坊十五·十六坪-(4)(木研17-18頁-(4)·城31-7上(6))	平城京左京七条一坊十六坪東一坊大路西側溝	(113)	(8)	3
27-140-4	・寶字七年六＼月諸司継文・寶字七年六→＼諸司継文	061	平城京左京七条一坊十五·十六坪-(8)(木研17-19頁-(8)·城31-7下(10))	平城京左京七条一坊十六坪東一坊大路西側溝	(96)	36	7
27-140-5	／曽□〔雅ヵ〕門一／〈 〉‖○右四人嶋村列○／中大伴門一／〈 〉‖○右四人三龍列	081	平城京左京七条一坊十五·十六坪-(21)(木研17-20頁-(20)·城31-8下(27))	平城京左京七条一坊十六坪東一坊大路西側溝	420	(29)	7
27-140-6	・参河国八名郡多米郷□・天平二年六月五→	019	平城京左京七条一坊十五·十六坪-(60)(木研17-20頁-(31)·城31-8下(35))	平城京左京七条一坊十六坪東一坊大路西側溝	(120)	19	3
27-140-7	・駿河国駿河郡柏原郷山□〔田ヵ〕・真高銭六百文	032	平城京左京七条一坊十五·十六坪-(61)(木研17-20頁-(32)·城31-9上(36))	平城京左京七条一坊十六坪東一坊大路西側溝	113	21	3
27-140-8	封	031	平城京左京七条一坊十五·十六坪-(92)(木研17-21頁-(58)·城31-10上(63))	平城京左京七条一坊十六坪東一坊大路西側溝	(165)	31	(4)
27-141-1	○□□〔張張ヵ〕張張□＼□〔浄ヵ〕、、、□	091	木研14-20頁-(1)	平城京左京八条三坊六坪(東市跡推定地)			
27-141-2	○浄浄浄争□〔争ヵ〕□○○＼□□	091	木研14-20頁-(2)	平城京左京八条三坊六坪(東市跡推定地)			
27-141-3	□□□□□□	091	木研14-20頁-(3)	平城京左京八条三坊六坪(東市跡推定地)			
27-141-4	□秦□□	091	木研14-20頁-(4)	平城京左京八条三坊六坪(東市跡推定地)			
27-141-5	□□□□□	091	木研14-20頁-(5)	平城京左京八条三坊六坪(東市跡推定地)			
27-142-1	□○四月十五日	081	城11-16下(155)	平城京左京八条三坊東市周辺	(139)	20	5
27-142-2	養養養養養□〔養ヵ〕〈 〉＼○□□□□□□	081	城11-16下(157)	平城京左京八条三坊東市周辺	340	18	4
27-142-3	・□□国□□・□□郷戸主別公小足戸□□□	051	城11-16下(154)	平城京左京八条三坊東市周辺	151	15	6
27-142-4	□〔道ヵ〕○首首道○為○□〔為ヵ〕＼○道	081	城11-16下(156)	平城京左京八条三坊東市周辺	(171)	39	15
27-142-5	・進上駄一匹功四束・○□	019	城11-16下(153)	平城京左京八条三坊東市周辺	(85)	35	6
27-142-6	東宮青奈○直□〔銭ヵ〕	019	城11-16下(152)	平城京左京八条三坊東市周辺	(120)	(11)	2

총람 번호	판독문	형식 번호	출전	유적명	길이	너비	두께
27-142-7	□□□六果／薬／□‖	081	城11-17上(161)	平城京左京八 条三坊東市周 辺	(83)	(21)	4
27-142-8	・□年料荏油一斗三升□・九年九月廿五日	019	城11-17上(159)	平城京左京八 条三坊東市周 辺	(155)	(29)	4
27-142-9	□百廿文□	081	城11-17上(162)	平城京左京八 条三坊東市周 辺	(199)	(11)	10
27-142-10	符○民使○彼在□	019	城11-17上(160)	平城京左京八 条三坊東市周 辺	(158)	40	5
27-143-1	□□九□□知○□[奴ヵ]□卅→	081	木研6-21頁-(1)	平城京左京八 条三坊十一坪 (東市推定地)	(182)	(16)	5
27-143-2	一斗六升→	081	木研6-21頁-(2)	平城京左京八 条三坊十一坪 (東市推定地)	(204)	(24)	6
27-143-3	・←〈 〉・←飯□[之ヵ]食飯□	081	木研6-21頁-(3)	平城京左京八 条三坊十一坪 (東市推定地)	(153)	(18)	6
27-143-4	阿貴水~／□[倉ヵ]垣少庭／六月四日‖	031	木研6-21頁-(4)	平城京左京八 条三坊十一坪 (東市推定地)	112	26	3
27-143-5	大□[坂ヵ]□＼○□→	081	木研6-21頁-(5)	平城京左京八 条三坊十一坪 (東市推定地)	(99)	(18)	3
27-143-6	←万呂○□□乙→	081	木研6-21頁-(6)	平城京左京八 条三坊十一坪 (東市推定地)	(78)	(12)	2
27-144	・◇○月□[料ヵ]＼○伊予□○含○濃○郡＼○「国俵」○ 「俵」・○月廿九日進上○□○「□」＼○○「進」(表裏とも削 り残りの墨痕あり)	019	木研35-5頁-(1)	平城京左京八 条三坊十一坪 (東市推定地)	(113)	38	6
27-145-1	□	081	木研24-7頁-(1)	平城京左京八 条三坊十二坪 (東市跡推定地)	(72)	(11)	1
27-145-2	□〈 〉□□□…□□	091	木研24-7頁-(2)	平城京左京八 条三坊十二坪 (東市跡推定地)			
27-145-3	□	091	木研24-7頁-(3)	平城京左京八 条三坊十二坪 (東市跡推定地)			
27-145-4	〈 〉	091	木研24-7頁-(4)	平城京左京八 条三坊十二坪 (東市跡推定地)			
27-145-5	□□	091	木研24-7頁-(5)	平城京左京八 条三坊十二坪 (東市跡推定地)			
27-146	麻呂□□□□＼□□□[四ヵ]刀自女	061	木研31-15頁-(1)	平城京左京八 条三坊十四坪	(225)	28	1
27-147	・←直十五□[文ヵ]→・○□□	081	木研5-16頁-4(1) (城16-13上(106))	平城京東市東 堀河跡左京九 条三坊十坪東 北辺	(57)	(6)	6
27-148	□丈七尺〈 〉	091	木研29-13頁-(1)	平城京右京北 辺二坊二・三坪 一条北大路			
27-149	・〈 〉□[郷ヵ]□□…□□□□□ (重書多数有り)・〈 〉…〈 〉＼〈 〉…〈 〉	065	木研26-9頁-(1)	平城京跡右京 一条二・三坊、 北辺二坊	(125+76)	25	4

총람 번호	판독문	형식 번호	출전	유적명	길이	너비	두께
27-150	□□□○国□[人ヵ]	039	木研28-16頁-(1)	平城京跡右京 北辺四坊三坪 東南隅	(121)	21	6
27-151	◇□水船四枚切机四前中取一前	011	木研29-152頁-(1) (城38-13上(1))	平城京右京一 条二坊一坪	(174)	(20)	3
27-152-1	・日日○月月・文文文○□[勅ヵ]勅	011	木研30-10頁-(1)	平城京右京一 条三坊一坪	193	37	5
27-152-2	○原＼○＼○□	061	木研30-10頁-(2)	平城京右京一 条三坊一坪	高438	径705	8
27-153	・□□□[万呂ヵ]・□□□	041	木研33-14頁-3(1)	平城京跡右京 二条二坊八坪	198	13	4.5
27-154	召日置得麻呂	019	木研25-15頁-(1)	平城京跡右京 二条三坊三坪	(84)	26	3
27-155-1	《》	091	木研17-13頁-(2)	平城京跡右京 二条三坊三・六 坪			
27-155-2	□	081	木研17-13頁-(3)	平城京跡右京 二条三坊三・六 坪	(40)	(6)	(2)
27-156-1	德道為輦輿輿○◇	061	木研16-15頁-(1)	平城京跡右京 二条三坊四坪	270	26	2
27-156-2	波波乃□尓波止支□[佐ヵ]○◇	061	木研16-15頁-(2)	平城京跡右京 二条三坊四坪	271	29	1
27-156-3	□奈○◇	061	木研16-15頁-(3)	平城京跡右京 二条三坊四坪	271	29	1
27-156-4	□□甲□□々□□止羅尓◇	061	木研16-15頁-(4)	平城京跡右京 二条三坊四坪	(258)	25	1
27-156-5	比□可夕乃○◇	061	木研16-15頁-(5)	平城京跡右京 二条三坊四坪	271	29	1
27-156-6	己乃己米米米津米己甲○◇	061	木研16-15頁-(6)	平城京跡右京 二条三坊四坪	271	29	1
27-156-7	□○◇	061	木研16-15頁-(7)	平城京跡右京 二条三坊四坪	271	28	1
27-156-8	・□合酒四升・日□万佐可	059	木研16-15頁-(8)	平城京跡右京 二条三坊四坪	(102)	(25)	3
27-157	山背国京都	091	木研20-44頁-1(1)	平城京右京二 条三坊七坪			
27-158-1	・□[忍ヵ]○忍忍忍・□□忍□□＼○《》	081	木研17-15頁-(10)	平城京跡右京 二条三坊十坪	(83)	(26)	3
27-158-2	・□□＼□□・□	081	木研17-15頁-(11)	平城京跡右京 二条三坊十坪	(23)	(28)	3
27-159	・菅原寺 (曲物底板外面)・□[菅ヵ]原□[寺ヵ] (曲物側 板外面)	061	木研17-13頁-(1)	平城京跡右京 二条三坊十一 坪	高(37)	径153	
27-160-1	・召○氷□[戸ヵ]・内舍人尊	019	木研20-41頁-4(1) (城34-32下(405))	平城京右京三 条一坊三・四坪 朱雀大路西側 溝	(77)	29	5
27-160-2	・下道□[郡ヵ]《》□□[屋代ヵ]里下道臣三止・□□米六斗	011	木研20-41頁-4(2) (城34-32下(406))	平城京右京三 条一坊三・四坪 朱雀大路西側 溝	165	21	4
27-160-3	・備後国西良郡《》米・《》	039	木研20-41頁-4(3) (城34-32下(407))	平城京右京三 条一坊三・四坪 朱雀大路西側 溝	(109)	(12)	5

총람 번호	판독문	형식 번호	출전	유적명	길이	너비	두께
27-160-4	犬養部	081	木研20-41頁-4(3) (城34-32下(407))	平城京右京三 条一坊三・四坪 朱雀大路西側 溝	72	13	3
27-161-1	隱伎国周吉郡奄可郷吉城里＼服部屎人軍布六斤養老四 年	031	木研20-41頁-4(5) (城34-32下(409))	平城京右京三 条一坊三坪朱 雀大路西側溝	128	26	3
27-161-2	阿波国生鰒五十貝	032	木研20-41頁-4(6) (城34-32下(410))	平城京右京三 条一坊三坪朱 雀大路西側溝	126	23	5
27-161-3	□波米五斗	039	木研20-41頁-4(7) (城34-32下(411))	平城京右京三 条一坊三坪朱 雀大路西側溝	(114)	24	5
27-162-1	御米一斗六升五合〇見充殿人食米一斗四合〇一斗四升 九合	011	木研15-21頁-(1)	平城京右京三 条三坊三坪	328	22	4
27-162-2	・進上瓜二百卅七□[顆カ]・〇八月十六日附鴨□[手カ]	081	木研15-21頁-(2)	平城京右京三 条三坊三坪	151	(13)	3
27-162-3	・謹進上〈 〉・木工〈 〉	081	木研15-21頁-(3)	平城京右京三 条三坊三坪	(114)	(17)	1
27-163	□其□[寒カ]麋□	081	木研20-45頁-2(1)	平城京右京三 条四坊十坪	(130)	31	4
27-164	・十一二七□十一子□十一〈 〉七七七□十一十・七〇七□ 子一□□□□□□[可可可カ]七□十一〈 〉	019	木研29-15頁-(1)	平城京跡右京 四条一坊九坪	(319)	30	7
27-165	・〇米□[一カ]斗六升一□[八カ]〇西□〇一斗＼米□[玖 カ]一石大・〇□升□阿三陀料＼□麦	019	木研26-10頁-(1)	平城京跡右京 四条二坊二坪	(180)	20	2
27-166-1	西一二三四五六七	081	木研21-7頁-(1)	平城京跡右京 七条一坊十五 坪	(220)	(23)	5
27-166-2	・北一二三四□□[五六カ]・□□□□□[四カ]□＼〇□	081	木研21-7頁-(2)	平城京跡右京 七条一坊十五 坪	(158)	(8+9)	6
27-167-1	附下田坏廿口／受鳥万呂∥	019	木研6-16頁-4(1) (城17-19下(159))	平城京右京八 条一坊十一坪	(189)	15	4
27-167-2	千麻呂米□	039	木研6-16頁-4(2) (城17-19下(160))	平城京右京八 条一坊十一坪	(71)	18	5
27-167-3	黒万呂	032	木研6-16頁-4(2) (城17-19下(160))	平城京右京八 条一坊十一坪	155	18	5
27-168	〇私□[口カ]＼□□笑竹稲三＼〇稲稲＼〇稲稲＼〇弊医 私和笑竹＼〇和担担私兊＼〇通通	061	城19-10下(18)(木 研8-11頁-5(1))	平城京右京八 条一坊十三・四 坪	790	186	39
27-169	秦五〇米一斗〇十一月十七日□	051	木研9-16頁-6(1) (城19-10下(19))	平城京右京八 条一坊十四坪	164	25	5
27-170	・←□□道在道行＼〇□→・←為□[約カ]□□→	081	木研3-12頁-6(1) (城14-13下(80))	平城京右京九 条大路北側溝	(163)	38	6
27-171-1	田辺鰒六十編（刻書）	032	木研6-15頁-3(1) (城17-19上(156))	平城京右京九 条大路	123	15	3
27-171-2	・廣万侶鰒百連甲・□[廣カ]万侶鰒百連甲	032	木研6-15頁-3(2) (城17-19上(157))	平城京右京九 条大路	151	21	8
27-172-1	・〈 〉＼〇諸僧・長善長宜（表面に「僧」、裏面に「為得」「為」、 逆字で「長」の文字あり）	081	木研8-119頁-(11) (唐招提寺修報・日本 古代木簡選)	唐招提寺講堂 地下遺構	(189)	(35)	7
27-172-2	〈 〉菰三百丸／□[馱カ]二匹／天平十五年九月七日出雲 真前∥	011	木研8-119頁-(12) (唐招提寺修報・日本 古代木簡選)	唐招提寺講堂 地下遺構	210	35	4
27-173-1	・二月五日□[旛カ]＼□法計計→・正月一日□〈 〉三□＼ 〈 〉四□[日カ]〈 〉	081	木研14-22頁-(1)	唐招提寺	(87)	(68)	5
27-173-2	□□福観→	061	木研14-23頁-(2)	唐招提寺	(101)	19	20

총람 번호	판독문	형식 번호	출전	유적명	길이	너비	두께
27-173-3	·□□国□□郡□·□□□[屋ヵ]□郷戸主□	039	木研14-23頁-(3)	唐招提寺	(122)	(17)	6
27-174	·←□□□十二箇月利本□□弐拾□□□←·○〱	081	木研3-12頁-3(2) (城14-12下(67))	法華寺旧境内 西南部	(304)	(17)	7
27-175	·□釆□[女ヵ]←·釆女□←	019	木研5-15頁-3(1) (城15-34(235))	法華寺旧境内 西南部左京二 条二坊九·十坪 坪境	(92)	28	4
27-176-1	·坤宮官縫殿出米参斗○右薪買·遣如件○五月廿八日舎 人池後小東人	011	木研21-216頁-(1) (城9-7下(46))	平城京左京二 条二坊十坪東 二坊坊間大字 東側溝	227	26	4
27-176-2	·□□□□□[会会会会会ヵ]会会会会会□□[会会ヵ]· □○□□○□○	081	木研21-216頁-(2) (城9-7下(48))	平城京左京二 条二坊十坪	(196)	(11)	2
27-176-3	○十九本	091	木研21-216頁-(3) (城9-7下(47))	平城京左京二 条二坊十坪			
27-177	·霧寒小□豊離〵＝久者○牟也·○久利久者车〵夜○久利 久者□〵牟夜	019	木研2-11頁-6(1) (城13-12下(69))	平城京阿弥陀 浄土院跡	152	56	7
27-178-1	←河国○遠江□□[国ヵ]	081	木研22-15頁-(1) (城35-13下(36))	平城京左京二 条二坊十坪阿 弥陀浄土院跡	(99)	19	5
27-178-2	□	091	木研22-15頁-(2) (城35-13下(37))	平城京左京二 条二坊十坪阿 弥陀浄土院跡			
27-179	□之○◇	061	東大寺防 災-1799(木研6-23 頁)	東大寺仏餉屋 下層遺構	(108)	20	1
27-180-1	卅三斤八両二畝	032	東大寺防災-(1779) (日本古代木簡選·木 研11-26頁-(6))	東大寺大仏殿 廻廊西地区	118	17	3
27-180-2	白銅砕一裏	032	東大寺防災-(1783) (日本古代木簡選·木 研11-26頁-(9))	東大寺大仏殿 廻廊西地区	245	22	4
27-180-3	·自宮請上吹銅一万一千二百廿二斤〵「自宮宮宮〈 〉宮足 ○宮足○宮自□·「□□□○〈 〉〵□□□□○鴫□人○預大 ○□○令□□□□○〈 〉	019	東大寺防災-(1762) (日本古代木簡選·木 研11-26頁-(11))	東大寺大仏殿 廻廊西地区	(218)	32	2
27-180-4	·辺○家○継·〈 〉□[塞ヵ]卅人〵卅一人正丁〵十七人□□ [少丁ヵ]〈 〉	019	東大寺防災-(1764) (木研11-27頁-(24))	東大寺大仏殿 廻廊西地区	(74)	(18)	2
27-180-5	·薬院依仕奉人○／大伴部烏上○入正月〈 〉●●[五日ヵ] ／大伴部稲依○入正月五日‖○肥後国菊地郡□[子ヵ]養 郷人○「□」·「悲田○悲田院○充丸□不□未〈 〉	011	東大寺防災-(1761) (日本古代木簡選·木 研11-28頁-(28))	東大寺大仏殿 廻廊西地区	476	43	4
27-181-1	·◇○東大之寺僧志尺文寺得□[得ヵ]←〵○尊·○作心信 作心○第○為○□[鳥の象形·篆書ヵ]○為是□是〵◇○ 論語序一「寺」□○第〵信心○哥第○為為為為羽〈 〉	081	東大寺防災-(1733) (木研16-33頁-(2))	東大寺	(266)	24	8
27-181-2	鳥取□	019	東大寺防災-(1734) (木研16-33頁-(4))	東大寺	(87)	28	3
27-181-3	·○長○〈 〉〵□三奴百足戸口同□□·□作何□〈 〉〵○〈 〉	081	東大寺防災-(1735) (木研16-33頁-(6))	東大寺	(132)	33	7
27-181-4	賛支国□（刻書）	081	東大寺防災-(1739) (木研16-33頁-(7))	東大寺	(187)	(62)	(7)
27-181-5	高背（刻書）	081	東大寺防災-(1741) (木研16-33頁-(8))	東大寺	(72)	(35)	(7)
27-182-1	賛支国（刻書）	081	木研17-25頁-(1)	東大寺	(155)	(92)	(11)
27-182-2	賛支（刻書）	081	木研17-25頁-(2)	東大寺	(30)	(37)	(3)
27-182-3	賛□[支ヵ]（刻書）	081	木研17-25頁-(3)	東大寺	(142)	(37)	(10)
27-183-1	·卅四斤○「／大／小二百斤‖·○「枚二」	032	木研24-11頁-(1) (東大寺防 災-(1743))	東大寺	159	35	10

총람 번호	판독문	형식 번호	출전	유적명	길이	너비	두께
27-183-2	・語人鳥□[奉ヵ]七十六斤〇「一」・〇七月廿日	032	木研24-11頁-(3) (東大寺防 災-(1745))	東大寺	177	34	6
27-183-3	・生壬部万呂十九斤〇「一」・十一月廿六日〇「前大目」	032	木研24-11頁-(4) (東大寺防 災-(1746))	東大寺	138	33	5
27-184-1	・〇□□〇〇十人掘出自口地‖・←人作露盤伏鉢樋八枚 形／十一人銅／□人＼〇・壱斤〇□□□＼丈一尺〇滑海 藻	081	木研27-13頁-(1)	東大寺旧境内	(138)	(20)	4
27-184-2	鳥甘〇＼□	081	木研27-14頁-(2)	東大寺旧境内	(60)	(18)	6
27-184-3	・〇□大□□[鋳エヵ]従〇□□□・□□□[参伯参ヵ]□	081	木研27-14頁-(3)	東大寺旧境内	(68)	(11)	6
27-185	・←守〇受=一口・〇九月九日	081	木研35-7頁-1-(1)	東大寺旧境内	(167)	27	3
27-186	・―方～少～丁～合～肆～拾～人～之～中／土起八□／土運 十九‖・―方～少～丁～合～肆～□[拾ヵ]～□～之～中／土 起八□／土運十九‖	081	木研35-7頁-2-(1)	東大寺旧境内	(173)	35	4
27-187-1	・池□□□・〈〉	033	木研10-15頁-(1)	興福寺勅使坊 門跡下層	141	21	2
27-187-2	□□□〇〇	019	木研10-15頁-(2)	興福寺勅使坊 門跡下層	(163)	(22)	3
27-188	□□□	091	木研25-16頁-(1)	平城京右京一 条三坊四坪(西 大寺旧境内)			
27-189-1	・東海道／伊賀／〇「内」／伊勢‖尾張〇志麻〇河‖ 遠江／駿河‖伊豆／〇武蔵／相武‖上総／下総‖ 常陸／阿波＼東異道／近江／「錦」／美濃／火太／信 野‖甲斐／上野／下野／常奥‖〇／〇／□□‖・ 紀国／伊刀／那賀／名草‖海麻／安□／日高‖牟呂 ／「金」／淡路国／御原／津名‖阿波国／板野／三間 ‖〈〉／〈〉／〈〉‖〈〉／〈〉‖土左国／□□／長岡 土左‖〇／〇□／□‖／阿川／〇土左‖〇／「人〇人」 〇「茎足□□[芹芹ヵ]芋芋□」／「合」〇□‖	019	木研35-11頁-(1)	平城京右京一 条三坊十三・ 十四坪(西大寺 旧境内)	(515)	34	6
27-189-2	大徳一心念、今日衆僧自恣〈〉恣若有見聞疑罪、大＼徳 怠愍、故語□、＼□□〈〉如法懺悔、第二第三亦如是	011	木研35-11頁-(3)	平城京右京一 条三坊十三・ 十四坪(西大寺 旧境内)	270	23	6
27-189-3	◇〇各長□[三ヵ]＼金堂所牒〇嶋院〇借請麻柱松弐枝〇 右□	081	木研35-11頁-(4)	平城京右京一 条三坊十三・ 十四坪(西大寺 旧境内)	(303)	(42)	6
27-189-4	・〇右件田主知□[已ヵ]衣服□[細ヵ]□＼□事〈〉会会 請□、＼〇〈〉・〇□＼神護景雲二年三月五日「□□」	081	木研35-12頁-(13)	平城京右京一 条三坊十三・ 十四坪(西大寺 旧境内)	(242)	(23)	3.5
27-189-5	法王尓□[成ヵ]	011	木研35-15頁-(60)	平城京右京一 条三坊十三・ 十四坪(西大寺 旧境内)	95	15	3
27-189-6	・大律師成・〈〉	011	木研35-15頁-(61)	平城京右京一 条三坊十三・ 十四坪(西大寺 旧境内)	91	16	3
27-189-7	・此取人・法師成	019	木研35-15頁-(62)	平城京右京一 条三坊十三・ 十四坪(西大寺 旧境内)	(76)	15	4
27-189-8	□沙弥尓成	011	木研35-15頁-(63)	平城京右京一 条三坊十三・ 十四坪(西大寺 旧境内)	71	8	2

총람 번호	판독문	형식 번호	출전	유적명	길이	너비	두께
27-189-9	我鬼成	011	木研35-15頁-(65)	平城京右京一 条三坊十三・ 十四坪(西大寺 旧境内)	95	14	4
27-190-1	東薗進上大根三升〇知佐二升	081	城39-32下(木研 29-21頁-(2)・城 38-16上(36))	平城京右京一 条三坊八坪(西 大寺旧境内食 堂院跡推定地)	(232)	(17)	3
27-190-2	・飯壱升〇伊賀栗拾使間食料〇八月廿七日〇目代□[倉ヵ] □〇□[人ヵ]□〇「□□□□□□□〇八月四日□[目ヵ]□\〇 倉人\〇上座〇寺主〇可信〇□□□□□」(裏面左行は 墨書で囲んで抹消)	011	木研29-21頁-(6) (城38-16下(40))	平城京右京一 条三坊八坪(西 大寺旧境内食 堂院跡推定地)	395	25	6
27-190-3	・茄子十五石六斗／六石五斗見直充了／九石一斗〇直未 □九十三文今所給〇□〈 〉‖□□□ (本文に「〇世〇世〇 世〇」「〇□〇世〇世〇世〇世〇世世世世世世世」 を重書)・〇□□二石九斗「茄子」四石／「麻」〇一石〈 〉／〇 「為為」□□□卅□‖「財平□」	019	木研29-22頁-(15) (城38-17上(49))	平城京右京一 条三坊八坪(西 大寺旧境内食 堂院跡推定地)	(239)	18	3
27-190-4	・浄酒弍升□□[政所ヵ]□料又酒・〇□□□□□□□	081	木研29-22頁-(18) (城38-17下(52))	平城京右京一 条三坊八坪(西 大寺旧境内食 堂院跡推定地)	(156)	(9)	4
27-190-5	僧房作所	081	木研29-22頁-(22) (城38-17下(56))	平城京右京一 条三坊八坪(西 大寺旧境内食 堂院跡推定地)	(82)	(11)	5
27-190-6	◇西南□殿鎰	061	木研29-23頁-(23) (城38-18上(57))	平城京右京一 条三坊八坪(西 大寺旧境内食 堂院跡推定地)	112	31	6
27-190-7	・羽郡野田郷戸主〈 〉私人戸口生江伊加万呂・延暦五年十 月廿七日	051	木研29-23頁-(24) (城38-18上(58))	平城京右京一 条三坊八坪(西 大寺旧境内食 堂院跡推定地)	142	18	3
27-190-8	少戸主波太部直万呂大豆五斗	051	木研29-23頁-(30) (城38-18下(64))	平城京右京一 条三坊八坪(西 大寺旧境内食 堂院跡推定地)	162	13	5
27-190-9	美作国勝田郡吉野郷□[揭ヵ]米五斗	032	木研29-23頁-(35) (城38-18下(69))	平城京右京一 条三坊八坪(西 大寺旧境内食 堂院跡推定地)	171	29	6
27-190-10	醤漬瓜六斗	033	木研29-24頁-(42) (城38-19上(76))	平城京右京一 条三坊八坪(西 大寺旧境内食 堂院跡推定地)	132	18	2
27-191-1	亀六年難	061	木研16-21頁-(1)	大安寺旧境内	(56)	31	5
27-191-2	・◇漬芹・◇□ (裏面削り残し)	011	木研16-21頁-(2)	大安寺旧境内	85	39	5
27-191-3	◇可充紙□□	019	木研16-21頁-(3)	大安寺旧境内	(96)	34	2
27-192-1	□□□[出水郷ヵ]大豆五斗	081	木研16-23頁-(19)	大安寺旧境内	(110)	15	4
27-192-2	白米二斗	081	木研16-23頁-(22)	大安寺旧境内	(90)	16	7
27-193	天平五年閏月廿六日白□合	033	木研5-22頁-(1)	白毫寺遺跡	(196)	(18)	3
27-194	□□夫子之求之与其諸異乎	081	木研16-35頁-(1)	阪原阪戸遺跡	(253)	21	7
27-195	◇廿四日下米〇／八合平知方大刀自／六合□□□‖〇／ 六合阿治吾公／八合松万呂‖〇廿□[六ヵ]日□□[収納 ヵ]米肆□□□[斗陸升ヵ]\〇□□□	081	木研21-9頁-(1)	秋篠・山陵遺跡	(387)	(28)	5
27-196-1	・天平十年七月始□□代進上〈 〉\十二月廿七日廿四古使 ・〈 〉	081	木研29-30頁-(1)	日笠フシンダ遺跡	(184)	(31)	5
27-196-2	始廿古使中博士〇馬一匹	081	木研29-30頁-(2)	日笠フシンダ遺跡	(205)	32	5

총람 수록 목간 크기 일람표　　663

총람 번호	판독문	형식 번호	출전	유적명	길이	너비	두께
27-196-3	□□納	081	木研29-30頁-(3)	日笠フシンダ遺跡	(58)	17	3.5
27-196-4	〈 〉廿□□[廿ヵ]	019	木研29-30頁-(4)	日笠フシンダ遺跡	(62)	21	5
27-197-1	美作国英多郡	039	木研32-121頁-(1)	稗田遺跡	(92)	27	4
27-197-2	讃岐国鵜足郡少川郷□	019	木研32-121頁-(2)	稗田遺跡	(99)	(19)	3
27-197-3	赤毛□	033	木研32-121頁-(3)	稗田遺跡	122	18	4
27-197-4	朝風王＼子万呂	031	木研32-121頁-(4)	稗田遺跡	66	35	3
27-198-1	・□[右ヵ]衛士府移□府□[入ヵ]□□又□□[旨ヵ]・○ 霊亀三年十一月十日取鳥部連次万呂	011	日本古代木簡選・木 研3-23頁-(1)	稗田遺跡-下ツ 道-	344	(15)	6
27-198-2	隠地郡／大田部□《 》[箸麻呂ヵ]／日下部□□[荒次ヵ] ‖ ○海藻	031	日本古代木簡選・木 研3-23頁-(2)	稗田遺跡-下ツ 道-	147	31	3
27-198-3	□□□□[衛士府ヵ]○〈 〉万呂／□□〈 〉万呂／多比連□ 万呂／阿□連□万呂 ‖	032	日本古代木簡選・木 研3-23頁-(3)	稗田遺跡-下ツ 道-	207	39	6
27-198-4	幡麻国□[耳ヵ]企郡→	019	日本古代木簡選・木 研3-23頁-(4)	稗田遺跡-下ツ 道-	(115)	39	3
27-199-1	若狭国〈 〉佐□□／□／□ ‖	039	木研32-8頁-(1)	八条北遺跡〈A 地区〉	(136)	31	7
27-199-2	□□米六斗三家里	032	木研32-8頁-(2)	八条北遺跡〈A 地区〉	185	21	4
27-199-3	各田部連□□□□	081	木研32-8頁-(3)	八条北遺跡〈A 地区〉	(167)	(14)	4
27-199-4	・内先穴師首万呂・□□□□□	081	木研32-8頁-(4)	八条北遺跡〈A 地区〉	(125)	(17)	4
28-1-1	・□○〈 〉[宮○竪ヵ]從七位上桑原□・〈 〉○和銅三□[年ヵ]〈 〉	011	木研5-81頁-(1)(奈 良県『藤原宮』-(5))	藤原宮北辺地区	232	(14)	2
28-1-2	・依智郡□□□[大国里ヵ]〈 〉・□□[五物ヵ]	033	木研5-81頁-(2)(奈 良県『藤原宮』-(4))	藤原宮北辺地区	158	(12)	3
28-1-3	・百代主○○百代□[作ヵ]→・辛酉年三月十日□	019	木簡黎明-(120)(木研 5-81頁-(3)・奈良県 『藤原宮』-(86))	藤原宮北辺地区	(146)	(10)	3
28-1-4	乙未年／尾□□[治国ヵ]〈 〉／□[守ヵ]部□ ‖	031	荷札集成-34(木研 5-81頁-(4)・奈良県 『藤原宮』-(39))	藤原宮北辺地区	(171)	37	4
28-1-5	←□[未ヵ]年四月○乙未年四月→	081	木研5-81頁-(5)(奈 良県『藤原宮』-(46))	藤原宮北辺地区	(108)	(14)	4
28-1-6	太寶三年	081	木研5-81頁-(6)(奈 良県『藤原宮』-(88))	藤原宮北辺地区	(154)	(27)	3
28-1-7	熊野評私里	032	荷札集成-159(木研 5-81頁-(7)・奈良県 『藤原宮』-(10))	藤原宮北辺地区	83	17	2
28-1-8	海評海里〈 〉	031	荷札集成-177(木研 5-81頁-(9)・奈良県 『藤原宮』-(16))	藤原宮北辺地区	104	(14)	3
28-1-9	・□□[海ヵ]国長田評鴨里鴨部弟伊・同佐除里土師部得末呂	081	荷札集成-63(木研 5-82頁-(13)・奈良 県『藤原宮』-(31)・奈良 県藤原概報-(15))	藤原宮北辺地区	(144)	(13)	3
28-1-10	紀甲郡松淵里才小列部万呂	039	木研5-82頁-(19)(奈 良県『藤原宮』-(59))	藤原宮北辺地区	(139)	15	6
28-1-11	周吉郡〈 〉／軍布筥 ‖	031	木研5-82頁-(20)(奈 良県『藤原宮』-(60))	藤原宮北辺地区	117	(19)	5
28-1-12	膳職白主菓餅申解解→	081	木研5-82頁-(22)(奈 良県『藤原宮』-(21)・ 奈良県藤原概 報-(20)・日本古代木 簡選)	藤原宮北辺地区	(166)	(9)	5
28-1-13	○中務務→	019	木研5-82頁-(23)(奈 良県『藤原宮』-(33))	藤原宮北辺地区	(155)	(13)	2

총람 번호	판독문	형식 번호	출전	유적명	길이	너비	두께
28-1-14	大君	059	木研5-82頁-(24)(奈良県『藤原宮』-(12)·奈良県藤原概報-(3))	藤原宮北辺地区	(117)	(14)	4
28-1-15	←□二大御筥二大御飯笥二巫□→	081	木研5-82頁-(25)(奈良県『藤原宮』-(13)·奈良県藤原概報-(2))	藤原宮北辺地区	(146)	(13)	2
28-1-16	·宍人娘賜／□□〔田比ヵ〕一□／長鮑一□〔列〕‖·／□□五□／日魚中古‖	019	木研5-82頁-(29)(奈良県『藤原宮』-(50))	藤原宮北辺地区	(162)	30	6
28-1-17	麻黄卅四□〔把ヵ〕	031	木研5-83頁-(30)(奈良県『藤原宮』-(63))	藤原宮北辺地区	157	18	3
28-1-18	麦門冬三合	032	木研5-83頁-(32)(奈良県『藤原宮』-(65)·日本古代木簡選)	藤原宮北辺地区	128	23	4
28-1-19	署預二升半	032	日本古代木簡選(木研5-83頁-(33)·奈良県『藤原宮』-(66))	藤原宮北辺地区	127	20	3
28-1-20	·龍骨五両→·〈〉	039	木研5-83頁-(34)(奈良県『藤原宮』-(67))	藤原宮北辺地区	(79)	(10)	3
28-1-21	·高井郡大黄·十五斤	032	木研5-83頁-(35)(奈良県『藤原宮』-(68)·日本古代木簡選)	藤原宮北辺地区	142	27	3
28-1-22	·漏盧湯方漏盧／二両‖升麻／二両‖黄芩／二両‖大黄／二両‖枳実／二両‖＼白斂／二両‖白微／二両‖夕薬／二両‖甘草／二両‖·麻黄／二両‖漏盧＼新家親王○湯方兎糸子□○本草	011	木研5-83頁-(36)(奈良県『藤原宮』-(69)·日本古代木簡選)	藤原宮北辺地区	302	34	5
28-1-23	·受被給薬／車前子一升○西辛一両／久参四両○右三種‖·多治麻内親王宮政人正八位下陽胡甥	011	木研5-83頁-(38)(奈良県『藤原宮』-(75)·日本古代木簡選)	藤原宮北辺地区	318	35	5
28-1-24	弾正台笠吉麻呂請根大夫前／桃子一二升／奉直丁刀良‖	011	木研5-83頁-(40)(奈良県『藤原宮』-(77)·日本古代木簡選)	藤原宮北辺地区	267	34	3
28-1-25	·←□〔本〕草集○本草集注→＼←○月○十○十月→＼←本○本○草○《 》□〔草ヵ〕○凡·←□＝「上巻」＼○□→＼←□寮○反根／長／長‖長○長長長→＼○少○「←申→」→	091	木研5-83頁-(43)(奈良県『藤原宮』-(73))	藤原宮北辺地区	(150)	(17)	
28-1-26	〈〉／若佐国小丹生評／→‖	039	荷札集成-131(木研5-84頁-(48)·奈良県『藤原宮』-(90))	藤原宮北辺地区	86	(14)	3
28-1-27	·←三野国本□□□□〔須郡十市ヵ〕→·←□〔凡ヵ〕米五斗	081	木研5-84頁-(49)(奈良県『藤原宮』-(91))	藤原宮北辺地区	(102)	(7)	5
28-1-28	乙未年木□〔津ヵ〕里／秦人倭‖	032	荷札集成-126(木研5-84頁-(50)·奈良県『藤原宮』-(114)·奈良県藤原概報-(7))	藤原宮北辺地区	113	(17)	4
28-1-29	己亥年十月上捄国阿波評松里	039	荷札集成-75(木研5-84頁-(51)·奈良県『藤原宮』-(115)·奈良県藤原概報-(10)·日本古代木簡選)	藤原宮北辺地区	(175)	26	6
28-1-30	·己亥年若佐国小丹□〔生ヵ〕·三分里三家首田末□〔呂ヵ〕	019	荷札集成-122(木研5-84頁-(52)·奈良県『藤原宮』-(117)·奈良県藤原概報-(13))	藤原宮北辺地区	(106)	25	5
28-1-31	←□□〔諸ヵ〕□□太寶弍年拾壱月	019	木研5-84頁-(53)(奈良県藤原概報-(8))	藤原宮北辺地区	(192)	(12)	5
28-1-32	○和銅二年	011	木研5-84頁-(54)(奈良県藤原概報-(9))	藤原宮北辺地区	220	(6)	5
28-1-33	上毛野国車評桃井里大贄鮎	031	荷札集成-110(木研5-84頁-(60)·奈良県『藤原宮』-(120)·奈良県藤原概報-(38))	藤原宮北辺地区	177	25	7

총람 번호	판독문	형식 번호	출전	유적명	길이	너비	두께
28-1-34	次評鴨里鴨部〼止乃身軍布	031	荷札集成-188(木研 5-84頁-(61)·奈良県 『藤原宮』-(127)·奈良 県藤原概報-(51)·日 本古代木簡選)	藤原宮北辺地区	103	33	3
28-1-35	熊毛評大贄伊委之煮	031	荷札集成-229(日本 古代木簡選·木研 5-85頁-(63)·奈良県 『藤原宮』-(129)·奈良 県藤原概報-(41))	藤原宮北辺地区	136	21	4
28-1-36	・吉備中国下道評二万部里・多比大贄	031	荷札集成-223(木研 5-85頁-(65)·奈良県 藤原概報-(37))	藤原宮北辺地区	185	(9)	6
28-1-37	・←□御命受止食国々内憂白・←□止詔大□□〔御命ヵ〕乎諸 聞食止詔	019	木研5-85頁-(73)(奈 良県『藤原宮』-(112)· 奈良県藤原概報-(1))	藤原宮北辺地区	(181)	(11)	3
28-1-38	二月廿九日春日／里女／妹女／舌□〔布ヵ〕‖○／姉津女 ／梨女／弓女‖○／息長女／大床女‖○／女長□〔留ヵ〕女 （表面に「執」の習書、裏面には「執」「根」の習書と「根連□〔 石ヵ〕末呂」の人名がみえる）	011	木研5-85頁-(79)(奈 良県『藤原宮』-(113))	藤原宮北辺地区	268	29	4
28-1-39	・恐々謹々頓首․・受賜味物→	019	木研5-86頁-(81)(奈 良県『藤原宮』-(111)· 奈良県藤原概 報-(33))	藤原宮北辺地区	(80)	19	2
28-1-40	・□〔丞ヵ〕大夫前白今日·→·□〔許ヵ〕可賜哉○使→	019	木研5-86頁-(82)(奈 良県藤原概報-(31))	藤原宮北辺地区	(150)	(15)	1
28-1-41	御前薪申二束受給	011	木研5-86頁-(83)(奈 良県藤原概報-(32))	藤原宮北辺地区	143	(13)	4
28-2-1	◇検領故勾当文□〔有ヵ〕秀長河辺〼了○□□□〼○□□并□ ○是□□侍自所負官□〔物ヵ〕代進□□〔国元ヵ〕了而	081	木研20-225頁-(1)	藤原宮西辺地区	(328)	(39)	5
28-2-2	〈河内□□□〔秋成女ヵ〕	081	木研20-225頁-(2)	藤原宮西辺地区	(252)	(21)	4
28-3-1	花	081	木研32-123頁-1(1) (藤原宮1-457·飛 2-14上(136)·飛 1-10上(3))	藤原宮跡南面中 門付近	(83)	(9)	(3)
28-3-2	・東□〔方ヵ〕十六·勘了	032	木研32-123頁-1(2) (藤原宮1-458·飛 2-13下(132)·飛 1-10上(1))	藤原宮跡南面中 門付近	100	20	4
28-3-3	勘了	032	木研32-123頁-1(3) (藤原宮1-459·飛 2-13下(133)·飛 1-10上(2))	藤原宮跡南面中 門付近	94	20	4
28-3-4	□□□道道	091	木研32-123頁-1(4) (藤原宮1-460·飛 2-13下(135)·飛 1-10上(5))	藤原宮跡南面中 門付近			
28-4	〈〉◇□〔九ヵ〕□	081	木研32-123頁-2(1) (藤原宮1-412)	藤原宮跡大極殿 院東方	(126)	(13)	6
28-5-1	・□□比六又□〔久ヵ〕ツ乃乎由比四・□二又□□□	051	木研33-143頁-(1) (藤原宮1-415·飛 2-14下(142)·飛 1-10下(11))	藤原宮跡内裏東 外郭	(236)	27	4
28-5-2	・戸□少初位下〈〉〼戸主少初位下長谷部首万呂·〈〉○奴一 ○□（裏面削り残りの墨痕あり）	081	木研33-143頁-(2) (藤原宮1-418·飛 2-14上(137)·飛 1-10上(6))	藤原宮跡内裏東 外郭	(150)	(15)	4
28-5-3	・三川国鴨・□□□□上□□	081	木研33-143頁-(3) (飛22-21上·藤原宮 1-421)	藤原宮跡内裏東 外郭	(104)	(12)	4

총람 번호	판독문	형식 번호	출전	유적명	길이	너비	두께
28-5-4	・外従従・「□□[純ヵ]」	081	木研33-143頁-(4) (藤原宮1-413・飛 2-14下(144)・飛 1-11上(13))	藤原宮跡内裏東 外郭	(121)	(16)	2
28-6-1	・□宮末呂又粟・□	019	木研34-118頁-(1) (飛22-21上・藤原宮 1-487・飛2-14下 (146)・飛1-11上(15))	藤原宮跡西方官 衙地区	(76)	15	3
28-6-2	・□[尻ヵ]部奈波手・俵	033	木研34-118頁-(2) (飛22-21上・藤原宮 1-488・飛2-14下 (145)・飛1-11上(14))	藤原宮跡西方官 衙地区	154	25	4
28-7-1	知母九斤〈〉	032	木研37-166頁-1(1) (藤原宮1-490・飛2-5 上(2))	藤原宮跡南西官 衙地区	120	13	3
28-7-2	六□□[拾四ヵ]	032	木研37-166頁-1(2) (藤原宮1-491・飛2-5 上(1))	藤原宮跡西方官 衙地区	82	28	4
28-7-3	花一斗五升	019	木研37-166頁-1(3) (藤原宮1-492・飛2-5 上(3))	藤原宮跡西方官 衙地区	(128)	22	1
28-8-1	・□田郡長岡里道守加奈加麻呂・○五斗八升	051	木研37-166頁-2(1) (藤原宮1-446・飛2-5 上(5))	藤原宮跡内裏西 辺地区	180	20	5
28-8-2	卅四○□□[巻ヵ]四	091	木研37-166頁-2(2) (藤原宮1-447・飛2-5 上(4))	藤原宮跡内裏西 辺地区			
28-9-1	九月廿六日薗職進大豆卅□[石ヵ]	081	木簡黎明-(68)(藤原 宮1-1・飛2-13下 (128)・日本古代木簡 選)	藤原宮跡北面中 門地区	(223)	(45)	7
28-9-2	・←於市□[沽ヵ]遺糸九十斤／蝮王○猪使門‖◇←月三日 大属従八位上津史岡万呂◇	081	木簡黎明-(78)(藤原 宮1-2・飛2-13上 (127)・日本古代木簡 選)	藤原宮跡北面中 門地区	(254)	(18)	4
28-9-3	下毛野国足利郡波自可里鮎大贄一古参年十月廿二日	033	藤原宮1-3(飛2-13 下(129)・日本古代木 簡選)	藤原宮跡北面中 門地区	410	25	5
28-9-4	凡凡造	061	藤原宮1-5	藤原宮跡北面中 門地区	(102)	(66)	15
28-9-5	・卿等前恐々謹解寵命□・卿尓受給請欲止申	019	飛22-20上(藤原宮 1-8・飛2-6上(15)・日 本古代木簡選)	藤原宮跡北面中 門地区	(206)	21	1
28-9-6	・御門方大夫前白上毛野殿被・烏草六十斤□□頓首白之	011	飛22-20上(藤原宮 1-9・飛2-6上(12))	藤原宮跡北面中 門地区	219	24	3
28-9-7	恐々受賜申大夫前筆・暦作一日二赤万呂□	019	藤原宮1-11(飛2-6 上(13)・日本古代木簡 選)	藤原宮跡北面中 門地区	(121)	(24)	3
28-9-8	・「／□／□／□‖」符処々塞職等受・○常僧師首○僧＼○／ 常僧／○常‖薬薬首市市＼○僧	019	木簡黎明-(70)(藤原 宮1-12・飛2-5下 (11))	藤原宮跡北面中 門地区	(138)	34	2
28-9-9	・内掃部司解→・倭国○葛下郡→	081	藤原宮1-13(飛2-6 上(16))	藤原宮跡北面中 門地区	(205)	(12)	5
28-9-10	中務省／管内蔵三人‖	081	藤原宮1-17(飛2-6 上(18))	藤原宮跡北面中 門地区	(165)	(11)	5
28-9-11	中務省使部	081	藤原宮1-18(飛2-6 上(19))	藤原宮跡北面中 門地区	(103)	(23)	9
28-9-12	・西一倉・千二百□[九ヵ]□一□[升ヵ]八合二勺	011	藤原宮1-21(飛2-6 下(24))	藤原宮跡北面中 門地区	119	(15)	5

총람 번호	판독문	형식 번호	출전	유적명	길이	너비	두께
28-9-13	月十一日戌時奉→	081	藤原宮1-24(飛2-7下(37))	藤原宮跡北面中門地区	(167)	(26)	4
28-9-14	・丸子白麻呂・□□□□\田部□[兄ヵ]人○日下部子麻□	081	藤原宮1-25(飛2-7上(32))	藤原宮跡北面中門地区	(151)	(15)	4
28-9-15	五日常食□[料ヵ]○○[升ヵ]○大炊寮□[助ヵ]→	081	藤原宮1-29(飛2-6上(17))	藤原宮跡北面中門地区	(203)	(12)	4
28-9-16	□麦五斗○瓶二	081	藤原宮1-33(飛2-8下(51))	藤原宮跡北面中門地区	(134)	(13)	3
28-9-17	・乙未年八月十一日○舍人□□□[秦内麻ヵ]□・〈 〉□□	081	藤原宮1-39(飛2-9下(70))	藤原宮跡北面中門地区	(238)	(7)	5
28-9-18	・□麻子油三升□[四ヵ]合三勺・今□益	051	藤原宮1-41(飛2-8下(49))	藤原宮跡北面中門地区	(145)	(16)	3
28-9-19	・丁酉・丁酉年六\□□□	011	木簡黎明-(155)(藤原宮1-62・飛2-9下(65))	藤原宮跡北面中門地区	(101)	38	6
28-9-20	三方評竹田部里人○／粟田戸世万呂／塩二斗 ‖	031	荷札集成-135(飛20-26上・藤原宮1-145・飛2-11上(88)・日本古代木簡選)	藤原宮跡北面中門地区	171	24	4
28-9-21	庚子年四月／若佐国小丹生評／木ツ里秦人申○二斗 ‖	031	荷札集成-125(藤原宮1-146・飛2-10上(77)・日本古代木簡選)	藤原宮跡北面中門地区	170	33	5
28-9-22	・丁酉年若狹国小丹生評岡田里三家人三成・御調塩二斗	011	荷札集成-127(藤原宮1-147・飛2-10上(73))	藤原宮跡北面中門地区	148	16	2
28-9-23	・小丹評従□[車ヵ]里人・移部止己麻尔侶皮\○一斗半	011	荷札集成-129(飛20-26上・藤原宮1-148・飛2-11上(87))	藤原宮跡北面中門地区	147	30	3
28-9-24	板野評津屋里猪脯	032	荷札集成-232(藤原宮1-153・飛2-11下(96))	藤原宮跡北面中門地区	105	33	4
28-9-25	丙申年七月旦波国加佐評□[椋ヵ]→	019	荷札集成-151(飛20-26上・藤原宮1-155・飛2-10上(71))	藤原宮跡北面中門地区	(180)	16	3
28-9-26	出雲国嶋根郡副良里伊加大贄廿斤	033	藤原宮1-156(飛2-11上(92)・日本古代木簡選)	藤原宮跡北面中門地区	186	18	4
28-9-27	出雲評支豆支里大贄煮魚／須々支／→ ‖	031	荷札集成-166(藤原宮1-157・飛2-11上(93)・日本古代木簡選)	藤原宮跡北面中門地区	175	(19)	4
28-9-28	・己亥年九月三野国各□[牟ヵ]→・汗奴麻里五百木部加西俵	019	荷札集成-99(飛20-26上・藤原宮1-160・飛2-10上(75)・日本古代木簡選)	藤原宮跡北面中門地区	(163)	24	4
28-9-29	大寶三年十一月十二日御野国楡皮十斤	031	藤原宮1-161(飛2-10下(79)・日本古代木簡選)	藤原宮跡北面中門地区	(201)	26	6
28-9-30	・甲午年九月十二日知田評・阿具比里五□[木ヵ]部皮嶋□養米六斗	031	荷札集成-32(飛20-26下・奈文研年報1999-1・藤原宮1-162・飛2-9下(67))	藤原宮跡北面中門地区	213	28	4
28-9-31	海評／海里人／小宮軍布 ‖	031	荷札集成-172(藤原宮1-164・飛2-11下(101))	藤原宮跡北面中門地区	135	29	3

총람 번호	판독문	형식 번호	출전	유적명	길이	너비	두께
28-9-32	宇和評小物代贄	031	荷札集成-245(飛 20-26下·藤原宮 1-165·飛2-11下 (100)·日本古代木簡 選)	藤原宮跡北面中 門地区	199	20	4
28-9-33	·辛卯年十月尾治国知多評·入見里神部身＝三斗	032	荷札集成-33(飛 20-26下·奈文研年報 1999-1·藤原宮 1-166·飛2-9下(66)· 日本古代木簡選)	藤原宮跡北面中 門地区	213	38	5
28-9-34	大荒城評胡麻□	081	荷札集成-113(藤原 宮1-168·飛2-12上 (106))	藤原宮跡北面中 門地区	(90)	(9)	2
28-9-35	海評三家里人／日下部赤□／軍布‖	031	荷札集成-182(飛 20-27上·藤原宮 1-171·飛2-10下 (82))	藤原宮跡北面中 門地区	98	20	3
28-9-36	·寸松里人海部国麻呂二·〈 〉	032	荷札集成-56(飛 20-27上·藤原宮 1-173·飛2-10下 (83))	藤原宮跡北面中 門地区	149	26	3
28-9-37	乙未年御調寸松	032	荷札集成-57(飛 20-27上·藤原宮 1-175·飛2-9下(69)· 日本古代木簡選)	藤原宮跡北面中 門地区	121	25	3
28-9-38	与射評大贄伊和→	039	荷札集成-154(藤原 宮1-179·飛2-11上 (91))	藤原宮跡北面中 門地区	(163)	24	4
28-9-39	·己亥年十月吉備□[中ヵ]→·評軽部里□	039	飛20-27上(荷札集 成-216·藤原宮 1-183·飛2-10上 (76)·日本古代木簡 選)	藤原宮跡北面中 門地区	(114)	24	3
28-10-1	→大祢務正七位上菅→	081	藤原宮1-494(飛3-3 上(1))	藤原宮跡東面中 門南東地区	(210)	(12)	3
28-10-2	大宮□[召ヵ]官奴婢	081	藤原宮1-495(飛3-3 上(2))	藤原宮跡東面中 門南東地区	(196)	(19)	4
28-10-3	大宅水取大□[嶋ヵ]→石寸部安末呂	039	藤原宮1-496(飛3-3 上(3))	藤原宮跡東面中 門南東地区	(122)	28	5
28-11	·○○＼□□春部己西部丸部〈 〉人·○春〈 〉○□○〈 〉·○□ □□○□○人○＼○□○人人阿□□	011	藤原宮1-519(飛3-4 上(14))	藤原宮跡東面中 門南東地区	283	39	3
28-12-1	·○但鮭年速欲等云□□·以上博士御前白○宮守官	081	藤原宮1-466(日本古 代木簡選·飛3-4上 (15))	藤原宮跡西南官 衙地区	(146)	(13)	2
28-12-2	·□□□[内妻ヵ]□□自女卅○舟木若子女／卅五□□[南槻 ヵ]／直在‖·〈 〉○〈 〉	081	藤原宮1-467(飛3-4 上(16))	藤原宮跡西南官 衙地区	(154)	(11)	4
28-12-3	新大刀十口中	032	藤原宮1-471(飛3-4 下(20))	藤原宮跡西南官 衙地区	118	19	4
28-13-1	甲申年七月三日○○□[部ヵ]□□＼□□·○日仕○甘於連	081	木簡黎明-(135)(藤原 宮2-522·飛4-4上 (3))	藤原宮跡大極殿 院北方	(163)	(26)	7
28-13-2	陶官召人	019	藤原宮2-523(飛3-5 下(34))	藤原宮跡大極殿 院北方	(127)	32	3
28-13-3	□□□[且ヵ]□舎人官上毛野阿曽美□□[荒ヵ]□○右五→	081	藤原宮2-524(飛3-5 下(33))	藤原宮跡大極殿 院北方	(257)	(13)	6
28-13-4	·法恵師前□小僧吾白○啓者我尻坐□止·○僧○者○五百	011	藤原宮2-525(飛4-4 上(1))	藤原宮跡大極殿 院北方	297	33	5
28-13-5	□[豊ヵ]□評大伴部大忌寸廿六以白	081	藤原宮2-528(飛4-4 上(4))	藤原宮跡大極殿 院北方	(202)	(30)	5

총람 번호	판독문	형식 번호	출전	유적명	길이	너비	두께
28-13-6	・○□屋石嶋○秦稲羽＼○□□[枚ヵ]○県小廣○和尓根羽・ 八人此急召□而可入食□[物ヵ]□甚＼○□□首果安○多	081	藤原宮2-529(飛3-5 下(35))	藤原宮跡大極殿 院北方	(165)	31	3
28-13-7	仕日二百□□[卅九ヵ]○□→	091	藤原宮2-532(飛3-6 上(42))	藤原宮跡大極殿 院北方			
28-13-8	夜五十五	091	藤原宮2-533(飛3-6 上(43))	藤原宮跡大極殿 院北方			
28-13-9	癸未年十一月／三野大野評阿漏里／□[阿ヵ]漏人□□白米 五斗‖	059	荷札集成-91(飛 20-27下・藤原宮 2-544・日本古代木簡 選·飛4-4下(7))	藤原宮跡大極殿 院北方	(169)	24	3
28-13-10	・壬午年十月〈 〉毛野・□[芳ヵ]□□[評ヵ]	031	荷札集成-115(飛 20-27下・藤原宮 2-545・飛4-4下(6))	藤原宮跡大極殿 院北方	90	20	4
28-13-11	旦波国竹野評鳥取里大贄布奈	031	荷札集成-156(藤原 宮2-546・日本古代木 簡選·飛4-4下(8))	藤原宮跡大極殿 院北方	191	13	2
28-13-12	海評佐々里／阿田矢／軍布‖	031	荷札集成-179(藤原 宮2-547・日本古代木 簡選·飛3-6下(52))	藤原宮跡大極殿 院北方	160	25	2
28-13-13	・宍粟評山守里・山部赤皮□□	032	荷札集成-207(飛 20-27下・藤原宮 2-548·飛3-6下(51))	藤原宮跡大極殿 院北方	127	20	7
28-13-14	□□[野ヵ]里秦人□俵	051	飛22-21上(藤原宮 2-551·飛4-4下(10))	藤原宮跡大極殿 院北方	165	18	3
28-14-1	□○〈 〉○右舎人親王宮帳内	081	藤原宮2-611(木研 1-14頁-(1)·飛4-5上 (12))	藤原宮跡東方官 衙北地区	186	(9)	4
28-14-2	・御宮若子御前恐々謹→・末□□[呂豊ヵ]□命坐而自知何故	081	藤原宮2-613(日本古 代木簡選·飛4-6上 (24))	藤原宮跡東方官 衙北地区	(179)	24	5
28-14-3	下道旦臣吉□□[備麻ヵ]呂	051	藤原宮2-614(飛4-6 上(27))	藤原宮跡東方官 衙北地区	177	9	5
28-14-4	百済連羊	081	藤原宮2-618	藤原宮跡東方官 衙北地区	(177)	(10)	3
28-14-5	丙申年十月□[十ヵ]日／□／○○‖	081	藤原宮2-631(飛4-5 下(18))	藤原宮跡東方官 衙北地区	(152)	(6)	4
28-14-6	・□大舎人寮召坂本旦臣梶取○○→・針間国造毛人○大□勝 兄万呂＼○□□无申○○○□□	081	藤原宮2-632(飛4-6 下(32))	藤原宮跡東方官 衙北地区	(146)	(11)	3
28-14-7	・若狭国小丹生郡手巻里人□→・○「芝一斗○大根四把→」	081	藤原宮2-652(木研 1-15頁-(4)·飛4-7下 (43))	藤原宮跡東方官 衙北地区	(177)	(14)	2
28-14-8	・志麻国嶋郡塔志里戸主大伴部嶋→・志麻〈 〉	039	藤原宮2-653(木研 1-15頁-(5)·飛4-7下 (44))	藤原宮跡東方官 衙北地区	189	(17)	4
28-14-9	・尾治国知多郡贄代里・丸部刀良三斗三年九月廿日	059	藤原宮2-655(木研 1-15頁-(3)·飛4-7下 (42))	藤原宮跡東方官 衙北地区	221	(12)	4
28-14-10	←建部君小□[林ヵ]赤米	039	藤原宮2-659	藤原宮跡東方官 衙北地区	(91)	20	3
28-14-11	・子日学而不□・□水明□○○	081	木簡黎明-(38)(藤原 宮2-662·木研1-14 頁-(2)·飛4-5上(13))	藤原宮跡東方官 衙北地区	(85)	(18)	2
28-14-12	・□□□□[八ヵ]九□○○○□←・□□□□七九六三六□ □→	081	藤原宮2-666(飛4-7 上(38))	藤原宮跡東方官 衙北地区	(198)	(12)	1
28-14-13	御史官→	091	藤原宮2-786(木研 1-15頁-(7)·飛4-8上 (47))	藤原宮跡東方官 衙北地区			

총람 번호	판독문	형식 번호	출전	유적명	길이	너비	두께
28-14-14	「春日」奴安麻→	091	藤原宮2-787(木研1-15頁-(8)·飛4-8上(53)·日本古代木簡選)	藤原宮跡東方官衙北地区			
28-14-15	←安麻呂□→	091	藤原宮2-788(飛4-8下(61))	藤原宮跡東方官衙北地区			
28-14-16	←□千縄／○/年□→‖	091	藤原宮2-789(飛4-8下(62))	藤原宮跡東方官衙北地区			
28-14-17	三野評物部色夫知	031	荷札集成-251(藤原宮2-811·木研1-15頁-(6)·飛4-9下(68))	藤原宮跡東方官衙北地区	154	16	4
28-14-18	海評佐々里／相多／乃利‖	031	荷札集成-180(藤原宮2-812·木研1-15頁-(9)·飛4-9下(69))	藤原宮跡東方官衙北地区	124	27	3
28-14-19	←□□七□[枚カ]○慶雲三年三月一日	091	藤原宮2-999(木研1-15頁-(12)·飛4-10(78))	藤原宮跡東方官衙北地区			
28-14-20	官奴司謹奏○「膳」足桙○□□→	091	藤原宮2-1000(日本古代木簡選·飛4-9下(71))	藤原宮跡東方官衙北地区			
28-14-21	「染」安麻呂○「染」恵□→	091	藤原宮2-1001(木研1-15頁-(11)·飛4-9下(73)·日本古代木簡選)	藤原宮跡東方官衙北地区			
28-14-22	「膳」千縄	091	藤原宮2-1003	藤原宮跡東方官衙北地区			
28-14-23	「膳」麻呂○□□□→	091	藤原宮2-1005	藤原宮跡東方官衙北地区			
28-14-24	橡衣一匹	091	藤原宮2-1010(飛4-9下(74))	藤原宮跡東方官衙北地区			
28-15·16·17-1	·皇太妃宮職解○卿等給布廿端／□□[日下カ]→／□‖·○慶雲元年□[十カ]〈〉丶○〈〉	081	藤原宮3-1065(木簡黎明-(171)·木研3-17頁-(4)·飛6-5上(14)·日本古代木簡選)	藤原宮跡東方官衙北地区	(196)	(12)	4
28-15·16·17-2	·造兵司解○□[麻カ]□□□[部カ]□·六□[寸カ]□□□□[分之二カ]□□□	081	藤原宮3-1067(飛22-21下·木研2-16頁-(3)·飛5-4上(3))	藤原宮跡東面北門	(209)	(22)	5
28-15·16·17-3	織部司解○□□□	081	藤原宮3-1068(木研2-16頁-(5)·飛5-4上(5))	藤原宮跡東面北門	235	(7)	3
28-15·16·17-4	·大炊寮解□·〈〉	081	藤原宮3-1070(飛6-4上(3))	藤原宮跡東方官衙北地区	(98)	(15)	3
28-15·16·17-5	·内膳司解供御□□□□·□□□□□[御料塩カ]三斗○□□□□	081	藤原宮3-1071(木研2-16頁-(4)·飛5-4上(4))	藤原宮跡東面北門	(143)	(6)	5
28-15·16·17-6	·謹啓今忽有用処故醤·及末醤欲給恐々謹請馬寮	011	藤原宮3-1078(木研2-16頁-(1)·飛5-4上(1)·日本古代木簡選)	藤原宮跡東面北門	189	32	4
28-15·16·17-7	·粟田申民部省…○寮二処衛士·検校定○十月廿九日	019	藤原宮3-1079(木研3-17頁-(5)·飛6-4下(12)·日本古代木簡選)	藤原宮跡東方官衙北地区	(117+118)	17	4
28-15·16·17-8	薗池司進○□□一斗○平□[知カ]一升	081	藤原宮3-1087(飛6-10上(81))	藤原宮跡東方官衙北地区	(195)	(6)	4
28-15·16·17-9	□□[人カ]阿倍大臣／直□[賜カ]御馬一匹‖殿□[緒カ]□	081	藤原宮3-1099(木研3-18頁-(10)·飛6-6上(28))	藤原宮跡東方官衙北地区	(131)	(11)	6

총람번호	판독문	형식번호	출전	유적명	길이	너비	두께
28·15·16·17-10	・人参一両○桃人一升○瓜□・○□□大夫	081	藤原宮3-1108(飛5-9上(58))	藤原宮跡東面北門	(162)	(12)	6
28·15·16·17-11	五月大一日乙酉水平○七月大一日甲申	081	藤原宮3-1120(木研3-18頁-(13)・飛6-18上(204))	藤原宮跡東方官衙北地区	(170)	(7)	1
28·15·16·17-12	・弓列人□呂□[東ヵ]田□・真吉列人／○／□[中ヵ]末呂列人‖	081	藤原宮3-1127(飛6-6上(29))	藤原宮跡東方官衙北地区	(149)	(18)	3
28·15·16·17-13	五日常食一日米廿石七斗六升○□米→	081	藤原宮3-1134(飛6-10上(76))	藤原宮跡東方官衙北地区	(170)	(7)	4
28·15·16·17-14	□川千代○川~内~志~貴~千~代○山代久勢千代	019	藤原宮3-1140(木研3-18頁-(12)・飛6-9上(69))	藤原宮跡東方官衙北地区	(223)	18	5
28·15·16·17-15	弟国評鞆岡三	059	藤原宮3-1142(荷札集成-1・木研3-18頁-(15)・飛6-12上(110)・日本古代木簡選)	藤原宮跡東方官衙北地区	(190)	(15)	5
28·15·16·17-16	山科里阿那之奈西二枚	033	藤原宮3-1143(日本古代木簡選・木研3-18頁-(16)・飛6-12下(111))	藤原宮跡東方官衙北地区	147	26	3
28·15·16·17-17	高安評坂本里	033	藤原宮3-1144(荷札集成-6・木研3-18頁-(17)・飛6-12下(113))	藤原宮跡東方官衙北地区	175	(12)	3
28·15·16·17-18	・川内評桜井里人〈〉・□□□□□	032	藤原宮3-1145(荷札集成-7・飛12-10上(6)・木研17-30頁-2(4))	藤原宮跡東方官衙北・東面北門南方地区	171	(9)	4
28·15·16·17-19	・野身里矢田部□[若ヵ]・道君=薦□[二ヵ]人	033	藤原宮3-1147(荷札集成-10・飛12-10上(9)・木研17-30頁-2(7))	藤原宮跡東方官衙北・東面北門南方地区	113	19	5
28·15·16·17-20	伊勢国木油二斗七升	032	藤原宮3-1152(飛6-12下(116))	藤原宮跡東方官衙北地区	235	22	4
28·15·16·17-21	伊豆国田方郡□[久ヵ]自牟里次丁二分調□[荒ヵ]→	039	藤原宮3-1159(木研2-17頁-(20)・飛5-11上(82))	藤原宮跡東面北門	(260)	(16)	7
28·15·16·17-22	・戊戌年三野国厚見評・□□里秦人□[荒ヵ]人五斗	032	藤原宮3-1163(荷札集成-98・飛6-13上(123))	藤原宮跡東方官衙北地区	144	18	5
28·15·16·17-23	三方評／竹田部里人／和尓部大伴塩二斗‖	051	藤原宮3-1170(荷札集成-137・飛20-27下・飛6-13下(129))	藤原宮跡東方官衙北地区	132	27	3
28·15·16·17-24	・己亥年十二月二方評波多里・大豆五斗中	011	藤原宮3-1173(荷札集成-161・日本古代木簡選・木研3-18頁-(20)・飛6-13下(132))	藤原宮跡東方官衙北地区	160	20	3
28·15·16·17-25	・備前国勝間田郡荒木田里・五□[保ヵ]□□部廣□俵五斗	081	藤原宮3-1182(飛6-14下(141))	藤原宮跡東方官衙北地区	178	(11)	4
28·15·16·17-26	備中国浅口郡□□里伊委之腊大贄一斗五升	031	藤原宮3-1186(飛5-10下(76)・飛5-12上(88))	藤原宮跡東面北門	269	17	7
28·15·16·17-27	日下里人大戸首末呂戸諸方薦一枚	032	藤原宮3-1202(木研3-18頁-(18)・飛6-12下(114))	藤原宮跡東方官衙北地区	150	(15)	6
28·15·16·17-28	□大贄十五斤和銅二年四月	039	藤原宮3-1216(飛6-16上(166))	藤原宮跡東方官衙北地区	(152)	(12)	3

총람 번호	판독문	형식 번호	출전	유적명	길이	너비	두께
28-15·16· 17-29	御取鮑一□〔古ヵ〕	039	藤原宮3-1240(飛 12-10上(10)·木研 17-31頁-2(8))	藤原宮跡東方官 衙北·東面北門 南方地区	(196)	29	4
28-15·16· 17-30	□一古夏鮑一古	019	藤原宮3-1244(飛 6-17下(191))	藤原宮跡東方官 衙北地区	(99)	27	3
28-15·16· 17-31	薄鮑	051	藤原宮3-1246(飛 6-17下(194))	藤原宮跡東方官 衙北地区	114	14	4
28-15·16· 17-32	加支鮑	051	藤原宮3-1247(飛 6-17下(189))	藤原宮跡東方官 衙北地区	(103)	16	3
28-15·16· 17-33	伊貝一斗	039	藤原宮3-1251(飛 6-17(195))	藤原宮跡東方官 衙北地区	(84)	21	4
28-15·16· 17-34	宇迩=	051	藤原宮3-1254(飛 6-18上(196))	藤原宮跡東方官 衙北地区	91	18	4
28-15·16· 17-35	·黒多比二·須々吉一〇尓閇一	032	藤原宮3-1257(木研 3-18頁-(26)·飛 6-17(185))	藤原宮跡東方官 衙北地区	135	18	4
28-15·16· 17-36	鯽醢	032	藤原宮3-1260(飛 5-12上(90)·日本古 代木簡選)	藤原宮跡東面北 門	150	25	5
28-15·16· 17-37	毛豆久	032	藤原宮3-1261(飛 6-18上(199)·日本古 代木簡選)	藤原宮跡東方官 衙北地区	127	22	9
28-15·16· 17-38	白大豆	039	藤原宮3-1266(飛 6-15上(153))	藤原宮跡東方官 衙北地区	(52)	15	4
28-15·16· 17-39	·黍五斗呉末一斗·□	081	藤原宮3-1267(飛 6-11上(93))	藤原宮跡東方官 衙北地区	(138)	(12)	3
28-15·16· 17-40	左右馬寮〇神祇官	081	藤原宮3-1284(木研 2-16頁-(2)·飛5-4上 (2))	藤原宮跡東面北 門	306	(11)	8
28-15·16· 17-41	□〇〇漆部司□四人	081	藤原宮3-1286(飛 12-11上(16)·木研 17-31頁-2(14))	藤原宮跡東方官 衙北·東面北門 南方地区	(167)	(9)	4
28-15·16· 17-42	儲人无位民忌寸老人	019	藤原宮3-1302(木研 2-16頁-(9)·飛5-6上 (21))	藤原宮跡東面北 門	(84)	24	3
28-15·16· 17-43	·←一日石川難波麻呂朝臣·○□□□〇〇	081	藤原宮3-1306(飛 6-7上(40))	藤原宮跡東方官 衙北地区	(150)	(16)	3
28-15·16· 17-44	□□〔高麗ヵ〕若光	081	藤原宮3-1316(飛 6-19上(216))	藤原宮跡東方官 衙北地区	(187)	(9)	4
28-15·16· 17-45	←女稲手女大刀自女	081	藤原宮3-1357(飛 6-9上(68))	藤原宮跡東方官 衙北地区	(145)	(10)	3
28-15·16· 17-46	·□大官大寺·□〇〇	081	藤原宮3-1368(飛 5-7下(43))	藤原宮跡東面北 門	(69)	(10)	5
28-15·16· 17-47	猪膏油胡麻	081	藤原宮3-1394(飛 6-11下(102))	藤原宮跡東方官 衙北地区	(71)	9	6
28-15·16· 17-48	史記／山田‖	081	藤原宮3-1403(飛 5-8上(46))	藤原宮跡東面北 門	(126)	(10)	2
28-15·16· 17-49	·□□四升〇□□〔礼記ヵ〕正□〔義ヵ〕□□八十口□〔米ヵ〕 □斗□升·〇□□□□口〈 〉	081	藤原宮3-1404(飛 6-11上(95))	藤原宮跡東方官 衙北地区	(186)	(8)	3
28-15·16· 17-50	□〇九十四五六七八九	081	藤原宮3-1479(飛 5-13上(102))	藤原宮跡東面北 門	(148)	(10)	4
28-15·16· 17-51	·廿□十五□〔一ヵ〕五十八十八二四□〔十ヵ〕·〈 〉四三	081	藤原宮3-1480(飛 6-19上(211))	藤原宮跡東方官 衙北地区	131	(8)	5
28-15·16· 17-52	道可非常道□	019	藤原宮3-1487(飛 6-18下(209))	藤原宮跡東方官 衙北地区	(70)	13	3
28-15·16· 17-53	·大神卿宣〇／久良□／水内□‖·／犬上尓支田女‖右←	019	藤原宮3-1634(木研 3-19頁-(29)·飛 6-20上(224))	藤原宮跡東方官 衙北地区	(153)	31	3

총람 번호	판독문	형식 번호	출전	유적명	길이	너비	두께
28-15·16· 17-54	·皇太妃宮舍人○請薬·〈 〉右二品	081	藤原宮3-1635(木研 3-19頁-(28)·飛 6-20上(223))	藤原宮跡東方官 衙北地区	200	(8)	4
28-15·16· 17-55	□藍柄煮竈薪木法文欲	081	藤原宮3-1638(飛 6-20上(225))	藤原宮跡東方官 衙北地区	(246)	(23)	5
28-15·16· 17-56	県主里〈 〉直若万呂	031	藤原宮3-1643(飛 12-11上(17)·木研 17-31頁-2(15))	藤原宮跡東方官 衙北·東面北門 南方地区	(115)	21	6
28-15·16· 17-57	·□□[余カ]国□[久カ]米郡石井里·□□大豆	039	藤原宮3-1646(飛 6-21上(235))	藤原宮跡東方官 衙北地区	(144)	21	3
28-15·16· 17-58	·○□□□□\二伏時□安末呂\□□□□·【/□□[呂カ] /□‖二人】	081	藤原宮3-1666(飛 6-22上(242))	藤原宮跡東方官 衙北地区	(195)	(50)	5
28-15·16· 17-59	·□事□□田故女□□·□□□桑原史	081	藤原宮3-1668(飛 6-22上(241))	藤原宮跡東方官 衙北地区	(146)	(17)	5
28-18	考仕令	081	藤原宮4-1674(木研 3-21頁-(30)·飛 6-22下(243))	藤原宮跡南面西門 西方地区	(86)	(6)	(14)
28-19	·□□/○/欲□々○□‖·「五□[年カ]八月十九→	081	藤原宮4-1717(飛 7-12上(3)·木研4-25 頁)	藤原宮跡西南官 衙地区	(74)	(26)	4
28-20-1	·/弘仁元年十月廿日収納稲事/○合壱千五百□□[玖束カ]‖/山田女佃二町六段千二百冊三束/又有収納帳‖/凡海福万呂佃四段地子六段二百五十二束/〈 〉一…/収納帳‖‖/同日下廿束/○葛木寺進者/○定残千四百八十玖束/○使石川魚主/○上三月丸弟□[丸カ]建丸/○浄丸福丸等‖○「弘仁元年十月卅六日下冊七束五把/○義倉籾一石四升料十六束/○十三束稲料//別束八升/○一束籾女功食料//二束運人功料/○庄垣作料十□[五カ]束/○主国下坐御波多古久白米五斗/○料稲十三束//二束精代//一束舂功‖/○白米運夫功料二束/○小主并従経日食一束五把/合下冊七束五把/残稲一千四百冊一束五把‖/○更十二月廿五日下/○元年佃三町六段百廿歩/○自庄造二町六段百歩/○福万呂作四段又地子六段/○同租上‖/○二不得八定田三町百廿[歩カ]‖/○可上粗穀四石五斗四升料穎五十六束八把//別束[籾カ]//得八升/○糟女九人/別人糟五斗//功四束五把//別人//五把/○裏鷹四枚編幷縄続人食一束/○正倉院運幷上日正倉出納又〈 〉□□〈 〉{/□□[食カ]□□□[三束カ]}‖/糯米舂料一束酒〈 〉/祭料物幷同料菁奈等持夫功一束/依門□[成カ]事太郎経日食二束/庄内神祀料五束‖/○/□□□[年カ]田作料カ]且凡海福万呂下充卅束/人々出挙給十七束/○凡海加都岐万呂十束/○民浄万呂三束/○建万呂妻浄継女二束//大友三月万呂二束‖/○/○一束/○菁夢[蔓カ]直五把/○節料物幷久留美等持行夫功一束/○小主并従経八日二束五把/○自十二月廿日//迄廿七日‖/合下百八十七束九把/○残稲一千二百五十三束六把‖/○/◎弘仁二年正月廿六日下百五十七束之中/○在庄東廊□□又[塗カ]漆/○□□□□進丁[下カ]京持行人功食一束/○又在奈良馬船并厨子棚板及歩板等/○宮所庄持運車引建万呂六箇日/○食并酒料三束//日別一升六合食//又酒日別一升‖/○/○□□□[庄内カ]人々多衣□[買カ]直銭代沽五十三束直銭廿三貫七百十五文/□□□[二月カ]廿日下二百卅三束八把之中/○◎二年田作料且下百十八束//受山田女/○残百八十束‖/○◎又凡海福万呂所佃作□[料カ]卅束/○依員下了‖/○小主給出給廿五束/○凡海国人出挙廿□[東カ]/○同福万呂出挙給廿□[東カ]]/依□[成カ]□事小主并従経/十四日/○自正月廿日始迄二月三□[日カ]//食稲四束二把/二郎并従一日半食六把/○○在奈良馬船并厨子棚又歩板直二貫五百□[文カ]代沽十六束/○又下廿束/葛木□[寺カ]〈 〉等料/○又下二束//奈良在材木運車剌油四合直□[直カ]~銭百*六十文 [×七~十~文~] 別□[合カ]冊文/□□[運カ]	011	藤原宮4-1806(木研 5-25頁-(1)·日本古 代木簡選·飛7-7(1))	藤原宮跡西北官 衙地区	982	57	5

총람 번호	판독문	형식 번호	출전	유적명	길이	너비	두께
	人酒手料建万呂□〔受ヵ〕‖／合下四百十二東八把‖○／○／残八百卌東八把‖」						
28-20-2	・○□〈 〉□□〈 〉／〈 〉‖○「〈 〉三斗○直稲三東○§持夫一人功食三束」＼○「§豊村宮進送稲§」＼§六年十二月＊八〔×一〕日~日春京上米一石五斗○穎卅三束○駄賃十束○同~年~十~二~月~十~八~日~京~上~米~三~石~○穎~六十七束加~春~功~駄~賃~廿~束~＼○§同年十二月廿八日京上米□〔一ヵ〕石□穎廿三束○駄賃□〔七ヵ〕束／○東~□〔殿ヵ〕~内~稲~□〔七ヵ〕~□~□~束~／□‖○§○§・○『□〔櫃ヵ〕□＼○□五＼○〈 〉料』	081	藤原宮4-1807(木研5-25頁-(2)·飛7-11(2))	藤原宮跡西北官衙地区	840	(51)	6
28-21	□○□＼○見奴久万呂□□□〔十四ヵ〕	081	藤原宮4-1718(飛8-10上(1)·木研6-25頁-1(1))	藤原宮跡西面中門地区	(152)	(11)	4
28-22	・千字文文・□〔年ヵ〕弁弁	065	藤原宮4-1810(飛8-10上(2)·木研6-25頁-2(1))	藤原宮跡南面西門南西地区	(88)	50	5
28-23-1	・{□〔酒ヵ〕＼酒}・【{□波}】	081	木研7-22頁-(1)(飛8-10下(3))	藤原宮跡東方官衙北地区	50	(29)	8
28-23-2	{○六□＼□□〔等ヵ〕}	091	木研7-22頁-(2)(飛8-10下(4))	藤原宮跡東方官衙北地区	(15)	(31)	
28-24-1	○奈具里＼依治郡蝮	031	日本古代木簡選(木研10-17頁-(1)·飛9-7上(1))	藤原宮跡内裏·内裏東官衙地区	117	32	4
28-24-2	·長評和佐里·郡□〔直ヵ〕方俵	011	荷札集成-235(飛20-28上·木研10-17頁-(5)·飛9-7上(2))	藤原宮跡内裏·内裏東官衙地区	108	24	3
28-24-3	夏鰒	051	飛9-7上(3)	藤原宮跡内裏·内裏東官衙地区	107	12	3
28-25-1	·鈴鹿郡高宮里·炭一斛	032	木研11-32頁-1(5)(飛9-8上(14))	藤原宮跡内裏·内裏東官衙地区	126	22	4
28-25-2	味蜂間郡胡麻油一斗九升	019	木研11-32頁-1(6)(飛9-8上(15))	藤原宮跡内裏·内裏東官衙地区	(140)	(14)	4
28-25-3	加夜里委文連〈 〉	031	木研11-33頁-1(12)(飛9-8下(21))	藤原宮跡内裏·内裏東官衙地区	157	17	6
28-25-4	·□□□〔丙申年ヵ〕七月三野□〔国ヵ〕山方評·大桑里□○安□藍一石	031	荷札集成-101(飛20-28上·木研11-32頁-1(7)·飛9-8上(16))	藤原宮跡内裏·内裏東官衙地区	185	23	4
28-25-5	·周方国佐波評·牟々礼君西利	032	荷札集成-230(飛20-28上·木研11-32頁-1(10)·飛9-8上(19))	藤原宮跡内裏·内裏東官衙地区	95	21	4
28-25-6	和銅二年九月一日従八位下行少書吏□	081	木研11-33頁-1(19)(飛9-9上(29))	藤原宮跡内裏·内裏東官衙地区	(209)	(7)	3
28-25-7	·□諸謂謂〈 〉卯時〈 〉□長長長長長長酒部□·「月月月日日日日日日□」	081	木研11-33頁-1(21)(飛9-9上(33))	藤原宮跡内裏·内裏東官衙地区	(211)	13	4
28-26-1	石川阿曽弥○所賜○忽生地黄	081	藤原宮4-1720(木研11-33頁-2(2)·飛9-11上(66))	藤原宮跡西面南門地区	(306)	(34)	4
28-26-2	・／出雲臣首万□／○／出雲臣石寸‖○／〈 〉／出雲臣知万呂‖○防風十斤十二□〔両ヵ〕・○〈 〉	081	藤原宮4-1721(木研11-33頁-2(1)·飛9-11上(65))	藤原宮跡西面南門地区	(272)	(25)	2
28-26-3	・□□〔決明ヵ〕子四両桃四両桂心三両白芷三両＼○□○車前子三両防風三両・／○□両／柏実一両‖○右九物	011	藤原宮4-1722(木研11-33頁-2(3)·飛9-11上(68))	藤原宮跡西面南門地区	172	25	4
28-26-4	无耶志国薬桔梗卅斤	033	藤原宮4-1725(荷札集成-73·木研11-34頁-2(8)·飛9-9下(37)·日本古代木簡選)	藤原宮跡西面南門地区	189	18	3

총람 번호	판독문	형식 번호	출전	유적명	길이	너비	두께
28-26-5	无耶志国薬烏	032	藤原宮4-1726(飛20-31下·荷札集成-74·木研11-34頁-2(7)·飛9-9下(36))	藤原宮跡西面南門地区	162	17	4
28-26-6	・伊看我評·芎窮八斤	032	藤原宮4-1727(荷札集成-148·木研11-33頁-2(5)·飛9-9下(34))	藤原宮跡西面南門地区	90	24	4
28-26-7	・伊看我評·当帰五斤	032	藤原宮4-1728(荷札集成-149·飛20-28上·木研11-34頁-2(6)·飛9-9下(35))	藤原宮跡西面南門地区	94	23	4
28-26-8	・黒石英十一・斤	032	藤原宮4-1729(木研11-34頁-2(27)·飛9-10下(61))	藤原宮跡西面南門地区	82	17	3
28-26-9	□流黄一□	032	藤原宮4-1730(木研11-34頁-2(28)·飛9-10下(62))	藤原宮跡西面南門地区	98	22	3
28-26-10	白朮四□	032	藤原宮4-1731(木研11-34頁-2(19)·飛9-10上(52))	藤原宮跡西面南門地区	90	16	3
28-26-11	人参十斤	031	藤原宮4-1734(木研11-34頁-2(10)·飛9-9下(40))	藤原宮跡西面南門地区	107	19	2
28-26-12	牛膝十三斤	031	藤原宮4-1735(木研11-34頁-2(24)·飛9-10下(58))	藤原宮跡西面南門地区	144	18	4
28-26-13	独活十斤	032	藤原宮4-1737(木研11-34頁-2(20)·飛9-10下(53))	藤原宮跡西面南門地区	88	21	3
28-26-14	蛇床子一升	032	藤原宮4-1738(木研11-34頁-2(16)·飛9-10上(49))	藤原宮跡西面南門地区	87	14	2
28-26-15	葛根六斤	032	藤原宮4-1741(木研11-34頁-2(21)·飛9-10下(54))	藤原宮跡西面南門地区	79	19	5
28-26-16	瞿麦一斤十両	032	藤原宮4-1743(木研11-34頁-2(12)·飛9-10上(44))	藤原宮跡西面南門地区	114	13	3
28-26-17	桙子一斗	032	藤原宮4-1749(飛9-10下(55))	藤原宮跡西面南門地区	91	13	3
28-26-18	桃人七升	032	藤原宮4-1752(木研11-34頁-2(26)·飛9-10下(60))	藤原宮跡西面南門地区	81	18	4
28-26-19	針間国□	081	藤原宮4-1760(荷札集成-213·飛20-28上·飛9-9下(38))	藤原宮跡西面南門地区	(78)	22	2
28-27	大 (刻書)	065	藤原宮4-1805(木研11-35頁-3(1)·飛9-11下(75))	藤原宮跡西南官衙地区	166	24	5
28-28-1	□利女年卅五	091	藤原宮4-1689(飛10-7上(2)·木研12-29頁-(2))	藤原宮跡南面西門地区			
28-28-2	□□々□□□石□	091	藤原宮4-1700(飛10-7上(1)·木研12-29頁-(1))	藤原宮跡南面西門地区			
28-29-1	已亥年九月七日	011	木研13-13頁-(1)(飛10-7上(3))	藤原宮跡内裏東官衙地区	(117)	68	7

총람 번호	판독문	형식 번호	출전	유적명	길이	너비	두께
28-29-2	〈 〉阿佐為評	081	木研13-13頁-(2)(飛 10-7上(4))	藤原宮跡内裏東 官衙地区	(172)	(8)	8
28-29-3	・吉備中国下道郡・矢田里矢田部刀祢□[李ヵ]	032	木研13-13頁-(3)(飛 10-7下(5))	藤原宮跡内裏東 官衙地区	158	(20)	4
28-29-4	中務省牒□[留ヵ]守省	081	木研13-13頁-(4)(飛 10-7下(6))	藤原宮跡内裏東 官衙地区	(127)	(17)	4
28-29-5	・諸陵司○召土師宿祢廣庭／○／土師宿祢国足 ‖・／土師宿 祢大海 ‖○□四人	011	木研13-13頁-(5)(飛 10-7下(7))	藤原宮跡内裏東 官衙地区	261	(16)	4
28-29-6	・備前国＼□[珂]磨郡・他田里里□家○／〈 〉／人麻→ ‖	039	木研13-13頁-(9)(飛 10-8上(12))	藤原宮跡内裏東 官衙地区	(112)	(23)	2
28-30-1	依地郡／奈具里／軍布 ‖	039	木研15-23頁-1(1) (飛11-11上(1))	藤原宮跡内裏東 官衙地区	(104)	28	3
28-30-2	□□国小海郡／嶋里人□／水涌〈 〉‖	031	木研15-23頁-1(3) (飛11-11上(3))	藤原宮跡内裏東 官衙地区	(161)	24	5
28-30-3	□嶋郡通□	039	木研15-24頁-1(4) (飛11-11上(5))	藤原宮跡内裏東 官衙地区	(87)	(20)	3
28-30-4	贄一斗五升伊和之	039	木研15-24頁-1(5) (飛11-11上(5))	藤原宮跡内裏東 官衙地区	(215)	22	4
28-31-1	・○粟道宰熊鳥「□」・「封」○「印」	031	藤原宮4-1679(木研 15-24頁-3(2)·飛 11-11下(7))	藤原宮跡南面西 門地区	201	37	8
28-31-2	□大田君□□[多三ヵ]□	091	藤原宮4-1680	藤原宮跡南面西 門地区			
28-31-3	他田舎人□	091	藤原宮4-1681	藤原宮跡南面西 門地区			
28-31-4	君三野女	091	藤原宮4-1682	藤原宮跡南面西 門地区			
28-31-5	〈 〉十六向○返□	091	藤原宮4-1695(飛 11-11下(8))	藤原宮跡南面西 門地区			
28-31-6	依都利□	091	藤原宮4-1696(飛 11-11下(9))	藤原宮跡南面西 門地区			
28-32-1	・十一日打相釘九十四隻○呉釘六百九十隻○□・枚金三枚其 釘廿七須理釘廿／折四 ‖ □□卅四	011	木研15-24頁-2(1) (飛11-11下(10))	藤原宮内裏西外 郭地区西南隅	287	27	5
28-32-2	・十上廣田列十之中／菰作一口／日置造出一口／船守一口 ‖ ○／□[定ヵ]七／□ ‖・「遠江国浜名日下部君□」	019	木研15-24頁-2(2) (飛11-11下(11))	藤原宮跡内裏· 内裏西官衙地区	(158)	29	2
28-32-3	綾郡山本里宇遅部首□	032	木研15-24頁-2(3) (飛11-12上(12))	藤原宮跡内裏· 内裏西官衙地区	142	28	6
28-33	・召／〈 〉主〈 〉／〈 〉○内人〈 〉‖・○〈 〉	081	飛12-9上(1)(木研 16-38頁-1(1))	藤原宮跡内裏東 官衙地区	194	(30)	2
28-34-1	□信	061	藤原宮4-1808(飛 12-11上(18)·木研 16-38頁-2(1))	藤原宮跡西南官 衙地区	2360	630	45
28-34-2	大□大大大	081	藤原宮4-1809(飛 12-11上(19))	藤原宮跡西南官 衙地区	(111)	(21)	2
28-35	丁酉年□月〈 〉○／〈 〉評□[野ヵ]里／若□□[倭部ヵ]〈 〉‖	031	荷札集成-120(飛 20-28下·木研18-33 頁-(1)·飛12-9上(2))	藤原宮跡内裏東 官衙·東方官衙 北地区	(179)	31	4
28-36· 37-1	ア ア ア 鬼小 ア 今○／平其 ‖	032	藤原宮4-1813(木研 18-33頁-(2)·飛 12-11下(21))	藤原宮跡西方官 衙南地区	388	53	6
28-36· 37-2	歳□□□	091	藤原宮4-1814(飛 12-12上(22))	藤原宮跡西方官 衙南地区			
28-36· 37-3	□□[大夫ヵ]	091	藤原宮4-1815	藤原宮跡西方官 衙南地区			
28-36· 37-4	雀部若□□	091	藤原宮4-1817(木研 18-33頁-(3)·飛 12-12上(23))	藤原宮跡西方官 衙南地区			

총람 번호	판독문	형식 번호	출전	유적명	길이	너비	두께
28-38	知夫利評由羅五十戸＼加毛□□加伊□[鮓ヵ]〈×〉	031	藤原宮4-1834(荷札集成-169·飛20-28下·飛13-9上(1)·木研19-22頁-(1))	藤原宮西方官衙南地区	192	33	4
28-39	大	091	木研24-14頁-(1)(飛15-12上(12))	藤原宮朝堂院南北溝			
28-40·41-1	□□[男ヵ]	091	木研25-20頁-1(1)(飛17-25上(163))	藤原宮東南官衙地区			
28-40·41-2	□三口	091	木研25-20頁-2(1)(飛17-25上(164))	藤原京左京六条二坊			
28-40·41-3	□人下寸主□	091	木研25-20頁-2(2)(飛17-25上(165))	藤原京左京六条二坊			
28-40·41-4	□[十ヵ]四□	091	木研25-20頁-2(3)(飛17-25上(166))	藤原京左京六条二坊			
28-42-1	・恐々還申我主我尊御心□賜□[随ヵ]・可慈給其食物者皆此仰旨待待耳	011	飛22-22下(木研27-24頁-(1)·飛18-14上(1))	藤原宮朝堂院回廊東南隅	320	36	2
28-42-2	・右衛士府移□[今ヵ]日□[可ヵ]・大国○□[太ヵ]寶三年□	081	木研27-24頁-(2)(飛18-14上(2))	藤原宮朝堂院回廊東南隅	(191)	(8)	5
28-42-3	夜不仕人猪手列丸部国足	011	木研27-24頁-(5)(飛18-14下(8))	藤原宮朝堂院回廊東南隅	141	21	2
28-42-4	・辛犬列□[卅ヵ]五・○八月十四日	011	木研27-24頁-(6)(飛18-14下(9))	藤原宮朝堂院回廊東南隅	97	17	2
28-42-5	□□[嶋身ヵ]列忍海部子末呂	011	木研27-24頁-(7)(飛18-14下(10))	藤原宮朝堂院回廊東南隅	166	26	5
28-42-6	・五背部卅三百嶋部六・○五月廿四日	011	木研27-24頁-(9)(飛18-14下(12))	藤原宮朝堂院回廊東南隅	151	22	3
28-42-7	十上丈部□□	091	木研27-25頁-(11)(飛18-17上(45))	藤原宮朝堂院回廊東南隅			
28-42-8	部嶋○五十□[上ヵ]	091	木研27-25頁-(12)(飛19-19上(333))	藤原宮朝堂院回廊東南隅			
28-42-9	□立丁	061	木研27-25頁-(14)(飛18-17上(44))	藤原宮朝堂院回廊東南隅	(55)	(22)	3
28-42-10	七夕四	091	木研27-25頁-(15)(飛19-19下(347))	藤原宮朝堂院回廊東南隅			
28-42-11	二月廿九	091	木研27-25頁-(16)(飛18-17上(49))	藤原宮朝堂院回廊東南隅			
28-42-12	十二月	091	木研27-25頁-(17)(飛18-17上(50))	藤原宮朝堂院回廊東南隅			
28-42-13	□□[葛ヵ]木下郡	091	木研27-25頁-(21)(飛18-15下(21))	藤原宮朝堂院回廊東南隅			
28-42-14	上毛野国	091	木研27-25頁-(23)(飛19-20下(375))	藤原宮朝堂院回廊東南隅			
28-42-15	旦波国□[阿ヵ]麻太郡□[雀ヵ]王部里□	081	木研27-25頁-(25)(飛18-15下(24))	藤原宮朝堂院回廊東南隅	(211)	(20)	1
28-42-16	○□□□＼川合里大伴部	091	木研27-25頁-(29)(飛18-16上(28))	藤原宮朝堂院回廊東南隅			
28-42-17	郡大曽祢里□	091	木研27-25頁-(31)(飛18-16上(30))	藤原宮朝堂院回廊東南隅			
28-42-18	・土師部大人雀王部荒山・□○二人	081	木研27-25頁-(32)(飛18-16上(31))	藤原宮朝堂院回廊東南隅	62	14	2
28-42-19	戊寅年高井五〈 〉	032	荷札集成-271(飛20-30下·木研27-27頁-(42)·飛19-30中·飛18-18上(56))	藤原宮朝堂院回廊東南隅	170	20	4
28-42-20	乃都熟麻廿七斤十□□	032	木研27-27頁-(43)(飛18-18上(57))	藤原宮朝堂院回廊東南隅	124	11	3

총람 번호	판독문	형식 번호	출전	유적명	길이	너비	두께
28-42-21	・鮎深・鮎深	051	木研27-27頁-(44) (飛18-18上(58))	藤原宮朝堂院回 廊東南隅	89	39	4
28-42-22	円席□	032	木研27-27頁-(45) (飛18-18上(59))	藤原宮朝堂院回 廊東南隅	91	16	4
28-42-23	・秦膠酒方治四支風手臂不收＝脚疼弱或有病急→・天門多三 両／去心‖薏苡一両独活五両／□[細ヵ]辛三両／附子二両 ‖炮／巴→／五→‖	019	木研27-27頁-(46) (飛18-18上(60))	藤原宮朝堂院回 廊東南隅	(276)	26	6
28-42-24	玄○黄	065	木研27-27頁-(47) (飛18-18上(61))	藤原宮朝堂院回 廊東南隅	117	19	9
28-43	〈 〉	091	木研28-20頁-1(1) (飛20-6上(1))	藤原宮朝堂院東 第六堂			
28-44	{□＼□□[色ヵ]＼□＼□□}	081	木研28-20頁-2(1) (飛20-6上(2))	藤原宮内裏・内 裏東官衙地区	(8)	(28)	3
28-45	〈 〉	091	木研29-32頁-(1)(飛 21-15下(45))	藤原宮朝堂院地 区			
28-46	□[又ヵ]遠水→	081	木研31-16頁-(1)	藤原宮跡朝堂院 地区	(73)	(8)	8
28-47	□[作ヵ]○□[物ヵ]	019	木研33-16頁-(1)	藤原宮跡朝堂院 地区	(91)	21	3
28-48	・□[稲ヵ]□□・〈 〉□	081	木研34-13頁-(1)	藤原宮朝堂院朝 庭部	(64)	(14)	3
28-49-1	米五斗一升	033	木研21-12頁-(1)	大藤原京跡左京 北五条三坊南西 坪	90	12	3
28-49-2	・□資人□□[合ヵ]§浄正五位下茨田→・○／〈 〉／八木造□[古ヵ]‖	081	木研21-12頁-(2)	大藤原京跡左京 北五条三坊南西 坪	(237)	(15)	5
28-50-1	・穂積親王宮／□□□□[足人ヵ]‖・□[軽ヵ]部□[古ヵ] 万呂□□□□[宍人古ヵ]万呂	081	木研26-15頁-1(1)	藤原京跡左京 一・二条四・五坊	260	(13)	5
28-50-2	・□□奉上／惠□‖香子夫持上之□・□○□□□□□	019	木研26-16頁-1(3)	藤原京跡左京 一・二条四・五坊	(225)	28	9
28-50-3	・○□□□□・□□[受小ヵ]□二石○□○和銅二年十月七日	081	木研26-16頁-1(4)	藤原京跡左京 一・二条四・五坊	222	(15)	4
28-50-4	雑腊	031	木研26-16頁-1(6)	藤原京跡左京 一・二条四・五坊	142	25	5
28-50-5	・九百卅二文・□	032	木研26-16頁-1(7)	藤原京跡左京 一・二条四・五坊	114	24	4
28-50-6	〈 〉□□[多食ヵ]	081	木研26-16頁-1(8)	藤原京跡左京 一・二条四・五坊	(131)	(16)	2
28-50-7	食□	081	木研26-16頁-1(9)	藤原京跡左京 一・二条四・五坊	(35)	(16)	2
28-51	□□山司倭令佐□大夫○／長□志母□[止ヵ]□○□／□□[道ヵ]□□□□□□‖	011	木研26-17頁-2(1)	藤原京跡左京 四・五条一坊	394	42	5
28-54-1	□不熟γ未方女者	011	飛鳥藤原京 2-3596(木研9-24 頁-(1)・飛8-11上(5)・ 日本古代木簡選)	藤原京左京六条 三坊東北坪	150	15	5
28-54-2	収霊亀三年稲○養→	081	飛鳥藤原京 2-3599(木研9-24 頁-(2)・飛8-11上(6)・ 日本古代木簡選)	藤原京左京六条 三坊東北坪	(118)	(20)	4
28-54-3	・栄採司謹白奴□嶋逃行□・別申病女以前如□	011	飛鳥藤原京 2-3597(木研9-24 頁-(3)・飛8-11上(7))	藤原京左京六条 三坊東北坪	203	29	5
28-54-4	□斤得三束□[遺ヵ]二束	019	飛鳥藤原京 2-3602(木研9-24 頁-(4)・飛8-11上(8))	藤原京左京六条 三坊東北坪	(302)	18	4

총람 번호	판독문	형식 번호	출전	유적명	길이	너비	두께
28-54-5	百廿七束一□[把ヵ]	091	飛鳥藤原京 2-3601(木研9-24 頁-(5)·飛8-11下(9))	藤原京左京六条 三坊東北坪			
28-54-6	斗四升	081	飛鳥藤原京 2-3603(木研9-24 頁-(7)·飛8-11下 (11))	藤原京左京六条 三坊東北坪	97	(17)	3
28-54-7	□小豆□□□	081	飛鳥藤原京 2-3604(木研9-24 頁-(8)·飛8-11下 (12))	藤原京左京六条 三坊東北坪	(84)	29	4
28-54-8	□[大ヵ]夫等	081	飛鳥藤原京 2-3598(木研9-24 頁-(9)·飛8-11下 (14))	藤原京左京六条 三坊東北坪	(41)	(18)	1
28-54-9	·近江国蒲→·宿□戸→	039	飛鳥藤原京 2-3608(木研9-25 頁-(10)·飛8-12上 (15))	藤原京左京六条 三坊東北坪	(95)	22	4
28-54-10	六斗	032	飛鳥藤原京 2-3609(木研9-25 頁-(11)·飛8-12上 (16))	藤原京左京六条 三坊東北坪	135	22	5
28-54-11	左京職	061	飛鳥藤原京 2-3606(木研9-25 頁-(12)·飛8-12上 (17)·日本古代木簡 選)	藤原京左京六条 三坊東北坪	163	23	6
28-55	尾張国海部郡魚鮨三斗六升	031	飛鳥藤原京 2-3607(日本古代木 簡選·木研10-19 頁-(1)·飛8-12上 (18))	藤原京左京六条 三坊西北坪	172	20	5
28-56-1	·□以□務人等□□/急‖·□□□/○/遣帳内秝連国人‖	081	木研17-35頁-(1)(飛 鳥藤原京2-431頁 (1))	藤原京跡左京七 条一坊東南坪	(179)	(16)	3
28-56-2	·□皇子宮奉入□□[斤ヵ]小庭□·○□[草ヵ]	081	木研17-35頁-(2)(飛 鳥藤原京2-431頁 (2))	藤原京跡左京七 条一坊東南坪	(227)	(13)	5
28-56-3	□之□[宮ヵ]一斤	081	木研17-35頁-(3)(飛 鳥藤原京2-432頁 (3))	藤原京跡左京七 条一坊東南坪	(118)	25	5
28-56-4	于度部子人	011	木研17-35頁-(4)(飛 鳥藤原京2-432頁 (4))	藤原京跡左京七 条一坊東南坪	107	29	5
28-57-1	·御名部内親王宮·○太寶→	081	飛鳥藤原京 2-1465(木研25-23 頁-(1)·飛16-8上(1))	藤原京左京七条 一坊西南坪	(142)	(35)	5
28-57-2	·□養宿祢道代給□[紐ヵ]五·○太寶元年十一月□□	065	飛鳥藤原京 2-1467(木研25-23 頁-(2)·飛16-8上(2))	藤原京左京七条 一坊西南坪	(126)	(21)	3
28-57-3	·◇石川宮出橡一石/糸一斤/布一常‖·◇大寶二年八月 十三日/書吏進大初位下→‖	019	飛鳥藤原京 2-1468(木研25-23 頁-(3)·飛16-8上(3))	藤原京左京七条 一坊西南坪	(230)	34	3
28-57-4	矢作宮門円一枚	032	飛鳥藤原京 2-1474(木研25-23 頁-(8)·飛16-8下(7))	藤原京左京七条 一坊西南坪	116	20	3
28-57-5	·画工司解今加画師十人分布七端/□□四両/由布三束‖并 三品·受志太連五百瀬/○佐伯門/「中務省□[移ヵ]出」‖今 持退人使部和尓積木万呂	011	飛鳥藤原京 2-1479(木研25-23 頁-(14)·飛16-9上 (13))	藤原京左京七条 一坊西南坪	295	29	5

총람 번호	판독문	형식 번호	출전	유적명	길이	너비	두께
28-57-6	・內藏寮解○／門傍∥○絲二□…／銀五両二文布三尋分／○布十一端○◇∥・羅二匹直／銀十一両分糸廿二□／○「中務省□」∥…藏忌寸相茂◇◇佐伯門	011	飛鳥藤原京 2-1480(木研25-24頁-(15)·飛16-9上(14))	藤原京左京七条一坊西南坪	(155+102)	21	5
28-57-7	・宮内省移○価糸四□・○太寶二年八月五日少→「中務省移〈〉□[勘ヵ]宜耳」	065	飛鳥藤原京 2-1482(木研25-24頁-(17)·飛16-9下(17))	藤原京左京七条一坊西南坪	(270)	55	3
28-57-8	・←練遣純二匹／出人榎本連安比止／蝮王山部二門∥○◇・□日／〈〉位下大庭造男抹／○「中務省」∥○◇	019 (015)	飛鳥藤原京 2-1488(木研25-24頁-(20)·飛16-10上(23))	藤原京左京七条一坊西南坪	(212)	33	5
28-57-9	・／〈〉○□／○〈 〉○□□[伯ヵ]門∥持出人草原首廣末呂・□□□[十二日ヵ]○□○〉「中務省移如令勘□[宜ヵ]耳」	019	飛鳥藤原京 2-1489(木研25-24頁-(21)·飛16-10上(24))	藤原京左京七条一坊西南坪	(317)	(26)	2
28-57-10	・○日向久湯評人□＼○漆部佐伴支治奉牛卅＼○又別平群部美支□・故是以○皆者亡賜而○偲	019	飛鳥藤原京 2-1497(木研25-26頁-(46)·飛17-39上·飛16-13上(55))	藤原京左京七条一坊西南坪	(161)	58	6
28-57-11	・四月廿六日記□□□・○□□□	081	飛鳥藤原京 2-1498(木研25-26頁-(47)·飛17-26上(175))	藤原京左京七条一坊西南坪	(213)	(15)	4
28-57-12	本位進大壱○今追従八位下○／山部宿祢乎夜部／「冠」∥	011	飛鳥藤原京 2-1502(木研25-24頁-(23)·飛16-12上(42))	藤原京左京七条一坊西南坪	215	28	6
28-57-13	□□□[十一月ヵ]○廿三日＼□□[波多ヵ]官六日／八□使廿一日／○并廿七日∥○／大伴使日廿二○官四日／○并廿六日∥	011	飛鳥藤原京 2-1507(木研25-24頁-(26)·飛16-11上(35))	藤原京左京七条一坊西南坪	180	24	3
28-57-14	・八月一日○佐伯造正月／山∥・山部造万呂／同∥	019	飛鳥藤原京 2-1509(木研25-24頁-(27)·飛16-11下(41))	藤原京左京七条一坊西南坪	(161)	(21)	2
28-57-15	山部門三	011	飛鳥藤原京 2-1517(木研25-25頁-(32)·飛16-10下(29))	藤原京左京七条一坊西南坪	137	28	3
28-57-16	進廣肆○進少初→	019	飛鳥藤原京 2-1533(飛16-14上(71))	藤原京左京七条一坊西南坪	(90)	20	4
28-57-17	・上尺依○物□○千三□□千丹＼○大里○行真○拾＼○物宮大宅与・下荒人○色男○无忍○千二＼○守佐＼○又私荒人○犬子＼○嶋年○千二○神	011	飛鳥藤原京 2-1548(木研25-25頁-(35)·飛16-13上(58))	藤原京左京七条一坊西南坪	318	47	5
28-57-18	□槽一具甲□[痳ヵ]二具斧一具柳	081	飛鳥藤原京 2-1562(木研25-26頁-(45)·飛16-14上(65))	藤原京左京七条一坊西南坪	(159)	(29)	2
28-57-19	醬一斗一升三合	081	飛鳥藤原京 2-1563(飛17-25下(171))	藤原京左京七条一坊西南坪	(80)	(11)	5
28-57-20	・〈←子年□[六ヵ]＼□＼□[本ヵ]納於＼□波□＼物部□＼□□○＼□□□〉・〈□□＼□□□退ヵ]＼〈〉〉	081	飛鳥藤原京 2-1573(木研25-25頁-(41)·飛16-15下(84))	藤原京左京七条一坊西南坪	(40)	(178)	3
28-57-21	・〈←妃宮□＼帳一□[具ヵ]／少属〉・〈一大＼○瓢少＼大国以□＼○呂□＼○□〉	081	飛鳥藤原京 2-1574(木研25-25頁-(42)·飛16-15下(85))	藤原京左京七条一坊西南坪	(42)	(68)	5

총람 번호	판독문	형식 번호	출전	유적명	길이	너비	두께
28-57-22	・{□〔四ヵ〕天皇＼□銀□＼□} ・{□＼日分酒＼□□□＼佐伯□＼□}	081	飛鳥藤原京 2-1575(木研25-25 頁-(43)・飛16-15下 (86))	藤原京左京七条 一坊西南坪	(45)	(88)	4
28-57-23	・尾治国羽栗評□・人椋椅部刀良□〔国ヵ〕□□〔六ヵ〕	039	飛鳥藤原京(荷札集 成-23・飛20-28下・木 研25-26頁-(49)・飛 16-16下(93))	藤原京左京七条 一坊西南坪	(164)	27	4
28-57-24	・丙申年九月廿五日尾治国尓皮評□・人□□□〔敢石部ヵ〕〈 〉	039	飛鳥藤原京(荷札集 成-27・飛20-28下・木 研25-26頁-(48)・飛 16-16下(92))	藤原京左京七条 一坊西南坪	(247)	24	6
28-57-25	・←国安芸郡・椋椅部賀良人庸三斗	032	飛鳥藤原京 2-1602(木研25-26 頁-(50)・飛16-16下 (95))	藤原京左京七条 一坊西南坪	164	26	5
28-57-26	〈 〉里人大伴部□〔乙ヵ〕万呂塩二斗	032	飛鳥藤原京 2-1603(木研25-26 頁-(52)・飛16-16下 (96))	藤原京左京七条 一坊西南坪	207	26	5
28-57-27	杖□〔笞ヵ〕五十	032	飛鳥藤原京 2-1607(木研25-26 頁-(53)・飛16-17上 (101))	藤原京左京七条 一坊西南坪	115	13	2
28-57-28	・膳物百物斉物物／□〔大ヵ〕□／大〇物‖＼〇□□・□物物物／〇／百斉‖※／〇□／百斉‖※／〇□／百斉‖□□	051	飛鳥藤原京 2-1609(飛16-17下 (106))	藤原京左京七条 一坊西南坪	(131)	(19)	4
28-57-29	・□〇月逐陳帰忌・〇／〇主主／〈 〉‖主寸	081	飛鳥藤原京 2-1611(木研25-27 頁-(59)・飛17-39上・ 飛16-17下(105))	藤原京左京七条 一坊西南坪	(128)	(19)	3
28-57-30	・奈尓皮ツ尓佐久己乃皮奈布由己母利伊皮々留部止＼〇大口太夫＼佐久□〔矢ヵ〕□□□〔皮ヵ〕□□職職〇〈 〉□□□与・皮□〔皮ヵ〕皮皮職職職馬来田評	011	木簡黎明-(31)(飛鳥 藤原京2-1613・木研 25-26頁-(56)・飛 16-17上(103))	藤原京左京七条 一坊西南坪	387	(34)	4
28-57-31	・勅勅令令令〇来〇散〇散〇騎・□〇豆〇□〇懼〇□〔狛ヵ〕〇□	081	飛鳥藤原京 2-1614(木研25-26 頁-(57)・飛17-27上 (188))	藤原京左京七条 一坊西南坪	(195)	(29)	1
28-57-32	・道衛衛衛門府衛衛門府・衛〇衛衛門府〇府〇府	011	飛鳥藤原京 2-1617(木研25-26 頁-(55)・飛16-18上 (108))	藤原京左京七条 一坊西南坪	191	25	6
28-57-33	・前玉郡□□他池・堤道守守守守（表裏削り残りあり）	011	飛鳥藤原京 2-1622(飛16-18下 (115)・飛16-18下 (118))	藤原京左京七条 一坊西南坪	198	30	5
28-57-34	□□□〔九々八ヵ〕十一□□□〔四四十ヵ〕六〇六八□□〔冊八ヵ〕	081	飛鳥藤原京 2-1626(飛17-27上 (190))	藤原京左京七条 一坊西南坪	(162)	(12)	3
28-57-35	士府〇御垣巡大友日佐君万呂大寶元年十月廿一日	091	飛鳥藤原京 2-1655(飛20-6中 (3))	藤原京左京七条 一坊西南坪			
28-57-36	皇太妃□	091	飛鳥藤原京 2-1736(飛17-28下 (209))	藤原京左京七条 一坊西南坪			
28-57-37	□受人占部臣龍万呂〇手□□	091	飛鳥藤原京 2-1742(飛20-6下 (12))	藤原京左京七条 一坊西南坪			

총람 번호	판독문	형식 번호	출전	유적명	길이	너비	두께
28-57-38	中務省□[移ヵ]	091	飛鳥藤原京 2-1747(飛17-28下 (211))	藤原京左京七条 一坊西南坪			
28-57-39	□蝮宮門□	091	飛鳥藤原京 2-1770(飛16-11上 (34))	藤原京左京七条 一坊西南坪			
28-57-40	県犬甘小宮門	091	飛鳥藤原京 2-1772(木研25-25 頁-(34)·飛16-11上 (32))	藤原京左京七条 一坊西南坪			
28-57-41	§山部宮門五	091	飛鳥藤原京 2-1774(木研25-25 頁-(33)·飛16-11上 (30))	藤原京左京七条 一坊西南坪			
28-57-42	務従七位下五百木部宿祢東人	091	飛鳥藤原京 2-1873(飛19-9下 (95))	藤原京左京七条 一坊西南坪			
28-57-43	五百木部宿祢	091	飛鳥藤原京 2-1874(飛20-12上 (176))	藤原京左京七条 一坊西南坪			
28-57-44	五百木部連	091	飛鳥藤原京 2-1875(飛16-12下 (50))	藤原京左京七条 一坊西南坪			
28-57-45	□□□[進少初ヵ]\進少初位□[上ヵ]	091	飛鳥藤原京 2-1890(飛20-11中 (153))	藤原京左京七条 一坊西南坪			
28-57-46	正七位上矢□[集ヵ]□	091	飛鳥藤原京 2-1893(飛20-11上 (148))	藤原京左京七条 一坊西南坪			
28-57-47	无位忍海□	091	飛鳥藤原京 2-1894(飛19-10上 (101))	藤原京左京七条 一坊西南坪			
28-57-48	□進少初位上□	091	飛鳥藤原京 2-1908(飛19-9下 (99))	藤原京左京七条 一坊西南坪			
28-57-49	進少初位□[下ヵ]	091	飛鳥藤原京 2-1909(飛18-33下 (253))	藤原京左京七条 一坊西南坪			
28-57-50	阿曽弥	091	飛鳥藤原京 2-2043(飛17-32上 (283))	藤原京左京七条 一坊西南坪			
28-57-51	□部朝臣	091	飛鳥藤原京 2-2045(飛20-13中 (210))	藤原京左京七条 一坊西南坪			
28-57-52	上番○□□[佐伯ヵ]□\○□	091	飛鳥藤原京 2-2245(飛19-6下 (16))	藤原京左京七条 一坊西南坪			
28-57-53	夜百卅三	091	飛鳥藤原京 2-2246(飛19-6下 (17))	藤原京左京七条 一坊西南坪			
28-57-54	夕百	091	飛鳥藤原京 2-2249(飛19-7上 (18))	藤原京左京七条 一坊西南坪			
28-57-55	○□\「病」石上	091	飛鳥藤原京 2-2258(飛19-7中 (29))	藤原京左京七条 一坊西南坪			
28-57-56	「病」佐	091	飛鳥藤原京 2-2261(飛20-8中 (60))	藤原京左京七条 一坊西南坪			

총람 번호	판독문	형식 번호	출전	유적명	길이	너비	두께
28-57-57	§三十三逃去四	091	飛鳥藤原京 2-2270(飛17-33上 (301))	藤原京左京七条 一坊西南坪			
28-57-58	逃七	091	飛鳥藤原京 2-2271(飛18-33下 (260))	藤原京左京七条 一坊西南坪			
28-57-59	□□□□□充□二斗米二斗＼□倭部稲手養物米三斗干秦一 古□〔糒ヵ〕→	081	飛鳥藤原京 2-3394(木研25-27 頁-(62)·飛16-19下 (128))	藤原京左京七条 一坊西南坪	(191)	(23)	3
28-57-60	□呂○久米末呂二□〔口ヵ〕	019	飛鳥藤原京 2-3396(木研25-27 頁-(63)·飛16-19下 (130))	藤原京左京七条 一坊西南坪	(144)	20	5
28-57-61	□宇治部忍□	081	飛鳥藤原京 2-3397(木研25-27 頁-(64)·飛16-19下 (131))	藤原京左京七条 一坊西南坪	(160)	15	5
28-57-62	·□□□／□□／○□‖·鮑三ツ良□	019	飛鳥藤原京 2-3401(木研25-27 頁-(66)·飛16-20下 (142))	藤原京左京七条 一坊西南坪	(120)	22	4
28-57-63	·恐〈〉·安曇牛○六月廿八日	081	飛鳥藤原京 2-3421(木研25-27 頁-(70)·飛16-21下 (154))	藤原京左京七条 一坊西南坪	(199)	23	5
28-57-64	四尺三寸○味八間王	033	飛鳥藤原京 2-3422(木研25-27 頁-(74)·飛16-21下 (155))	藤原京左京七条 一坊西南坪	141	12	4
28-57-65	←□〔木ヵ〕部門○猪使門一＼〈〉廿門	019	飛鳥藤原京 2-3423(木研25-27 頁-(71)·飛17-39下· 飛16-10下(28))	藤原京左京七条 一坊西南坪	(133)	27	4
28-57-66	·常陸·新治□	039	飛鳥藤原京 2-3437(木研25-27 頁-(75)·飛17-39下· 飛16-16下(94))	藤原京左京七条 一坊西南坪	(56)	14	3
28-57-67	□五十戸□〔止ヵ〕□	019	飛鳥藤原京 2-3438(飛20-21下 (452))	藤原京左京七条 一坊西南坪	(121)	16	4
28-57-68	而時習	091	飛鳥藤原京 2-3445(木研25-27 頁-(76)·飛17-39下· 飛16-18上(110))	藤原京左京七条 一坊西南坪			
28-58-1	道路	091	木研10-20頁-(1)	藤原京左京九条 三坊			
28-58-2	路□	091	木研10-20頁-(2)	藤原京左京九条 三坊			
28-59	米四斗二升上	051	木研23-17頁-(1)	藤 原 京 跡 十 一 条·朱雀大路	(85)	13	2
28-60～ 63-1	是□	091	飛鳥藤原京2-3613	藤原京左京十一 条三坊西南坪 (雷丘北方遺跡)			
28-60～ 63-2	□□□□□□＼鈘□〔御ヵ〕大弓矢炭竈	081	飛鳥藤原京 2-3614(飛11-12下 (15))	藤原京左京十一 条三坊西南坪 (雷丘北方遺跡)	(167)	(19)	7
28-60～ 63-3	·神前評川辺里·三宅人荒人俵	033	飛鳥藤原京 2-3616(荷札集 成-209·飛11-12下 (16)·木研14-26 頁-3(1))	藤原京左京十一 条三坊西南坪 (雷丘北方遺跡)	128	30	5

총람 번호	판독문	형식 번호	출전	유적명	길이	너비	두께
28-60~ 63-4	□□□﹀○□黒月	081	飛鳥藤原京 2-3619(飛11-12下 (17)·木研14-27 頁-3(2))	藤原京左京十一 条三坊西南坪 (雷丘北方遺跡)	(33)	(24)	3
28-60~ 63-5	·恵思和上三·祥□□	032	飛鳥藤原京 2-3620(飛12-12下 (26)·木研17-38 頁-(1))	藤原京左京十一 条三坊西南坪 (雷丘北方遺跡)	127	16	3
28-64	□鋤	019	木研2-19頁	藤原京条坊関連 遺構			
28-65	·〈﹀·/神首〈﹀斗伍升/各田部□□斗□升‖并六斗	033	木研25-36頁-(1)	藤原京跡右京一 条一坊	190	16	4
28-66	大夫	011	飛鳥藤原京 2-3625(飛21-30下 (444)·飛11-12上 (13)·木研14-26 頁-1(1))	藤原京右京一条 一坊西南坪	34	35	3
28-67-1	·□[酢ヵ]□□国/□/秦‖·阿□〈﹀	039	木研14-35頁-(1)	四条遺跡	(105)	(18)	3
28-67-2	·少□里□□·〈﹀	039	木研14-35頁-(2)	四条遺跡	(66)	24	2
28-67-3	一·□[門ヵ]	081	木研14-35頁-(3)	四条遺跡	(92)	(20)	6
28-68· 69-1	七斗俵	039	木研15-29頁-(1)	藤原京右京五条 四坊	(130)	27	4
28-68· 69-2	·坂田□[評ヵ]長岡里秦人□[古ヵ]人□□·□裏	051	木研15-29頁-(2)	藤原京右京五条 四坊	161	17	4
28-68· 69-3	←□評史	059	木研15-29頁-(3)	藤原京右京五条 四坊	(80)	14	2
28-68· 69-4	·大□□□○/〈﹀/○〈﹀/○〈﹀‖·【□[廣ヵ]薬薬○薬薬病 身□□[渇ヵ]□】→	081	木研15-29頁-(4)	藤原京右京五条 四坊	(629)	(37)	7
28-68· 69-5	γ今/戌日死人‖	011	木研15-29頁-(6)	藤原京右京五条 四坊	162	40	7
28-68· 69-6	·申□[間ヵ]里奉出加山·尓部□□□	032	木研15-29頁-(8)	藤原京右京五条 四坊	125	16	5
28-68· 69-7	○烏烏道背背□□□	011	木研15-30頁-(10)	藤原京右京五条 四坊	173	35	4
28-68· 69-8	γ鬼急々如律令	019	木研15-30頁-(11)	藤原京右京五条 四坊	(241)	45	4
28-68· 69-9	別君意伎万呂米一俵	011	木研15-30頁-(12)	藤原京右京五条 四坊	149	20	4
28-68· 69-10	石井前分贄阿治	032	木研15-30頁-(13)	藤原京右京五条 四坊	146	21	6
28-70	□[奉ヵ]直者	081	木研21-11頁-(1)	藤原京跡右京六 条四坊北西坪	(83)	(29)	3
28-71-1	·謹上○請米伍升□·【〈﹀古丸謹状】	039	木研25-38頁-(1)	藤原京跡右京六 条四坊·七条四 坊	(151)	(37)	5
28-71-2	·□□[波多ヵ]□·□○□	081	木研25-38頁-(2)	藤原京跡右京六 条四坊·七条四 坊	(50)	(13)	2
28-71-3	白米五斗	032	木研25-38頁-(3)	藤原京跡右京六 条四坊·七条四 坊	93	14	3
28-72-1	·/第十八/十上‖○/厳敬//飛‖/心持//飛‖○/ 三慧//飛‖/安雲//飛‖○○/尊体//飛‖/玄耀 //飛‖○/令蔵//〈﹀/項蔵//飛‖/顕蔵//飛 ‖○/賢弁//飛‖◇	011	木研38-192頁-1(1) (木簡黎明-(87)·藤原 宮1-449·飛2-5下 (9)·日本古代木簡選)	藤原京右京七条 一坊東北·東南 坪	176	38	6
28-72-2	·詔軽阿比古果安·尓刀相諸々人々/特而□[急ヵ]/上県□ ‖	011	木研38-192頁-1(2) (藤原宮1-450·飛2-5 上(6))	藤原京右京七条 一坊東北·東南 坪	158	38	2

총람 번호	판독문	형식 번호	출전	유적명	길이	너비	두께
28-72-3	丹波国加佐郡白葉里○大贄久己利魚腊一斗五升和銅二年四月	031	木研38-192頁-1(3) (藤原宮1-451·飛2-5 下(10))	藤原京右京七条 一坊東北·東南 坪	329	26	4
28-72-4	繋盤	011	木研38-192頁-1(4) (藤原宮1-452·飛2-5 下(8))	藤原京右京七条 一坊東北·東南 坪	121	29	5
28-72-5	・□六取物者／者々支／○○□○〔又ヵ〕‖・参出○廿四日急	081	木研38-192頁-1(5) (藤原宮1-453·飛2-5 下(7)·日本古代木簡 選)	藤原京右京七条 一坊東北·東南 坪	(123)	(23)	3
28-73	首首	091	藤原宮2-610(飛4-4 下(11))	藤原京右京七条 一坊東南坪			
28-74	□□年六十三	091	飛鳥藤原京 2-3453(飛10-8上 (13)·木研12-30 頁-(1))	藤原京右京七条 一坊西北坪			
28-75-1	・符雺物□〔持ヵ〕□・今册人／阿布□‖	019	飛鳥藤原京 2-3458(木研29-34 頁-(1)·飛21-25下 (329))	藤原京右京七条 一坊西北坪	(91)	19	3
28-75-2	□□□□〔右京職解ヵ〕	081	飛鳥藤原京 2-3459(木研29-34 頁-(2)·飛21-25下 (330))	藤原京右京七条 一坊西北坪	(95)	(7)	4
28-75-3	四坊刀祢□	091	飛鳥藤原京 2-3469(木研29-35 頁-(5)·飛21-26中 (337))	藤原京右京七条 一坊西北坪			
28-75-4	□地損破板屋一間	091	飛鳥藤原京 2-3472(木研29-35 頁-(6)·飛21-26中 (340))	藤原京右京七条 一坊西北坪			
28-75-5	正八位上羽咋□	091	飛鳥藤原京 2-3475(木研29-35 頁-(8)·飛21-26下 (354))	藤原京右京七条 一坊西北坪			
28-75-6	進正七	091	飛鳥藤原京 2-3476(木研29-35 頁-(9)·飛21-26下 (355))	藤原京右京七条 一坊西北坪			
28-75-7	〈 〉疾三	091	飛鳥藤原京 2-3492(木研29-35 頁-(15)·飛21-26中 (343))	藤原京右京七条 一坊西北坪			
28-75-8	伴部	051	飛鳥藤原京 2-3531(木研29-35 頁-(17)·飛21-28上 (392))	藤原京右京七条 一坊西北坪	110	14	5
28-75-9	連族□□	091	飛鳥藤原京 2-3532(木研29-35 頁-(18)·飛21-28中 (395))	藤原京右京七条 一坊西北坪			
28-75-10	赤末呂	091	飛鳥藤原京 2-3534(木研29-35 頁-(19)·飛21-28中 (397))	藤原京右京七条 一坊西北坪			
28-75-11	卅八	019	飛鳥藤原京 2-3538(木研29-35 頁-(21)·飛21-28中 (398))	藤原京右京七条 一坊西北坪	(115)	(14)	4

총람 번호	판독문	형식 번호	출전	유적명	길이	너비	두께
28-75-12	戸主山□□□□	091	飛鳥藤原京 2-3542(木研29-35 頁-(24)·飛21-28中 (402))	藤原京右京七条 一坊西北坪			
28-75-13	戸主長〈〉	091	飛鳥藤原京 2-3543(木研29-35 頁-(25)·飛21-28下 (403))	藤原京右京七条 一坊西北坪			
28-75-14	□戸廿四	091	飛鳥藤原京 2-3544(木研29-36 頁-(26)·飛21-28下 (404))	藤原京右京七条 一坊西北坪			
28-75-15	□□長十五丈	091	飛鳥藤原京 2-3545(木研29-35 頁-(22)·飛21-28下 (405))	藤原京右京七条 一坊西北坪			
28-75-16	大初位	091	飛鳥藤原京 2-3554(木研29-35 頁-(23)·飛21-28下 (411))	藤原京右京七条 一坊西北坪			
28-76-1	召志良木人毛利今急	011	飛鳥藤原京 2-3586(飛11-12下 (18)·木研14-27 頁-4(2))	藤原京右京七条 一坊西北坪	163	21	3
28-76-2	·下戸雑戸戸主○雑戸下戸戸主·百済手人下戸戸主	081	飛鳥藤原京 2-3587(飛11-12下 (19)·木研14-27 頁-4(1))	藤原京右京七条 一坊西北坪	166	(16)	3
28-76-3	茨田郡	081	飛鳥藤原京 2-3591(飛11-13上 (20)·木研14-27 頁-4(4))	藤原京右京七条 一坊西北坪	(39)	(9)	3
28-76-4	春連三田次	081	飛鳥藤原京 2-3592(木研14-27 頁-4(3))	藤原京右京七条 一坊西北坪	(117)	(13)	4
28-76-5	□十六\□代五	065	飛鳥藤原京2-3593	藤原京右京七条 一坊西北坪	116	28	11
28-77	·鹿須志一□[籠カ]·□第二殿下々	032	木研13-15頁-(1)	藤原京跡右京七 条二坊	119	28	9
28-79-1	·○七里□□内□送々打々急々如律令\四方卅□大神龍王· \東方木神王/南方火神王/中央土神王/〈〉/〈〉‖ε（人 物像）\婢麻佐女生年廿九黒色\ε（人物像）\○婢□□女 生年□□□[色カ]\	032	木研16-42頁-(1)	藤原京跡右京九 条四坊	467	83	7
28-79-2	·年卅五○/遊年在乾/禍害在巽忌‖○/絶命在離忌/生気 在兌宜‖○占者/吉/甚‖·宮仕良日/□[三]月十一日庚寅 木開吉/時者卯辰間乙時吉‖	011	木研16-42頁-(2)	藤原京跡右京九 条四坊	205	32	3
28-79-3	·无位佐伯直国依請〈〉·〈〉□/○〈〉/〈〉○〈〉‖□□□	081	木研16-44頁-(3)	藤原京跡右京九 条四坊	(168)	(23)	2
28-79-4	〈〉郡□□里	033	木研16-44頁-(4)	藤原京跡右京九 条四坊	(141)	20	3
28-79-5	若海藻	051	木研16-44頁-(5)	藤原京跡右京九 条四坊	129	13	3
28-80-1	覚古俵	033	木研33-17頁-(1)	藤原京跡右京 十一条三坊	98	18	5
28-80-2	·寸主□◇·□○◇	065	木研33-17頁-(2)	藤原京跡右京 十一条三坊	70	(17)	4
28-81· 82-1	·□□殿[頓カ]間□恐‖○□·〈〉謹謹謹薗薗□	081	木研27-31頁-1(1)	藤原京跡右京 十一条四坊	(163)	(21)	3
28-81· 82-2	·○□□□刀□[知カ]者□刀加田□[利カ]\○□□□□·【 〉○□□□○○□○弓】	081	木研27-31頁-2(1)	藤原京跡右京 十一条四坊	167	(27)	67

총람 번호	판독문	형식 번호	출전	유적명	길이	너비	두께
28-83-1	・楯縫郡・〈〉	033	木研27-32頁-(1)	藤原京跡右京四条五・六坊(四条遺跡)	157	27	3
28-83-2	・召○╱§□〈 〉○豊国〈 〉╱§□神〈 〉○§□石上部〈 〉╱§□春日〈 〉○〈 〉○上〈 〉‖・丈部人万呂○〈 〉万呂＼□〈 〉○丈	011	木研27-33頁-(2)	藤原京跡右京四条五・六坊(四条遺跡)	261	35	2
28-84-1	□○○○○○＼□大八嶋□□□□	081	飛鳥藤原京2-3628(木研9-26頁-(1)・飛8-13上(23))	和田廃寺	(101)	(16)	5
28-84-2	□□□□[冊八ヵ]束	081	飛鳥藤原京2-3629(木研9-26頁-(2)・飛8-13上(24))	和田廃寺	(159)	19	3
28-85-1	伊□[家ヵ]皮古	081	飛鳥藤原京2-3630(木研29-153頁-(1)・飛21-30上(442))	本薬師寺跡西南隅	(259)	(33)	1
28-85-2	・γ╱〈 〉…○□╱見見□…□□‖・□□□〈 〉○…□	081	飛鳥藤原京2-3631(木研29-153頁-(2)・飛21-30上(443))	本薬師寺跡西南隅	(135+28)	(32)	2
28-86-1	三□○○○□二□	011	◎飛鳥藤原京1-1451(木研26-248頁-1(1)・飛18-36上(293))	山田寺跡	(88)	10	3
28-86-2	□[手ヵ]~■■■	011	◎飛鳥藤原京1-1452(木研26-248頁-1(2)・飛18-36上(294))	山田寺跡	(88)	11	2
28-87-1	・○「□」＼□○和□□□□[第ヵ]□□□・○□□□□□負瓩・○□ (左側面)	081	◎飛鳥藤原京1-1455(木研26-248頁-3(1)・飛18-36下(298)・山田寺202頁-(2)・木研5-30頁-(1)・飛7-12下(4))	山田寺跡	(123)	(15)	3
28-87-2	浄土寺＼経論司	061	◎飛鳥藤原京1-1456(木研26-248頁-3(2)・飛18-36下(299)・山田寺202頁-(1)・木研5-30頁-(2)・飛7-12下(5))	山田寺跡	(72)	21	8
28-88-1	・見悪悪・【□[身ヵ]】身身□＼□□□[為ヵ]	065	◎飛鳥藤原京1-1440(木研26-249頁-4(1)・飛18-36下(300)・山田寺202頁-(3)・飛10-8下(16)・木研12-32頁-(1))	山田寺跡	(116)	(39)	3
28-88-2	□[城ヵ]城□[城ヵ]城城城□[城ヵ]	091	◎飛鳥藤原京1-1442(木研26-249頁-4(3)・飛18-37上(302)・山田寺202頁-(6)・木研12-32頁-(5)・木研12-32頁-(6)・飛10-8下(19))	山田寺跡			
28-88-3	城城城城	091	◎飛鳥藤原京1-1443(木研26-249頁-4(2)・飛	山田寺跡			

총람 번호	판독문	형식 번호	출전	유적명	길이	너비	두께
			18-37上(303)·山田寺202頁-(7)·木研12-32頁-(4)·飛10-8下(20))				
28-88-4	□□□[城城城ヵ]□	091	◎飛鳥藤原京1-1445(飛18-37上(305)·木研12-32頁-(3))	山田寺跡			
28-89-1	←経第廿二帙／十巻‖	019	◎飛鳥藤原京1-1457(山田寺203頁-(14)·木研13-18頁-(2)·飛10-9下(22))	山田寺跡	(40)	26	2
28-89-2	·／←疏一部○判比量論一巻／○弘仁二年十一月十六日充義勝‖□□十一月廿七日下持成○※○／□[入ヵ]□[巻ヵ]／○日代光厳‖主録□□□一巻借慈忠○知倉人乙人○※／大同二年十一月廿六日下唯識論疏十四巻○側法師之／○受義勝○知倉人持成‖○／□[宗ヵ]輪論一□[巻ヵ]〈〉‖□□□[六巻ヵ]〈〉四月十四日〈〉○〈〉○※法花経□[一部ヵ]〈〉○知義勝‖○○○論廿八巻／※○大十一／旦上十七□／八月十三日〈〉‖○□口慈忠禅	081	◎飛鳥藤原京1-1460(木研26-250頁-5(1)·山田寺202頁-(10)·木研13-19頁-(3)·飛10-9(23))	山田寺跡	(835)	(86)	4
28-89-3	·{←六年四月廿→\○□論疏記〈○□□□四巻〉〈○〈〉\○〈〉○□□→\□勝寶〈○□□応□→\○六年四月○□延勝□□順□令□[基ヵ]〈○□□[備ヵ]□\○□□四月廿二日借□□□法□\○上坐延勝〈寺主□□○都維那仁憲\元興寺□□令□○金剛般若経三巻〈\○〈〉○□〈〉○□薬師経□巻〈\○坐延□□[勝ヵ]〈〉〈〉○□〈〉○□□\〈〉○〈〉○〈〉○□〈〉·〈○·○□[部ヵ]二巻〉…□□寶四年□月廿八日〈○□□[堂司ヵ]□\□〈坐ヵ]延勝〈○〉□経借〈〉〈〉○□[堂司ヵ]□\□○唯識□巻借□←勝寶六→□瑜伽論菩薩地卅一\□文徳御宣‖○□□下□[二ヵ]□\○□□□○瑜伽論一部○巻\○顕□○※○□□□○※仏地論一部〈〉○〈\○解深密経疏一部○寶亀七年十一→‖○成業論一巻又大毘婆→\○□順正理論□[唯ヵ]□\○※○顕宗論一部○□□\○※寶亀七年正月〈○○※○法花経□[第ヵ]巻又\○[受定ヵ]□沙弥〈○天平→〈○〈〉]}	081	◎飛鳥藤原京1-1461(木研26-250頁-5(2)·山田寺203頁-(11)·木研13-20頁-(4)·飛10-10(24))	山田寺跡	(1215)	(107)	3
28-89-4	·{□□三□検定□□\○□□巻\□集論疏八巻以天平→\○四月廿九日円勝師借\□集論疏十巻以天平→□\四月十一日尊→\□三日都維那□籠\□雲\○□□[唯ヵ]識論〉·【〈○□□□〉\○□□□〉\○〈〉○□二巻□巻\○〈〉\〈〉\〈〉】	081	◎飛鳥藤原京1-1462(木研26-251頁-5(3)·山田寺203頁-(12)·木研13-21頁-(5)·飛10-11(26))	山田寺跡	(485)	(71)	3
28-89-5	·日向寺□□二斗一升半□□[同月ヵ]\同月白□九斤之中八斤者昔日出分·【□八斤□】	019	◎飛鳥藤原京1-1464(木研26-251頁-5(7)·飛18-37下(312)·山田寺203頁-(13)·木研13-18頁-(1)·飛10-9上(21))	山田寺跡	(221)	45	9
28-90	歩歩歩歩空空空□	011	木研5-31頁	阿部六ノ坪遺跡	230	44	4
28-91	別□[金ヵ]塗銀□其項□□頭刀十口	091	木研12-34頁-(1)	上之宮遺跡	(183)	(18)	(2)
28-92-1	口百七十一別塔作	091	木研30-17頁-(1)	安倍寺跡			
28-92-2	·久比廿五□□·〈〉	032	木研30-17頁-(2)	安倍寺跡	113	22	2
28-92-3	四千口	032	木研30-17頁-(4)	安倍寺跡	91	20	2
28-92-4	·上稲千冊上·□□□人十束三□	011	木研30-17頁-(5)	安倍寺跡	92	20	3
28-92-5	·大大大者乃□馬大大大皮皮·□[白ヵ]□□□[大ヵ]〈〉□[水ヵ]〈〉	081	木研30-17頁-(6)	安倍寺跡	(235)	(14)	2

총람 번호	판독문	형식 번호	출전	유적명	길이	너비	두께
28-92-6	三尺五□[十]戸□□	039	木研30-17頁-(7)	安倍寺跡	(93)	19	5
28-92-7	・仏聖□・【六□○其廿六□\□□○其廿四□	039	木研30-17頁-(9)	安倍寺跡	(128)	28	4
28-92-8	・八日§九日§十一日§十二日・□[日ヵ]§九日§十三日§十四日§ 十	081	木研30-20頁-(15)	安倍寺跡	(81)	(22)	4
28-93-1	・□□□所□□[看ヵ]・□□命□[俱ヵ]□	081	木研16-52頁-(1)	下茶屋遺跡	(134)	(15)	4
28-93-2	奴原五十戸	033	荷札集成-4(木研 16-52頁-(2))	下茶屋遺跡	(160)	30	5
28-94	・【〔○「小支石上日七月□\○十二日十四□十七日□\○小支石田苅五日役又\・売□前□十一\○廿\本員二百八十魚\前売年魚六十魚\後売百六十魚此売\○五十\家売■又○十中\〕\岡案告万呂□\□□\□□\○\七月〔\\○〈\○\○〈\○〈\】・○「和世種三月六日\○□\○小須流女十一日蒔\○「臨=臨位別○□持\○伊福部連豊足解□申進上御馬事○□□\種蒔日\○於\○以\今日□○可命死依此御馬飼不堪\○右依豊足\重病御馬飼不堪伏乞\於畏公不仕奉成命\至死在礼畏公不仕奉也在\□□	061	木研28-26頁-(1)	下田東遺跡	368	111	10
28-95	・計□・□[平ヵ]	019	木研15-35頁-(1)	丹切遺跡	(46)	19	5
28-96	□□[月ヵ]〈\□[日ヵ]□	081	木研22-25頁-(1)	上宮遺跡	(66)	(14)	2
28-97-1	□□□□\□□□□\§□□□三○§□□\§□□[歳許ヵ]二□□□□§〈\	011	木研27-22頁-2(1)	下永東方遺跡	181	70	5
28-97-2	十七日〈\人四人食米八升	091	木研27-22頁-2(2)	下永東方遺跡			
28-98	・田領卿前□[拝ヵ]申○此池作了故神・癸[発]応之○/波多里長桧前主寸本為/□□[次ヵ]□遅卿二柱可為今‖	011	木研32-12頁-(1)	薩摩遺跡	216	41	9
28-99-1	・○久米評鴨部→・□○/〈〉/〈〉‖	081	木研13-154頁-(1) (木研集報)	飛鳥京跡	(148)	(13)	7
28-99-2	◇□田末呂○不破評秦黒→・◇〈〉□□	081	木研13-154頁-(2)	飛鳥京跡	(158)	(9)	7
28-100-1	大花下	032	木研22-244頁-(1) (飛鳥京跡昭和51年度発掘調査概報・日本古代木簡選)	飛鳥京跡	96	18	5
28-100-2	小山上	032	木研22-244頁-(3) (飛鳥京跡昭和51年度発掘調査概報・日本古代木簡選)	飛鳥京跡	66	18	4
28-100-3	□小乙下階	011	木研22-244頁-(4) (飛鳥京跡昭和51年度発掘調査概報・日本古代木簡選)	飛鳥京跡	58	23	7
28-100-4	大乙下階	091	木研22-244頁-(5) (飛鳥京跡昭和51年度発掘調査概報)	飛鳥京跡			
28-100-5	・白髪部五十戸・=十口	032	荷札集成-215(木研22-244頁-(12)・飛鳥京跡昭和51年度発掘調査概報・日本古代木簡選)	飛鳥京跡	157	26	4
28-101-1	辛巳年	091	木研12-36頁-(1)(日本古代木簡選)	飛鳥京跡	(44)	(18)	
28-101-2	閏月	091	日本古代木簡選	飛鳥京跡			
28-101-3	大乙下□□	091	木研12-36頁-(2)(日本古代木簡選)	飛鳥京跡	(82)	(11)	
28-101-4	□小乙下	091	木研12-36頁-(3)(日本古代木簡選)	飛鳥京跡	(35)	(11)	
28-101-5	□大津皇	091	木研12-36頁-(4)(日本古代木簡選)	飛鳥京跡	(63)	(17)	
28-101-6	阿直史友足	091	木研12-36頁-(5)(日本古代木簡選)	飛鳥京跡	(102)	(15)	

총람 번호	판독문	형식 번호	출전	유적명	길이	너비	두께
28-102	〈〉＼秦人部□	091	木研28-25頁-(1)(奈良県概報1987)	飛鳥京跡	(65)	(11)	
28-103	・□□□御□□□□[新ヵ]了・□○之□□□由	081	木研16-47頁-(1)	飛鳥京跡	(161)	(8)	5
28-104-1	・丁丑年四月生六日…□等○□[丁ヵ]・即了□其□□[切エヵ]○…○巳 (表裏刻書)	011	木研18-39頁-(1)	飛鳥京跡	(185+177)	26	3
28-104-2	・川奈五□[十ヵ]戸煮一籠十八列・二節□[廿ヵ]五斤	032	荷札集成-65(木研18-39頁-(2))	飛鳥京跡	166	21	2
28-104-3	无耶志国仲評中里布奈大贄一斗五升	032	荷札集成-72(木研18-39頁-(3))	飛鳥京跡	248	(20)	4
28-104-4	・碓日評○□大□[丁ヵ]少丁・鹿○支多比	011	荷札集成-109(木研18-41頁-(4))	飛鳥京跡	97	20	5
28-104-5	・佐為評・一斗	039	荷札集成-112(木研18-41頁-(5))	飛鳥京跡	(60)	19	3
28-104-6	・○奈須評・□□□○一斗	032	荷札集成-116(木研18-41頁-(6))	飛鳥京跡	182	21	6
28-104-7	野五十戸／秦勝黒＝／又椋人二人并二斗‖	031	荷札集成-119(木研18-41頁-(7))	飛鳥京跡	152	28	5
28-104-8	三形評／三形五十戸生部平知／○◇／○調田比煮一斗五升‖	031	荷札集成-134(木研18-41頁-(8))	飛鳥京跡	153	24	5
28-104-9	・多具万五十戸・凡人久□□	032	荷札集成-238(木研18-41頁-(9))	飛鳥京跡	154	22	3
28-104-10	・←五十戸・←知○佐祁＼○一斗五升	019	荷札集成-279(木研18-41頁-(10))	飛鳥京跡	(54)	28	4
28-104-11	・〈〉・伊具比□□□□	032	荷札集成-299(木研18-41頁-(11))	飛鳥京跡	112	29	4
28-104-12	癸巳年□	039	荷札集成-322(木研18-41頁-(12))	飛鳥京跡	(90)	(20)	3
28-104-13	←諸人秦人若末呂三斗	019	荷札集成-330(木研18-41頁-(13))	飛鳥京跡	(123)	21	4
28-104-14	□部主寸得安○□□[左ヵ]	091	木研18-41頁-(15)	飛鳥京跡			
28-105-1	川原□	091	木研27-42頁-(1)	飛鳥京跡			
28-105-2	御＼□	091	木研27-42頁-(3)	飛鳥京跡			
28-105-3	評	091	木研27-42頁-(6)	飛鳥京跡			
28-105-4	□国原□	091	木研27-43頁-(10)	飛鳥京跡			
28-105-5	丁〈〉	091	木研27-43頁-(11)	飛鳥京跡			
28-105-6	・野野□・之之之	091	木研27-43頁-(12)	飛鳥京跡			
28-105-7	・之之之之□・□□之之□□	091	木研27-43頁-(13)	飛鳥京跡			
28-105-8	小建	091	木研27-43頁-(14)	飛鳥京跡			
28-105-9	・頓首謹白・「□□寺寺寺」	081	木研27-43頁-(24)	飛鳥京跡	(110)	(13)	3
28-106-1	・□□□多支五十戸＼伊久□＼○□□□知五十戸＼○□□[伊伎ヵ]□ (裏面「大」・「知々」など多くの習書あり)	065	木研25-44頁-(1)(飛鳥京跡2001年度発掘調査概報)	飛鳥京跡苑池遺構	173	47	3
28-106-2	・大夫前恐万段頓首白○□[僕ヵ]真乎今日国・下行故道間米无籠命坐整賜	011	木研25-45頁-(9)(飛鳥京跡2001年度発掘調査概報)	飛鳥京跡苑池遺構	293	31	6
28-106-3	・○□病斉下甚寒・薬師等薬酒食教豉酒	081	木研25-45頁-(10)(飛鳥京跡2001年度発掘調査概報)	飛鳥京跡苑池遺構	(244)	42	4
28-106-4	・丙寅年／〈〉／廿一日□□□□・十八日子古鮑一列勅人奈□＼十九日寅古鮑三井上□[女ヵ]□	011	木研25-45頁-(11)(飛鳥京跡2001年度発掘調査概報)	飛鳥京跡苑池遺構	162	35	5
28-106-5	加ツ麻□十○波々支道花六＼加庵四○□草二○知々□＼□□三○五百木□[部ヵ]四	081	木研25-45頁-(12)(飛鳥京跡2001年度発掘調査概報)	飛鳥京跡苑池遺構	(165)	(39)	5

총람 번호	판독문	형식 번호	출전	유적명	길이	너비	두께
28-106-6	・坂田評歌里人錦織・主寸大分	033	荷札集成-83(木研25-45頁-(14)・飛鳥京跡2001年度発掘調査概報)	飛鳥京跡苑池遺構	(151)	18	3
28-106-7	□佐評椋椅部	031	荷札集成-150(木研25-45頁-(15)・飛鳥京跡2001年度発掘調査概報)	飛鳥京跡苑池遺構	102	34	4
28-106-8	・高屋郎女・蝮女□[非カ]王	032	木研25-46頁-(18)(飛鳥京跡2001年度発掘調査概報)	飛鳥京跡苑池遺構	106	14	4
28-106-9	委佐俾三升	031	木研25-46頁-(19)(飛鳥京跡2001年度発掘調査概報)	飛鳥京跡苑池遺構	81	14	3
28-106-10	五石八斗	032	木研25-46頁-(20)(飛鳥京跡2001年度発掘調査概報)	飛鳥京跡苑池遺構	123	21	4
28-106-11	中衣□[四カ]□	032	木研25-46頁-(21)(飛鳥京跡2001年度発掘調査概報)	飛鳥京跡苑池遺構	100	10	3
28-106-12	日下部真□[次カ]人丶大伯部□□[多初カ]	081	木研25-46頁-(25)(飛鳥京跡2001年度発掘調査概報)	飛鳥京跡苑池遺構	(161)	(35)	3
28-106-13	山田肆二□[東カ]	019	木研25-46頁-(26)(飛鳥京跡2001年度発掘調査概報)	飛鳥京跡苑池遺構	(71)	(22)	4
28-106-14	有□□丶嶋官○□	065	木研25-46頁-(30)(飛鳥京跡2001年度発掘調査概報)	飛鳥京跡苑池遺構	(142)	60	7
28-106-15	宿祢三留末呂	081	木研25-46頁-(31)(飛鳥京跡2001年度発掘調査概報)	飛鳥京跡苑池遺構	(103)	(10)	4
28-107-1	・大山下・「□□□[太カ]□□」	081	木研25-44頁-(3)(飛鳥京跡2001年度発掘調査概報)	飛鳥京跡苑池遺構	(55)	(12)	2
28-107-2	佐留陀首□夫	019	木研25-45頁-(4)(飛鳥京跡2001年度発掘調査概報)	飛鳥京跡苑池遺構	(122)	25	4
28-107-3	□[俵カ]□	019	木研25-45頁-(5)(飛鳥京跡2001年度発掘調査概報)	飛鳥京跡苑池遺構	(47)	38	6
28-108-1	造酒司解伴造廿六人	019	木研25-46頁-(34)(飛鳥京跡2001年度発掘調査概報)	飛鳥京跡苑池遺構	(141)	19	5
28-108-2	・□□三分亡骨三分□・□[松カ]羅□□斤□□□	019	木研25-46頁-(35)(飛鳥京跡2001年度発掘調査概報)	飛鳥京跡苑池遺構	(178)	28	2
28-108-3	・猪名部評宮→・政人野廿[甘]万→	019	荷札集成-12(木研25-47頁-(37)飛鳥京跡2001年度発掘調査概報)	飛鳥京跡苑池遺構	(61)	21	6
28-108-4	・安怒評片県里人田辺・汗沙之「又宮守」『物部己□丶○二人知』	011	荷札集成-15(木研25-47頁-(38)飛鳥京跡2001年度発掘調査概報)	飛鳥京跡苑池遺構	151	25	4
28-108-5	・戊子年四月三野国加毛評・度里石部加奈見六斗	011	荷札集成-103(木研25-47頁-(39)飛鳥京跡2001年度発掘調査概報)	飛鳥京跡苑池遺構	181	22	5

총람 번호	판독문	형식 번호	출전	유적명	길이	너비	두께
28-108-6	井手五十戸刑部赤井白米	011	荷札集成-17(木研 25-47頁-(40)·飛鳥 京跡2001年度発掘 調査概報)	飛鳥京跡苑池遺 構	160	18	5
28-108-7	·丙□〔戌ヵ〕年六·〈〉	039	木研25-47頁-(42) (飛鳥京跡2001年度 発掘調査概報)	飛鳥京跡苑池遺 構	(76)	(24)	4
28-108-8	·西州続命湯方／麻黄□〔六ヵ〕／石膏二両‖ （他に石·命· 方の刻書あり）·当帰二両〇杏人卅枚＼乾薑三両〇「其〇□ 水九□〔升ヵ〕□」	019	木研25-47頁-(51) (飛鳥京跡2001年度 発掘調査概報)	飛鳥京跡苑池遺 構	(215)	40	3
28-108-9	·戊寅年十二月尾張海評津嶋五十戸·韓人部田根春〔春〕赤米 斗加支各田部金	011	荷札集成-22(木研 25-48頁-(52)·飛鳥 京跡2001年度発掘 調査概報)	飛鳥京跡苑池遺 構	234	35	6
28-108-10	·尾治国春部評池田里·三家人部〈〉米六斗入	011	荷札集成-28(木研 25-48頁-(53)·飛鳥 京跡2001年度発掘 調査概報)	飛鳥京跡苑池遺 構	173	26	4
28-108-11	·遠水海国長田評五十戸·匹□〔沼ヵ〕五十戸□□〔野具ヵ〕ツ 俵五斗	051	荷札集成-62(木研 25-48頁-(54)·飛鳥 京跡2001年度発掘 調査概報))	飛鳥京跡苑池遺 構	180	22	4
28-108-12	·播磨国明伊川里五戸海直恵万呂·俵一斛〇行司春米玉丑	051	木研25-48頁-(57) (飛鳥京跡2001年度 発掘調査概報)	飛鳥京跡苑池遺 構	156	31	6
28-108-13	·大伯郡土師里土師·寅米一石	032	木研25-48頁-(58) (飛鳥京跡2001年度 発掘調査概報)	飛鳥京跡苑池遺 構	111	28	3
28-109	□〔烏ヵ〕養□	011	木研34-16頁-(1)	飛鳥京跡苑池	73	17	5
28-110-1	十斤	032	木研25-194頁-1(1) (飛17-38上(385)·飛 1-11·日本古代木簡 選)	坂田寺跡	56	21	4
28-110-2	十斤	032	木研25-195頁-1(2) (飛17-38上(386)·飛 1-11·日本古代木簡 選)	坂田寺跡	49	19	4
28-110-3	十斤	032	木研25-195頁-1(3) (飛17-38上(387)·飛 1-11·日本古代木簡 選)	坂田寺跡	41	20	4
28-110-4	·賀年□·〈〉	081	木研25-195頁-1(4) (飛17-38上(388)·飛 1-11下(19)·日本古 代木簡選)	坂田寺跡	(72)	(13)	3
28-110-5	·□〔漆ヵ〕升＼〇□□·〇〈〉	081	木研25-195頁-1(5) (飛17-38上(389))	坂田寺跡	(48)	(20)	4
28-111	·｛三米□〔十ヵ〕□〔参ヵ〕具＼〇条＼〇枚＼〇元＼〇□□ ＼〇□「＼ツ＼〇□〔直ヵ〕＼〇□＼〇□」｝·｛□□＼〇□□ ＼〇□＼〇□＼〇□｝	081	木研25-196頁-2(1) (飛17-38下(391))	坂田寺跡	(24)	(160)	3
28-112	醤五升〇不乃理五升	019	木研25-58頁-(1)	坂田寺跡	(165)	23	6
28-113-1	·旦波国多貴評草上·里漢人部佐知目	032	荷札集成-143(木研 13-155頁-(1)·木研 集報)	県立明日香養護 学校遺跡	178	28	4
28-113-2	·白糸➝·大遣➝	039	木研13-155頁-(2)	県立明日香養護 学校遺跡	(41)	15	2
28-114	讃用郡駅里鉄十連	032	木研31-185頁-(1) (飛鳥藤原京2-3632· 飛3-7上(58)·日本古 代木簡選)	大官大寺跡	156	35	6

총람 번호	판독문	형식 번호	출전	유적명	길이	너비	두께
28-115-1	・◇□奉○=上物俵六・◇○〈 〉□〔五十ヵ〕四□□〔之ヵ〕	011	木研1-17頁-(1)	藤原京左京八条二坊(紀寺跡)	175	30	5
28-115-2	山田里□→	039	木研1-17頁-(2)	藤原京左京八条二坊(紀寺跡)	(125)	19	4
28-115-3	三野里→	039	木研1-17頁-(3)	藤原京左京八条二坊(紀寺跡)	(90)	31	4
28-116-1	・□可三万呂・□〔日ヵ〕	081	飛鳥藤原京2-3633(飛22-19下(120)・木研10-22頁-(3))	藤原京左京八条二坊(小山廃寺跡東南部)	(108)	28	2
28-116-2	□□国□	039	飛鳥藤原京2-3635(飛22-19下(122))	藤原京左京八条二坊(小山廃寺跡東南部)	(96)	28	2
28-116-3	下毛野人□	091	飛鳥藤原京2-3636(飛22-20上(123)・木研10-22頁-(1))	藤原京左京八条二坊(小山廃寺跡東南部)			
28-117~119-1	□〔杉ヵ〕□□	039	木研26-31頁-1(1)(飛18-38上(313))	飛鳥寺南方	(129)	28	3
28-117~119-2	・○□〔怠ヵ〕飯前〈 〉白→・○□＼□□□〈 〉○七日□	081	木研26-31頁-2(1)(飛18-38上(314)・飛11-14下(50))	飛鳥寺南方遺跡	(147)	(10)	3
28-117~119-3	・□□□□□□□□乎而□□□□・□□□〔三月ヵ〕○□□□〈 〉	081	木研26-31頁-2(2)(飛18-38上(315))	飛鳥寺南方遺跡	(230)	(11)	2
28-117~119-4	□□〔人部ヵ〕	091	木研26-31頁-3(2)(飛18-38下(317))	飛鳥寺南方遺跡			
28-117~119-5	・○〈 〉生出乎月＼【□〈 〉＼□□□】・【○□□□□□○□□□＼〈 〉】	081	木研26-31頁-3(1)(飛18-38下(316))	飛鳥寺南方遺跡	(176)	(15)	2
28-120-1	・□〔香ヵ〕川郡□□郷□□□□・○□□十一〈 〉	032	木研9-28頁-(1)(飛8-12下(19))	橘寺	158	21	3
28-120-2	魚煮一連上	059	木研9-28頁-(2)(飛8-12下(20))	橘寺	(92)	15	2
28-120-3	煮凝	033	木研9-28頁-(3)(飛8-12下(21))	橘寺	114	23	2
28-121-1	・□□部○□□□□□＼亀廿部○伊皮□〔田ヵ〕・○□□□	081	飛鳥藤原京2-3623(木研13-17頁-(1)・飛10-8上(14))	藤原京左京十二条四坊西南坪(山田道)	(149)	(23)	4
28-121-2	僧〈 〉	081	飛鳥藤原京2-3624(木研13-17頁-(2)・飛10-8下(15))	藤原京左京十二条四坊西南坪(山田道)	51	(20)	1
28-122	〈 〉	019	木研28-23頁-(1)(飛18-38下(318))	藤原京左京十二条五坊東北坪・同六坊西北坪(山田道跡)	(141)	22	4
28-123-1	二月廿九日詔小刀二□○針二□○【「○乂＼□斤」】	011	飛鳥藤原京1-63(飛11-13上(21)・木研14-30頁-(1))	飛鳥池遺跡南地区	182	29	3
28-123-2	大伯皇子宮物○大伴□…□品并五十□	011	飛鳥藤原京1-64(飛11-13上(22)・木研14-30頁-(2))	飛鳥池遺跡南地区	(145+85)	18	4
28-123-3	・穂積□□〔皇子ヵ〕・□□〔穂積ヵ〕〈 〉	011	飛鳥藤原京1-65	飛鳥池遺跡南地区	91	24	2
28-123-4	石川宮鉄	081	飛鳥藤原京1-67(飛11-13上(23)・木研14-30頁-(3))	飛鳥池遺跡南地区	(89)	(18)	2
28-123-5	□百廿○小切釘□〔二ヵ〕	081	飛鳥藤原京1-76	飛鳥池遺跡南地区	(80)	18	5

총람 번호	판독문	형식 번호	출전	유적명	길이	너비	두께
28-123-6	□難釘五十六□	081	飛鳥藤原京1-77(飛 11-14上(40)·木研 14-30頁-(16))	飛鳥池遺跡南地 区	(209)	(17)	3
28-123-7	□堅釘百六十	019	飛鳥藤原京1-78(飛 11-14上(39)·木研 14-30頁-(15))	飛鳥池遺跡南地 区	(121)	16	8
28-123-8	大釘一	081	飛鳥藤原京1-79(飛 11-14上(41)·木研 14-30頁-(18))	飛鳥池遺跡南地 区	(65)	(23)	4
28-123-9	十月十二日飛鳥尼麻呂二出	011	飛鳥藤原京1-84(飛 11-14上(34)·木研 14-30頁-(12))	飛鳥池遺跡南地 区	131	17	3
28-123-10	十月三日佐支ツ三出	032	飛鳥藤原京1-85(飛 11-14上(35))	飛鳥池遺跡南地 区	103	17	3
28-123-11	·十月五日立家安麻呂四·「□○五十三○五十」（裏面「」内刻 書）	061	飛鳥藤原京1-86(飛 11-13下(33)·木研 14-30頁-(11))	飛鳥池遺跡南地 区	(130)	(20)	3
28-123-12	立家安＝二	051	飛鳥藤原京1-87	飛鳥池遺跡南地 区	129	16	2
28-123-13	内工釘五十	061	飛鳥藤原京1-91(飛 11-14上(43)·木研 14-30頁-(17))	飛鳥池遺跡南地 区	(109)	6	6
28-123-14	·舎人皇子□·○百七十	061	飛鳥藤原京1-92(飛 15-18上(103)·飛 11-14上(42)·木研 14-30頁-(19))	飛鳥池遺跡南地 区	(145)	36	33
28-123-15	·加毛評柞原里人·「児嶋部□俵」	032	飛鳥藤原京1-106(荷 札集成-211·飛 11-13·木研14-30 頁-(6))	飛鳥池遺跡南地 区	133	21	2
28-123-16	·吉備道中国加夜評·葦守里俵六□	031	飛鳥藤原京1-107(荷 札集成-217·飛 11-13上(25)·木研 14-30頁-(8))	飛鳥池遺跡南地 区	111	24	3
28-123-17	湯評井刀大部首俵	032	飛鳥藤原京1-108(荷 札集成-241·飛 11-13下(29))	飛鳥池遺跡南地 区	119	16	3
28-123-18	·湯評大井五十戸·凡人部己夫	011	飛鳥藤原京1-109(荷 札集成-239·飛 11-13下(28)·木研 14-30頁-(5))	飛鳥池遺跡南地 区	122	13	3
28-123-19	·湯評笑原五十戸·足支首知与尓俵	019	飛鳥藤原京1-110(荷 札集成-240·飛 15-13上(16))	飛鳥池遺跡南地 区	(134)	15	2
28-123-20	·○加佐評春□·【□□□「里人」】	039	飛鳥藤原京1-111(荷 札集成-152·飛 11-13上(24)·木研 14-30頁-(7))	飛鳥池遺跡南地 区	(95)	18	3
28-123-21	←五十戸／阿止伯部大尓／鵤人部犬＝‖	061	飛鳥藤原京1-115(荷 札集成-284·飛 11-13下(30)·木研 14-30頁-(9))	飛鳥池遺跡南地 区	(146)	(21)	2
28-123-22	←里鉄	039	飛鳥藤原京1-119(荷 札集成-292·飛 11-13下(31)·木研 14-30頁-(10))	飛鳥池遺跡南地 区	(67)	19	3
28-123-23	·□□□銀□可□·□□□□□	011	飛鳥藤原京1-146	飛鳥池遺跡南地 区	233	29	3
28-123-24	·官白→·□三□	081	飛鳥藤原京1-147	飛鳥池遺跡南地 区	(53)	(14)	1

총람 번호	판독문	형식 번호	출전	유적명	길이	너비	두께
28-123-25	湯評伊皮田人葛木部鳥	011	飛鳥藤原京1-151(荷札集成-242・飛11-13下(28)・木研14-30頁-(4))	飛鳥池遺跡南地区	183	19	2
28-123-26	三尋布十	032	飛鳥藤原京1-152(飛11-14上(37)・木研14-30頁-(14))	飛鳥池遺跡南地区	104	20	4
28-123-27	□□□五十戸	032	飛鳥藤原京1-153(荷札集成-290)	飛鳥池遺跡南地区	106	(20)	2
28-123-28	正月十七日甲可石□[末カ]→	039	飛鳥藤原京1-154(飛11-14上(36))	飛鳥池遺跡南地区	(120)	25	5
28-123-29	木→	039	飛鳥藤原京1-155	飛鳥池遺跡南地区	(64)	21	4
28-124-1	・師啓奉布一机・今借賜啓奉「〈 〉」	051	飛鳥藤原京1-157(飛13-14下(55))	飛鳥池遺跡北地区	153	16	2
28-124-2	・十月上半理充□□[唯那カ]・為食	011	飛鳥藤原京1-159(飛13-15上(57))	飛鳥池遺跡北地区	172	22	2
28-124-3	□[師カ]□□□□[韓人カ]□□□□[病侍賜カ]	065	飛鳥藤原京1-162(飛14-9下(30))	飛鳥池遺跡北地区	(142)	(8)	10
28-124-4	・○/又五月廿八日飢/者賜大俵一/道//○性‖○/六月七日飢者下俵二/受者道性女人賜一俵‖・【小升三升大師借用/又三升‖\○「□□」(裏面)「内削り残りカ	019	飛鳥藤原京1-169(木研21-19頁-(17)・飛13-14下(54))	飛鳥池遺跡北地区	(190)	29	3
28-124-5	・〈 〉五斗二斗※/〈 〉/知達四石一斗‖○※□文一石斗二□[師カ]・上(27)□弁智	065	飛鳥藤原京1-170(飛14-9上(27))	飛鳥池遺跡北地区	(261)	(12)	6
28-124-6	・○「軽寺」○波若寺○洸尻寺○日置寺○春日部○矢口\石上寺○立部○山本○平君○龍門○吉野・『□[耶カ]○耶○耶○耶○〈 〉』	081	飛鳥藤原京1-181(木研21-19頁-(20)・飛13-15上(60))	飛鳥池遺跡北地区	(203)	36	9
28-124-7	・「合合」○庚午年三→(「合合」は削り残り)・○□\○□	019	飛鳥藤原京1-185(木研21-22頁-(31)・飛13-17上(80))	飛鳥池遺跡北地区	(77)	20	4
28-124-8	尾張海評堤□□□□[田五十戸カ]	032	飛鳥藤原京1-191(荷札集成-20・木研21-19頁-(25)・飛13-16上(71))	飛鳥池遺跡北地区	127	22	2
28-124-9	丁丑年十二月次米三野国/加尓評久々利五十戸人/○物部○古麻里‖	031	飛鳥藤原京1-193(荷札集成-105・木研21-19頁-(18)・飛13-15上(58))	飛鳥池遺跡北地区	146	31	4
28-124-10	次評/上部五十戸巷宜部/刀由弥軍布廿斤‖	031	飛鳥藤原京1-196(荷札集成-192・木研21-19頁-(26)・飛13-16下(73))	飛鳥池遺跡北地区	168	27	5
28-124-11	・陽沐戸海部佐流・調	031	飛鳥藤原京1-199(荷札集成-301・木研21-19頁-(24)・飛13-16上(70))	飛鳥池遺跡北地区	152	19	5
28-124-12	・丙子鍬代四机・□代一匹又四机	032	飛鳥藤原京1-211(木研21-22頁-(32)・飛13-17上(81))	飛鳥池遺跡北地区	114	23	4
28-124-13	・四楓半秤○『直』・三楓得針□[和カ]□	032	飛鳥藤原京1-212(飛13-15上(61))	飛鳥池遺跡北地区	96	14	4
28-124-14	軽銀卅半秤(「卅半」に「※」を重書)	032	飛鳥藤原京1-214(木研21-19頁-(21)・飛13-15下(65))	飛鳥池遺跡北地区	94	17	3
28-124-15	・難波銀十・八秤	032	飛鳥藤原京1-215(木研21-19頁-(22)・飛13-15下(66))	飛鳥池遺跡北地区	81	15	3
28-124-16	・釈迦伯綿・□九斤	032	飛鳥藤原京1-218(飛13-17上(83))	飛鳥池遺跡北地区	(96)	15	5

총람 번호	판독문	형식 번호	출전	유적명	길이	너비	두께
28-124-17	桑根白皮	032	飛鳥藤原京1-222(木研21-22頁-(34)·飛13-17上(84))	飛鳥池遺跡北地区	129	24	3
28-124-18	仏麻油一＝	051	飛鳥藤原京1-223(飛13-17下(86))	飛鳥池遺跡北地区	144	24	4
28-124-19	荏子油三斗	032	飛鳥藤原京1-224(飛13-17下(88))	飛鳥池遺跡北地区	100	8	3
28-124-20	·◇経蔵益·◇□□□	081	飛鳥藤原京1-238(木研21-19頁-(23)·飛13-16上(69))	飛鳥池遺跡北地区	105	(18)	8
28-124-21	天皇聚□[露ヵ]弘寅□乀○□	081	飛鳥藤原京1-244(木研21-22頁-(38)·飛13-18上(96))	飛鳥池遺跡北地区	(118)	(19)	3
28-124-22	·観世音経巻·支為□[照ヵ]支照而為（左側面）·子日学〈 〉是是	011	飛鳥藤原京1-245(木研21-22頁-(39)·飛13-18上(98))	飛鳥池遺跡北地区	145	21	20
28-124-23	·←□□□□□[薑海鹹河淡ヵ]·○推位□[譲ヵ]国（左側面）·□□□□〈 〉	081	飛鳥藤原京1-246(木研21-22頁-(40)·飛13-18下(99))	飛鳥池遺跡北地区	(156)	(10)	24
28-124-24	·←字文勅員□·○□	019	飛鳥藤原京1-247(飛13-18下(100))	飛鳥池遺跡北地区	(183)	26	6
28-124-25	·白馬鳴向山○欲其上草食·女人向男咲○相遊其下也	065	飛鳥藤原京1-248(木研21-22頁-(37)·飛13-18上(97))	飛鳥池遺跡北地区	213	24	11
28-124-26	·○□□□□□□[坐ヵ]○□[中ヵ]○□[者ヵ]·三□廿□[四ヵ]□九□[九ヵ]八十一六□□	081	飛鳥藤原京1-254(飛14-10上(41))	飛鳥池遺跡北地区	(128)	(7)	4
28-124-27	·身身身羅身間間間身身·○身身身身天天是（左側面）	065	飛鳥藤原京1-262(飛13-18下(103))	飛鳥池遺跡北地区	173	23	13
28-124-28	馬代稲八束□□□[塩廿籠ヵ]	091	飛鳥藤原京1-328(飛14-10上(47))	飛鳥池遺跡北地区			
28-124-29	□代銀一秤	091	飛鳥藤原京1-330	飛鳥池遺跡北地区			
28-124-30	·官○大夫·〈 〉□□	065	飛鳥藤原京1-661(木研21-27頁-(46)·飛14-12上(62))	飛鳥池遺跡北地区	(91)	(14)	2
28-124-31	卯時○○□[召ヵ]	081	飛鳥藤原京1-664(飛14-12下(66))	飛鳥池遺跡北地区	(54)	(13)	1
28-124-32	鮑耳酢一斗□	051	飛鳥藤原京1-665(木研21-27頁-(47)·飛14-12上(63))	飛鳥池遺跡北地区	179	17	3
28-124-33	·阿乀○阿阿·阿阿	081	飛鳥藤原京1-666(飛14-12下(67))	飛鳥池遺跡北地区	(68)	(24)	3
28-124-34	·□[智ヵ]照師而謹前謹白昔日所·白法華経本借而□□[苑賜ヵ]	011	飛鳥藤原京1-705(木研21-18頁-(9)·飛13-12上(31))	飛鳥池遺跡北地区	223	20	3
28-124-35	·□[三ヵ]岡等前頓□[首ヵ]·〈 〉□[物ヵ]故上□	081	飛鳥藤原京1-706(飛13-12下(34))	飛鳥池遺跡北地区	(162)	27	3
28-124-36	·大徳□[前ヵ]←·□用可□	081	飛鳥藤原京1-707(飛13-12上(32))	飛鳥池遺跡北地区	(74)	(20)	5
28-124-37	·甘草一両○豉一升·桂心二両／半‖○□	081	飛鳥藤原京1-711(木研21-19頁-(12)·飛13-13上(39))	飛鳥池遺跡北地区	(129)	(17)	4
28-124-38	□呂戸年六十一老夫丁○初□□	081	飛鳥藤原京1-712(木研21-19頁-(14)·飛13-13下(47))	飛鳥池遺跡北地区	(138)	11	2
28-124-39	·卌心者／一者十信／二者十解／三者十句／四者十□[廻ヵ]向／次四種善根者○／一←／二者□／三者□‖比丘者死者怖魔〈 〉○乀□□□[向東死ヵ]者□初阿羅漢□[得ヵ]又百□[体ヵ]羅○〈 〉乀□[者ヵ]仏入□□[卌ヵ]怖□□〈 〉	065	飛鳥藤原京1-716(木研21-18頁-(10)·飛13-12下(35))	飛鳥池遺跡北地区	(185)	29	2

총람 번호	판독문	형식 번호	출전	유적명	길이	너비	두께
28-124-40	・□多心経百合三百○「〈 〉」(「〈 〉」は削り残り)・『十一口』 ○【『〈 〉』】(「」内削り残りヵ)	081	飛鳥藤原京1-717(木研21-19頁-(11)・飛13-13上(37))	飛鳥池遺跡北地区	(162)	15	3
28-124-41	・丁丑年十二月三野国刀支評次米・恵奈五十戸造○阿利麻＼春人服部枚布五斗俵	032	飛鳥藤原京1-721(荷札集成-107・木研21-19頁-(13)・飛13-13下(44))	飛鳥池遺跡北地区	151	28	4
28-124-42	□部五十戸俵七斗	033	飛鳥藤原京1-723(荷札集成-282・飛13-13下(45))	飛鳥池遺跡北地区	(127)	23	4
28-124-43	此者牛価在	032	飛鳥藤原京1-727(飛13-13上(38))	飛鳥池遺跡北地区	115	21	5
28-124-44	・□止求止佐田目手和□[加ヵ]＼○□□□・□〈 〉□□〈 〉＼○羅久於母閇皮	081	飛鳥藤原京1-730(飛15-18下(105)・木研21-19頁-(16)・飛13-14上(50))	飛鳥池遺跡北地区	(125)	(16)	3
28-124-45	・道道天天无无・天○師○師師師□＼天若師○常常師師	081	飛鳥藤原京1-735(飛13-14上(52))	飛鳥池遺跡北地区	115	(25)	5
28-124-46	・見見母母母母母・尓見百惠惠見	051	飛鳥藤原京1-736(飛13-14下(53))	飛鳥池遺跡北地区	155	12	3
28-124-47	・天飛鳥○飛○鳥鳥・□□	065	飛鳥藤原京1-737(飛13-14上(51))	飛鳥池遺跡北地区	(117)	33	2
28-124-48	亦楽平	091	飛鳥藤原京1-833(飛15-16下(88))	飛鳥池遺跡北地区			
28-124-49	伊西部□＝調	032	飛鳥藤原京1-920(荷札集成-307)	飛鳥池遺跡北地区	99	21	4
28-124-50	□[羅ヵ]羅蜜□[蜜ヵ]	091	飛鳥藤原京1-925	飛鳥池遺跡北地区			
28-124-51	□未飛飛	019	飛鳥藤原京1-928	飛鳥池遺跡北地区	(133)	15	3
28-124-52	□尓者瘡	081	飛鳥藤原京1-929(飛13-11上(24))	飛鳥池遺跡北地区	(62)	24	3
28-124-53	・□下下＼○惠惠下不九道道等／角末呂本／○角末呂‖＼○及及及及及・○亦亦亦□＼末呂・○□□□□＼○我我□我我□□□我□	061	飛鳥藤原京1-933(飛13-11上(22))	飛鳥池遺跡北地区	(357)	(52)	10
28-124-54	・恐々敬申○院堂童子大人身得侍・故万病膏神明膏右□一受給申／願恵／知事‖	011	飛鳥藤原京1-939(木研21-18頁-(1)・飛13-9下(3))	飛鳥池遺跡北地区	309	31	3
28-124-55	大德御前頓首□	039	飛鳥藤原京1-940(飛13-9下(4))	飛鳥池遺跡北地区	(167)	(36)	7
28-124-56	・←月卅日智調師入坐糸卅六斤半～・「又十一月廿三日糸十斤出／受申□[和ヵ]□‖」	081	飛鳥藤原京1-941(木研21-18頁-(3)・飛13-9下(6))	飛鳥池遺跡北地区	(286)	(28)	3
28-124-57	・世牟止言而□＼橘本／止‖飛鳥寺・○「□□□□」	081	飛鳥藤原京1-945(木研21-18頁-(2)・飛13-9下(5))	飛鳥寺	(75)	(22)	3
28-124-58	・□千字文勅員□[外ヵ]→・○〈 〉□□□□	065	飛鳥藤原京1-952(木研21-18頁-(5)・飛13-10上(11))	飛鳥池遺跡北地区	(128)	(11)	5
28-124-59	礼論□語礼□礼	081	飛鳥藤原京1-953(飛13-10下(14))	飛鳥池遺跡北地区	(92)	(19)	1
28-124-60	○観勒□＼大夫【念念大】○〈 〉□	065	飛鳥藤原京1-955(木研21-18頁-(6)・飛13-10上(12))	飛鳥池遺跡北地区	131	63	10
28-124-61	六月米一斗＼七月一斗五升	091	飛鳥藤原京1-988(飛13-10下(17))	飛鳥池遺跡北地区			
28-124-62	□日女瓦百枚四日男瓦六	091	飛鳥藤原京1-996(飛15-18上(104)・飛13-10下(19))	飛鳥池遺跡北地区			

총람 번호	판독문	형식 번호	출전	유적명	길이	너비	두께
28-124-63	□□□[百ヵ]八男瓦百五十枚	091	飛鳥藤原京1-997(飛13-11上(20))	飛鳥池遺跡-北地区			
28-124-64	○女瓦□[六ヵ]＼□女瓦七十七□[枚ヵ]	091	飛鳥藤原京1-998(飛13-11上(21))	飛鳥池遺跡-北地区			
28-124-65	・□□[大德ヵ]前白須□用所有□[故ヵ]紙二三□[紙ヵ]・□□[乃君ヵ]□[等ヵ]□□[法ヵ]□□[白ヵ]□□[具ヵ]自出「□」思事	019	飛鳥藤原京1-1295(飛13-19上(105))	飛鳥池遺跡-北地区	(270)	17	6
28-124-66	・黒月二升稲末呂二升○□・真二升針間二升□	019	飛鳥藤原京1-1297(飛13-19上(106))	飛鳥池遺跡-北地区	(126)	22	3
28-124-67	八月廿日奉上□	039	飛鳥藤原京1-1305(飛13-19上(107))	飛鳥池遺跡-北地区	(142)	29	4
28-124-68	□[芹ヵ]□五十戸粟田部三山	033	飛鳥藤原京1-1307(荷札集成-140・飛13-20上(114))	飛鳥池遺跡-北地区	(159)	28	3
28-124-69	・幡磨国宍禾郡三方里・神人時万呂五斗	033	飛鳥藤原京1-1308(木研21-22頁-(42)・飛13-19下(110))	飛鳥池遺跡-北地区	158	20	6
28-124-70	・幡磨国宍禾郡・三方里神人勝牛白米五斗	033	飛鳥藤原京1-1309(飛13-19下(111))	飛鳥池遺跡-北地区	129	24	5
28-124-71	・穴粟郡三方里・神人□[部ヵ]□□五斗	039	飛鳥藤原京1-1310(飛13-19下(112))	飛鳥池遺跡-北地区	(128)	17	2
28-124-72	・幡磨国宍粟・郡山守里穴毛知俵	032	飛鳥藤原京1-1311(飛13-19上(108))	飛鳥池遺跡-北地区	147	28	7
28-124-73	・幡磨国宍粟郡山守里・日奉部奴比白米一俵	033	飛鳥藤原京1-1312(木研21-22頁-(41)・飛13-19下(109))	飛鳥池遺跡-北地区	165	28	5
28-124-74	・熊／汙／吾‖羆彼／下‖匝／ナ／布‖恋／□[黒ヵ]／尓‖写／上‖横／詠‖営詠・蜜／皮／伊‖尸之忰懼	051	飛鳥藤原京1-1318(木研21-22頁-(44)・飛13-20上(117))	飛鳥池遺跡-北地区	187	15	5
28-124-75	・南○請葛城明日沙弥一人・「天天天天天天天□[地ヵ]天天」	061	飛鳥藤原京1-1418(木研21-18頁-(8)・飛13-11下(28))	飛鳥池遺跡-北地区	(252)	25	3
28-124-76	・□／□[己ヵ]々己々○首／○謹啓‖勝券古□[劣ヵ]劣劣・□□□[須ヵ]く＞□古□□古□□□	011	飛鳥藤原京1-1422	飛鳥池遺跡-北地区	171	17	5
28-124-77	□知知□□[人廿ヵ]	081	飛鳥藤原京1-1423	飛鳥池遺跡-北地区	(90)	(24)	5
28-124-78	・人人・○（記号）（「×」の記号）	065	飛鳥藤原京1-1424	飛鳥池遺跡-北地区	(100)	(115)	40
28-124-79	・□不能食欲白・恵伊支比乃	019	飛鳥藤原京1-1425(飛13-11下(27))	飛鳥池遺跡-北地区	(87)	25	3
28-124-80	・□寺主□[前ヵ]□・□□欲賜□	081	飛鳥藤原京1-1426(飛13-12上(30))	飛鳥池遺跡-北地区	(98)	24	5
28-124-81	真尓支米廿五斤	033	飛鳥藤原京1-1428	飛鳥池遺跡-北地区	178	21	4
28-124-82	・各也也□[也ヵ]也謂○／「□」／謂‖・合○※	065	飛鳥藤原京1-1430	飛鳥池遺跡-北地区	135	40	16

총람 번호	판독문	형식 번호	출전	유적명	길이	너비	두께
28-124-83	←・□［月ヵ］魚切里人／大伴部真□／尓支米廿斤 ‖	059	飛鳥藤原京 1-1432(荷札集 成-19・飛13-20下 (121))	飛鳥池遺跡北地 区	(211)	30	5
28-124-84	・□□□□・□古俵五	039	飛鳥藤原京 1-1433(荷札集 成-326)	飛鳥池遺跡北地 区	(97)	(31)	3
28-124-85	□○□□○二	081	飛鳥藤原京1-1434	飛鳥池遺跡北地 区	(162)	(9)	10
28-124-86	ε（戯画）＼○□［堂ヵ］○□［飛ヵ］○□＼依○在＼道○ 飯＼依○在子□○○□＼○在飯○□＼□○○□	061	飛鳥藤原京 1-1435(飛13-20下 (120))	飛鳥池遺跡北地 区	1380	440	42
28-124-87	二□□□□［八十八ヵ］○□＼○〈 〉＼□○○□［文ヵ］【□□】 （【□□】は天地逆ヵ）	065	飛鳥藤原京1-1436	飛鳥池遺跡北地 区	(179)	37	19
28-124-88	月	061	飛鳥藤原京1-1437	飛鳥池遺跡北地 区	83	(39)	6
28-124-89	一百□	081	飛鳥藤原京1-1438	飛鳥池遺跡北地 区	(85)	(15)	5
28-125-1	・官大夫前白／田□［人ヵ］連奴加○加須波□［人ヵ］烏麻呂／ □［文ヵ］田取○小山戸弥乃 ‖・以波田戸麻呂○安目○汗乃古 ＼野西戸首麻呂○大人○阿佐ツ麻人□留黒井	019	飛鳥藤原京1-1(木研 21-27頁-(56)・飛 14-14上(81))	飛鳥池遺跡南地 区	(257)	28	3
28-125-2	丁亥年若狭小丹評○／木津部五十戸／秦人小金二斗 ‖	031	飛鳥藤原京1-18(荷 札集成-124・木研 21-27頁-(50)・飛 14-13上(70))	飛鳥池遺跡南地 区	197	30	3
28-125-3	・賀賜評塞課部里・人蝮王部斯非俵	031	飛鳥藤原京1-20(荷 札集成-221・木研 21-27頁-(52)・飛 14-13上(71))	飛鳥池遺跡南地 区	195	34	5
28-125-4	・加夜評阿□□［蘇里ヵ］人・／□□□□［羅曳連ヵ］□□□［手ヵ］ ／□□□□□□［足ヵ］ ‖ □○□□	031	飛鳥藤原京1-21(荷 札集成-218・木研 21-27頁-(53)・飛 14-13上(72))	飛鳥池遺跡南地 区	166	32	4
28-125-5	・加□［夜ヵ］評□□□［矢田部ヵ］里・犬甘部皮佐＝俵六	081	飛鳥藤原京1-22(荷 札集成-219・木研 21-27頁-(51)・飛 14-13上(73))	飛鳥池遺跡南地 区	138	(26)	4
28-125-6	・□大大有大大大大大大＼○道道○道○道○道○道道 道・実実実実実実＼実実実実＼○道大大大有大有有道	081	飛鳥藤原京1-30(飛 14-13下(78))	飛鳥池遺跡南地 区	227	57	7
28-125-7	□椋椋屋屋□	081	飛鳥藤原京1-31(飛 14-13下(79))	飛鳥池遺跡南地 区	(72)	(15)	5
28-125-8	・甲申□［年ヵ］→・〈 〉	039	飛鳥藤原京1-112(荷 札集成-321・飛 15-16下(89))	飛鳥池遺跡南地 区	(68)	(20)	5
28-125-9	・〈 〉□・岡万里俵	039	飛鳥藤原京1-117(荷 札集成-327)	飛鳥池遺跡南地 区	(203)	26	5
28-126-1	次評／新野五十戸／土師部皮□ ‖	031	飛鳥藤原京1-132(荷 札集成-190・木研 24-23頁-1(3)・飛 15-11上(2))	飛鳥池遺跡南地 区	158	31	3
28-126-2	依地評／都麻五十戸／軍布 ‖	031	飛鳥藤原京1-133(荷 札集成-197・木研 24-23頁-1(4)・飛 15-11上(3))	飛鳥池遺跡南地 区	147	34	3
28-126-3	□□［三三ヵ］	081	飛鳥藤原京1-135(飛 15-11下(7))	飛鳥池遺跡南地 区	(54)	20	3
28-126-4	□□［木津ヵ］〈 〉□部〈 〉仍利六□［斤ヵ］	031	飛鳥藤原京1-136(荷 札集成-181・飛 20-31下・木研24-23	飛鳥池遺跡南地 区	204	32	6

총람 번호	판독문	형식 번호	출전	유적명	길이	너비	두께
			頁-1(7)·飛15-11下(6))				
28-126-5	·高志□新川評·石□[背ヵ]五十戸大□□[家ヵ]□目	032	飛鳥藤原京1-137(荷札集成-142·木研24-23頁-1(6)·飛15-11上(5))	飛鳥池遺跡南地区	135	24	6
28-126-6	·桑原五十戸·□□□[尓竈ヵ]	032	飛鳥藤原京1-138(荷札集成-274·木研24-23頁-1(2)·飛15-11上(1))	飛鳥池遺跡南地区	203	37	7
28-126-7	·不□·【席】	081	飛鳥藤原京1-141(木研24-23頁-1(9)·飛15-11下(11))	飛鳥池遺跡南地区	(36)	(21)	3
28-126-8	·賜○賜○大╲○飛／飛／□‖╲【○易大╲○除○大】·○之之╲【〈 〉之見○之見╲○大○之】（一部重書あり）	019	飛鳥藤原京1-142(木研24-22頁-1(1)·飛15-11下(9))	飛鳥池遺跡南地区	(126)	44	5
28-126-9	□□□□╲○□○□	081	飛鳥藤原京1-143	飛鳥池遺跡南地区	(59)	(14)	2
28-127	·頭黒丸所召者佰╲○□□□□[勘ヵ]問其由□·「□□奈太□□[於ヵ]奈太□[千ヵ]□」	081	飛鳥藤原京1-145(木研24-24頁-2(1)·飛15-12下(15))	飛鳥池遺跡南地区	(97)	(23)	3
28-128	煮物	032	飛鳥藤原京1-1439(木研21-29頁-(1)·飛14-14上(82))	飛鳥池東方遺跡	112	20	8
28-129	·智○道〈 〉道道□·○□□	081	木研16-48頁-(1)	定林寺北方遺跡	(330)	(20)	5
28-130·131-1	□□□[私ヵ]部安麻呂	091	木研20-55頁-(1)	酒船石遺跡			
28-130·131-2	田直佐	091	木研20-55頁-(2)	酒船石遺跡			
28-130·131-3	□□[頭遠ヵ]□家家□	091	木研20-55頁-(3)	酒船石遺跡			
28-130·131-4	·尾張国中嶋□[郡ヵ]□□□□□[白米ヵ]·五斗○霊亀弐年	091	木研20-55頁-(4)	酒船石遺跡	157	20	5
28-130·131-5	牛皮四枚直布	091	木研20-55頁-(5)	酒船石遺跡	(102)	22	4
28-132-1	□□□[殿間ヵ]□椅○神□	081	木研23-18頁-(1)	酒船石遺跡	(149)	18	(10)
28-132-2	□□□□□[鷹ヵ]二尺四寸	032	荷札集成-313(木研23-18頁-(2))	酒船石遺跡	154	23	3
28-133·134-1	□坐大夫□	091	木研25-52頁-1(2)	酒船石遺跡			
28-133·134-2	□当麻公□	091	木研25-53頁-1(4)	酒船石遺跡			
28-133·134-3	十一月十六日葛人十五	011	木研25-53頁-1(7)	酒船石遺跡	297	24	8
28-133·134-4	□直若狭○／二月／○十三‖○／三月／○廿三‖○／四→／○廿→‖	011	木研25-53頁-1(8)	酒船石遺跡	(87)	(18)	3
28-133·134-5	□[刀ヵ]支県主乙麻	091	木研25-53頁-1(9)	酒船石遺跡			
28-133·134-6	牟義君	091	木研25-53頁-1(11)	酒船石遺跡			
28-133·134-7	日置○春部	091	木研25-53頁-1(12)	酒船石遺跡			
28-133·134-8	小山中	091	木研25-53頁-1(13)	酒船石遺跡			
28-133·134-9	·□前前白白·○〈 〉	081	木研25-53頁-1(15)	酒船石遺跡	(98)	(15)	3

총람 번호	판독문	형식 번호	출전	유적명	길이	너비	두께
28-133· 134-10	□大夫前…□々白□	081	『酒船石遺跡』-142(木簡黎明-(48)·木研25-53頁-1(17))	酒船石遺跡	(56+62)	35	3
28-133· 134-11	・三重評青女五十戸人・六人部□[弟ヵ]中春五斗	032	『酒船石遺跡』-143(木簡黎明-(96)·荷札集成-13·木研25-53頁-1(18))	酒船石遺跡	141	25	5
28-133· 134-12	・皮伎麻五戸布・○「皮伎□[真ヵ]五戸布」	031	荷札集成-295(木研25-56頁-2(1))	酒船石遺跡	131	20	6
28-135-1	天平十年歳次戊寅	081	木研21-31頁-(1)	川原寺跡	(112)	(9)	4
28-135-2	□上□	081	木研21-31頁-(2)	川原寺跡	(66)	(20)	4
28-135-3	上	081	木研21-31頁-(3)	川原寺跡	(76)	(39)	3
28-136	□□[廿荷ヵ]	081	木研21-30頁-(1)	飛鳥東垣内遺跡	(128)	(9)	2
28-137· 138-1	□〈〉人六人部□	032	飛20-29上(荷札集成-314·木研24-19頁-1(1)·飛16-23下(173)·飛15-12上(14))	石神遺跡東西石組溝	(103+28)	25	2
28-137· 138-2	諸岡五十戸田皮□	011	荷札集成-70(飛20-28下·木研24-19頁-2(1)·飛16-23上(164))	石神遺跡南北溝	126	21	3
28-137· 138-3	□□□[戸ヵ]	081	木研24-19頁-2(2)(飛16-23上(165))	石神遺跡南北溝	(75)	19	4
28-137· 138-4	・尓破評佐匹部・○俵	033	荷札集成-26(飛20-29上·木研24-19頁-2(9)·飛16-23下(172))	石神遺跡南北溝	(130)	22	3
28-139-1	・□[道ヵ]勢岐官前□・代□	081	木研26-21頁-(2)(飛17-11下(6))	石神遺跡	(122)	(30)	6
28-139-2	・戊寅年四月廿六□[日ヵ]・汗富五十戸大□□	039	荷札集成-87(木研26-21頁-(3)·飛17-11下(10))	石神遺跡	(103)	31	3
28-139-3	・委之取五十戸仕丁俰物□□＼○「建○建」＼二斗三中神井弥〈〉[三ヵ]斗・「銀銀釜□重子□小子□□＼○建○建○□○建」	011	木研26-21頁-(4)(飛17-12上(16))	石神遺跡	197	40	3
28-139-4	・六月生五日記大部斯□母・□□[羅ヵ]児□[人ヵ]母并二皮加利上＼○□□[卅ヵ]二〈〉上	031	木研26-22頁-(5)(飛17-12上(18))	石神遺跡	192	30	6
28-139-5	・←月□□[十一ヵ]日記・○貸	019	木研26-22頁-(6)(飛17-12下(19))	石神遺跡	(104)	22	2
28-139-6	三野五十上□[書ヵ]大夫馬草四荷□[奉ヵ]	011	木研26-22頁-(9)(飛17-14下(42))	石神遺跡	179	19	3
28-139-7	・鮎川五十戸丸子部多加＼□[大ヵ]烏連淡佐充千食同五□□「十戸ヵ」三枝部□・□□部〈 〉□□□□□[五十戸真須ヵ]＼□部白千食大野五十戸委文部代	081	飛22-22下(木研26-22頁-(10)·飛17-14下(43))	石神遺跡	(185)	(28)	5
28-139-8	物部五十戸人＼大家五十戸人＼日下五十戸人＼○「□□＼○□□[人ヵ]	011	木研26-22頁-(11)(飛17-14下(44))	石神遺跡	98	26	5
28-139-9	・尾治国山田評山田五十□□[戸人ヵ]・三□□□[家人部ヵ]万呂米五斗	032	荷札集成-31(飛20-29上·木研26-22頁-(13)·飛17-15上(49))	石神遺跡	213	29	3
28-139-10	・乙丑年十二月三野国ム下評・大山五十戸造ム下部知ツ＼○従人田部児安	032	荷札集成-102(飛20-29上·木研26-22頁-(15)·飛17-13下(34))	石神遺跡	152	29	4

총람 번호	판독문	형식 번호	출전	유적명	길이	너비	두께
28-139-11	·知夫利評／大結五十戸加毛部／手伊加乃利六斤 ‖「大〇〇〇夫〇賛〇〇〔賛ヵ〕」(裏面二・三文字目に重書あり)	031	荷札集成-171(木研26-22頁-(16)·飛17-15上(51))	石神遺跡	130	25	4
28-139-12	□□〔川内ヵ〕五十戸若軍布	031	荷札集成-198(木研26-22頁-(17)·飛17-13下(35))	石神遺跡	122	24	3
28-139-13	·多土評離田→·海部刀良佐匹部足奈	011	荷札集成-237(木研26-22頁-(18)·飛17-15上(52))	石神遺跡	117	18	3
28-139-14	此皮加都男	032	木研26-23頁-(19)(飛17-15上(55))	石神遺跡	109	19	3
28-139-15	·奈尓波ツ尓佐児矢己乃波奈□□〔布由ヵ〕·□〇〇倭部物部矢田部丈部□〔丈ヵ〕	081	木研26-23頁-(20)(飛17-13下(36))	石神遺跡	(295)	(29)	4
28-139-16	·奈尓皮·【□〔止ヵ〕佐久移】	081	飛17-15下(58)(木研26-23頁-(21))	石神遺跡	(62)	(18)	2
28-139-17	·□此于□□〔物ヵ〕部〈 〉·□〔治ヵ〕不上者／五十戸造名記／日々吉治上賜 ‖	019	木研26-23頁-(24)(飛17-17上(76))	石神遺跡	(181)	35	5
28-139-18	·日佐連二〇守君→╲·主寸三〇蘭人四〇下毛野／大多君二〇者多二〇二〇下毛·上掫五〇近水海四〇伊→╲□□□五〇海部□□〔酉可ヵ〕五〇但波→	019	木研26-23頁-(25)(飛17-17上(77))	石神遺跡	(120)	37	2
28-139-19	·鮑□〔海ヵ〕評大辟部五十□□〔戸人ヵ〕·／委文部□□／□□〔委文ヵ〕〈 〉‖ 俵	032	荷札集成-55(飛20-29下·木研26-23頁-(26)·飛17-17下(79))	石神遺跡	123	24	6
28-139-20	角里山君万呂米五	051	荷札集成-86(飛20-29下·木研26-23頁-(27)·飛17-17下(80))	石神遺跡	177	22	6
28-139-21	·大野評栗須太里人·蝮□〔公ヵ〕部廿也六斗	032	荷札集成-94(木研26-23頁-(28)·飛17-17下(81))	石神遺跡	193	26	2
28-139-22	物部五十戸長済部刀良俵六□〔斗ヵ〕	031	荷札集成-270(木研26-23頁-(29)·飛17-16下(73))	石神遺跡	(190)	20	3
28-139-23	□日□〔記ヵ〕尾張国尓皮評人□〔各ヵ〕→	081	木研26-24頁-(32)(飛17-18下(90))	石神遺跡	(185)	(17)	3
28-139-24	·□□〔庚寅ヵ〕年十二月三川国鴨評·山田里物部□□〔万呂ヵ〕米五斗	032	荷札集成-46(飛20-30上·木研26-24頁-(34)·飛17-18下(93))	石神遺跡	(177)	25	3
28-139-25	·乙酉年九月三野国不→·評新野見里人止支ツ／俵六／斗 ‖	011	荷札集成-88(飛20-30上·木研26-24頁-(35)·飛17-18下(94))	石神遺跡	170	25	3
28-139-26	深津五十戸養	032	荷札集成-227(木研26-24頁-(36)·飛17-18下(95))	石神遺跡	182	20	4
28-139-27	·癸未年九月□□□〔十四日ヵ〕╲〇〇·〇四人／矢爪部□〔鳥ヵ〕□／→ ‖	081	木研26-24頁-(38)(飛17-19上(101))	石神遺跡	(96)	(11)	4
28-139-28	·辛巳年鴨評加毛五十戸·矢田部米都御調卅五斤	032	荷札集成-68(木研26-24頁-(40)·飛17-21上(124))	石神遺跡	161	21	4
28-139-29	·安評御上五十戸·安直族麻斗一石	033	荷札集成-78(木研26-24頁-(41)·飛17-21上(125))	石神遺跡	166	24	2
28-139-30	·□〔三ヵ〕野国厚見評草田五十戸·□□〔田ヵ〕部支田□□〔赤ヵ〕米五	039	荷札集成-97(飛20-30上·木研26-25頁-(43)·飛17-21上(127))	石神遺跡	(145)	22	5

총람 번호	판독문	형식 번호	출전	유적명	길이	너비	두께
28-139-31	高草評野□[岬ヵ]五十戸鮎日干＼○贄	031	荷札集成-163(木研26-25頁-(44)·飛17-21下(128))	石神遺跡	170	26	4
28-139-32	·神石評小近五十□[戸ヵ]·□[養ヵ]米六斗□升	033	荷札集成-228(木研26-25頁-(46)·飛17-21下(130))	石神遺跡	105	16	4
28-139-33	·売羅評長浜·五十戸堅魚	032	荷札集成-69(木研26-25頁-(47)·飛17-21下(131))	石神遺跡	86	22	5
28-139-34	·□河止五十戸人·／○[阿麻／麻伊‖二人相六斗二升	019	荷札集成-208(木研26-25頁-(49)·飛17-22上(133))	石神遺跡	(103)	31	5
28-139-35	·蓮花之□·所説之□[尊ヵ]	081	木研26-25頁-(50)(飛17-22上(137))	石神遺跡	(68)	(8)	3
28-139-36	評五十戸山部大＝	033	荷札集成-267(木研26-25頁-(48)·飛17-21下(132))	石神遺跡	131	19	5
28-139-37	·評五十戸·山部□□□[大麻呂ヵ]	051	荷札集成-268(飛20-30上·木研26-25頁-(51)·飛17-22下(143))	石神遺跡	78	18	3
28-139-38	海評佐々五十戸／勝部由手·／○調制代煮一斗五升‖	031	荷札集成-178(木研26-25頁-(53)·飛17-22下(145))	石神遺跡	197	27	2
28-139-39	·御垣守□·□□□	081	木研26-25頁-(52)(飛17-22下(144))	石神遺跡	(77)	34	4
28-139-40	·九月生十→·御垣守／→／日□‖	081	木研26-25頁-(54)(飛17-22下(146))	石神遺跡	(67)	(13)	2
28-139-41	·←□[庚ヵ]申丸□□□□□←辛酉破○上玄□[岡ヵ]虚厭□←壬戌皮／三月節急盈九←○癸亥色○[重ヵ]馬牛出桙□←□[甲ヵ]子成○絶紀帰忌○←□[乙ヵ]丑収○天間自○□[開ヵ]○□[血ヵ]忌□□·○〈／←□[申ヵ]平○天間日血忌／·丁定安○天李乃井□←戊戌丸○望天倉小□←己亥皮○往亡天倉重□←庚子危○人出宅大小□□□←□□[戌成ヵ]□○□□□□[帰ヵ]→	065	木研26-26頁-(55)(飛17-23下(152))	石神遺跡	(108)	(100)	14
28-139-42	·朔十四日記三□[川ヵ]→·□□五日記三川□[国ヵ]	019	木研38-196頁-1(2)(木研26-26頁-(58)·飛17-24下(158))	石神遺跡	(152)	30	3
28-140-1	·□道官□·〈〉	019	木研27-36頁-(1)(飛18-21上(87))	石神遺跡	(105)	18	3
28-140-2	·壬辰年九月□□[廿四ヵ]日○三川国□[鴨ヵ]→·高椅里○物部□乃井六斗	039	荷札集成-44(飛20-30下·木研27-36頁-(3)·飛18-21上(89))	石神遺跡	(210)	24	5
28-140-3	·壬辰年九月廿四日□□[下枯ヵ]里長部大□·呂五斗	032	木研38-196頁-2(1)(荷札集成-48·木研27-36頁-(4)·飛18-21上(90))	石神遺跡	213	29	6
28-140-4	鴨評下枯里物部稲都弥米五斗	032	木研38-197頁-2(2)(荷札集成-47·木研27-36頁-(5)·飛18-21上(91))	石神遺跡	217	20	3
28-140-5	壬辰年九月七日三川国鴨評□□	081	荷札集成-49(木研27-36頁-(6)·飛18-21上(92))	石神遺跡	(199)	(12)	5
28-140-6	三川穂評穂里穂部佐	032	荷札集成-54(木研27-36頁-(7)·飛18-21下(94))	石神遺跡	135	20	2

총람 번호	판독문	형식 번호	출전	유적명	길이	너비	두께
28-140-7	三川□〔青ヵ〕見評□〔青ヵ〕→	039	荷札集成-39(飛 20-30下·木研27-36 頁-(8)·飛18-22上 (103))	石神遺跡	(107)	26	4
28-140-8	□〔役ヵ〕道評□〔村ヵ〕五十戸□〔忍ヵ〕□□＼軍布廿斤	031	荷札集成-199(木研 27-36頁-(11)·飛 18-20下(81))	石神遺跡	182	31	5
28-140-9	·汗和評仕俵·【石野五□□〔十戸ヵ〕】	081	荷札集成-244(木研 27-36頁-(14)·飛 18-22上(104))	石神遺跡	(107)	23	3
28-140-10	·←乎○有朋自遠方来○□·○「大大大大□□□〔大ヵ〕」(左 側面)	081	木研27-37頁-(18) (飛18-22上(102))	石神遺跡	(259)	(11)	18
28-140-11	三川国鴨	031	荷札集成-51(木研 27-37頁-(19)·飛 18-22下(109))	石神遺跡	97	20	3
28-140-12	□〔旦ヵ〕波国多□〔貴ヵ〕評□	039	荷札集成-144(飛 20-30下·木研27-37 頁-(20)·飛18-22下 (110))	石神遺跡	(109)	18	3
28-140-13	·磯部○□〔葛ヵ〕□人部○□〔語ヵ〕部○□□「□」□□＼宜 部○秦人部○□矢部○神人部○于遅→＼○□〔宍ヵ〕□蝮王 部○海部○□遅部○道守→·＼□丈部○秦部○茨城部○連人 部、「諸」若湯坐部○土師部「諸」茨原部「小粮」矢作部＼「□」 五百来部○「赤粮」□○建王部□□□	081	木研27-37頁-(22) (飛18-23上(117))	石神遺跡	(297)	59	3
28-140-14	·加牟加皮手五升＼神久□□二升←□小麻田戸二升·□＼鳥取 □□二升桜井戸二升一升○＼青見□□二升知利布二升○汗 久皮ツ二升	051	木研27-37頁-(23) (飛19-30中·飛 18-23上(114))	石神遺跡	296	57	5
28-140-15	·方原戸仕丁米一斗·「阿之乃皮尓之母□」	051	木研27-37頁-(25) (飛18-23下(116))	石神遺跡	(168)	29	2
28-140-16	三川十二月	081	木研38-197頁-2(4) (木研27-37頁-(30)· 飛18-25上(137))	石神遺跡	(97)	(35)	3
28-140-17	·←□〔青ヵ〕見評·←五斗	039	荷札集成-41(木研 27-37頁-(31)·飛 18-25上(140))	石神遺跡	(92)	20	3
28-140-18	己卯年十一月三野国加尓評	031	荷札集成-106(木研 27-38頁-(32)·飛 19-30下·飛18-25下 (141))	石神遺跡	140	34	5
28-140-19	←□〔戸ヵ〕養俵六斗	051	荷札集成-287(木研 27-38頁-(34)·飛 18-25下(143))	石神遺跡	(161)	24	5
28-140-20	○々＼留之良奈弥麻久＼阿佐伎奈尓伎也 (刻書)	065	飛22-22下(木研 27-38頁-(35)·飛 18-26上(149))	石神遺跡	91	55	6
28-140-21	·壬午年廿日記→·○□	019	木研27-38頁-(36) (飛18-26上(151))	石神遺跡	(92)	22	6
28-140-22	·竹田五十戸六人部乎·佐加柏俵卅束	032	荷札集成-145(木研 27-38頁-(38)·飛 18-26下(154))	石神遺跡	121	20	3
28-140-23	·江川里猪甘部斯多·布米六斗一升	032	荷札集成-205(飛 20-31上·木研27-38 頁-(39)·飛18-26下 (156))	石神遺跡	(149)	23	5
28-140-24	羽栗評三川里人□□〔丈部ヵ〕	039	荷札集成-24(飛 20-31上·木研27-38 頁-(41)·飛18-27上 (161))	石神遺跡	(123)	25	5

총람 번호	판독문	형식 번호	출전	유적명	길이	너비	두께
28-140-25	・丙戌年□月十一日□・大市部五十戸□[人ヵ]□	019	荷札集成-38(木研 27-39頁-(42)・飛 18-27上(162))	石神遺跡	(100)	14	2
28-140-26	・三川国青見評大市部五十戸人・大市部逆米六斗	032	荷札集成-37(木研 27-39頁-(43)・飛 18-27上(163))	石神遺跡	195	23	3
28-140-27	・□真奴寸人神人部□・○〈 〉	081	荷札集成-293(木研 27-39頁-(44)・飛 18-27下(167))	石神遺跡	(118)	24	3
28-140-28	□□□評大夫等前謹啓	091	木研27-39頁-(45) (飛18-27下(169))	石神遺跡			
28-140-29	・乙亥□[歳ヵ]十月立記知利布五十戸・□止□下又長部加□ 小□米□□	081	木研27-39頁-(46) (飛18-27下(170))	石神遺跡	(264)	27	3
28-140-30	・□[庚ヵ]辰年／三野大野□[評ヵ]／大□[田ヵ]五十戸‖・ □部稲耳六斗「〈 〉」(裏面「〈 〉」削り残りヵ)	033	荷札集成-92(木研 27-39頁-(49)・飛 18-28上(176))	石神遺跡	169	30	6
28-140-31	小田評甲野五十戸日下部二海費	011	荷札集成-225(飛 20-31上・木研27-39 頁-(50)・飛18-28下 (177))	石神遺跡	184	22	5
28-141	□[以ヵ]上人同野上人	031	木研28-22頁-(1)(飛 19-6上(1))	石神遺跡	(99)	26	5
28-142-1	・己卯年八月十七日白奉経・観世音経十巻記白也 (裏面若干 削り残りあり)	011	木研29-39頁-(1)(飛 21-12上(1))	石神遺跡	186	23	4
28-142-2	・○「〈 〉○□□□」＼聖御前白小信法□[謹ヵ]○□[賜ヵ]□・ 〈 〉	019	木研29-39頁-(2)(飛 21-12上(2))	石神遺跡	(285)	(27)	3
28-142-3	○◇＼此又取□[人ヵ]□	019	木研29-39頁-(3)(飛 21-12上(3))	石神遺跡	(55)	20	3
28-142-4	・§素留宜矢田部調各長四段四布□□六十一・荒皮一合六十九 布也	051	木研29-39頁-(4)(飛 21-12上(5))	石神遺跡	270	31	5
28-142-5	・以三月十三日三桑五十戸・御垣守洗尻中ツ刀自	032	木研29-40頁-(9)(飛 21-13上(13))	石神遺跡	123	17	3
28-142-6	・←一月春日部□・○六斗	081	木研29-40頁-(11) (飛21-13上(15))	石神遺跡	(68)	(21)	6
28-142-7	尾治部＼若麻続部	081	木研29-40頁-(20) (飛21-14上(29))	石神遺跡	90	(38)	7
28-142-8	・□□五戸小長□[浴ヵ]部・□[贄ヵ]一古	081	木研29-41頁-(24) (飛21-14下(33))	石神遺跡	(157)	(23)	5
28-142-9	奈貴下黄□[布ヵ]五連	032	木研29-41頁-(25) (飛21-14下(31))	石神遺跡	220	24	3
28-142-10	和軍布十五斤	011	木研29-41頁-(26) (飛21-14下(36))	石神遺跡	133	27	4
28-142-11	□[康ヵ]嫡嫡	081	木研29-41頁-(28) (飛21-15上(38))	石神遺跡	(87)	(42)	4
28-142-12	・○識識識・○□＼○○§二□[方ヵ]□	081	木研29-41頁-(29) (飛21-15上(39))	石神遺跡	(92)	(24)	3
28-142-13	海部奈々古	032	木研29-41頁-(30) (飛21-15上(42))	石神遺跡	130	22	4
28-143-1	□□女丁大人丁□[意ヵ]取□久□[御ヵ]	081	木研30-12頁-(1)(飛 22-12上(1))	石神遺跡	(355)	21	6
28-143-2	大家臣…□首大□	081	木研30-12頁-(2)(飛 22-12上(2))	石神遺跡	(57+31)	18	3
28-143-3	・十五斤・「□□[思ヵ]□□」	032	木研30-12頁-(3)(飛 22-12上(3))	石神遺跡	112	24	4
28-143-4	弥阿□[以ヵ]□□□[腰ヵ]□□	032	木研30-14頁-(5)(飛 22-12下(5))	石神遺跡	108	34	5

총람 번호	판독문	형식 번호	출전	유적명	길이	너비	두께
28-143-5	・□天于・天王	065	木研30-14頁-(6)(飛22-12下(6))	石神遺跡	229	86	12
28-143-6	六人部尼麻呂贄四古	031	木研30-14頁-(7)(飛22-12下(7))	石神遺跡	138	21	5
28-143-7	／〇〈 〉／〇□百代五十代〈 〉／□歩□大百代〈 〉／□□□□〇〈 〉∥〇「／大家臣加□／以蛭部今女□／乙里田知不／石上大連公∥（「」内刻書）	081	木研30-14頁-(9)(飛22-12下(8))	石神遺跡	(286)	(48)	5
28-143-8	←廿七人〇沙弥六十	081	木研30-14頁-(10)(飛22-13上(10))	石神遺跡	(115)	(48)	4
28-143-9	椋□[椋ヵ]椋□	081	木研30-14頁-(11)(飛22-13上(11))	石神遺跡	(63)	(20)	2
28-143-10	・□[山ヵ]□評佐加五十戸・十市部田ツ六斗俵	032	木研30-14頁-(13)(飛22-13上(13))	石神遺跡	120	19	5
28-143-11	・辛巳年□[鰒ヵ]一連・□□[物ヵ]部五十戸	032	木研30-14頁-(14)(飛22-13下(14))	石神遺跡	125	32	3
28-143-12	田田塩二斗	031	木研30-15頁-(17)(飛22-13下(17))	石神遺跡	118	23	7
28-143-13	・上長押釘卅隻／之中打合釘二／〇長七寸∥〇五丈・「□□□」（裏面「」内削り残り）	032	木研30-15頁-(18)(飛22-14上(18))	石神遺跡	248	36	3
28-143-14	・〇正月四日志紀末成・□	081	木研30-15頁-(20)(飛22-14上(20))	石神遺跡	(148)	11	2
29-1	□[大ヵ]田□	061	木研8-94頁-(1)	秋月遺跡	45	17	4
29-2	←□五□→	081	木研3-53頁-(1)	野田地区遺跡	(37)	(20)	2
30-1	米□□	033	木研18-154頁-(1)	桂見遺跡-八ツ割地区・堤谷東地区・堤谷西地区-	104	25	5
30-2	〈 〉	031	木研16-166頁-(1)	宮長竹ヶ鼻遺跡	140	22	4.5
30-3-1	天長二年税丶帳	061	木研18-158頁-(10)	岩吉遺跡	(199.5)	23	4
30-3-2	・「卅四」（刻書）・【□□[年ヵ]〇「以上」・【□[乙ヵ]益□五□□】	011	木研18-158頁-(16)	岩吉遺跡	165	26.5	5.5
30-4-1	〇「孔王部浄主廿四〇継廿八〇八〇浄成〇十四」丶「大大」因幡国高草郡刑部郷戸主刑部□縄孔王部廣公十六	081	木研35-106頁-1(1)	良田平田遺跡〈3区〉	399	(34)	9
30-4-2	・□□□□□白益・□□□□〇〈 〉	081	木研35-106頁-1(9)	良田平田遺跡〈3区〉	(115)	(23)	5
30-4-3	・□公足百卌□・□日子	081	木研35-106頁-1(10)	良田平田遺跡〈3区〉	(52)	21	4
30-4-4	□部吉在	051	木研35-106頁-1(11)	良田平田遺跡〈3区〉	84	14	3
30-4-5	皮之	081	木研35-107頁-2(1)	良田平田遺跡〈4区〉	(52)	23	4
30-4-6	・□□□御前□[謹ヵ]白寵命□・使孔王部直万呂午時	019	木研35-107頁-2(4)	良田平田遺跡〈4区〉	(187)	25	5
30-5-1	□□部廣岡	011	木研35-110頁-(1)	青谷横木遺跡〈第2トレンチ〉	169.5	26	5.5
30-5-2	・□[郡ヵ]村□文・天暦□[元ヵ]年	061	木研37-182頁-(1)（木研35-110頁-(2)）	青谷横木遺跡〈第6トレンチ〉	(64)	28	5
30-5-3	沽買布納帳	061	木研35-110頁-(3)	青谷横木遺跡〈第6トレンチ〉	(65)	21	3.5
30-6	〇□田定□丶〈 〉□□[年ヵ]八月三日〇／□／大□[領ヵ]∥	081	木研33-106頁-(1)	陰田第一遺跡〈A区(水田部)〉	(313)	(45)	4
30-7	□知□	019	木研17-144頁-(1)	陰田小犬田遺跡	(70)	29	(10)
30-8	見見□大大大	081	木研19-178頁-(1)	目久美遺跡	(308)	(24)	12
30-9-1	{一}	061	木研20-186頁-(1)	大御堂廃寺			
30-9-2	{一}	061	木研20-186頁-(2)	大御堂廃寺			

총람 번호	판독문	형식 번호	출전	유적명	길이	너비	두께
30-9-3	□[子ヵ]	061	木研20-186頁-(3)	大御堂廃寺			
30-9-4	□[未ヵ]	061	木研20-186頁-(4)	大御堂廃寺			
30-9-5	□	061	木研20-186頁-(5)	大御堂廃寺			
30-9-6	□	061	木研20-186頁-(6)	大御堂廃寺			
30-9-7	卯	061	木研20-186頁-(7)	大御堂廃寺			
30-9-8	巳	061	木研20-186頁-(8)	大御堂廃寺			
30-10-1	東一 (溜枡北辺枠板)	061	木研22-196頁-2(1)	大御堂廃寺(久米寺)	980	260	50
30-10-2	北＊東[×西] (溜枡北西隅柱北面)	061	木研22-196頁-2(2)	大御堂廃寺(久米寺)	(910)	(130)	130
30-10-3	・東 (溜枡北東隅柱北面)・南 (溜枡北東隅柱東面)	061	木研22-196頁-2(3)	大御堂廃寺(久米寺)	(910)	130	130
30-10-4	◎南 (溜枡南東隅柱東面)・西南 (溜枡南東隅柱南面)	061	木研22-196頁-2(4)	大御堂廃寺(久米寺)	(920)	130	130
30-10-5	南 (土居桁北辺)	061	木研22-196頁-2(5)	大御堂廃寺(久米寺)	1750	150	150
30-10-6	□西 (土居桁南辺)	061	木研22-196頁-2(6)	大御堂廃寺(久米寺)	1580	150	90
30-10-7	・◇三日／仏→／聖□[僧ヵ]‖・二□一升半口七＼◇＼○一升小甲口	019	木研37-189頁-(1) (木研22-196頁-2(7))	大御堂廃寺(久米寺)	(90)	44	3
30-10-8	・僧四・〈〉○□＼○二○間□	081	木研37-189頁-(2) (木研22-196頁-2(8))	大御堂廃寺(久米寺)	(83)	28	3
30-11-1	・□□□□・□□□□	032	木研35-114頁-(1)	坂長第7遺跡	294	31	3
30-11-2	星川部小身□[嶋ヵ]	032	木研35-115頁-(3)	坂長第7遺跡	97	17	6
30-11-3	／河村郡合定弐仟漆佰参拾陸束○相見郡合定伍千陸拾弐束／久米郡定五千壱佰壱拾陸束‖合三郡定税員一万二千九百十四束	011	木研35-115頁-(6)	坂長第7遺跡	663	40	5
31-1-1	大原評□□○磯部○安□	081	木研20-237頁-(1) (日本古代木簡選・木研11-105頁-(1))	出雲国庁跡	(152)	23	3
31-1-2	進上兵士財□□[月万ヵ]	019	木研20-237頁-(2) (日本古代木簡選・木研11-105頁-(2))	出雲国庁跡	(114)	34	5
31-1-3	□[中ヵ]	015	木研20-237頁-(6)	出雲国庁跡	(191)	(13)	10
31-2-1	・〈〉○□東殿出雲積大山○○○○伊福部大□・□□○□〈〉	081	木研24-129頁-(1)	出雲国府跡	(544)	(17)	9
31-2-2	□□□[建部上ヵ]	081	木研24-129頁-(2)	出雲国府跡	(50)	(13)	2
31-2-3	・蘇□□・□□〈〉	081	木研24-129頁-(3)	出雲国府跡	(133)	(13)	2
31-2-4	□○□○□・□[二ヵ]	081	木研24-129頁-(4)	出雲国府跡	(99)	(8)	3
31-2-5	・□○□○□・□	081	木研24-129頁-(5)	出雲国府跡	(94)	(14)	3
31-2-6	〈〉○□＼【四○□】＼○□頁□頁	065	木研24-129頁-(6)	出雲国府跡	(325)	56	27
31-2-7	○□○□○○＼○□[崎ヵ]○□	081	木研24-129頁-(7)	出雲国府跡	(137)	(26)	5
31-3-1	大□□[草郷ヵ]□	019	木研26-193頁-(1)	才ノ峠遺跡	(57)	20	3
31-3-2	返在□[処ヵ]□	081	木研26-193頁-(2)	才ノ峠遺跡	(72)	17	3
31-4-1	恐々謹解□□□	019	木研22-198頁-(1)	大坪遺跡	(138)	33.5	8
31-4-2	又進□	081	木研22-198頁-(2)	大坪遺跡	(52)	(16)	4
31-4-3	□□[歴ヵ]□□[年ヵ]□	081	木研22-198頁-(3)	大坪遺跡	(67)	(15)	4
31-5	□等波	091	木研34-93頁-(1)	面白谷遺跡			
31-6	・○□□・□□□	032	木研33-107頁-(1)	中殿遺跡	138	30	7
31-7	□[門ヵ]□□	039	木研34-92頁-(1)	江分遺跡	(120)	24	8
31-8	γ如律令	019	木研14-117頁-(1)	稲城遺跡	(179)	26	4

총람 번호	판독문	형식 번호	출전	유적명	길이	너비	두께
31-9	高岸神門	019	木研17-147頁-(1)	三田谷Ⅰ遺跡	(86)	38	3
31-10-1	γ鬼急々如律令	033	木研19-182頁-(1)	三田谷Ⅰ遺跡	278	21	4
31-10-2	γ急々如律令	051	木研19-182頁-(2)	三田谷Ⅰ遺跡	159	22	3
31-10-3	γ急々如律令	081	木研19-182頁-(3)	三田谷Ⅰ遺跡	(135)	29	4
31-10-4	□□□積豊□	081	木研19-182頁-(4)	三田谷Ⅰ遺跡	(76)	19	3
31-10-5	〈 〉	033	木研19-183頁-(5)	三田谷Ⅰ遺跡	126	31	6
31-11	・○右依大調進上件人・感寶元年五月廿一日□□	015	木研20-187頁-(1)	三田谷遺跡	(283)	30	9
31-12-1	八野郷神門米□[代ヵ]○□	019	木研21-185頁-(1)	三田谷遺跡	(148)	22	5
31-12-2	高岸三上部茂→	019	木研21-185頁-(2)	三田谷遺跡	(91)	22	5
31-13-1	□稲祀□□□宅部\○□□[以ヵ]祓給造□[玉ヵ]人	065	木研30-211頁-(1)	青木遺跡	97	41	10
31-13-2	・部富自姪富□者買□・莫其故者今天宜承知＝目今□	019	木研30-212頁-(15)	青木遺跡	(307)	38	3
31-13-3	・野身連吾依七十五斤／枚一／上‖五十五斤枚二／中□一合 百卅七斤・○合五百○斤枚十一○□□□□	019	木研19-195頁-(12) (長登木簡展図 録-36)	長登銅山跡	(275)	(17)	5
31-13-3	・○◇◇売田券○船岡里戸吉備部忍手佐位宮税六足不堪進上 ・仍□□□[口分ヵ]田越田一段進上／天平八□[年ヵ]十二月十 日〈 〉□[郷ヵ]長若倭部臣□麻□[呂ヵ]〉‖\○◇◇	011	木研30-214頁-(45) (木研26-197 頁-(33))	青木遺跡	352	42	4
31-14-1	・／部領倉長殿／○／○倉兄／常吉○□‖○／安□／吉野 ／定吉‖○／倉益／倉長／宇丸倉長／門丸□‖○／馬 道部殿／○福丸□／男丸‖／○／又丸‖・□□□[丸ヵ] □□／○□□□○常□	019	木研30-155頁-(1)	山持遺跡	(381)	82	9
31-14-2	神戸額田部□□間	019	木研30-155頁-(2)	山持遺跡	(148)	27	4
31-14-3	伊努郷若倭部□□	051	木研30-155頁-(3)	山持遺跡	192	25	4
31-15·16-1	止知一斛○尚世名	031	木研10-73頁-(3)	白坏遺跡	158	29	8
31-15·16-2	人上○三主	019	木研10-74頁-(13)	白坏遺跡	(107)	19	4
31-15·16-3	〔九々八□→〕\八九七→〕\七九→〕\六九□→〕\五→〕\四九 卅→〕\三九廿→〕\二□□→〕\一→〕	081	木研10-74頁-(17)	白坏遺跡	(89)	(44)	5
31-17	宅□□□[郷ヵ]長	019	木研32-99頁-(1)	五丁遺跡〈D1区 〉	(73)	23	6
31-18	・二斗一升二合・○石□[花ヵ]□	032	木研34-96頁-(1)	中尾H遺跡(1区)	125	22	6
31-19	・□[件ヵ]供○物・□	081	木研29-129頁-(1)	大婦け遺跡	(157)	44	6
32-1	β○□徳二年\奉転読大□□経《 》百巻守護砌也\β○二月廿 日	011	木研5-70頁	肩春堀の内遺跡	374	40	4
32-2	・□□[田ヵ]田□[都ヵ]都□[都ヵ]○○・○□[之ヵ]□○ 友友○□友○ε	081	木研24-132頁-(1)	川入・中撫川遺 跡	(524)	(40)	20
32-3	〈 〉	051	木研19-219頁-(1)	美作国府跡	240	22	45
33-1	・養方□□→·〈 〉	019	木研2-56頁	安芸国分尼寺伝 承地	(88)	28	5
33-2-1	・□「之之之」\□□□[四ヵ]斗○目大夫御料者○送人○秦人 乙麿○付□□\□「之之之之○之○之之○之之之之之之秦秦秦秦」・← □[麿ヵ]\○天平勝寶二年四月廿九日帳佐伯部足嶋	081	木研24-134頁-(1)	安芸国分寺跡	(553)	49.5	3.5
33-2-2	・○御料二升五合「容客人□[恵ヵ]得□□□」\←□[升ヵ]五 合\七日用米三斗八升五合○廿日安芸郡□□□[下坐ヵ]	019	木研24-134頁-(2)	安芸国分寺跡	(391)	36	7
33-2-3	・←□郷舗設事／□□[鷹ヵ]→○／□□／茵二枚○葆二[二ヵ]‖ ・←□[郷ヵ]舗設事○／□[鷹ヵ]一枚○□□[座ヵ]茵二□／ □□枚□□□[葆三ヵ]枚‖	081	木研24-134頁-(3)	安芸国分寺跡	(180)	31	6
33-2-4	・／○／〈 〉◇□□共養用米事‖〈 〉・○二〈 〉◇〉□人／〈 〉／〈 〉 ‖	081	木研24-134頁-(4)	安芸国分寺跡	(295)	22	6
33-2-5	佐伯郡米五斗	032	木研24-134頁-(5)	安芸国分寺跡	173	20	3.5
33-3	高宮	039	木研28-175頁-2(1)	安芸国分寺跡	(132)	22	3
33-4	・高宮郡司解○／占部連千足／□部□麻呂□□□□‖・□□ □部□□[連ヵ]□□\□□[葛ヵ]木部□[直ヵ]子人占部連千 足海部□[首ヵ]□良□人	019	木研16-175頁-(1)	郡山城下町遺跡	(358)	57	6

총람번호	판독문	형식번호	출전	유적명	길이	너비	두께
33-5-1	高田郡庸絶□	032	日本古代木簡選(木研3-68頁-(1))	下岡田遺跡	175	40	7
33-5-2	久良下六俵入	032	日本古代木簡選(木研3-68頁-(2))	下岡田遺跡	147	15	4
34-1	○大大＼○凡＼○大大大＼凡○大大＼凡凡大大＼○□□□	065	木研10-80頁-(1)	長門国分寺跡	75	86	19
34-2	□三荷遺故領不有	081	木研26-205頁-(1)	長門国分寺跡	(183)	(45)	6
34-3	弓削畳万呂	019	木研32-100頁-(1)	延行条里遺跡(八幡ノ前地区)	(111)	15	3
34-4	〈 〉	032	木研28-181頁-(1)	二刀遺跡	200	45	10
34-5	○三□〔家ヵ〕山公□○○□□＼○〈 〉	019	木研9-103頁-(1)	周防国府跡	(817)	31	11
34-6	・天岡○○○□□十一・□＝急々如律令	019	木研12-136頁-(1)	周防国府跡	(150)	29	4
34-7	請菜	081	木研22-213頁-(1)	周防国府跡	(81)	(32)	4
34-8	○□□□□□〔佐波郷ヵ〕＼□人□□〔殿門ヵ〕大前□□人夫者□□進上依而〈 〉人夫□□＼	019	木研23-144頁-1(1)	周防国府跡	(460)	52	5
34-9-1	・○○○◇＼何道倉稲綬達良君猪弓十束・○〈 〉○□〔日ヵ〕＼○○○◇	011	木研23-145頁-2(1)	周防国府跡	253	37	8
34-9-2	{｜＼○＼｜＼○＼｜＼｜〔主ヵ〕帳＼｜＼○＼｜＼嫡弟}	081	木研23-145頁-2(2)	周防国府跡	(14)	142	9
34-9-3	{女＼｜＼□〔女ヵ〕＼｜＼女＼｜＼女＼｜}	081	木研23-145頁-2(4)	周防国府跡	(14)	(85)	10
34-10-1	□人謹請〈 〉一□万□	081	木研13-131頁-(1)(長登2-1・長登木簡展図録-4)	長登銅山跡	(511)	43	15
34-10-2	日置部小椅出□□○忍海部志○米出炭十八石＼刑部龍手出炭卅八石○大神部廣麻呂出炭四□石	011	木研13-131頁-(4)(長登2-12・長登木簡展図録-66)	長登銅山跡	278	31	11
34-10-3	□炭□□□四人○炭一人	019	木研13-132頁-(5)	長登銅山跡	(289)	37	5
34-10-4	春米連宮弓夕上米二斗一升○十五日	011	木研13-132頁-(7)(長登2-26・長登木簡展図録-55)	長登銅山跡	206	29	5
34-10-5	・遺米六斗三升八合・□□□□□＼○〈 〉	081	木研13-132頁-(8)(長登2-24・長登木簡展図録-54)	長登銅山跡	(112)	21	5
34-10-6	・日下部色夫七月功・大殿七十二斤枚一	032	木研13-132頁-(18)(長登2-43・長登木簡展図録-111)	長登銅山跡	127	32	7
34-11	・○天平三年九月＼佐美郷槻原里庸米六斗・□□□□□〔足ヵ〕庸米三斗＼□□□〔牛ヵ〕足□米三斗	032	木研14-125頁-(1)(長登2-34・長登木簡展図録-90)	長登銅山跡	196	40	3
34-12-1	・額田部万呂／十月九日∥・□□□□□	032	長登3-153(木研18-171頁-(1)・長登木簡展図録-153)	長登銅山跡	189	33	7
34-12-2	下神部小□□／廿二斤枚二／七月十日∥	032	長登3-154(木研18-171頁-(2)・長登木簡展図録-124)	長登銅山跡	164	27	6
34-12-3	・厚佐加三鳥額部・【□□長神人□】	081	長登3-151(木研18-171頁-(3)・長登木簡展図録-17)	長登銅山跡	(199)	(28)	3
34-13-1	・◇○大斤七百廿三斤枚卅一＼掾殿銅○小斤二千四百廿四斤枚八十四○朝庭不申銅○天平二年六月廿二日・／大津郡／§日置若手／日置比歐／下神部乎自止／§日置百足／§日置小廣∥○／○§語積手／弓削部小人／○§語部豊田／§三隅凡海部末万呂／○§凡海部乙万呂／§凡海部勝万呂／§日置部根手／下神部根足／§凡海部小廣∥○／○凡海部衰西／廂日置部廣手／廂日置部比万呂／○矢田部大人／○凡海部末呂∥	011	木研19-193頁-(5)(長登木簡展図録-34)	長登銅山跡	685	140	9
34-13-2	符雪邑山○日下○□□□→	091	木研19-198頁-(60)(長登木簡展図録-1)	長登銅山跡	(176)	(24)	1

총람 번호	판독문	형식 번호	출전	유적명	길이	너비	두께
34-13-3	・野身連百依七十五斤／枚一／上‖五十五斤枚二／中‖一合 百卅七斤・○合五百○斤枚十一一○□□□□→	019	木研19-195頁-(12) (長登木簡展図 録-36)	長登銅山跡	(275)	(17)	5
34-14-1	日置部麻事庸米六斗	032	木研21-201頁-(1) (長登木簡展図 録-98)	長登銅山跡	155	26	5
34-14-2	□□□斤枚	091	木研21-201頁-(3)	長登銅山跡			
34-14-3	二百六十日○□麻呂	091	木研21-201頁-(12) (長登木簡展図 録-86)	長登銅山跡			
34-14-4	・←穴十五人・←六十一○穴二→	081	木研21-201頁-(4) (長登木簡展図 録-77)	長登銅山跡	(95)	34	5
35-1-1	己丑年□[四ヵ]月廿九日	032	◎観音寺1-41(荷札 集成-(236)・観音寺概 報-(1)・木研20-207 頁-(1))	観音寺遺跡〈 Loc.E-1β-Ⅳ F-20〉	185	43	5
35-1-2	麻殖評伎珥宍二升	032	◎観音寺1-4(荷札集 成-(234)・観音寺概 報-(2)・木研20-207 頁-(1))	観音寺遺跡〈 Loc.E-1α-Ⅳ N-20〉	209	20	5
35-1-3	○／波尓五十戸税三百○→／高志五十戸税三百十四束‖○ ／○／佐井五十戸税三一／○□‖	019	◎観音寺1-60(観音 寺概報-(3)・木研 20-208頁-(3))	観音寺遺跡〈 Loc.E-1β-Ⅴ G-2〉	(509)	(33)	7
35-1-4	・□[冀ヵ]□依□□[夷ヵ]乎□□[遷ヵ]止□[耳ヵ]所中□ □□（表面)・□□□□乎（裏面)・子日○学而智時不孤□ 乎□自朋遠方来亦時楽乎人不知亦不慍（左側面)・〈 〉用作 必□□□□□[兵ヵ]□人〈 〉□□□[刀ヵ]（右側面)	065	◎観音寺1-77(観音 寺概報-(4)・木研 20-208頁-(4))	観音寺遺跡〈 Loc.E-1α-Ⅴ I-5〉	(653)	29	19
35-1-5	津迩郷野緑里大伴部廣嶋	051	◎観音寺1-9(観音寺 概報-(5)・木研 20-208頁-(5))	観音寺遺跡〈 Loc.E-1α-Ⅳ P-19・20〉	233	27	4
35-1-6	丹生里籾一石	032	◎観音寺1-15(観音 寺概報-(7)・木研 20-208頁-(7))	観音寺遺跡〈 Loc.E-1α-Ⅳ Q-20〉	152	(18)	5
35-2-1	○○[年ヵ]四月廿○○／○一升日一升／又日一升又日一升 又日□‖＼板野国守大夫分米三升小子分用米〈 〉＼○此月数 →	019	◎木研35-154頁-(5) (木簡黎明)-(63)・観音 寺1-70・木研21-205 頁-(1)・観音寺概 報-(15))	観音寺遺跡〈 Loc.E-1β-Ⅳ B-18〉	(273)	59	5
35-2-2	〈 〉＼奈尓波ツ尓作久矢己乃波奈	019	◎木簡黎明-(29)(観 音寺1-69・木研 21-205頁-(2)・観音 寺概報-(16))	観音寺遺跡〈 Loc.E-1β-Ⅳ A-18〉	(161)	45	7
35-2-3	・安子之比乃木＼少司椿ツ婆木・□□□□[留ヵ]木	081	◎観音寺1-8(木研 21-205頁-(3)・観音 寺概報-(17))	観音寺遺跡〈 Loc.E-1α-Ⅳ Q-19〉	(80)	(31)	5
35-2-4	□彼里人	081	◎観音寺4-207(木研 21-205頁-(4))	観音寺遺跡〈 Loc.F-1γ-Ⅳ T-13〉	(124)	(24)	5
35-2-5	←□子見祢女年○五十四	081	◎観音寺1-35(木研 21-205頁-(6))	観音寺遺跡〈 Loc.E-1β-Ⅳ C-19〉	(132)	(20)	9
35-2-6	・生部諸光／○／年‖・以□光□□□[郷ヵ]	019	◎木研35-154頁-(3) (観音寺1-37・木研 21-206頁-(7))	観音寺遺跡〈 Loc.E-1β-Ⅳ D-20〉	(105)	16	4
35-2-7	井上戸主弓金〈 〉[卅ヵ]□七	011	◎観音寺1-34(木研 21-206頁-(8))	観音寺遺跡〈 Loc.E-1β-Ⅳ D-20〉	230	45	8

총람 번호	판독문	형식 번호	출전	유적명	길이	너비	두께
35-3-1	〈 〉□麦§伍合□[請ヵ]□□□□[三升内ヵ]＼○延曆三年四月廿四日	051	◎木研31-169頁-(9)(観音寺4-182·木研23-151頁-(1))	観 音 寺 遺 跡〈Loc.F-1δ-ⅢQ-20〉	220	33	3
35-3-2	·謹解申神原田稲刈得事○合壱□[百ヵ]漆拾四束·□□留玖拾四□[束ヵ]＼〈 〉捌□□[拾束ヵ]＼○天平勝寶二年八月十五日□[虫ヵ]足	011	◎木研31-169頁-(10)(観音寺4-183·木研23-151頁-(2))	観 音 寺 遺 跡〈Loc.F-1δ-ⅣH-1〉	258	52	5
35-3-3	八万大名	051	◎観音寺4-184(木研23-151頁-(3))	観 音 寺 遺 跡〈Loc.F-1δ-ⅣH-3〉	168	15	2
35-3-4	桜間猪使廣山	011	◎観音寺4-185(木研23-151頁-(4))	観 音 寺 遺 跡〈Loc.F-1δ-ⅣG-1〉	76	15	2
35-3-5	井上生王部満万呂	051	◎観音寺4-186(木研23-151頁-(5))	観 音 寺 遺 跡〈Loc.F-1δ-ⅣG-3〉	149	15	2
35-3-6	桜間米五斗○/「真黒」‖	031	◎観音寺4-187(木研23-151頁-(6))	観 音 寺 遺 跡〈Loc.F-1δ-ⅣG-3〉	(178)	23	3
35-3-7	井上弓金佐流	019	◎観音寺4-188(木研23-151頁-(7))	観 音 寺 遺 跡〈Loc.F-1δ-ⅣG-3〉	(138)	22	2
35-3-8	/「□□□」/〈 〉‖□□大豆不請□□□	081	◎観音寺4-189(木研23-151頁-(8))	観 音 寺 遺 跡〈Loc.F-1δ-ⅢG-19〉	(151)	(9)	5
35-4	·○三間三間間(「1·2字目の「三間」に「木」を重書」)·○□	032	◎木研31-168頁-(3)(観音寺4-212·木研26-211頁-(1))	観 音 寺 遺 跡〈Loc.F-1ε-ⅢO-10〉	115	26	3
35-5-1	←平寶字八年二月十日附使弓金部□[金ヵ]進上	081	◎木研31-168頁-(8)(観音寺4-137·木研28-182頁-(1))	観 音 寺 遺 跡〈Loc.F-1δ-ⅣE-5〉	(200)	(38)	3
35-5-2	·□□□[府掌等ヵ]解申可○火事□·○□·「海廣海海」	081	◎木研31-168頁-(7)(観音寺4-133·木研28-182頁-(2))	観 音 寺 遺 跡〈Loc.F-1δ-ⅣE-4〉	195	(36)	3
35-5-3	·召粟永□[継ヵ]○/○右為→/使宗□[我ヵ]→‖·□[知ヵ]副使参向不□[得ヵ]→	081	◎木研31-168頁-(6)(観音寺4-131·木研28-182頁-(3))	観 音 寺 遺 跡〈Loc.F-1δ-ⅢD-20〉	(206)	(49)	4
35-5-4	殖栗郷秦石嶋	019	◎観音寺4-134(木研28-182頁-(4))	観 音 寺 遺 跡〈Loc.F-1δ-ⅣF-4〉	(107)	17	4
35-5-5	·皮麦五斗阿波郡□□[佐比ヵ]·○八月七□	032	◎観音寺4-144(木研28-182頁-(5))	観 音 寺 遺 跡〈Loc.F-1δ-ⅣE-2〉	(97)	17	4
35-5-6	生蝶百貝	032	◎木研31-170頁-(17)(観音寺4-141·木研28-183頁-(6))	観 音 寺 遺 跡〈Loc.F-1δ-ⅣF-4〉	120	21	4
35-5-7	□[名ヵ]東郡人安曇継見	081	◎木研31-170頁-(30)(観音寺4-114·木研28-183頁-(7))	観 音 寺 遺 跡〈Loc.F-1δ-ⅢH-19〉	372	(47)	7
35-5-8	白米処	065	◎木研31-170頁-(29)(観音寺4-113·木研28-183頁-(8))	観 音 寺 遺 跡〈Loc.F-1δ-ⅢH-18〉	185	43	7
35-5-9	□□□[勘省掌ヵ]山得人＼○書生安曇豊主	011	◎木研31-170頁-(26)(観音寺4-93·木研28-183頁-(9))	観 音 寺 遺 跡〈Loc.F-1δ-ⅣF-4〉	(225)	67	7
35-6-1	土師里米一石目杢	032	◎木研31-168頁-(1)(観音寺4-215)	観 音 寺 遺 跡〈Loc.F-1ε-ⅢP-10〉	126	26	4

총람 번호	판독문	형식 번호	출전	유적명	길이	너비	두께
35-6-2	鴨里漢人部□□□□□	019	◎木研31-168頁-(2) (観音寺4-214)	観音寺遺跡〈 Loc.F-1ε-Ⅲ N-12〉	(164)	20	5
35-6-3	桜間里小□○斗	031	◎木研31-168頁-(4) (観音寺4-211)	観音寺遺跡〈 Loc.F-1δ-Ⅳ N-1〉	138	21	4
35-6-4	桜間里酒人部赤麻呂□□	051	◎木研31-168頁-(5)	観音寺遺跡	204	20	7
35-6-5	・阿波国司牒□□□□〔淡路国カ〕□□□□□□□□□\牒○ 今□□□\○右~被～今月廿三日牒俉・国〔×依〕依牒旨仰当 郡司与使人共依数乞徴已畢者国~仍~差那賀直綿麻呂\○方 □\○令向〇□〔充カ〕使～発～遣如前仍注事状付使綿麻呂 故牒・○彼○即附佐伯費大長\已畢望請除此土籍欲附出～京 ～戸～籍者国依解状覆検知実仍録事状故移\○〔〈〉\○〔〈 〉\阿波国司解○申勘籍資人事秦人部大宅年弐拾陸／部下 名方郡殖栗郷戸主秦人部人麻呂戸口者／○〈〉∥〈〉	081	◎木研31-169 頁-(11)(観音寺 4-201)	観音寺遺跡〈 Loc.F-1δ-Ⅳ C-10〉	579	(50)	5
35-7-1	・○勝○ε（人物画）賜\鳥○道○第○第○第□□○鶴○霜 ○家・鳥○第□第○説○（記号）\○蘭○蘭	019	◎木研31-169 頁-(12)(観音寺 4-178)	観音寺遺跡〈 Loc.F-1δ-Ⅳ D-7〉	(280)	44	2
35-7-2	・○秦〈 〉○斛○斛斛○有有\○稲足一斗○斛斛○斛斛斛◇ \□〔秦カ〕秦百足一斗斛斛斛斛斛・\又六／〈 〉久四∥人□ ○◇	019	◎木研31-169 頁-(13)(観音寺 4-202)	観音寺遺跡〈 Loc.F-1δ-Ⅳ F-7〉	(216)	51	5
35-7-3	阿波国進○御贄甲蠃壱缶	031	◎木研31-170 頁-(14)(観音寺 4-149)	観音寺遺跡〈 Loc.F-1δ-Ⅳ C-12〉	(122)	15	3
35-7-4	蕨甲蠃二斗四升	032	◎木研31-170 頁-(15)(観音寺 4-191・木研23-152 頁-(10))	観音寺遺跡〈 Loc.F-1δ-Ⅲ G-19〉	98	23	4
35-8	勝浦○板野○麻殖那賀	011	◎木研22-216頁-(1)	敷地遺跡	250	50	10
36-1	ε（墨画）人	061	木研34-105頁-(1)	多肥宮尻遺跡	(113)	20	3
36-2	○秦人○秦部○秦尓部\◇○秦人\□○□〔秦カ〕□ （刻書 ）	081	木研11-104頁-(1)	下川津遺跡	(211)	40	3
37-1	・□大□〔長カ〕□□・□□□□	019	木研2-57頁-(1)	久米窪田Ⅱ遺跡	(275)	26	4
37-2	〈 〉	032	木研15-118頁-(1)	久米窪田森元遺 跡	130	23	3
38-1-1	〈 〉	011	木研32-104頁-1(1)	徳王子前島遺跡	205	27	1
38-1-2	〈 〉\〈 〉\〈 〉\〈 〉	065	木研32-104頁-1(2)	徳王子前島遺跡	21	110	2
38-2	・β南→・□	039	木研32-105頁-2(1)	徳王子前島遺跡	(51)	19	4
39-1	・郡召税長膳臣澄信○／右為勘→／持番番□□等依○∥・不 避昼夜祗護仕官□〔舎カ〕而十日不宿□〔直カ〕→\只今晩参 向於郡家不得延□〔怠カ〕□□\大領物部臣今継○□○□	019	木研20-214頁-(1)	上長野A遺跡	(365)	83	5
39-2	・戸主秦部竹□〔村カ〕口分田□〔給カ〕\□□田二段・←月廿 九日郡図生刑部忍国\○□□〔国カ〕生調勝男□	019	木研25-184頁-(1)	朽網南塚遺跡	(266)	41	5
39-3	←□□〔師カ〕一○◇◇	*	木研1-49頁	三宅廃寺	(122)	(41)	7
39-4-1	・三□□〔月卅カ〕四日付荒権下米四斛○之／白一石／里三石 ∥・田中□直	033	日本古代木簡選・木 研5-75頁-(1)	高畑廃寺	241	19	4
39-4-2	・知佐□一石五□〔升カ〕・三月十日	032	日本古代木簡選・木 研5-75頁-(2)	高畑廃寺	182	21	3
39-4-3	石□□〔田上カ〕石□□	032	木研5-75頁-(3)	高畑廃寺	(137)	28	4
39-4-4	【□□□□○金□】	039	木研5-75頁-(4)	高畑廃寺	(159)	(12)	4
39-4-5	←□人木人	065	木研5-75頁-(5)	高畑廃寺	(136)	19	13
39-4-6	〈 〉大○大大○大	061	木研5-75頁-(6)	高畑廃寺			
39-5	・○□□□〔也右カ〕所損◇◇稲□□来八日〈 〉◇◇\□利進 填□□事□□□〈 〉\□ □（一行目「稲」に「□」を重書）・ ○□□□□□\□ 令□勘□乙成□□〔米カ〕□□□ □□□□□□\○事状以解◇◇○天長五〈 〉◇◇	081	木研25-189頁-(1)	高畑遺跡	(359)	(57)	3

총람 번호	판독문	형식 번호	출전	유적명	길이	너비	두께
39-6	〈　〉	039	木研23-156頁-(1)	井相田C遺跡	(78)	23	8
39-7-1	肥後国天草郡志記里□	039	木研13-142頁-(1)	鴻臚館跡	(155)	31	5
39-7-2	讃岐国三木郡□□六斗	031	木研13-142頁-(3)	鴻臚館跡	213	(21)	4
39-7-3	・目大夫所十四隻□□□・□□十隻	011	木研13-142頁-(4)	鴻臚館跡	(152)	20	5
39-7-4	□□玄米二升○五十人○日二合	081	木研13-142頁-(5)	鴻臚館跡	(181)	12	9
39-7-5	京都郡庸米六→	039	木研13-142頁-(6)	鴻臚館跡	(110)	21	5
39-7-6	二物大□	019	木研13-142頁-(10)	鴻臚館跡	(73)	(11)	4
39-7-7	庇羅郷甲□煮一斗	011	木研13-142頁-(11)	鴻臚館跡	156	17	4
39-8	{□＼□}	081	木研29-143頁-(1)	鴻臚館跡	(18)	(109)	6
39-9	□□□□□	081	木研14-129頁-(1)	雀居遺跡	(177)	25	5
39-10-1	壬辰年韓鉄□□	033	荷札集成-247(木研21-214頁-(1))	元岡遺跡群	218	(30)	5
39-10-2	・□□□[符白ヵ]□里長□□[五ヵ]戸〈　〉…□者大□神廿□[二ヵ]物・□□□政丁□□部□□□□□□□一□□□[婢馬ヵ]□□□□…□[瓦ヵ]田○余戸人在＼□□□嶋里□□□□□□□□□□□□□…○	019	木研21-214頁-(2)	元岡遺跡群	(421+97)	32	4
39-10-3	□疆気〈　〉	081	木研21-214頁-(3)	元岡遺跡群	(112)	23	3
39-11	凡人◇◇言事解除法○進奉物者○人方七十七隻○馬方六十隻○須加・＼水船四隻○弓廿張○矢卌隻○§五色物十柄○§□□多志五十本○§赤玉百○立玉百○§□□柄○酒三…→§米二升○栗木二□○§[束ヵ]木八束	061	木研22-221頁-(1)	元岡遺跡群	450	(60)	5
39-12	□○〈　〉	039	木研25-191頁-(1)	元岡・桑原遺跡群	(79)	24	3
39-13-1	・／○／□[粮ヵ]‖壱石者・計帳造書□□用仍□＼○延暦四年六月廿四日中→	081	木研33-162頁-(1) (木研23-158頁-(1))	元岡・桑原遺跡群	(157)	(30)	3
39-13-2	・○難波部○／十人□[入ヵ]‖大伴部○額田部□[五ヵ]・□[波ヵ]部五□[人ヵ]	081	木研33-162頁-(2) (木研23-158頁-(2))	元岡・桑原遺跡群	(137)	28	5
39-13-3	・嶋郡赤敷里□[持ヵ]難波部□[首ヵ]・□□[五月ヵ]廿三日丁卯□□[領ヵ]□	019	木研33-162頁-(3) (木研23-158頁-(3))	元岡・桑原遺跡群	(161)	14	4
39-13-4	・太寶元年辛丑十二月廿二日＼白□□[米二石ヵ]〈　〉鮑廿四連代税・○官川内□[歳ヵ]六黒毛馬胸白・□「六人部川内」	032	木研33-162頁-(5)(『元岡・桑原遺跡群14』-8・木簡黎明-(165)・木研23-158頁-(5))	元岡・桑原遺跡群	137	27	5
39-13-5	献上○□□[沙ヵ]魚皮…延暦四年十月十四日真成	081	木研33-163頁-(11)(木研25-198頁-(3)・木研23-159頁-(14))	元岡・桑原遺跡群	(165+113)	(29)	5
39-14	南□□	091	木研22-222頁-(1)	今山遺跡			
39-15	・三人右為皇后職少属正八位上・／○／□□‖○□□[脚ヵ]力者宜知状限今日戊時□進来御□[示ヵ]到奉行	019	木研25-186頁-(1)	下月隈C遺跡群	(354)	44	4
39-16-1	／○／←‖□別六→＼○□怡土城擬大領□[解ヵ]□□□□・□□□□専当其事□[令ヵ]□「□[案主ヵ]□」	081	木研32-106頁-(1)	金武青木A遺跡	(243)	(65)	6
39-16-2	物部嶋足＼矢田部長足	081	木研32-106頁-(2)	金武青木A遺跡	(96)	(29)	3
39-16-3	・公浄足＼三家連敷浪・志麻郡	019	木研32-107頁-(3)	金武青木A遺跡	(169)	24	5
39-16-4	□[物ヵ]部□[家ヵ]□□三斗	032	木研32-107頁-(4)	金武青木A遺跡	174	36	6
39-16-5	・月七日〈　〉◇・←部〈　〉○◇	019	木研32-107頁-(5)	金武青木A遺跡	(134)	32	5
39-16-6	・二小・○又□	081	木研32-107頁-(6)	金武青木A遺跡	(65)	(24)	6
39-16-7	・□□□[足足足ヵ]・□□	081	木研32-107頁-(7)	金武青木A遺跡	(80)	(18)	5
39-16-8	・○◇＼□□□□来／七月十九日‖・○○◇九十疋	061	木研32-107頁-(8)	金武青木A遺跡	(233)	(74)	5
39-16-9	延歴[暦]十年□[四ヵ]	021	木研32-107頁-(9)	金武青木A遺跡	(91)	33	3
39-17	○□□□＼□□[三ヵ]□四○五＼□○九□○□○掛	081	木研16-183頁-(1)	ヘボノ木遺跡	(74)	(59)	(6)
39-18	・今日物□[忌ヵ]・□□□	081	木研29-148頁-(1)	椿市廃寺	(90)	(25)	5
39-19-1	・□□[不知ヵ]山里□・□[籾ヵ]一石	032	木研32-111頁-1(1)	延永ヤヨミ園遺跡〈3区〉	180	(28)	6

총람 번호	판독문	형식 번호	출전	유적명	길이	너비	두께
39-19-2	〈 〉	081	木研32-111頁-1(2)	延永ヤヨミ園遺跡〈3区〉	(184)	(23)	8
39-19-3	・/○/下‖○急々→・□□□〔浄欲ヵ〕	081	木研32-111頁-1(3)	延永ヤヨミ園遺跡〈3区〉	(80)	(37)	5
39-20-1	天平六年十月十八日	081	木研32-111頁-2(1)	延永ヤヨミ園遺跡〈4区〉	(108)	(16)	7
39-20-2	□戸川部嶋山○□	081	木研32-111頁-2(2)	延永ヤヨミ園遺跡〈4区〉	(106)	(19)	7
39-20-3	・□〈 〉□段・○得五段	081	木研32-111頁-2(3)	延永ヤヨミ園遺跡〈4区〉	(76)	23	4
39-20-4	・符○郡主□□少長□〈 〉・〈 〉	011	木研32-112頁-2(4)	延永ヤヨミ園遺跡〈4区〉	272	37	8
39-21-1	・丙家搗米宅津十丙部里人大津夜津評人・丙里人家/□□〈 〉/〈 〉‖○〈 〉	011	木研22-275頁-(1) (日本古代木簡選・木研7-115頁-(1))	井上薬師堂遺跡	448	36	8
39-21-2	□〔寅ヵ〕年白日椋稲遺人/黒人赤加倍十/山部田母之本廿/日方□〔ツ呉ヵ〕之倍十/木田支万羽之本五‖○/竹野万皮引本五/	011	木研22-275頁-(2) (日本古代木簡選・木研7-115頁-(2))	井上薬師堂遺跡	446	45	7
39-21-3	/三石/米一石/白米半‖○/加太里白米二石半/并十五石/反俵廿一石半‖	081	木研22-275頁-(3) (日本古代木簡選・木研7-115頁-(3))	井上薬師堂遺跡	(246)	46	6
39-21-4	・見上出挙千百七十束＼○未＼○二石六斗七升・百九十四〈 〉上□〔積ヵ〕§義上五束＼○□〔二ヵ〕石六斗□＼百十束七把○加§稻上五束（「合」、一行目と三目目の「上」のうえに重書）	065	木研22-277頁-(4) (日本古代木簡選・木研7-115頁-(4))	井上薬師堂遺跡	(111)	43	4
39-21-5	・□〔月ヵ〕服服服大大大大大大□□□□〔名名名ヵ〕・夫大大大夵□〔大ヵ〕○夫□□〔廿ヵ〕□□	081	木研22-277頁-(5) (木研7-116頁-(5))	井上薬師堂遺跡	(267)	(19)	(5)
39-22-1	〈 〉卌五歩/一院収□〔田ヵ〕□段/一院□〔佃ヵ〕□□田一段百七十歩	081	日本古代木簡選(木研4-83頁-(1))	九州大学(筑紫地区)構内遺跡	(175)	(33)	5
39-22-2	〈 〉一□〔院ヵ〕□□□	081	木研4-83頁-(2)	九州大学(筑紫地区)構内遺跡	(176)	(24)	5
39-23-1	・壱弐参肆伍陸漆捌玖拾佰仟＝億斛斗升・【大天□天】○□十□□	011	木研27-198頁-(1)	本堂遺跡	314	15	5
39-23-2	ε（人物像）/鬼/急々如□〔律ヵ〕令/鬼‖	011	木研27-199頁-(2)	本堂遺跡	118	54	6
39-23-3	ε（人物像）/鬼/急々如津〔律ヵ〕令/鬼‖	011	木研27-199頁-(3)	本堂遺跡	113	47	6
39-24-1	・□□疾病為依・□日下部牛□〔＝ヵ〕里長日下部君牛＝	019	木研37-170頁-(1) (大宰府木簡概報1-1・日本古代木簡選)	大宰府跡蔵司西地区	(147)	31	6
39-24-2	大夫之□〔紬ヵ〕	091	木研37-170頁-(2) (大宰府木簡概報1-5)	大宰府跡蔵司西地区			
39-24-3	・久須評大伴部・太母□□□三貝	032	木研37-170頁-(3) (荷札集成-248・日本古代木簡選・大宰府木簡概報1-2)	大宰府跡蔵司西地区	156	27	3
39-24-4	八月廿日記貸稲数/□○財→/財部人○物→‖	061	木研37-170頁-(4) (大宰府木簡概報1-4・日本古代木簡選)	大宰府跡蔵司西地区	153	32	7
39-24-5	年里五戸	081	木研37-170頁-(5) (荷札集成-296)	大宰府跡蔵司西地区	(134)	(15)	(5)
39-24-6	・告稲事者受食白○大伴部尸手此・无□〔故ヵ〕在時□〔奴ヵ〕吾□〔麻ヵ〕□□□〔稲取ヵ〕出白	011	木研37-170頁-(6) (大宰府木簡概報1-3・日本古代木簡選)	大宰府跡蔵司西地区	343	21	5
39-24-7	○□□□□子亥戌□＼□□□□〔記ヵ〕□□□□□	019	木研37-170頁-(7)	大宰府跡蔵司西地区	(163)	37	5

총람 번호	판독문	형식 번호	출전	유적명	길이	너비	두께
39-24-8	□十二篇其□[以ヵ]□□	081	木研37-170頁-(8)	大宰府跡蔵司西地区	(116)	37	6
39-25	・忌忌忌忌忌○□□□□□□＼忌頓首硲硲○硲□硲（ ）＼（ ）○（ ）内・□正正月月月月月月月月月＼俑俑俑俑俑俑俑俑俑俑俑俑□・頓頓頓頓○□□浄浄浄	081	木研8-97頁-1(4)(大宰府木簡概報1-6)	大宰府跡大楠地区	(204)	(37)	4
39-26-1	南无大般若心経	061	大宰府木簡概報2-247(木研3-57頁-(1))	大宰府跡学校院地区東辺部	208	15	4
39-26-2	・延長五年／→／米■帳‖・○←／□所々／米■帳‖	061	大宰府木簡概報2-244(木研3-57頁-(2))	大宰府跡学校院地区東辺部	(97)	32	5
39-26-3	○→＼倶舎□[八ヵ]→	081	大宰府木簡概報2-245(木研3-58頁-(3))	大宰府跡学校院地区東辺部	(83)	(19)	2
39-27-1	・遠遠遠→・君○君	081	大宰府木簡概報2-235(木研4-82頁-(1))	大宰府跡大楠地区	(72)	(14)	2
39-27-2	・□□□□[伏ヵ]・→	081	大宰府木簡概報2-239(木研4-82頁-(2))	大宰府跡大楠地区	(91)	24	3
39-27-3	佐□	061	大宰府木簡概報2-241(木研4-82頁-(3))	大宰府跡大楠地区	(220)	19	2
39-28	三麦□[肖ヵ]三麦	081	大宰府木簡概報2-172(木研6-97頁-(21)・大宰府58概報-22頁)	大宰府跡不丁官衙地区(右郭五条二坊)	(190)	(20)	4
39-29-1	・兵士合五十九人○／□○□□二人○兵士□三人／定役五十四／□□[筑前ヵ]兵士卅一／筑後兵士廿三‖・天平六年四月廿一日	011	大宰府木簡概報2-148(日本古代木簡選・木研6-96頁-(1)・大宰府58概報-(1))	大宰府跡不丁官衙地区(右郭六条一坊・二坊)	270	40	4
39-29-2	□○尊者上座者火急殿門進上宜○須良状	081	大宰府木簡概報2-174(日本古代木簡選・木研6-96頁-(2)・大宰府58概報-(2))	大宰府跡不丁官衙地区(右郭六条一坊・二坊)	(342)	31	2
39-29-3	二月十日…□夫卅一日卅十三日廿九	081	大宰府木簡概報2-155(木研6-96頁-(12)・大宰府58概報-(15))	大宰府跡不丁官衙地区(右郭六条一坊・二坊)	(26+145)	(7)	5
39-29-4	・造庁造造造庁造□庁○庁・（ ）「大豆五斗」造造庁大	081	大宰府木簡概報2-175(木研6-96頁-(3)・大宰府58概報-(3))	大宰府跡不丁官衙地区(右郭六条一坊・二坊)	(348)	43	5
39-29-5	糟屋郡紫草廿根	032	木研8-99頁-2(13)(大宰府木簡概報2-193)	大宰府跡不丁官衙地区	128	22	5
39-29-6	岡賀郡紫草廿根	032	大宰府木簡概報2-192(日本古代木簡選・木研6-96頁-(4)・大宰府58概報-(4))	大宰府跡不丁官衙地区(右郭六条一坊・二坊)	138	27	4
39-29-7	・夜須郡苫壱張・調長「大神部道祖」	032	大宰府木簡概報2-202(日本古代木簡選・木研6-96頁-(9)・大宰府58概報-(12))	大宰府跡不丁官衙地区(右郭六条一坊・二坊)	144	24	4
39-30-1	日置部力良	081	木研8-97頁-1(1)(大宰府木簡概報2-237)	大宰府跡大楠地区	(107)	18	4
39-30-2	□〈 〉／□〈 〉十一年料‖	032	木研8-97頁-1(2)(大宰府木簡概報2-231)	大宰府跡大楠地区	272	20	6
39-30-3	・「□五○九斤二両二分四□[銖ヵ]」＼○□○烏賊○（ ）＼□[大ヵ]・」○荒□七□	081	木研8-97頁-1(5)(大宰府木簡概報2-234)	大宰府跡大楠地区	(96)	(20)	3

716 일본 목간 총람 (하)

총람 번호	판독문	형식 번호	출전	유적명	길이	너비	두께
39-31-1	·□[下ヵ]神部足嶋米＼○神部□□□□·□月廿六日○□	081	木研8-98頁-2(5)(大宰府木簡概報2-153)	大宰府跡不丁官衙地区	(90)	24	3
39-31-2	三井郡庸米六斗	011	木研8-99頁-2(19)(大宰府木簡概報2-204)	大宰府跡不丁官衙地区	112	21	5
39-31-3	·豊前□□□□[国京都郡ヵ]□→·□平八□九□[月ヵ]→	039	木研8-99頁-2(20)(大宰府木簡概報2-205)	大宰府跡不丁官衙地区	(76)	22	7
39-31-4	合志郡紫草大根四百五十編	032	木研8-99頁-2(26)(大宰府木簡概報2-213)	大宰府跡不丁官衙地区	392	31	16
39-32-1	·三団兵士□□□[役ヵ]宗形部刀良日下部赤猪·□二人〈〉	011	木研8-98頁-2(1)(大宰府木簡概報2-149·日本古代木簡選)	大宰府跡不丁官衙地区	228	36	9
39-32-2	上日六十□[二ヵ]〈〉	019	木研8-98頁-2(2)(大宰府木簡概報2-150)	大宰府跡不丁官衙地区	(142)	37	5
39-32-3	·○□本山＼○○○十一月○日田山□□人＼／木工□□□[秦人部山ヵ]孔館仕五日／□□[木エヵ]秦人部○遠○雲館仕七日‖並月八／九□‖·○天平八年十一月＼○十一□[日ヵ]□□□十二月＼□□□〈》]	019	木研8-98頁-2(3)(日本古代木簡選·大宰府木簡概報2-151)	大宰府跡不丁官衙地区	(114)	(30)	4
39-32-4	·□[十ヵ]一月○■田山□＼→·【十○十一月〈〉】	081	木研8-98頁-2(4)(大宰府木簡概報2-152)	大宰府跡不丁官衙地区	(65)	(20)	3
39-32-5	十七大「□□」	081	木研8-98頁-2(7)(大宰府木簡概報2-158)	大宰府跡不丁官衙地区	(176)	(22)	6
39-32-6	·筑紫○○[滓ヵ]屋□[郡ヵ]＼○○○[前牛ヵ]□□□·〈〉＼○□□	081	木研8-99頁-2(15)(大宰府木簡概報2-195)	大宰府跡不丁官衙地区	(191)	(24)	6
39-32-7	進上豊後国海部郡真紫草…□□[斤ヵ]□	081	木研8-99頁-2(21)(大宰府木簡概報2-206)	大宰府跡不丁官衙地区	(70+25)	(15)	2
39-32-8	·山鹿郡紫草·○託□○大根	081	木研8-99頁-2(29)(大宰府木簡概報2-216)	大宰府跡不丁官衙地区	(232)	(12)	6
39-32-9	宅麻	081	木研8-99頁-2(31)(大宰府木簡概報2-218)	大宰府跡不丁官衙地区	(133)	19	2
39-32-10	伊藍嶋□□	039	木研8-100頁-2(38)(日本古代木簡選·大宰府木簡概報2-225)	大宰府跡不丁官衙地区	(77)	18	4
39-33-1	□□□	019	木研28-191頁-(1)	大宰府跡(右郭五条五坊)	(103)	18	6
39-33-2	□	081	木研28-191頁-(2)	大宰府跡(右郭五条五坊)	(147)	21	3
39-33-3	□	081	木研28-191頁-(3)	大宰府跡(右郭五条五坊)	(149)	9	7
39-34-1	為班給筑前筑後肥等国遣基肄城稲穀随／大監正六上田中朝→‖	011	日本古代木簡選(木研9-107頁-1(1))	大宰府跡不丁官衙地区	264	34	6
39-34-2	□一石五→	039	木研9-107頁-1(2)	大宰府跡不丁官衙地区	(65)	26	5
39-34-3	←□□一斗	081	木研9-107頁-1(3)	大宰府跡不丁官衙地区	(116)	26	4
39-34-4	肥後□廿	032	木研9-107頁-1(4)	大宰府跡不丁官衙地区	214	21	6
39-34-5	·←□〈〉七〈〉九〈〉→·←□〈〉□□→	081	木研9-107頁-1(5)	大宰府跡不丁官衙地区	(207)	24	4
39-34-6	·○部＝田＼□[下ヵ]神部津田良＼□□[部ヵ]廣麿○□乃牟·○十人	019	木研9-108頁-1(7)	大宰府跡不丁官衙地区	(117)	36	4

총람 번호	판독문	형식 번호	출전	유적명	길이	너비	두께
39-35	←□六□半	081	木研9-109頁-2(1)	大宰府跡月山東官衙地区	(82)	(27)	2
39-36-1	・□□□[烏鳥ヵ]□□□[夫ヵ]□□□・□□□□□□□□□□	081	木研13-146頁-(1)	大宰府跡不丁官衙地区	(147)	28	3
39-36-2	□□□	081	木研13-146頁-(2)	大宰府跡不丁官衙地区	(65)	(17)	5
39-36-3	肥後国飽田□[郡ヵ]□□壱□□□□□□	039	木研13-146頁-(3)	大宰府跡不丁官衙地区	(237)	34	7
39-36-4	□□□五斤	032	木研13-146頁-(4)	大宰府跡不丁官衙地区	131	29	4
39-36-5	乾□[年ヵ]魚七斤	032	木研13-146頁-(5)	大宰府跡不丁官衙地区	142	23	3
39-36-6	・石□□□□・一□[籠ヵ]	032	木研13-146頁-(6)	大宰府跡不丁官衙地区	95	31	6
39-36-7	□□□七斤	032	木研13-146頁-(7)	大宰府跡不丁官衙地区	222	28	5
39-37	(判読不能)	*	木研13-148頁	観世音寺跡東辺中央部	1108	23	
39-38	此家売	039	木研29-146頁-(1)	大宰府条坊跡	(126)	41	3.5
39-39-1	{歴名\○〈 〉□□[日ヵ]「役了」\□□\〈 〉\○「丁」\〈 〉役□□[八ヵ]日\〈 〉\○新□[田ヵ]郷\○役七十二日\〈 〉\○[郷ヵ]\○□□[役ヵ]八十六日\〈 〉\○役卅四日\○〈 〉[郷ヵ]\○〈 〉六日□□〈 〉\○[役ヵ]□□\○／十四日 ‖ \○○役人\□□□□\○〈 〉\○神部久豆麻□／役□ ‖ \○○役七十日\○[役ヵ]卅八日\○□役十一日\○[役ヵ]七十八日\○□役卅三日\〈 〉[郷ヵ]§□冊八日\○□部〈 〉\○役十一日\○\○「□[了ヵ]」}	061	木研33-127頁-(1)	大宰府条坊跡左郭十四条一坊	180	802	18
39-39-2	{□□□[仕ヵ]□□□\○生□\〈 〉\○□\○□\○[自ヵ]□\路□□[仕丁\○白ヵ]\〈 〉\○□\〈 〉\○□\○□／□□[選ヵ]□十 ‖ \○神□□□\日下部□□□枚\○□□□部\○□\〈 〉\○〈 〉\○〈 〉}	061	木研33-129頁-(2)	大宰府条坊跡左郭十四条一坊	(139)	(661)	12
39-39-3	□札廿九枚	081	木研33-129頁-(3)	大宰府条坊跡左郭十四条一坊	(400)	30	6
39-39-4	□□板\○丁□[卯ヵ]□□□□□□\□ノ□	081	木研33-129頁-(4)	大宰府条坊跡左郭十四条一坊	(640)	87	10
39-40	基肄郡布七端絁六匹□□□[布ヵ]一匹□[駄ヵ]一□[匹ヵ]	061	木研35-129頁-(1)	大宰府条坊跡右郭十八条七・八坊	1013	524	15
39-41	・廣足謹申本←\□人□□	019	木研15-121頁-(1)	脇道遺跡	(109)	27	7
39-42-1	・□[論ヵ]語学→(「□□[論而ヵ]【第一】」を重書)・□□□[五ヵ]	019	木研33-132頁-(1)	国分松本遺跡	(76)	27.5	6.5
39-42-2	□□[鍬ヵ]以奉□[上ヵ]	081	木研33-132頁-(2)	国分松本遺跡	(170)	(26)	5
39-42-3	・有政故也・□覚○尓	019	木研33-132頁-(3)	国分松本遺跡	(140)	40	6
39-43-1	・／嶋評身身□／○／「嶋□□□[戸ヵ]」／○／「□□□」 ‖ □§戸主建部身建部身麻呂戸又附去建□[部ヵ]→／政丁次得□[万呂ヵ]戸兵士次伊支麻呂政丁次→／占部恵\川部里占部赤足戸有□□→／小子之母占部真□[廣ヵ]女老女之子得→／穴凡部加奈代戸有附□□[建部万呂戸ヵ]占部→／□□□→十一人同里人進大武建部成戸有○§戸主□[建ヵ]→\同里人建部咋戸有戸主妹夜乎女同戸□[有ヵ]□→\麻呂戸又依去同戸得麻呂丁女同里□[人ヵ]□→\白髪部伊止布損戸○二戸別本戸主建部小麻呂→	081	木研35-131頁-(1)	国分松本遺跡	(307)	(80)	9
39-43-2	§戸主□[建ヵ]	091	木研35-131頁-(2)	国分松本遺跡			
39-43-3	竺志前国嶋評／私□板十六枚目録板三枚父母／方板五枚并廿四枚 ‖	032	木研35-131頁-(3)	国分松本遺跡	323	43	5
39-43-4	天平十一年十一月□	051	木研35-131頁-(4)	国分松本遺跡	121	18	5
39-43-5	・□山□○并□道家□□□○(記号)\□□□□□山□見□□□之□・○□□□□□	081	木研35-131頁-(5)	国分松本遺跡	(198)	(17)	4

총람 번호	판독문	형식 번호	출전	유적명	길이	너비	두께
39-44-1	・○□＼□□□□[座座座力]座座座□□[座力]＼「〈 〉（「」内削り残り）・〈 〉（「」内削り残り）＼□□□	081	木研22-224頁-(1)	長安寺廃寺	(285)	(36)	11
39-44-2	万呂□民上主村国	019	木研22-224頁-(2)	長安寺廃寺	(138)	29	9
39-44-3	一升□[五力]合○□[各力]部□[次力]	019	木研22-224頁-(4)	長安寺廃寺	(157)	(20)	4
39-45-1	・豊「乙阿子米五斗]・雄□雄雄□□	033	木研31-181頁-(1)	泊リュウサキ遺跡〈Ⅱ区〉	(130)	25	3.5
39-45-2	白米五斗	032	木研31-181頁-(2)	泊リュウサキ遺跡〈Ⅱ区〉	102	23	6
39-45-3	三昧米五斗	039	木研31-181頁-(3)	泊リュウサキ遺跡〈Ⅱ区〉	(125)	20	3
39-45-4	大	039	木研31-181頁-(4)	泊リュウサキ遺跡〈Ⅱ区〉	(56)	17	5
39-45-5	〈 〉	081	木研31-181頁-(5)	泊リュウサキ遺跡〈Ⅱ区〉	(56)	(21)	1
39-46	○□＼□□□[大養閑力]	081	木研18-188頁-(1)	松崎遺跡	(71)	(38)	5
39-47	□□□□	081	木研26-223頁-(1)	雨窪遺跡群	(52)	(19)	7
40-1-1	大村戸主川部租次付日下□[部]	019	木研28-212頁-(1) (木研22-238頁-(1))	中原遺跡	(191)	38	9
40-1-2	〈 〉	019	木研22-238頁-(2)	中原遺跡	(222)	27	4
40-2-1	・呼二辺玉女別百俵○凡死人家□[野力]□□□[二力]＼老見地日後見□□[日力]○念聖玉女二□[賢力]・【○□□[料力]□十反小】	061	木研24-153頁-(1)	中原遺跡	180	(49)	4
40-2-2	大村戸主五戸秦部宮	019	木研24-153頁-(2)	中原遺跡	(157)	24	8
40-2-3	廿三日□□[料以力]員□＼○員□□□	019	木研24-153頁-(3)	中原遺跡	(125)	36	8
40-2-4	□[向力]寺□[街力]□	081	木研24-153頁-(4)	中原遺跡	(59)	(24)	2
40-2-5	長尼□□□□	081	木研24-153頁-(5)	中原遺跡	(112)	33	3
40-2-6	・〈 〉○七月十日〈 〉・〈 〉○〈 〉	019	木研24-153頁-(6)	中原遺跡	(428)	63	5
40-2-7	・小長□部□□[束力]○／〈 〉□□∥甲斐国□[津力]戌□[人力]○／不知状之∥○□□家□□[注力]○「首小黒七把」・□□□〈 〉桑□[永力]＼「□[延力]暦八年○§物部諸万七把□§日下部公小□[浄力]〈 〉＼○§田龍□□[麻呂力]七把§部大前」	081	木研28-212頁-(2) (木研24-153頁-(7))	中原遺跡	(269)	(32)	4
40-2-8	□□張○□□…□□□	081	木研24-153頁-(8)	中原遺跡	(95+255)	28	7
40-2-9	・〈 〉・〈 〉	039	木研24-153頁-(9)	中原遺跡	(103)	39	8
40-3-1	〈 〉	032	木研29-149頁-(1)	千堂遺跡	173.5	18	2
40-3-2	一□□□秋納＼○六月○□	011	木研29-149頁-(2)	千堂遺跡	210	33.5	5.5
40-4	←□大嶋一斗二升	081	日本古代木簡選(木研9-113頁-(1))	吉野ヶ里遺跡	(106)	(29)	4
40-5	・□五月十□□[日稲力]□〈 〉・〈 〉□[命力]□	019	木研10-86頁-(5)	吉野ヶ里遺跡群(志波屋四の坪遺跡)	(211)	38	4
40-6-1	□□[郡力]〈 〉	019	木研10-86頁-(1)	吉野ヶ里遺跡群(志波屋三の坪(甲)遺跡)	(66)	26	5
40-6-2	日下部烏甘	051	日本古代木簡選(木研10-86頁-(2))	吉野ヶ里遺跡群(志波屋三の坪(甲)遺跡)	195	19	5
40-6-3	←□向□□[申久力]□	059	木研10-86頁-(3)	吉野ヶ里遺跡群(志波屋三の坪(甲)遺跡)	(129)	25	2
40-6-4	・□養養□[訪力]・養○□□	011	日本古代木簡選(木研10-86頁-(4))	吉野ヶ里遺跡群(志波屋三の坪(甲)遺跡)	110	23	3
40-7	□[奉力]○〈 〉	081	木研17-158頁-(1)	中園遺跡Ⅲ区	(279)	(47)	8

총람 번호	판독문	형식 번호	출전	유적명	길이	너비	두께
40-8	・□□御前□□／□□二人吉□一人／○□□□一□‖・□□□□□□蔵吉一人＼□□人□□□人貞□一人	011	木研7-117頁-(1)	荒堅目遺跡	267	33	5
40-9-1	・五月八日大神部□□□□＼○□□□□人□部・五月八日※前□□	019	木研13-149頁-(1)	多田遺跡	(120)	30	2
40-9-2	・道□・二月○二月廿日□□	019	木研13-149頁-(2)	多田遺跡	(270)	50	10
40-9-3	□月□忍止□乙丁□赤□□＼○□□ (右辺)・○忍□ (左辺)	065	木研13-149頁-(3)	多田遺跡	(220)	(80)	5
41-1-1	・〈 〉□[進ヵ]・白玉六□＼高□[仗ヵ]〈 〉	081	木研16-185頁-(1)	原の辻遺跡	(115)	(38)	10
41-1-2	・赤万呂七八升□[高ヵ]□＼□七升〈 〉□□・□□□□□[七升八升ヵ]〈 〉＼「友□□□一○一」	081	木研16-185頁-(2)	原の辻遺跡	(91)	(21)	3
41-1-3	〈 〉〈 〉	081	木研16-185頁-(3)	原の辻遺跡	(58)	(19)	(7)
41-1-4	・壱斗一□[升ヵ]・□□	019	木研16-185頁-(4)	原の辻遺跡	(96)	30	6
41-1-5	□□□□	081	木研16-185頁-(5)	原の辻遺跡	(80)	28	5
42-1-1	・○□六□・□□□□□九月十一日	051	木研26-236頁-(1)	北島北遺跡	162	26	5
42-1-2	・□□□□□・□月□□[十日ヵ]	051	木研26-236頁-(2)	北島北遺跡	156	22	6
42-2	秦人忍□[米ヵ]五斗	032	木研19-212頁-(1)	鞠智城跡	134	26	5
42-3-1	←□於佐色□□□＼○□□	081	木研31-182頁-(1)	花岡木崎遺跡〈7区〉	(174)	(33)	8
42-3-2	←発向路次駅□[子ヵ]等→	081	木研31-182頁-(2)	花岡木崎遺跡〈7区〉	(146)	(39)	7
43-1-1	豆一升＼○〈 〉 (削り残りの墨痕あり)	081	木研18-190頁-(1)	下林遺跡Ⅳ区	(214)	(23)	3
43-1-2	{寺家□□＼○□□＼○上□[座ヵ]＼□□□□＼○□□□＼□□}	065	木研18-190頁-(2)	下林遺跡Ⅳ区	(565)	(125)	3
43-2-1	□二月十七日作人十二人○／→□太□‖	081	木研22-227頁-(1)	飯塚遺跡	(218)	32	7
43-2-2	都合弐伯参拾弐束＼勘納分公男□	019	木研22-228頁-(6)	飯塚遺跡	(220)	40	4
43-2-3	・〈 〉入□[奉ヵ]□□事＼○丸女五束上＼合〈 〉五束・○「〈 〉」＼□阿与女十束○刀自女十束□□□[女ヵ]五束上＼○「〈 〉」＼□丸女十束○田長丸女十束○成次女五束上	011	木研30-220頁-(9)(木研22-229頁-(13))	飯塚遺跡	459	44	7
43-2-4	・雑□[物ヵ]所□[食ヵ]□○〈 〉○〈 〉＊四[×五ヵ]人・〈 〉八人之中／夫五人者／／木工所三人今丸□[鏡ヵ]丸□□丸／／金□[洗ヵ]所一人○柳丸○松切一人飯□‖／工三人者金工一人□□丸○木工二人□多丸美佐久丸‖	011	木研30-218頁-(4)(木研22-229頁-(15))	飯塚遺跡	535	49	7
43-2-5	今日物忌不可出入	061	木研22-230頁-(21)	飯塚遺跡	1560	径25	
43-2-6	・以四月廿三日鍬和□＼○§屎丸○§八飯丸□＼○§屎□丸○□□□[丸ヵ]・「〈 〉」＼可□[莫ヵ]悪 (裏面「」内は削り残りヵ)	019	木研30-220頁-(11)(木研22-230頁-(23))	飯塚遺跡	(122)	60	3
44-1	〈 〉	032	木研15-132頁-(1)	妻北小学校敷地内遺跡	112	23	5
44-2	□□□[二ヵ]□	032	木研18-193頁-(1)	昌明寺遺跡	149	30	4
45-1	・告知諸田刀□[祢ヵ]等□勘取□田二段九条三里一曽□□ (第一面)・右件水田□□□[息ヵ]□ (第二面)・○嘉祥三年三月十四日○大領薩麻公 (第三面)・○擬小領 (第四面)	081	木研24-155頁-(1)	京田遺跡	(400)	26	28

편저자

———

윤재석　　중국고대사 전공
尹在碩　　현 경북대학교 사학과 교수, 인문학술원장 겸 인문한국플러스지원사업(HK+) 사업단장
　　　　　中國社會科學院 簡帛研究中心 객원연구원, 河北師範大學 歷史文化學院 객원교수 겸 학술고문

논저　　『睡虎地秦墓竹簡譯註』(소명출판사, 2010)
　　　　「東アジア木簡記錄文化圈の硏究」(『木簡硏究』第43號, 2021), 「秦漢《日書》所見"序"和住宅及家庭結構再探」(『簡帛』
　　　　第8期, 2013), 「秦漢初의 戶籍制度」(『中國古中世史硏究』第26輯, 2011), 韓國·中國·日本 출토 論語木簡의 비교 연
　　　　구(『東洋史學硏究』第114輯, 2011), 「睡虎地秦簡日書所見'室'的結構與戰國末期秦的家族類型」(『中國史硏究』第67期,
　　　　1995) 등

저자

———

오수문　　일본교육사 전공
呉秀文　　현 경북대학교 인문학술원〈HK+〉교수
　　　　　경북대학교 석사·박사 졸업
　　　　　전 대구대학교 일본어일본학과 교수

논저　　「일본의 한자 전래에 관한 일고찰」(『일본문화연구』74, 2020), 「『贄』목간과『延喜式』의 贄 비교」(『日本文化學報』84,
　　　　2020), 「나라 헤이안 시대의 荷札목간」(『대한일어일문학회』86, 2020) 등

———

하시모토 시게루
橋本繁　　한국고대사 전공
　　　　　현 경북대학교 인문학술원〈HK+〉연구교수
　　　　　와세다대학교 석사·박사 졸업
　　　　　와세다대학교·도쿄대학교 등 강사, 일본여자대학교 객원준교수 등 역임

논저　　『韓国古代木簡の研究』(吉川弘文館, 2014)
　　　　「新羅 文書木簡의 기초적 검토 - 신 출토 월성해자 목간을 중심으로」(『영남학』77, 2021), 「월지(안압지) 출토 목간
　　　　의 연구 동향 및 내용 검토」(『한국고대사연구』100, 2020), 「월성해자 신 출토 목간과 신라 外位」(『木簡과 文字』24,
　　　　2020) 등

———

팡궈화　　동아시아 고대 언어학·문자학 전공
方國花　　현 경북대학교 인문학술원〈HK+〉연구교수 겸 나라문화재연구소 객원연구원
　　　　　아이치현립대학교 석사·박사 졸업
　　　　　나라문화재연구소 특별연구원 역임

논저　　「고대 동아시아 목간자료를 통해 본 "參"의 이체자와 그 용법」(『목간과 문자』25, 2020), 「부여 부소산성 출토 토기
　　　　명문의 검토 - 동아시아 문자자료와의 비교 - 」(『목간과 문자』26, 2021), 「신라·백제 문자문화와 일본 문자문화의 비
　　　　교연구 - 출토문자자료를 중심으로 - 」(『영남학』77, 2021) 등

———

김도영　　동아시아고고학 전공
金跳咏　　현 경북대학교 인문학술원〈HK+〉연구교수
　　　　　경북대학교 고고인류학과 학사·석사 졸업, 일본 종합연구대학원 박사 졸업
　　　　　일본학술진흥원 특별연구원(DC2), 경북대학교 고고인류학과 시간강사 역임

논저　　「함안 성산산성 출토 목간의 제작 유형과 제작 단위」(『목간과 문자』26, 2021), 「三國~統一新羅時代 刻銘技術의 特徵
　　　　과 變遷」(『영남고고학』89, 2021) 등